林汉达通俗历史经典
前后汉故事 ^上

文汇出版社

图书在版编目(CIP)数据

前后汉故事/林汉达著;钱定华绘. —上海:文汇出版社,2007.1
(林汉达通俗历史经典)
ISBN 978-7-80741-042-3

Ⅰ.前... Ⅱ.①林...②钱... Ⅲ.历史故事-作品集-中国-当代 Ⅳ.I247.8

中国版本图书馆 CIP 数据核字(2006)第 139100 号

林汉达通俗历史经典

前后汉故事(上、下)

作　　者／林汉达
插　　图／钱定华
责任编辑／陈飞雪　陈润华
封面装帧／周夏萍
责任出版／王春晔

出版发行　／文汇出版社
　　　　　　上海市威海路 755 号
　　　　　　(邮政编码 200041)
经　　销／全国新华书店
照　　排／南京理工出版信息技术有限公司
印刷装订／上海浦东北联印刷厂
版　　次／2007 年 1 月第 1 版
印　　次／2007 年 1 月第 1 次印刷
开　　本／640×960　1/16
字　　数／500 千(插图 20 幅)
印　　张／34.375
印　　数／1—10 000

ISBN 978-7-80741-042-3
定价:50.00 元(上、下册)

出 版 说 明

上世纪四十年代到六十年代,林汉达先生编写了一系列堪称优秀的通俗历史读物,《东周列国志新编》、《前后汉故事新编》、《三国故事》、《上下五千年》等等,意在用通俗又规范、人人看得懂的现代语文,精短有趣的故事形式,普及真实的历史知识。作者在《东周列国故事新编》的序(写于 1964 年 6 月)里说:

我当初写中国历史故事的动机只是想借着这些历史故事来试验通俗语文的写作,换句话说,是从研究语文出发的。在写作的过程中,越来越感觉到我国的历史故事实在丰富,内容也真有价值,有必要而且有可能用现代口语翻译或改写出来,让一般不大接触古文的读者也可以自由阅读。

我一直希望能贡献给读者一些正确的历史知识,使读者大致能看到一些时代的演变和社会的发展。在主观的努力上我注意到三件事,就是:要介绍真实的历史知识;要有教育意义;读起来要有趣味。

在这样的创作宗旨下,作者以几十年的心力反复琢磨修改,最终使他的这些作品形成了独特而鲜明的特点:一是取材可信,形式虽然是讲故事,骨架子却老老实实地依据"正史"所记载的史料搭建而成;二是剪裁得当,人物关系和事件发展交代得简洁清晰,不蔓不枝;三是数百个故事既相互关联,又独立成篇,翻开任何一节都能顺利地读下去;四是语言特别通俗生动,真正具有故事书的语言特征,好看,顺口,连读带讲地就把中国古代史的脉络勾划得清清楚楚——这些特点使他的书在读者中引起了热烈而持久的影响,出版社也一版再版,如《东周列国志新编》就有 1948 年生活书店版、1956年三联书店版、1962和1979年的中华书局版(书名为《东周列国故事新编》)，《上下五千年》(由曹余章先生续完)更是脍炙人口，成为无数青少年记忆深刻的历史启蒙读物。周有光先生在《怀念林汉达先生》一文中也道出了同样受其裨益的读者群的心声：

> 用"规范化普通话"编写的通俗历史故事，不但青年读来容易懂，老年读来也津津有味，是理想的历史入门书。这样的书，在我们这个历史悠久的文明古国里，实在太少了。

承林汉达先生的子女林文虎先生、林蜜地女士等家属信任，授权我社出版"林汉达通俗历史经典"系列丛书(《东周列国故事》、《前后汉故事》、《三国故事》)，以飨读者。丛书分别以中华书局1979年10月第2版《东周列国故事新编》、中华书局1978年8月第1版《前后汉故事新编》和少年儿童出版社1979年12月第1版《三国故事》为底本，对古今地名的注释和人名、地名的注音进行了核对、校订，修订了少量文字上的错漏讹误，其他均照原样。作者在《东周列国故事新编》和《前后汉故事新编》的序言中写下了他对历史故事写作非常严肃细密的思考和探索心得，很有价值，故此次重版分别附录于后。所有插图均由钱定华先生重新画配。

文汇出版社
2006年10月

目次

1 / 博浪沙行刺 ………………………………… 1
2 / 平定南北 …………………………………… 6
3 / 沙邱遗恨 …………………………………… 9
4 / 怨声载道 …………………………………… 13
5 / 揭竿而起 …………………………………… 16
6 / 天下响应 …………………………………… 21
7 / 抢地盘 ……………………………………… 24
8 / 八千子弟 …………………………………… 27
9 / 斩白蛇 ……………………………………… 30
10 / 立羊倌 …………………………………… 35
11 / 骄兵必败 ………………………………… 38
12 / 破釜沉舟 ………………………………… 42
13 / 指鹿为马 ………………………………… 48
14 / 坑秦兵 …………………………………… 52
15 / 约法三章 ………………………………… 55
16 / 鸿门宴 …………………………………… 57
17 / 火烧阿房宫 ……………………………… 64
18 / 分封诸侯 ………………………………… 67
19 / 追韩信 …………………………………… 71
20 / 暗渡陈仓 ………………………………… 77
21 / 陈平归汉 ………………………………… 81

22 / 兴兵发丧	84
23 / 美人和儿女	87
24 / 木罂渡军	92
25 / 绑架老母	94
26 / 收英布	97
27 / 销毁王印	100
28 / 挑拨离间	103
29 / 假投降	106
30 / 外黄小儿	108
31 / 分我一杯羹	111
32 / 踢脚封王	114
33 / 鸿沟为界	118
34 / 钻入敌营	121
35 / 四面楚歌	124
36 / 难见江东父老	129
37 / 汉高祖登基	131
38 / 五百义士	135
39 / 恩将仇报	138
40 / 巡游云梦	141
41 / "功狗"和"功人"	144
42 / 上朝的仪式	148
43 / 白登被围	151
44 / 和亲	155
45 / "极极以为不可"	159
46 / 一笔勾销	161
47 / 平定南方	164
48 / 大风歌	168
49 / 白马盟约	173
50 / 把人当作猪	176
51 / 萧规曹随	179

52 / 太后临朝 ········· 181
53 / 汉文帝即位 ········· 185
54 / 废除连坐法 ········· 189
55 / 两封信 ········· 192
56 / 耕种的榜样 ········· 196
57 / 往边疆移民 ········· 200
58 / 废除肉刑 ········· 204
59 / 方士的诡计 ········· 206
60 / 有生必有死 ········· 209
61 / 削地 ········· 212
62 / 平定七国 ········· 215
63 / 金屋藏娇 ········· 218
64 / 绝食 ········· 221
65 / 排斥百家 ········· 226
66 / 金屋变为冷宫 ········· 229
67 / "滑稽大王" ········· 232
68 / 帮闲文人 ········· 235
69 / 马前泼水 ········· 241
70 / 反攻匈奴 ········· 244
71 / 灌夫骂座 ········· 249
72 / "夜郎自大" ········· 252
73 / 长门宫 ········· 255
74 / 飞将军 ········· 258
75 / 加强边防 ········· 263
76 / 武功爵 ········· 267
77 / 通西域 ········· 270
78 / "匈奴未灭,何以家为" ········· 273
79 / 再通西域 ········· 279
80 / 求神仙 ········· 283
81 / 天下十三州 ········· 289

82 / 强求"天马" …… 291
83 / 扣留使者 …… 294
84 / 苏武牧羊 …… 297
85 / 李陵投降 …… 301
86 / 司马迁受累 …… 304
87 / 尧母门 …… 308
88 / 挖掘木头人 …… 311
89 / 轮台悔过 …… 315
90 / 托孤 …… 319
91 / 苏武回国 …… 325
92 / 聪明的少帝 …… 330
93 / 立昏君 …… 333
94 / 废昏君 …… 337
95 / 坐牢读经 …… 340
96 / 霍家的败亡 …… 343
97 / 国内要紧 …… 347
98 / 称职的官吏 …… 349
99 / 杀害大臣 …… 352
100 / 赵充国和西羌 …… 357
101 / 功臣画像 …… 360
102 / 女使者 …… 363
103 / 外戚和宦官 …… 366
104 / 昭君出塞 …… 370
105 / 攀断栏杆 …… 377
106 / 谦恭下士 …… 381
107 / "七亡七死" …… 384
108 / 面面俱到 …… 387
109 / 改朝换代 …… 390
110 / 复古改制 …… 394
111 / 绿林和赤眉 …… 398

112 / 起义军的混合 402
113 / 昆阳大战 406
114 / 新朝的灭亡 410
115 / 一个算卦的 413
116 / 争取民心 416
117 / 整顿队伍 420
118 / 攀龙附凤 424
119 / 绿林的破裂 427
120 / 赤眉的流亡 431
121 / 帝王满天下 435
122 / "三分天下" 439
123 / 钓鱼台 443
124 / 得陇望蜀 448
125 / 硬脖子 451
126 / 马革裹尸 455
127 / 云台二十八将 458
128 / 取经求佛像 462
129 / 生死朋友 466
130 / 投笔从戎 472
131 / 威震西域 477
132 / 宦官灭外戚 481
133 / 但愿生入玉门关 485
134 / 天知地知 490
135 / 豺狼当道 493
136 / 太学生罢课 498
137 / 宦官五侯 501
138 / "林宗巾" 506
139 / 逮捕党人 510
140 / 太平道 515

附录 / 作者原序 522

1 博浪沙行刺

秦始皇兼并六国以后,老到各处巡游。一来为了祭祀名山大川,把大臣们颂扬他的话刻在山上,好叫后世的人也能颂扬他;二来他这么各处走走,也好叫以前的六国贵族有个怕惧。他每回出去,总是前呼后拥,车马相连,沿路看过去,十分威风。那些企图复辟的六国贵族只好死了心。

公元前218年(秦始皇二十九年)春天,秦始皇到东边去巡游。有一天,大队人马到了阳武县(在河南省原阳县东南)的一条大路上,就有传令官骑着马通知各队,说:"前面这条路地势险恶,大家要多加小心。"这一来,吓得一班文官倒抽一口冷气。他们提心吊胆地躲在车里不敢往外瞧,好像敌人的刀就往他们的脑袋砍过来似的。可是将士儿郎们并没透出慌张来,只是带队的人叫前后相差太远的车辆靠拢一些。他们把皇帝的车和式样跟皇帝的车相同的三十六辆副车连成了一个挺整齐的车队。秦朝的旗帜上大多用黑颜色,车队就像一条巨大的乌龙逍遥自在地在地上游着。到了博浪沙(在原阳县南),车队继续前进。四周围很清静,一片太平景象,大伙儿才松了一口气。没想到巨龙一扭身,正在拐弯的时候,突然唪喇喇一声响,不知道打哪儿飞来了一个大铁锤,把秦始皇后头的一辆副车打得粉碎。秦始皇就在前面的车上,副车的半截车档迸到他的跟前。好险哪!一下子车队全都停下来。武士们四面一兜捕,没费多大工夫就把那个刺客逮住了。秦始皇虽然挂了火儿,可是他十分细心,不准武士们伤害刺客。他叫丞相李斯和宦官赵高去审问,一定要查出主使的人来。那个刺客也是个硬汉子,不但不肯透露是谁主使的,连他自己的姓名也不说,反倒骂着说:"昏皇杀了诸侯,灭了六国,六国的后人哪一个不要他的命?历代的忠良都要向他报仇!只是他命不该绝,也是我一时大意,用力过猛,没打中他。我倒是死不足惜,只可惜辜负了公子。"李斯赶紧追问:"是哪个公子?"那刺客恐怕说走了嘴,就自己碰死了。

李斯他们细细琢磨着刺客的话,就推想那个主使的人一定是六国的后人,再从"历代的忠良"这句话里研究下去,他们认为这位"公子"可能是相国的后代。可是在六国之中有哪一家是历代做相国的呐?他们这么追究下去,就查出韩国的开地曾经做过韩国的相国,伺候过三个君王,开地的儿子平也做过韩国的相国,伺候过两个君王。这一家两代做了相国,接连着伺候过五个君王,那么现在这个"公子"还不是所谓"历代的忠良"吗？相国开地一家原来是韩国的贵族,姬姓。那刺客的主使人准是姬家的公子了。

秦始皇立刻下了命令,捉拿从前韩相国平的儿子,那个姬家的公子。好在天下已经统一,在这统一的天下捉拿一个有名、有姓、有来历的人还怕不成吗？那个姬家的公子一听到各处都在捉拿他,韩国一带更加搜得紧,他只好逃到别的地方去避一避。他是个贵族子弟,韩国给秦国灭了的时候,他还年轻,没做过官。可是他认为：谁灭了他的父母之邦,就得报仇。韩国虽说灭了,贵族的生活还是挺阔气的,韩公子家里的奴仆就有三百多名。可是他不愿意在家里过着花天酒地的生活,他要替韩国报仇。兄弟死了,他也顾不得办丧事,就变卖了家产,推说到外边去求学,离开了家。其实他是要在外边找机会给韩国报仇。

可是秦国的法令很严,刑罚又重,谁要是反对秦始皇,准活不成。老百姓只能说朝廷好,不能说朝廷坏。他要暗杀秦始皇的打算,只能存在心里,不能说出口来。过了好些年,他才结交了一个肯替他卖命的大力士。这位大力士手使的那个大铁锤就有一百二十斤重。他们打听到这次秦始皇到东边来,已经到了阳武,就在博浪沙等着他,给了他一铁锤。哪儿知道打不着狐狸,倒惹了一身臊。那位姬家的公子只好更名改姓,后来就叫张良,又叫张子房,一直逃到下邳(在江苏省邳县东),躲避起来。秦始皇盼咐各地官府搜查那个姬家的公子,查了十天没查到,也只好算了。张良虽然逃难出来,好在他身边有钱,就在那边结交了不少豪杰,还想替韩国报仇。不到一年工夫,他在下邳出了名。他不但乐意接济有困难的人,而且还爱打抱不平,就是杀了人,犯了案的人来投靠他,他也收留。临近的人都知道他是个侠客,可不知道他就是逃难出来的韩国公子。真正了解他的人倒替他担心,怕他只想做侠客,骄傲自大,好出风头,不能成大事。

有一天,张良一个人出去散步,一来为着解解闷,二来也想暗地里寻找志同道合的人,共谋大事。他信步走去,到了汜水大桥(汜,Sì;汜水,在江苏省邳县南),瞅见一个老头儿穿着一件土黄色的大褂,搭着腿坐在桥头上,一只脚一上一下地晃荡着,那只鞋拍着脚心,像在那儿打板眼。真怪,他一见张良过来,有意无意地把脚跟往里一缩,那只鞋就掉到桥堍下边去了。老头儿回过头来对张良说："小伙子,下去把我的鞋拣上来。"张良听了,不由得火儿了。依他的公子脾气,真想给他一个耳刮子。可是再一看那个老头儿,哪儿还能生气呐？人家连眉毛、胡子全都白了,额上的皱纹好几层,七

那老先生说:"那么,过五天,天一亮,你到桥上来跟我会一会。"

老八十的,就是叫他一声爷爷也不算过分。他就走到桥埂底下,拣起那只鞋来,再上去递给他。谁知道他不用手来接,只是把脚一伸,说:"给我穿上。"张良一愣,觉得又好气,又好笑。可是已经替他把鞋拣上来了,干脆好人做到底,穿就穿吧。他索性跪下去,恭恭敬敬地拿着鞋给那老人家穿上。那老人家这才捋(lǚ)着胡子,微微一笑,就这么大摇大摆地走了。这一下可又把张良愣住了,天底下会有这号老头子,碰着一个素不相识的人,就这么老子似的使唤人家,人家替他做了事,连声"谢谢"也不说。真太说不过去了。

　　张良走下桥来,跟在后头,看他到哪儿去。约摸走了半里地,那老人家好像也觉得张良还跟着他,就回过身来,走到张良面前,说:"你这小子有出息。我倒乐意教导教导你。"张良是个聪明人,知道这老人家准有来历,就赶紧跪下,向他拜了几拜,说:"我这儿拜老师了。"那老先生说:"那么,过五天,天一亮,你到桥上来跟我会一会。"张良连忙说:"是!"

　　第五天,张良一早起来,匆匆忙忙地洗了脸,就到桥上去了。谁知道一到那边,那老人家正生着气呐。他说:"小子,你跟老人家定了约会,就该早点来,怎么还要叫我等着你?"张良跪在桥上,向老师磕头认错。那老头儿说:"去吧,再过五天,早点来。"说着就走了。张良愣愣磕磕地站了一会儿,只好垂头丧气地回来。

　　又过了五天,张良一听见公鸡叫,脸也不洗就跑到大桥那边去。他还没走上桥呐,就恨恨地直打自己的后脑勺儿,自言自语地说:"怎么又晚了一步?"那老人家瞪了张良一眼,说:"过五天再来!"说着就走了。张良闷闷不乐地憋了半天,才拖着沉重的脚步回来,只怪自己诚心不够。这五天的日子可比前十天更不好挨。

　　到了第四天晚上,他翻过来掉过去地怎么也睡不着。他净想着自己这几年来的事情:祖祖辈辈做韩国的相国,韩国给人灭了,真没有脸活下去;博浪沙出了岔,大仇没报成,险些送了命;九死一生地逃到这儿,还没找到第二个大力士,好容易碰到了这位老人家肯教导自己,还不诚诚恳恳请求人家,一而再、再而三地落在人家后头。这样的人还能成什么大事?他心里很不是滋味,越想越睡不着。窗户外边的月亮也冲着他翻白眼。他干脆不睡了。半夜里,就到汜水大桥上去。到了那边,一看,桥上没有人,他才松了一口气,静静地等着。

　　过了不大一会儿工夫,那位老人家可一步一步地挪过来了。张良赶紧迎上去。他一见张良,脸上显出慈祥的笑来,说:"这样才对。"说着,拿出一部书来交给张良,说:"你把这书好好儿读,将来能够做帝王的老师。"张良挺小心地把书接过来,恭恭敬敬地道了谢,接着说:"请问老师尊姓大名。"那老头儿笑着说:"你问这个干么?我没有名字,省得将来更名改姓。"他接着说:"你要出山,总得再过十年,心急是没有用的。以后你要是到济北谷城山下去(谷城山,在山东省东阿县东北),就能见到黄石,那就是我。"张良还想再问个明白,那老人家可不理他,连头也不回地走了。因为他说过黄石就是他,后来的人就称他为"黄石公"。

等到天亮了,张良拿出书来,仔细一看,原来是一部《太公兵法》(太公,就是周文王的军师姜太公)。张良白天读、晚上读,把它读得滚瓜烂熟,仔细琢磨。到了这时候,他才觉得博浪沙行刺实在太鲁莽了,就算打中了秦始皇也恢复不了韩国。公子哥儿的棱棱角角还得好好地再磨一磨。打这儿起,他一面继续钻研《太公兵法》,咂着拣鞋、穿鞋和受训斥的滋味,一面还留心着秦始皇的行动。

2 平定南北

博浪沙的大铁锤并没把秦始皇吓唬住,也没能挡住他的车队。他继续巡游过去,一直到了之罘(罘 fú;之罘,就是山东省烟台半岛)、琅邪(在山东省东南海边),再由上党(在山西省东南部,就是长子、长治一带)回到咸阳。

公元前216年(秦始皇三十一年),公布了一个法令,让老百姓自己呈报土地的实际亩数。这是废除领主贵族的土地所有制,确定土地个人私有制的一件大事。那一年,秦始皇还给每一里(二十五家为一里)六石米、两只羊。这一来,大小地主和有土地的农民都受到了好处,可是从前六国的贵族更加气愤起来了。他们总想趁着秦始皇出来的时候,向他行刺。也是秦始皇太不注意,他爱穿便衣,连晚上也要步行出去私访。有一次,他只带着四个穿便衣的武士,暗藏兵器,踏着月色,私行察访到了兰池(在咸阳县东),突然跳出来一批刺客向他动手。秦始皇曾经碰见过荆轲的匕首,也碰见过张良的大铁锤,这会碰见的只是几个打手,更不怕了。他和武士们一齐拿出兵器来,没费多大的劲儿就把这些人杀散了。这件事情让他想到咸阳城里住着这些"盗贼"到底不大妥当,就下令在关中搜查了二十天,把搜查到的没有活几千的人都送到边界上去开荒。这么一来，关中给镇压下去了。可是北方的匈奴挺强，老向中原打进来。这要比刺客行刺严重得多了。秦始皇不能不想个办法去对付匈奴。

秦始皇拜蒙恬为大将，发兵三十万去抵抗匈奴。匈奴是北方的部族，过着游牧生活，经济、文化都比中原地区差。他们老到河南（河南，是黄河南岸，就是河套一带，不是河南省）方面来掠夺，还把边疆地区的青年男女抓去当奴隶。这会儿中原大兵一到，他们就纷纷向北逃去。蒙恬就这么收复了河南的土地，建立了四十四个县，把内地的囚犯人批地送到河南去，让他们在那边住下来耕种。

秦始皇认为光收复河南，很难守得住，就吩咐蒙恬再向北进兵。蒙恬带领着大军渡过黄河，又收复了一大片土地。为了中原边防的长远打算，秦始皇下了决心，送去几十万民夫，把过去秦、赵、燕三国原来的长城连接起来，西边从临洮（在甘肃省岷县）起，翻山越岭一直到东边的辽东，要造一道万里长城。又因为他大儿子扶苏反对他"焚书坑儒"的行动，就派他到上郡（在陕西省绥德县东南）去监督蒙恬建筑长城。这些地区净是山，交通不便，人口稀少，光是造长城已经够困难的了，再说匈奴也不肯甘心屈服，随时随地都来攻打建筑长城的人。因此，蒙恬的大军和民夫只好一面防守，一面建筑长城。费了十多年工夫，不知道牺牲了多少人的性命，才把长城造好。

中原的大批士兵和民夫正在北方建筑长城的时候，南方岭南一带的部族趁着机会又向中原打过来了。岭南是在五岭的南面（五岭，就是大庾岭、骑田岭、都庞岭、萌渚岭、越城岭），又叫南越（就是广东、广西的地区），那些地区的部族，也像北方的部族一样，生活挺艰苦，文化还不发达，老向中原地区掠夺财物和青年男女。秦始皇知道那边气候热，地方潮湿，高山丛林里还有毒蛇、猛兽，交通不便，很难行军。一般的将军和士兵都不愿意去。他在没法当中想出一个办法来。他下了一道命令，把中原的囚犯全都免了罪，作为防守南方的军人。可是释放出来的犯人还不够数，就再强迫民间的奴仆和小贩商人一起去服役。按照秦国的制度，贩卖零碎货物的小商人的地位跟奴仆差不多。因此，把他们和囚犯都编入队伍。将军、士兵、囚犯、奴仆、小贩商人等合在一起，一共有一二十万人。经过无数次艰苦的斗争，才把当地人民顽强的抵抗压了下去。

秦始皇就在这一带地区建立了桂林、象郡、南海三个郡，把那一二十万人留在那儿防守，又从中原迁移了五十万贫民到那边去居住、生产。为了运输粮草，秦始皇命令监御史史禄开凿了一条水道叫灵渠。天才的水利工程师史禄领导人民在湘江中流筑了一条三角形的分水堰,把湘江分为南北两渠,流到新开凿的灵渠,沟通了湘江和桂江之间的交通,使北方的粮草等可以由水道大量地运输到南方去。这许多中原的军民长住在那儿,改进工具,发展农业,岭南一带就这么平定下来了。

这些重大的事情是谁都知道的,连躲在下邳的张良也认为秦始皇真有两下子。他觉得博浪沙的铁锤是打不倒秦国的统治的。可是不恢复韩国,心里总觉得不得劲儿。他只好静静地等着,且看秦国以后有什么变化。

南方和北方大体上都平定了,秦始皇觉得这几年来住在咸阳的人太多,住房不够,以前的宫殿也不够宽敞。他就新盖了一座宫殿,东西五百步(六尺为一步),南北五十丈,台上可以坐上千上万的人,台下可以竖起五丈高的大旗来。宫殿面前立了十二个铜人,每个铜人有二十四万斤重。这是秦始皇兼并六国的时候,把天下的兵器都收集起来,销毁之后铸成的。可是秦始皇的兴趣不在多盖房子,盖好了一部分宫殿就停了工。他也不愿意在宫里享福。公元前210年(秦始皇三十七年,就是他50岁那一年),他又到东南巡游去了。

这回跟着秦始皇出去的,除了李斯和赵高以外,还有他的小儿子胡亥。那时候胡亥二十岁了,他要求跟他父亲一块儿去,好开开眼界。秦始皇平时也挺喜爱他,就答应了。

他们到了云梦(在湖北省长江南北一带)、丹阳、钱塘(就是浙江省杭州市)等地方,又渡过浙江,到了会稽去祭祀大禹。秦始皇一向不但目中无人,简直目中无神。上次(公元前219年)到了湘水(在湖南省,流入洞庭湖),碰到刮大风,差点不能渡过去。船上的人说:"大概是湘山祠的湘君生了气,这才气呼呼地把浪头吹得这么高。"秦始皇问博士们:"湘君是什么神?"他们说:"听说是帝尧的女儿,帝舜的妻子,葬在这儿,所以这座山叫湘山。"秦始皇才不信湘君敢阻止他渡河。就派了三千名囚犯先把湘山上的树全砍下来,然后放一把火,把整个湘山烧得光秃秃的不像样儿,让这些博士们看看到底是湘君强还是他强。这会儿他特意到了会稽,要祭祀大禹,把博士们弄得莫名其妙。说他是信神,就不该火烧湘山;说他不信神,就不该来祭祀大禹。

秦始皇告诉他们,说:"大禹对于中国的功劳可大了。他开了大山,凿了龙门(在山西省河津县西北,陕西省韩城县东北),又把上游的水通到大夏(在甘肃省狄道县西北地界),挖了九条河,筑了河堤,把水引到大海里去。为了治水,他整天光着脚,连大腿和小腿上的汗毛都脱光了,手和脚起了挺厚的茧子(jiǎnzi)，脸晒得又红又黑。到了儿，死在外面，葬在这儿。这样一个伟大的人物还不该祭祀吗？"博士们连连点头。李斯咂着嘴，好像把他的话一句句地都咽到肚子里去了似的。

祭祀了大禹陵，他们回到吴中(会稽郡治，那时候会稽郡包括现在的江苏省东部和浙江省西部)。街道两旁挤满了人，踮着脚尖都要瞧一瞧这位兼并六国统一中原的大皇帝。这会儿秦始皇胆子更大了，他干脆打开车上的帷子，让老百姓瞧个够。老百姓从来没见过这么威风的场面，瞧着车队过来，简直都有点害怕。

正在这时候，人群里忽然出来了一个二十几岁的小伙子，浓眉大眼，杀气腾腾，两个眼珠子好像乌云里射出来的两条闪电一样，直照到秦始皇的车上。他正迈出一只脚要向秦始皇那边冲过去，旁边一个年过半百的大汉一手把他抓住，说："你干么？"那个小伙子说："干了他，我来！"那个大汉连忙捂住他的嘴，咬着耳朵对他说："别傻了，要灭门的呀！"他不能让小伙子拿着草棍儿去戳老虎的鼻子眼儿，就拉着他的手从人群里溜了。

3 沙邱遗恨

那个瞧不起秦始皇的小伙子就是中国历史上很出名的一个人物，叫项羽。他本来是下相县人(下相，在江苏省宿迁县西)，从小死了父亲，全仗他叔父项梁把他养大成人。他祖父就是楚国大将项燕。项家祖祖辈辈都做楚国的大将，曾经封在项城(在河南县沈丘县西，洪河北岸)，就姓了项。公元前223年(秦始皇二十四年)，项燕打了败仗，自杀了，楚国给秦国灭了。项梁老想恢复楚国，替父亲报仇，可是秦国这么强，自己又没有力量，只好忍气吞声地等候机会。

他瞧见侄儿项羽挺有聪明，就亲自教他念书。项羽刚学会了看书和写些短文，就不愿意再学下去了。项梁这才知道项羽学文的不行，就教他练武。他先教项羽学剑。项羽学了一会儿，又学不下去了。这可把项梁气坏了。他骂项羽没出息。项羽可有他的一套说法。他说："念书有多大的用处呐？不过记记自个儿的姓名罢了。剑学好了，也不过跟别人对打对打，又有什么了不起的？要学就学一种真本领，能敌得过上千上万的人，那才有意思。"

项梁觉得这小子口气不小,心里倒也喜欢,就说:"你有这种志向也不坏,我教你兵法,好不好?"项羽高兴得蹦起来,连着说:"好,好!请叔叔教给我吧。"项梁就把祖传的兵书一篇一篇地讲给他听。项羽一听就懂,一读就明白。没有多少日子,自己觉得八九不离十,已经能够掌握大意,就不再钻研下去了。项梁见他这个样儿,简直没法治,只好由他去了。

后来项梁被仇人诬告,关在栎阳县(栎 Yuè;栎阳,在陕西省临潼县东北)监狱里。他托朋友曹无咎转托一个监狱官司马欣(司马,姓;欣,名),替他求情,才出来了。项梁原来是将门之子,骄横惯了的,怎么受得了这号窝囊气?他一出了监狱,就去找那个仇人,三拳两脚把他揍死。这下子可闯了祸了。他就带着项羽逃到吴中,隐姓埋名地躲避他的仇家。可是他又不愿意安安静静地老躲在家里。没有多少日子,就跟吴中人士结交了起来。吴中人士见他能文能武,才干比他们都强,大家伙儿把他当作老大哥看待。每回吴中碰到有大的官差或者红白事,总请他做总管,大家愿意听他的。项梁趁着机会跟他们交上了朋友,还暗暗地拿兵法去组织那些朋友和青年子弟。这一来,吴中人士就更乐意环绕在项梁的周围了。那班青年子弟见项梁的侄儿项羽长得欢眉大眼,相貌堂堂,个儿又高,力气比谁都大,连千斤重的大鼎他也举得起来,性情又很直爽,都很佩服他。又因为他气魄大,不计较别人的小地方,就都喜欢跟他来往。

这次他在街上沉不住气,急得项梁连忙把他拉到家里,对他说:"我们应当为父母之邦、为万民成大事、立大功,像你这样不顾前后、莽莽撞撞,分明是要去送死。"项羽一想,当时实在太莽撞了。要是没有叔父在一起,必然闯了大祸,就低着头不言语。项梁还怕他再出岔子,一连多少天不让他出去。直到他听说秦始皇已经走了,他才放心。

秦始皇从江乘(在江苏省句容县北)渡江,到了海上,往北再到琅邪、之罘这些地方。他还想巡游下去,可是出门已经半年多了,沿路辛苦,饭都吃不下去。丞相李斯就劝他回去。他在路上身子很不舒服,到了平原津(在山东省平原县南)就病倒了。随从的医官给他看病、进药,全不见效。他不相信害了病就会没法治。五十岁的人也不算老,要是能让他好好地再干一二十年,准能把这个统一的天下铸成铁桶江山,颠扑不破。他不能再想下去了,头昏眼花,身子发烧。

七月里,他到了沙邱(在河北省平乡县东北),病势越来越重。他嘱咐李斯和赵高:"快写信给扶苏,叫他把兵权交给蒙恬,自己立刻动身回到咸阳去。万一我好不了,就叫他主办丧事。"

李斯和赵高各有各的心事，都说不出话来，只能跪在地下静静地听他的嘱咐。秦始皇眼睛盯着李斯，对他说："你帮了我这么多年了，大小事务，我都信任你。扶苏为人厚道，又肯吃苦耐劳，他可以继承我的事业。"他又瞧了瞧赵高，说："你们对扶苏应当忠心，好好地伺候他，不可辜负了我对你们的信任。"接着又对他们说："去吧，写好了给我看。"

李斯和赵高写了信，给秦始皇看。他迷迷糊糊地看了看，叫他们盖上印，打发使者送去。他们正商量着派谁去的时候，秦始皇已经死了。李斯和赵高他们不免着慌，一时里不知道该怎么办才好。

丞相李斯出了个主意，他说："这儿离咸阳还有一千六百多里地，半道上皇上突然晏驾了，要是这消息传了出去，里里外外可能引起不安。不如暂时保守秘密，赶快回到京城再作道理。"他们就把秦始皇的尸体安放在"温凉车"里（温凉车是古时候一种挺讲究的车，车上有窗户，天热可以开开，天冷可以上，所以叫"温凉车"，也写做"辒辌车"），关上车门和车窗，放下帷子，外面的人什么也看不见。随从的人除了小儿子胡亥、丞相李斯、宦官赵高和几个近身的内侍以外，别的人全不知道秦始皇已经死了。文武百官照常在车外上朝，每天的饮食也像平日一样由内侍端到车里去。

李斯就叫赵高把信送出去，请长公子扶苏赶回咸阳去主持丧事。赵高掌管着皇帝的大印，朝廷的公文发出去都得经过他的手。他藏着秦始皇给扶苏的信，偷偷地去见胡亥，贼眉溜眼地对他说："皇上临终的时候，只叫大公子回来，别的公子他全没提。像公子您这么一心一意地跟着他，也没分到点儿土地，将来怎么办呐？我不能叫公子您吃这个亏。好在这会儿朝廷大权都在公子、丞相和我赵高三个人手里，咱们应当想个办法，不可错过机会。"

胡亥没想到会有继承皇位的分儿，心里好像狗吃热油似的，又是高兴又是害怕。他一向跟赵高相好，几年来，跟着他学习法令。原来以前秦始皇批阅文件，遇到刑事处分，自己没有把握的时候，也问问赵高。赵高能够按条文说出刑事处分来，一点不错。秦始皇见他熟读法令，连条文都背得出来，再说他又能够低声下气地伺候他，就叫他做了车府令（管理皇帝车马的大官），还叫他教导胡亥学习法令。赵高得到了秦始皇爷儿俩的信任，就得意忘形，骄横起来，受贿舞弊也来了。秦始皇听到赵高受贿舞弊，就叫大臣蒙毅（蒙恬的兄弟）审问赵高。蒙毅审问完了，把他判了死罪。赵高苦苦地央告秦始皇饶他这一遭。秦始皇念他以前办事小心，这次又认了错，就饶了他的罪，恢复了他的官职。从那时候起，赵高就跟蒙家结下了怨仇。他使出了浑身的劲儿奉承着胡亥，做了他的心腹。这会儿他出主意叫胡亥夺取他哥哥扶

11

苏的地位，不用说胡亥是同意了。可是没有丞相李斯做帮手，还是不能成功。赵高就去跟李斯商量。

赵高对李斯说："给扶苏的信还没发出，皇上的大印藏在小公子地方。到底立谁做太子，全凭您和我一句话。您看怎么样？"李斯听了，好像头顶上打了个闷棍似的一愣。他定了定神，回答说："你怎么说出这种亡国的话来？这不是做臣下的该提的。"赵高眯着三角眼，说："哎，哎，哎！您别着急。我先问您：您的才能及得上蒙恬吗？您的功劳及得上蒙恬吗？您的声望及得上蒙恬吗？您跟扶苏的交情及得上蒙恬吗？"李斯说："我哪儿敢跟蒙将军比？你何必这么挖苦人呐？"赵高说："要是扶苏做了皇帝，他必然拜蒙恬为丞相，您只好回老家去。这几年来，我教公子胡亥学习法令，知道他心眼好，能够尊重老大臣。这许多公子当中没有一个抵得上他的。要是您立他为皇帝，您就可以一辈子做丞相了。"

李斯愁眉苦脸地说："我原来是上蔡（在河南省上蔡县西南）的老百姓，先帝提拔我做了丞相、封了侯，子孙做了大官。先帝这么信任我，临死把大公子托付给我，我不能够辜负他。"赵高拉长了脸，对他说："您如果一定不同意，我也不便多说了。可是咱们交好了这么多年，我不得不告诉您：小公子已经决定了，您不服他，他怎么肯放过您呐？我真替您和您的子孙担心哪。咱们自己人，我不好叫您受累。请您仔细想想吧。"李斯一想："原来他们已经串通一气了，叫我孤掌难鸣。"他不由得掉下了眼泪，愣头愣脑地望着天。他想跟赵高拼了，可是就这样一死，不但对秦国没有好处，连自己的子孙也受连累，再说"好死不如赖活"，活下去再说吧。他就自言自语地说："我真想死，可是又死不了。唉，先帝没有对不起我的地方，我可对不起先帝了！"

赵高见他已经同意了，就拉着他的手，怪亲热地跟他商量起来了。他们假造遗嘱，立胡亥为太子。另外又写了一封信给扶苏，说他在外怨恨父皇，为子不孝；蒙恬和他同党，为臣不忠；不忠不孝，都该自尽；兵权交给副将王离（王翦的孙子），不得违命等等。当时就派心腹把信送去。

赵高还怕扶苏和蒙恬不服，就催着人马日夜赶路。可是一千多里路程，一时怎么赶得到？再说夏末秋初的天气，没有多少日子，温凉车里开始发出臭味来了。赵高派士兵去收购鲍鱼，叫大臣们在自己的车上各载上一筐。鲍鱼的味儿本来挺冲，现在每一辆车都载上了一筐，沿路臭气难闻，温凉车上的臭味也就不足为奇了。

他们到了咸阳，还不敢把秦始皇的死信传出去。他们要等待上郡的消息。

4 怨声载道

上郡那边为了建筑长城和驰道（就是当时的公路），正忙着呐。扶苏和蒙恬听见皇帝的使者来了，连忙从外面回来，挺恭敬地拜见了使者。扶苏看了父亲的信和一把宝剑，哭得只能叹气，当时就要自杀。蒙恬拦住他，说："皇上交给我三十万大军把守边疆，派公子来监督，这是多么重大的责任。皇上把这么重大的责任交给了咱们，现在只来了个使者，谁敢保证其中没有岔儿？不如再请示一下，要是真的，再死也不晚。"扶苏摇摇头，又叹了一口气，说："父亲叫儿子死，还请示什么？"他就自杀了。蒙恬趴在扶苏的尸体上痛哭一场。接着他就把三十万大军交给副将王离。使者连连催着蒙恬自尽，蒙恬可不愿意就这么随随便便地死。他还想替扶苏申诉冤屈。他让使者把他押起来，送到阳周（在甘肃省真宁县北），关在监狱里等候处理。

使者赶紧回到咸阳，赵高和李斯这才传出秦始皇去世的信儿，一面给秦始皇出丧，一面立胡亥为二世皇帝。朝廷上别的大臣只知道这是秦始皇生前的命令，谁也不敢反对。丞相以下的大臣一律照旧，只有赵高提升为郎中令（掌管宫殿的大官），特别得到二世的信任。赵高要让天下的人都知道二世是个孝子，是个了不起的皇帝，安葬秦始皇就得大规模地来一下子。

二世听了赵高的话，从各地征调了几十万囚犯、奴隶和民夫，把秦始皇的寿坟修理一下。秦始皇在世的时候，已经在骊山下开了一块很大的平地，作为坟地。这坟地不但开得大，而且挖得深，从土层挖到沙层，从沙层挖到石层，然后把铜化了，大量地灌下去，铸成了一大片很结实的地基。在这上面修盖了石室、墓道和安放棺材的墓穴。二世又叫工匠在大坟里挖出江河大海的样子，灌上水银。还有别的花样说也说不完。这许多建筑物合成了一座大坟，把秦始皇葬在这儿。大坟里面不但埋着无数的珍珠、玉石、黄金，还埋了不少后宫美人儿。为了防备将来可能有人盗坟，墓穴里安装了好些个杀人的机关，不让别人知道。一切安葬的工作完了以后，二世把所有做坟的工匠全都封在墓道里，没有一个能再出来。最后在大坟上种上花草、树木，这座大坟就变成了一座山。这座山不但把秦始皇一生的事业葬在里面，而且还压着千千万万人的怨气和仇恨。

二世胡亥埋葬了他父亲以后，就想把蒙恬放了。可是赵高不但要杀蒙恬，还要害死蒙毅。他对二世说："当初先帝曾经要立您为太子，就是蒙家兄弟仗着他们过去的功劳，在先帝面前不是说大公子怎么怎么好，就说怎么也不能立小公子。因此，先帝临死仍然嘱咐丞相辅助扶苏即位。这会儿扶苏死了，您做了皇帝，他们哥儿俩不替扶苏报仇才怪呐。我直担心，他们两个人活着您的地位也稳不了。"二世这才缩着脖子，害怕起来了。他马上叫赵高去处理他们。赵高用不着自己费事，他派两个大臣分头办理。

一个大臣向蒙毅宣布罪状。蒙毅还想分辩几句，可是怎么说也是枉开口。他只好对天起誓，说："我是没有罪的。你们杀害我，我可以什么都不说地死去。可是我不能辜负先帝。你们这么暗无天日地杀害忠良，怎么对得起先帝呀！"那个大臣已经受了赵高的嘱咐，哪儿还有闲工夫去听这些废话。他趁着蒙毅不留意的时候，拔出宝剑，从后面砍过去，就这么结束了审判的工作。

蒙恬还在阳周。他见了使者和二世赏给他的一杯毒酒，就说："我蒙家为秦朝立功已经三代了（蒙恬的祖父蒙骜、父亲蒙武都是秦国的大将），今天我虽然押在这儿，可是只要我一开口，三十万大军还是听我的。我有这些兵马，足足可以背叛朝廷。为了不敢忘了上辈的教训，不愿意辜负先帝，死就死吧！"他就把毒酒一口喝下去了。扶苏、蒙恬被害的消息一传出，别说是秦人，就连六国的后人也有替他们叫冤的。

俗语说，"若要人不知，除非己莫为"。二世篡夺皇位的事慢慢地露了馅儿。大哥扶苏死了，二世可还有十几个哥哥。这些公子们，还有一些大臣们暗地里免不了指东说西地打着哑谜，说些抱怨的话。二世就跟赵高商量，说："这些公子和大臣好像心里不服，怎么办呐？"赵高眯着三角眼说："小公子做了皇帝，公子们自然不能甘心。朝廷上的大臣大多又都是历代的功臣，见了皇上重用我这么一个微贱的臣下，不但瞧不起我，连皇上您也不在他们眼里了。只有另外用一批新人，皇上才可以高枕无忧。"二世连连点头，叫赵高好好去干。

二世和赵高就布置了爪牙，鸡子儿里挑骨头，捏造证据，诬告忠良，把十几个公子和十来个公主，还有一些比较难对付的大臣一股脑儿都定了死罪，杀个精光。这一来，二世的位置没有人去抢，赵高的权力越来越大，谁也不敢反对他了。丞相李斯心里很不是滋味。可是他认为"既在矮檐下，怎敢不低头"，就睁个眼闭个眼地活着。二世和赵高要怎么办就怎么办，这一下更没了个顾忌。

二世非常得意，他对赵高说："人生在世，一眨巴眼儿就过去了，到底为着什么？我做了皇帝还希罕什么？我想照我的心意尽量地享乐一番，让我的耳朵、眼睛舒坦舒坦，你瞧怎么样？"赵高眉开眼笑地伸着大拇哥儿，说："这才是贤明的君王干的呀！那些昏乱的君王就不敢这么办。君王在上面专门享乐，下面万民才能够太平，贤明就在这儿；君王老出去打仗或者去管人家的闲事，那还不把天下弄得鸡犬不宁吗？昏乱就在这儿。"

二世只知道享乐，不知道享乐还有这一说，更加高兴了。他说："宫里当然要有得名的美人儿，可是光有美人儿叫她们干什么呐！她们也得玩儿玩儿。"赵高说："对呀！比如说，宫里总得有个很大的花园，把天底下最好看的花草、树木都栽在这儿。各色各样的鸟儿、狗、马、鹿，还有说也说不上来的野兽都很好玩儿的，得替它们另外圈个树林子。"

二世扳着手指头数一数，哈！有美人儿、有狗、有马，还有男女仆人，文武百官，这许多人总不能挤在一块儿。他就说："先帝曾经说过，咸阳宫殿太小，不够用。可是他老人家只盖了个阿房前殿就停了工。我既然继承先帝的皇位，就该在这种地方很像样地继承他生前没完成的事业。"赵高拍着胸脯，说："这建造阿房宫的事由我来办吧，用不着您操心，包您满意。"二世就下了一道命令，决定大规模地建造阿房宫。

上次骊山修大坟，征调了几十万囚犯、奴隶和民夫，已经扰得天下怨声载道。要强迫这许多人做奴隶的工作，非用鞭子不可。因此，有给打死的，有病死的，有逃亡的，也有逃了以后又给逮回去治罪的。老百姓已经憋了一肚子怨恨，这次建造阿房宫，规模比上次更大，从各郡县押到咸阳来做苦役的人更多，人民的怨恨就更不必说。

为了建造阿房宫，各地得运送材料和粮食。驰道上来来往往的全是车马，咸阳一带更加热闹。二世恐怕人头太杂，出了岔，就从各地选拔了五万名武士专门保卫咸阳。这些武士除了在街道上巡逻以外，平时练习骑马、射箭。这么一来，咸阳的人口更多了。武士、工匠、民夫和原来住在咸阳的文武百官、军民人等，每天都得吃饭，武士们的马和运输用的马都需要饲料。为这个，咸阳的粮食、蔬菜、肉类和草料大大起了恐慌。

二世下了一道命令，叫天下各郡县输送粮食，不断地供应咸阳。可是运粮队和运送建筑材料的车队一到，这许多人不是又得消耗当地的粮食吗？二世就又下了一道命令：任何车队，来回的人吃马喂，必须自备；外来的人在咸阳三百里内不得购买吃食和草料。秦朝的法令非常严厉，命令就是命令，谁也不能反对。这么多的粮食和草料还不是从民间搜刮来的吗？为了建造阿房宫，逼得各郡县的老百姓困苦不堪，有的不能生活，有的被官府拉去，有的丧了性命。真是遍地怨恨，叫苦连天。这里忙着盖阿房宫，北方又紧急起来。那时候，全中国的人口大约不过二千万，被征发去造大坟、修阿房宫、筑长城、守岭南和别的官差的合起来差不多已经有二三百万人。这回北方一吃紧，更得从内地押送大批农民到那边去防守。正是一波未平，一波又起，这叫老百姓怎么忍受得了？

5 揭竿而起

公元前209年七月，阳城（在河南省登封县）的地方官接到了上级的命令，要他征调九百名壮丁送到渔阳（在北京市密云县）去防守边疆。地方官派官兵层层下去，直到乡间（二十五家为间；间，也叫里），按门按户去抽壮丁。有钱的人出点财物，或者给乡长、间长一点好处，还可以不去，穷人没有行贿的力量，只好给征了去。为这个，每回送到边疆上去防守的壮丁总是贫苦的农民。这次阳城的地方官派了两名军官押着九百名贫民壮丁到渔阳去。

军官从壮丁当中挑选了两个个儿高大、办事能干的人作为屯长，叫他们分别管理其余的人。那两个屯长一个叫陈胜，阳城人，是个雇农；一个叫吴广，阳夏人（阳夏，在河南省太康县），是个贫民。陈胜和吴广本来并不相识，现在碰在一块儿，同病相怜，倒也意气相投，很快地做了朋友。他们只怕路上耽搁，误了日期，天天帮着军官督促着这一大批壮丁往北赶路。

他们走了几天，才到了大泽乡（在安徽省宿县西南），正赶上下大雨。大泽乡地势低，水淹了道，没法走。他们只好扎了营，暂时停留下来，准备天一晴再赶路。雨又偏偏下个不停，急得这队壮丁好像热锅上的蚂蚁似的，不知道怎么办才好。他们倒不是为了自己的家着急，也不是为了自己的庄稼着急。这些顾虑现在已经谈不到了。他们着急的是误了日期，命就保不住。秦朝的法令是那么严，误了日期，就得砍头。走又走不成，逃又逃不了，他们只能愁眉苦脸地叹着气，私底下说些抱天怨地的话。

陈胜偷偷地跟吴广商量，说："这儿离渔阳还有几千里地。就算雨马上就住，路上也不好走。算起来，怎么也赶不上日期。难道咱们就这么白白地去送死吗？"吴广说："那怎么行？咱们逃走吧。"

陈胜摇摇头，说："逃到哪儿去？给官府抓回去，也是个死。逃，是个死；不逃，也是个死。反正是个死，不如为大家死。推翻秦朝，打天下，为老百姓除害；夺不到天下再死，也比到渔阳去送死强。老百姓吃秦朝的苦头也吃够了。听说二世是个小儿子，顶坏，压根儿就轮不到他做皇帝。大公子扶苏才是应当登基的。他老劝他老子不可杀害好人，他老子这才叫他到外边去监督蒙恬。天下的人都知道他是个好人。听说他给二世杀了，多冤哪！可是老百姓大多还不知道他已经死了。还有，从前咱们楚国的大将项燕，他立过大功，又能爱护士兵，咱们楚人都知道他是条好汉。有的说他已经死了，有的说他逃走了。不管他是死是活，反正楚人都替他打抱不平。要是咱们借着公子扶苏或者楚将项燕的名头，号召天下，去打二世，这儿原来是楚国的地界，准会有很多的人出来帮助咱们的。"

吴广也是个有见识的好汉。他完全赞成陈胜的主张，情愿豁出性命跟着陈胜一块儿干。可是打天下是一件大事，怎么也不能莽撞。他们又不能够跟别的人去商量，就决定先去算个卦。

算卦先生一见两个高个儿气冲冲地跑进来，已经有些害怕了，听说是来问吉凶的，连忙低声下气地说："请问两位问的是什么事？"陈胜、吴广不好说要造反，只能含含糊糊地说："我们要干一件很重要的事情，不知道能不能成功。"算卦的也是个有心人，他说："只要你们同心协力，事情是可以成功的。"算卦的又想摆脱自己的责任，就又加了一句："如果能有鬼神相助，那就更好了。"

他们算卦回来，路上谈论着算卦先生的话："如果能有鬼神相助，那就更好了。"陈胜说："楚人大多相信鬼神。咱们不妨假托鬼神，人家准能相信咱们的。"吴广完全同意。他们又仔细商量了一些办法，决定分头干去。

第二天，陈胜叫两个心腹到街上去买鱼。伙夫剖鱼的时候，在一条大鱼的肚子里剖出了一块布帛。鱼肚子里有布帛，已经够新鲜的了，布帛上面还有红颜色的三个字，更叫人奇怪得了不得。有认得字的一念，是"陈胜王"三个字。一下子，好多人争着来看，果然是"陈胜王"。不一会儿，这个新闻就传开了。大伙儿跑到陈胜跟前报告这件怪事。

陈胜责备他们，说："鱼肚子里哪儿能有布帛？你们别造谣生事。要是给军官听到了，我还有命吗？你们平日跟我很好，别害我啊！"众人给他这么一说，谁都不愿意叫陈胜为难，只好不再开口。可是在吃鱼的时候，还免不了喊喊喳喳地谈论着。到了晚上，怎么也睡不着。仨一群儿，俩一伙儿，躺在一块儿咬着耳朵还聊着鱼肚子里出的怪事。

17

大伙儿正瞎聊着，忽然听到外面好像有狐狸叫的声音。一下子谁都竖起耳朵静静地听着。是狐狸叫的声音。真怪，狐狸的叫声变成了背三字经那样的声音。细细听去，越来越清楚。第一句是"大楚兴"，第二句是"陈胜王"。大家不约而同地用手窝着耳朵沿，再仔细听去。那狐狸还是"大楚兴，陈胜王"，"大楚兴，陈胜王"不停地叫着。其中有十几个大胆的壮丁也不管路湿，一块儿出去要看个明白。他们顺着声音走去，才听清楚那声音是从西北角一座破祠堂里出来的。三更半夜，荒郊破祠堂里，狐狸说着人话，多怕人哪。有的撒腿就跑，有的还想再走过去。也许那狐狸也听见有人过来，不再叫了。他们又是害怕又是纳闷，只好静悄悄地回来。过了一会儿，吴广也从外面回来了。他的胆儿格外大，单人儿出去，晚一步回来，什么都不怕。

　　鱼肚子里有"陈胜王"三个字，有眼睛的都看到了，祠堂里的狐仙叫唤着"陈胜王"，有耳朵的都听到了。只有那两个军官，天天喝酒、睡觉，要末就打人，别的什么也不管，队伍里的事情都交给两个屯长。两个屯长一见大伙儿这几天特别尊敬他们，他们也就更加待他们好。这么着，陈胜、吴广跟大伙儿打成了一片。

　　陈胜、吴广带着几个心腹去见军官。外面挤满了人。吴广对军官说："今天下雨，明天下雨，我们怎么能到渔阳去呐？就算去了，也要误期。误了期，就要杀头。我们特意来跟你们商量：还是让我们回去种地吧。"这几句话真说到大伙儿的心坎里去了。可是其中一个军官瞪着眼睛骂吴广，说："什么话！你敢违抗朝廷吗？谁要回去，先把他砍了！"外面的人听了，气呼呼地真想冲进去，吴广一点不害怕。他说："你敢？"另一个军官也不说话，拔出宝剑就向吴广砍去。吴广手疾眼快，一个飞腿把那把宝剑踢下来，连忙拣起，顺手把他杀了。头一个军官也拔出宝剑来要跟吴广对打，陈胜早已把他藏在身上的菜刀拿在手里，跑上一步，把那个军官的脑袋劈下了一片。两个军官就这么都给杀了。陈胜把菜刀交给别人，自己拿起死军官的宝剑，割下两个军官的脑袋，提在手里出来了。

　　陈胜对众人大声地说："弟兄们！男子汉大丈夫不能白白地到渔阳去送死。死，也得有个名堂。王侯将相难道是有种子的吗？谁都是爹娘生的，我们就不能做王侯将相吗？"好几百人一齐大声地说："对呀！我们听您的！"说也奇怪，天也听他的，连太阳都出来了。

　　陈胜叫弟兄们把两个军官的人头挂在竹竿上，再在营外搭个台，做了一面大旗，旗上写个"大楚兴"的"楚"字。大伙儿对天起誓，同心协力，替

陈胜、吴广带领着这么一个农民起义军"揭竿而起",从大泽乡出发去攻打县城。

楚将项燕报仇。他们公推陈胜做首领，吴广老二。陈胜就自己称为将军，称吴广为都尉（官衔，比将军低）。九百条好汉一下子就把大泽乡占领了。

大泽乡的农民一听到陈胜、吴广出来反抗秦朝，都说："老天爷有眼睛，这可有了盼头啦！"都拿出粮食来慰劳他们。青年子弟纷纷地拿着锄头、铁耙、扁担、木棍到陈胜、吴广的营里来投军。人数多了，就得分别编成队伍。每一个小队总得有面旗子作为领队的记号。可是一下子要这么多的刀枪，这么多的旗子，哪儿来呐？他们跟陈胜、吴广商量了一下，想出了一个办法来。他们就用木头做刀，又砍了许多竹子，梢儿上留着枝子。这样的竹竿当作旗子，又轻便又顶用。陈胜、吴广带领着这么一个农民起义军"揭竿而起"（揭竿，举起竹竿），从大泽乡出发去攻打县城。

6 天下响应

大泽乡是属蕲县（蕲 Qí；在安徽省宿县）管的，陈胜、吴广要攻打县城，自然先从这儿着手。蕲县是个小城，官兵不多，他们听到楚国大将项燕的大军到了，马上逃的逃，投降的投降。陈胜、吴广不费力气，就占领了这个县城，作为根据地。陈胜派手下人进攻临近的县城，一下子又打下了五六个城。

这几年来，各地的老百姓给秦朝的官吏压得难过日子，好像闷热的伏天憋得人喘不过气来似的，谁都盼着来阵狂风，下阵大雨。陈胜、吴广一声霹雳，带来了一阵暴风骤雨，真叫人感觉到说不出的痛快。为了这个缘故，陈胜的兵马还没到城下，秦朝官吏的脑袋早给人们砍去了。各地的老百姓和投降的小兵赶着车马纷纷地跑来投军，愿意听从陈胜的指挥。不到几天工夫，陈胜已经有了六七百乘车（四匹马拉的一辆车叫一乘），一千多骑马的士兵，好几万农民。他就带领着这些人马打下了陈县（就是从前的陈国，后来也叫陈州，在河南省淮阳县）。陈县是个大城，陈胜打下了陈县，声势更大。除了大批起义的农民以外，有些一向不得志的谋士、武士、失意的政客和六国领主的残余分子等，都就近混进来。陈胜一一收用。队伍扩大了，可是成分也就复杂了。

在这许多新收用的人们当中，最出名的有两个大梁人（大梁，就是河南省开封，战国的时候魏惠王迁都到大梁，所以魏国也叫梁国），一个叫张耳，一个叫陈馀。他们都是旧贵族分子，一心想恢复原来的领主统治。陈馀比张耳年轻，他像尊敬长辈似的尊敬着张耳。两个人做了知己朋友。后来魏国被秦国灭了。过了好几年，秦国听到这两个人，还出了赏格捉拿他们：拿住张耳的赏一千金，拿住陈馀的赏五百金。他们只好更名改姓，躲在陈县，当着看管里门的小卒子。这会儿他们听到陈胜占领了蕲县，到了陈县，就又使了原来的姓名，投到陈胜的门下来。陈胜早就听到过这两个很出名的人，就把他们当作谋士看待。

陈胜叫张耳、陈馀去召集陈县的父老共同商量大事。陈县的父老一见陈胜的军队不抢东西，不伤害老百姓，个个喜欢。他们说："将军替天下百姓报仇，征伐暴虐的秦国，恢复我们的楚国，这功劳多么大啊！可是没有王，就不能号令天下去征伐秦国。我们都是楚国人，请将军做楚王吧。"

陈胜听了，问张耳、陈馀有什么意见。张耳、陈馀这些人钻进农民起义军的队伍里来，并不是真心来帮助他们，只是想利用起义军的力量来恢复六国贵族和自己的旧势力。现在他们一见老百姓都推农民起义军的领袖陈胜为王，就起来反对。张耳还说了一大篇冠冕堂皇的道理，其实只有一句话，就是主张旧势力复辟。他说："秦国灭了人家的国家，杀了六国的君王，迫害百姓，榨取财物，害得人们都活不下去。将军不顾自己的性命，挺身出来为天下除害，这是大公无私的大作为。可是请将军先别做王，赶紧率领大军往西打过去，一面派人去立六国的后代，他们就都能做将军的助手，跟秦国就是对头。秦国的敌人一多，力量就分散；将军的助手一多，兵力就强大。这样，就可以占领咸阳，推翻秦国的统治，号令天下诸侯了。六国已经灭了，将军把它们恢复过来，天下诸侯要多么感激将军哪！到了那个时候，帝王的大业就成功了。现在刚占领了一个陈县，如果就做起王来，恐怕天下豪杰免不了会说将军有私心。人心不齐，事情就不好办了。"

陈馀接着说："将军要平定四海，最好能立六国的后代，不必急于自己做王。"陈胜不同意这么办，可不好意思驳斥张耳和陈馀，就说："再商量商量吧。"陈县的父老们都说："这还用得着再商量吗？将军不做王，谁还能做王呐？"陈胜向他们点点头，不说话。

这么着，陈胜就在陈县做王，国号"张楚"（张大楚国的意思）。因为他在陈地为王，历史上就称他为陈王。陈王叫吴广带领着将士往西去攻打荥阳，叫另一路兵马往东向九江（包括江苏、安徽两省的长江北岸和江西全省）方面打过去。张耳、陈馀另有野心，不愿意在这儿当谋士，就趁着机会对陈王说："我们过去一向在赵国，不但熟悉河北的地势，而且在那边也结交了不少豪杰。现在东路、西路已经有人去了，大王早晚总得去咸阳，就顾不到北路。请派我们替大王去收服赵国吧。"陈王不大放心，怕他们一离开他，可能自作主张不听指挥，就派自己的亲信陈人武臣为将军，让张耳、陈馀做校尉（官衔，地位比将军低）帮着武臣带领着三千人马去进攻赵地。

　　武臣等往北进军，沿路各城纷纷起义，三千人的队伍一下子扩大到了几万人。他们接连平定了三十多个城。武臣、张耳、陈馀等就进了邯郸（原来是赵国的都城，在河北省邯郸市西南）。当初张耳、陈馀劝陈胜要替天下除害，不可自立为王。现在他们进了邯郸，力量大了，就露了原形。他们在陈王手下做校尉，地位不高，不能满足他们的欲望，就花言巧语地劝武臣自立为王。武臣变了心，做了赵王。水涨船高，武臣做了赵王，拜张耳为大将军，陈馀为丞相。他们派人去向陈王报告。

　　陈王气得什么似的，就想发兵去征伐武臣他们。可是他又腾不出手来。原来荥阳由李斯的儿子李由守着。秦兵很强，吴广没法打进去。他请陈王再发兵马去。陈王的谋士们认为与其再发一批兵马去帮助吴广，不如直接去进攻咸阳。陈王就派陈人周文（也叫周章）向西进军去打咸阳。

　　周文曾经在楚将项燕手下做过事，懂得一些兵法。他沿路收集壮士，居然编成了一个几十万人的队伍。真是一点挡头都没有似的一直打到函谷关。荥阳由李由守着，就能够对付着吴广，难道函谷关外就没有秦兵把守着吗？怎么二世不派大将去打退周文呐？中国历史上的昏君有的是，可是像二世那样的昏君也真少见。从东方回来的使者早已向他报告过各郡县农民起义的情况，您猜二世怎么着？他火儿了，赵高还说这是使者造谣。二世就把使者下了监狱。以后各地都有使者回来。他们见到头一个使者吃了亏，自己都学了乖，学会了报喜不报忧的一套。二世问他们："天下都造反了吗？"他们已经听到了一个"聪明人"叔孙通的话，都说："强盗、小偷总有几个，皇上不必担心。"二世这才高兴了。他哪儿还会派大将去打小偷？直到周文的大军到了函谷关，各地的警报好像雹子一样地打在赵高的脑袋上。赵高慌了手脚，只好实话实说。

　　二世听了赵高的报告，吓得他差点倒下去。他连忙召集文武大臣商量办法。这些大臣们平时吃喝玩乐，欺侮老百姓都挺在行，一旦大难临头，谁也拿不出个主意来。李斯虽然是个丞相，早已给赵高吓唬住了。那个"聪明人"叔孙通已经溜走。别的大臣都搭拉着脑袋，来个死鱼不张嘴。还算少府（官衔，管天下赋税和库房的大官）章邯有头脑。他说："除了现有的兵马以外，再要到别处去征调已经来不及了。在骊山做苦役的囚犯和奴隶就有几十万。不如把他们都编成队伍,发给他们兵器。再由皇上下道命令:把他们的罪全都免了,奴隶也不算奴隶,马上就优待他们;打了胜仗,还有重赏。这么着,还可以打退敌人。"二世就拜章邯为大将,由他去布置。章邯还真有两下子。他很快地编成了一支大军去跟周文对敌。

周文打了败仗,退出函谷关,向陈王讨救兵。陈王已经派魏人周市往北去接收魏地,派广陵人(广陵,在江苏省江都县东北,就是扬州)召平去接收广陵,手底下的将士不多了。正在这个紧要关头,武臣自立为赵王。陈王已经没有力量去征伐他,只好听从谋士的劝告,顺水推舟地派使者去向赵王武臣祝贺。

陈王打发使者到赵国去祝贺武臣,叫他赶快发兵到函谷关去帮助周文对付章邯。陈王急于要推翻秦朝的统治,武臣他们可没有这么热心。他们是"骗上高楼拔短梯",早就"小船跑顺风",各奔前程了。

7 抢 地 盘

张耳、陈馀对赵王武臣说:"陈王派使者来祝贺大王,绝不是出于真心。赶到他灭了秦国,回过头来准来收拾赵国。大王与其发兵往西去救周文,不如往北去打燕(原来的燕国,在河北省)、代(国名,包括山西省东北部和河北省蔚县附近的地区)。西边打了胜仗,对大王一点好处都没有;北边打了胜仗,夺下的地盘全是大王的。要是大王收服了燕、代,再往南去占领河内(从前黄河以南叫河外,黄河以北叫河内)。这样,赵国南边有了大河(就是黄河),北边有了燕、代,就说陈王灭了秦国,也不敢得罪大王了。"

武臣就不去支援周文,让他孤军无援地去跟章邯作战。武臣为了自己打算,派韩广去攻打燕国,派李良去攻打常山(在河北省唐县西北)。

韩广到了燕国,燕国的贵族和豪强们对他说:"楚国有了王,赵国也有了王,燕国原来是个有一万辆兵车的大国,就不能有个王吗?"他们就立赵将韩广为燕王。您瞧:陈王派武臣去攻打赵国,武臣自己做了赵王,弄得陈王没有办法。这会儿武臣派韩广去攻打燕国,韩广自己做了燕王,也弄得武臣没有办法。这时候带兵的人乘着农民起义的机会,都想混水摸鱼,各抢地盘。这种人简直数也数不清楚。可是陈王派到魏国去的魏人周市不愿意自己做王。他收服了魏地，再到狄城(就是临济)去。齐国的旧贵族田儋(dān)和叔伯兄弟田荣、田横等杀了狄县的长官。他们这么干并不是为了响应周市。田儋自立为齐王，带领齐人去抗拒周市这一路的起义军。周市只好回到魏国。

周市要立魏国的后人魏咎为魏王。这时候，魏咎正在陈王的营里，一时不能回来。魏人要立周市为魏王。周市说："我原来是魏国人。既然恢复了父母之邦，就应该立魏王的后代为王，才是魏国的忠臣。要是谁都可以做王，天下不是更乱了吗？"他就打发使者请陈王立魏咎为魏王。陈王不愿意让原来的贵族再做国王。周市再三请求，使者来回跑了五趟，陈王这才让魏咎回去做魏王。魏王咎拜周市为相国。

这么着，陈胜起兵不到三个月工夫，已经有了楚王(就是陈胜，又叫陈王)、赵王(武臣)、齐王(田儋)、燕王(韩广)、魏王(咎)五个王了。当初秦始皇灭了的六国只短了一个韩国。可是这么多的王各人占领着一个地盘，别说不能去攻打咸阳，推翻二世的统治，只怕章邯大军一到，连自己的地盘都保不住。

秦将章邯已经把孤军无援的周文打败了。周文一直逃到渑池(在河南省铁门县)，章邯就追到渑池。周文眼看手下的人都逃散了，他只好自杀。章邯打了胜仗，二世又威风起来了。他派司马欣和董翳(yì)两个将军带领几万人马去帮助章邯，嘱咐他们一定要把"强盗和小偷"剿灭光，才可以回去。章邯打了胜仗，又增加了两支生力军，就向荥阳出发帮助李由去反击吴广。吴广手下的将军田臧听说周文死了，章邯亲自打到荥阳来，就跟另一个将军说吴广不会用兵，最好由他来领导。他们就谋害了吴广，再去抵抗章邯。章邯不费多大力气，杀了那个自作聪明的田臧，把张楚的军队打得落花流水。他还不肯罢休，接着就去攻打陈王的根据地陈县。

这儿吴广的军队打了败仗，已经够瞧的了，赵国那边又来了个窝里反。原来赵王武臣派李良去攻打常山，常山倒给他打下来了。武臣又叫他去打太原。那儿有秦朝的将军守着。李良兵马不够，没法过去。秦朝的将军劝李良归附，还说归附了可以享受富贵。李良下不了决心，他回到邯郸去请赵王武臣再给他一些兵马。李良在邯郸城外碰到了武臣的姐姐耀武扬威地过去。他气不过，把她杀了。反正他有退步，一不做，二不休，又杀了赵王武臣。张耳、陈馀逃出邯郸，招集了几万人马回来再去打李良。李良打了败仗，逃到秦营，投降了章邯的部下。张耳、陈馀就立原来赵国的后人赵歇为赵王。

这儿窝里反，那儿各人抢各人的地盘，起义军的战线拉得这么长，大多都不听从陈王的指挥。章邯的大军到了陈县，陈王不但不能调兵遣将，而且也禁止不了士兵们开小差。自从他做了王以后，亲戚朋友都来求见他。可是现在陈王住的不是草棚，而是王宫了。把守宫门的卫兵们多神气呀。他们瞧见这批破破烂烂的大老粗，不但不让他们进去，反要把他们绑起来。他们嚷着说："我们都是陈王的自己人哪。他跟我们有交情，你们怎么不讲理呀？"卫兵们这才不去为难他们，可是不给他们通报。他们吵吵嚷嚷地在道上等着，要等陈王出来评个理。

过了一会儿，他们瞧见陈王坐着车马前呼后拥地出来了，就一窝蜂似的围上去。他们高兴得说不出别的话来，只会挺亲热地连连叫着"陈胜，陈胜！"陈王一见，都是跟自己一块儿干过活儿的光鸭子朋友，就把他们接到宫里来。他们看见宫里的屋子这么深，帘子这么讲究，摆设这么多，都说："哟！陈胜做了王，可真阔气呀！"陈王听了，也无所谓。庄稼人本来不懂得那些虚情假意的礼节，也不讲究官员们说话的那一套花样。他们说话就像聊家常似的，"陈胜哥长、陈胜哥短"，一聊就聊到陈王当初做雇农的情况来了。官员们本来早已瞧不起他们，这会儿听到了这些话，就对陈王说："这些没有知识的人说话没有分寸，进进出出也不守规矩。他们这么没上没下地胡说八道，大大损害了大王的威风。请大王把他们惩办一下。"陈王就把几个最没有礼貌的大老粗杀了。这么一来，有不少人偷偷地走了。

陈王的丈人瞧见陈王待他不像农村里女婿对丈人的样子，也火儿了。他说陈王自高自大，不尊敬长辈。他也溜了。不但从本乡来见陈王的那批亲戚、朋友全都走了，连楚营里跟陈王一块儿起义的士兵也走了不少。这还不算。陈王左右最拿事的有两个人，一个叫朱房，一个叫胡武。文武百官都得受他们监察。这两个人根本不是能帮助陈王成大事、立大业的人才。他们老随自己的脾气对待别人。自己所喜欢的人就是做错了事也无所谓，自己所不喜欢的人，一不高兴就拿来办罪，用不着叫官吏去审问。陈王就信任这两个人，难怪将士们对他越来越疏远。各地的将士们不亲附，左右就只这么两个成事不足、败事有余的家伙，怎么能不失败呐？赶到章邯打到陈县，陈王很着急。他只好退回东南，到了下城父（在安徽省蒙城西北），这位首先起义为天下除害的张楚王陈胜竟给自己的一个车夫，叛徒庄贾，杀害了。庄贾还逼着士兵投降了敌人。

陈王手下的将军吕臣带领着一队奴隶军（古文叫"苍头军"）杀了叛徒庄贾，反攻陈县，把陈县夺过来做了抗秦的根据地。

陈胜、吴广虽然都死了，可是由他们点起来的那把火正在到处烧着，而且越烧越厉害了。陈王派到广陵去的楚将召平，到了那边，还没能够把广陵收复过来，就听到了陈王被害的消息。他想挽回这个局面，就渡过长江，到了吴中。他不说陈王已经死了，反倒假传陈王的命令，把已经在那边起兵的一位将军拜为楚王上柱国（上柱国，楚国的官衔，是一个地位极高的常胜大将军的衔头，也有说相当于相国），叫他往西边去进攻咸阳。

8 八千子弟

召平假传命令所封的那个楚王上柱国就是项羽的叔父项梁。项梁看到东南一带纷纷起义，杀了秦朝的官吏，响应陈胜，就跟侄儿项羽杀了会稽的郡守（统治一郡的长官），带领着平日跟着他们练武的一班青年，占领了吴中。当地的老百姓本来都痛恨着秦朝的官吏，就是自己没法反抗。现在项梁起来，杀了郡守，真是大快人心。他们都拥护项梁响应陈王。项梁自立为将军，同时做了会稽郡守，立项羽为偏将。当时就有不少壮士前来投军。项梁叫项羽带着几百名士兵去攻打临近的县城。

那时候，项羽是个二十四岁的青年。年龄跟项羽差不多的青年农民大多知道项羽的能耐。大家都是青年英雄，性情脾气又合得来，全都乐意跟他在一块儿。不到几天工夫，就组成了一支八千人的队伍。因为这些青年都是当地的子弟，就称为"八千子弟兵"。每一个子弟兵都像刚出山洞的老虎似的，威风凛凛，勇气百倍。他们是情投意合、自愿结合在一起的弟兄，大伙儿都重义气。项羽做了八千子弟兵的首领。他收服了几个县城，回到叔父那儿，正碰到楚将召平来拜他叔父为上柱国，心里非常高兴。

召平对项梁说："江东已经平定了，陈王请您往西打过去。"项梁、项羽就带领着这八千子弟兵渡江，准备先去收服广陵。正在这个时候，他听到陈婴收服了东阳（属广陵营的一个县城，就是安徽省天长县），当地的人都拥护他，已经组成了两万人的队伍了。项梁打算跟他联合起来，一同往西进军。他写了一封信，派人送去。

陈婴收到了项梁的信，正好解决他一件为难的事。原来陈婴是东阳县的一个文书，素来小心谨慎，又讲信义，城里的人称他为忠厚长者，挺尊敬他。东阳的一些青年响应陈王，杀了县令，一下子聚集了几千人。可是他们没有合适的首领，就请陈婴出来。陈婴不干，他说他没有这分能耐。几千人一起哄，强迫他做了他们的首领。县城里的人听到陈婴起义，都来投军。县城里原来的一些士兵也起来拥护他。没有几天工夫，就有两万人情愿听他的指挥。

他们听说别的地方都有了王了，就要立陈婴为王。这一下叫陈婴十分为难。他跟他母亲商量。他母亲说："咱们不是富贵之家，你只是个县里的文书，怎么能做王呐？突然出了名，顶容易惹出祸来。不如挑一个主人，做他的助手。事情成功了，也能受封、受赏；失败了，人家不会指名指姓像抓头儿那样地来抓你。在这个兵荒马乱的年月里还是这么办好。"

正在这个时候，项梁的信到了。陈婴就出去对青年们说："项家祖祖辈辈做楚国的将军，挺出名，楚人谁都知道。项梁是个将门之子，我们要举大事，非跟着他不可。我们有了这么出名的楚国大将，准能灭了秦国，为天下除害。"大家都同意，就跟项梁的军队联合起来。他们很快地收服了广陵，接着渡过淮河，继续前进。

项梁、项羽和陈婴渡淮河的时候，军队里已经有了好几位很出名的将士了，像：季布、钟离昧、虞子期、桓楚、于英等。季布和钟离昧本来是会稽郡的将军；虞子期是项羽的大舅子，桓楚和于英上过山头，做过"大王"，由项羽收服过来的。他们过了淮河，正在行军的时候，就见前面有一支兵马挡住去路。那个带头的一定要这支新来的军队说明来历，才肯让他们过去。

项羽跑到头里一看，是一个脸上刺了字的大汉，可不认识。项羽对他说："我们是楚将项燕的后人，楚王上柱国项梁的大军。因为二世昏暴，毒害老百姓，会稽子弟起来为楚王报仇，为天下除害。请问将军尊姓大名。"那个脸上刺字的将军说："我叫英布，又叫黥布（黥 Qíng；脸上刺字的刑罚叫黥刑），六县人（六，古国名，秦改为县，在安徽省六安县）。因为陈王打了败仗，陈城又给秦人夺去，我就帮助着楚将吕臣打退秦兵、夺回陈城。现在正想往东去，不料在这儿碰到了项将军。"

桓楚听说是英布，急忙跑到队伍前面，大声嚷着说："英大哥，怎么还不下马？我已经投到楚军里来了，你我弟兄说过的话可要算数，快去见过上柱国。"英布一瞧是桓楚，连忙下马，趴在地下。项羽、桓楚也都下了马，扶起英布。

项羽说："原来你们两位是朋友。好极了。"桓楚对项羽说："英大哥棒得很，就是时运不好。他先前给秦国的官府抓了去，说他犯法，他妈的，定了罪，脸上刺了字，跟一大批别的壮丁充军到骊山去造大坟。他在那儿结交了好些有能耐的好汉,做了弟兄,从骊山逃出来。路过我的山头,我们讲义气结为弟兄,约定赶明儿有出头的日子,相帮相助,共图富贵。想不到今天在这儿碰到了英大哥,真巧极了。"英布说:"项将军起义,我愿意做个小兵。"他们就领着英布去见项梁,项梁当然喜欢,十分重用他。

原来当初英布得到了桓楚的帮助,带着几十个从骊山逃出来的囚犯,在鄱阳湖里做了强人。鄱阳的长官吴芮(ruì;吴芮后来做了衡山王,又做了长沙王)性子直爽,喜欢结交江湖上的好汉。英布听到陈胜、吴广起义,就去求见吴芮,请他起兵响应。吴芮见他雄壮,又有志气,就把自己的女儿嫁给他。结婚以后,英布不愿意老在家里呆着,向丈人借了些兵马,连同原来的弟兄,去攻打江北。可巧碰到楚将吕臣给秦兵打败,丢了陈城。英布就帮他反攻,收复了陈城。这会儿他想往东去抢地盘,碰上了项梁的军队,就联合在一块儿。项梁和英布联合起来,就有了四五万人马。

他们走了一两天,又来了一位带兵的将军。历史上只说他是姓蒲的将军,可没记下他的名字。我们就称他为蒲将军。蒲将军带着一两万人马投归了项梁。这一来,项梁就有了六七万人了。大军到了下邳(就是张良隐居的那个城),驻扎下来。项梁派探子往前面去探听情况。

探子回来报告,说:"秦嘉的军队驻扎在彭城(就是江苏省铜山县,从前属徐州管的),不让大军过去。"

原来各地起义的时候,浚人(浚,古邑名,在安徽省宿迁县东南)秦嘉自立为大司马。他听说陈王已经死了,就立以前楚国的贵族景驹为楚王。

项梁听到秦嘉立景驹为楚王,还要发兵来打他,冒了火儿。他对将士们说:"陈王首先起义,就是打了一个败仗,也不见得就完了。秦嘉违背陈王,另外立了楚王,还阻挡我们进兵灭秦,这就是大逆不道。"他派英布他们带领一支军队去打秦嘉。秦嘉打了败仗,丧了性命,新立的楚王景驹逃了一程子也死了。秦嘉的军队都归附了项梁。

项梁带领着大军进了薛城,在那儿驻扎下来,跟将士们商量以后行军的事情。就在这个时候(公元前208年,二世二年三月),从丰乡(在江苏省沛县西)来了一位将军,带着一百多名随从的人来投奔项梁。项梁虽然不认识那位将军,可是人家既然来投奔他,他不能不把他收留下来。

9 斩白蛇

那位来求见项梁的将军叫刘邦,沛县丰乡人。他是个庄稼汉,可是从小就不愿意种地,他父母老说他不像个庄稼人,没有出息。到了壮年,他做了泗水亭长(秦朝的制度,十里一亭,十亭一乡,亭长是管理十里以内的小官;泗水亭,在沛县)。亭长主要的职务本来是管管当地老百姓打官司,抓抓小偷,遇到重大的事情才上县里去报告。可是在秦朝暴虐的统治底下,亭长主要的工作,是抓壮丁和押壮丁到咸阳或者骊山去做苦工。有一次,刘邦押着一队民夫到了咸阳,恰巧秦始皇出来,给他瞧见了。他一看做皇帝有这么威风,就暗暗地叹了口气,说:"唉,大丈夫就该这个样子!"打这儿起,他有了野心,跟豪杰、官吏的来往就更多了。

有一天,听说县令家里来了一位贵客,沛县的豪杰和官吏都去道贺。刘邦不能错过机会,当然也去了。到了那边,就瞧见县里的文书萧何在头门替主人收贺礼。萧何眼睛看着刘邦,成心叫他为难,对来客们说:"贺礼不满一千钱的坐在堂下。"刘邦心里骂着说:"好小子,你这算哪道玩意儿!"他可没骂出来。他昂着头说:"我送一万!"萧何知道刘邦吹牛。可是他们是同乡又是老朋友,就向他溜了一眼,让他进去了。赶到堂上、堂下都坐满了客人,萧何打哈哈说:"刘邦只会说大话,哪儿真能送一万?"刘邦挺神气地走到上座,一屁股坐下,也打哈哈说:"一万钱算得了什么?记一笔账吧!"

那位县令的贵客叫吕公,他见刘邦气派大,说话又挺豪爽,不由得对他格外尊敬。赶到喝开了酒,吕公更加佩服他的洪量。刘邦那种有说有笑的痛快劲儿压倒了在座的客人。吕公见过的人不知道有多少,像刘邦这样的人简直没碰到过。羊群里跑出骆驼来了,他不能放过。直到客人快散完了,吕公拿眼睛告诉刘邦,请他留下。留下干什么呐?光脚的不怕穿鞋的,留下就留下。闹了归齐,吕公请县令做媒,把自己的女儿吕雉嫁给刘邦。

刘邦可不能老陪着媳妇儿。上头公事下来,叫他再送一批民夫到骊山去。他只好押着他们一天一天地赶路。那批壮丁谁都不愿意丢了自己的庄稼,跑到这么远的地方去做苦工。虽然这些民夫都用绳子拴着,可是每天晚上总有几个逃走的。刘邦一个人又没法把他们抓回来。他们刚到了丰乡西边，逃亡的人就不少了。刘邦挠着头皮，想不出办法来。这么下去，到了骊山，也许只剩下他一个光杆了。

那天下午，他一步懒似一步地走着，到了一个地方，虽然还早着，他叫壮丁们休息休息，准备过夜了。看见有卖酒的，他就买了些酒，坐在地上一声不响地喝着。酒喝够了，天也晚了。他突然站起来对众人说："你们到了骊山，就得做苦工。苦工做下去，不是累死就是给打死。就算不死，也不知道哪年哪月才能回家。这不是去送死吗？我现在把你们都放了，你们自己去找活路吧。"说着，他把每一个人拴着的绳子都解开了，搭拉着脑袋，闭着眼睛，挥着手，说："去吧！"众人感激得直流眼泪。他们说："那您怎么办呐？"刘邦说："我也不能回去，逃到哪儿是哪儿，走着瞧吧。"其中有十几个壮士情愿跟着刘邦一块儿"去找活路"。其余的人谢过了刘邦，感激涕零地走了。

逃命要紧，那天晚上刘邦他们不能再住客店了。刘邦又喝了不少酒，这才醉醺醺地带着这十几个人往洼地那边走去。刘邦东倒西晃地走得慢，有三五个人跟着他落在后头。他们走了一阵子，月亮出来了。可是他们反倒怪月亮太亮，给别人瞧见不是闹着玩儿的。他们就拣小道走。不知道怎么着，忽然前面的人撒腿就往回跑，吓得后面的人还以为碰到了官兵。这一下子倒把刘邦的酒吓醒了，他跑上一步，着急地问："出了什么事儿啦？"他们说："前面有一条长虫横在道儿上，大极了。咱们还是走别的道儿吧。"

刘邦听说是条蛇，倒放了心。他说："壮士走道儿，还怕长虫吗？"他就跑在头里，拔出宝剑，提在手里，过去一瞧，果然是一条挺大的白蛇。他就举起宝剑，一下子把那条蛇剁成两截。那两截玩意儿扭动了几下，就像粗绳子扔在那儿似的，不动了。刘邦把上半截拨到左边的庄稼地里，把下半截拨到右边的水坑里。大伙儿这才继续往前走去。

刘邦斩白蛇大概也就是这么一回事。过了好几年，出了新闻了。据说，有人在那边经过，瞧见一个老婆子在那儿哭着说："我的儿子是白帝的儿子，变成一条蛇，拦住道儿，给赤帝的儿子杀了。"那个人再要问她，她忽然不见了。怪不怪？说起来，一点也不怪。白帝是指秦朝，赤帝是指汉朝。赤帝的儿子杀了白帝的儿子，这就证明汉灭秦是上天注定了的。把老婆子哭儿子的话传了出去，好叫大伙儿相信刘邦是个真命天子。

刘邦斩了白蛇以后，就和那十几个壮士逃到芒砀山（芒 Máng；砀 dàng；芒山在砀山的北边，砀山在江苏省砀山县东）那一溜躲起来。他们跟沛县的人偷偷地都有了来往。日子不多，别的无路可走的人也跑到芒砀山来了。到了儿，那边聚集了一百多人。他们更不怕官兵了。

赶到陈胜、吴广占领了陈城，号召天下推翻秦朝统治的时候，东南各郡县起来响应。沛县的县令也想投降陈胜，就跟文书萧何和管监狱的曹参两个人商量。萧何、曹参都说："您是朝廷命官，不替朝廷出力，反倒去投降敌人，恐怕手下的人不服。自己没有人马，事情不好办。不如利用逃亡在外边的人。有了几百个人发动起来，别的人就不敢反对了。刘邦很有能耐，听说他手下还有一班壮士。您免了他的罪，他还能不感激您，替您出力吗？"县令同意了。萧何就打发樊哙(kuài)去叫刘邦他们回来。

樊哙也是沛县人，是个宰狗的(那时候的人吃狗肉像吃猪肉一样，所以有宰狗的)。他娶了吕公的第二个女儿，跟刘邦做了连襟。萧何因为他跟刘邦有亲，派他去最合适。

刘邦、樊哙带着芒砀山一百多条好汉雄赳赳地向沛县赶来。到了半路，迎头碰到萧何、曹参从城里逃出来。刘邦赶着问："你们怎么到这儿来了？"萧何说："县令变了卦。他怕外来的人靠不住，就下令关上城门，还要杀我们俩。"曹参把话接过去，他说："幸亏我们得到了信儿，就爬城墙出来。你们瞧怎么办呐？"刘邦说："砍了那个狗官不就结了吗？"

他们到了沛城，果然城门关着。沛城的老百姓还替县令守着城。刘邦跟萧何商量了一下，就写了一封信，拴在箭上，射进城里去。城里的人拣到了信，一看，上面写着："天下老百姓吃秦朝的苦头已经吃够了，现在你们替秦朝的县令守城，诸侯的兵马一到，沛县的老百姓必然遭到屠杀，这可多么冤哪！不如杀了县令，在自己的子弟当中挑个合适的人做县令，响应诸侯。这样，就能保全性命、保全家园。"

城里的父老就率领子弟，杀了县令，开了城门，把刘邦他们接到城里去，大伙儿立他为县令。刘邦免不了推让一番。别说萧何、曹参、樊哙和芒砀山赶来的壮士不答应，就是沛县的父老、子弟也都不依。这么着，刘邦做了沛公。这时候他已经四十八岁了。

沛公刘邦还举行了一个起兵的仪式。旗子的颜色都是赤的(赤，就是红的颜色)。萧何、樊哙他们分头去招收沛县的子弟。没有几天工夫，就来了两三千人。沛公带领着这两三千人占领了自己的本乡丰乡。他嘱咐本地人雍齿带着一些人马守在那儿，自己又去进攻别的县城。

不料魏相国周市派人到丰乡来对雍齿说："丰乡本来是梁(就是魏国)的土地。现在魏国已经收复了几十个城，请将军从大处着想归附魏王，他准封将军为侯。要是丰乡人抗拒魏军，赶到丰乡给打下来，全乡就得遭到屠杀。"

刘邦举起宝剑,一下子把那条蛇剁成两截。

雍齿跟沛公本来面和心不和，他早已不愿意在沛公的鼻子底下做事。这会儿周市来拉拢他，将来还有指望封侯，他就背叛沛公，归附了魏王。沛公得到了这个消息，气呼呼地要去攻打丰乡。可是自己兵力不够，他就打算到别的地方去借兵。他到了留城，正碰到张良也招集了一百多人反抗官府。他们两个人一谈，挺合得来。沛公觉得相见恨晚，把他当作老师看待。张良也认为他和沛公有缘，就跟他在一起了。沛公收集了几千人自己去攻打丰乡，一定要亲手砍死雍齿。偏偏雍齿防守得很严，沛公没法打进去。这叫沛公怎么受得了？他就转到薛城去见项梁。

项梁见沛公也是一个人才，就拨给他五千人马，十个军官。沛公得到了项梁的帮助，打下了丰乡，逼得雍齿逃到魏国去了。沛公把丰乡改为丰县，筑了城墙防守起来。忽然接到项梁的通知要他到薛城去商量大事，沛公就带着张良到薛城去拜见项梁。

10 立 羊 倌

从陈胜起义以来，这是起义军最困难的时候了。陈胜、吴广、周文等几个主要的领袖已经死了，张耳、陈馀他们早已背叛了陈王，现在又立赵歇为赵王，齐国的田儋、燕国的韩广、魏国的魏咎这些原来六国的贵族各抢各的地盘，已经跟农民起义军分道扬镳。其他各地小股的起义军彼此孤立，力量分散。另一方面，秦将章邯、李由等兵精粮足，正在打击起义军，予以个别击破。就在这个紧要关头，项梁在薛城召开会议，把起义军重新组织、整顿一下，准备再作斗争。在会议当中他说："我打听到陈王确实死了，楚国不能没有王。因此，请各位共同来商议，公推一位楚王。"大伙儿喊喊喳喳地商量了一下，就说："请将军决定吧。"有的干脆提议立项梁为楚王，项梁可不能答应。

正在为难的时候，卫士报告说："有一位居巢人（居巢，在安徽省巢县）范老先生求见将军。"项梁就出来迎接，请他坐下。问他："老先生远来，有何见教？"范增说："我已经七十了，本来不想出来。因为将军家历来做我们楚国的大将，又听说将军虚心接待天下人士，我这才冒昧来见将军。我只来说几句话，说完了就回家去。"

在座的人都挺尊敬这位老先生。项梁恭恭敬敬地说："请老先生多多指教。"范增说："秦灭六国，其中受委屈最大的是咱们楚国。怀王死在秦国，楚人到今天还替他诉委屈。陈胜起兵，不立怀王的后代，自己做了王，难怪他长不了。现在将军在江东一起义，楚国的豪杰一窝蜂似的都护着将军，还不是因为将军家祖祖辈辈做楚国的大将，准能恢复楚国，立楚王的后人为王吗？将军能这么依从楚人的愿望，大公无私地替六国报仇，天下诸侯必然响应。秦虽说挺强，就没法抵抗将军。"

项梁说："老先生说得对。我们这就派人去找怀王的子孙去吧。"大伙儿都认为能恢复旧六国贵族真是大公无私的好事情，就都留在薛城准备迎接新王。项梁留住范增，请他做谋士。范增见项梁这么诚恳，就不回家了。

项梁派人到各处去找楚怀王的后代，可是哪儿找得到呐？秦灭了楚国以后，怀王的子孙死的死，逃的逃，哪儿还敢出头露面？还是钟离昧有见识，他认为城里是找不到的，还是到乡村里去打听吧。事情也真凑巧，还真给他在看羊的孩子里面找到了楚怀王的一个孙子，名字叫"心"，大家都管他叫"孙心"。还有一个奶妈子跟他一块儿躲在村子里。他们住在村子里八年了。这会儿孙心已经十三岁，替人家看羊也有好几年了。钟离昧仔细查问下来，有凭有据，果然是楚怀王的孙子。当时就替他换了衣服，把他送到薛城。虽说他是个十三岁的羊倌儿，究竟是楚怀王的亲骨肉，大伙儿就立他为楚王（公元前208年，二世二年六月），拿盱眙（xūyí，在安徽省凤阳县东）作为都城。因为楚人还想念着楚怀王，他们就管他叫楚怀王。

十三岁的楚怀王怎么能掌握大权呐？总得有人替他出主意，可是出命令还得用他的名义。楚怀王就拜陈婴为上柱国，封项梁为武信君，英布为当阳君。其他像项羽、范增、蒲将军、季布、钟离昧、桓楚、于英等都有一定的职位。楚怀王封完了官，带着上柱国陈婴到都城盱眙去了。

张良趁着这个机会央告项梁，说："将军满足了楚人的愿望，恢复了楚国，立了怀王。这是再好没有的事。现在楚、齐、赵、燕、魏都有了王，单单我们韩国还没有个主人。在韩国的公子当中，要数横阳君成最贤明。要是将军立他为韩王，他必定感激将军，亲楚抗秦。"

项梁就打发张良带着一千多人马去立韩成为韩王，拜张良为韩国的司徒，嘱咐他往西去收复韩地。韩司徒张良就跟沛公刘邦分手了。张良找到了韩王成，跟他一块儿进攻韩地。他们也夺到了几个城。赶到秦将章邯打到韩国，又把那些城夺了回去。韩王成跟张良只好带着项梁给他们的一千多人在颍川（就是三国时的许昌，在河南省许昌市西南）一带来回打游击。

项梁打发张良去进攻韩地以后,就带领着大军往北去攻打亢父(在山东省济宁县南)。正在这个时候,魏相周市派使者来讨救兵,说秦将章邯打进魏国,魏王咎没法抵抗,他迫切地央告武信君项梁和齐王田儋派兵去救。齐王田儋亲自带兵去救魏国,项梁也派大将项它(tuō)到魏国去援助。哪儿知道项它的大军还没赶到,大将章邯已经打败了齐国和魏国的两路军队。齐王田儋和魏相周市都死在乱军之中。

魏王咎知道不能再抵抗章邯,就派使者到秦营里去说,请章邯下令不准屠杀魏人,他就献城投降。章邯写了回信,答应他决不杀害魏人。魏王咎看了回信,才放了心。他自己可不愿意投降,放火把自己烧死了。他的兄弟魏豹逃出来,在路上碰到了项它。项它觉得一时不能反攻,就带着魏豹去见项梁。

项梁见了魏豹和项它,打算亲自去进攻魏地。他还没出兵呐,齐将田荣派使者从齐国跑到项梁跟前,趴在地下,直哭。项梁问了齐国的使者,才知道田儋给章邯杀了以后,齐人立以前齐王建的兄弟田假为王,田角为相国,田间为将军。田儋的兄弟田荣认为以前的齐国早已灭了,现在的齐国是由田儋恢复过来的,田儋死了,应该由他的子弟继承王位,田假哪儿能做王呐?田荣就收集了田儋的将士逃到东阿(在山东省阳谷县东北)。章邯追到东阿,一定要消灭田荣。田荣见东阿被围,没法抵抗章邯,就派使者向项梁求救。项梁立刻带着项羽去救东阿。

章邯出兵以来没碰到过真正的敌手。这会儿头一次遇到了项梁的军队,果然跟别的军队大不相同,他已经挺担心了。一碰到项羽,简直别想对敌。他就往西逃去。田荣出城跟楚军一块儿把秦兵追杀了一阵。田荣见章邯已经走远了,就替自己打算,假意地说要去安抚东阿的老百姓,带着自己的人马回去了。只有项梁的大军继续去追赶章邯。

田荣回到东阿,接着打败了田假、田角、田间他们,立田儋的儿子田市为齐王,自己做了齐相,兄弟田横做了将军。田假逃到项梁那儿,要求项梁去征伐田荣。项梁一心要打败章邯,哪儿有工夫去管田家的私事?他收留了田假,一面打发使者去请田荣出兵共同进攻秦国。

田荣可只要夺地盘,不想去打秦国。他要求项梁杀了田假才肯发兵。项梁认为田假迫得无路可走才来投奔他,他可不能把他杀了。田荣不来相助,也就算了。他就吩咐项羽和刘邦去进攻城阳(在山东省莒县)。项羽跑在头里,很快地把城阳夺过来。项羽、刘邦回来向项梁报告,项梁带领着他们穷追章邯,大破秦军。章邯逃到濮阳(在河南省清丰县南),坚守不出。项梁一时打不进去,就自己去进攻定陶(在山东省菏泽县南),一面派项羽、刘邦再往西向陈留进攻。

项羽跟刘邦一路打胜仗，一直打到雍邱（在河南省杞县），正碰到秦将李由前来对敌。李由是丞相李斯的儿子，也是秦国的一个大将。他可没碰到过项羽，这会儿勇气百倍地跟他对打起来。项羽见他来势汹汹，就靠边一让，顺手一戟，把他挑到马下。士兵们过去，好像切菜似的把他的脑袋切了下来。秦军一见死了大将，逃的逃，投降的投降。李由碰上了项羽，丧了命，对秦国来说，他总算是个阵亡的将士，哪儿知道二世不但没把他当烈士看，反倒定了他父亲李斯的罪，把李家一门全都杀了。这真是从哪儿说起？

11 骄兵必败

李由因为抵抗楚军，被项羽杀了。赵高反倒说李由私通这批造反的强人。二世就叫赵高去审问李斯。开始，二世派章邯去镇压"盗贼"的时候，就责备李斯，说："你做了丞相，管理天下大事，怎么让各地强人这么无法无天地闹着呐？"李斯害怕了。为了讨二世的好，他出了个主意，上了个奏章，大意说："贤明的君王必须注重刑罚。要注重刑罚，皇上必须独断。皇上独断，臣下和百姓就不敢反对朝廷了。"二世这会儿倒听了他的话，吩咐各郡县一切从严：向老百姓收税收得多的就是好官，杀人杀得多的就是忠臣。这么一来，被杀的人越来越多，老百姓的尸首抬也抬不完，每天都有在街上堆着的。

赵高借着李斯注重刑罚的因头，就去官报私仇。凡是在他看来不顺眼的人，不问有罪没罪，只要他能够杀的，杀了再说。他又怕李斯和大臣们在二世面前说长道短，就对二世说："做了天子，按理只能让大臣们听见声音，可不能让他们见面。要不，天子还有什么可贵呐？现在皇上临朝，跟臣下面对面地说话，一不留神，他们就会小看皇上。依我说，皇上您不如住在宫里，落得享点清福。朝廷上麻烦的事，就交给我跟两三个熟悉法令的臣下去办，大臣们就不会再跟您噜苏，天下人准会称皇上为圣上了。"不坐朝廷，不必起早，可以通宵玩儿，已经够舒坦的了，再说还可以做"圣上"，何乐而不为？打这儿起，二世不再临朝，什么事都交给赵高去办。

赵高又去见李斯，挤着一脸的皱纹，愁眉苦脸地对他说："近来关中强人越来越多。皇上这么荒淫无度，还不断地征用民夫建造阿房宫。我想去劝告皇上，可是地位低，说话不顶事。您是丞相，怎么不劝告劝告他呀？"李斯也皱着眉头子，说："我怎么不想？可是皇上老在内宫里，连面都见不着，只能干着急。"赵高说："那容易，只要我见到皇上没事，就来告诉您，好不好？"李斯说："您能帮忙，再好没有。"

谁想得到赵高嘴里说好话，脚底下使绊儿。他偷偷地看到二世跟宫女们正玩儿得不像样的时候，就派人去找李斯，叫他快点去见皇上。李斯哪儿知道这是赵高使的圈套，他连忙赶到内宫求见二世。二世正和宫女们滚在一起，七手八脚地呵痒痒肉闹着玩儿，听见李斯这么冒冒失失地来求见，当时就火儿了。他骂着说："有什么事情，别的时候不能说吗？真扫兴！叫他回去！"几天工夫里头，李斯就这么碰了三次钉子。二世再也忍受不住，他问赵高："丞相这是怎么回事？"

赵高叹了一口气，说："当初沙邱的事儿里头是有丞相的。他有了这么大的功劳，当然盼望皇上给他土地，封他为王。现在他瞧着没有什么盼头，肚子里的怨气就憋不住了。本来我也不该说，可是事情闹到这步田地，要做忠臣，就顾不了朋友了。李丞相是上蔡人，陈胜、吴广他们就是那一溜的强人。丞相的大儿子李由为了照顾同乡和临近的县城，不但不去剿灭他们，反倒跟他们有了来往。听说这会儿他又跟项燕的子孙打起交道来了。丞相的权力多么大啊，皇上您再不管管他，他可要管起您来了。"二世就派人去调查李由的行动。那派去的人当然是由赵高指定的。

李斯得到了查办李由的信儿，知道是赵高捣的鬼，就打算上个奏章去告赵高。他跟右丞相冯去疾和将军冯劫一商量，他们都同意这么办。三个大臣联名奏了一本，请二世停止修建阿房宫，减轻税赋和官差，最好能把赵高免职。二世见了奏章，好比火上加油。他听了赵高的话，把这三个人都下了监狱。

右丞相冯去疾和将军冯劫没法申辩，可又不愿意受到侮辱，都自杀了。李斯认为他的功劳大，二世不一定会杀他，再说自己口才好，文章好，慢慢儿再想办法，坐监就坐监吧。哪儿知道赵高不光要他坐监，还逼着他承认父子谋反的罪行。这叫李斯哪儿能承认？他压根儿没想过他会谋反。他给逼得大叫大嚷地说："冤枉，冤枉！"赵高吩咐审判官用刑，把李斯打得皮开肉绽，一翻白眼，闭过气去。等到他缓醒过来，再打再问。李斯实在受不住，只好把心一狠，屈打成招了。他还忍住了疼，在监狱里上书给二世，叙述他过去的功劳和对二世的忠诚，希望二世从宽处理。他恳求管监狱的替他把信送去。可是送信也得经过赵高这一关。赵高把奏章拿来一看，撇了撇嘴，冷冷地一笑，说："还丑表功呐！"回过头去，骂那个管监狱的，说："你不想活了吗？囚犯怎么能上书？"吓的那个监狱官直打哆嗦。那个奏章就这么给赵高没收了。

"屋坍连夜雨"，那个调查李由通敌的人回来了。他见了赵高，对他说："李由阵亡，死无对证，要怎么说就怎么说。"赵高就嘱咐他把"证据"都准备好去向二世报告。二世听了报告，说："要是没有赵君，我几乎上了丞相的当。"他就决定把李斯和他所有的子弟族人一概处死。李斯和他第二个儿子都绑着被拉到咸阳街上，他长长地叹了一口气，苦笑一声，对他儿子说："我要跟你再牵着黄狗，出上蔡东门去打兔儿，还办得到吗？"李斯受了各种刑罚，最后给腰斩了。全家灭了门。

二世杀了李斯，让赵高做了丞相，大小事情都交给赵高去"偏劳"，他自己窝窝囊囊地做着"圣上"。

赵高还真有一手，他不让二世知道外面的事。他见秦兵连着给项梁打败，就又给章邯不少兵马。他早把王离调回来，派他去帮助章邯。秦军就这么又强大起来了。章邯坚守濮阳，天天派探子去打听项梁军队的情况。项梁的军队驻扎在定陶城外，因为接连下了十几天大雨，不好进攻。项羽和刘邦的军队攻下了雍邱，也因为下雨，围住外黄（在河南省杞县东），暂时留在那儿。项梁既然不能进攻，又不能召回项羽和刘邦的军队，再说他接连打了好几个胜仗，已经把章邯吓住，乐得在下雨天全军休息休息。他就在营里喝酒作为消遣。将士们也趁着这个机会快活几天，就什么都不作准备。

项梁营里的谋士宋义对项梁说："打了胜仗以后，如果将军骄傲，士兵松懈，那可准得失败。我看咱们的士兵有点松懈了，秦兵可又天天在增加着，我直替将军担心。"项梁笑了笑，说："你的胆儿也太小了。章邯碰到我们，打一回，败一回，他还敢怎么着？"宋义说："还是请将军多加小心，免得吃敌人的亏。"项梁：："天一晴，咱们就进攻。可是要消灭秦兵，最好能再调些兵马来。上回我叫齐国一同出兵，偏偏田荣不顾大义，没来。我想再派使者去叫田荣到这儿来会师。要是他再不来，那我只好先去征伐齐国了。"宋义抢着说："派我去，行不行？"项梁就打发宋义到齐国去。

宋义到了半道上正碰到齐国的使者，说是去见武信君的。宋义对他说："我是受了武信君的派遣到贵国去的，一来是为了两国和好，二来我躲开了可以保全性命。"齐国的使者说:"这是怎么说的?"宋义说:"武信君打了几个胜仗,就把敌人轻看了。俗语说,'骄兵必败',章邯又是用兵的老手,这回楚军准打败仗。我看您还不如慢慢儿走,免得受累;要是急忙忙地赶了过去,钻到乱军里面丧了命,那可多冤哪。"齐国的使者跟宋义分别以后,半信半疑地在路上磨日子。果然,他还没到楚营,项梁已经阵亡了。

原来项梁打发宋义去了以后,还是喝他的酒,士兵们还是睡他们的觉。这些情况都给章邯打听得清清楚楚。有一个晚上,外面还下着雨,定陶营里的楚兵睡得正香的时候,章邯的兵马突然像山洪暴发似的冲过来。楚兵慌做一团,连抵抗都来不及,一下子死的死,伤的伤,逃的逃,哪儿还像个军队,连武信君也给杀了。起义军受了很大的损失。章邯大获全胜,接着又打了几阵胜仗,占领了好几个县城。

这个消息传到了外黄,项羽和八千子弟放声大哭,刘邦和别的士兵也都流泪。项羽说:"我从小死了父母,蒙叔父抚养成人,教我读书、学剑、钻研兵法,把我当作自己的儿子一样。现在大事还没成功,他竟给秦人杀害了。我跟秦国这个不共戴天之仇,非报不可。"说了又哭。范增劝他,说:"武信君为国舍身,已经尽到了做臣下的本分。他恢复了楚国,天下响应,投奔他的就有五十多万人,这是了不起的大事业。将军能继承武信君的心愿,为天下除害,就是大孝,请你多加保重。"项羽抹了抹眼泪,说:"我一定领受先生的教训。"

刘邦跟项羽、范增等商量,他说:"武信君一死,军心不免动摇。咱们不如暂且回去,守住彭城。"他们都同意了。为了保存实力,暂时停止向陈留进攻,就离开了外黄。路过陈县,又邀请吕臣带着他的军队一同退到东边去。

他们到了彭城,就在那边驻扎下来,请楚怀王迁都,也到彭城来。楚怀王到了彭城,立吕臣为司徒,项羽为鲁公,刘邦为砀郡长。一切安排好了,准备章邯到来,再作抵抗。哪儿知道章邯很能用兵,他知道项梁打了败仗,自己也死了,楚军已经大伤元气,就暂时撤开黄河以南这一头,率领大军到黄河以北,进攻赵国去了。楚怀王听到秦军往北上赵国去,就派魏豹去进攻魏地。没有多少日子,接到了魏豹的报告,说他已经收复了二十多个城。楚怀王立魏豹为魏王,叫他守在那儿。接着他准备调兵遣将往西去进攻咸阳。

12 破釜沉舟

楚怀王召集了将士们想叫他们往西去进攻秦国，可是秦国挺强，楚军新近打了败仗，他怕将士们不愿意打到关里去，就说："谁先打进关里，就封谁为王。"项羽首先开口，他说："我叔父给秦人杀了，我这个不共戴天之仇，非报不可！大王请派我去。"刘邦说："我也愿意去。"楚怀王就叫他们准备起来，挑个好日子发兵攻秦。项羽和刘邦都出来了，还有几个老大臣留在楚怀王身边。他们说："项羽是个年轻小伙子，一心要替他叔父报仇，性子急躁，做事未免鲁莽。刘邦年纪大，阅历深，是个忠厚长者。大王不如派他去吧。"上柱国陈婴觉得他们说的也有道理，可是楚怀王已经答应了项羽、刘邦一块儿去，怎么办呐？恰巧赵国派使者来讨救兵。他就打算请楚怀王叫项羽往北去救赵国，让刘邦往西去打咸阳。

第二天，项羽、刘邦向楚怀王请示出兵的日期，赵国的使臣还正哭诉着呐。他说："章邯三十万大军围着巨鹿（在河北省平乡县北）快一个月了。要是大王不去救，赵地的老百姓必定遭到屠杀。请大王可怜可怜吧。"

原来章邯在定陶打败了楚军以后，就带领着大军去进攻赵国。他打败了赵国的大将张耳，把邯郸的老百姓都迁到河内去，又把邯郸的城墙毁了，免得他们再抵抗。张耳只好保护着赵王歇逃到巨鹿城里，守在那儿。章邯派王离、苏角、涉间三个将军围攻巨鹿，把自己的军队扎在巨鹿南边替王离他们供应粮草。赵相国陈馀在常山招收了几万人马，回到巨鹿，把军队扎在北边，可不敢跟秦兵交战。王离兵多粮足，日夜进攻巨鹿城。城里的张耳三番五次地请陈馀出兵。陈馀觉得自己兵马太少，打不过秦兵，始终不敢出去。

张耳抱怨陈馀，就派两个使者去责备陈馀，说："我跟你是知己朋友，曾经起过誓情愿同生共死。现在赵王和我死就在眼前，早上保不住晚上。可是你反倒带领着几万兵马，不肯相救。难道生死朋友就是这样的吗？要是你遵守信义的话，就该跟王离拼个死活。"陈馀对他们说："我拿这点兵马去跟王离拼，好像把肉扔给饿着肚子的老虎一样，死了有什么用？"使者对他说："情况这么紧急，就是豁出性命也顾不得了。"陈馀说："我认为这样去送死没有好处。要是你们一定要干，不妨去试一试。"他们说："那你给我们兵马。"陈馀交给他们五千兵马。五千兵马顶得了什么？他们跟秦军一交战，就全军覆没了。

张耳不见使者回来，认为他们准给陈馀杀害了。他又派使者到各处去讨救兵。燕王、齐王都派兵来，张耳的儿子张敖也带着从代地招来的一万多士兵到了巨鹿。可是他们都驻扎在陈馀的军营旁边，就是不敢跟秦兵交锋。

赵国的使者在楚怀王和上柱国陈婴面前这么一五一十地哭诉着，项羽已经听得火儿了。他要替叔父报仇，正想跟章邯拼个死活，就对楚怀王说："要是连巨鹿都救不了，还谈什么消灭秦国！我们应当马上发兵去救。"楚怀王说："将军能去，再好没有，可是还得有别的大将一块儿去，我们才放心。"

原来楚怀王和陈婴已经听了齐国的使者称赞宋义的话，说宋义早已料到项梁准打败仗，楚军准得大批伤亡，他才讨了个差使往齐国去，保全了性命。可见他是个未卜先知的军事专家。赶到宋义从齐国回来，楚怀王和近身的几个臣下跟他一谈，都觉得他比项羽更可靠。因此，楚怀王就拜宋义为上将军，还加上一个挺美的称号，叫"卿子冠军"（卿子，相当于公子；冠军是第一等上将的意思），拜项羽为副将，范增为末将，率领二十万大军往巨鹿去救赵国。

卿子冠军宋义率领着救赵的楚军到了安阳（在山东省曹县东），一打听，知道秦军势力十分浩大，他不敢再上去，就在安阳驻扎下来。一停就停了十多天，急得项羽跑到宋义跟前，央告他，说："救人如救火，咱们还是打过去吧。"宋义说："现在秦军攻打赵军，要是秦军打赢了，他们就算没有死伤，也够累了。我们趁着他们累够了的时候打过去，就容易打个胜仗；要是他们打不赢，那我们更能把他们打败了。所以我们不如先让秦军和赵军对打一下再说。"他又笑了笑，说："穿着铠甲、拿着兵器跟敌人交锋，那我比不上你；坐在帐篷里出个计策，那你可比不上我了。"

这位卿子冠军下了一道命令，说："上下将士，尽管像老虎那样猛，像豺狼那样狠，如果不服从命令，都得砍头。"这个命令明明是对项羽说的。项梁一死，楚怀王用了宋义，夺去了项羽的兵权，而且宋义还趁着这个机会把他的儿子宋襄派到齐国去做相国。这样，他把齐国也拉到他这边来了。他亲自送到无盐（地名，在山东省郓城县东）才回来。回来以后，反正没有事，他就在帐篷里跟将军们喝酒玩乐。救赵的楚军就这么在安阳一天天地停留下去。

那时候（公元前207年，秦二世三年十一月），天气很冷，又碰到下大雨，士兵们受冻挨饿，都抱怨起来。有的说："今年收成不好，老百姓苦得很，军粮也就不够了。我们当小兵的只吃些芋头、豆子这号杂粮，还吃不饱；他们当将军的还照样大吃大喝，太不像话。"有的说："怀王不是要我们去救巨鹿吗？老在这儿呆着干么？"项羽听到了这些话，就对他们说："现在军营里粮食不够，可是渡过河去（河，指漳河），打败了秦兵，粮食有的是。"他们都说："对呀！请项将军再跟上头去说说。"

第二天，项羽下定决心，又去见宋义，对他说："秦国强大凶暴，新立的赵国决不是它的对手。秦军灭了赵国，就更强了，哪儿会累死呐？再说咱们的军队新近打了败仗，武信君死了，怀王坐立不安，这会儿把国内的军队全都交给了将军，不光为了救赵，实在为了灭秦。国家兴亡，在此一举。将军老在这儿呆着，按兵不动，已经四十六天了。您也该听听将士们的意见！"

宋义拍着案子，怒气勃勃地说："你反了吗？怎么敢不服从我的命令！"项羽知道自己没法再在他手底下做事，就拔出宝剑来把他杀了。他提着宋义的人头，出来对士兵们说："宋义私通齐国，背叛大王。我奉了大王的密令，已经把他治死了。请诸君不要多心。"上下将士本来不大明白为什么宋义做了上将军，项羽反倒做了副将。这会儿一见项羽提着宋义的人头，就说："首先立楚国的，原来是将军一家。现在将军把背叛的人治死了，就该代替他为上将军，统领全军。"项羽就做了代理上将军，一面派人去追宋义的儿子，把他也杀了，一面打发将军桓楚向楚怀王去报告。楚怀王只好立项羽为上将军。

项羽杀了宋义，派当阳君英布和蒲将军带领着两万士兵渡过漳河。章邯听到了楚军渡河的报告，就派司马欣和董翳两个将军带领着几万人马前去拦阻。那两个秦将不是英布和蒲将军的对手，秦兵打了一个败仗，急忙逃去。项羽知道英布和蒲将军已经占领了对岸，就率领着所有的军队都渡过河去。等到全军都渡过来了，他吩咐士兵，各人带上三天干粮，把军队里做饭的锅都砸了，把船只都凿沉了（成语叫"破釜沉舟"；釜，就是锅）。他对将士们说："国家兴亡，在此一举。这次咱们打仗，只准进，不准退；三天里头一定把秦兵打败。咱们死也不回头！你们看行不行？"将士们举起拳头，一齐嚷着说："行！行！"

上将军项羽率领着大军前去，碰到了英布和蒲将军。英布对项羽说："我军虽然打了个胜仗，那只是个小仗，算不得什么，秦兵还是挺强的。我们还须先截断他们运粮的道儿，叫他们粮食不足，才能打个大胜仗。"项羽就叫英布和蒲将军带领着原来的人马绕道去截断秦兵的粮道。大军继续前进去救巨鹿。

围攻巨鹿城的秦将王离，一见楚军渡河，把军营扎在河边就来挑战，认

项羽知道自己没法再在他手底下做事,就拔出宝剑来把宋义杀了。

为楚将不懂兵法。河边扎营，没有退路，要是打个败仗，非全淹死不可。他留着苏角、涉间围住巨鹿城，自己带着一支兵马迎了上去。离城不到几里地，就碰上了楚军。两下一交战，王离的兵马死伤了不少。他只好逃到章邯那儿，请示办法。

章邯听到楚军"破釜沉舟"，要跟秦军决一死战，已经召集了将士们正在商议迎敌的计策。这会儿见王离打了败仗回来，他就说："项羽十分厉害，我们决不可小看楚军。你们把所有的人马分作九路，一路接着一路地布置好阵势。我先去跟他对敌，引他进来，你们每一路先后接应。等到楚军进入了我们最里面的阵地，九路人马一齐上来把他们围住，准能叫他们全军覆没。"章邯吩咐九个大将分头把九路人马布置好了，他自己领着一队精兵迎了上去。

章邯首先碰到的正是项羽。仇人相见，分外眼红，项羽咬牙切齿地直刺章邯。章邯原来打算假装打败，把项羽引进来。哪儿知道楚兵英勇非凡，越打越有劲儿。他们每一个人抵得上秦兵十个，十个就抵上了一百。项羽的那枝画戟更是神出鬼没，七上八下地一来，就戳倒了无数人马；他骑的那匹乌骓（zhuī，一种黑色的马）像飞一样地追赶着逃兵。章邯的一支军队不是有计划地假装打败，而是争前恐后地乱跑乱窜，反倒把后面几路接应的军队冲乱了。章邯自己也逃到巨鹿南边的大营里去了。

项羽的士兵杀到秦军的第二路、第三路。喊杀的声音好像山崩海啸似的震动了天地。秦军再也抵挡不住，就哗喇喇地垮下去了。楚军所向无敌，势如破竹。三天里面连着打了九个胜仗，秦将王离边打边退，偏偏项羽那匹乌骓"的溜溜"地一声叫，欢蹦乱跳地追上去，逼得王离只好鼓着勇气再跟项羽对打一下。项羽见他一枪刺来，就抽出铜鞭，向上一抢，"啃"的一声，王离虎口发麻，握不住枪杆，那枝枪脱手飞去。王离还想逃命，项羽已经把他从马背上好像老鹰逮小鸡似的抓过来，扔在地下，叫士兵们把他绑了。这一场大战真是非同小可，杀得天昏地黑，秦国的士兵四散逃命。大将苏角死在乱军之中，另外几个秦将也有给杀了的，也有连爬带滚地逃了的。大将涉间一见王离活活地给逮去，九路兵马都给楚军打得秋风扫落叶一样，觉得性命难保，就放了一把火，把军营烧了，自己也烧在里面。

在这次天翻地覆的大战当中，秦兵死伤了一半。按说各路诸侯总该一齐加入战斗了吧。可是他们都没出来。当时各路诸侯前来救赵的就有十几队兵马，齐将田都、燕将臧荼（Zāngtú）、齐王建的孙子田安、张耳的儿子张敖等等都带着兵马驻扎在陈余的军营旁边。他们觉得自己力量不够，早给王离吓唬住了。原来王离带领着蒙恬的三十万大军回到中原来围剿诸侯，谁也不敢跟他对敌。他说："谁敢出来，就先打谁！"因此，他们更不敢跟秦兵交战，这也不必说了。这会儿各路诸侯听见了楚军喊声动天，都挤在壁垒上看情况（古文叫"壁上观"，壁就是营垒）。一见楚军没有一个不是抵上秦兵十个，已经愣住了；赶到他们瞧见项羽专挑人多的地方横冲直撞地杀去，好像闪电劈开乌云似的，他们就都睁着眼睛，伸着舌头，连气都喘不过来，哪儿还能出来打仗？直到项羽打败了秦兵，请各路诸侯和将军到大营里相见，他们这才收了舌头，清醒过来。

他们到了辕门（古时候拿战车排列起来，车辕对着车辕，排成大门的样子，所以叫辕门，是大将营帐的入口），就瞧见一颗人头挂在那儿，正是他们最害怕的秦将王离的脑袋。他们还没瞧见项羽，就拿膝盖走道，哆里哆嗦地爬了进去。赶到他们知道了上头坐着的就是项羽，谁也不敢抬起头来。还是项羽请他们坐下，他们还跪着不敢坐呐。他们当中有个胆儿大的抬起头来，伸一伸脖子，咽了一口唾沫，开口说："上将军神威真了不起，从古到今没有第二个。我们情愿听从上将军的指挥！"其余的诸侯一齐像背书似的说："情愿听从上将军的指挥！"他们就公推项羽为诸侯上将军，各路诸侯和军队全由他统领。项羽说："承蒙诸公见爱，我也不便推辞。唯愿同心协力，早日灭秦。今天请诸公暂且回营，以后有事，还要请过来相商。"他们擦了擦脑门子上的汗珠，都出去了。

接着赵王歇和张耳出了巨鹿城，首先向诸侯上将军项羽拜谢，完了又往各营去谢过救赵的诸侯。张耳又跟陈馀相见，两个人争闹了一场。打这儿起，两个好朋友变成了死对头。

项羽准备再去追赶章邯，范增把他劝住。"姜是老的辣"，范增这一招真是神机妙算，逼得章邯乖乖地投降了楚军。

13 指鹿为马

范增劝项羽不必急于去追赶章邯。他说："三天之内连胜九仗，将士们已经够累的了。再说赵高这么专横，二世这么昏庸，章邯打了败仗，他们也不能轻易把他放过去。我们不如把大军驻扎下来，让将士们休息一下。再趁着章邯在进退两难的时候直打过去，准能大获全胜。"项羽就把大军驻扎在漳南，对面就是章邯的军队。章邯还有一二十万人马，驻扎在棘原（在巨鹿南）。两军遥遥相对，可谁也不打谁。

果然不出范增所料。章邯把秦军打败仗的情况报告上去，请二世再发兵来。赵高怕二世责备他，把章邯的奏报压下。这么天大的事虽然瞒过了二世，可是火已经烧到眉毛上来了，怎么还瞒得过别人？咸阳城里早就喊喊喳喳地传开了。内侍和宫女们也都交头接耳地说："楚兵打到关里来，我们怎么办呐？"胆小的宫女们着了慌，也有哭起来的。二世虽说昏庸，他可还有耳朵。他问内侍和宫女们："你们闹什么鬼？"他们说："听说章邯连连打了九次败仗，人马死了不知道多少，眼看楚兵就打进关里来了。"二世听了，吓得浑身发软。他连忙问："你们怎么知道的？"他们说："上上下下哪一个不知道，就只瞒着皇上您一个人哪。"

二世叫赵高进来，咕嘟着嘴责问他。赵高好像受了委屈似的说："我虽然做了丞相，主要是管理内事，伺候皇上坐享太平。至于用兵的事全由章邯、王离他们掌管。一来我不会打仗，二来里里外外一个人也管不过来。章邯打了败仗，也用不着皇上操心，只要责备他为什么打了败仗。他没有能耐，另外派一个大将去就行了。外面的传说哪儿信得及呐？"二世觉得赵高的话句句有道理，就不再责备他了。可是赵高恨透了章邯，得想个办法治治他。他就对二世说："章邯带领着三十万大军，为什么还打不过这么些强人，这倒不能不查问查问。请皇上发一道诏书，我马上派人送去。"二世就依了他。

二世查问章邯的诏书到了棘原，章邯又是气愤又是害怕。他打发司马欣当面去向二世申诉。司马欣到了咸阳，就去通报，可是一连等了三天，别说见不到二世，连赵高也不跟他相见。他花了些钱一打听，才知道赵高正在想办法害他。他赶紧从小道逃回去。果然赵高派人去追赶。可是因为司马欣不走大路，总算没给追着。

司马欣见了章邯，对他说："赵高掌权，从中作梗，我们在他手下还能干什么？我们打胜了，他妒忌我们；打败了，他惩办我们。胜也死，败也死，请将军另拿主意吧。"章邯听说项羽要进攻，本来就在干着急，现在听了司马欣的报告，简直逼得他无路可走。正在闷闷不乐的时候，他收到了赵将陈馀给他的一封信，劝他跟诸侯联合起来，为天下除害。信里还说："共同灭了秦国，将军还可以分封为王；给昏君、奸臣卖命，自己免不了一死，还得灭门九族。轻重得失，希望您自己拿个主意。"

章邯到了这个时候，真是"羊撞篱笆"，进退两难。可是项羽是有进无退的。他派蒲将军把军队不分昼夜地渡过三户（漳水的一个渡口,在河南省临漳县）。章邯又打了一个败仗,逃到汙水（汙 Yú；在临漳县西）。项羽把所有的兵马都用上,全军追到汙水,再一次大破秦军。章邯到了这个时候,只好打发司马欣到楚营里去求和。项羽一想起章邯杀了他叔父,恨不得把他抓来,亲手给他一个千刀万剐,怎么还能答应他求和呐？可是司马欣在栎阳的时候曾经帮助过项梁出了监狱,项羽不能不好好地招待他,只是不愿意跟章邯讲和。

范增可另有主张,他对项羽说："将军这么威武,到了今天还不能进关,为什么呐？还不是因为章邯的军队沿路挡着吗？这会儿二世和赵高逼得他无路可走,不得已来归附将军。如果将军能不计较过去,拿恩典和义气去待他,那他一定会感激将军,替将军出力的。章邯是秦国的主将,他一归顺,别的秦将也就容易收服了。如果将军不收留他,他要是去投奔别的诸侯,那等于说,秦国还没灭,另一个秦国倒又出来了。再说,咱们营里的粮食已经不太充足了。这么耽搁下去,恐怕困难越来越多。希望将军下定决心：要成大事,得忘私仇。"项羽说："先生说得对,我一定听从先生的指教。"

项羽出来对司马欣说："章邯杀了我叔父,我本来不该答应他求和。可是替叔父报仇是一个人的私事,国家用人是天下的公事。只要章邯真心归顺,我决不因私害公。请他过来吧。"司马欣还不肯回去,可又不说话,只是低着头站在那儿,好像还有什么心事似的。项羽问他："怎么啦？你还有什么为难的事吗？"司马欣说："最好将军能给我一个凭证,因为他的罪太大了,万一他来了,将军不容他,这不是自投罗网吗？"项羽呵呵大笑,说："还要凭证？大丈夫一言为定,还能说了不算？既然你们担心,那么,请你们到洹南（在河南省安阳市北；洹 Huán）来订盟约。总可以放心了吧。"

项羽和章邯、司马欣、董翳他们在洹南订了盟约,章邯这才拜见了项羽,流着眼泪,说："承蒙将军收留,我决心听从吩咐,水里、火里都去。可是上次在定陶……"项羽拧了拧眉毛,不让他说下去。他说："过去的已经过去了。还提它什么？只要以后同心协力,以前的一笔勾销！"项羽就封章邯为雍王,把他留在楚营里,立司马欣为秦军上将军。司马欣带着投降的一二十万秦军走在头里,项羽自己带着章邯,率领着楚军和诸侯的将士,浩浩荡荡地跟着司马欣的兵马往西打过去。

章邯投降了楚军的消息传到了咸阳,赵高可并不惊慌。他早已有了打算：只要把一切过错都推在二世身上,把他杀了,然后投降项羽,不是还可以做大官吗？他怕还有一些大臣不服,就牵着北方送来的一只鹿给二世和大臣们瞧。说起那只鹿来,可也新鲜,头上没有犄角,身上没有梅花斑,样子有点像马,可不是马。

赵高指着这只鹿对二世和大臣们说:"这是一匹好马,特来献给皇上。"二世笑着说:"丞相别说笑话了,这明明是一只鹿,丞相怎么说是马呐?"赵高把脸一绷,正经八百地说:"怎么不是?众位大臣都在这里,请他们说吧。"二世就问大臣们:"是不是鹿?"他们虽说都有眼睛和嘴,可是大多数都是瞧着赵高的眼睛说话的。他们低着头,挺起上眼皮,偷偷地向赵高瞟了瞟,只见他瞪着大眼角,眯着小眼角,把一对三角眼拉成吊死鬼眼。他们连忙说:"是马,是马!"有的不开口,只有个别的人臣说:"是鹿。"没有几天工夫,那几个说鹿是鹿的大臣,有暗地里给杀了的,也有借个罪名治死了的。宫内宫外大小官员谁还敢反对赵高,连二世也怕他了。好在二世老在宫里吃、喝、玩、乐,什么事情全由赵高去办,也就没有什么太可怕的事了。

赶到各路诸侯都往西打进来,武关(在陕西省商县东)也给攻破了,赵高恐怕二世办他的罪,就告了病假,不再去朝见他。有一天,二世打猎回来,晚上做了一个噩梦。梦里坐着车马好像还在打猎。忽然树林子里跑出来一只白虎,把二世的一匹马咬死。他就这么给吓醒了。第二天,他叫算卦的官儿算了一卦。那算卦的胡说一通,说是泾水(也叫泾河,于陕西省高陵县流入渭水)作怪,必须祭祀水神才能解灾。二世就搬到泾水旁边的望夷宫里,斋戒三天,祭祀泾水。他向手下的人问起:"外面强人作乱,到底怎么样了?"他们流着眼泪,说:"楚军已经进了武关,眼看就要打到这儿来了。"二世吓得直打哆嗦,慌忙派人叫赵高发兵去抵御。

赵高就跟他最亲信的两个人秘密商议。那两个人,一个咸阳令阎乐,是赵高的女婿,一个郎中令赵成,是赵高的兄弟。他们鬼鬼祟祟核计了半天,就发动起来。阎乐和赵成带领着一千多名士兵偷偷地到了望夷宫,对宫门外的卫士们说:"宫里有贼,我们前来逮捕。"卫士们不让他们进去,可是一见阎乐和赵成横眉竖眼的样子,哪还敢多话。这两个人一直跑到二世面前,拿着兵器,数说他的罪状,叫他自杀。二世吓得脸都白了。他说:"丞相在哪儿?我要见他。"阎乐说:"不能见。我们是奉了丞相的命令来惩办你这个昏君的。"二世说:"丞相叫我退位,我就退位。请你们转告丞相让我做个一郡的王吧。"阎乐说:"不行!""让我做个万户侯吧。""也不行!"二世哭着说:"那么,请放我一条生路,让我和我的家小去做平头百姓吧。"阎乐和赵成瞪着眼睛,说:"你就闭上嘴吧。"二世一见四面都是要他命的人,只好铁了心,自杀了。他做了三年皇帝,死的时候才二十三岁。

阎乐和赵成赶紧回去报告了赵高。赵高跑到咸阳宫里把皇帝的大印拿在手里，身子就像躺在云端里那么受用，他本来就想自己做王，可是一来还没跟楚军联上，二来又怕诸侯不服，他只好叫别人先顶一顶，作为一个过渡。他就召集了朝廷上的一班大臣和下一辈的公子们，对他们说："二世暴虐，人人怨恨。他已经自杀了，我们必须另立新君。公子婴素来仁厚，又是二世的亲侄儿，可以继承他的位子。秦本来是个王国，始皇一统天下，所以称为皇帝。现在六国都已经恢复了，秦国的土地也只剩了这么一点，应该像从前一样，称为王。你们看怎么样？"他们已经上了"指鹿为马"那一课，都说，"丞相错不了。"赵高就请子婴斋戒五天，准备在庙堂上举行即位的仪式。

子婴住在斋戒的屋子里，嘱咐他两个儿子和一个心腹内侍小心准备。到了即位那一天，赵高和别的大臣都在庙堂上等着，子婴可没来。赵高派人去请他。他说："不舒服，今天不能来。"赵高可火儿了，心里说："这小子这么不受抬举！你不来，拉倒。我自己不能做王吗？"可是大人物得沉得住气，他对大臣们说："已经定了日子，病了也得即位。"他就亲自去催他。赵高进了子婴斋戒的屋子，冷清清的，只见子婴趴在案头上打盹。赵高说："今天公子即位，怎么还不……？"他话还没说完，冷不防地蹦出三个人来，没头没脑地向赵高乱砍乱刺，当时就切下了他的脑袋。

子婴杀了赵高，人心大快。大臣们知道赵高死了，都来迎接子婴。有的说："赵高应当碎尸万段。"有的说："赵家应当灭门。"子婴都同意了，就把阎乐、赵成和赵高的一家都处了死刑。子婴做了秦王，发兵五万去守峣关（在陕西省商县西北；峣Yáo）。

14 坑 秦 兵

赵高杀二世，子婴杀赵高的信儿传到了楚营，项羽要趁着秦国的乱劲赶快打进去，就催动大军连夜行军。

项羽收了章邯、司马欣、董翳他们几个秦将，诸侯们也都同意，可是楚兵跟秦兵老合不到一块儿。打了胜仗的楚兵大多破破烂烂的，衣服和兵器都挺简陋；投降的秦兵反倒整整齐齐的，盔甲和刀枪都挺讲究。两两对比，谁也瞧不起谁。这种装备的不同还在其次。最严重的是意见不合、态度不好，碰在一块儿，有时候就吵闹起来。在这些新的诸侯和将士当中有不少人曾经在骊山或者咸阳做过苦工,受过秦兵的凌辱。这会儿他们打了胜仗,就把投降的秦兵当作奴隶看待,让他们尝尝味道。秦兵,尤其是军官,一向只知道欺压老百姓,哪儿受到过这种凌辱。他们就三三两两地议论开了。有的说:"我们的父母妻子都在关中,我们打了进去,受灾遭难的还是我们自己;要是打不进去,人家把我们带到东边去,我们的一家老小还不给朝廷杀光吗?"有的说:"章将军投降也许是个计。谁知道我们还有没有出头的日子?"

秦兵这些私底下抱怨的话也有给楚将听到的。他们挺着急,就向项羽报告。项羽召集英布和蒲将军他们商量商量。项羽说:"秦兵还有二十多万,他们心里不服,咱们就不好指挥。要是到了关中,他们一旦叛变,那咱们可就要吃大亏了。"英布和蒲将军说:"没有他们,咱们也能打到关中去;有了他们,咱们还得防备着叛变,反倒分散了兵力。咱们可不能让他们先下手哇。"项羽说:"为了全军的安全,不如光带着章邯、司马欣和董翳一块儿进关,其余的就顾不得了。"商量下来,都觉得投降的人靠不住,自己军队的安全要紧。他们定下计划,起了杀心。大军到了新安城南(新安,在河南省渑池县东),在半夜里楚军趁着秦兵正睡得香的时候,突然收了他们的兵器。大屠杀就开始了。二十多万秦兵没有将领,又没有兵器,就在一个晚上全给楚军埋了。打这儿起,项羽的残暴出了名,秦人把他看作宰人的屠夫。

司马欣和董翳碰到英布,急切地问他这是怎么回事。英布说:"将军是全营的统领,营里发生了叛变,怎么还不知道?快去见过上将军,免得将军您也受累。"他们马上到了大营,瞧见章邯还在那儿,心里稍微安定点儿。项羽安慰这三个将军,说:"我们发觉了你们营里的士兵正准备着叛变,我只好忍痛地除了后患。这事跟你们三位不相干,我决不怪你们,请你们不要多心。"他们还是可以做将军,这才放了心。

项羽杀了二十多万投降的秦兵,毫无顾虑地往西进军。沿路再也没有什么阻挡,一直到了函谷关(在长安东四百多里),才瞧见有兵守关,不能进去。可是守关的不是秦军而是楚军。楚军怎么不让楚军进去呐?项羽也纳闷,就叫英布去问个明白。英布大声地说:"我们是诸侯上将军的军队,快开关门,让我们进去。"守关的士兵说:"我们奉了沛公的命令,守在这里。沛公吩咐我们:不论哪一路军队都不准进来!"项羽这一气非同小可,他可不明白刘邦怎么反倒先进了关。

原来项羽受了楚怀王的命令,跟着宋义往北去救巨鹿的时候,在安阳就停留了四十六天,打败了王离的军队以后,又跟秦军的主力三番五次地展开了血战。刘邦就在这个时候从南路往西北进军。他到了昌邑(在山东省金乡县西北），昌邑人彭越带着一千多人帮助他一同攻打昌邑，可没打下来。刘邦就跟彭越分手，让他去帮助魏王豹收复魏地，自己离开昌邑去进攻高阳（在河南省杞县西）。

高阳有个儒家的老头子叫郦食其(Lìyìjī)，家境贫穷，又没有职业，不得已做了里监门（乡里的门监，相当于地保，也叫地方）。他遇见了一个本地人，是刘邦手下的一个骑兵，就对他说："听说沛公傲慢得很，可挺了不起的。我倒愿意投奔他。请你替我去说：'我有个老乡郦先生，六十多了，人家都说他是个疯子，他自己说并不疯。他是个读书人，书读得挺多，很有学问，可以帮助您成大事。'你推荐了我，我忘不了你。"那个骑兵脑袋像摇拨浪鼓似的晃着说："不行，不行。沛公最不喜欢读书人。有人戴着读书人的帽子去见他，您猜怎么着？他摘下人家的帽子，就在帽子里尿尿！他老说读书人没出息，您还去见他干么？"郦食其央告他，说："你就好歹去说说吧。"

那个小兵跟刘邦学说了一遍，刘邦就叫郦食其到驿舍里去见他。郦食其通报进去，就有人领他去拜见刘邦。他进了内室，瞧见刘邦正靠在床上叫两个女子替他洗脚。郦食其也不高兴下跪，光作了个揖，说："您打算帮助秦国打诸侯呐，还是打算帮助诸侯打秦国呐？"刘邦骂他，说："书呆子！天下吃秦国的苦头也吃够了，各路诸侯才联合起来打秦国，你怎么说帮助秦国打诸侯呐？"郦食其说："要是您真打算联合诸侯去灭暴虐的秦国，就不该这么傲慢地接见年长的人！"刘邦连脚都来不及擦，整一整衣服，向他赔不是，请他上坐，说："请先生指教。"

郦食其说："将军的兵马还不满一万，就要去进攻强大的秦国，这是老虎嘴里掏东西吃。不行！依我说，不如先去占领陈留。陈留是个好地方，四通八达，来往方便，秦国的粮食有不少堆在那儿。用我的计策，准能把陈留拿下来。"刘邦正愁营里粮食不够，连忙说："请问先生有何妙计？"郦食其是高阳有名的酒徒，刘邦要听听他的妙计，他可端起架子来了，鼻子连连扇动着，假装闻到了酒香，就说："将军准能喝酒，而且一定是洪量。咱们一面喝，一面谈，好不好？"刘邦叫手下的人拿出酒来，两个人就喝开了。

郦食其一连喝了几杯，说："我跟陈留的县令有点交情，将军派我去劝他投降，大概可以成功。要是他不答应，我就把他灌醉，在里面接应，将军从外面打进去，准能把陈留拿下来。"刘邦就派郦食其先去把县令缠住，自己偷偷地带着兵马埋伏着。这么里应外合地一来，陈留给夺了下来，粮食也有了。刘邦挺信任郦食其，封他为广野君。

郦食其有个兄弟叫郦商，他也招了四千人来归附刘邦。刘邦立他为将军，叫他带领着这四千人和陈留的兵马跟着他一同去进攻开封。

15 约 法 三 章

刘邦虽说已经有了二三万人马，可是还没能够把开封城打下来。刘邦急于往西去，沿路遇到不容易打下来的城，他不愿意去跟守城的秦兵死拼，他宁可绕个弯儿再往前走走。他离开开封，带着兵向西南走。打了几个胜仗，到了颍川。秦兵和城里的老百姓守住城，还大声地向刘邦骂街。刘邦这回可火儿了，亲自领队攻城。攻打了好几天，才把颍川打下来。他料到这儿的人是不会服他的，就把他们全都杀了。颍川一带原来是张良打游击的地区，这会儿张良听到刘邦来了，就带着韩国的兵马去见他。两队兵马合在一起，由张良带道，很快地就把韩地十多个城都拿下来了。

刘邦请韩王成留在韩国，守住阳翟（韩国的都城，就是河南省禹县），要求张良跟着他一同往西去打咸阳。张良说："我不能做主。"刘邦就对韩王成说："子房才能高，计策多，请暂时帮我一下，我好随时向他请教。"韩王成说："子房是我重要的帮手，他怎么能离开这儿呐？"接着他又说："可是将军为天下除害，我也应当出力。这样吧：我派子房送将军进关，等到将军灭了秦国，请吩咐他马上回来。"刘邦满口答应。他当时跟张良拜谢了韩王成，带领着三万人马去进攻南阳。南阳郡守打了败仗，投降了。刘邦封他为殷侯。郡守投降了还可以封侯，西边的几个城就马到成功，都投降了。军队有了粮食，沿路又不抢掠，秦人都挺喜欢，刘邦的兵马就越来越多。

公元前207年八月，刘邦进了武关。就在这个时候，赵高杀了二世，派人来求和，只要让他做关中王，他愿意把秦国献给刘邦。刘邦怕他欺诈，还没答应。没有几天工夫，秦王子婴把赵高杀了，还派了五万兵马去守峣关。这五万秦兵要对付项羽的四十万大军当然没有用处，可是对付刘邦的几万人马还可以拼个上下高低。刘邦就用了张良的计策，派小兵在峣关左右的山头插了无数的旗子，作为疑兵。完了打发郦食其带着一份挺贵重的礼物去见守关的秦将，吓唬他，说："沛公有几十万精兵，要攻破峣关不费吹灰之力。可是沛公素来钦佩将军，特地派我奉上礼物，请将军为天下除害，一同去攻打咸阳。万一将军不答应，也请收下礼物，沛公愿意先礼后兵。"秦将满口

55

答应,说:"情愿订立盟约,替楚军带道去进攻咸阳。"一切都说妥了,秦将就请郦食其喝酒。

郦食其喝够了酒,回来报告。刘邦很是高兴,就要再派郦食其到关里去订盟约。张良这会儿也怕秦兵靠不住,就出来拦住他,说:"秦将受了礼物愿意归附将军,可是五万秦兵不一定都能心服。现在他们准备订盟约,一定不作打仗的准备。不如趁着这个机会突然打过去,准能打赢。"刘邦就吩咐大将周勃带领兵马绕过峣关,从东南侧面打进去。秦将安心地等待订盟约,就让士兵们都休息了。猛一下子从后面进来了这许多楚兵,秦兵慌得走投无路。秦将还不知道发生了什么事情,亲自到军营后面去弹压,没防到正碰上周勃。周勃迎头一刀,把秦将的脑袋瓜劈成两半。秦兵没有主将,胡乱地抵抗一阵,死的死,逃的逃,那些没死可也逃不了的就都投降了。

刘邦的军队进了峣关,一路跑去,到了灞上(在陕西省长安县东),迎面来了一个好像送殡的仪仗队。秦王子婴带着大臣前来投降,车马好像带孝似的都用白颜色。子婴脖子上还套着带子,表示准备勒死,手里拿着皇帝的大印、兵符和节杖,哈着腰,候在路旁。樊哙对刘邦说:"砍了他算了!"刘邦说:"当初怀王派我来,就因为他相信我能宽容人。再说,人家已经投降了,再杀他,也不吉祥。"他就收了大印、兵符和节杖,把仅仅做了四十六天秦王的子婴交给将士收管起来。

刘邦的军队进了咸阳。将士们乱纷纷地争着去找库房,各人都拣值钱的东西拿。打了胜仗,占领了咸阳,秦国的财宝都是他们的了,谁不在混水里摸鱼才傻呐。萧何可不希罕这些东西,他首先走进丞相府,把那些有关天下户口、地形、法令等的图书和档案都收起来。他认为这些文件比金银财宝更有用。

刘邦也趁着这个机会进了阿房宫。金碧辉煌的宫殿、五光十色的帷子、稀奇古怪的摆设叫他看得头昏眼花。忽然,前面又来了一班雪白粉嫩的美人儿,娇滴滴地跪着迎接她们的新主人。他只觉得神魂颠倒,好像一个跟头摔在云彩里,又是舒坦又是受不了。他想:在这儿住上几天也不算白活了。他进了二世的卧室,就在龙床上一躺,理着胡子,闭着眼睛,麻丝丝儿地养养神。

突然进来了一位将军,就是刘邦的连襟樊哙。他粗里粗气地说:"怎么啦,您要打天下呐还是要做大财主呐?秦国怎么会灭亡的?还不是因为这些奢侈的东西吗?您要打天下,就不该留恋这些亡国的东西。咱们还是回到灞上去吧。"刘邦慢吞吞地坐起来,说:"什么话!你先回去。我就在这儿歇歇乏儿。"

恰巧张良也进来了。樊哙把他劝告刘邦的话向张良说了一遍。张良对刘邦说："正因为秦朝暴虐、奢侈，二世荒淫无道，将军才能够到了这儿。将军为天下除害，就得朴素、节俭。现在您刚进了咸阳就想到享乐，这不是换汤不换药吗？俗语说'良药苦口利于病，忠言逆耳利于行'，希望将军听从樊将军的话。"刘邦硬着头皮把这服挺苦的药喝下去。他马上出来，吩咐将士们封了库房，关了宫门，然后带领兵马回到灞上驻扎下来。

刘邦召集了各县的父老豪杰，对他们说："你们吃秦朝的苦头已经够了；批评朝廷的就得灭族，一块儿谈论谈论的就得处死。这种日子叫人怎么过呐？怀王跟诸侯有约在前：谁先进关谁做王。我来了，应当管理关中。今天我跟诸位父老约法三章（就是订立三条法令）：杀人的偿命；打伤人和偷盗的，看犯罪的轻重办罪；除了这三条以外，其余秦国的法律、禁令一概废除。官员和老百姓安心做事，不必害怕。"他们高兴得了不得，都说，"这会儿可好了！"刘邦就叫各县的父老和秦国原来的官员到各县、各乡去宣布这三条法令。秦人谢天谢地感激刘邦，大伙儿争前恐后地拿着牛肉、羊肉、酒和粮食来慰劳士兵。刘邦好言好语地劝他们把这些东西拿回去。他说："粮仓里有的是粮食，千万不要让老百姓费心。"秦人更加高兴了，他们现在什么都不怕，只怕刘邦不做关中王。刘邦也什么都不怕，只怕做不成关中王。要是项羽也进来，怎么办？

16 鸿 门 宴

刘邦进了咸阳，一心想做关中王，正担心着项羽进来，有的人就瞧出他的心事来了。有一个姓解的（解 Xiè）谋士对刘邦说："关中比别的地方富裕十倍，地形又险要，真是个好地方。秦将章邯投降了项羽，项羽封他为雍王，管理关中。他们正从东路赶过来。他们一进来，将军的地位可就保不住了。依我说，一面立刻派兵守住函谷关，别让诸侯的军队进来，一面招收关中的壮丁，扩大自己的军队，这样才可以抵御诸侯。"这一段话正说在刘邦的心坎上，他就派兵去守函谷关，不准项羽的军队进关。

项羽这一气非同小可，连眼珠子都努出来了。范增说："刘邦不让我们进关，明摆着他自己要做王。他也不想想：是谁杀了大将李由和王离？是谁收了主将章邯？是谁消灭了秦军的主力？又是谁给他将士，帮他打下丰乡，让他有个起头？刘邦没有将军，决不能进关；将军没有刘邦，一样可以进关。我们射倒的一只鹿（鹿，指秦朝的天下），他扛了去算是他的，天下哪儿有这个理？"当阳君英布也说："咱们沿路消灭了多少秦兵，才到了这儿。他应该出来迎接咱们，怎么反倒不让咱们进去呐？原来约定同心协力为天下除害，现在他一进了关，就把咱们当作敌人！难道咱们流血就为了他吗？"

项羽就派英布和蒲将军去攻打函谷关。不消多大工夫，他们打进了关。项羽的大军继续前进，一直到了新丰鸿门（在陕西省临潼县东）。人马也乏了。项羽就把大军驻扎下来，让士兵们吃一顿好的，一面召集将士们商议怎样惩罚刘邦。

范增说："刘邦在山东（指崤山以东的六国，不是现在的山东省）的时候，谁都知道是个无赖，又贪财，又好色。这会儿他进了关，不贪图财物，妇女，他的野心可不小哇。今天不消灭他，将来一定后患无穷。"

正在这个时候，来了一个使者，说是刘邦手下的左司马曹无伤派来报告机密。那个使者传达曹无伤的话，说："沛公要在关中做王，那个秦王子婴，不但没办罪，听说沛公还要拜他为相国。皇宫里的一切珍宝他都占为私有。沛公借着将军的威力才进了关，按理应当等候将军的命令再决定大事，他反倒忘恩负义跟将军作对。我要是不说，天下也没有公论了。我虽然在沛公部下，到底是楚国的臣下。因此，特意派人前来奉告。"

项羽听了，瞪着眼睛骂着说："可恨刘邦，目中无人。天下人恨透了秦国的帝王，他反倒要拜他为相国，还跟我作对。哼！明天一早，我就领兵打过去，看他逃到哪儿去。"这时候，项羽兵马四十万，号称一百万，扎在鸿门，刘邦兵马十万，号称二十万，扎在灞上，相差不过四十里地，项羽一发动，说话就到。哪儿知道项羽营里还有一个吃里爬外的家伙连夜把这个机密泄漏出去了。

那个吃里爬外的家伙正是项羽的另一个叔父，名叫项伯。项伯曾经杀过人，逃到下邳，投奔张良。张良把他收下来，跟他做了朋友。这会儿张良正在刘邦营里。项伯连夜骑着快马跑到刘邦营里，私底下见了张良，说了一个大概，就要拉他一块儿走。张良说："韩王派我送沛公进关，这时候人家有了急难，我单人儿逃去，太没有情义了。要走也得去说一声。请您等一等，我就出来。"

张良进去把项伯的话都告诉了刘邦，刘邦吓得连话都说不利落了。他急急地说："这这这可怎么办呐？"张良问："将军真要抗拒项羽吗？"刘邦皱着眉头子，说："解先生叫我派兵守关，不让诸侯进来。"张良问他："将军自己核计核计能不能抗拒项羽？"刘邦不吭气，过了好久才说："本来就不行啊，现在可怎么办呐？"张良替他想个计策，告诉他怎么去结交项伯，请他从旁帮忙。

张良出来，见项伯还坐在那儿，就要求他去见刘邦。项伯只好跟着他进去。刘邦挺恭敬地请他坐在上位，还摆上酒席，一次次地给他敬酒。张良当然做了陪客。刘邦挺小心地说："我进关以后，什么都不敢拿，什么都不敢作主，只把秦国的官员和老百姓安抚了一下，封了府库，一心一意地等候着鲁公（就是项羽）。为了防备盗贼和别的可能发生的情况，这才派些将士去守关。我日日夜夜盼着鲁公到来，哪儿敢背叛鲁公啊？请您在鲁公面前替我分辩几句，我对鲁公始终忠诚，决不辜负他的恩德。"张良又从旁请项伯帮帮忙，项伯一概答应下来。

刘邦还不大放心，他要求和项伯结为亲家，把他女儿许给项伯的儿子。项伯也答应了。张良就替他们斟酒道喜。项伯说："我回去就替亲家说去，可是明天一早您自己快去向鲁公赔不是。"刘邦说："当然，当然。"

项伯回到鸿门，已经三更天了，项羽可还没睡。他见项伯进来，就问："叔父上哪儿去了？"项伯说："我有个朋友叫张良，他曾经救了我的命，现在他正在刘邦营里。我怕明天打仗，张良也保不住，因此特意去叫他来投降。"项羽也知道张良，就问："他来了吗？"项伯摇晃着脑袋，说："他不敢来。他说，刘邦并没得罪将军，将军反倒去打他，未免有失人心。"他就把刘邦的话说了一遍，还说："要是刘邦不先攻破关中，我们怎么能够那么容易进来呐？人家有了功劳，还要去打他，这是不合情理的。他说他明天亲自来赔不是。我说，人家既然愿意听从指挥，不如好好儿待他。"项羽点点头，可没说话。

第二天，天刚蒙蒙亮，刘邦就带着张良、樊哙、夏侯婴、纪信等几个心腹和一百来个人，上鸿门去了。他们到了营门前，有陈平站在旁边迎接。刘邦一看项羽的军营威武森严，心里就有几分害怕，在营门口磨磨蹭蹭，不敢进去。张良说："咱们上去吧。"他们到了辕门口，有丁公、雍齿他们传令，说："不准多带从人，只准带文官或武将一名。"刘邦只好带着张良硬着头皮进去。

刘邦见了项羽，不敢像过去那样向他行平辈的礼。他趴在地下，行着大礼，说："刘邦拜见将军，静候吩咐。"项羽杀气腾腾地问他："你有三项大罪，知道不知道？"刘邦说："我只不过是个沛县亭长，听了别人的话兴兵伐秦，才得投在将军的旗子下，听从将军的指挥，丝毫不敢冒犯将军。不知道什么地方得罪了将军。"项羽说："天下痛恨秦王，你自作主张把他放了，还要重用他，这是第一项大罪；就凭你一句话，随便改变法令，收买人心，这是第二项大罪；抗拒诸侯，不准他们进关，这是第三项大罪。有这三项大罪，怎么还说不知道？"

刘邦回答说："请将军允许我表白心迹，再办我的罪。第一，秦王子婴前来投降，我不敢作主，只好暂时收管起来，等候将军发落；第二，秦国法令苛刻，老百姓像掉在水里一样，天天盼着有人来救他们，我急于约法三章就为了宣扬将军的恩德，好叫秦人知道；进关的先锋就能这么爱护百姓，他们的主将就更不用说了；第三，我怕盗贼未平，秦军的残余可能作乱，不能不派人守关，决不敢抗拒将军。"项羽听了，转了转眼珠子，脸上那团暴风雨前的乌云渐渐散去，露出暖和的阳光来了。刘邦接着说："将军在河北作战，我在河南作战；虽说军队分作两路，同心协力可是一样的。托将军洪福，我进了关，能在这儿见到将军，真够高兴的了。哪儿知道有人从中挑拨，叫将军生气，这实在是太不幸了。还请将军体谅我的苦衷，多多包涵。"项羽连想都没想，就挺直爽地说："就是你们的左司马说的，要不然，我怎么会到这儿来呐？"说着，他就扶起刘邦，请他坐下，还留他喝酒。

他们就挨位次坐下：项羽和项伯朝东坐了主位，范增朝南坐，刘邦朝北坐，张良朝西伺候着。五个人喝着、吃着、聊着，帐外吹吹打打奏着军乐。项羽和项伯殷勤劝酒，刘邦可提心吊胆地不敢多喝。范增和张良各有各的心事，再说都是陪客，不便多说话。范增早劝过项羽及早杀了刘邦，免得以后吃他的亏。这会儿见项羽宽容敌人，急得什么似的。他拿起身上佩着的一块玉玦（jué，是腰带上拴着的一块玉，表示决心的玩意儿，所以叫"玉玦"），拿眼睛向项羽说话，叫他下个决心，杀了刘邦。项羽明白了。可是人家到这儿来赔罪，怎么能害他呐？他瞧了瞧范增，只管喝酒。

过了一会儿，范增又拿起玉玦来向项羽做暗号。项羽向范增有意无意地点了点头，心里想："人家自己上这儿来，就这么谋害他，还像个大丈夫吗？再说已经和好了，就该合作下去，要是容不下一个刘邦，怎么容得下天下呐？"他反倒向刘邦劝酒。

范增第三次拿起玉玦来，连连向项羽递眼色，项羽当作没瞧见。范增心里嘀咕着："今天肥猪拱门，落在你手里，不宰了他，后悔可来不及了。"他实在忍不住，就借个因头出去了。

范增叫项羽的叔伯兄弟项庄过来，对他说："鲁公太厚道了，他不愿意

　　项羽还看看项庄和项伯舞剑,刘邦可直擦着高鼻子上的汗珠儿,浑身有气没力,像只垫桌腿的蛤蟆。

自己动手。你快进去劝酒,给他们祝寿,完了就给他们舞剑,瞧个方便,杀了刘邦。要不然,咱们将来都要做他的俘虏。"项庄就进去给他们斟酒,祝完了寿就说:"军营里的音乐没有多大的味儿,请允许我舞剑,给诸公下酒。"说着就拔出宝剑舞蹈起来。舞着,舞着,慢慢儿地舞到刘邦面前来了。项羽不说话,刘邦脸都变白了,张良直拿眼睛看项伯。项伯起来对项羽说:"一个人舞,不如两个人对舞。"项羽说:"叔父有兴头,请吧。"项伯就拔出宝剑也舞蹈起来。他可老把身子挡住刘邦。张良一瞧不是玩意儿。他也像范增那样向项羽告个便儿出去了,留下项羽和刘邦两个人喝酒。项羽还看看项庄和项伯舞剑,刘邦可直擦着高鼻子上的汗珠儿,浑身有气没力,像只垫桌腿的蛤蟆。

张良到了军门外,樊哙就上来问:"怎么样了?"张良说:"十分紧急。项庄舞剑,老靠近沛公。"樊哙跳起来,说:"要死,死在一块儿,我去!"他右手提着宝剑,左手抱着盾牌,直往军门冲去。卫兵们横着长戟,不让他进去。樊哙拿盾牌一顶,就撞倒了两个卫兵。他们还没爬起来,樊哙已经进了中军,用剑挑起帘子,冲到项羽面前,拿着宝剑、挂着盾牌,气呼呼地一站,连头发都向上直竖,两只眼睛睁得连眼角都快裂开来了。项庄、项伯猛然见了这么一个壮士进来,不由得都收了剑,呆呆地瞧着。项羽按着剑,跪起来(古人席地而坐,跪起来是端正姿势,并不是下跪),问:"你是什么人?到这儿干么?"张良已经跟了进来,就抢前一步,替他回答,说:"他是沛公的参乘(驾车的)樊哙,前来讨赏。"项羽说:"好一个壮士。"接着回过头去,说:"赏他一斗好酒,一只肘子。"底下的人就给他一斗酒,一只生的猪蹄子。樊哙站着,一口气喝完了酒,蹲下来把盾牌覆在地上,把生猪肉搁在盾面上,用剑切成几块,就这么把生肘子吃下去了。

项羽说:"壮士还能喝吗?"樊哙说:"我死也不怕,还怕不能喝吗?"项羽觉得这个大老粗说话实在鲁莽,可是挺好玩儿的,就说:"你干么要死呐?"樊哙说:"秦王好像豺狼虎豹一样,杀人怕杀得少了,压迫人怕压迫得不够,才逼得天下都起来反抗。怀王跟将士们约定:谁先进关,谁就做王。现在沛公先进了关,他可并没称王。他封了府库,关了宫室,把军队退到灞上,天天等着大王来。派士兵去守关也是为了防备盗贼和不测的情况。沛公这么劳苦功高,大王没封他什么爵位,没给他什么赏赐,反倒听了小人的挑拨,要杀害有功劳的人,这跟秦王有什么两样呐?我不懂大王是什么心意。"项羽不回答他,光说:"请坐。"樊哙就一屁股坐在张良旁边。项伯也归了座,项庄站在旁边伺候着项羽。项羽还是叫大伙儿喝酒。他喝多了,

63

闭着眼睛想着樊哙的话，横靠着几桌好像打盹似的。

过了一会儿，刘邦起来要上厕所去，张良向项伯低声地告个便儿，带着樊哙跟了出来。刘邦要溜回去，嘱咐张良留着代他向项羽告辞。张良问他："您带了什么礼物没有？"刘邦说："我带来一对白璧，想献给鲁公，一对玉斗（相当于现在的玉杯），想献给亚父（就是范增），因为他们生气了，我不敢拿出来，请先生代我献给他们。"

刘邦只带着樊哙、夏侯婴、纪信他们几个人从小道回到灞上去了。他一回到营里，就把曹无伤斩了。项羽见刘邦好久没回来，就派陈平去请他。张良跟着陈平进去，向项羽赔不是，说："沛公醉了，怕失礼，叫我奉上白璧一双，献给将军，玉斗一双，献给亚父。"项羽说："沛公呐？"张良说："他怕将军的部下对他为难，先走了，这会儿大概已经到了灞上了。"项羽也不介意，就说："你们都好好儿地回去吧。"他们都出去了。项羽把玉璧搁在几上，一声不言语地瞅着。范增把玉斗扔在地下，拔出剑来，把它砸破了。他自言自语地说："唉！真是个小孩子，没法儿替他出主意。"他又对项羽说："夺将军天下的一定是刘邦。我们瞧着做俘虏吧！"项羽知道范增的好心眼，他可有他自己的主意。

17 火烧阿房宫

项羽放过了刘邦，可不能放过秦王子婴。他率领着诸侯进了咸阳。刘邦挺小心地跟了去。

首先项羽得决定怎么发落秦王子婴。说起子婴，他仅仅做了四十六天秦王，他个人并没有多大的罪恶。可是在六国诸侯和五十多万士兵的眼里，他不再是子婴自己一个人，他代表着秦国历代的暴君。他们单纯地认为天下人的仇恨都得向他报，无数的血债都得要他还。项羽一开口："怎么处理秦王？"大伙儿一齐嚷着说："有仇报仇！有冤报冤！"就有好多将士拿起刀来准备向子婴砍去。项羽拿手一比划，大伙儿七手八脚地早把子婴剁了。当时不但有人高呼，表示痛快，也有人流着眼泪，敲着胸膛，嚷着说："坑害六国子孙的不光是秦王，还有秦国的贵族、文武百官。他们哪一个没杀害过我们的父母、兄弟？哪一个不把我们扔在水里、火里？"那些农民出身的子弟兵,一想起自己过去受的罪,不由得痛哭起来。项羽下令:"秦国的公子、亲族和不法的文武官员都交给你们吧。"范增连忙补上一句说:"可别杀害老百姓!"

一霎时,楚人就杀了秦国的公子、亲族八百多人,文武官员四千多人,杀得咸阳街上全是尸体和污血。咸阳的老百姓听说只杀贵族和大官儿,不伤害平民,都跑出来看,还有一些人把楚人看作替他们报仇雪恨的大恩人。项羽怕军队太乱了,就下令封刀,吩咐各路诸侯在城外扎营,自己带着八千子弟兵进了秦宫。

秦宫府库虽说封着,可是值钱的东西早已给刘邦的将士们拿去了。项羽和子弟兵见了阿房宫,不但不能欣赏,反倒引起了仇恨。他们见到的不是金碧辉煌的宫殿,而是人民的血汗;挂在窗户上的不是五光十色的帷子,而是吊在树枝上的尸首;稀奇古怪的摆设晃在他们面前,变成了各种残酷的刑具。五步一楼,十步一阁,是几十万壮丁的白骨架成的;宫里挖成的河道,供秦王游玩的水池子,流着无数的母亲的眼泪。阿房宫,由各郡县拉来的民夫建成的阿房宫,在鞭子底下几十万农民建成的阿房宫,在项羽的子弟兵看来,是血泪宫,是万人坑!他们见不到美,只见到丑;见不到可爱,只见到可恨。愤怒的烈火在他们的胸膛里烧着。他们的眼睛发射出报仇的火苗。这种谁也压不住的疯狂的情绪,项羽早就看出来了。烧就烧吧!大伙儿惊天动地地嚷着说:"烧吧!""烧吧!""趁早烧了吧!"压根儿用不着下命令,八千子弟兵分头烧去。可是阿房宫这么大,房子这么多,不是十天八天烧得完的。今天烧这一处,明天烧那一处,天天烧,夜夜烧,烧得火焰冲天,咸阳城全都罩在火光和浓烟底下了。好在阿房宫的四周是不能有民房的,烧了两三个月,也烧不到外面来。埋藏着秦朝罪恶和天下冤屈的阿房宫,显示着穷凶极恶、暴虐无道的秦朝统治的阿房宫就这么给楚人的怒火烧成了一堆堆的瓦砾(lì)场。

火烧阿房宫完全是破坏的行动,仅仅发泄了历年来积压着的仇恨,可是谁也得不到实际的好处。各路诸侯和将士跟着项羽进了关,灭了秦国,总得犒劳一番,让他们得到一些实惠,才说得过去。可是拿什么东西去赏他们呐?项羽就问刘邦他们:"你们先到咸阳,封了秦国的府库,怎么府库全是空的呐?金银财宝哪儿去啦?"刘邦擦着鼻子,说不出话来。

张良、萧何回答说:"秦国从孝王、昭王直到始皇,累积财富,天下无比。听说后来在骊山修大坟的时候,财宝货物就花去了不少,黄金、珠玉和其他名贵的珍宝都葬在大坟里了;二世、赵高荒淫无度,又大量地耗费了府库钱粮。因此，秦国早就外强中干，府库空虚了。"项羽听了，就想派人去刨大坟。恰巧又来了一班少年，要求项羽替他们的父兄报仇。他们央告着说："我们的父兄都是老老实实的工匠，当年替昏王做大坟，完了昏王就把我们的父兄活活地埋在大坟里了。"项羽就派英布带领着十万人马去掘始皇的大坟，还下了一道命令，说："掘到的财宝一律归公分配，个人不得私藏；违背命令的都有死罪。"

十万楚兵把秦始皇的大坟当作敌人，又当作百宝箱，喊声动天地动起手来。人人奋勇，个个争先，镐头、铁锤、锄头、铁锹、畚箕、木杠全都用上。一连三天，才把大坟刨开，可还找不到墓道在哪儿，秦始皇的正穴更别说了。英布只好亲自出马，来回指挥。当年修大坟的时候，英布也是被押到骊山去做苦工的一个囚犯。后来他做了工头，所以他还记得墓道的大概情形。果然，又花了几天工夫，一部分的石城、石门、墓道找到了。这一来，士兵们的劲头更大了。没有几天工夫，他们刨出了黄金（古时候黄铜称为黄金）几十万斤，珍珠、玉器、象牙等各种宝物数也数不清楚。他们可还没找到正穴。英布就把这些东西都搬到大营里来。项羽拿出一部分赏给诸侯和将士。

诸侯和将士们得到了一些财宝当然高兴了，可是他们跟着项羽打进关里来并不是来刨大坟的。他们希望项羽赏给他们的是爵位和土地。项羽就跟范增他们商量。范增说："这许多诸侯和将士老呆在这儿也不是办法。他们离开本地日子不少了，各郡县需要他们回去管理。再说五十多万大军驻扎在这儿，粮草也有困难，迟早总得打发他们回去。"项羽就准备重新划分天下，按功劳的大小分封诸侯。他原来是旧六国的贵族，趁着农民起义，参加了抗秦的斗争，灭了秦国。他这个功劳实在太大了。可是他不能替广大的起义的农民着想，反倒大封诸侯，把统一的中国倒退到割据分裂的战国时代里去了。不过要这么做，先得请示楚怀王，因为至少在名义上，楚怀王还是他们的头儿呐。

18 分封诸侯

公元前206年一月,项羽打发使者去向楚怀王孙心请示:先立个王,才能发号施令分封别的将士。这也就是面子上尊重楚怀王罢了,实际上一个十五岁的小孩子懂得什么呐,只要他说一声"一切由诸侯上将军主持"就是了,难道还有第二个人比得上他吗?不知道是谁出的主意,十五岁的楚怀王还真回答得挺干脆,他说:"照前约。"那就是说,"谁先进关,谁做王。"

项羽听到了这样一个回答,可火儿了。他说:"怀王自己还是我项家立的,他又没有征伐的功劳,他怎么能自作主张?还不是他派我去救赵?还不是他派刘邦进关?'谁先进关谁做王',这像话吗?还说得上什么'约'吗?"范增、英布他们也都不服气。项羽用了一个计,他要绕个弯儿来抓实权。他尊怀王为"义帝",请他搬到长沙去。名义上,"帝"比"王"高一等,实际上是请他做个"太上皇",什么都用不着他操心,底下有个"王"替他做事。他把楚怀王尊为义帝以后,就跟范增商议分封诸侯的大事。分封诸侯太不容易了。项羽和范增煞费苦心,把秦始皇已经统一了的天下重新分得七零八碎,封了十八个诸侯,都称为王。

项羽把原来秦国的关中分为四大区,就是:汉、雍、塞和翟(dí)。立沛公刘邦为汉王,统管巴、蜀、汉中地区;立章邯为雍王,统管咸阳以西的地区;立司马欣为塞王,统管咸阳以东到大河(黄河)的地区;立董翳为翟王,统管上郡。

把原来的楚国分为四大区,就是:西楚、衡山、临江和九江。立吴芮(吴芮就是英布的丈人鄱阳君,他率领百越,帮助诸侯,又和项羽一同进关)为衡山王,统管百越;立共敖(进攻南郡有功)为临江王,英布为九江王。西楚不封,项羽自己留着。

把原来的赵国分为常山和代两大区。立张耳(原来是赵相国,和项羽一同进关)为常山王,赵王歇为代王。

把原来的齐国分为三大区,就是:临淄、济北和胶东。立田都(原来是齐国的将军,帮助楚军救赵,和项羽一同进关)为齐王,田安(齐王建的孙子,项羽渡河救赵的时候平定济北好几个城,带领兵马投降项羽)为济北王,田市

67

为胶东王。

把原来的燕国分为燕和辽东两大区。立臧荼(原来是燕国的将军,帮助楚军救赵,和项羽一同进关)为燕王,燕王韩广为辽东王。

把原来的魏国分为西魏和殷两大区。立魏王豹为西魏王,司马卬(卬,áng;司马卬原来是赵国的将军,平定河内有功)为殷王。

把原来的韩国分为韩和河南两大区。韩王成封号不改,立申阳(原来是张耳的臣下,先打下河南,迎接楚军)为河南王。

以上一共十八个王,就是:

汉王刘邦,
雍王章邯,
塞王司马欣,
翟王董翳,
衡山王吴芮,
临江王共敖,
九江王英布,
常山王张耳,
代王歇,
齐王田都,
济北王田安,
胶东王田市,
燕王臧荼,
辽东王韩广,
西魏王豹,
殷王司马卬,
韩王成,
河南王申阳。

项羽自己立为西楚霸王(江陵是南楚,吴是东楚,彭城是西楚;项羽打算拿彭城做都城,所以称为西楚霸王),统治梁地和楚地九个郡。

春秋时代不是有"霸主"吗?霸主是诸侯的首领,在他上头可还有个挂名的天王。项羽称为霸王,就是十八个王的首领的意思,在他上头也有一个挂名的"天王",就是义帝。这许多原来的贵族和新起来的将军对于推翻秦朝的血腥统治都是有功劳的。不封他们吧，谁也不会甘心；封了他们吧，把秦始皇已经统一了的国家又变成了春秋战国时代诸侯割据的局面了。这时候，霸王权力最大，军队都在他手里，可是他不敢做兼并六国、一统中原的秦始皇，他只要像齐桓公或者楚庄王那样做个霸主。他认为把天下分为十九国，各国诸侯治理自己的国家，有重大的事情可以请示霸王，那要比秦朝独断独行的统治强得多。

霸王见咸阳的宫室都烧毁了，士兵们又都想念着东边的老家，自己也知道秦人对他没有好感，留在这儿没有好处，就决定拿彭城作为西楚的都城。谋士韩生对霸王说："关中高山险要，河流围绕，东有函谷关，南有武关，西有乌关，北有黄河，土地又肥沃，作为都城是再适合也没有了。"霸王说："富贵不归故乡，好像穿着绣花的绸缎走夜路，谁知道你呐？"韩生出来，大发牢骚。他认为这么好的意见还不接受，真太不像话了。他对别人说："以前我只听到有人说，'楚人不过是戴帽子的猴儿罢了'，这会儿我才知道真是这个样儿的。"霸王听到了这种污辱楚人的话，气得什么似的，就把韩生扔在油锅里炸了。到了儿，还是拿彭城作为都城。

项羽灭了秦国，封了十八个王以后，他们都带着自己的军队回到自己的国里去了。不是天下太平了吗？哪儿知道还有一些人不服气，战争的种子就这么撒下了。

第一个不服气的是汉王刘邦，第二个是齐将田荣，第三个是成安君陈馀，别的人也有对霸王不满意的。汉王先进了关，做不成关中王，已经不乐意了，还把他送到巴蜀去，他当然不肯罢休。田荣在项梁的时候早就不听命令，这回又不肯跟着楚军一同进关，霸王分封诸侯就没有他的分。他气得双脚乱跳，很快地就轰走了齐王田都，杀了胶东王田市。这时候昌邑人彭越在巨野（在山东省巨野县北）也有一万人马，他可还没有主人。田荣就拜他为将军，叫他去攻打济北王田安。彭越打了胜仗，杀了田安。田荣自己做了齐王。成安君陈馀跟张耳闹翻了以后，躲在南皮（在河北省沧县东）钓鱼、打猎，不肯跟着诸侯一同进关，本来就什么都没有他的份。霸王因为他有点名望，再说上回曾经写过一封信劝章邯投降，也算得是一功，才把南皮临近的三个县封给他。陈馀可挂了火儿。他说："我的功劳跟张耳一样，张耳做了常山王，我就只三个县，这太欺负人了。"他一听到田荣背叛西楚，就向他借了兵马去攻打常山王张耳。他打败了张耳，占领了赵地，从代郡迎接了代王歇，仍旧请他为赵王。代王歇做了赵王，就立陈馀为代王。

霸王分封的十八个王，给田荣这么一来，就死了两个（田市和田安），逃了两个(田都和张耳),三齐(就是临淄、济北和胶东)和赵、代都背叛了。霸王饶不了田荣,可是他最不放心的还不是田荣,而是汉王刘邦。所以在分封诸侯的时候本来只把巴、蜀封给他,让他住在西南角落里。后来刘邦送了不少礼物给项伯,请他在项羽面前说情,项羽才又把汉中封给他。可是项羽已经防到他要回到东边来,所以又叫雍王章邯、塞王司马欣、翟王董翳守住关中,挡住刘邦那一头,不让他出来。

汉王的将士大多是丰乡、沛县一带的山东人,谁都不愿意到巴、蜀、汉中去。汉王比谁都生气,他说:"巴、蜀是秦国放逐囚犯的地方,到了那种地方,还能回到本乡去吗?"他就打算向霸王进攻。萧何拦住他,说:"大丈夫能屈能伸,难道受不了一时的气愤吗?惟愿大王接受封地,爱护百姓,招收豪杰,把巴、蜀、汉中治理好了,就能收复三秦(雍、塞、翟三大区叫三秦),然后再出来也不晚。"张良也劝他不可跟霸王闹翻。汉王就反过来劝将士们好好儿动身往都城南郑去。

汉王动身的时候,韩司徒张良就要跟他分手了。他是韩王成的臣下,因为刘邦向韩王成要求,韩王成才派张良送刘邦进关,说明进关以后,就叫张良回去。韩王成没跟着项羽进关,因此,他并没有什么功劳。赶到项羽到了鸿门,号令诸侯,韩王成才赶来见他。项羽看他小心顺服,只好仍旧让他做着韩王,可是嘱咐他必须召回张良。韩王成自然答应了。这会儿张良去跟汉王辞行,汉王拉着他的手不放,连眼眶都湿了。张良也有点恋恋不舍,就说:"我送大王到汉中吧。"他就请韩王成允许他送汉王到边界上,韩王成不好拒绝,只嘱咐他一到汉中地界马上回来。

张良送汉王到了褒中(在陕西省南郑县西北),分别的时候对他说:"从这儿往前去都是栈道(在山腰里用木头和木板架成的道儿),请大王走一段烧毁一段。"汉王说:"那不是断绝了我的归路吗?"张良说:"要是不烧毁栈道,恐怕大王还没回来,人家早就进去了。烧毁栈道不但使别的诸侯不能进去侵犯大王,还可以叫霸王放心。"汉王这才明白过来。他送给张良一百斤黄金,两斗珍珠。两个人就这么分别了。张良把黄金和珍珠全数转送给项伯,就想跟着韩王成回到韩国去。不料霸王责备韩王成不守信义,说他不该让张良跟着汉王到关中去,就不放韩王成回去。

张良对霸王说:"汉王烧毁栈道,不愿意再回来了。田荣背叛大王,倒不能不去征伐。"霸王就放松了汉王这一头,回到彭城,准备发兵去征伐田荣。

汉王到了南郑,拜萧何为丞相,曹参、樊哙、周勃、灌婴等为将军,养精蓄锐,准备再跟霸王比个上下高低。可是士兵们不愿意在这种山地里过活。他们说："我们生是山东人，死是山东鬼。树高千丈，叶落归根，腿长在我的身上，要走，谁也拦不住。"为这个，差不多天天有人逃走，急得汉王连饭都吃不下去。他正在憋得慌的时候，有人来报告，说："萧丞相逃走了！"这可把汉王急坏了。他想："我待他不错，怎么连他也逃了呐？"

19 追 韩 信

汉王一听到萧何也逃走了，又是着急，又是生气，立刻派人去追。到了第三天早晨，萧何回来了。汉王又是高兴，又是恨，气呼呼地问他："你怎么也逃了？"萧何说："我怎么敢逃？我是去追逃走的人的。"汉王就问："你追谁呀？"大伙儿也都纳闷，到底丞相追的是谁呀？

萧何追的是淮阴人韩信。韩信小时候也读过书，拜过老师，文的武的都有一套。后来父母双亡，一向很穷苦。他只知道用功读书，练习武艺，可没有挣钱的本领。别说不能做个小官，连做个小贩过日子也不行。他只好到别人家里去吃白饭，人家都讨厌他。他跟下乡县（属淮阴）南昌的一个亭长有点交情，就住在亭长家里。住了几个月，亭长家的就指着桑树骂槐树，嘟哝起来了。"冷粥冷饭还可吃，冷言冷语实难当"，韩信就一去不回头，到城下淮水上去钓鱼。钓到了鱼，卖几个钱，钓不到鱼，就饿肚子。那边有个老太太，老带着饭筐子整天地给人家洗纱（古时候所谓纱就是丝）。她瞧见韩信饿得有气没力，怪可怜，就把自己带来的饭分点给他。一连好几天都是这样的。韩信非常感激。他对老太太说："您老人家这么照顾我，我将来一定好好地报答您。"想不到那老太太反倒生了气。她说："男子汉大丈夫连饭都吃不上，太没出息了。我瞧公子怪可怜的才多少给你吃点，谁要你报答！"韩信只好说了声"是"，臊模搭眼地走开了。

韩信挺穷，衣服也不整齐，他可也像武士、侠客那样身上老挎着一把宝剑。淮阴城里的一班少年看了很不顺眼，老取笑他。他也不跟他们计较。他们见他老实，就想欺负他，对他说："韩信，你文不像文，武不像武，富不像富，穷不像穷，像个什么啊？我看你还是把那宝剑摘下来吧。"其中有一个屠夫的儿子，特别刻薄。他说："你老带着剑，好像有两下子，我可知道你是个胆小鬼。你敢跟我拼一拼吗？你敢，就拿起剑来刺我；不敢，就往我的卡巴裆儿(就是裤裆)底下钻过去!"说着,他撑开两条腿,在大街上来个骑马蹲。韩信把他上下端详了一会,就趴下去,往他的裤裆底下爬过去了。大伙儿全乐开了,韩信也很尴尬地咧着嘴乐了一下。打这儿起,人家给了他一个外号,叫"钻裤裆的"(文言叫"胯夫")。

赶到项梁渡过淮河,路过淮阴的时候,韩信带着宝剑去投军,就在楚营里当个小兵。项梁失败以后,韩信跟着项羽,可是一个无名小卒,谁也没注意他。项羽见他比一般小兵强,就叫他做个执戟郎中(郎中是街头;执戟是拿着长戟的意思)。韩信做了执戟郎中,好几回向项羽献计,项羽都没采用。一个小兵怎么能参预大将的计划呐?鸿门宴上,韩信拿着长戟站岗的时候,看到沛公刘邦低声下气地对着鲁公项羽,真有点像他自己钻裤裆的滋味,他对沛公就有了几分同情,而且看到沛公将来准成大事。后来沛公做了汉王,像充军似的被霸王逼到汉中去,韩信认为投奔一个失势的主人准能得到重用。他就下了决心去投奔汉王。

他带着宝剑和干粮,拣小道往西走去。头两天,白天躲着,晚上赶道。以后就黑间白日地走着。他知道栈道已经烧毁了,别的道他又不知道。反正方向不错,爬山越岭也干。他在树林子里碰到一个砍柴的老大爷,就问他往南郑去的路。那老大爷说:"哎呀,南郑已经不通了,没有道儿了。"韩信央告他,说:"老大爷,您再想想看,有没有另外的道,远点也行。"那老大爷挠着头皮,说:"以前有是有一条,是走陈仓(在陕西省宝鸡县东)的,那可不是路,不好走,还有大虫。已经多年没有人走了。那还是二十多年以前,不,三十多年了,我做买卖的时候走过几次。那时候栈道还没修呐。"韩信请他详细说一说。他就说了一大骡车:渡过陈仓,翻过什么什么山,越过什么什么岭,还有什么大松林、小松林、乱石岗、彩石岗、上山坡、下山坡,什么地方有条河,什么地方有村子,再走几里地,就是南郑。韩信一一记住,还向他背了一遍,拜谢了老大爷,向陈仓那条路走了。

"天下无难事,只怕有心人",韩信找到了南郑,进了汉营。可是天大的希望只捞到了一个芝麻绿豆官,人家仅仅给了他一个挺平常的职司。有一天,他跟十几个伙伴喝了点酒,发起牢骚来了。大伙儿牢骚越发越多,不该说的也说了。有人去报告汉王,汉王怀疑他们叛变,就把韩信他们十四个人全都拿下,定了死罪,叫滕公夏侯婴去监斩。夏侯婴吩咐刽子手——开刀。韩信仰着头瞅着夏侯婴,大声嚷着说:"汉王不要打天下了吗?为什么斩壮士?"夏侯婴倒吃了一惊,问了他几句话,就把他留下,详细盘问他。他跟韩信谈了一回话,觉得他挺不错的,回头跟汉王一说,把他免了罪,还给他升了一级，叫他做个治粟都尉（管粮食货物的官），可也没有什么了不起。后来韩信见到了萧何，跟他谈了谈，萧何认为韩信的能耐可不小。萧何又专门跟他谈了几次，从天下形势谈到刘、项两家将来的命运，以及怎么样能够打到山东去等等。萧何这才知道他是数一数二的人才，就在汉王跟前尽力推荐他，还把他的出身说了一遍。汉王听了，也不觉得怎样，并没因此重用韩信。

这几天来，汉王老是愁眉苦脸，闷闷不乐。他对萧何说："难道咱们一辈子呆在这儿吗？什么时候才能够打回去呐？"萧何说："只要有了大将，率领三军，就能够打回去。"汉王说："哪儿来这样的人将？"萧何说："有哇！只要大王肯重用，大将已经找到了。"汉王急切地问："谁呀？在哪儿？"萧何说："淮阴人韩信；就在这儿。"汉王皱着眉头子，说："哎，钻裤裆的还能做将军吗？"萧何又说了一大篇话，汉王连听都不爱听。

第二天，萧何又去见汉王，对他说："大将有了！请大王决定吧。"汉王眉开眼笑地说："那太好了。谁呀？"萧何挺坚决地说："淮阴人韩信！"汉王马上收了笑容，说："要是拜他为大将，不但三军不服，诸侯取笑，就是项羽听到了，也准说我是个瞎子。请丞相别再提了。"

萧何一连几天碰了钉子，只好不说了。可是萧何不去，汉王又来找他，对他说："我们的家都在山东，士兵们不太安心，天天有人逃走，怎么办？"萧何说："总得先拜大将啊。"汉王说："又是韩信，是不是？老实对你说，不行！拜大将不是闹着玩儿的。你想想：从沛、丰跟着我出来的将士们能服气吗？周勃、灌婴、樊哙他们能不说我赏罚不明吗？"萧何说："从古以来英明的君王选拔人才，主要是看他的才能，不计较他的出身。我知道韩信的才能，可以拜他为大将，我才三番五次地劝大王重用他。沛、丰的将士都有大功，可是他们不能跟韩信比。"汉王不好意思叫萧何下不了台阶，就说："叫韩信安心点，再过几个月我一定提拔他。"萧何只好出来，把汉王将来一定重用他的话告诉了韩信。

韩信左思右想，越来越苦闷了。留在这儿吧，人家不重用他；走吧，到哪儿去呐？他想出了一个办法。他对手下人说："替我准备好我的马，明天五更我要出远门去。把我的行李也捆上，多包点干粮。"

第二天，东方才发白，韩信出了东门，走了。手下的人到了丞相府，报告说："听说韩都尉出了东门，不知到哪儿去了。"萧何跺着脚说："哎呀！真给他走了！那还了得？"他来不及去报告汉王，就立刻带了几个从人，骑上快马，赶到东门，问守门官："你有没有看见一位将军，从这儿过去？""有，有，是韩都尉。这会儿大概已经走了五六十里了吧。"萧何马上加鞭,急急地追上去。到了中午,他进了一个村子,又问老乡们。他们说:"早已过去了有三四十里吧。"萧何两条腿往马肚子上使劲地一夹,又追上去了。

他这么一路问、一路追,直到天黑了,月亮出来了,还没追着韩信。人也累了,马也乏了,明天再追吧。可是到了明天,不是更追不上了吗?他一瞧,月儿这么明,道儿上好像洒满了水银似的;凉风吹来,汗也收了,精神反倒大发了。他就在月亮底下又赶了一阵。转过山腰,下了坡,前面是一条雪亮的河。远远瞧见有个人牵着马在河边上来回溜达,那不是韩信是谁呀?萧何使劲地加上两鞭,大声地嚷着:"韩将军!韩将军!"他跑到河边,下了马,气呼呼地说:"韩将军,你也太绝情绝义了!"韩信呆呆地望着他,不说话。萧何说:"咱们一见如故,够得上朋友。你怎么不说一声,就这么走了?急得我好苦哇!回去!要走一块儿走。"

韩信向他行个礼,掉下了眼泪,可还是不说话,萧何又对他说了一大篇的话。韩信一会儿点点头,一会儿摇摇头,完了叹了一口气,说:"我这一辈子不能忘了丞相的情义,可是汉王……"他又停住不说了。这时候,滕公夏侯婴也赶到了。两个人死气白赖地非把韩信拉回去不可。他们说:"要是大王再不听我们的劝告,那我们三个人一块儿走,好不好?"韩信挺感激地说:"丞相这么瞧得起我,叫我说什么呐?回去就回去吧,我就是死在你们手里也是甘心的。"

到了第三天,他们才回到了南郑。萧何把韩信留在丞相府,急忙忙地去见汉王。汉王先骂了他一顿,完了问他:"你追谁呀?"萧何说:"淮阴人韩信!"汉王说:"逃走的将军也有十几个了,没听说你追过谁,怎么会去追韩信呐?"萧何说:"将军有的是,容易找。像韩信那样国家独一无二的人才,哪儿找去?大王要是准备一辈子在汉中做王,那就用不着韩信;要是准备打天下,非用他不可。大王到底准备怎么样?"

汉王说:"我当然要回东边去,老在这儿憋着干么?"萧何说:"大王一定要往东边去,那就赶快重用韩信;不用他,他还是要走的。"汉王一直信任萧何,萧何这么坚决地推荐韩信,到了这时候,他不得不考虑一下。他说:"我就依着丞相,请他做将军吧。"萧何说:"请他做将军,还是留不住他。"汉王说:"拜他为大将怎么样?"萧何说:"这是大王的英明,国家的造化。"汉王就要召韩信进来,拜他为大将。萧何皱着眉头子,说:"大王素来不讲礼貌,怠慢大臣。拜大将是多么重大的事,不能像叫唤小孩儿那样。大王决定拜他为大将,就该郑重其事地择个好日子,斋戒沐浴,在

远远瞧见有个人牵着马在河边上来回溜达,那不是韩信是谁呀?

广场上修个台,举行拜大将的仪式,才像个样儿。"汉王说:"好,都依着你去办吧。"

20 暗渡陈仓

汉营里几个主要的将军一听到汉王择日子要拜大将,一个个高兴得眉开眼笑,谁都认为自己能力强、功劳大,"不拜我为大将拜谁呐?"赶到汉王上了拜将台,拜的是韩信,全军都愣了。

汉王按照仪式拜韩信为大将以后,就问他:"丞相屡次推荐将军,将军准有妙计,请将军指教。"韩信谦让一下,说:"不敢。"接着他问:"大王往东进兵,是不是要跟霸王争天下?"汉王说:"是啊。"韩信又说:"大王自己估计估计跟霸王比,有没有像他那么勇、那么狠、那么强、那么好心眼?"汉王不言语。过了一会儿,说:"比不上他。"

韩信向汉王拜了拜,祝贺说:"我也觉得大王比不上他。可是我曾经在他手下做过事,知道他的能耐,也知道他的毛病。霸王吆喝一声,上千的人都会给他吓倒,多么勇,多么狠哪,可是他不能接受别人的意见,不能重用有本领的将军。他的勇不过是匹夫之勇罢了。霸王待人,又恭敬又有爱心,说话挺温和,瞧见别人有病,他会掉眼泪,把自己吃的、喝的分给他,心眼多么好;可是人家立了大功,应当封爵位的,他不封,就说封了,他还拿着封爵位的印,左摩右摩,把印的四个角都摩光了,还舍不得交给人家。他的好心眼不过是婆婆妈妈的好心罢了。霸王的力量挺强,可是他犯了四个大错误,很容易会变成弱的。"

汉王连忙问:"哪四个大错误?"韩信接着说:"霸王分封诸侯,自己做了头儿,就该守在关中,他可偏拿彭城做都城,这是一个错误。违背了义帝先进关为王的前约,不按功劳的大小分封诸侯,把好地方封给他所欢喜的人,这么不公平的做法,大家心中不服,这又是一个错误。把义帝轰到长沙去,别的诸侯见他这么办,也学他的样儿,把他们的主人轰走,自己抢夺地盘,这又是一个错误。霸王到过的地方,没有不遭到屠杀和破坏的,这又是一个错误。天下怨恨他的人多,老百姓都不亲近他,只是在他的暴力底下,怕他罢了。他虽然做了诸侯的首领,实在已经失了人心。所以我说,他的强很容易会变成弱的。只要大王不犯他所犯的错误，信任天下有本领的人，怎么能不打胜仗？拿天下的城邑封给功臣，谁能不心服？士兵们都想回到东边去，大王率领他们，名正言顺地去征伐背约的人，敌人怎么能不逃散？再说霸王在新安坑杀了秦国投降的士兵二十多万，只有章邯、司马欣、董翳三个人没死。秦人的父兄恨这三个人恨到骨髓里去了。他还封他们为王，秦人能向着他们吗？大王您呐，进了武关，一点也不伤害老百姓；到了咸阳，废除了秦国残酷的法令，跟秦人约法三章；秦人哪一个不盼着大王留在关中？现在大王发兵往东边打过去，三秦只要发个通告出去就可以拿下来的。"

汉王听了，高兴得什么似的。虽然还有几点不大相信，可是从心眼里佩服韩信，一切听从他的调度，只恨没早拜他为大将。

韩信就调配将士，编排队伍，操练兵马，宣布纪律。没花了多少日子，就训练成了一支挺整齐的军队。他跟汉王、萧何先商议定当以后，把东征的计划挺秘密地告诉了夏侯婴、曹参、周勃、樊哙、卢绾这几个人，嘱咐他们保守机密，分头干去。汉王和韩信率领着大军静悄悄地离开了南郑，叫丞相萧何留在那儿收税征粮，接济军饷。韩信吩咐樊哙、周勃他们带领一万人马去修栈道，限三个月完工。

樊哙、周勃他们督促一万士兵修栈道。栈道不修好，大军就过不去。可是烧毁的栈道接连有三百多里，高低不平，地势挺险。有的地方弯弯曲曲，要盘旋几层；有的地方上悬削壁、下临深渊，没法站脚，无从动手；有的地方必须架桥；有的地方还得开山。一万人马修了十几天，已经摔死了几十个人，摔伤的更多，只不过修了短短的一段。限期又紧，口粮又少，士兵们个个抱怨。樊哙管不住小兵，自己也火儿了。他说："这么大的工程，就是十万壮丁，修它一年，也没法完工。"士兵们听到监工的也这么说了，大伙儿千埋怨、万埋怨，干活儿就更没有劲儿了。

过了几天，上头又派来了三五个工头，还押来了一千名民夫。他们传达汉王的命令，说樊哙、周勃口出怨言，给予撤职处分，把他们调回去。新的工头确实比樊哙他们强，天天督促士兵按部就班地一路修过去。汉王拜韩信为大将，派樊哙修栈道都是兴兵东征的大事，修栈道更是轰动汉中的大工程。运木料、送粮草、拉民夫、惩办逃亡的士兵，吵吵嚷嚷，闹得鸡飞狗上屋。栈道还没修了多少，兴兵东征的惊报早已到了关中。

雍王章邯一面派暗探去打听修栈道的情况，一面调兵遣将预先作了准备，去挡住东边的栈道口。他听了探子们的报告，才知道汉军的大将原来是钻裤裆的淮阴人韩信，汉王的将士们都不服气；修栈道的士兵和民夫天天有逃走的，别说三个月，就是一年两年也修不到这边来。栈道不修通，就算汉军长了翅膀也不容易飞到关中来，汉王可早就嚷着"东征"、"东征"。真是雷声大，雨点小，把行军大事当作闹着玩儿。话虽如此，章邯是个有经验的将军，没有事也当有事看。他又派了一些兵马到西边地区，仔细巡查，守住关口、要道，以防万一。他还天天派人打听汉军的动静。

有一天，突然来了一个急报，说："汉王大军已经过了栈道，夺去了陈仓，向这边打过来了。"章邯还有点半信半疑，栈道并没修好，汉军就是长着翅膀也飞不过来啊。他哪儿知道当初韩信投奔汉王，压根儿就没走栈道，他是渡过陈仓走小道到南郑的。这会儿韩信用了一个计策，叫做"明修栈道，暗渡陈仓"。章邯只知道派兵守住栈道那一溜，人家可不走那条道，偷偷地渡过陈仓，大军已经到了跟前。

章邯亲自带领军队赶到陈仓那边去抵御汉军，可是他哪儿挡得住归心如箭的汉军？章邯打了败仗，死伤了不少人马，急忙忙地逃回废邱（雍王章邯的都城，在陕西省兴平县）。他一面守住废邱，一面向塞王司马欣、翟王董翳讨救兵。这两位宝贝恐怕汉军进来，自顾不暇，压根儿没敢发兵去救别人。韩信早就侦察了废邱的地形，定下了攻城的计划。他不等待打下废邱，就先派樊哙、周勃、灌婴他们去进攻咸阳。赶到这边韩信引水灌城，占领了废邱，章邯自杀；那边樊哙他们也已经进了咸阳。

三秦的首领章邯一死，雍地、咸阳给汉军占领，塞王司马欣和翟王董翳更加孤立。韩信早就说过："秦人恨这三个人恨到了骨髓里。"三秦各县一见汉军到来，大多没打就投降了。翟王董翳、塞王司马欣打了几阵败仗，也只好先后投降。不到三个月工夫，三秦变成了汉王刘邦的地盘。这可把霸王气得头顶冒烟。齐王田荣、赵王歇、代王陈馀的叛变已经够叫他生气，汉王刘邦又夺去了三秦，如果就此拉倒，以后这些人会更加无法无天。还有彭越这家伙仗着田荣的势力，也不断地扰乱梁地。项羽认为赵王歇、陈馀、彭越跟他作对全是由于田荣给他们撑腰，只要先把田荣除了，北边就可以平定。可是汉王刘邦那边也不能不去征伐。这么着，他又要去攻打刘邦，又得去攻打田荣，他自己总不能同时进攻两头。正在左右为难的时候，他收到了张良给他的一封信，劝他去征伐田荣。

张良不是在韩国吗？怎么会替汉王说话呐？原来霸王不让韩王成跟着张良回去，把他带到了彭城。霸王因为韩王成从来没出过力，把他降了一级，改封为侯。也是韩王成不识时务，自己的命都在别人手里，他还大发牢骚。霸王说他不识好歹，就把他杀了，立前吴令郑昌为韩王，叫他挡住汉王那一头。郑昌可不是韩国王室的血统。在霸王看来，杀一个韩王成也没有什么大不了的，偏偏韩相国的子孙张良把他当作命根子。他在博浪沙向秦始皇行刺，并没有别的企图，就因为秦始皇灭了韩国，他单纯地要为韩王报仇。这会儿霸王杀了韩王成，他哭得死去活来，怎么也得替他报仇。张良就逃到汉王那边，替他出了个主意，写信给霸王，大意说："汉王不守本分，固然不好，可是他只要收复三秦，在关中做王，依照怀王的前约就心满意足了。只是齐、梁、赵等地不及时平定，田荣他们必定来打西楚，到了那时候，天下将不堪收拾了。"

霸王和范增明知道这是张良替刘邦出的缓兵之计。可是平定了齐、梁、赵，单单关中一个地区，回头再去收拾也不太难；要是现在先去对付刘邦，那么，往后齐、梁、赵、代、燕就更没法收拾了。倒不如将计就计，卖个人情吧。他们就决定发兵去征伐田荣。

霸王通知魏王豹、殷王司马卬、韩王郑昌小心防备汉兵，又叫九江王英布发兵，一同去征伐齐王田荣。英布派他手底下的一个将军带着几千兵马去会霸王，说自己有病不能到远处去。霸王知道英布不愿意离开南边，心里有点怪他，就另外给他一道秘密的命令，嘱咐他去暗杀义帝。英布也认为义帝虽说挂个名儿，可是究竟还有个名义，让天下人借口说，霸王所封的王，因为没有义帝的命令，都不是正经八百的，九江王也只是个草头王罢了。义帝呐，又不愿意马上搬到长沙去，经过几次催促，他还慢吞吞地在路上磨着。英布没跟着霸王去进攻齐、梁，这会儿他可不能再不服从指挥了。他就吩咐一班心腹士兵，扮作强盗，追上义帝的船，在江面上把他杀了。

他们杀了义帝回来，在半道上遇到了英布的丈人衡山王吴芮和临江王共敖的士兵，他们也是受了秘密的命令去暗杀义帝的。他们知道这件事英布已经办了，就分头回去。英布派人回报了霸王，霸王去了一件心事，专心去打齐、梁。

就在这个时候，汉王拜韩庶子信为韩太尉（官名，专管军事，地位跟丞相相等），派郦商还有别的几个将军帮着韩庶子信去收复韩地。汉王还答应韩庶子信：只要他打下韩国，就封他为韩王。霸王所封的韩王郑昌和河南王申阳打了败仗，都投降了汉王。韩庶子信就做了韩王，那个原来的韩王郑昌反倒做了他的臣下。

汉王收复了三秦、韩地和河南以后，到了关外，安抚了当地的父老，又回到栎阳（在陕西省临潼县东北），拿它作为都城。他下了一道命令，把以前秦国的林园一律开放，让农民耕种，又派张良去劝魏王豹投降。魏王豹见汉军强大，就依了张良。这么一来，河内吃紧了，殷王司马卬赶紧打发使者去向霸王求救。可是霸王那边也正忙着呐。

21 陈平归汉

霸王打到齐国，齐王田荣连着吃了几回败仗，从城阳逃到平原。他还作威作福，强迫平原的老百姓供给粮食和草料，慢一步的还得挨揍。平原的群众气愤不过，一下子聚集了上千上万的人，杀了田荣。霸王就立田假为齐王。有人不赞成田假的，霸王把他们都杀了，又拆毁了齐国的城墙，免得齐人造反作乱。哪儿知道这么一来，齐人大失所望。赶到霸王一走，齐人都起来叛变。田荣的兄弟田横趁着这个机会打败田假，夺回了城阳，立田荣的儿子田广为齐王。田假逃到霸王那儿，霸王恨他丢了城阳，把他杀了。他就再向齐国进攻。不料田横很得人心，他激发齐人爱护父母之邦，鼓励他们抵抗外来的兵马。齐人尽力把守城阳，弄得霸王一时没有办法。正在双方相持不下的时候，河内的殷王司马卬来讨救兵，说韩信的兵马围住了朝歌（殷王的都城，在河南省淇县北）。霸王就派项庄和季布去救朝歌。没想到救兵还没到，司马卬已经给汉军逮了去了。

项庄、季布回来报告，说："我们还没赶到河内，殷王已经投降了，我们只好回来。"霸王大发脾气，骂他们不中用。他说："你们是怎么走的？我叫你们赶紧去救河内，你们来回倒费了这么多日子，连敌人的面都没见着，就空手回来了。这么不中用，还当什么将军！"都尉陈平说："韩信用兵正像孙子、吴起一样，光派两位将军去，本来就不妥当。就是他们到了河内，也不济事。我看还是请范亚父跟他们两位一块儿去，我也去，我们再发动大队人马，一定可以把河内夺过来的。"霸王向陈平瞪了一眼，说："派你去就成了吗？殷王不是由你去劝说的吗？怎么又反了呢？现在河内已经丢了；你倒要再发大兵，亏你说得出这种话来！"陈平受了一顿责备，闷闷不乐地退出去。

原来殷王司马卬曾经背叛过霸王，霸王叫陈平去征伐。陈平跟殷王说明利害，劝他向霸王谢罪。殷王依从了陈平，总算没去投降汉王。霸王因此拜陈平为都尉，还赏了他二十斤黄金。这会儿司马卬又投降了汉王，陈平已经不安生了。一见霸王发了脾气,自己成了受气包,心里更加七上八下。他就把都尉的官印和霸王赏给他的黄金包在一起,留着还给霸王,自己偷偷地走了。他想起汉王手下的魏无知是他的老朋友,还不如去投奔他,讨个出身。他就带着一把宝剑,一个人从小道去投奔汉王刘邦。天快黑的时候,到了黄河边上,可巧有一只船过来,他就请老大(船夫)把他渡过河去。

陈平上了船,船舱里又出来了一个老大。这两个人样子挺凶的,把陈平上下打量了一番,说了几句黑话。陈平一想:"糟了,原来他们是黄河上的水盗,见我这个样子,一定认为我身上带着什么珠宝玉器。谋财害命是难免的了,这可怎么办?"船到了河当中,一个水盗钻进舱里去拿家伙。陈平为人机灵,浑身是计。他马上脱了衣服,扔在船上,光着身子站着说:"我也会摇船,帮你们两位快点过河吧。"两个水盗一见他脱光了身子,什么也没有,也就算了。

陈平见了魏无知,说了一些愿意替汉王出力的话,魏无知就把他推荐给汉王。汉王还记得当初在鸿门宴上看见过他,挺不错的。这会儿他来投奔,心里满高兴,就问他:"你打算怎么帮助我呐?有什么计策没有?"陈平一听,恭恭敬敬地回答说:"大王要打败霸王,现在正是时候。趁着他在攻打齐王的时候,大王可以赶快发兵去打彭城。彭城是霸王的老窝,抄了他的老窝,堵住他的后路,楚军一定着慌。军心一乱,霸王就容易打败了。"汉王觉得陈平的见解的确不错,就问他:"你在楚营里做的是什么官?"陈平说:"做过都尉。"汉王说:"我也拜你为都尉,好不好?"陈平连忙磕头谢恩。汉王一高兴,又加了一句,说:"我还要你替我驾车(古文叫"参乘"),再管理管理军队的事。"陈平一一答应,跟着魏无知退了出来。

那些平时最接近汉王的将军们看见陈平一下子就得到了汉王的信任,都纷纷地议论起来,说他光身到这儿,来历不明,谁知道他是好人坏人。这些话传到汉王的耳朵里,他怕陈平不安心,就更加优待他。汉王整顿兵马,准备去攻打彭城。陈平管理军队的事务,要将士们准备这个,准备那个,命令还挺严的。将士们故意来试试陈平,向他送礼、送钱,请他把办事的限期放宽一些。陈平老实不客气,把礼物全都收下。这一下,他们抓住了陈平受贿的小辫儿,大家推了周勃和灌婴去向汉王告发。

周勃和灌婴对汉王说:"陈平外表漂亮,可是内才和品格很差。听说他在家里曾经偷过他的嫂子;一到这儿就仗着管理军队的职权,贪污了不少金钱。大伙儿认为这种品行不端,贪图贿赂的人不配受到大王的信任。"汉王就把魏无知叫进来,责问他:"你推荐陈平,说他有多么大的才能,可是他在家里跟嫂子私通,在这里又受了贿赂。你为什么把这种品行不端的人引荐给我?"魏无知说:"我推荐的是陈平的才能,大王责备的是他的品行。现在楚、汉相争,要想胜过敌人,就得有人能够想出奇妙的计策来。品行端正当然也很重要,可是就算有个像古人那样讲信义的君子或者有个品德很高的孝子,这对我们有什么用处呐?他们能把霸王打败吗?大王只要看陈平的计策好不好,不必去管他真偷过嫂子没有。如果陈平没有才能,使不出奇妙的计策来,那我甘心受罚。"

汉王觉得魏无知的话也有道理,心里可总有点不踏实。他把陈平叫进来,叫别人都出去。他当面对陈平说:"听说先生原来是帮助魏王的,后来离开了魏王去帮助霸王,现在又跟我在一块儿。这是怎么回事?"

陈平说:"同样一件有用的东西,在不同的人手里就不同了。魏王不能用我,我离开他去帮助霸王;霸王不能用我,我才来归附大王。我还是我,用我的人可不一样。我听说大王善于用人,所以不远千里而来。我光身来到这儿,因为什么都没有,才接受了人家的礼物。没有钱,我办不了事。要是大王听了别人的话,不用我的计策,那么,我收下的那些礼物还没动用,我可以全部交出来,请大王放我回家,让我老死本乡,这就是大王的恩典了。"

汉王正需要像陈平这样的人,就安慰他一番,还提升他的官职。那些批评陈平的将士们一见汉王这么重用他,也不敢再说什么了。

汉王听了陈平要他去抄霸王的老窝的话,就调动兵马、准备东征。他正想出发的时候,忽然滕公夏侯婴带着常山王张耳来求见,说张耳来投降。汉王知道张耳和陈馀原来是最要好的朋友,后来两个人闹翻了,陈馀杀了张耳的家小,逼得张耳走投无路,这才带着亲信的将士前来投奔。汉王要好好地利用他一下,就挺热情地欢迎他,还真把他重用起来,仍旧称他为常山王。这样,汉王又多了两个帮手——陈平和张耳。到了这个时候,汉王这边有了五个诸侯,就是:常山王张耳、河南王申阳、韩王信、魏王豹、殷王司马卬。此外,还有塞王司马欣和翟王董翳,都投降了汉王。汉王决定叫韩信把人马带到洛阳会齐,一同去对付霸王。

22 兴兵发丧

汉王号召来的各路人马到洛阳会齐,声势相当浩大。他自己也很得意,认为这一回准能打下彭城。正在得意的时候,来了一个老头儿,责问他凭什么去攻打霸王。汉王给他问得一时答不上来,只好问他:"你是哪儿来的?来干什么?"那老头儿说:"我是新城的三老(县或乡中管理教化的老年人),人家看我上了年纪,都叫我董公。我说,大王,以前天下人都恨秦国,把二世称为无道昏君,所以陈胜揭竿而起,天下响应。现在无道昏君已经没了,秦国也灭了,各国诸侯都守住自己的地界,按说不应该再打仗了。大王攻打霸王,也得有个名目。名正言顺,才能够叫人心服。"

汉王只知道打天下,没想到打天下还得有个名目这一花招。他用手背抹着高鼻子,又捋了捋下巴颏(ké)上的胡子,实在想不出什么名目来。看着董老头儿,好像他倒挺有把握似的,就很虚心地说:"请老先生指教。"董公说:"当初大王和项羽共同伺候义帝,你们都是他的臣下。后来义帝给人谋害了。这谋害义帝的罪名可大啦。可是人家还不敢说谋害义帝是谁主使。要是大王把项羽暗杀义帝的事情传扬出去,同时吩咐全军举哀,穿孝三天,大王就说替义帝办丧事,号召诸侯为义帝报仇。这样,大王征伐项羽就有了名目了。"

汉王听了,喜出望外,连连点头,说:"好极了,好极了。老先生说得对。"当时就要请董老头儿做大官。董老头儿已经八十多了,不想做官。汉王送了他一份厚礼,恭恭敬敬地把他打发走了。

汉王就为义帝举哀,吩咐将士儿郎们穿三天孝。他发了个通告,说他愿意跟着各地诸侯同去征伐那个杀害义帝的人。

这个通告发了出去,没有多少日子,魏王豹、韩王信先到了;殷王司马卬和河南王申阳已经投降了汉王;常山王张耳就在身边。这些人当然都参加了。可是赵王的相国陈馀派人来说,要汉王杀了张耳,才肯发兵。汉王已经收留了张耳,正要重用他,怎么能杀他呐。他就在小兵当中挑了个面貌像张耳的人,把他的脑袋割下来,交给送信的人带回去。陈馀见了那颗人头,血肉模糊,也看不清楚。一来人头的确有几分像,二来陈馀也想不到汉王会骗他。他就发了一部分兵马给汉王，算是共同去征伐霸王。

这么着，汉王趁着霸王正忙着对付齐、梁的时候，就会合了各路兵马一共有五六十万人，准备向东打过去。虽然有了这许多兵马，可是韩信和张良说要想打败霸王还不是时候。他们认为这些人马是勉强凑起来的，有的诸侯是强迫来的，现在还不能跟霸王拼个高低。汉王不相信这些话，他觉得为义帝办了丧事，穿了孝，这么名正言顺的大军打不了胜仗才是怪事。不管怎么讲，进攻彭城是有把握的。韩信不愿意去，就留在后方，也大有用处。万一霸王趁着大军不在咸阳的时候，就偷偷地打过来，这倒不能不防备。他就叫韩信去守咸阳，拜魏王豹为大将，带领大军去攻打彭城。彭越也带着三万人马来帮助汉王。

霸王的精锐部队都驻扎在城阳，彭城兵马不多，只有一个虞子期算是大将。要论打仗，这位霸王的大舅子有点差劲。九江王英布离彭城比较近，可是他守着自己的地盘，并没派救兵来。汉王不费多大的力气就把彭城占领了。他进了彭城，住在霸王的宫里。宫里有的是美女和珍宝，这些都是汉王的了。好在这一回樊哙和张良都没说什么，他乐得痛痛快快地先享一享福。汉王一高兴，将士们也有好处，他们就都有说有笑地大吃大喝起来，过着快活的日子。可是汉王还有美中不足的地方。他早听说霸王的妃子虞姬是个大美人儿，怎么宫里找不到她呐？哪儿知道虞子期一见汉王大军，好汉不吃眼前亏，早就保护着虞姬逃到城阳去了。

虞子期向霸王报告了彭城失守的事，霸王也没怪他，只是骂着汉王说："忘恩负义的刘邦，竟敢夺我彭城！"他对大将龙且(jū)和钟离昧他们说："你们在这儿攻打齐国，再叫九江王英布出兵相助，我亲自去要刘邦的狗命。"

他就带着项庄、桓楚、虞子期、季布等几个将军和三万精兵，猛虎似的沿路扑过去。中间也有几个城由汉兵守着，可是他们哪儿抵挡得住霸王呐？霸王的三万精兵很快地到了彭城。彭城里面的汉王和将士们正快活得连日子都忘了。他们天天喝酒、玩儿。赶到霸王的兵马半夜里到了城下，他们还在醉醺醺地做着好梦。直到小兵来报告，才把他们的酒吓醒了。一霎时心慌意乱，不知道怎么办才好。还是汉王有能耐，立刻出来召集众将官，叫他们调动大队人马。天一亮，他们就开了城门，出去对敌。

霸王的一枝画戟没人敢抵挡，不必说了，就是楚兵也都个个英勇，一个抵得上汉兵十个，把汉王为义帝办丧事的大军杀得七零八落，各自逃命。那个刚投降了汉王的司马卬一见霸王，已经害了臊。赶到霸王责备他为什么投降敌人，他就背书似的说："因为你杀了义帝，所以我离开了你；因为汉王为义帝发丧,所以我归附了他。"霸王大喝一声:"啊?你说什么!"就像打雷似的把司马卬吓得从马上摔下来,又挨了霸王一戟,送了性命。

接着,汉王的第二队和第三队人马还想跟霸王对敌一下。那两个领队的将军也是刚投降汉王不久的,一个是河南王申阳,一个是常山王张耳。申阳还劝霸王像他一样地投降汉王。霸王用画戟回答了他,他从此不能再开口了。张耳眼快,一见申阳这么下场,赶紧向后逃跑。楚军追杀了一阵,远远地望见汉王,就拼命地赶上去。幸亏汉王有樊哙、周勃、卢绾他们保护着,总算没让霸王打着。霸王这一队打了胜仗,后面的项庄、桓楚、虞子期、季布等各领着大队人马,冲杀过去。汉兵大乱,自相践踏。

楚军正在追杀的紧要关头,横路里突然闪出来一队汉兵,领头的正是大将魏王豹。霸王见他来得正好,就跟他对打起来。魏王豹倒挺大胆的,一个劲儿地往霸王的身边钻。霸王的画戟太长,使不上了,就拿起铜鞭来,朝着魏王豹的脑袋打过去。魏王豹连忙躲开,胳膊上已经挨了一鞭。他只好用另一只手急急地打着马屁股逃回去。

楚兵勇气百倍,见人就杀,汉兵心惊肉跳,有路就跑。这一下子汉兵就死伤了二十多万,其余的兵马逃到灵壁县(在彭城南)东边,争前恐后地要渡过睢水(睢 Suī)去。不料楚兵赶到,把那些正要渡河的汉兵打得无路可逃。在岸上的连爬带滚地给挤到水里去,在船上的因为人太多,乱纷纷地反倒把船弄翻了不少。汉兵死在水里的大约有十几万人。十几万人掉在水里,起初还随着波浪飘浮着,后来连睢水也给堵住了。

那几个保护着汉王的大将也被楚军杀散,害得汉王只好跟着几百个小兵乱跑。过了一会儿,总算有一个刘泽带着一队败兵来见汉王。他是从彭城逃出来的。他向汉王说了个大概,汉王才知道留在彭城的司马欣和董翳已经投降了霸王,楚兵还把太公、吕氏和审食其都掳去了。汉王一想,"董公为义帝发丧的法宝怎么会不灵呐?唉,我后悔没听韩信和张良的话,弄到这步田地!"还没容他想到太公和吕氏怎么样,突然四面敲起鼓来,楚兵喊杀的声音越来越近。一下子楚兵好像打猎似的把汉王圈在当中,紧紧地围了三层。他叹了一口气,说:"今天我要死在这儿了!"看看手底下只剩下了几百个小兵,怎么逃得出去?

23 美人和儿女

汉王被楚兵紧紧地围住,不知道自己的将士儿郎们都到哪儿去了,眼前没有一个大将能护着他冲出去。正在十分危急的时候,忽然西北方起了一阵大风,往东南刮过去,一霎时飞沙走石,把地上的尘土刮起十来丈高。四周的人睁不开眼,站不住脚。楚兵慌里慌张,乱纷纷地四散奔走。汉王趁着这个机会,使尽平生力气,两条腿往马肚子上一夹,随着风向,冲东南方直奔出去。一直跑了二十来里,才缓了一口气。

霸王见风刮得稍微缓和了些,急忙查问汉王的下落。有几个士兵说:"大风刮得这么厉害,我们只好蹲在地下,才没给刮倒,等到我们站起来四面一望,好像有人往东南跑下去了,可不知道是不是汉王。"范增跺着脚,说:"啊,真可惜!给他跑了。这会儿要是给他逃出去,将来后患无穷。"

霸王立刻派丁公和雍齿两个大将带领三千人马,火速追上去。丁公带领前队,雍齿带领后队,两个将军一先一后地向东南大路追赶。丁公很卖力气,一马当先,把别人都撇在后面。不一会儿工夫,他追上了汉王,汉王还有命吗?他可挺机灵,回过头来大声地跟丁公说:"丁公,我是逃不了啦。可是,您是个好汉,我也是个好汉,好汉眼里识好汉,何必这么过不去呐?您要是高高手,我决忘不了您。"丁公一听汉王称他为"好汉",早就脑袋发晕了。他想,"人情留一线,日后好相见",就说,"您快走吧",还真把汉王放了。

丁公怕手下的人说话,就停下来,慢吞吞地拿起弓箭来,胡乱地射了三箭,回来了。走了没多少路,正碰到了雍齿。雍齿问他:"您见到了汉王没有?"丁公说:"见倒是见到了。我连连射了几箭,没射中,给他跑了。"雍齿说:"哎!已经见到了,怎么还让他逃了呐?我去追。"他就快马加鞭,向前追上去。

汉王沿路逃跑,已经没有力气,那匹马也跑不动了。眼看着天黑下来。正想下马休息一会儿,往后一看,追兵又赶上来了。他想找个地方躲一躲,凑巧找到了一口枯井。他连忙下了马,把马打了几鞭,让它跑去,自个儿跳到井里,缩成一团,静静地躲着。不一会儿,只听见大队人马从井旁过去。

又过了一会儿，朝上一看，只见灰扑扑的一圈天空，竖起耳朵来听一听，什么声音都没有。他知道楚兵已经全过去了，正想爬上来，突然听见那队人马又回来了。他只好再静静地呆着，直到最后的一个人也走远了，他才拿出宝剑来把井边的土挖了几个窟窿，登着窟窿爬出了枯井。

天已经黑了，那匹马也不知道到哪儿去了。他只好提着宝剑慢慢地顺着小道走。这光景让他想起要比斩白蛇的时节还可怜。走了一阵，曚昽中瞧见那匹马还在山岗子下吃草。他就上了马，再往前走。他一心想到下邑（在梁地）去，那边有吕氏的哥哥吕泽守着。因此，他只朝着那个方向，不管大路小路，就向前走去。又走了几里，听见有狗叫的声音，还瞧见树缝里有几点灯火，那一定是个村子了。

汉王朝着灯光走去，打算在村子里过一夜。还没走进村子，就碰见了一个老头儿，也是往村子里去的。汉王见了他，就像碰到了救星一样，连忙下了马，挺恭敬又挺可怜地恳求他帮帮忙。老头儿挺豪爽，领他到了自己的庄院里，请他上坐，问了他的姓名来历。汉王也不隐瞒，一五一十地都说了。那老头儿一听是汉王，连忙趴在地下磕头，说："原来是大王。小老儿罪该万死。"汉王一面请他起来，一面问他："你叫什么名字？家里有几口人？"那老头儿说："小老儿姓戚，虽然有些田地，可是家里只有一个女儿。"说着就进去叫他女儿赶快预备一些吃的、喝的。

他出来又对汉王说："村子里实在拿不出什么像样的东西来。"汉王也客气了一番，说是已经多多打扰了。不一会儿，出来了一位小姑娘，手里端着酒和菜，眼角里瞟着那位贵宾。戚老头儿叫女儿放下酒和菜向汉王行礼。她就拜见了汉王。汉王瞧着，连忙向她还礼，还问她："今年多大啦？"那姑娘也不回答，把吃的、喝的放在汉王面前，一转身就进去了。

戚老头儿给汉王斟酒，汉王叫他一块儿喝。汉王一连喝了几杯，又吃了不少菜，身子一舒坦，精神更好。彭城和睢水打败仗的情形和丁公、雍齿追赶他的危险，全让戚家的小姑娘的那股子可爱劲儿淹没了。他仗着大王的身份，借着酒气，问戚老头儿："令爱多大啦？长得挺美。有了婆婆家没有？"戚老头儿一知道他是汉王，早就殷勤得不能再殷勤。现在汉王这么看得起他的女儿，他哪儿能错过这个机会呐，就挺小心地回答说："小丫头今年十八啦，早该出嫁了。去年有个相面的，说她是贵相，就痴心妄想地等着嫁给贵人。今天大王到了这儿，不知道要不要她伺候？"汉王随手解下一块佩玉作为聘礼，请老头儿叫"戚夫人"出来一同喝酒。戚夫人就这么陪着新郎。戚夫人因此有了喜，给他生了个儿子，就是后来的赵王如意。

汉王说:"等我收集了散兵,得到了大城,那时候再来迎接您跟令爱。"他们只好送他出了村子。

第二天起来，吃过早饭，汉王就要辞行。父女两个想留他再住几天。汉王说："汉兵打了败仗，将士们还不知道我在哪儿，我怎么能老在这儿呆着呐？等我收集了散兵，得到了大城，那时候再来迎接您跟令爱。"他们只好送他出了村子。

汉王骑着马，上了大路往南走去。约摸走了二十来里，忽然间，后面尘土飞扬……看过去总有好几百人马向这边追上来。汉王赶紧躲在树林子里，让追兵过去。他从树缝子里偷偷地一瞧，叫声惭愧，原来是自己的人马。那个赶车的正是滕公夏侯婴，车上还坐着自己的儿子和女儿。汉王这才壮着胆子，出来叫住夏侯婴。

夏侯婴下了车，说："司马欣和董翳投降了霸王，还把太公和夫人拿去献功。我没有办法，只好带着几百名士兵出了西门，一路上杀退了一些小队的楚兵，四处寻找大王。半路上碰到了公子和小姐，走了一天一夜，才在这儿找到了大王。太公和夫人虽然给楚人掳去，幸亏救了公子和小姐，还算是不幸中的大幸。"

两个小孩儿，一个五岁，一个三岁，这会儿才哭哭啼啼地叫着"爸爸"。汉王说："夏侯将军拼着性命地救了你们哥儿俩，你们可别忘了他的大恩。"汉王、夏侯婴和两个孩子，还有个赶车的，全挤在一辆车上，向下邑跑去。

汉王见了两个孩子，不由得想起了自己的老婆和老头子来，不知道他们这会儿怎么样了。昨天跟戚家的小姑娘过了一宵，不知道这会儿她又怎么样了。他正想着想着，猛一下子听见后面又是乱哄哄的一片喊杀声音。夏侯婴问了小兵，就惊慌地说："季布带领着一队人马已经追到这儿来了。"汉王慌慌张张地说："快走吧，快！"汉王的车向前飞奔，后面的楚兵紧紧地追着。汉王的车跑一阵，季布的兵马追一阵，眼看就快追上。汉王怕车马跑得慢，把心一横，就把两个孩子从车上推下去。夏侯婴赶紧跳下车去，把他们抱上来。

汉王骂着说："我们自己的命都保不住，还管孩子干什么！"夏侯婴说："他们是大王的亲骨肉，怎么能不管呐？"汉王不像夏侯婴那样长着婆婆心肠，他只要车马快，不管别的。他又把两个孩子踢下车去。夏侯婴又下了车，两个胳肢窝里夹着两个小孩儿，跳上一匹马，紧紧地跟着汉王的车。这一来，汉王的车少了三个人，还真跑得更快了。季布给后面的汉兵抵挡了一阵。他追不着汉王，只好带着兵马回去。

季布回到楚营，也像丁公跟雍齿一样，说明为什么追不着汉王。霸王很是着急。范增劝他，说："刘邦已经逃远了，大王不必过于心急。只是这次我们虽然打了个胜仗，可还没碰到韩信。要是韩信带兵前来，大王不可不小心防备。"霸王冷笑一声，说："那个钻裤裆的也不过比魏王豹稍微强点罢了，怕什么？"回头就对武士们说："把刘家的老头子跟女人带上来。"

他指着太公说："你儿子刘邦太没有人心。我封他做了汉中王，他不但不知道感恩，反而打到关中，夺了我的土地。叛逆就该灭门，这是谁都知道的。刘邦是叛逆，你们都该处死。"范增拦住他，说："刘邦虽然打了败仗，韩信的兵马还挺强的，战争不能就此算完。杀了他们，冤仇越结越深，还不如留着他们当作抵押，也好叫刘邦不敢过于放肆。"霸王是个豪爽人，就吩咐虞子期好好地收管他们，供给他们衣、食、住宿。他又带领着兵马回过头去攻打齐王田广。

田广和田横自己觉得势力孤单，再说霸王新近大破汉军，来势汹汹，就投降了。

霸王收服了齐地，回到彭城，跟范增和项伯商量再去征伐汉王。范增说："刘邦和韩信已经回到荥阳，萧何也派遣关中士兵前去援助，大约有十几万人，一时不容易对付。听说魏王豹在睢水打了败仗，被刘邦骂了一顿。他垂头丧气地回到平阳，天天怕刘邦去害他。大王不如趁着这个机会打发使者去劝他归附。他一归附，韩信必定发兵去攻打他，大王就可以直接进攻荥阳。"霸王同意了，可是派谁去劝魏王豹呐？

24 木罂渡军

项伯自告奋勇地对霸王说："这儿有个相面的老婆子，挺出名，叫许负（"负"通"妇"，许负就是许妇），平时也常到魏王宫里走动。我认识她，过去还帮过她的忙。我想写封信给她，派人送点礼去，叫她想个办法去劝魏王豹离开刘邦，事情准能成功。"霸王和范增都同意这么办。当时就打发一个小兵换上便衣，带了礼物和项伯的信去见许负。

许负收了礼物，满口答应。她当天就去拜见魏王豹。魏王豹怕汉王去害他，又不敢反对汉王，正在左右为难，一见许负就说："你来得正好。这几天我有点不痛快，你看看我的气色怎么样。"许负请他坐定，看了看，说：

"据大王贵相看来，百日之内必有大喜临门。"魏王豹听了，腰板一挺，美美地咧开了嘴，笑了一笑。他决定叛汉联楚，点起十万人马，遭将调兵，把守平阳关，截断河口，抗拒汉军，准备跟楚、汉三分天下。

魏王豹叛汉联楚的消息传到了荥阳，汉王就要发兵去攻打。郦食其对汉王说："我跟魏王平日有点交情，可不可以让我先去劝他一劝？如果他仍然不服，大王再发兵去也不晚。"汉王说："先生能够劝他回心转意，让我少个敌人，就是一等大功。"郦食其连夜动身，没有几天工夫，到了平阳，见了魏王豹，反复地说明利害，要他归附汉王。魏王豹直截了当地回答他，说："汉王一点没有君王的礼貌。他把诸侯和臣下看作奴仆一样，今天骂，明天骂，我可受不了！请先生别在我身上再打主意了。"郦食其碰了一个钉子回去向汉王报告。汉王挂了火儿，鼻子眼儿哼了一声，就吩咐韩信、灌婴和曹参带领着十万精兵去攻打魏王豹。

韩信临走的时候对汉王说："项羽知道我们发大兵去征伐魏王豹，也许会来侵犯荥阳的。我看将军之中王陵可以重用。如果项羽打过来，大王可以拜王陵为大将，再叫陈平帮助他。万一有什么为难的事，可以跟子房商量商量，大概不至于有多大的困难了。"汉王连连点头，亲自送出了韩信。

韩信带领着大军，一直到临晋津，望见对岸早有魏兵把守着，一时不能渡过河去。韩信派人去侦察河岸和上游的形势，才知道对岸全是魏兵，只有上游夏阳（在陕西省韩城县南）地方，魏兵不多，是个弱点。韩信就跟灌婴和曹参商量破敌的计策。渡河需要木船，他们倒是有了一百多只，可是还不够用。韩信叫灌婴去收买小口大肚子的瓶子（古时候叫罂 yīng），叫曹参去采伐木料，越快越好。灌婴说："木料可以造船，买那些大肚子的瓶子干什么？"曹参也请韩信说个明白。

韩信说："咱们必须把大队人马偷渡夏阳，可是一只木筏子渡不了几个人。因此，我想赶紧多准备些口小肚子大的瓶子，把几十只瓶子封了口，排成长方形，口朝下，底朝上，用绳子绑在一起，再用木头夹住，作为'木罂'。用木罂做成筏子可以比普通筏子多渡不少人。"他们听了，都说这个办法好，就各干各的去了。不到几天工夫，筏子和瓶子都准备齐全。韩信一一检查，都很合用。他立刻吩咐灌婴带领着一万兵马和一百多只木船，假装要渡河的样子，自己和曹参偷偷地带领着大军连夜把瓶子运到夏阳。

魏王豹的将军们很严密地守着临晋津，不让汉军的船只过来。他们以为上游的夏阳向来没有船只，汉军更没法过来。哪儿知道韩信不用船，他用木罂很快地把大军渡过夏阳，攻下安邑，直向平阳打过来。魏王豹还想截住汉军,亲自带领着兵马去抵御,不料打了败仗。他正想往临晋津退去,灌婴的一队兵马已经打下了临晋津,也向平阳冲过来。两路夹攻,前后受敌,逼得魏王豹只好下马投降。没有几天工夫,魏国各地都给韩信攻下来了。

韩信派人把魏王豹连他的家眷一起送到荥阳,让汉王去发落。他还请汉王再给他三万人马,顺路去打赵国。他说打下了赵国,再打燕国,然后从燕国回过头来去收服齐国;魏、赵、燕、齐都平定了,才好用全力去对付霸王。汉王完全同意韩信的计划,一面派张耳去协助韩信,一面叫士兵把魏王豹和他的家眷押上来。吓得魏王豹直磕头求饶。汉王一瞧他的家眷中有个梦想不到的美人儿,不由得长出好心眼来了。他对魏王豹说:"像你这样一只耗子,放了你也没有什么了不起的。"他就让魏王豹去做个老百姓,可是他的家眷一概没收为奴隶,把那位美人儿留在后宫。那位美人儿叫薄姬,给汉王生了个儿子,取名叫恒,就是后来的汉文帝。

在韩信到临晋津去攻打魏王豹的时候,霸王对范增说:"果然不出亚父所料。韩信既然带领大军到平阳去了,荥阳一定空虚。咱们趁着这个机会去捉刘邦,您看怎么样?"范增说:"机会倒是个机会,可是大王不可小看刘邦。韩信出去,准有布置,咱们还得提防着。"大将龙且用眼角撩了范增一眼,说:"亚父也太胆小了。"范增说:"可不是这么说的,打仗得有计划,还得处处小心,才不吃亏。"霸王说:"亚父说得对。"他叫范增守着彭城,自己带上兵马去攻打荥阳。

25 绑架老母

霸王派人去探看荥阳的动静,大军随后就到。派去探看的人到了荥阳,只见城门紧闭,不见一个汉兵,连旗子都没有,心里怀疑起来。他回去向霸王报告,楚营中的将士们听了,有的说:"那一定是因为刘邦听到大王亲自去征伐,就把军队移到临近的郡县躲起来了。荥阳准是个空城。"有的说:"那一定是因为韩信还没回来,城里没有大军,不敢出来对敌。因此,故意默默无声,好像安了埋伏,使人疑神疑鬼地不敢立刻打进去。"霸王说:"咱们的人马刚到,不如先安下大营,等明天仔细探探,再作道理。"他们就安下营寨,暂不进攻。将士儿郎们走了几天,大家都很疲乏,也需要休息一下。反正他们是来进攻的，爱什么时候进攻就什么时候进攻，今天晚上乐得睡个痛快觉。

整个楚营睡得正香的时候，猛一下子汉兵冲进来了。楚兵慌里慌张地起来，好像还在梦里，迷迷糊糊地也看不清有多少汉兵，只好胡乱地抵挡一阵，逃命要紧。楚兵里头有给汉兵砍死的，也有给自己的人踩死的。正在慌乱的时候，只见汉营里的一个大将横冲直撞地见人就杀，吓得楚兵没地方藏，没地方躲。恰好霸王赶到，大喝一声，拦住那个将军。那将军不慌不忙地就跟霸王对打起来。一来一往，对打了好大工夫，他才退回去。

霸王就问在场的士兵们那个将军是谁。有一两个知道的回答说："是王陵，是个大将。"霸王"啊"了一声，心里想着："王陵？他枪法不错，可以算得一个对手。要是今天不拿住他，将来必有后患。"他就要追上去。季布、钟离昧、龙且三个将军正赶到霸王跟前，他们拦住他，说："汉兵来偷营，路上准有准备，大王追上去反倒中了他们的计。不如整顿人马，再去围攻荥阳。"

从第二天起，霸王就吩咐将士们用力攻打荥阳。可是荥阳四门紧闭，王陵再也看不到了。他只叫士兵们多多准备弓箭、石头和石灰罐，躲在城头上，只守不攻。一连十几天不跟楚军交战，急得霸王直跺脚。有人知道王陵的就说："王陵是沛县人，听说是个孝子，他母亲七十多了，现在还住在彭城。只要叫老太太写封信叫王陵来归附大王，母子相会，王陵是不敢不来的。"霸王说："不妨把他母亲请来。"一面继续围攻，一面派两个小兵去接王陵的母亲。哪儿知道那两个小兵作威作福地把王陵的母亲当作俘虏看待，一路上不但没有一句好话，反而把老太太逼得火儿了。到了楚营，霸王叫她写信去叫王陵回来，她说："我不会写字。"就有人替她写，主要是嘱咐王陵弃汉归楚。

当时就打发使者带着王陵母亲的信直到城下，叫汉兵传话要见王将军。王陵上了城门楼子，把他母亲的信接过去，不知道怎么才好。霸王的使者怕他三心二意地不能听他母亲的话，就大声地说："将军的老母现在正在楚营，急切地想见将军一面。要是将军不去，万一令堂有个三长两短，将军还得担个不孝的罪名。请将军仔细想想。"

王陵叹了一口气，马上去见汉王，要求到楚营去见母亲。张良说："将军不能单听一方面的话，就莽莽撞撞去投入虎口。令堂是不是真在楚营，也得先打听明白。我看咱们不如也派个使者到楚营里去见见令堂，问问她老人家有什么话。要是她真要将军去见一面，那时候再去也不晚。"王陵没法，只好等候消息。汉王打发使者到楚营去。临走的时候,张良嘱咐了他一大套话。

使者到了楚营,见过了霸王,要求见一见王陵的母亲。霸王吩咐底下人把王老太太带上来跟使者相见。王老太太跪在地下,问:"你是谁?来干什么?"使者说:"听说老太太要王陵来投降,汉王特意派我来问个明白。"王老太太说:"还问什么呐?事情是明摆着的:我不叫他来,我死;我叫他来,他死。请您告诉陵儿,好好伺候汉王吧,别把我搁在心里。"说着,从怀里掏出一把短刀来就自杀了。

霸王一瞧她这么不讲人情,挂了火儿,要把她的尸首烧了。季布他们拦住他,说:"大王不必这样。不如把她好好地埋了,也好叫王陵怀念着母亲的坟墓,不敢跟大王太过不去,或者派个人去叫他来祭祀。王陵既然是个孝子,总不至于把他母亲的坟墓一点也不放在心上。"霸王就派人把王老太太的尸首埋了。

霸王对使者说:"你回去跟汉王和王陵说:快来投降,我还能对他们另眼相待。要是不听良言相劝,等到打下荥阳,那可就不能怪我不讲情义了。"

使者走上一步,咬着耳朵对霸王说:"我就是叔孙通,虽然在汉营里,可是汉王并没有把我怎么放在眼里。我早想归降大王。昨天说起王陵的事来,我就要求作为使者来见大王。王陵是个孝子,我叫他来葬他母亲,他是不会不来的。"霸王问他:"汉王还有多少兵马?荥阳已经围困住了,为什么还不投降?"那个自称为叔孙通的使者说:"荥阳的汉兵还有二十来万,粮草也还充足。按理说,可以出来跟大王对敌一下。可是汉王因为韩信已经逮住了魏王豹,平定了魏地,就叫他回头去攻彭城,先夺回太公和吕氏,然后再去收服代郡和燕、齐,好叫大王进退无路。因此,守住荥阳,不肯出战,单等韩信兵马进攻彭城,他就两路夹攻,叫大王左右为难。这还得请大王小心一二。"霸王听了,觉得他的话句句有道理,就说:"你跟王陵什么时候能来?"使者说:"一抓到时机,立刻就来投降大王。不过大王必须派人去防守彭城,可别让韩信占了便宜。"霸王挺有礼貌地把使者送出营去。

霸王一面派人去防守彭城,一面等候着王陵来投降。过了两天,有人报告说:"荥阳城上挂着叔孙通的脑袋,旁边还有一张布告,说叔孙通私通西楚,勾引王陵一同去投降敌人。叔孙通就因为这个砍头示众的。"霸王派人再去瞧瞧,血丝糊拉的,果然是那个使者的人头。大将龙且他们对霸王说:"荥阳城一下子打不下来,要是韩信偷着去侵犯彭城,怎么办?请大王拿个主意。"霸王说:"回彭城去吧。可不能慌慌张张地退却。"不到两天工夫,楚兵完全退回去了,汉兵也没敢去追。

赶到霸王的大军到了彭城，范增连忙来问荥阳怎么样。霸王把使者的话和投降没成反而遭了毒手的事说了一遍。范增跺着脚，说："哎呀，大王太忠厚了！叔孙通是刘邦的谋士，他跟刘邦交情又深，怎么能来投降呐？那是因为大王围住了荥阳，韩信的兵马又没回来，一定是城里空虚，用了个诡计叫大王离开。那个挂在城上给你们看的人头决不是叔孙通。"

霸王一想，不错，真中了计了。他恨恨地说："那小子敢欺负我！现在再发兵去，亚父您看怎么样？"范增摇摇头，说："一来二去已经过了这么多日子了，现在再去，万一韩信真回来了，里外夹攻，反倒叫咱们进退两难。如果韩信一直去打代郡和燕国，那么，一时决不能回来，咱们再约上九江王英布一起去进攻荥阳，才有把握。"

霸王只好暂时住在彭城，一面派人去探听韩信的动静，一面打发使者去请九江王英布来商议征伐汉王的大事。霸王是很不放心英布的。上回叫他发兵去打齐国，说是病了，没来，睢水大战的时候，他也没发兵相助。难道他老病着吗？

26 收 英 布

霸王郑重其事地打发使者和随从人员拿着信去请英布。过了几天，随从人员逃回来了。他们报告说："九江王把大王的使者杀了。我们在外边，一见他翻了脸，只好逃回来。"

原来汉王在睢水打了败仗以后，张良给他出个主意，叫他把彭越和英布拉过来。彭越本来是帮助魏王豹的，后来虽然占领了大梁，究竟自己力量不够，一经张良派人去拉拢，他就不即不离地帮着汉王。九江王英布的实力比较雄厚，占领的地盘又好。他虽然是霸王的臣下，可是总想三分天下，自立为王。张良一听到他装病不发兵去帮助霸王，就看出这是个可钻的空子。他请汉王快拿主意。汉王就派能说会道的随何到九江去。

随何到了九江，英布已经知道他的来意，故意摆着架子，派个大夫去招待他，自己不跟随何见面。那个大夫问他："先生到此，有何贵干？"随何说："汉王打了败仗，暂时住在荥阳，休息一下。我是六安人，老想着本乡，多年没去上坟了。这次去扫墓，路过九江，久慕英王威名，特来拜访。

英王不愿意相见,准是他把我当作汉王的使者了。不见也就算了。可是英王坐镇九江,似乎应该听听别人的意见,征求点儿人才,才称得起是英明之主。哪儿知道人家仰慕英王,前来拜访,他居然不露面。这叫天下人士知道了,不说我随何没有缘分,也许倒说英王骄傲自大。真正有才能的人,谁还肯到九江来?"

那个大夫把随何怎么仰慕他的话告诉了英布。英布听了,很舒服,就说:"既然他是慕名而来,倒不可不见。"当时就把随何当作贵宾看待,挺有礼貌地问他:"先生光临,有何见教?"随何说:"楚、汉相争,大王坐镇九江,本来不在人下,谁也管不了大王,为什么要受霸王的使唤呐?"英布说:"我是霸王的臣下,应当听从他啊。"随何故意显出惊奇的神气,说:"这我可不明白。大王和霸王都是诸侯,说不上谁是谁的臣下。如果大王认为自己是霸王的臣下,那么他就可以理直气壮地来征伐大王。霸王进攻齐国,叫大王出兵,大王托病不去;汉王进攻彭城,大王并没去救;睢水大战多么紧要,大王反倒袖手旁观。做臣下的难道可以这样的吗?我怕霸王决不能轻易放过大王。不知道大王是怎么打算的?"

英布一时回答不上来,呆呆地搓着自己的手心。随何接着说:"只要大王不承认是霸王的臣下,他准来攻打。如果大王能够把他的兵马在这儿拖住,汉王就能平定天下。那时候大王归附汉王,汉王还能不请大王镇守九江吗?如果大王还认为是霸王的臣下,霸王只要下一道命令叫大王去,大王就不得不去。要是大王不去,他一定来征伐。那时候,大王又去依靠谁呐?"英布站起来,唉声叹气地说:"先生的话固然不错,可是这件事非同小可,请先生暂住几天,让我仔细考虑考虑吧。"

正在这个时候,霸王的使者到了。英布看了霸王的信,一想:"果然叫我去,这事可不好办。"随何瞧着他没有准主意,就大胆地对霸王的使者说:"九江王已经归附了汉王,你们怎么还敢把他当作项羽的臣下!"回头又对英布说:"项羽不怀好意,大王不可不备。大丈夫做事应当有决断。不如杀了项羽的使者,帮助汉王共同去征伐项羽。"英布到了这个时候,已经骑虎难下,就吩咐手下的人把霸王的使者杀了。随从使者的人员抱着脑袋慌忙地逃回去报告。霸王气得吹胡子瞪眼睛,立刻派龙且和项伯去进攻九江。

英布不是龙且的对手,连着打了几回败仗,兵马死伤了一大半。末了英布不能支持,只好跟着随何到荥阳去投奔汉王。

汉王知道英布的架子很大,做了九江王,连霸王也没在他眼里。这种人见棱见角的,不折磨一下,将来准不能听使唤。他传出命令来,叫他们进去拜见。英布跟着随何到了大厅上,手下的人叫他们到内室里去。英布有点气愤了——怎么汉王不亲自出来迎接?他只好沉住气,低着头进了内室。抬头一瞧,差点气炸了肺。汉王歪歪斜斜地靠在床上,两个宫女正在给他洗脚。可是自己已经到了这步田地,只好把这口气硬咽在肚子里。他向前一步,行个礼,通了姓名。汉王点了点头,屁股扭动了一下,就算是还了礼了。英布也没听清楚汉王说了几句什么话,就赌着气告辞出来。随何跟着他,想安慰他几句。他还没开口,英布就指着随何说:"我不该听你的鬼话,莽莽撞撞地到这儿来。我也算是个王,想不到人家把我当作奴仆,我还有什么脸见人?"说着,拔出宝剑来就要自杀。随何连忙拦住他,说:"别急。汉王决不会这么待您的,大概他喝醉了还没醒过来。您千万不要见怪。"英布收了宝剑,可是鼻子眼里还呼呼地响着。

随何正在劝英布的时候,来了两个招待的人,请英布到那个给他预备下的公馆里去歇歇。英布一走进公馆就愣住了。那公馆简直是个王宫,一切器具、摆设、帷子等等,没有一件不是富丽堂皇的。还有服装辉煌的卫兵站在两旁,好像伺候大王一样。他想:"我原来不是奴仆,我还是个王。"这么一想,反倒怪起自己不该拔出宝剑来了。他正在得意的时候,张良、陈平他们几个汉王跟前的红人儿都到了,请英布上坐,一个一个地拜见了他。接着就摆上酒席,说是给他接风的。不用说英布是死心塌地服了汉王。

第二天,英布去拜谢汉王,汉王对他又恭敬又亲近,洗脚时候的那种傲慢劲儿完全没有了。汉王"打一巴掌揉三揉"的办法对英布完全适用。英布自告奋勇地要求去打霸王。汉王说:"霸王还挺强,不能轻易去惹他。请将军暂且带领一万人马去守成皋。将来一有机会就好去进攻霸王。"英布同意,辞别了汉王到成皋去。

汉王派英布去守成皋,还要派人去向关中催运军粮。正好萧何打发本族的许多兄弟子侄们押着军粮运到了,还送来了不少关中的农民作为补充兵。汉王一见,真有说不出的高兴。那时候关中遭了大饥荒,一斛米要卖一万钱,老百姓已经到了饿死人的地步。在这种情况下,萧何还能够把军粮运到荥阳来,这实在太不容易了。关中的老百姓差不多全是反对霸王,拥护汉王的。他们听到汉王打了败仗,情愿出来帮他,连已经过了军役年龄的老头儿和还没到军役年龄的少年人也赶来投军。汉王老在荥阳一带对付着霸王,把关中完全交给了萧何。俗语说,"人心难料,鸭肫难剥"。万一萧何壮大起来自立为王,那汉王不是井里打水往河里倒,白费力气吗?因此,他老是牵肠挂肚地派人到关中去慰问萧何。萧何也担心着自己的地位,故意挑选本族的兄弟子侄们派到汉王身边去,好叫他放心。汉王心中的一块石头果然落了地。可是他还有一块别的大石头压在心里:韩信打下了魏国,还要去进攻赵、燕、齐等地,"长线放远鹞",不知道什么时候才能回来,万一霸王再来进攻荥阳,又该怎么办?

27 销毁王印

汉王倒不担心韩信不能打胜仗,只担心他不能按时回来。果然,韩信的报告又到了。说他平定了魏地以后,接着跟张耳一同进攻赵国去了。陈馀原来是赵国的相国,上次因为汉王依了他的要求,杀了"张耳",他曾经发兵帮助汉王对抗霸王。不料汉王打了败仗,赵兵逃回去,都说张耳并没死,汉王送给陈馀的那颗脑袋是冒充的。陈馀一听到自己受了欺,就跟汉王绝交。这会儿,他听到韩信打到赵国来,就把兵马集中到井陉口(在河北省井陉县北),号称二十万。谋士李左车对陈馀说:"汉军远道而来,粮草转运困难,井陉山道弯弯曲曲,几百里全是小道。运粮队一定还在后面。请给我三万精兵,抄近道去截断他们的粮道,叫汉军粮草供应不上。这儿深沟高垒,坚守不战。这么一来,不到十天,咱们准能把韩信和张耳的脑袋砍下来。要不然,咱们准给他们逮了去。"陈馀是个书呆子,他像春秋时期的宋襄公一样,打仗要讲仁义,不使计欺诈敌人。他不听李左车的话,不让他半路上去截断别人的粮道。他们俩商议的话早给韩信那边探听了去。韩信这才大胆地通过狭窄的山道,到了离井陉口三十里地的地方,把大军驻扎下来。半夜里韩信传出命令,布置明天打仗的计划。

韩信挑了两千名骑兵,各人带着一面汉军的赤旗,叫他们抄近道到山腰里找个可以望得见赵军的地方藏着,还详细告诉他们怎么样作战。天刚亮,韩信和张耳带领一万精兵渡过河,在岸上扎了营,摆了阵势,叫"背水阵"。赵军见了,哈哈大笑,笑韩信不懂兵法,在这种地方扎营,一败就没有退路,非全军覆没不可。一会儿天色大亮了,韩信和张耳大张旗鼓地向赵营打过去。赵军开了营门,出去对敌。韩信、张耳打了好久工夫,慢慢地支持不下了。汉军就扔了旗子,丢了鼓,往河边逃。赵军打了胜仗,全营的士兵都跑出去抢汉军的旗子和鼓,追赶汉军一直追到河边。"背水阵"里的将士没路可退，拼着性命抵住赵军。就在这个时候，山腰里藏着的两千名骑兵早已冲到赵营，拔去赵军的旗子，插上两千面赤旗。

赵军正跟背水阵的汉军死拼，回头一看，自己营里飘着的全是汉军的赤旗，这一吓，吓得魂儿都没了。士兵们四散逃跑。将军们不准他们逃跑，还把逃跑的人斩了，可是再杀多少人也拦不住逃兵。俗语说，兵败如山倒，赵军被汉军前后夹攻，一败涂地。汉军就在岸上杀了陈馀和赵王歇。韩信下令，活捉李左车，赏一千金。将士们果然逮住了李左车，把他绑到大营里来。韩信亲自给他松了绑，请他坐在上位，自己站在下面，把他当做老师向他请教，说："我打算往北去进攻燕国，往东去进攻齐国，怎么样才能够成功？"李左车说："我是个俘虏，还能出什么主意呐？"韩信向他赔个礼，说："请别这么说。要是成安君（陈馀）听了您的话，我早就给您逮住了。"两个人这么谈了一会儿，李左车服了。韩信把他当做自己的谋士，听了他的话，不去进攻燕国，派人好言好语地去劝告燕王臧荼。燕王臧荼害怕韩信，也投降了。这么着，韩信接连打下了魏国和赵国，收服了燕国。他请求汉王封张耳为赵王，汉王当然答应了。可是韩信一时还不能回来，因为赵国不愿奉张耳为赵王，各地不断地发生叛变。韩信还得想办法把整个赵国平定下来，然后才能够去进攻齐国。正在这个时候，有探子来报告，说霸王又在攻打荥阳。

这一次霸王发了十万兵马，一定要扫平荥阳。范增说："刘邦占着荥阳，无非仗着敖仓的粮食。要是先把敖仓拿过来，或者先截断敖仓和荥阳之间的联络，荥阳就容易打下来了。"敖仓在荥阳西北，当初秦国在敖山上面，筑了城墙，里面全是储藏粮食的仓库，所以叫"敖仓"。韩信往北进攻的时候，汉王叫大将周勃、副将曹参守着敖仓，随时可以运粮食供应荥阳的军队。这回霸王听了范增的话，立刻派钟离眛带领一万精兵去截断汉兵运粮的道儿。钟离眛马到成功，汉兵的运粮队全部做了俘虏。周勃得到了消息，出去跟钟离眛对敌，又打了个败仗。钟离眛派人向霸王一报告，霸王就带领着大军一直向荥阳打过去。

汉王得到这个消息，急得饭也吃不下去，觉也睡不着。他忽然想起当初攻陈留的那档子事，郦食其这个人还挺有办法。汉王就叫郦食其进去，对他说："荥阳城内粮食不够，运粮的要道已经给楚军截断，大将们都跟着韩信出去了，留下一个王陵，因为死了母亲，又正病着。先生看有什么好办法没有。"

郦食其回答说："霸王来势汹汹，咱们可别跟他硬拼。我想一面守住城,一面打发使者到各地去封六国的后代为王。大王封了六国的后代,六国的诸侯、臣下一定感激大王的恩德。他们拥戴大王,反对西楚,霸王自然孤立。从前商朝汤王灭了桀王,封了夏朝的后代;周武王灭了纣王,也封了殷朝的后代。商朝和周朝坐了几百年的天下。只有秦始皇并吞六国以后,把六国的后代都废了,秦朝也就很快地亡了。以前的事就是今天的教训,请大王核计核计。"

汉王完全同意,就对郦食其说:"好!快去刻印,烦先生带着王印去分封六国的后代。"郦食其出来,急急忙忙地吩咐刻印的官员,赶紧把六国的王印刻好,一面准备出发到六国去。

汉王这才安下心来,想消消停停地吃一顿好饭。张良进来了。他见汉王正在吃饭,就想退出去。汉王已经瞧见了,大声说:"先生来得正好,别走,我有一件事情告诉您。有人叫我封六国的后代,让他们去牵制楚军,您看好不好?"

汉王认为张良准会高兴得流出眼泪来的。他原来是韩国人,祖祖辈辈做韩国的相国,为了秦国灭了韩国,他才不顾死活地在博浪沙干了一下子。以后不论在楚营或者在汉营,总是念念不忘地要恢复父母之邦。他曾经请求项梁立韩公子成为韩王,他自己做了韩国的司徒。后来霸王杀了韩王成,张良从此把霸王恨透了,他才来归附汉王。赶到汉王封韩庶子信为韩王的时候,张良又要跟着韩王信回到本国去。因为汉王硬把他留在身边,他才没去成。可见张良一向是怀念着父母之邦的。这会儿汉王要正式分封六国的后代,韩国当然也就一块儿恢复了。张良还能不感激涕零吗?

哪儿知道这时候的张良已经不是做韩司徒时候的张良了,更不是当初博浪沙的张良了。这几年来,他看着各地刀兵不息,又造成了诸侯混战的局面,他就细细地想着:废除分封诸侯的制度,统一中原,原来是一件了不起的大事情。只是六国的贵族和大臣谁也不肯放弃自己的地位和利益,总想恢复原来的局面,秦国又不能很好地治理天下,以至于秦国一亡,这个统一的局面又给弄得四分五裂了。张良希望天下能够统一,而不愿意再回到七国相争的旧路上去。现在他念念不忘的是怎么样去统一中原,倒不在乎一个韩国的恢复不恢复了。因此,他刚一听到汉王要封六国的后代,就一本正经地反问了一句:"谁替大王出的主意?要这么一来,大事可全完了!"汉王不由得吓了一大跳。他就把郦食其的话说了一遍。张良顺手拿起一双筷子,一边把筷子在桌子上比划着天下大势,一边说:"郦先生只知其一,不知其二。汤王封夏朝的后代,武王封殷朝的后代,跟今天情况不同。那时候,天下没有人能起来反对他们，他们乐得表示宽大。现在大王能不能消灭霸王？再说天下豪杰离开故乡，抛弃妻子，跟着大王东征西讨，无非希望能得到一些土地。要是大王封了六国的后代，还拿什么土地去封给功臣呐？他们一失望，各归各地去伺候本国的主人，大王依靠什么人去打天下？目前霸王还挺强，谁能保得住六国的诸侯不去归附他？大王怎么能管得住呐？"汉王听到这儿，来不及把嘴里的饭咽下去，连忙吐出来，骂着说："书呆子！这么不懂事，差点坏了老子的大事！"他立刻吩咐人把已经刻好了的王印全都毁了。

汉王销毁了六国的王印，确实是一件有远见的行动，可是那也不能叫霸王退兵啊。霸王的前锋已经到了荥阳城下。汉王听到了这个消息，只是愁眉苦脸，想不出办法来。汉王正在忧虑得不可开交的时候，陈平进来了。他劝汉王不必过于烦恼，还说只要多花些黄金，事情就好办了。

28 挑拨离间

陈平安慰汉王，说："霸王手下不过范亚父、钟离昧他们几个人算是人才，其余都庸庸碌碌不足道。霸王为人猜忌，容易听信谣言。只要大王肯交给我大量的黄金，我就有办法去收拾他们。"汉王说："黄金有什么希罕的，你就拿四万斤去吧。"他知道陈平是喜欢黄金的，就又加了一句，"你爱怎么使，听你的。"

陈平领了四万斤黄金，当时拿出一部分来交给他的心腹，叫他们打扮成楚兵，混到楚营里去。不到几天工夫，楚营里就三三两两议论起来了。有的说："范亚父和钟离昧有这么大的功劳，可什么好处也没得着。"有的说："要是他们在汉营里恐怕早已封了王了。"这些暗地里议论的话传到了霸王的耳朵里，霸王不免起了疑，就不再跟钟离昧商量军机大事了。可是对于范增，他仍然是信任的。范增对霸王说："请大王加紧攻打荥阳，这回别再让刘邦逃了。"

霸王亲自督促将士儿郎们把荥阳城团团围住，四面攻打，一定要把这座城夺下来。一连攻打了好几天，汉兵就是不出来。他们只在城上射箭，扔石灰瓶子和石头子儿，楚兵一时没法打进去。霸王心中十分着急，又听说彭越老在楚军运粮的路上劫夺粮草，更加烦闷。霸王知道不能老这么拖拖拉拉地耽搁下去，就吩咐将士们大家努力，加紧攻打。这一来，汉王果然害怕了，他就打发随何到楚营里去求和。

随何跪在霸王跟前，说："汉王和大王原来结为兄弟，共同伐秦。后来大王把他封在褒中，因为将士们水土不服，都想回到东边来，并不是有意来跟大王作对。他得到了关中已经心满意足了。因此，他愿意跟大王订立盟约：把荥阳以东的地方都划归大王，荥阳以西算是汉界；一面收回韩信的兵马，各守自己的封地。这样，不但大家都能够安享富贵，就是老百姓也能够过太平日子。请大王答应了吧。"

霸王也想暂时休息一下，以后的事情以后再打算。他就把这个意思告诉了范增。范增反对。他说："这是因为荥阳被围，刘邦才来求和的，是个缓兵之计，并不是他真要讲和。请大王不要上他的当，失了时机。"霸王一时不能决定，就先打发随何回去，对他说："请先生回去，讲和的事让我们再商议一下。"随何说："这种大事，还得请大王自己决定，旁人的话难免有他自己的私心。再说韩信就快回来了，他一回来，大王就不便退兵了。日子一多，别的不说，粮草供应就够麻烦。"霸王一方面也想讲和，一方面还想趁着这个机会派人到汉营里去侦察情况，就对随何说："你先去，随后我派人去接头。"

随何辞别了霸王，回去向汉王报告，汉王就跟陈平他们商量怎么样去招待霸王的使者。过了两天，霸王的使者果然来了。汉王就叫陈平好好地招待他。陈平领着使者到了宾馆，请他休息一下。使者一见宾馆布置得非常阔气，招待的人又都那么殷勤、周到，心里已经有几分高兴了。不一会儿，摆上了上等酒筵，由陈平他们来陪他吃饭，这个使者更加得意。陈平请他坐在上坐，问他："近来范亚父贵体如何？有没有他的亲笔信？"使者说："我是奉霸王的命令来议和的，何必要范亚父的信呐？"陈平听了，有些莫名其妙，说："怎么？你不是范亚父派来的？"使者说："我是霸王派来的。"陈平点点头，说："哦，哦，原来如此。对不起，对不起。"一边说着，他就出去了。

不一会儿，有人把原来的上等酒席都端回去。酒席撤下去了以后，再也没有人进来。使者只好饿着肚子等着。等了好大半天，才见一两个人拿着一些蔬菜、羹汤进来，请他用饭，连普通的鱼肉都没有。使者越看越火儿，他自己受点气倒算不了什么，他们简直太不把霸王看在眼里。他就跟看门的人说了一声，走了。

使者回去向霸王一五一十地说了一遍。也是霸王一时大意，就怀疑范增私通汉王。当时责问范增，说："你也三心两意了吗？"范增听了，摸不着头脑。可是他知道霸王一向尊敬他，今天这么对待他，分明已经不信任他了。他就大声地说："天下大事已经定了，愿大王好自为之。大王看我年老体衰，让我回乡退休吧。"霸王想起他跟随了这些年，还算不错，就答应了，还派人护送他回到本乡居巢去。

范增一路走，一路想，哭也哭不出来，只会叹气。本来他满想帮助霸王建立霸业。他始终认为：刘邦是个假仁假义、刁钻刻薄的小人，一个亭长怎么能做君王；霸王可是个又能干又豪爽的英雄，将门之子确实有君王的气魄。因此，范增屡次要霸王消灭刘邦。不料到了儿霸王反倒怀疑他有私心，弄得半途而废，多么伤心！这一股子的闷气憋得他好像掉在水里快淹死似的。一路上吃不下饭去、睡不着觉，只是喘不过气来。再说他已经七十五了，风前残烛，哪儿受得了这么大的委屈？就在路上害起病来，身子热得好像火烧着一样。起初他觉得胸口疼得难受，后来觉得脊梁疼，疼得好像有条毒蛇咬着似的。原来是长了个毒疮。护送他的人看着老人家这么难受，就请他去治。范增知道这毒疮是郁闷积成的，没法治。再说就算治了脊梁上的疮，也治不了心里的伤。他就对手底下的人说："我一心一意地帮助大王，原来希望能成大事，想不到敌人用挑拨离间的毒计，拆散了我们君臣二人。我受了委屈还是小事，只是以后苦了大王了。"

范增还没到彭城，就给毒疮折磨死了。护送的人回去向霸王报告，还把范增临死的话学说了一遍。霸王听着直发愣，后悔也来不及了。他一面派人到彭城，把范增的棺木运到居巢，用厚礼安葬，一面叫钟离昧过来，安慰他，说："我很对不起亚父，也对不起你。你们都是忠心耿耿的，请你别多心。"

钟离昧流着眼泪，说："几年来我伺候大王，自己惭愧才能不够，可是一片忠心，决不辜负大王。范亚父忠心为国，丝毫没有私心，愿大王以后多多提防敌人的诡计。"霸王越想念着范增，越痛恨刘邦，一定要踏平荥阳，活捉刘邦，才能够解恨。他就吩咐项伯、钟离昧、季布他们日夜不停地拼死进攻，逼得汉王焦急万分，催着张良和陈平再想办法。

29 假 投 降

汉王愁眉苦脸地问张良和陈平怎么样才能够逃出去。张良说:"不如用假投降的办法,把霸王和他的将军们都引到东门口来,大王就暗地里从西门逃出去。"汉王觉得那也不大妥当,怎么样能把霸王的大军都引到东门口来呐?陈平一听到张良的话,就有了主意了。

他说:"先写一封投降的信给霸王,说明大王亲自出去投降,在东门相见。霸王一定会把他的大军布置在东门。我再想办法叫楚兵都到东门口来。大王就可以从西门冲出去了。"汉王说:"就请先生去安排吧。"

不一会儿,有一位面貌跟汉王有些相像的将军叫纪信,进来对汉王说:"现在敌军四面围着,我们没法出去。我愿意打扮成大王的样子出去投降,好叫敌人专心围住东门,大王就可以趁着这个机会突出西门,管保没有多大的危险。"汉王说:"这怎么行?就算我能够逃出去,将军岂不是要遭到毒手了吗?"纪信说:"父亲有难,做儿子的应当替父亲死;大王有难,做臣下的应当替大王死。我纪信情愿替大王死!"汉王说:"这是将军的一片忠心,可是我刘邦大业未成,将军还没受过什么好处。现在将军去替我慷慨死难,我倒偷偷地溜了,我怎么对得起你们?请你们再想个别的办法吧。"

陈平说:"这是没有办法当中最后的一个办法了。难得纪将军肯舍着自己来救千万人的性命,他真是古今无二的大英雄。"纪信又说:"现在情况十分紧急,要是大王不让我去,荥阳城给攻破以后,大家也是一个死。还不如现在死我一个人,不但能够保全大王,就是将士们也都有了生路。请大王不要为我难受了。"汉王只是皱着眉头,下不了决心。纪信拔出宝剑来,说:"那我就先死了吧!"说着就要自杀,急得汉王连忙拦住他,流着眼泪,说:"将军的心真可以感动天地。我知道将军还有母亲和夫人、儿女。将军的母亲就是我刘邦的母亲,将军的夫人就是我刘邦的嫂子,将军的儿女就是我刘邦的儿女,请将军放心吧。"纪信当时就磕头谢恩。

事情果然依照陈平的计划办到了。天还没亮,就开了东门。陈平用了两千多个妇女,叫她们一批一批地从东门出去。楚兵当然围了上来,可是一见这些手无寸铁的女人,说是今天开城,逃出来的,谁也不好意思为难她们,只好开一条道儿让她们走。这些妇女慢慢吞吞地走了好久，还没走完，南、西、北门的楚兵听说东门外全是美人儿，也有来看热闹的。忽然人们都静下来，说是汉王出来了。果然汉王坐着车，由仪仗队开道，慢慢地向楚营这边过来。赶到走近楚营，霸王才发现坐着车出来的不是汉王，气得暴跳起来，吩咐将士们把这个假汉王连车一块儿烧了。汉王乘着东门的乱劲儿，冲出西门，带着陈平、张良、夏侯婴、樊哙他们逃到成皋去了。

楚军占领了荥阳。霸王安抚百姓以后，留下一部分人马守在那儿，自己带领着大军去攻打成皋。汉王知道成皋也守不住，再说也没有第二个纪信再替他死。他只好带着夏侯婴偷偷地向修武（在河南省）方面跑，准备跑到韩信、张耳那边去。成皋原来由英布守着，他一见汉王和别的将军们一个接着一个地都走了，也扔了成皋，向北逃去。霸王的大军占领了成皋，打算休息一下，再去追赶汉王。

汉王带着夏侯婴和随从的十几个士兵在修武的驿舍里停下来，准备好好地休息一夜。可是汉王整个晚上翻过来掉过去，就是睡不着。他被霸王逼得从荥阳逃到成皋，又从成皋逃到这儿。今天落到这步田地，这不是因为韩信跟他为难吗？他早就告诉过韩信，叫他收服魏、赵、燕以后，马上去平定齐国，回头一块儿率领大军去攻打霸王。可是韩信把大军驻扎在赵国，毫无动静，干什么呐？要是韩信能够早点回来，汉王也用不着假投降丢了荥阳，更不至于再丢了成皋逃到这儿来了。他越想越生气，越生气越睡不着。天还没亮，他起了床。连早饭都没吃，就带着夏侯婴一直跑到韩信、张耳的军营里去了。

他们到了营门外边，天刚亮。正想进去，只见几个小兵打着呵欠、揉着眼睛出来把他们拦住，问他们是哪儿来的。汉王大模大样地回答说："我们是汉王的使者，有要事报告将军。"小兵一听说是汉王的使者，只好让他们进去，请他们稍微待一会儿。汉王不让他们去通报，就三步并作两步到了内帐。韩信的卫兵认识汉王，赶紧行礼。汉王向他摆摆手，叫他别吵醒了将军。卫兵只好拿脚尖走路，领他进了韩信的卧室。韩信睡得死死的，什么都不知道。

汉王走到韩信旁边，拿了大将的印和兵符，正想出来，韩信醒了。他一见汉王，吓得慌忙爬起来，趴在地下，哆里哆嗦地说："臣罪该万死，不知道大王降临，有失远迎。"汉王摇晃着脑袋，责备他，说："人家一直到了中军帐里，将军还没起来，连将印、兵符都要拿走了，还没有人报告。要是敌人突然进来，或者刺客混到军营里来，你还睡大觉吗？"韩信自己觉得太疏忽大意了,给汉王说得满面通红,答不上一句话来。汉王叫他起来,把衣帽穿戴好。

这时候,张耳也知道汉王到了,连忙进来,向汉王请罪。汉王免不了也责备他一番。接着就问韩信:"我请将军进攻齐国,齐国一平定,就来会师攻楚。将军把大军老扎在这儿,这是什么意思?"

韩信回答说:"赵国虽说攻下来了,可是并没平定。光由张耳驻守,还嫌兵力不足。而且这几个月来,接连征伐了魏、赵,人马也过于疲劳了。要是匆匆忙忙地再去进攻齐国,我怕赵兵截断我的后路,齐兵挡住我的前路,本来已经疲劳了的军队再前后受敌,就非常危险了。因此,我想稍微多花点工夫,一面把赵国安定下来,一面整顿整顿军队,再去进攻齐国。这几天我们正在商量出发的事,凑巧大王来了,正好当面奉告。如果大王暂时住在这儿,等机会去收复成皋、荥阳,我就先去征伐齐国。要是能托大王洪福,马到成功,就可以跟大王会师,一块儿去进攻楚军。大王看怎么样?"

汉王才和颜悦色地说:"很好,很好。"他交还了将印和兵符,吩咐张耳镇守赵地,叫韩信带领一部分兵马,再去招募一些赵地壮丁,作为补充,向东去进攻齐国,其余驻在修武的兵马全由汉王亲自率领。韩信、张耳不敢再说什么,就拜别汉王,分别走了。

韩信、张耳一走,汉王坐镇修武大营。从成皋出来的将士们也陆续到了修武,汉军重新整顿队伍。汉王正在琢磨着什么时候才可以去收复成皋,不料霸王的大军反倒从成皋追到修武来了。

30 外黄小儿

汉王急忙召集谋士和将士商议对付霸王的计策。有人说:"不如派大将先去断绝楚军的粮道,叫楚军得不到粮草,他们自然会退兵的。趁着他们退兵的时候,大王再发大军去追击,必然能打胜仗。"

汉王就吩咐卢绾和刘贾带领两万人马,偷偷地绕到楚军的后面,会同彭越去袭击楚军的运粮队。到了半夜里,彭越、卢绾、刘贾三个将军率领着大队人马围住楚军的运粮队,放起火来。粮草着起来,烧得满天通红。楚兵没作准备,只好四散逃命。彭越趁着机会,接连打下了大梁的外黄、睢阳等十七座城。

楚兵逃到霸王那儿,把敌人怎么烧毁粮草的情形报告给他。一会儿,又有楚兵来报告,说:"彭越夺去了梁地十七座城,现在驻扎在外黄,抢掠居民。"霸王因为彭越三番五次地截断楚军的粮道,这回又扰乱梁地,实在恨透了。他就吩咐大将曹咎和塞王司马欣守住成皋,再三嘱咐他们千万不可出去跟汉军交战,自己去攻打彭越。彭越最怕碰到霸王,一听到他亲自来了,知道自己不是他的对手,"蚱蜢斗公鸡",他不干,就向昌邑方面逃了。

外黄城里没有人管,一时谣言纷纷,人心惶惶。三三两两地都说霸王进城要把十五岁以上的壮丁全都活埋。赶到霸王大军进了城,还真有人哭天哭地地哭起来了。霸王正在纳闷的时候,卫兵进来报告,说:"有个十三岁的小孩儿要求见大王。"霸王听说有小孩儿要见他,更觉得奇怪,就吩咐卫兵领他进来。小孩儿见了霸王,跪下拜了几拜,站在旁边。霸王见他眉清目秀,怪招人疼的,就轻轻地抬了抬他的下巴颏儿,挺柔和地问他:"你小小的年纪,来见我有什么事情吗?"

那小孩儿说:"外黄的老百姓受了彭越的欺压,敢怒而不敢言,天天盼望着大王来救他们的性命。哪儿知道大王一到,城里纷纷传说:大王要把十五岁以上的壮丁全都活埋。这是怎么回事呢?"霸王笑着说:"哦,你是来替他们求情的吗?好孩子,你放心吧。我就算有一肚子的气,见了你这么伶俐的孩子,气也没了。我这就派你去传达我的命令:别听信谣言,楚军决不伤害老百姓。"霸王一高兴,叫底下人拿出一两件值钱的东西来赏给他。那小孩子向霸王谢了谢,欢天喜地地回去了。

城里的老百姓听到了这个消息,都安下心来,连外黄以东的那些地方的人都知道楚军不杀害居民,楚军一到,就开城门。没有几天工夫,那十七座城又都归附了霸王。霸王平定了梁地,暂时把大军驻扎在睢阳。他正想派人去援助齐王田广抵抗韩信,不料倒霉的消息不断地传来:曹咎被汉兵辱骂,沉不住气,不顾霸王的再三嘱咐,出去交战,已经阵亡了,司马欣也自杀了,汉王又占领了成皋和荥阳,把大军驻扎在广武(山名,在河南省荥阳);齐王田广害怕韩信,正想投降汉王。霸王听了这些报告,直恨曹咎不听他的吩咐,以致失了成皋。他只好一面率领大军再去进攻成皋,一面派人去探听韩信的动静。

韩信当面受了汉王的命令,在赵地招募了不少壮丁去攻打齐王田广。齐王田广听说韩信带领着三十万大军打到齐地来,非常着急。一天当中老有好几回的警报,吓得齐人心惊肉跳,日夜不安。

109

这个消息传到了荥阳，郦食其就想趁着机会立个大功。他偷偷地对汉王说："齐王田广和相国田横都是吃软不吃硬的好汉，光凭武力去征服他们不是一年半载就能了事的。我想亲自去一趟，把天下大势和大王的威德说个明白，让他们知道是非利害，劝他们及早归附大王。要是托大王的洪福，把田广和田横收过来，那不是比经年累月的打仗好得多吗？"汉王连连点头，说："先生能够劝齐王归降，彼此不动刀兵，这是再好没有的了。趁韩信的兵马还没到齐地，请先生马上动身吧。"

郦食其带着几个手下人到了临淄，见了田广，仗着他的口才，居然把田广说活了心。田广对他说："要是我听了先生的话，愿意归附汉王，汉兵就不再打到齐国来了吗？"郦食其拍着胸脯，说："我担保。我这次并不是私下来见大王的。因为汉王不愿意齐人遭到兵灾，特意派我来探问探问大王的心意。如果大王诚心归汉，汉王自然会叫韩信不再进兵。请大王放心。"

田横在旁边插嘴说："万一韩信前来，大王不作准备，怎么办？"田广说："是啊。请先生先写封信给韩将军，三方面都说妥当了，才好叫我放心。"郦食其说："这容易。"他当时就写信给韩信，说明情况，请韩信不必进兵。齐王田广打发使者去见韩信。

韩信看了郦食其的信，很高兴。他对齐国的使者说："郦大夫既然都说妥了，那我就可以回成皋去了。"他写了回信，交给来人带回去。田广、田横和郦食其听了使者的报告，看了韩信的回信，大家全都放心了。

田广知道郦食其原来是高阳出名的酒鬼，就天天请他喝酒，还叫一班歌女伺候着这位贵宾。郦食其见了酒就像性命一样，他就这么一天一天地在临淄呆着。哪儿知道乐极生悲，警报传到临淄，说韩信已经打到齐国来了。韩信不是说过要回到成皋去吗，怎么又打到齐国来了呐？

原来韩信打发齐国的使者回去以后，就想回到成皋去。他手下的一个门客，叫蒯彻的(也写做蒯通)，他不顾大局，只为韩信私人的眼前利益打算，出来反对，说："不行，不行！将军是奉了汉王的命令来进攻齐国的，怎么能听信郦食其单方面的话就退兵呐？汉王并没发过命令叫将军退兵。再说，将军带领了几十万大军，费了一年多工夫，仅仅打下了赵地五十几个城。现在郦食其凭着他一张嘴皮子，就能得到齐地七十多个城。难道将军还不如一个书呆子吗？要真是这样，连我们都没有脸回去见汉王了。将军应当趁齐王没作准备，一直打到临淄去，灭了齐国，才能够回复汉王。"

韩信认为蒯彻的话固然很有道理，可是这么一来，总觉得太对不起别人。他说："郦食其也是奉了汉王的命令去的。我要是再去进攻齐国，不但违反了汉王,而且田广一定会杀害郦食其的。那就等于我杀了他,于心何忍。"

蒯彻想尽心思,找出一些理由来,说:"汉王原来是派将军来征伐齐国的,他为什么又派郦食其去呐?那一定是郦食其想夺将军的功劳,在汉王面前讨了这个差使;汉王又怕他不一定能够成功,所以并没阻止将军进兵。可见得是郦食其先对不起将军,不是将军对不起他。"韩信这才听了蒯彻的话,立刻下令进攻齐国。

韩信的大军沿路打下了许多城,一直向临淄过来。齐王田广责备郦食其,说:"原来你是假意来叫我归附汉王,要我不作准备,好让韩信打进来,是不是?"郦食其正像哑子梦见妈,有苦说不出。他只好再写封信,打发使者去见韩信,请他退兵。韩信对使者说:"你去转告郦大夫:既然他是奉了汉王的命令来劝齐王投降的,为什么不请汉王下令,叫我停止进兵?为什么他偷偷地到了齐国,不让我知道?谁能相信齐王投降不是缓兵之计?谁能担保齐国不再叛变?彼此都是为国尽忠,何必这么怕死。"

使者回去向齐王报告,齐王把郦食其恨得咬牙切齿的,当时就把他扔在油锅里炸了。田横说:"与其坐着等死,不如趁着黑夜出去决一死战。"田广、田横就点起城里的人马,开了城门,去跟韩信拼个死活。

31 分我一杯羹

齐兵跟汉兵打了一阵,一时分不出输赢来。可是打到后来,齐兵越来越少了。田横趁着天黑,保护着齐王田广,杀出一条血路,向高密方面逃去。韩信用兵素来小心,不敢穷追。

齐王到了高密,接连派人向霸王求救兵。霸王打发大将龙且、副将周兰带领着楚军,号称二十万,去援助齐王,自己亲自到广武去对付汉王。广武是座山,当间有一条河,把广武山分成东西两边。汉营在西边,楚营在东边,彼此对立着。汉王只守不战,由敖仓运粮,源源不绝,要守多久,就能守多久。霸王没法把广武打下来。彭越还不断地进攻梁地,截断楚军的粮道。这么一来,霸王着急起来了。他对钟离昧他们说:"看情况,刘邦正在调动人马,也许要跟咱们大战一场。可是咱们粮草不够,不能老在这儿呆着。你们有什么计策没有?"

钟离昧说："刘邦的父亲押在这儿，一向没有多大用处。我说，明天大王出战，把太公放在宰猪的案子上，让刘邦瞧瞧。叫他投降，免太公一死；不投降，就把太公宰了，煮成肉羹。刘邦尽管铁石心肠，总有父子之情的。难道他还不肯请求大王讲和吗？"霸王说："杀了太公是容易的，但是我怕给人家耻笑。"钟离昧说："要叫刘邦退兵，恐怕只能这样了。"霸王点点头，说："不妨试试看。"

第二天，霸王带着一队人马，把太公绑在马上，一直推到河边。早有人报告了汉王，汉王把张良、陈平召来，请他们想个办法。

张良说："大王不必惊慌。项伯是您的亲家，难道他不会想办法救太公吗？"陈平更进一步，告诉他临时怎么回答霸王，霸王一定不会杀害太公的。汉王到底放不下心去，好像大难临头似的那么难受。

他正迷迷糊糊不知道怎么办好，忽然有人进来报告，说："霸王请大王出去讲话。"汉王只好硬着头皮出去，到了河边。他瞧见太公在宰猪的案子上搁着，自己觉得有点头昏眼花，耳朵里嗡嗡地响着。他定一定神，就听见楚兵大声嚷嚷地说："刘邦快投降，免太公一死；如果不答应，就要把太公宰了煮成肉羹！"汉王鼓着勇气，也大声地嚷着说："我跟霸王结为兄弟，我的老子就是你的老子。你要是把你的老子煮成肉羹，请分给我一杯尝尝味儿。"

霸王听了，冷笑着说："真不是人养的。"回头对左右说："杀了吧。"项伯连忙拦住他，说："打天下的人往往顾不得家。大王杀了人家的父亲，不但对咱们一点好处都没有，反而给人家多了一个话把。咱们不如收兵回营，再想别的办法吧。"霸王本来并不一定要杀太公，汉王在楚兵和汉兵面前这么丢人现眼，已经够他受的了。拿一个毫无抵抗能力的糟老头子来出气，那是小人干的勾当，霸王可不是那样的人。他就依了项伯，把太公押回去，仍然软禁在营里。

汉王闷闷不乐地回到内帐，一个人闭着眼睛坐着。张良和陈平也像做了缺德事儿似的搭拉着脑袋跟着进来。三个人谁也不敢看谁，谁也不便先开口，就那么憋着气坐在一起。末了，汉王叹了一口气，说："嗐，够丢人啦！项羽要是真把太公害了，怎么办？谁知道他哪一天下毒手呐？"张良说："我们慢慢儿想个办法把太公救回来。"

汉王连忙问："先生有什么妙计？"张良说："那要看情况，现在还说不上。"汉王又叹了一口气，眼睛盯着陈平，陈平低着头不言语。

第二天，汉王正在为难的时候，相国萧何从关中带着一队人马到了。他还带来了一个北方部族的大汉叫楼烦的，是个大力士，又是个射箭的能手。汉王当时就重用楼烦，叫他做了将军，还叫王陵、周勃他们跟他在一起，准备去跟楚军对敌。汉王正在这儿整顿人马的时候，霸王已经派使者来了。使者传达霸王的话，说："连年打仗，天下不安，无非为了你我两个人相持不下。你敢不敢亲自出来跟我比个上下高低，免得天下百姓受累？"汉王回答使者说："我愿意比文不比武，斗智不斗力。"

霸王听了使者的回话，气得什么似的，当时就派丁公、雍齿、桓楚、虞子期去挑战。汉王派楼烦、王陵、周勃他们出去在河边守着。楼烦刚到了汉营，正要显显本领，他就跑在头里，见人就射。楚将跟他们隔河对射，一点占不到便宜，都跑回去了。楚营里另外几个将士一见丁公他们逃回来，连忙出去想跟楼烦比个高低。楼烦拿起弓来，连着射了四箭，就射倒了三个将士，吓得楚军拔腿就跑。霸王一见，挂了火儿。他亲自出去对付楼烦。楼烦刚拉开弓想射霸王，霸王瞪着眼睛，大喝一声，好像半空中打个霹雳，连山谷都震动了。楼烦吓得两手发抖，箭都没法射了。他连连倒退十几步，回头就跑，一口气逃回营里，不停地上牙打着下牙。汉兵一见楼烦都跑了，也都跟着逃回去。

汉王听说霸王亲自出来，就吩咐将士们拼命去抵抗。霸王嚷着说："叫刘邦出来！"汉王有将士们保卫着，再说当中还隔着一条河，胆儿就大了。他也想叫霸王在汉军和楚军面前丢人现眼，就出来对霸王说："你要是个顶天立地的大丈夫，就让我说完了话再打。"霸王说："你有什么说的？说吧！"

汉王知道霸王的傻劲，料到他不会动手的，就说："你有十大罪状，还敢跟我作对？你违背了怀王先进关的为王的命令，把我搁在汉中，这是第一项大罪；你杀害了卿子冠军，这是第二项大罪；你奉命去救赵，不回来报告，反倒强迫诸侯进关，这是第三项大罪；你烧毁秦国的宫殿，发掘始皇的大坟，盗取财宝，四项大罪；秦王子婴已经投降了，你还把他杀了，五项大罪；坑杀秦国投降的士兵二十万人，六项大罪；你把好的土地封给自己的将军，把各国诸侯随意放逐摆布，七项大罪；放逐义帝，自己建都彭城，霸占韩、梁的土地，八项大罪；你派人扮作强盗，在江南杀害义帝，九项大罪；还有，还有，你待人不公，立约失信，大逆不道，天地不容，这是第十项大罪。"

霸王等他说完了"十大罪状"，忍无可忍，他也不回答，就回过头去打个暗号，拿画戟向前一挥，楚将钟离昧带领着的弓箭手就一齐射箭。汉王正想回头，胸口上已经中了一箭，差点从马背上摔下来。将士们慌忙把他扶到营里，立刻叫医官给他敷上药。一会儿，全营的将军们和文官都到他跟前来慰问。汉王忍着胸口的疼痛，故意用手摸着脚，说："贼兵射中了我的脚趾头，好疼啊。"

汉王的胸口受了伤，他只好成天地躺着。尽管他说射中的是脚趾头，可是将士们有知道的都挺担心，军营里更加议论纷纷，有的甚至于说汉王怕活不成了。张良非常着急，他进了内帐，劝汉王勉强起来，到军营里去转一转。汉王叫医官用布帛给他扎住胸脯，挣扎着坐在车上，到军营各处巡视了一遍。士兵们见了，这才安定下来。汉王"巡视"以后，马上偷偷地回到成皋养伤去了。霸王派人一探听，才知道汉王不但没给射死，还居然可以在军营里巡视。霸王因为这边没能够把广武打下来，龙且那边又没有消息，粮草越来越少，这么拖下去总不是办法。正在进退两难的时候，忽然得到了龙且阵亡的报告。他第一次害怕起来了。愣了半天，说不出话来。龙且是霸王手下的一等大将，他带去的兵马有二十万，怎么会给韩信打败了呐？

32 踢脚封王

原来大将龙且、副将周兰带领着二十万大军到了高密，齐王田广招集了散兵，出了高密城，到潍水东岸去迎接楚军。两路兵马就在那儿驻扎下来。韩信的兵马正向潍水西岸过去，他一听到龙且来了，就下令退兵，找个适当的地方把大军驻扎下来，按兵不动。他知道龙且是个出名的大将，不敢轻易跟他对敌。他连夜派人去向汉王报告，请他再调曹参、灌婴两支人马来。

曹参和灌婴带着两支人马赶到潍水来见韩信。韩信嘱咐他们说："龙且是霸王手下数一数二的大将，千万别小看他。跟他硬拼是要吃亏的。咱们必须看好了地形，把人马布置停当，再用计谋把他引到这边来，才能够把他打败。"曹参和灌婴自然听从韩信的吩咐，很小心地依照他的计划分头干去。

龙且一见韩信先是退兵，后来按兵不出，就认为韩信究竟胆小，不敢跟他交手。他当时就要渡过河去先杀他一阵再说。副将周兰劝他，说："将军不可小看韩信。他帮着汉王收复三秦，平定魏、赵、燕。现在又打下了齐地七十多个城，声势十分浩大。这会儿他按兵不动，必定又在使什么诡计。汉兵老远地跑到这儿，希望快点打，作战的劲儿大。我们这儿的楚兵和齐兵离自己的家乡近，一出乱子，容易逃散。咱们不如一面坚守阵地，不跟汉兵作战，一面让齐王打发使者到齐地各城去劝告齐人反正。齐人要是听到了他们的大王在这儿，又有楚兵帮着他，他们必然会反抗外来的汉兵。汉兵霸占着齐人的土地，粮食就不容易得到。咱们只要坚持几个月，汉兵非退去不可。"

龙且笑着说："韩信碰到的都是一些无名小卒，才让他侥幸成功。这回落在我手里，看这个钻裤裆的不掉下脑袋来才怪呐？"

龙且没把韩信搁在眼里，只看他按兵不出就认为是胆小。哪儿知道韩信仔细侦察了地形，用了一万多个沙袋把潍水上游堵住，下游就没有多少水了。韩信带着一队人马从浅水上走到东岸来。龙且马上出去，没费多大力气，就把韩信的兵马打回去。龙且哈哈大笑，他对周兰说："你看这个钻裤裆的有多大的能耐？"他不顾周兰的劝告，立刻吩咐全军渡河，别让韩信逃远了。龙且的军队正在全面渡河的时候，上游的沙袋忽然全搬开了。大水哗哗地直冲下来，谁挡得住！俗语说，"骄兵必败"，就因为龙且太大意了，不但在水里的楚兵淹死不少，上了岸的全部消灭，就连龙且自己的脑袋也给人家砍了去。

韩信斩了龙且，接着就去追赶田广、田横。田广慢了一步，被汉兵拿住。韩信恨他用油锅炸了郦食其，就把他砍了。田横机灵，带着亲随的士兵，逃到嬴下，自立为齐王。韩信派灌婴去进攻嬴下，田横又打了败仗。这时候，彭越在梁地守中立。田横逼得走投无路，只好带着亲信的几百个人投奔彭越，躲在他那儿。齐地就这么全都平定了。

韩信平定了齐地，回到临淄。他一见金碧辉煌的宫殿，心里有些羡慕。他想："怪道谁都想做王。就是住在这儿，也够体面了。"没想到他还没住下来，汉王的使者已经到了。汉王在成皋养好了伤，又回到广武。他一听到韩信平定了齐地，叫他马上到广武去给他解围。这可把韩信难住了。

那个不顾大局，只知道吃谁的饭就给谁卖力气的门客蒯彻见韩信愁眉不展的，就对他说："齐是个大国，没有王就镇守不住。将军正该趁着这个机会请求汉王立将军为齐王。齐国有了王，名分一定，齐人就不敢再叛变了。然后再发大军跟着汉王共同去对付楚军，齐国这头才不至于出什么岔。"韩信说："我也这么想。"他就写了一封信给汉王，大意说："齐人多诈，反复无常，而且南边近楚，难免不再发生叛乱。可不可以暂时让我作个假王（就是暂时代理一下，而不是正式的齐王），镇守齐国？"当时他派人带着信去见汉王。

汉王看了韩信的信，差点连高鼻子都气歪了。他立刻叫张良和陈平过来看那封信，一面骂着说："这小子真太没有道理了！"张良和陈平不约而同地暗地里拿脚尖踢了踢汉王的脚。汉王究竟有他的一招。他知道这个时候不能得罪韩信，就顺水推舟，擦了擦鼻子，故意又骂着说："大丈夫平定诸侯，做王就该做真的，干么要做假的呐？真是！"他立刻派张良准备王印到临淄去封韩信为齐王。

韩信得到了王印，满心喜欢，挺殷勤地招待着张良。张良临走的时候，劝他快点发兵去攻打霸王。韩信满口答应。

韩信做了齐王，天天练兵，准备到广武去。忽然卫士进来报告，说："霸王派使者来见大王。"韩信一想："我正要去攻打霸王，他干么派使者来见我？别管他，见了再说。"

原来霸王一听到大将龙且给韩信杀了，才知道韩信的厉害。他打发大夫武涉去跟韩信讲和，愿意跟韩信、刘邦三分天下。武涉见了韩信，行过了大礼，把霸王叫他带去的礼物奉上。韩信说："从前我跟大夫一块儿伺候着霸王，那时候，我们都是他的臣下。现在各人有各人的主人，楚、汉已经成了敌国，大夫怎么还送礼来？"武涉说："大王统领大军，做了齐王，远远近近谁都尊敬。这些礼物是霸王送给大王的，一来表示敬意，二来请大王包涵霸王过去的不是。从此以后，两国通好，共享富贵。"

韩信说："我做了齐王，已经心满意足了，还要求什么富贵？"武涉说："大王听了我的话，齐王的地位才保得住。要不然，就算大王把楚国灭了，自己反倒不能再做齐王了。"韩信说："为什么？"武涉十分郑重地对他说："汉王为了对抗霸王，不得已才立大王为齐王。大王跟楚联合起来，三分天下，汉王和霸王都不敢跟大王为难。汉王原来是在霸王手下的，他做了汉中王，按理应当各守疆土，天下太平了。可是汉王忘恩负义，贪得无厌。他进攻霸王还不是要独吞天下吗？今天大王替他出力，我怕大王将来必定遭他的毒手。"

韩信笑着说："汉王不比霸王，他能信任我。我在霸王手下，官职小，地位低，我说的话，霸王是不愿意听的。我这才投奔了汉王。汉王重用我，拜我为上将军，把几十万士兵交给了我。他脱下自己的衣服给我穿，省下自己的酒食给我吃，现在还立我为齐王。他这么信任我，我怎么也不能辜负他。我就是死了，对汉王的心决不改变。请大夫替我拜谢霸王。大夫带来的礼物决不敢收。"武涉见韩信这么坚决，只好垂头丧气地回去。

韩信送出了武涉，回来就碰见蒯彻。他叫蒯彻进来，跟他谈谈刚才他拒绝武涉的事。蒯彻说："我近来学会了相面。"韩信觉得很奇怪，就说："真的？先生也能相面了？"蒯彻说："是啊，还准得很。我看您正面的相，不过封侯；反过来，一看您背面的相，啊，那可就贵不可言了。"

韩信一听这话里有话，就叫他进了里屋。蒯彻挺正经地说："几年来，楚、汉相争，谁也灭不了谁。大王夹在中间，帮汉汉胜，帮楚楚胜。楚、汉两个王的命运都在您手里。大王不如哪一头也不帮，先跟他们三分天下，以后再看机会。拿大王的才能来说，谁比得上？现在大王坐镇齐国，齐是个大国，事实上，燕、赵都在您的手下。到了适当的时候，往西去，为天下百姓除害，使大家能过太平的日子。这么登高一呼，哪一个诸侯，哪一个豪杰不会出来响应？然后划分地界，分封诸侯，各国诸侯自然都来朝见齐国。这是霸主的大事业。成功不成功全在大王能不能下决心了。"

韩信把脑袋点了点，又摇了摇，说："先生的话固然不错，事情也许能够成功。可是汉王待我这么好，我要背叛他，于心何忍？"蒯彻说："当初张耳和陈馀两个朋友要好得连脑袋割下来都乐意的。后来怎么样？意见不合，变成了仇敌。张耳还杀了陈馀。您跟汉王的交情不见得比张耳跟陈馀的交情更深，你们之间的猜疑可比他们之间的猜疑更大。您可不能不防备。古人说，'飞鸟尽，良弓藏；狡兔死，走狗烹'。您的功劳太大，汉王没法赏您；您的威名只能叫汉王害怕。我真替大王担心。"韩信经他这么一说，也不免有点害怕。他说："先生别说了，让我仔细想想吧。"

过了几天，蒯彻又对韩信说："做大事要有决心。大王要再这么犹豫不决，恐怕后悔不及了。从前越国的大夫文种替勾践灭了吴国，把已经亡了的越国恢复过来。他这个功劳多么大啊。可是后来越王勾践怎么待他来着？要知道：事业是，失败容易成功难；时机是，失去容易抓住难。时间哪时间，一去不再来！"

韩信始终不愿意背叛汉王。他说："人心都是肉做的。我相信汉王决不会亏负我。"蒯彻这才知道韩信到底是心肠软，再跟他多说，就是把舌头说掉了，也没有用，还许把别人的棺材扛到自己的家里来。他就大笑起来，说："哈哈，我是个疯子，我真发了疯了！"他又是笑又是唱，就这么疯疯癫癫地离开了韩信。

韩信知道蒯彻走了，也就算了。可是他心里老觉得不踏实，就暂时把军队驻扎下来，急得汉王嘴里不说，心里直想："这小子太没有道理了！我在这儿受罪，天天儿盼着他来，封他做了齐王，他还不来，干什么呐？"他闷闷不乐地坐在内帐里，叫张良和陈平进去，对他们说："齐王韩信到今天还没发兵来，项羽的兵马又不肯退，他还老吓唬着要杀害太公，怎么办？"张良说："我们先想个办法把太公救回来。"

33 鸿沟为界

汉王一听到张良能想办法把太公救回来,就向他瞅着,待了一会儿又瞧了瞧陈平。张良说:"目前霸王正缺乏粮食,他不能不回去。抓住这个机会去跟他讲和,要求把太公和夫人放回来,我们就退兵,我想他是不会不答应的。"陈平也认为要救回太公和吕氏,最好马上派人去求和。君臣三个人商量完了,就派洛阳人侯公去。

侯公见了霸王,奉上汉王求和的信。霸王一瞧,上面写得很有道理。大意说:"我刘邦跟你霸王打仗打了七十多次,双方都死伤了不少人马,弄得老百姓叫苦连天,难过日子。要是再打下去,怎么对得起天下的人呐?因此派侯公前来讲和,建议楚、汉两方拿荥阳东南的鸿沟作为界限,鸿沟以东属楚、鸿沟以西属汉,各守疆土,彼此不再侵犯。这样,双方停止战争,保持兄弟的情义,不但你我可以共享富贵,就是老百姓也能过太平日子。"

霸王仔细一想:跟刘邦打了几年仗,将士儿郎们已经疲劳得很,粮草又老不够。这么下去,哪年哪月才能完结?还不如依了刘邦,回到彭城去吧。他就同意了,派人约会汉王划定地界,再约好和汉王在阵前交换合同文书。当时霸王打发使者跟着侯公去见汉王。汉王对西楚的使者说:"我跟霸王交换合同文书的时候,请以兄弟之礼相见,不必随带兵器。还有一件事,请转恳霸王:既然讲和了,请把太公和我的家眷放回来,才能叫人钦佩霸王的诚意。要不然,太公还留在楚营里,万一霸王反悔,又要把他杀了,叫我怎么遵守合同呐?"使者说:"还是请侯公再辛苦一趟,当面说去。"

侯公跟西楚的使者一同到了楚营,侯公替汉王向霸王表示感谢,说:"承蒙大王允许和好,汉王非常感激。他希望大王恩上加恩,让他们父子、夫妻能够团聚。大王不杀他的父亲,就是注重孝道;不难为他的妻子,就是注重道义;扣在这儿的人又都要放回去,足见大王宽宏大量。不但汉王这一辈子忘不了大王的恩德,就是天下后世也必定歌颂大王的道义。如果汉王再不守信义,那就错在汉王了。正理在大王这边,大王可以无敌于天下,汉王还能算什么呐?"

霸王说:"既然和好了,我就放他们回去吧。"侯公跪在地上,说:

"我回去通知汉王，汉王一定把大王的话当作诏书一样。万一再有变化，我的命就保不住了。请大王别叫我为难。"霸王说："大丈夫一言为定，怎么能说了不算？"侯公欢天喜地地回去了。

钟离昧和季布得到了这个消息，就来劝止霸王，说："大王决不可以把太公放回去。刘邦不像大王那么注重信义。他是个反复无常的小人，只要对他有好处，什么事情都做得出来。万一他不遵守合同文书，那时候大王反倒没法管住他了。"霸王说："那时候，天下自有公论。他要反悔的话，光把太公留在这儿有什么用？就是把他煮成肉羹，他还想要，咱卖卖味儿呐！"这时候项伯也进来了，他说："大王把太公放回去，汉王必定感激大王的大恩大德，他哪儿还敢再不守信义？"霸王说："我也这么想。"

第二天，霸王叫文臣武将都换上便服，排列在两旁。汉王也带着穿便服的臣下前来会见。汉王和霸王对面行了礼，把合同文书互相交换了。霸王对他说："从此以后，各守疆土，不可再多事。我也要带着军队回去了。"接着就吩咐左右把太公、吕氏和审食其领出来，交给汉王。汉王又向霸王行个礼，说："太公在楚，蒙大王照顾，此恩此德，刘邦决不敢忘。"他就和随从他的那些人拜别霸王，回营去了。

过了几天，汉王听说霸王果然带领着大军回彭城去了，他也就吩咐将士们整理行装，准备回到咸阳去。

张良急急忙忙地来见汉王，说："咱们对项羽说回去，那是个缓兵之计。大王要统一天下，这时候就不能回去。将士儿郎们都是东边人，跟着大王辛苦了这几年，无非想立了功劳，得到爵禄，回到本乡本土去。现在大王跟霸王讲了和，又要到西边去，他们就没有什么指望了。我怕战争一停下来，他们必定都要逃回去，谁还给大王守天下？现在太公、夫人既然回来了，大王就该会合诸侯，共同征伐项羽。要是真把天下分成楚河汉界，各守疆土，那么到底谁是君，谁是臣，叫天下诸侯归向哪一个呐？东周列国诸侯混战了几百年，就因为天下不统一，得不到太平。现在大王已经有了大部分的天下了。如果让项羽回去休养，将来他招兵买马，养精蓄锐，再打过来，大王西半边的天下还保得住吗？要消灭项羽，统一天下，正是时候了。"

汉王眼睛望着上头，鼻子翘得半天高，捋着胡子，说："已经立了合同文书，说好了鸿沟为界，要是再有变更，天下诸侯不会说我不守信义吗？"张良说："要成大事，这种地方就顾不了啦。从前汤王、武王是怎么得到天下的？他们要是只顾到桀、纣是君，他们是臣，他们还能为天下除害吗？"陈平、随何、陆贾他们一班谋士都说："子房的话极有道理。就是我们这几年来跟随大王劳苦奔走，也无非想帮助大王统一天下，使各国诸侯都能尊大王为君，我们也好凑合着算是跟着大王创立基业。请大王不要再三心两意了。"

汉王只怕人家说他失信，既然张良他们替他这么分辩，他就撕了楚河汉界的合同文书，决定再向东进攻。当时就打发使者分别去约齐王韩信、魏相国彭越发兵到固陵（在河南省淮宁县西北）会齐，共同去进攻楚军。

汉王亲自率领大军，往东去，没有几天工夫，就到了固陵，把军队驻扎下来，派人去催韩信和彭越。他向霸王下了战书。

霸王气得直瞪眼睛，大骂刘邦无耻小人，反复无常。当时就和钟离昧、季布、桓楚、虞子期等大将发兵三十万，猛一下子向固陵打过去。汉王慌忙派王陵、樊哙、灌婴、卢绾四个将军出去迎敌。霸王和楚将理直气壮，个个都是精神百倍的，一见王陵他们出来，就像猫看到耗子那样直扑过去。霸王的一支画戟真是神出鬼没，得心应手，谁碰到，谁就没有命。不到半天工夫，杀得汉兵东倒西歪，四散分逃。王陵、樊哙等抵挡不住，逃回固陵城里，关了城门，不敢再出来。

霸王嘱咐将士们一定要攻破固陵，活捉刘邦。将士们都说："小小一座固陵城，三天之内一定把它打下来。"当天晚上楚军安下营寨，防备着汉军前来偷营。到了半夜里，汉军开了北门，偷偷地跑了。霸王还想追赶，但是黑夜里恐怕有埋伏，只好守住营寨，等到天亮再说。

半宵工夫，汉军一口气跑了八十多里地。天一亮，就想休息一下。张良、陈平都说："虽然都辛苦了，这儿可不能停留，还是往前走吧。"汉兵不停地跑去，一直到了成皋，才驻扎下来。哪儿知道汉兵还没休息了两天，楚军跟着也到了。成皋又给围住。汉王对张良说："成皋被围，救兵又不来，真急死人。"张良说："楚兵进攻固陵的时候，我已经暗地里派臧荼他们带领五千精兵偷偷地绕到楚军屯粮的地方，叫他们半夜里放火烧毁楚军的粮食。楚军粮食接不上，非回去不可。"汉王这才放了心。果然，不到三天工夫，楚军全退回去。汉王见楚军退回去，反倒闷闷不乐地又在擦鼻子、捻胡子了。张良问他："又出了什么事儿啦？"

汉王叹了口气，说："我总觉得韩信、彭越、英布老不得劲儿，我屡次三番地叫他们快点来，他们可给你一个干着急，这是什么意思啊？要是他们能够按时赶到固陵，这一回也不至于又打了败仗。"张良说："虽然韩信封为齐王，英布封为淮南王，可没封给他们土地。彭越屡次立了大功，更是什么也没拿到。他仅仅做个魏相国是不够的。现在魏王豹已经死了，彭越也想封王。俗语说，重赏之下，必有勇夫。大王不给他们重赏，难怪他们不肯卖力气了。"

汉王是不愿意把土地封给别人的，可是要人家替他卖命，他只好依着张良，暂时给他们个糖头叼着。他说："先生的话一点不错。请先生告诉他们：等到他们打败了项羽，我就把临淄一带的郡邑全封给齐王韩信，一切租税钱粮等项供他支用；大梁的土地全归彭越；淮南的土地全给英布。烦先生分头去说吧。"

果然，韩信、彭越、英布得到了分封土地的甜头，没有多久都发兵来会汉王。汉王不用说多么得意了。这一回他一定要把"楚河汉界"变成"汉河汉界"了。

34 钻入敌营

汉王见韩信、彭越、英布、萧何、臧荼等各路兵马先后都到了，就请齐王韩信统领各路兵马，指定萧何、陈平、夏侯婴把敖仓、陈留和三秦的粮食源源不绝地供应大军。成皋、荥阳一路相连几百里都是汉兵。真是兵多粮足，声势十分浩大。

韩信比谁都明白：霸王不是容易对付的，他手下的将士也都有本领，他们知道汉王大军集中在一个地方，哪儿还肯自投罗网，出来跟你会战？霸王不出来，不跟你对敌，怎么办？韩信用兵是精明的，他得想各种法儿把霸王引到一个适当的地方，才能够把他围起来。因此，他把各路兵马暂时驻扎下来，只派人到各处去踏看地形，然后分别布置军队，准备围攻。他还打算派人钻到敌营里去才能把霸王引出来。他知道霸王恨透了汉王，必须请汉王亲自去挑战，仇人相见，分外眼红，霸王才肯出来。

汉王前来挑战的信儿到了霸王那儿，霸王连忙召集项伯、项庄、钟离昧、季布等商议这件事。霸王说："我们的兵马不够，出去跟汉兵死拼，没有好处；不如深沟高垒，守住城池。只要我们能够守上一两个月，汉兵粮草必然不够，那时候，他们就非退去不可。"将士们都同意霸王只守不战的办法。他们又说："江东是大王起兵的地方，人心归向大王。我们一面守住阵地，一面派人到会稽去调兵。还有舒城和六城一向由大司马周殷镇守，最好叫他也发兵来。三路兵马合在一块儿就可以对付汉兵了。"霸王就派人分别到会稽和舒、六去征兵。

会稽和临近的郡县派来了八万人马,只是周殷不但不发兵来,反倒跟淮南王英布联合起来帮助汉王去了。霸王虽然痛恨周殷,这时候,也只好随他去。

霸王有几十万兵马,本来也可以跟汉兵对付一下,可是他还不愿意出去。这几天来,他老想着范增的话:"刘邦野心不小,不如及早杀了他。"他叹着气,说:"悔不听亚父的话。当初在鸿门宴上杀了他,就像捻死一个蚂蚁一样。我怎么不能像亚父那样看得这么远呐?到今天这个蚂蚁变成了猛虎,张牙舞爪,反倒叫我受他的窝囊气。唉,亚父死了,哪儿还有像他那样的谋士呐?"

霸王正在自思自叹的时候,项伯进来报告一个好消息。他说:"当初赵王歇和赵相陈馀不听谋士李左车的话,弄得国破人亡。韩信知道李左车是个千中不挑一、万中不挑一的谋士,就把他留在帐下。哪儿知道韩信自从做了齐王,就妄自尊大,独断独行起来。手下人的话他连听也不爱听。因此,稍微有骨气的谋士都走了。这位李左车派他的心腹来投奔大王,大王能不能收留他?"霸王说:"靠得住吗?两国正在交战的时候,假投降的奸细多得很。"项伯说:"大王不妨当面盘问盘问。"霸王就让项伯去带李左车的心腹进来。

那个人见了霸王,霸王就说:"李先生是韩信帐下的谋士,他派你到这儿来干什么?"他说:"大王疑心我是韩信派来的,是不是?大王想必已经知道李左车过去的遭遇吧。他在赵国,赵王不能用,他做了韩信的谋士,韩信又不能用。一身无依,四海无家。这回他派我先来投奔大王,我正像婴儿依靠父母一样。大王如果肯收留我,就是叫我卖命去,我也乐意。"

项伯插嘴说:"两国正在交战的时候,假投降的奸细多得很呐。"那人说:"我不过是个谋士,又不能上阵作战。就是有什么计策,也得先说出来让大家商量,听不听还在大王。大王这儿的情况,韩信老有人探听,根本用不着我假投降来探听。"霸王说:"李先生既然真心实意地来投奔我,我也决不会错待人的。"霸王不能随便信任他,可是他要从他嘴里多少探听一些韩信的情况,就把他留下了。

有一天,霸王大发脾气,骂韩信自高自大,竟敢在太岁头上动土。原来探子前来报告,说韩信屯兵垓下(垓 gāi;垓下,在安徽省固镇县东北、沱河南岸),要害霸王。他还用四句话叫人咒骂,说什么:

人心都背楚,天下已属刘;
韩信屯垓下,要斩霸王头。

霸王听了,骂着说:"这饿不死的叫花子,想必活得不耐烦了。我就到垓下去,先斩了韩信再说。"

霸王好强,受不了人家的讥笑。火绒子性子,一点就着。当时就要发兵去找韩信去。季布他们拦住他,说:"这是韩信诱兵之计。他怕大王按兵不动,特意用这几句狗屁不通的话来激怒大王。要是大王出去,正中了他的诡计。"

霸王故意问那个"心腹":"先生有何高见?"他说:"大王不必心急。韩信一向自高自大,这种狂妄的话,吓不倒大王,大王也不必生气。可是要守住一个地方,也不能老躲在城里。以进为退才不致没有后步,以攻为守才能镇守得住。如果只知道以退为退,以守为守,必然处处受人摆布,时时都要吃亏。大王不出兵,汉兵也会打过来。要是大王发兵去迎头痛击韩信,打赢了不必说了,万一打不赢,还可以退回来。汉兵远道而来,运粮困难,决不能住得长。要是大王不出去,坐着等汉兵进攻,万一守不住,那就更难退兵了。我是新来的人,不便多说话,到底是以进为退好,还是以退为退好,请大王自己决定吧。"霸王觉得他的话很有道理,季布他们也不能反驳他,就决定带领十万大军向垓下方面去了。

大军走到半路,那个李左车的心腹向霸王报告一个消息。他说:"兵在精不在多。韩信好大喜功,带领了各路兵马前来。他哪儿知道士兵越多,他就受累越大。兵法上说'兵多将累',就是这个道理。刚才我打听到汉王领着一支人马回成皋去了,韩信也打发一部分人马回去了。我早就料到汉兵太多,粮草决难供应。大王趁着汉兵缺乏粮草、正在退兵的时候,突然打过去,决没有不打胜仗的道理。"霸王下令,加快行军。没有几天工夫,霸王大军到了垓下,安下营寨。当时就派人去探听汉王、韩信退兵的情况。

探子回来报告,说:"韩信大营在九里山东边;各路军营相连着,兵多粮足,声势浩大。看样子汉王和韩信并没有退兵的意思。"

霸王一听,当时瞪着眼睛,说:"哎呀,我军进了重围了!"吩咐左右叫那个人过来。左右各处寻找,哪儿还有他的影儿?霸王责备项伯,说:"都是你做的好事!把敌人的奸细当作谋士来推荐给我。"项伯趴在地下,说:"误中奸计,都是我的过错,请大王处罚吧。"

霸王怒气勃勃地要办项伯。季布、钟离眜他们劝住霸王,说:"项司马忠心为国,并不是他有意引用敌人。现在大军已经到了这儿,最要紧的是想办法对付敌人,过去的事不必再后悔了。"霸王觉得自己也不好,一时大意,误中奸计,他们这一劝,就不去惩办项伯了。

霸王回头对将士们说:"今天汉兵声势浩大,你们跟我出战,必须加倍小心。汉兵要是败了,我们不可去追;他们要是赢了,我们要彼此照顾。只要守住阵营,坚持一个月,等汉兵粮草接不上,必然会退却的。"他们都说:"大王说的是,我们仔细防备着就是了。"

35 四面楚歌

霸王预料到只要在垓下守住一个月,汉兵粮草接不上,必然会退去。这个想法并不错。可是他没想到自己的粮道早已给汉兵截断,没法供应粮草了。霸王一连几天只叫将士守住阵营,不准出战。又过了几天,将士们进来报告,说:"三军没有粮,战马没有草,士兵们暗地里抱怨着。不如同心协力,杀出去,总比呆在这儿等死强。"

虞子期和季布说:"八千子弟一向跟随大王,英勇非凡,汉兵见了他们没有一个不害怕的。大王不如带领他们冲杀出去。如果能够打开一路,我们各人带领本部人马保护娘娘,就可以紧接着跑出去了。"钟离眜、桓楚他们情愿跟着霸王先去打一阵。霸王也认为只有这样了。他就带领一支人马向前冲过去。楚军尽管大批地死伤,可是霸王的一支画戟谁也抵挡不住。他见了韩信更不能放过他。韩信只能一边作战,一边后退,还真给霸王打败。霸王追了好几里地,杀散沿路的汉兵。可是打退一批,又来一批,杀出一层,还有一层。十万人马怎么敌得过韩信的三十万人马?一支画戟究竟对付不了韩信的十面埋伏。楚兵死伤了快一半。霸王虽然勇猛,他可也有个疲劳。这儿还没杀出去,那儿汉兵又围上来。四面八方全是敌人,霸王只好转过身来,跑回垓下大营里去,吩咐将士小心防守,准备瞅个机会再出战。

霸王进了自己的营帐,虞姬伺候他坐下,见他不开口,就问他:"大王今天怎么啦?"霸王叹了口气,说:"打败了!"虞姬从来没见到他打过败仗,心里不由得着急起来,可是她马上露出笑脸来安慰他,说:"胜败兵家常事，何必这样。咱们还是喝几杯，提提神吧。"霸王不愿意伤了虞姬的心，就说："你这么体贴我，真叫我过意不去。你跟着我在军队里这些年了，没享过福，我还老给你添麻烦……"虞姬打断他的话，说："大王，这话怎么说的？只要大王不离开我，我就够造化的了。"

她劝了霸王几杯酒，伺候他睡了，自己守着营帐，心里挺不踏实。到了定更的时候，只听见一阵阵的西风吹得树枝子"沙拉沙拉"地直响，好像有无数的冤魂抽抽噎噎地哭着似的。虞姬听了，一阵阵地直起鸡皮疙瘩。她正想躲到内帐里去，忽然听到风声里好像还夹着唱歌的声音，深更半夜，哪儿会有人唱歌？她慢慢地走到外边，仔细一听，不是唱歌又是什么？声音是由汉营里出来的，唱歌的人还真不少，唱的净是楚人的歌。这是怎么回事啊？

她连忙进了内帐，叫醒霸王。霸王出来，细那么一听，四面八方全是楚歌。这一下子弄得他愣住了。他张着嘴，说不上话来。他拉着虞姬进了营帐，没着没落地对她说："完了！难道刘邦已经打下西楚了吗？怎么汉营里能有这么多的楚人呐？"

他光知道刘邦的士兵大多是关中人，韩信的士兵大多是齐、赵、燕那些地区的人。他压根儿没想到英布的九江兵是临近汉水的老乡，是会唱楚歌的。张良就利用他们，教会了汉兵。他料到楚兵军心一乱，必然会大批地逃亡。他嘱咐汉兵见着逃出来的楚兵，不准阻拦。

楚人的歌声传到了楚营，楚营里的将士儿郎们听了家乡的歌，都想起家来了。他们眼看着内无粮草、外无救兵，只好坐着等死。这会儿，父母、妻子、家乡、邻里，全给这歌声勾起来，谁还愿意呆在这儿等死！开头，还只是三三两两地开了小差，后来干脆整批地溜走。连跟着霸王多年的将军，像季布、钟离昧他们也暗地里走了。这还不算，就是霸王自己的叔父项伯，也偷偷地投奔张良去了。大将们一走，小兵一哄而散。留下的大将只有虞子期、桓楚他们几个人，士兵只剩了千儿八百的子弟兵。楚军就这么自己垮了。

虞子期和桓楚进来，说："士兵已经散了，四面全是楚歌，大王不如趁着天黑冲杀出去。"霸王叫他们在外边稍微等一会儿，准备在天亮以前一块儿突出重围去。

霸王一见大势已去，心里像刀子扎着似的。他什么也不计较，可是败在刘邦手里他是死也不服气的。他什么也不留恋，可是他要突围出去，没法保护虞姬，叫他怎么扔得下？他要突围出去，还得依靠那匹骑了多年的战马乌骓。他叫手下的人把乌骓带到帐内。霸王一面抚摩着那匹千里马,一面说:"你辛苦了这些年,弄得这么个下场。唉,咱们的命运太坏了!"虞姬见霸王这么难受地对着马说话,就叫马童把它拉开,可是乌骓静静地瞅着霸王,就是不肯走。怎么拉它,也是不走。霸王再也忍不住了,他喊了一声,随口用顶伤心的调子唱起来:

    力气拔得起一座山,
    气魄压倒了天下好汉;
    时运不利乌骓不走,
    可叹哪,可叹!
    乌骓不走由它去,
    虞姬呀虞姬,你可怎么办?

  虞姬没等听完,早已变成泪人儿了。霸王安慰她,说:"像你这样一个又聪明又能干的大美人儿,总不至于受到太大的委屈。你要多多保重。"虞姬听了,伤心得更没法说。在这种情况底下,语言失去了力量。她只能又唱又说地哭着:

    汉兵侵犯我土地,
    四面楚歌夜深沉;
    多情英雄气儿短,
    我哪有心再做人!

  虞子期进来说:"天快亮了,咱们走吧。"霸王还是不愿意离开虞姬。虞姬催着他,说:"大王快走吧!我就在这儿送大王了。啊,那边来的是谁?"哄得霸王一回头,说时迟,那时快,她拔出宝剑来,往脖子上一抹。霸王赶快去救,已经来不及了。虞子期一见他妹妹死了,也自杀了。霸王两手捂住脸,眼泪像泉水一样从眼眶里涌出来。桓楚听见帐里一片乱哄哄,进去一看,也止不住直掉眼泪。他刨了两个坑,把他们俩的尸首分别埋了。霸王跨上乌骓,带着八百多个子弟兵,好像受了伤的猛虎似的往汉营直扑过去。谁也来不及阻挡,谁也阻挡不了。

说时迟,那时快,虞姬拔出宝剑来,往脖子上一抹。霸王赶快去救,已经来不及了。

36 难见江东父老

霸王过了汉营，往南跑下去。他打算渡过淮河再往东边去。东方刚发白，霸王和八百子弟都被围住了。霸王只好对付一下，他挥着画戟，来回冲杀，把汉兵打得七零八落。灌婴差点丧了命，他慌忙逃回，报告了中军。韩信、英布、王陵、周勃、樊哙他们早已有了布置，立刻分头追赶。汉兵首先围住了桓楚。桓楚一看四面全是汉兵，自己只有二十几个人，没法冲出去，又怕给汉兵逮住，就自杀了。

霸王杀出重围，乌骓使出了平生的劲儿，像飞一样地直跑，把汉兵都撇在后面，越跑越远。赶到霸王渡过淮河，到了南岸，才瞧见有一百多个子弟兵也都快马加鞭地赶到了。他们抢着渡过淮河，跟着霸王又走了几里地，到了阴陵，迷了道儿。霸王四面一瞭望，全是小河沟和小道，可不知道哪一条道可以通到彭城。后面又起了一阵尘土，汉兵远远地还追着呐。

霸王到了三岔口，瞧见一个庄稼人，就向他问路。那个庄稼人不愿意帮他，就说："往左边儿走。"霸王跟一百多个子弟兵就往左跑下去，越跑越不对头，跑得连路都没有了，前边只是一片水洼地。他们的马陷在污泥里头，连蹄子都拔不出来。霸王这才知道受了庄稼人的骗，走错了道。赶紧拉转缰绳，再回到三岔口，汉兵可已经追到了。

霸王带着子弟兵往东南方跑，到了东城（属九江郡），点了点人数，一共才二十八个骑马的士兵。追上来的人马有好几千，好像蚂蚁抬螳螂似的围上来。霸王觉得这可没法脱身了，就带领这二十八个人上了山冈，摆下阵势，对他们说："我从起兵到现在八年了。亲身作战七十多次，没打过一次败仗，就这么做了天下的霸主。今天在这儿被围，这是天数，不是我打仗打得不好。我已经不想活了，可是我要和诸君一起痛痛快快地打这最后一仗。就在这种情况底下，我还能够打三阵，赢三阵，突出重围，斩杀敌人的将军，砍倒敌人的旗子，让诸君知道这是天要我死，不是我不会打仗。"

霸王始终认为只有他一个人力气最大，最能打仗，最能杀人，所以天下的人都应当听他的。到了这会儿，跟着他的只有二十八个人，他还决不肯认输，一定要再杀几个人让他们瞧瞧。他把二十八个士兵分成四队，朝着汉兵摆下阵势。汉兵把他们围了好几层。霸王说:"我给诸君先杀他们一个大将。诸君分四路,跑下去,到东山下会齐,立刻把四队分成三队,分别把守住三个地方。"接着他就大声地喊了一声,向一个汉将直冲过去。那个汉将仗着人多,还想活捉霸王,不知死活地跟霸王对打起来。霸王拿画戟猛力一刺,早把他送了性命。汉兵一见,纷纷逃散。霸王到了山下,山下的汉将、汉兵又把他团团围住。可是乌骓冲到哪儿,哪儿就成了一个缺口。汉军的将军杨喜不肯放松,紧紧地追着霸王。霸王回过头来,瞪起眼睛,大喝一声,又是闪又是雷,把杨喜吓得捂住耳朵直跑,那匹马乱蹦乱跳地跑了好几里地。

霸王到了东山下,那四队二十八个子弟兵全都到齐了。霸王立刻叫他们分成三队,分三处把守。汉兵赶到,不知道霸王在哪一处。他们也就分兵三路,分别围住三个地方。霸王来来往往接应着三个地方。哪一面汉兵多,就往哪一面冲杀。敌人太多,一支画戟杀不了多少汉兵。他就一手拿着画戟,一手拿着宝剑,左刺右劈,双管齐下。没有多大工夫,又杀了汉军的一个都尉和几百个士兵。汉军将士不敢逼近楚兵。霸王又把三处楚兵会合在一起,一点人数,仅仅短了两个士兵。他笑着对他们说:"诸君看怎么样?"他们都趴在马鞍子上行着礼,说:"大王真是天神!大王说的一点不错。"

霸王杀退了汉兵,带着二十六个子弟兵一直往南跑去,到了乌江(在安徽省和县东北)。恰巧乌江亭长荡着一只小船等在那儿。他一见霸王到了,就催他马上渡河。他说:"江东虽然小,可也有一千多里土地,几十万人口,大王还可以在那边做王。这儿只有我这只船,请大王赶快渡过河去。就是汉军到了这儿,他们也没法过去。"

霸王原来想跑到会稽去,他还没想过到了会稽怎么办。这会儿乌江亭长一提起"江东"来,反倒戳疼了霸王的心。他这才决定不走了。他笑着对亭长说:"我到了这步田地,渡过江去还有什么意思?当初我跟江东子弟八千人渡过江来,往西去打天下。到今天他们全都完了,我哪儿能一个人回去?就说江东父兄同情我,立我为王,我哪儿还有脸见他们?他们尽管不说,我还有什么脸去见他们!"他摇摇头,接着又说:"这匹马,我已经骑了五年了,所向无敌,曾经一天跑过一千里地。我舍不得把它杀了。我知道您是个忠厚长者,我很感激您一片好意,这匹马送给您吧。"

他下了马,叫亭长把马拉去。乌骓不愿意上船,净回过头来瞧着霸王。霸王掉了几滴眼泪,拿手一扬,吩咐亭长快拉它上船,渡过江去。亭长只好把乌骓拉到船上。船一离开岸,那匹马就跳着叫着,差点把那只小船闹翻了。亭长放下桨,正想去把它拉住,想不到它望着霸王使劲地一蹦,蹦到江里去了。

霸王眼看乌骓给波浪卷了去,也禁不住掉下泪来。赶到他抬头往后一瞧,大队的汉军将士已经追到了。他和二十六个子弟兵都拿着短刀,步行着跟汉兵交战。他们又杀了好几百个汉兵,才一个一个地倒下。末了,只剩了霸王一个人。他身上也受了几处伤。有十几个汉将到了霸王跟前。霸王突然瞪起电光闪闪的眼睛来等着他们,他们反倒不敢过来。霸王拿眼睛向他们一扫,瞧见其中有个将军,认识他是个同乡。霸王说:"你不是吕马童吗?老朋友也在这儿,正巧。"

吕马童不敢正面看霸王。他搭拉着脑袋,说:"是!大王有何吩咐?"他还对旁边的汉将王翳说:"这位就是霸王。"王翳可也不敢动手。霸王对吕马童说:"听说汉王出过赏格,情愿出一千斤黄金、封一万户的城邑买我的头。我把这个人情送给你吧。"说着,他就自己抹了脖子。死的时候他才三十一岁。哪儿知道霸王一死,汉军将士反倒自相残杀起来,死了几十个人。这说起来好像又是怪事。

37 汉高祖登基

霸王自杀了,那些汉将谁都不肯让吕马童一个人去献功,大伙儿为了抢夺霸王的人头和尸体,自相残杀,死了几十个人。末了,王翳抢到了脑袋,吕马童、杨喜、吕胜和杨武四个将军,各人抢到了一只胳膊或者一条腿,就这么去向汉王报功。汉王把这五个将军都封了侯。

霸王一死,西楚差不多都平了,只有鲁城,因为是当初项羽受封为鲁公的城邑,不肯投降。汉王带领着兵马去征伐,要把鲁城踏平,把老百姓杀光。想不到大军到了城下,只听见城里有弹丝弦和唱诗歌的声音。张良对汉王说:"鲁是礼仪之邦,周公封在这儿,孔子生在这儿,是天下人都尊敬的地方。大王兵临城下,鲁人还这么弹着丝弦,唱着诗歌,情愿为鲁公死。大王怎么能用暴力去强迫他们呐?大王不如好言好语劝他们顾全大局,再跟他们说明,只要他们归顺,就马上好好儿地安葬鲁公。我看那要比进攻强。"

汉王依了张良的主意,鲁城这才投降了。汉王就用安葬鲁公的礼节把霸王的人头和尸体缝着埋了。这还不算,他还亲自祭祀霸王。他想起霸王在鸿门宴上没杀他；睢水打了胜仗，还好好儿地供养太公；吕氏在楚三年，没受到委屈；听到了"分我一杯羹"，他也没把太公杀害。汉王左思右想，不由得掉下眼泪来。项家的人都不办罪，还封项伯为侯，赐姓刘氏，让项伯做个刘家的人。

汉王满以为这么一来，当初霸王所封的那些诸侯，已经死了的和归顺了他的不必说了，就算是还活着的一定会来投降。哪儿知道敌人不是这么快就能够转变过来的。临江王共尉首先不服。

共尉是临江王共敖的儿子，父亲死了，他继承了王位。他忘不了霸王对他们父子的好处，不肯投降汉王。汉王就派卢绾和刘贾去征伐。他们打了几个月，可是并没把江陵（临江王的都城，在湖北省江陵县）打下来。究竟共尉的力量有限，最后只好投降。为了表示诚意，他自动地去拜见汉王。他还不认识到自己的过错，满以为汉王准能好好儿地安抚他一番，仍然让他回去镇守江陵。年轻人的想法有时候就是太天真了些。直爽的小伙子碰到了老练到了家的汉王就得自认晦气。汉王对他顶干脆，溜了他一眼，把他砍了。

杀个临江王算不得什么。是他自投罗网，这可不能怪汉王。可是不识时务的人还多着呐。听说彭城、垓下、阴陵、东城、乌江一带的人也都挺同情霸王。这就麻烦了。汉王心里很不自在，不能不想个办法把他们压下去。汉王真有本领，硬的、软的他都有。他派人在乌江岸上给霸王立了庙，吩咐当地的长官一年四季去祭祀霸王。他还下了一道命令，说："刀兵八年没停，万民吃尽苦头。现在天下已平，除了大逆不道非死不可的以外，一概免罪。"这么一来，人心就平得多了。

汉王真是够机灵的。他安葬了霸王，杀了共尉以后，立刻跑到齐王韩信的营里，把大将军的印、兵符和军队都拿过来，由他自己统治齐地。他安慰韩信说："将军立过这么多次的大功，我决忘不了将军。但是我挺替将军担心：将军功高权重，难免引起小人妒忌。万一将军受点委屈，叫我怎么对得起将军呐？义帝没有后代，将军又是淮阴人，我就封将军为楚王，把将军的父母之邦都封给将军，请将军去镇守楚地。富贵归故乡，那要比遥远地镇守齐地强得多了。一来可以安定人心，二来可以保全君臣大义。"可是韩信没想得这么周到，眼光也没这么远。他没能够体会到汉王的好意，也不知道这是保全君臣大义的好办法。他只觉得汉王的手段太辣。但是兵权已经没了，不由他不答应。

汉王封韩信为楚王，以下邳为都城；封彭越为梁王，以定陶为都城。躲在彭越那儿的齐王田横一听到彭越受了封，就带着亲信的五百多人逃到海岛上去了。除了楚王和梁王以外，还有韩王信，淮南王英布，衡山王吴芮和燕王臧荼，他们一律照旧。赵王张耳在这一年死了，就封他儿子张敖为赵王。这七个王当中，只有彭越是新封的，张敖是继承他父亲的。别的没有变动。

韩信交出了兵权，齐王改为楚王，多少有点不得劲儿。可是"衣锦还乡"也是一件大喜事。他接受了楚王的大印，到了下邳。他老想着有恩报恩，有德报德，就派人去找从前给他饭吃的那个老太太和南昌亭长，还有那个叫他钻裤裆的家伙。他做了楚王，在他的地界里找三个人来，费不了什么劲儿。

那个洗纱的老太太先到了。楚王韩信问了她一番，送给她一千金。她并不希望韩信报答她，可是韩信不能忘了人家的好心眼。老太太谢过了楚王回去了。南昌亭长因为他老婆得罪过韩信，趴在地下不敢抬起头来。韩信赏他一百个小钱，批评他，说："你行好没行到底，去吧。"

那个屠夫的儿子吓得直打哆嗦，请楚王办他的罪。韩信笑着对他说："你不必害怕，闹着玩儿的事有的是，何必这么认真呐？你倒是挺勇敢的，就在我这儿做个中尉吧。"那个青年没想到韩信能这么宽大，一点也不记仇，心里又是难受又是感激，别别扭扭地谢过了韩信就出去了。韩信对旁边的将士们说："他也是个勇士。当初他侮辱我的时候，我难道不能把他杀了吗？可是那有什么意思？就因为我能够忍受，才有今天，他也可以说是督促我上进的一个人。"他们听了这话，十分钦佩。

公元前202年（汉王五年；公元前206年项羽立刘邦为汉王那一年为汉王元年）二月，楚王韩信、梁王彭越、淮南王英布、韩王信、衡山王吴芮、赵王张敖、燕王臧荼等联名尊汉王刘邦为皇帝。汉王再三推让。末了，他说："要是诸君一定认为这样做好，使国家有好处，我只好答应了。"汉王在氾水（在山东省菏泽西南）的南面登基，做了皇帝，后来称为汉高祖，立吕氏为皇后，公子盈为皇太子。

汉高祖因为衡山王吴芮率领着百越的士兵帮助诸侯灭了秦国，功劳挺大，就封他为长沙王，以临湘为都城，把长沙、豫章、象郡、桂林、南海这些郡都封给他，叫他镇守南方；因为前越王无诸（名叫无诸，是越王勾践的后代，姓驺；"粤"和"越"是古时候的异体字，"越王"也写为"粤王"）率领着闽中的士兵帮助诸侯灭了秦国，功劳也不小，就封他为闽越王，把闽中地（就是福建省闽侯）封给他，叫他镇守东南。

这样，汉高祖一共分封了八个王，就是：

133

楚王韩信，
淮南王英布，
梁王彭越，
韩王信，
赵王张敖，
燕王臧荼，
长沙王吴芮，
闽越王驺无诸。

除了分封给这八个王的土地以外，其余的地方仍旧照秦朝的制度设立郡县，由朝廷直接派官吏治理。

汉高祖拿洛阳做京城。一面把太公、吕后、太子、公主、戚夫人，还有没起兵以前同居过的曹氏，还有兄弟子侄，皇亲国戚都接到京都来同享富贵；一面打发八个王回到自己的领土去。

汉高祖分封了八个王，把他们打发走了以后，第二步就要裁减军队，安抚百姓，优待官员了。他让征来的士兵复员回家，又下了一道诏书，说："以前有不少人因为战争离开了家乡，聚在山林里或者躲在水泽地区，他们连户口都没有。现在天下已定，都该各归各县，恢复自己的田地和住宅。官员对百姓要用文法教训，劝化他们，不准像以前那样随便鞭打、侮辱。七级以上的大夫都有食邑，七级以下的大夫只领俸禄，自己和家属不必交纳赋税。"这一来，文武官员和百姓皆大欢喜。大家认为汉朝的统治确实比秦朝好得多了。第三步就得按功论赏分封其他的功臣。这可就大伤脑筋了。虽然不能征求意见，也得做点准备工作。最要紧的是叫这些大臣们心服，不能小看皇帝。

汉高祖就在洛阳南宫摆上酒席，请大臣们都来参加这个庆功宴会。大伙儿喝开了酒，正在有说、有笑、又唱、又闹的时候，汉高祖忽然叫他们静下来。他说："各位公侯，各位将军！咱们今天欢聚一堂，说话不必顾忌。我要问问你们：我是怎么得天下的？项羽又是怎么失天下的？请你们说说。"

大伙儿没想到喝酒还有这一套花样，他们不知道怎么说才好。这就咬开耳朵了。过了一会儿，王陵仗着他跟汉高祖的特别交情，就毫无顾忌地先发言了。王陵和汉高祖是同乡，从小是朋友。汉高祖因为他比自己年长，一向把他当作哥哥看待。这会儿王陵起来，说："皇上一向傲慢，老侮辱人家；项羽比您虚心得多，心眼又好。可是您派谁进攻城邑，打下来，就赏给谁。

您给人家好处,人家就都替您卖命,所以您得了天下。项羽一向妒忌、猜疑,有功劳的人他妒忌,有才能的人他猜疑。打了胜仗,不记人家的功劳;得到了土地,不肯赏给人家。他不给人家好处,人家怎么能替他去拼死呐?所以他失了天下。"

汉高祖听了,觉得王陵的话又是赞成封建割据的老一套。他笑着说:"你说得对,也不对。你只知其一,不知其二。你看我有什么本领啊。坐在帐篷里运用计策,千把里以外的胜败都能算得出来,论这一点,那我就比不上子房;镇守国家,安抚百姓,能够源源不绝地供应军饷,这一点我也比不上萧何;统率百万大军,一交战就打胜仗,进攻准能把城池拿下来,这一点我怎么也比不上韩信。这三个人都是杰出的人才,我能够重用他们,所以我得了天下。项羽连一个范增都不能用,怪不得给我灭了。"在座的文武大臣听了这一番话,都说:"皇上的话没有一点错!"汉高祖觉得挺得意。

他认为这一批人大概都服了他了,容易对付。可是还有一些人不来投降,将来准有后患。他忘不了齐王田横,还有项羽的大将季布和钟离昧,不知道他们逃到哪儿去了。

38 五百义士

齐王田横离开了彭越,带着五百多人逃到海岛上去避难。那海岛离海岸不过八十里地,他们在海岛上种起庄稼来。就这么靠着种地和逮鱼过着艰苦的生活。

汉高祖因为田横很得人心,怕他们以后趁着什么机会再作乱,一听到他躲在海岛上,就派使者到海岛上去传达命令,赦了他们的罪,叫他们回来。田横招待了使者,请他先休息一下。他立刻召集了他手下五百多人,商议投降的事情。他们都说:"不能投降。刘邦表面宽大,内心狭窄,是个刻薄小人。大王决不可去。"田横就回绝了使者,对他说:"我烹了郦食其,已经得罪了汉王,再说郦食其的兄弟郦商正在汉王左右,他决不能放过我。请替我拜谢汉王,让我做个老百姓吧。"

使者回报了汉高祖,汉高祖把郦商叫来,对他说:"要是齐王田横到来,有人敢动他一根汗毛,或者敢得罪他的随从人员的,就得灭门!"郦商吓得缩着脖子，连着说："是，是！"汉高祖又派使者带着使节、诏书去招收田横。

使者第二次到了海岛上，对田横说："皇上说了：只要你们去，大则封王，小则封侯；不去，他就要发大兵来剿灭你们了。"

田横再一次跟海岛上的全体人员商议。他们说："大王不能去。封王、封侯，说得多么好听！他高兴了，可以封你为王，封你为侯；一不高兴，也可以打你的耳光，砍你的脑袋！人家变了脸，怎么办？到那时候，大王能拿热脸去贴人家的冷脸吗？再想回来就办不到了。咱们不如在海岛四周多设营寨，加紧防备，就算有千军万马也没法过来。"

田横说："使不得！我对诸君没有一点恩德。几年来，我并没封过你们爵位，没让你们享过富贵。你们只是跟着我吃苦。要是我不去，汉王必然发兵来攻打，诸君必然受累，说不定还要遭到屠杀。诸君为了我一个人而死，说什么我也不干。我还是去吧。"他们嚷着说："大王不能这么说。我们愿意跟大王共生死，原来打算恢复齐国，为齐国的人民而死，并不是单单为了大王您一个人。现在事情已经到了这步田地，要去大家去，死也死在一块儿。"田横摆摆手，说："别这么说。要是大家都去，人数过多，容易引起误会。我一个人去，汉王不会生疑。我去了以后，如果还不错，我再派人来接你们。"他就带了两个门客，向大伙儿拱了拱手，跟着使者上洛阳来了。

到了尸乡(在河南省偃师县西)驿舍里，离洛阳只有三十里地，他们先歇了歇。田横对使者说："做臣下的朝见皇上，应当洗个澡、换身衣服，表示敬意。我就在驿舍里洗个澡，行不行？"使者答应了，自己就在小屋子里休息一下。

田横支开了使者，对两个门客说："我是齐国的臣下，应当忠于齐王。齐王给敌人杀了，我去投奔敌人，我哪儿有脸再见人？要是后世的人学我的样儿，见了谁强就去奉承谁，天下还有忠义吗？我和汉王原来都是王，肩膀一边齐，现在他做了皇帝，我去当俘虏，得看他的眼色，听他的使唤，够多么羞耻。再说我杀了人家的哥哥，现在去跟他的兄弟一块儿伺候一个主人，尽管他由于害怕汉王不敢跟我为难，我自个儿心里也觉得惭愧。我已经国破家亡了，汉王找我来，还不是要看看我的面貌吗？这儿离洛阳很近，我死了，也不至于马上就烂。他要看我，还是可以看得清楚的。"

两个门客愁眉不展地听着，还没来得及说话，田横已经抹了脖子了。两个门客抱着尸首，哭了一会儿，一咬牙，不再流泪了。使者听到了哭声，一见人已经死了，只好无可奈何地包了田横的脑袋，叫两个门客捧着去见汉高祖。

汉高祖见了田横的人头，不由得叹息着说："哎，真了不起。他们哥儿三个（指田荣、田广、田横）平民出身，先后都打天下，做了齐王。真了不起！"他流了几滴又悲伤又高兴的眼泪。田横能活着来投降，固然很好；现在死了，倒也去了一件心事。他就拜田横的两位门客为都尉，派两千名士兵造了一座坟，把田横的尸首缝上，用安葬国王的礼节把它安葬了（田横墓在河南省偃师县西）。

那两个门客祭过了田横，就在坟边挖了两个坑，拔剑自杀，尸首恰好掉在坑里。当时就有人去报告汉高祖，汉高祖听了，挺纳闷儿。他吩咐手下的人把那两个尸首入了殓，葬在田横的坟边。

他对大臣们说："你们看，田横不愿意封王，自杀了。两个门客也自杀了。他们怎么能有这么深的情义？真了不起！听说这么了不起的人在海岛上还有五百个，这么了不起的人，谁都钦佩，我怎么能让他们流落在海岛上呐？"他就第三次派使者去海岛，又嘱咐使者千万劝他们回来。

使者到了海岛上，传达了汉高祖的命令，接着说："皇上早已说过，田横来，大则封王，小则封侯。齐王已经受了封了，两位门客也做了大官了。齐王说了，请你们快去，同享富贵。"他们着急地问："我们的大王怎么样了？有他的信没有？"使者说："齐王正忙着呐，叫我捎个口信来不是一样的吗？"

他们不能不怀疑，可是田横不回来，他们也不能在海岛上住下去。去就去吧。五百个齐人，只带着随身的宝剑，跟着使者上洛阳去见齐王。他们还没到洛阳，就听到了人们纷纷议论着田横和两个门客自杀的事。有几个领头的对使者说："让我们先去拜过齐王的坟墓，尽了我们做臣下的对旧主人的情义，然后再去朝见皇上。"使者瞧着这五百个壮士，个个带着宝剑，沿路上已经有几分害怕，哪儿还敢说个"不"字。他落得做个人情，先跟他们一块儿去祭祀田横。

五百个壮士到了田横坟上，祭祀一番。悲伤到了极点，反倒没有眼泪了。他们做了一首歌，大伙儿拿挺低沉的嗓音唱着：

  人生好比草上露，
  哪能永远在草上？
  晶亮又纯洁，
  颗颗能发光；
  宁可随着阳光去，

不能掉在粪土上；
不怕时光短，
只怕一旦脏！

　　他们唱了又唱(他们唱的这首歌,文言叫《薤露歌》,意思是说,人生像薤上的露水容易消灭。据说后来的挽联或挽歌是由这个出典发展来的；薤 xiè),越唱越伤心,连使者也流了眼泪。他们不愿意投降,可又没有力量反抗,五百个人就一个个都自杀了。

　　汉高祖得到了这个信儿,半天说不出话来。他直纳闷儿,他们怎么会合成一条心? 这么忠义的人哪儿找去? 田横真得人心。汉高祖吩咐士兵把五百个义士的尸首都埋了。后来人们为了纪念田横和五百个义士,就把那个海岛叫"田横岛"(在山东省即墨县东北)。

　　汉高祖这么尊敬田横和五百多个义士,一而再、再而三地请他们来做大官,是他们自己不愿意活,这可不能怪汉高祖。他还按着安葬国王的礼节安葬了田横,又把五百多个尸首都好好儿地埋了,总算够宽大的了。可是人们不谅解汉高祖的好心眼,背地里都说田横他们是他逼死的。这可把他气坏了。只怪自己太厚道。做了皇帝不能太厚道,谁不来投降,就该灭门,封他们做王做侯,反倒给自己招来不痛快。他出了一道命令捉拿季布：逮住季布的,赏赐千金；隐藏季布的,灭门三族。这道命令一下去,谁不要千金重赏? 哪一个还敢窝藏季布?

39　恩　将　仇　报

　　季布原来是个侠客,在楚地挺有名望。他答应人家的事情,没有不给人家办到的,所以楚人有这么一句话："得到黄金千斤,不如季布答应一声。"他跟濮阳人周家(姓周,名家)相好多年。后来季布投了军,就跟周家分开了。他在霸王手下做了大将,屡次追赶汉王,汉王差点死在他手里。这会儿汉王做了皇帝,一定要把他抓来剁成肉酱,才能解恨。

　　季布认为自己挺有才能,还想做一番大事,宁可忍辱偷生,不愿意轻易一死。霸王失败以后,季布躲在濮阳周家的家里。因为各处都在捉拿季布,风声挺紧，周家没法再把他窝藏下去。他就跟季布商量，劝他离开濮阳，去投奔当时顶出名的鲁地的一位侠客叫朱家（姓朱，名家）的。季布就按照当时的规矩，削去了头发，留着一个罗锅圈，穿上粗布的短褂，做了奴隶。周家带了几十个奴隶，坐着大车，到了鲁地，把季布卖给朱家。朱家心里早已明白周家卖给他的那个奴隶准是季布。可是他只当作不知道，就叫季布到地里去干活儿，还嘱咐他的儿子，说："庄稼活儿听这个奴隶管，吃饭跟他一块儿吃。"朱家嘱咐完了，自己就上洛阳去。

朱家到了洛阳去见滕公夏侯婴。夏侯婴早就知道朱家是鲁地顶出名的豪强，不敢得罪他，就挺殷勤地跟他喝酒谈心，做了朋友。有一天，朱家问夏侯婴，说："季布到底犯了什么大罪，要这么雷厉风行地捉拿他？"夏侯婴说："季布三番五次地追赶过皇上，皇上把他恨透了，所以一定要拿住他。"朱家又问："您看季布是怎么样的人？""是个好人。""对呀！他是项羽的臣下，替主人尽力，那是他分内之事。项家的臣下杀得光吗？现在皇上刚得了天下，就不肯放过一个人，这不给天下人瞧着皇上的器量不够大吗？再说，像季布这么有才能的人，皇上这么急急地捉拿他，那他不是往北边去投奔胡人（指匈奴），就往南边去投奔越国。逼着有才能的壮士去帮助敌国，这就是伍子胥所以鞭打楚平王尸首的道理。您何不瞧着机会跟皇上说说？"夏侯婴一想季布准躲在他的家里。他答应了朱家去向汉高祖说情。

汉高祖依了夏侯婴，免了季布的罪，拜他为郎中。人们都说季布贪生怕死，没有什么了不起的；可是朱家救了季布，根本不跟他见面，倒是个热心人。

季布做了大官，季布的异父兄弟丁公得到了这个消息，急急忙忙地去求见汉高祖。原来季布从小死了父亲，季布的母亲再嫁给丁家，生了丁公。丁公是西楚的将军，曾经在彭城西边追上汉王，经汉王恳求，把他放了。丁公恐怕汉高祖忘恩负义，以怨报德，一直不敢露面。现在他听到逼迫过汉高祖的季布还做了大官，自己对汉高祖有过这么大的恩德，还怕汉高祖不好好报答他吗？

丁公到了洛阳，见了汉高祖，趴在地下，等汉高祖亲自去扶他起来。汉高祖想起了自己说过的话："丁公，我是逃不了啦。可是，您是个好汉，我也是个好汉，好汉眼里识好汉，何必彼此迫害呐？您要是高高手，我决忘不了您。"可是现在他做了皇帝，决不能让他的臣下吃里爬外。他要借着丁公去劝戒所有的臣下。他突然变了脸，大声嚷嚷地骂丁公，对大臣们说："丁公做了项家的臣下，不忠。使项羽失天下的就是他。快把他砍了！"

武士们就把丁公推出去杀了。汉高祖又说:"我斩了丁公好叫后世做臣下的别学他的样儿。"大臣们吓得你看看我、我看看你,谁也不敢作声。他们搭拉着脑袋,偷偷地瞅了瞅项伯。项伯可满不在乎,他不姓项,他已经姓了刘了。

　　汉高祖治死了丁公好叫大臣们忠于主人,一辈子听他的指挥。可是张良反倒不愿意跟他在一块儿了。他央告汉高祖让他不再过问世上的事,他要跟着古代的仙人"赤松子"游山玩水去。汉高祖怎么能放他走呐?

　　张良一向多病多痛,倒是真的。由于身体不好,早就幻想着传说中不动烟火、长生不老做神仙的故事。可是他究竟太年轻,还想做一番惊天动地的大事业,神仙故事不过是一种空想罢了。因此,在他青年的思想中"赤松子"是个幻想人物,而荆轲倒是他的理想人物。秦国灭了他的父母之邦,他要报仇。只要他能够打死秦始皇,他就满足了。怎么样才能够恢复韩国,在他年轻、天真的头脑里还没想到。赶到他懂得了人情世故,接受了圯上老人的教训,又经过十年的努力钻研,了解了天下大势,他才决心归附汉王。他要利用汉王,推翻秦朝残暴的统治,恢复韩国。只要他能够恢复韩国,他就满足了。赶到秦国灭了以后,他眼看着各地诸侯混水摸鱼,各人抢夺各人的地盘,闹得连年打仗,鸡飞狗上屋,他才认识到把中国弄成四分五裂、七零八碎,又回到春秋、战国的旧路上去决不是办法。他这才反对分封诸侯,连韩国也可以不计较,干脆帮助汉王去统一中国。最后,西楚灭了,大局已经安定,才又想起自己来。人生好比早晨的露珠,长不了。他也"不怕时光短,只怕一旦脏",就借着"赤松子"的幌子,向汉高祖来辞行。

　　汉高祖要了他的命也不放张良走。他说:"先生不能半道上扔了我啊!现在天下刚刚平定,小的事情,我不敢麻烦先生;重大的事情,非先生指教不可。要是先生走了,叫我跟谁去商量呐?就在昨天,齐人娄敬到了洛阳,他劝我搬到关中去,还说了一大篇道理,挺不错。我问了问大臣们,他们大多是山东人,都不愿意搬到西边去,都说洛阳好。我正想请教先生,您倒先说要走了。请先生千万看在咱们一见如故、几年来的交情上,再帮我几年吧!"张良见他这么诚恳,就答应他暂时留下。

　　张良说:"娄敬劝皇上把关中作为京城,我认为这是个好主意。洛阳固然也是个好地方,可是四面受敌,不是用武之地。关中左有函谷,右有陇西,几千里全是肥沃的土地,南、西、北三面是天然的屏障,单单留下东边一面可以控制诸侯,所谓'金城千里,天府之国',一点也不错。娄敬能够想到这一点,真了不起。"汉高祖就决定迁都长安(就是从前的咸阳),封娄敬为奉春君,还赐他姓刘,娄敬就叫刘敬了。

汉高祖带着文武百官到了关中,张良只好跟着他去。汉高祖因为咸阳房屋残缺不全,临时住在栎阳(在陕西省临潼县东北),吩咐丞相萧何去修宫殿。张良因为身体不好,吃不下饭去,汉高祖就让他休养休养,不必上朝。

就在这一年里头(公元前202年),汉高祖灭了西楚霸王,杀了临江王共尉,葬了田横和他的五百多名壮士,招收了季布,斩了丁公,迁都关中,总该天下太平了吧。可是霸王的大将钟离昧还没拿到,终究放不下心去。哪儿知道钟离昧并没出了什么事儿,燕王臧荼倒首先造起反来了。

汉高祖亲自带领着大军去征伐燕王臧荼。中国已经接连打了八年仗,天下人都要求过几年太平日子。燕地居民不愿意再打仗,汉高祖就挺容易地杀了臧荼,平了燕地,立卢绾为燕王。臧荼的儿子臧衍逃出北门,投奔匈奴。

第二年(就是公元前201年,汉高祖六年)有人来报信,说:"钟离昧躲在下邳,由楚王韩信收留着。"汉高祖得到了这个消息,急得心惊肉跳。他一向怕韩信本领太大,不容易对付,又因为钟离昧是项羽手下的大将,怕他重整旗鼓,出来替项羽报仇。现在他最害怕的两个人连在一起。老虎长了翅膀,那要比项羽还厉害。他得想办法对付他们。

40 巡游云梦

汉高祖知道韩信不是好惹的。他一面下了诏书,叫他捉拿钟离昧,一面派人去探听韩信的动静。探子到了下邳,正瞧见韩信带着三五千人马耀武扬威地出来。他又打听到韩信给他母亲做大坟,占了别人的土地。钟离昧是不是在他那里,可没法知道。

探子回来把这些情况报告给汉高祖,还说韩信的确有造反的嫌疑。汉高祖问了问周勃、樊哙、灌婴。他们摩拳擦掌地争着要去征伐韩信。汉高祖跟陈平他们商议,对他们说:"韩信自己觉得功劳大,早就盘踞着齐地,自立为王。我把他改封为楚王,他心里很不服气。这会儿窝藏着钟离昧,走进走出带着军队,这不是要造反吗?我打算前去征伐,你们看怎么样?"

陈平说:"不行!韩信不比别的将军,要是他真发动起来,没有人能敌得过他。不用计策,没法逮住他。皇上不如假装巡游云梦,让诸侯到陈城来

141

朝见。陈城靠近下邳，韩信不能不来。他一到，叫武士把他拿住，一个人就可以对付他了。"

汉高祖采用陈平的计策，假装巡游云梦，打发使者去通知诸侯到陈城会齐。英布、彭越他们都来迎接汉高祖。这可把韩信难住了。他不想造反，可又不敢去见汉高祖。有人对他说："只要大王杀了钟离昧，把他的脑袋献给皇上，皇上准会喜欢，还怕什么呐？"

韩信和钟离昧原来是朋友，钟离昧才来投奔他。韩信已经把他收留下来，怎么还能杀他？可是人家说他造反，汉高祖已经怀疑他了。不把钟离昧献出去，又怎么去得了汉高祖的心病？左思右想，想不出更好的办法来。他只好去跟钟离昧商量，对他说："皇上知道您在我这儿，他这才到陈城来。咱们这么下去，不但我不能免罪，对您也没有好处。"钟离昧说："大王错了。汉帝所以不敢进攻楚地，是因为有我在这儿帮着大王。我今天一死，大王必定随着灭亡。"韩信说："那我也没有办法。"钟离昧骂韩信没有情义，接着叹了一口气，自杀了。

韩信捧着钟离昧的人头去朝见汉高祖。汉高祖责备他，说："你窝藏钟离昧这么多日子，到今天事情已经败露了，才来见我，可见你并不是出于真心。"韩信还想分辩几句，早已给武士们绑住了。他大声嚷着说："冤枉啊！"汉高祖数落他，说："你侵占民田埋葬父母，这是一项大罪；你进进出出，带着军队，扰乱地方，这是两项大罪；你窝藏敌人，有意作乱，这是三项大罪。你犯了这三项大罪，还有什么冤枉？"

韩信说："皇上责备的三件事，我都有分解。我从小贫穷，父母死了，只能临时埋在别人家的地里。现在蒙皇上封我为楚王，我就该好好地安葬父母。临近的土地可能多圈了一点，可不是我有意侵占。进进出出带着军队是因为皇上刚得了天下，楚地还躲藏着一些作乱的人，不示威不足以镇压乱党，安抚百姓。钟离昧跟我素来有交情。我在楚营里的时候，霸王曾经要杀我，全靠钟离昧救了我。我不敢忘恩负义，才把他收留下来，正在劝他归顺皇上，替皇上效力。这会儿皇上听了小人的毁谤，我为了表白自己的心迹，不得已才把他杀了。我对皇上始终是忠诚的，皇上这么怀疑我，我怎么能不喊冤枉呐？"

汉高祖没有话说，可到了儿他还是把韩信装上了囚车。韩信叹了一口气，说："古人说得对：'飞鸟尽，良弓藏；狡兔死，走狗烹；敌国破，谋臣亡。'现在天下已经定了，我就该死了。"

汉高祖把韩信带到洛阳。他可要让天下人知道他并不是一个刻薄的皇帝,就一面准备惩办韩信,一面下令大赦天下。

大赦天下是件好事情。大夫田肯向汉高祖道贺。他说:"皇上得到了韩信,收复了三秦。收复了三秦,等于得到天下的一大半。接着又收复了齐地,齐地两千多里都是好地方。三秦和齐两个地方太重要了,除了嫡亲的子弟以外,皇上千万不可把这两个地方封给别的人!"汉高祖笑着说:"对,这种好地方只能封给自己的子弟。"他赏了田肯五百斤黄金。

汉高祖多么机灵啊。不要把三秦和齐地封给别人,这完全是个好主意,田肯是为了这件事来的吗?可是三秦和齐地都是韩信打下来的,田肯的话里面不是替韩信说情吗?汉高祖是"哑巴吃饺子",心里有数。再说韩信究竟还没造反,把他拿来办罪,也许会引起大臣们议论。他就免了韩信的罪,对他说:"你是开国元勋,我不愿意办你的罪;可是别人的话,我也不能不管。这么着吧:我封你为淮阴侯,跟着我到朝廷里去办事,好不好?"虽然淮阴侯比楚王降了一级,可是究竟比绑着砍头强得多。韩信拜谢了汉高祖,跟着他上长安去。

韩信尽管不愿意谋反,或者说不敢谋反,可是他始终认为自己的功劳大,本领高,别的人都不在他眼里。他老告病假不去上朝。冷眼瞧着周勃、樊哙、灌婴他们面前一张脸,背后一张脸,更不愿意跟他们一块儿上朝了。

有一回,韩信从樊哙的门口经过,给樊哙看见了,一定请他到他家里去坐坐。韩信不好意思拒绝,只好进去了。樊哙接待韩信殷勤得不能再殷勤,客气得不能再客气。他说:"大王肯光临敝舍,臣下我真感到万分光荣。"接着开口大王,闭口大王,自己称为韩信的臣下。韩信听着,一万个瞧不起他,浑身起了鸡皮疙瘩,坐了一会儿就出来了。樊哙跪着送他。韩信出了大门,就自己笑自己,说:"我真丢人,还真跟樊哙他们一起共事,哼!"

韩信瞧不起这些人倒也罢了,他还在汉高祖跟前说大话。有那么一天,汉高祖随便聊聊各位将军的才能。他说起各人有各人的长处,也有短处;又说哪位将军怎么打胜仗,哪位将军能带多少兵。汉高祖要知道韩信对他是不是已经口服心服。要是韩信能够了解到汉高祖说这些话的用意,那就好了。可是他聪明一世,懵懂一时,认为是随便聊聊,还真把自命不凡的情绪透露出来了。

汉高祖说:"像我这样,能带多少兵?"韩信说:"皇上不过能带十万。""那你呐?""我是越多越好!"汉高祖笑着说:"越多越好,怎么给我逮住了呐?"韩信觉得自己说走了嘴,连忙见风转舵。他回答说:"皇上不能带士兵,可是善于带将军,所以我给皇上逮住了。再说皇上是上天注定

143

的，不是人的力量及得上的。"汉高祖这就知道直到现在韩信还认为他自己挺了不起的。

汉高祖听了大夫田肯的一番话，免了楚王韩信的罪，改封为淮阴侯，就把楚地分为淮东淮西两大区。淮东称为荆地，淮西仍旧称为楚地。封他叔伯哥哥刘贾为荆王，兄弟刘交为楚王。齐地有七十三个县，就封自己的大儿子刘肥（刘肥是汉高祖没起兵以前姘居的曹氏生的）为齐王，拜曹参为齐相。还有代地，自从陈馀给张耳杀了以后，一直没有王，就封他二哥刘喜为代王。

这么着，刘家有了四个王了，就是：荆王刘贾，楚王刘交，齐王刘肥，代王刘喜。这四个王称为同姓王。不是同姓的王现在还有七个，就是：淮南王英布，梁王彭越，韩王信，赵王张敖，燕王卢绾，长沙王吴芮，闽越王无诸。

"王"以下就是"侯"。帮着汉高祖打天下的这许多将军天天争论着自己的功劳怎么怎么大，不封他们是不行的。汉高祖就决定大封功臣。

41 "功狗"和"功人"

汉高祖挑选了一批功臣，把他们封为列侯。那时候天下还没安定下来，城里的人大部分都逃散了。那些重要的城邑，因为遭到战争的灾害比别的地方大，户口就更少了，十户人家经过这一次八九年的战争也就剩下了两三户了。因此，他们所分到的户口并不多，大的侯也不到一万户人家，小的侯只分到五六百户。大小诸侯都拿地名作为封号，例如萧何的封地是酂县（酂 Zàn，在河南省永城县西南），就称为酂侯。在这些受封的功臣当中，最出名的有这一些人，就是：

酂侯萧何，
淮阴侯韩信，
平阳侯曹参，
绛侯周勃，

汝阴侯夏侯婴，
舞阳侯樊哙，
颍阴侯灌婴，
户牖侯陈平，
安国侯王陵，
曲周侯郦商，
堂邑侯陈婴，
阳夏侯陈豨，
辟阳侯审食其。

　　以前没受封的时候，将军们互相争功，封了以后，他们又有意见。他们说："我们的功劳是拼着性命换来的呀。冲锋陷阵，不顾死活，多的打了够一百来次仗，少的也打了几十次。萧何并没立过汗马功劳，仅仅仗着一枝笔、一张嘴，写几个字，说几句话，地位反倒比我们高，这是凭什么呐？"汉高祖听了，觉得这批人粗里粗气的，实在好笑。跟他们讲大道理是讲不通的。他也就粗里粗气地打个比方对他们说："诸君见过打猎吗？追赶野兽，把它们逮了来的是狗；指挥狗的是人。诸君只能够逮野兽，都是'功狗'；萧何能指挥你们去追野兽，他是'功人'。'功狗'怎么能跟'功人'比呐？"这批将军们听了汉高祖的话，才知道自己原来是狗，只好乖乖地夹着尾巴不出声了。

　　在汉高祖看来，萧何的功劳最大，所以封了他八千户。对待张良可又不同了。他一直像尊敬老师那样地尊敬着张良。因此，他请张良自己挑三万户，作为他的封地。张良可不要这个。他说："我在留城刚一会见皇上，就蒙皇上信任。这是上天把我交给了皇上。如果皇上一定要封我，那么有个留城就够了，三万户决不敢当。"汉高祖就封张良为留侯。

　　汉高祖的父亲太公听到了这许多有功劳的臣下都封了侯，刘贾、刘喜、刘交、刘肥还封了王，可是就没封到刘伯的儿子刘信。他对汉高祖说："皇上大概忘了自己的侄儿刘信了吧。"汉高祖说："忘不了，他母亲怎么待我来着，我更忘不了。"

　　原来从前刘邦不干活儿，专靠他老子和两个哥哥养活他，大家都有意见，就分了家。分家以后，刘邦老到他哥哥刘伯家里去赶饭吃。亲兄弟来吃顿饭也没有什么了不起的。可是后来他哥哥刘伯死了，他嫂子对他就越来越冷淡。再说刘邦一进来，老是带着三朋四友一块儿来大吃一顿，他嫂子就更加讨厌他了。

有一天,已经过了吃饭的时候,刘邦又带着几个朋友来了。他嫂子不理他们,故意在厨房里嘎支嘎支地(嘎 gā)刮着锅底,好让刘邦知道羹汤早已吃完了。朋友们听到主人刮锅底的声音,只好饿着肚子走了。刘邦送出了他们,回到厨房里一瞧,喝,热腾腾的一锅子饭还没吃呐!这档子事儿,汉高祖一直记在心里。为了这个,他才不封他侄儿刘信。

太公说:"看在你死去的哥哥面上吧,再说你侄儿可不错啊。"汉高祖还是不答应。太公说了好几次。末了,汉高祖总算答应封刘信为侯,可是给了他一个挺个别的封号,叫什么"刮羹侯"(古文叫"戛羹侯";戛 jiá)。这个名儿是不大好听,可是刘信又能把汉高祖怎么样呐?要怪也只能怪他母亲。

汉高祖对自己的侄儿还舍不得封,别的不是同姓的人更不必说了。他已经封了大大小小这么多的诸侯,这是无可奈何的事情。他可还想用剜肉补疮的办法来补救一下。他老觉得韩王信是个能打仗的人才,封给他的土地也正是天下出精兵的地方。能打仗的人统治了出精兵的地方,那可太不妥当了。他就把太原郡称为韩国,把晋阳作为都城,叫韩王信从韩翟搬到晋阳去。太原郡跟匈奴接近,叫韩王信搬到那边去,还可以叫他防御匈奴,真是一举两得的好计策。韩王信当然不能不同意,可是有个要求。他央告着说:"新的韩国接近边疆,可是晋阳离着边疆太远,可不可以让我把都城迁到马邑(在山西省朔县)去?"汉高祖答应了。韩王信就住在马邑镇守着北方。

把接近边疆的太原郡作为韩国,原来韩国的地方就让出来了。已经封了的还重新调整,没封的就不能再封了。当初跟霸王争夺天下的时候,只恨将军太少;这会儿他们都想封侯,反倒觉得将军太多。没受封的将军还真不少,他们的牢骚也就跟着来。

有一天,汉高祖从宫殿上望出去,瞧见远远地有一群人坐在沙滩上交头接耳地好像正在商量着什么,不由得犯了疑心。再仔细一瞧,还都是武官,疑心就更大了。汉高祖马上叫张良进去,把刚才看见的情形告诉了他,问他:"他们在干什么?"张良好像早已核计好了怎么回答,他说:"他们聚在一块儿商量造反!"汉高祖吓了一大跳,说:"啊?天下已经平定了,他们干么要谋反呐?"张良说:"皇上由平民起兵,靠着这批人得了天下。现在您做了皇帝,封的都是一向要好的人,杀的都是生平痛恨的人。有功劳的将士还多着呐,哪儿有这么多的地方封给他们?他们没受封已经够丧气的了,再加上怕皇上追查他们的过失，给个罪名，一个一个地把他们收拾。他们认为不能不防备这一着儿，只好背地里商量着造反。"

汉高祖挺急地问："这怎么办？请先生替我出个主意。"张良说："大家都知道的，皇上一向最恨的，是哪一个人？"汉高祖说："我最恨的是雍齿。当初我起兵，刚打下了丰乡，叫他守在那儿，他无缘无故地投降了魏国，跑到项羽那边去。他逼迫过我多少次。后来他归顺了我，那时候我正需要人，只好把他收下。我早就想杀他，可是他到了这儿又立过不少功劳，我也不便再算旧账。只是我每回见了他，老觉得像眼皮里夹着颗沙子似的那么不舒服。他们也都知道我是讨厌他的。"张良说："快封他为侯，别的人就能安心了。"

汉高祖虽然痛恨雍齿，可是张良的话他是百依百顺的。他就召集了大臣们，举行了一个宴会。在宴会上封雍齿为什方侯（什方，县名，属成都）。文武百官这一次酒喝得顶痛快。他们说："雍齿都封了侯，我们还怕什么呐？"

汉高祖觉得这件事情做得真合算，心里一高兴，还想做点好事情，就去拜见太公。他差不多每隔五天去拜见太公一次。太公家里的一个手下人对太公说："皇上虽然是您儿子，究竟是天下的皇帝；太公虽然是父亲，究竟也是臣下。怎么叫皇帝老来拜见臣下呐？太公不能让皇上伤了尊严哪。"太公完全同意他的话，决定以后要像臣下那样去迎接皇帝。

这一回汉高祖去拜见太公，到了门口，就瞧见太公拿着竹扫帚出来迎接，一面扫地，让皇上走干净的道儿，一面必恭必敬地往后退。汉高祖连忙下了车，把太公手里的扫帚抢过去，扶着太公，嗔着他，说："爸爸您怎么啦？这像什么样子？"太公说："皇上是天下的主人，不能为了我一个人坏了天下的法度。"汉高祖这才觉得是自己不对。自己做了皇帝，早就不该让太公还做着平头百姓。

他进去跟太公一谈，才知道是太公家里的一个手下人叫他这么干的。汉高祖当时就赏了那个手下人五百斤黄金，一面下了诏书，尊太公为太上皇，规定皇帝在家里朝见太上皇的仪式。

皇帝朝见太上皇的仪式一规定下来，就可以按照仪式行事，有个体统，彼此都方便。可是直到现在，臣下朝见皇上还没有一定的仪式，这怎么行呐？

42 上朝的仪式

汉高祖把秦朝苛刻的法令和麻烦的仪式全都废了,这原来是一件好事情。可是没有一定的法令和仪式也有不方便的地方。单说各种仪式吧,这原来是大家共同遵守的一些规矩。现在把旧规矩废了,新规矩还没订出来,的确不大好。汉高祖手下的一班大臣从前大多都是农民和干小手工艺的,本来不像读书人那样讲究礼貌。再说有些大臣还是汉高祖小时候的朋友,大家更没有什么拘束了。这班武人,天下是他们打下来的,还有什么顾忌的?老是喝酒争功、吵架拌嘴。喝醉了酒,更加无法无天地闹着、嚷着;也不管什么爵位不爵位的,彼此直叫名字;一挂了火儿,就在朝堂上拔出剑来,劈这个,砍那个,简直什么都闹得出来。汉高祖实在看不过去。可是都是自己人,多年的朋友,真要拉下脸来,自己也觉得说不过去。

谋士叔孙通知道汉高祖讨厌他们这些举动,趁着机会对他说:"打天下用不着读书人,可是要治理天下,读书人是少不了的。我打算到礼仪之邦的鲁地去征求一些熟悉礼节的儒生,叫他们和我的门生共同拟定一套上朝的仪式,这是十分需要的。皇上能不能答应我这么办?"汉高祖说:"好是好,就怕学起来太难。"叔孙通说:"三皇、五帝、夏、商、周各有一套礼节、仪式。因为时代不同,情况不同,礼节仪式也都有一些改变。我打算参考古代的礼节,再采取一部分秦国的仪式,定出一套上朝的规矩来。大家练习练习,也就不难了。"汉高祖说:"那你就试试去吧,不过不要定得太难。要容易学,能让我也学得会的才好。"

叔孙通到了鲁地,聘请了三十个儒生。可是另外有些人不愿意替他做事。其中有两个儒生还当面把叔孙通骂了一顿。他们说:"你懂得什么礼节!你伺候过十个主人,连一点气节都没有,亏你还有脸去订上朝的仪式!今天奉承这个,明天奉承那个,谁给你官做,谁就是你的爷。走开,走开!别把这个地方站脏了!"

要说呐,叔孙通原来是秦国的儒生。当初二世听到使者报告陈胜、吴广起兵,天下响应的消息,曾经召集了博士和儒生,问他们怎么办。有三十多个博士和儒生都说:"造反的就该镇压,请皇上赶快发兵去征伐。"二世听了,撅着嘴生气。叔孙通见了二世这副嘴脸,马上起来反对他们,说:"你们说的都不对。现在天下一家,上头有英明的天子,下面有严厉的法令,各郡县都有称职的长官,百姓安居乐业,天下太平,谁还敢造反?强人、小偷总是有的,那怕什么?叫郡守、县尉把他们拿了来办罪就是了,何必大惊小怪!"二世听了,非常高兴。他把那些说陈胜、吴广是造反的都关在监狱里,赏了叔孙通二十匹绢帛、一身衣服,还拜他为博士。他知道二世的天下靠不住,就逃到本乡薛城。赶到薛城投降了楚军,他就归附了项梁。项梁在定陶失败了,叔孙通就去亲近楚怀王,楚怀王被霸王尊为义帝,牛了挚 搬到长沙去,叔孙通就离开了义帝去归附霸王。赶到汉王打进了彭城,叔孙通就去投奔汉王。汉王见他戴着儒生的帽子,穿着儒生的衣服,挺讨厌他。叔孙通就把儒生的衣帽扔了,穿上短褂。他的短褂还是照汉王本乡的式样制成的。汉王这才喜欢他了。他还有一百多个门生跟着他。他们都没有职务,背后骂他们的老师,说他投降了汉王,已经这么多年了,只知道自己做官,不给他们推荐推荐。叔孙通听到了,对他们说:"现在汉王正在打天下,你们能冲锋陷阵吗?我只能推荐武夫,可不能推荐你们。别心急,将来准有官儿给你们做。"就因为叔孙通有这一套本领,汉王拜他为博士。这会儿汉王做了皇帝,讨厌这一班武夫太没有规矩,叔孙通就献计替他拟订上朝的仪式。鲁地的两位儒生知道叔孙通是这么一个人,当面骂了他一顿。

叔孙通挨了一顿骂,只好挺尴尬地笑着说:"真是书呆子,一点不识时务。"他就找了"识时务"的三十个儒生,带着他们回到京城。叔孙通原来是秦国的博士,秦国的礼节仪式他是知道的。秦始皇统一中原以后,就制定了一套。在六国的礼节仪式中凡是尊重君王压制臣下的地方他都采用。叔孙通所拟订的上朝的仪式基本上就是秦国的那一套。可是大家一提起秦国来,都有点头痛。叔孙通了解到这一层,就算他采用的完全是秦国的,死也不能说是秦国的。因此,他才这么装模作样地到鲁地去聘请三十个儒生来,让大家相信他订的那套上朝的仪式是礼仪之邦的儒生订的,而不是秦国的。

叔孙通就这么用"挂羊头卖狗肉"的手法规定了一套上朝的仪式,带领着三十个"识时务"的儒生和一百多个门生到野外去练习。他用茅草作为标记,用绵绳拴成各种等级的位置。他们天天练习怎么走、怎么站、怎么下跪、怎么磕头、怎么起来、怎么举杯、怎么上寿。排演了一个多月,全熟透了。他请汉高祖去看看将来准备怎么上朝、行礼。汉高祖看了,很满意。他说:"这我也能办到。"他就吩咐朝廷上的文武大臣都到野外去练习,叫他们听从叔孙通的指挥和一百多个助手的辅导。

到了第二年，就是公元前200年(汉高祖七年)，萧何已经在栎阳修好了宫殿。汉高祖把这座宫殿叫"长乐宫"，择了一个好日子正式在长乐宫临朝。到了那一天，天还没亮，诸侯、大臣都去朝贺。殿门外早有招待人员等在那儿，把诸侯、大臣挨着次序领到里面，分别站在东西两旁。功臣、列侯、将军、军吏按照等级面向东站在西边；丞相以下的文官也按照等级面向西站在东边。殿上早就布置好了仪仗队、卫兵等这些人，在一定的地方都有旗子。场面非常严肃、整齐。司仪高喊一声，乐队奏起乐来，汉高祖的车从里面出来。他慢慢地下了车，上了宝座，面向南坐下。司仪传令，叫诸侯王、丞相、列侯以下挨着次序拜见，按照位子坐下。然后恭恭敬敬地举杯上寿，各人喝了几杯。其中也有几个喝了酒，伸懒腰、打哈欠的，马上有执法的御史把他们领出去，不准再进来。为这个，朝廷上尽管喝着酒，可没有人敢失礼的，更不用说吵架了。

也许有人会想：这么死沉沉的祝贺，弄得每个人缩手缩脚的，有什么味儿呐？可是汉高祖就喜欢这一套，因为那要比拿着宝剑劈这个、砍那个、大声嚷嚷的强得多了。汉高祖一看，皇帝是皇帝，臣下是臣下，有上有下，有尊有卑，那可有多好！每一个汗毛眼里都装满了快乐。他高兴得说出真心话来了。他说："我今天才知道做皇帝的可贵！"他马上拜叔孙通为太常(管礼节、仪式和祭祀的大官)，还赏给他五百斤黄金。叔孙通趁着这个机会向汉高祖推荐他的一百多个门生。他说："我这班弟子已经跟了我多少年了。这次又跟我共同拟订上朝的仪式。请皇上提拔。"汉高祖正在兴头上，都叫他们做了官。

散朝以后，叔孙通把这个好消息告诉了他的门生们，还把五百斤黄金分给他们。他们欢天喜地地说："老师真是识时务的英雄。不，不是英雄，老师是圣人！"

汉高祖只怕将士们谋反，把重要的功臣都封了侯，又定出这些上朝的仪式来，想把这些拿兵器的武夫训练成知道上尊下卑的大臣，他可忽略了边境上的防备。他为了夺回韩王信的封地，把接近匈奴的太原郡改为韩国，让韩王信去镇守马邑。他这么布置，并不是像秦始皇那样真正为了抵御匈奴派自己的儿子(扶苏)和重要的大将(蒙恬)去镇守。汉高祖只是有意地把自己不太信任的人送到远处去就是了。韩王信当然也知道他的用意。因此，匈奴打进来，围住了马邑，他就准备跟匈奴讲和。

匈奴本来早就进了河南(黄河的南边，就是现在的河套)，后来秦始皇派蒙恬带领着三十万大军把他们打败，又在那边修了长城。北边这才太平了几年。赶到二世完了,中原诸侯只顾到自己抢地盘,匈奴就一步一步地又往南打过来。这会儿匈奴的首领冒顿单于(冒顿 Mòdú,人名;单 chán,单于,译音,是匈奴王的意思,相当于中原的天子)带领着四十多万人马进攻中原,包围马邑的就有一二十万人。韩王信立刻派使者向汉高祖求救,可是远水救不了近火,就算立刻发兵一时也赶不到。韩王信还想用个缓兵之计,派人到冒顿单于营里去讲和。讲和还没成功,风声已经传出去。汉高祖立刻派人去责备韩王信。韩王信害怕汉高祖比害怕冒顿单于还厉害。他干脆把马邑献给匈奴,自己做了冒顿手下的大将。冒顿就带着匈奴兵直扑太原。这可把汉高祖气坏了,他亲自率领着三十多万大军去攻打韩王信和匈奴。

43 白登被围

冒顿原来是匈奴的首领头曼单于的太子。头曼单于爱上了一个美人儿,立她为阏氏(yānzhī,就是皇后的意思)。阏氏生了个儿子,头曼单于就打算废去太子冒顿,要把小儿子立为太子。他采用借刀杀人的办法,派太子冒顿到月氏(Yuèzhī,部族名,在甘肃延沙一带)去做抵押,接着就发兵进攻月氏。月氏当然要杀冒顿。冒顿偷了一匹快马,一个人逃回来了。头曼单于知道冒顿有胆量,就派他做将军,带领一万人马。

冒顿忘不了他父亲借刀杀人的仇恨,又怕太子的地位保不住,就加紧操练人马,准备实力。他发明一种箭,射出去能发出很大的声音,叫做"响箭"(古文叫"鸣镝")。他下了一道命令:他射了响箭,其余的人都得向同一目标射去;凡是不向响箭所指的那个目标射去的,就得砍头。在打猎的时候,见了一只野兽,只要用响箭一射,没有射不着的。有一次他用响箭射自己的一匹快马,有几个手下人不敢动手,他就把他们杀了。又有一次,他拿响箭射自己最宠爱的女人,又有几个人不敢动手,他又把他们杀了。过了几天,他拿响箭射单于的一匹快马,手下人全都跟着他射那匹马。冒顿这才知道他的手下人已经完全听他指挥了。

公元前209年(秦二世元年),有这么一天,他跟着父亲头曼单于一块儿打猎,他用响箭射头曼,他的手下人一齐都射头曼。冒顿接着杀了他的后妈和小兄弟,自己做了单于。那时候,东胡(部族名,在匈奴东边,所以叫东胡)

挺强，东胡王听到冒顿杀了他父亲，自立为单于，就派使者来，要头曼的一匹千里马。冒顿问大臣们怎么办。他们说："千里马是匈奴的宝贝，咱们不能给。"冒顿说："为了结交邻国，难道我舍不得一匹马吗？"他就把千里马送给东胡。

东胡王认为冒顿怕他，又派使者来，要冒顿的阏氏。冒顿又问大臣们怎么办。他们可火儿了。他们说："东胡太没有道理了，这回非打他们一下不可。"冒顿说："为了结交邻国，难道我舍不得一个女人吗？"他就把阏氏送给东胡。

东胡王这才知道冒顿不敢得罪他。他一面往西边侵略过来，一面派使者来要求冒顿把东胡和匈奴之间的一块土地让给东胡。他说："这块土地对匈奴一点也没有用处，又没有人，你们从来不到这儿来，请让给我们吧。"冒顿又问大臣们怎么办。他们说："那是我们已经扔了的地方，给他们也行，不给他们也行。"这会儿冒顿可火儿了。他说："什么话！土地是国家的根本，一寸也不能让给人家！"他立刻带领着大队人马往东打过去。东胡王小看冒顿，没做准备。突然瞧见匈奴的大队人马打过来，弄得手忙脚乱，没法抵抗。冒顿单于杀了东胡王，灭了东胡，把东胡人和牲口一股脑儿全都带到匈奴这边来。

冒顿灭了东胡又往西打败了月氏，把他们赶到很远的地方去。接着，匈奴到南边来，并吞了楼烦（古代的国名，在山西省神池和五寨两个县）和白洋（白洋王住在河南），把从前蒙恬所收复的北方的土地全夺去了，一直到了肤施（就是延安），还屡次侵犯燕、代。那时候，汉王和楚王自己正忙于战争，谁也不去抵抗匈奴。匈奴趁着这个机会，大大扩张了势力。

公元前200年（汉高祖七年），冒顿单于带领四十多万人马，分头往南边过来，很快地占领了马邑，一直到了太原，围住晋阳。冒顿单于又利用投降匈奴的中原将士韩王信、曼邱臣（曼邱，姓；臣，名）、王黄、赵利等进攻别的城邑。汉高祖这才亲自出马去跟匈奴对敌。

那年冬天，下了大雪，天气特别冷。中原的士兵没碰到过这么冷的北方天气，又没有防寒的装备，冻坏了不少人，十个人当中竟有两三个人冻掉下手指头来的。按说，中原的军队在这种情况底下，准得打败仗，逃回去。可是正相反，他们接连着打赢了几阵，听说连冒顿单于也离开晋阳，逃到代谷（在山西省代县西北）去了。

汉高祖进了晋阳，有人报告他说前队兵马节节胜利，就想大举进攻。他是打仗的行家，不肯轻举妄动的，就先后派了十个使者去侦察冒顿部下的情况。十个使者一个一个地回来，不约而同地报告，说："冒顿部下大多都是老弱残兵，连他们的马都是挺瘦的。咱们赶快追上去，准打胜仗。"汉高祖就亲自带领着一队骑兵从晋阳出发。可是他处处小心，还怕那些使者的报告不一定可靠，特意派奉春君刘敬（就是建议迁都关中的娄敬）往匈奴营里去，说是来跟冒顿谈判的，实际上是再去侦察一次。

刘敬回来，说："我看到的匈奴人马正像前十个使者报告的一样，都是老弱残兵。不过这当中准有鬼。如果匈奴的人马真是这个样儿的，他们怎么敢来侵犯中原？我认为冒顿单于一定把精兵藏起来，故意拿这些老弱残兵摆个样儿让咱们去看。皇上千万不可上他的当。"汉高祖开口大骂刘敬，说："你这个小子仗着一张嘴皮子做了官，现在竟敢胡说八道地阻拦我的军队！"他吩咐左右把刘敬拿下，送到广武（在山西省代县；跟河南的广武是另一地方）监狱里去，准备打了胜仗，回来再收拾他。

汉高祖恐怕慢了一步，把冒顿放跑了，就带着自己的一队骑兵急急地先追上去。步兵不能跑得这么快，只好落在后头。汉高祖的一队人马刚到平城（就是现在的大同），突然听见到处都响起了唿哨，匈奴兵好像蚂蚁似的从四面八方围上来。汉高祖赶紧下令对敌，可是这一点兵马顶什么事。匈奴兵个个人强马壮，哪儿有一个老弱残兵？哪儿有一匹瘦马？汉高祖一见汉兵抵挡不住，平地上藏不起来，也躲不开，就立刻下令去占领东北角上的一个山头。他们拼命打开一条出路，退到白登山去（山在大同东）。汉高祖究竟机灵，占领了白登山，守住山口要道。一夫当关，万夫莫入，不管匈奴的兵马多么厉害，一时也没法打上来。

汉兵三十多万，虽然都掉了队，只要半天或者一天工夫，就赶得上来。会齐了三十多万的中原大军，还怕打不过匈奴吗？哪儿知道冒顿单于早已把四十多万兵马布置成了一个天罗地网。他只用几万人围住白登，其余的兵马分头在要路口上埋伏着，截击汉兵。汉兵不让他们消灭已经是上上大吉，根本没法过来解围。白登山上的汉军就这么不折不扣地变成了孤军。

他们接连困守了几天，没法逃出去。内无粮草，外无救兵，看来都得死在山上了。到了第四天，陈平瞧见山下一男一女骑着马来回指挥着匈奴兵。他挺纳闷儿，怎么军营里还有女人？一打听，才知道是冒顿单于和阏氏两口子。他猛一下从阏氏身上想出一条计策。他和汉高祖一商量，汉高祖叫他赶快办去。

第二天，陈平打发一个使者带着黄金、珠宝和一幅图画去见阏氏。使者一路行贿，买通了匈奴的小兵，请他们想办法带他去见阏氏。"有钱能使鬼推磨",何况小兵并不是鬼,推起磨来就更利落了。使者见了阏氏,献上礼物,说:"这都是中原皇帝送给匈奴皇后的。中原皇帝情愿同匈奴大王和好,所以送礼物给匈奴皇后,请您帮忙。"阏氏见了这么多黄澄澄的金子,亮晶晶的珍珠,心里挺高兴,全都收下。还有一幅图画,她展开来一瞧,皱着眉头子,说:"这幅女人图有什么用呐?"使者说:"中原皇帝恐怕匈奴大王不答应,不肯退兵,就准备把中原第一号大美人儿献给匈奴大王。这是她的图形,先给匈奴大王看个样子。"阏氏摇晃着脑袋,说:"这用不着。拿回去吧!我请单于退兵就是了。"使者卷起图画,谢过阏氏回去了。

当天晚上,阏氏对冒顿说:"听说中原的诸侯和全中原的兵马像山一样地压下来了。咱们不能在这儿等死,还是早点回去吧。匈奴灭不了中原,中原灭不了匈奴,还不如做个人情,叫他们经常多送些礼物来,这倒是实惠。这儿没有大草原,不能放羊、牧马。再说我在这儿水土不服,老像害着病似的。"阏氏一边说,一边手指头直揉太阳穴。

冒顿说:"我也正在怀疑,他们被围在山上这么多日子了,怎么能不着慌呐?他们老是这么安安静静的好像等候着什么似的。再说韩王信、曼邱臣、王黄、赵利他们到今天还没到这儿来,这些中原将士也许是假投降,跟汉兵通了气。要是他们内外夹攻,咱们前后受敌,那可就糟了。"冒顿和阏氏商量下来,决定送个人情,将来好向中原皇帝多要些东西。第二天一清早,冒顿下令撤开一只角,放汉兵出去。

汉高祖听了使者的回报,一夜没睡好。天一亮,往山下一瞧,果然匈奴兵撤开了一只角。陈平还不放心,叫弓箭手拉满了弓朝着左右两旁,保护着汉高祖慢慢地下了山。匈奴兵瞧着他们下来,不去拦阻,弓箭手也没发箭。汉高祖提心吊胆地走出了包围圈,这才马上加鞭,一口气逃到广武。他定了定神,首先把刘敬放出来,向他赔不是,说:"我没听你的话,差点不能再和你见面了。"他加封刘敬为关内侯,把那十个劝他进攻的使者一律斩了。可是韩王信他们投降了匈奴,一时还不能把他们抓来办罪,究竟还不能解恨。这会儿被围困了七天,总算逃出了虎口,眼下也没有力量再去征伐他们。他只好乘兴而去,败兴而归了。

44 和 亲

汉高祖回来，路过曲逆县（在河北省完县东南），上了城门楼子，四面一望，城里有许多高大的房屋，就说："这个县真不错。我走了多少地方，要数洛阳和这儿最好了。"他回头问当地的长官："曲逆县有多少户口？"那长官回答说："秦朝时候有三万多户，以后连年打仗，死的死，逃的逃，现在只剩下五千户了。"汉高祖因为陈平想出办法来，才解了围，就把这五千户的曲逆县封给他，改户牖侯为曲逆侯。

他们在曲逆县休息了一下，继续往回走，到了赵国。赵王张敖率领大臣到郊外去迎接。从前汉高祖在灞上营里托张良做媒把公主许配给项伯的儿子，那可只是临时救急的办法。这几年来他早已不把这门亲事搁在心里了。再说项伯赐姓刘氏，刘门刘氏也不像话。所以后来又把公主许配给张耳的儿子张敖，就是现在的赵王，可还没过门。赵王张敖见了丈人皇帝，当然小心伺候。可也真怪，汉高祖就是一万个瞧不起他，无缘无故地发了脾气，把赵王骂了一个狗血喷头，好像他在白登山上饿了七天肚子都是他捣的鬼。张敖究竟是臣下，又是晚辈，挨他一顿骂，有气也只能憋着，可是张敖的几个臣下挂了火儿。

到了晚上，赵相贯高、大夫赵午等几个赵国的大臣偷偷地去见赵王张敖，说有机密的事情报告。赵王张敖吩咐左右退出去。贯高说："大王亲自到郊外去迎接皇上，已经尽了做臣下的礼节，可是皇上还这么凭空辱骂大王。难道做了皇帝就不讲理了吗？这么下去，我们将来的日子怎么过？我们愿意替大王报仇雪恨，去了这个暴君。"

张敖一听，吓得什么似的，马上把手指头咬出血来，对天起誓，说："这这这可不行。从前父王给陈馀逼得走投无路全靠皇上的恩典给他做了赵王，又让我继承着父王的地位。这么大的恩德，我正愁没法报答，你们怎么叫我害他呐？"

贯高和赵午碰了一鼻子灰，搭拉着脑袋出去了。到了外边，他们咬着耳朵说："咱们的大王太厚道了。咱们本来就不该先跟他说。可是大王受了这种侮辱，咱们总得替他打个抱不平。事情成功了，把功劳归给大王；不成功，咱们一身做事一身当。"他们商量停当，就候着机会要向汉高祖行刺。可是汉高祖旁边保护的人很多，他们没法下手。

汉高祖离开赵国，回到洛阳。住了没有多少日子，他的二哥代王刘喜从北边逃回来。他说："匈奴王派了一队兵马打到代地来。我又不会打仗，请皇上想个办法。"汉高祖骂他，说："你呀，你只配耕地、锄草。"刘喜还不明白，能耕地、锄草有什么不好，只听见汉高祖接着说："见了敌人就逃，按理应当把你办罪，看在同胞手足的情面上，给你做个合阳侯吧。"他就封小儿子如意为代王。代王如意才八岁，是戚夫人生的，因为汉高祖宠爱戚夫人，就把他的孩子封为代王。这也就是一个名义罢了。八岁的小孩儿还离不开妈。再说汉高祖又挺疼他，怎么也不能让他出去。他就立阳夏侯陈豨为代相去镇守代国，嘱咐他小心防御匈奴。

匈奴老来侵犯北方，真叫汉高祖大伤脑筋。冒顿单于有了韩王信他们做帮手，更厉害了。公元前199年（汉高祖八年），匈奴派韩王信打到东垣（在河北省正定县南）。汉高祖又亲自出马一次。韩王信也够乖的。他学会了匈奴打游击的办法：大军一到，他就退去。汉高祖不能老等在那儿，只好回来。

他到了赵国的柏人县（在河北省唐山县西），准备在那儿过夜。贯高、赵午他们已经派了刺客躲在厕所里。可是贯高的手下人贯三儿害怕了。他想要告诉汉高祖，又怕害了主人，就偷偷地对汉高祖说："这儿来往的人很杂，皇上还是……"他话还没说完，瞧见有人过来，就一扭身溜了。汉高祖心里挺不安生。过了一会儿，他问左右："这儿叫什么县？"他们说："柏人县。"汉高祖好像吓了一跳似的说："啊？迫人县？迫害人的县？我们到别处去吧。"说完话，上车就走。贯高、赵午的行刺计划又没成功。

汉高祖回到洛阳，听到商人们趁着中国和匈奴打仗的机会，兴风作浪地抬高物价，尤其是粮食和马匹的价钱。他非常生气，骂着说："老子东奔西跑，没能够过好日子，他们什么正经事都不干，反倒现成地发了财。我们的大臣还有坐牛车的，他们倒舒舒坦坦地坐着马车。这打哪儿说起？"他忘不了六年前的事。那时候（公元前205年，汉王二年），他和项羽在荥阳一带相持不下，关中遭了大饥荒，发生了饿死人的惨事儿，可是宣曲任氏（宣曲，古地名，在陕西省长安县西南）就因为囤积粮食发了大财。有钱的商人就是没有心肝。这会儿汉高祖下个决心要把商人压下去。他下了一道命令：商人不得穿丝织的衣服；不得带武器；不得坐马车，不得骑马；不得做官；商人买了穷人的儿女做奴隶和丫头的，一概释放，不得追还身价；商人的人头税比一般人加倍。这么一来，商人的地位大大降低，有的甚至于因此破了产，做了亡命徒。汉高祖认为这是他们应受的惩罚，活该。

他惩罚了商人以后，一想起柏人县的事直照影子，难道真有人向他行刺吗？果然，贯高的那个手下人贯三儿又来了。原来贯高他们行刺没成功，很生气。有人告诉贯高泄漏消息的情况，他就要杀贯三儿，贯三儿逃到洛阳，事情就这么给汉高祖知道了。他立刻下了一道诏书，派卫士把赵王张敖、赵相贯高、大夫赵午等一概拿来办罪。贯高承认行刺，可是尽力替赵王张敖分辩，说这件事跟他不相干。他受尽各种残酷的刑罚，咬着牙，忍着疼，死也不改口。汉高祖又派人仔细调查了一下以后，把赵王张敖从宽处分，废了他的王号，改为宣平侯。贯高、赵午救了赵王，都自杀了。汉高祖又把代地并入赵国，改封代王如意为赵王。

如意做了赵王并不能抵御匈奴。正相反，匈奴老向代地进攻，弄得汉高祖直摇头。发兵去打吧，一去，匈奴就走了；不去打吧，他们又过来。汉高祖实在想不出办法来。他叫刘敬进来，要他出个主意。刘敬说："天下刚安定下来，将士们已经够累的了。再说匈奴离这儿又远，我们也不能老发大军去攻打。就说皇上能下个决心，把所有的兵马都用上，把所有的将军都带去，可是匈奴走了，难道我们追上去吗？就说追上去吧，一片荒地，见不到一个人，没有地方住，哪儿去找吃的？将士们水土不服，天气又冷，见不到敌人，打谁去呐？依我说，匈奴是不能用武力去征服的。"

汉高祖说："不用武力，还有别的办法吗？"刘敬说："办法倒有一个，就怕皇上不同意。"汉高祖说："只要是个好办法，我怎么会不同意呐？你说吧。"刘敬说："最好采用'和亲'的办法，就是大家讲和，结为亲戚，太太平平地过日子。如果皇上能够把大公主嫁给单于，再送他一批很阔气的嫁妆，他一定感激皇上，把大公主立为阏氏。她生了儿子就是太子，将来就是单于。皇上能够把咱们这儿多余的东西送给他们一些，经常跟他们来往，帮助他们，匈奴还能不感激皇上吗？这还不够，为了真正帮助他们，皇上还得派人去教导他们，让他们也懂得礼节。这么着，冒顿单于活着，他是皇上的女婿；死了，外孙子做了单于。哪儿有外孙子敢跟外祖父对抗的？不用武力，不打仗，慢慢儿地把匈奴感化过来，这不是个好办法吗？"

汉高祖连连点头，可是他又皱起眉头子来了。他说："把大公主嫁给单于吗？别的女子行不行？"刘敬说："如果皇上舍不得大公主，拿一个宗室或者后宫的女儿去冒充大公主，将来人家也会知道的。不是大公主，不尊贵，不尊贵没有好处。"汉高祖说："好！你说得对。"他就准备把大公主嫁给单于。

汉高祖同吕后一说，吕后连眉毛都竖起来了。要了她的命也不答应。她说："我就生了一个儿子、一个女儿。她是我的命根子，怎么能嫁给匈奴呐？再说她已经许给张敖了，也不好反悔。"说着就哭起来。白天哭，晚上哭，哭得汉高祖净晃脑袋。吕后还真有一手，她见汉高祖不言语了，马上把大公主和张敖成了亲。生米煮成了熟饭，汉高祖只好封大公主为鲁元公主，让小两口儿上婆家去了。

可是北方不安宁，中原也太平不了。汉高祖就挑了个后宫所生的女儿，把她当作大公主，派刘敬为使者去跟冒顿单于说亲、订约。冒顿同意了。刘敬回来报告，汉高祖就再派他带着一批随从人员和不少的嫁妆、礼品，把"大公主"送到匈奴去。冒顿单于见了这么漂亮的公主和这么多值钱的东西，非常满意，还真把新媳妇儿立为阏氏。

刘敬从匈奴回来对汉高祖说："河南、白羊、楼烦离长安不远，最近的只有七百里地，骑兵一天一夜就可以赶到秦中。我们虽然同匈奴订了和约，可是大公主究竟是冒充的，边界上还得注意防守。秦中土地肥沃，又是个重要的地区，连年遭到了战争的破坏，人口少，防御力量不够。皇上最好把秦中整顿一下。当初诸侯起兵的时候，不是齐国的田家就是楚国的景家、项家。其他各地起来的大多都是六国的后代。现在皇上在关中建都，可是关中人口太少，北边接近匈奴，东边有六国的贵族，万一发生叛变，皇上就不能安心了。皇上不如把原来六国贵族的后代、豪强和各处的大族搬到关中来，平时可以开垦肥沃的土地，还可以防备匈奴；要是东边发生叛变，就可以率领他们去征伐。这是加强都城，削弱地方的计策，皇上看怎么样？"

汉高祖完全同意。他说："好！还得给他们方便，让他们有土地和住宅。"当时就发出诏书，又派刘敬去办这件事。前前后后从齐、楚、燕、赵、韩、魏各地搬到关中来的大族和豪强就有十几万人。一下子关中变成了最热闹的地方先不必说，而且这些大族和豪强都搬到关中，也不能再像以前那样在当地对农民作威作福。

同匈奴讲了和，把六国的大族搬到关中来，这些都是安定国家的好办法，可是汉高祖忘不了刘敬的话，"大公主究竟是冒充的"。就因为吕后不答应，马上把大公主嫁给了张敖，他觉得吕后的主意太大了。再说太子盈又是这么老实巴交的，怕他将来继承不了自己的事业，就打算废了太子盈，立赵王如意为太子。

45 "极极以为不可"

汉高祖看着太子盈天资平常,生性软弱,怕他将来干不了大事。小儿子如意聪明伶俐,说话做事很像自己,就打算废了太子盈,立赵王如意为太子。他倒不怕吕后泼辣,就怕大臣们引经据典地起来反对。尤其对御史大夫周昌,他简直有点害怕。有一次,周昌有要紧的事情跑到后宫去见汉高祖。刚巧汉高祖喝了酒,嘻嘻哈哈地正跟心爱的戚夫人闹着玩儿。周昌连忙退出去,可是已经给汉高祖一眼瞧见。

汉高祖扔下戚夫人,一面叫周昌站住,一面跑出来。周昌只好跪下。汉高祖正在兴头上,叉开两条腿,骑在周昌的脖子上,哈着腰问周昌:"你看我这个皇帝像什么皇帝呀?"周昌抬起头来,说:"皇上是是是桀纣!"汉高祖哈哈大笑,然后才让他起来,听了他的报告,可是从此汉高祖还真怕他三分。

这会儿汉高祖召集大臣们商议废太子盈,立戚夫人的儿子如意为太子的事。大臣们都不赞成,周昌简直挂了火儿。他说:"不可!不不可!"汉高祖问他:"为什么不可?"周昌本来说话结巴,又挂了火儿,越是心急,越说不出话来,把脸涨得绯红,结结巴巴地说:"我我嘴说不出来,可是我极极以为不可。皇上要废了太子,我极极不敢遵命。"汉高祖听了,不由得笑了起来,说:"好,好,好!算了,算了!"

散了朝,汉高祖和大臣们都走了。周昌气呼呼地落在后头。赶到他出来,迎面瞧见吕后过来。他正要上前行礼,想不到吕后猛一下子先跪下了,急得周昌手忙脚乱,不知道怎么办才好。原来吕后在东厢房,周昌的话她都听见了。这会儿特意来向周昌下跪,谢谢他的好意。她说:"没有你,皇太子差点给废了。"

吕后感激周昌的帮助,可是戚夫人就把吕后和周昌看作了死对头。她挺伤心地哭着对汉高祖说:"我并不是要废去太子,可是我害怕的是我们娘儿俩的性命都在吕后手里。皇上总得替我们想个办法,救救我们。"汉高祖说:"慢慢儿再说吧。我反正不能让你们吃亏。"可是一生精明的汉高祖始终想不出办法来。他只能闷闷不乐地憋着气。实在憋不住了,就对着戚夫人

159

哼着伤心的歌儿。

多少天了,汉高祖只是愁眉不展地哼着伤心的歌儿。大臣们不知道他为什么老是这么哼哼着。有个年轻的大夫,叫赵尧,他对汉高祖说:"皇上这么闷闷不乐的,是不是因为赵王太年轻,皇后又跟戚夫人合不到一块儿,恐怕将来赵王吃亏,是不是?"汉高祖说:"不错,我就是替赵王担心,可是想不出办法来。"赵尧说:"皇上不如给赵王挑一个强有力的大臣,拜他为赵相国,这个人一定要是皇后和大臣们都尊敬的,那才顶事。"汉高祖说:"对呀,我也这么想,可是叫我挑谁去呀?"赵尧说:"御史大夫周昌顶合适。他为人又忠实又耿直,皇后、太子和大臣们对他一向尊敬。只有他顶得住。"汉高祖说:"对!我就派他去。"

汉高祖叫周昌进来,对他说:"我拜你为赵相国,请别推辞。"周昌听了,好像脊梁上泼了一桶冷水,他流着眼泪,说:"自从皇上起兵,我就跟着您,怎么半道上扔了我,叫我出去做赵相国呐?"汉高祖说:"我也知道,叫你去做赵相国,使你为难;可是我背地里直替赵王担心,除了你以外,谁也不能给我分忧。你去,我就放心了。请别再推辞。"周昌只好接受了命令,带着十岁的赵王如意上赵国去了。周昌的御史大夫的职位由赵尧接替。

就在这一年(公元前197年,汉高祖十年),太公死了。太公是农民出身,始终喜爱农民的生活。汉高祖做了皇帝,尊他为太上皇,请他住在长乐宫。他很不乐意,天天想念着老家和多年来一起干活儿的老哥儿们。连最富丽堂皇的未央宫,他也没到过几次。越是金碧辉煌的宫殿,他越不爱住。长乐宫在栎阳,原来是秦朝的兴乐宫,略略修理了一下,作为汉高祖临时的宫殿,改名为长乐宫。太公可不愿意住在长乐宫里,他老念叨着要回到丰乡(在江苏省徐州)去。栎阳离丰乡多远哪,汉高祖怎么能让太公一个人回去呐?他就吩咐当时最有本领的工匠胡宽在骊邑造了一个新丰乡,房屋、街道、菜园、豆棚什么都模仿着丰乡样子造。造好了以后又把太公熟悉的那一些老街坊都搬到骊邑来住。这么着,骊邑变成了第二个丰乡。新丰乡和旧丰乡的样子简直完全一样。据说,那些从丰乡运来的狗、羊、猪、鸡什么的,放在街道上,它们也都认识道儿,能够自己回家。太公住在这儿,就像住在本乡一样,左邻右舍都是老朋友,不但喝酒、聊天有了伴儿,而且还能浇浇菜、锄锄草,他这才高兴了。有时候汉高祖接他到栎阳去玩儿几天,可是他总觉得住在栎阳的长乐宫里还不如住在"丰乡"的庄园里那么舒服。

栎阳的长乐宫在太公看来已经是太高大了,可是在诸侯王看来,那只能算是皇帝的行宫,要作为正式的宫殿来说,未免太简陋些。萧何修理长乐宫原来也是作为行宫用的,所以他早已在咸阳正式造了一座未央宫,虽说比不上阿房宫,可是已经够壮丽的了。就因为未央宫的规模太大了,汉高祖曾经责备过萧何。他说:"天下还没安定,老百姓劳苦了这么些年,我们成功不成功还不敢确定,你怎么就这么耗费人力、财力,把宫殿造得这么壮丽呐?"萧何分辩着说:"正是因为天下还没安定,不修个壮丽的宫殿,不能显示天子的威严。"汉高祖虽然责备了萧何,可是宫殿已经修得差不多了,也就算了。赶到未央宫完了工,他就迁都到咸阳,把咸阳改名为长安(现在的咸阳和长安是两个地方)。

诸侯王都到长安来庆贺,汉高祖就在未央宫里举行了一个盛大的宴会,给太上皇上寿。汉高祖、诸侯王都向太上皇敬酒。大伙儿都乐开了,汉高祖尤其得意。他喝多了,说话随随便便,又变得和年轻时代一样了。他说:"从前大人老说我是个无赖,没有出息,不如二哥那么肯种庄稼。现在我的事业跟二哥的比一比,怎么样?"太公笑了,他说:"好,都好。"大臣们高呼"万岁",跟着太公和汉高祖乐得什么似的。

太公回去以后,不到一年工夫,病了,还病得挺厉害。汉高祖把他接到栎阳来,没有多少日子太公死在长乐宫里。汉高祖下令大赦栎阳的囚犯,又把骊邑改名叫做新丰。太公安葬的那天,诸侯王都来送殡,赵相国周昌也来了,那个镇守代地的陈豨可没来,不知道代地出了什么岔儿了。

46 一笔勾销

代相陈豨和淮阴侯韩信素来很有交情。上回汉高祖叫陈豨去镇守代地,他临走的时候,曾经到韩信那儿去辞行。代地接近匈奴,派到那儿去的人都觉得有点委屈。陈豨免不了在韩信面前透露了一些内心的牢骚。韩信拉着他的手,两个人在月亮底下小声谈了好一会儿。

陈豨到了代地,结交当地的豪强,准备自己的力量。他一向羡慕魏公子信陵君好客的派头,也收了不少门客。有一次,他路过赵国,跟随着的门客就有一千多。邯郸街道上都挤满了车马。赵相周昌听到陈豨路过邯郸,马上出去迎接,见他带着这么多人马,就起了疑。太上皇出殡的时候,周昌暗地里提醒汉高祖一下,请他提防着陈豨。

汉高祖派人去调查，只查出陈豨的门客确实有些不法的勾当，可还没看出有什么谋反的举动。汉高祖叫陈豨到长安来，他又不去。那几个投降了匈奴的汉朝将军，韩王信、王黄、曼邱臣等知道了陈豨和汉高祖有了意见，就暗暗地跟他联络起来。那些受了汉高祖压制的商人们大批地去投奔陈豨。陈豨有了国内、国外的帮助，胆儿更大。他自称为代王，夺取了赵、代不少城邑。汉高祖这才发兵亲自去征伐陈豨。

汉高祖到了邯郸，恐怕兵马不够，就向梁王彭越和淮南王英布调兵。他们占领着自己的地盘，都不愿意发兵，说是病了，不能来。汉高祖有苦说不出，只好就地招募士兵。周昌对汉高祖说："常山郡一个地区就丢了二十个城，这些郡守、县尉都该杀。"汉高祖说："他们都反了吗？"周昌说："反正他们都投降了陈豨。"汉高祖说："这是因为力量不够。郡守、县尉和老百姓都是没有罪的。"

他就一面发出通告，号召赵、代的官员和老百姓及早反正，不咎既往，一面吩咐周昌招募赵地的壮士，有能耐的就拜为将军。招募了多少天，只挑了四个人凑合着可以带兵。汉高祖就拜他们为将军，还封给他们每人一千户。手下的人都奇怪起来。他们说："这四个人还没立过功，怎么一上来就受了封？"汉高祖说："这不是你们能知道的。你们想想：赵、代的城邑一大半都给陈豨夺去了，我向天下调兵，他们都不肯来。现在只好靠着邯郸的士兵打仗。为了奖励赵地的子弟，我对这四千户又有什么舍不得的！"果然，这么一来，从军的人数一下子就增加了不少。

汉高祖又探听到陈豨的将军们大多是商人出身的。他就拿出大量的黄金把他们一个一个地收买过来。这样布置停当了，才亲自率领着大将周勃、王陵、樊哙、灌婴等分头进攻。没有多少日子，汉军杀了王黄、曼邱臣、韩王信，平定了代地。陈豨打得一败涂地，逃奔匈奴去了。汉高祖仍旧把赵、代分为两国，立薄姬生的儿子刘恒为代王，以晋阳为都城。他嘱咐周勃留在那儿防备着陈豨，自己又回到了洛阳。

他到了洛阳，才知道吕后已经把淮阴侯韩信杀了。原来汉高祖发兵去征伐陈豨的时候，要带他一块儿去。韩信不愿意，他告了病假，住在家里。正当大将周勃和陈豨交战的时候，有人告发韩信，说他谋反。原来韩信的一个门客得罪了韩信，韩信要杀他。那个门客的兄弟就向吕氏告发，说陈豨临走的时候，曾经到韩信那儿去辞行。韩信说了："代地人马强壮，是个出精兵的好地方，您又是皇上亲信的大臣，如果有人说您叛变，皇上是不会轻易相信的。除非一而再、再而三地告您，皇上才会冒火儿。他一冒火儿，必然亲自出去跟您对敌,那我准在这儿接应您。您得好好儿地准备实力。"吕后听了,急得什么似的,连忙跟丞相萧何商量。他们商量完了,立刻打发一个心腹扮作士兵,偷偷地往北边去,再大模大样地从北边回到长安来,说是皇上派他来的。他假意地说:"陈豨已经杀了,赵、代也平定了,皇上快回来了。"

大臣们得到了这个消息,一个接着一个地都到宫里来贺喜。只有韩信"有病"没来。萧何亲自去看韩信,劝他进宫,免得给人家议论。韩信认为有萧何陪他去,想必不至于出什么岔儿。他就跟着萧何到长乐钟室(挂钟的屋子)去拜见吕后。韩信刚一进门,就给埋伏在那儿的武士们拿住了。

吕后骂着说:"你为什么跟陈豨串通,作他的内应?"韩信当然不承认。吕后冷笑着说:"皇上已经送信来了,陈豨供出是你主使的,你还敢抵赖!"当时她就吩咐武士们把韩信推出去砍了。韩信眼睛望着天,叹了一声,说:"我不听蒯彻的话,后悔也晚了,今天反倒受了娘儿们的欺诈,真是天数!"

有人说吕后把韩信的"十大功劳,一笔勾销";也有人说这是因为韩信自己认为功劳大,不肯一心一意地伺候皇上,十大功劳是他自己勾销的;可是灭了韩信的三族,未免太过分。当初萧何月下追韩信,尽力推荐他做了大将。帮他成功的是萧何。以后韩信和汉高祖有了意见,萧何从来没好好儿地劝告过韩信。今天杀了韩信,灭了他三族的也是萧何。所以直到现在我们有这么一句话:"成也萧何,败也萧何。"

汉高祖到了长安,问吕后:"他临死有什么话没有?"吕后告诉他韩信后悔没听蒯彻的话。汉高祖知道蒯彻是齐人。当时就吩咐齐相曹参把他拿来办罪。蒯彻解到长安,汉高祖亲自审问他:"你撺掇淮阴侯谋反吗?"蒯彻说:"是啊!我原来劝他自立为王,三分天下。可惜韩信这小子不听我的话。要不然,怎么会弄得灭门呐?"汉高祖火儿了,要杀他。蒯彻说:"秦国丢了一只鹿,天下人都抢着去逮,谁跑得快,谁逮住,就是谁的。那时候,天下的人并不是皇上的臣下,并没有什么君臣的分别。我只知道韩信,不知道皇上,这能怪我吗?就是到了今天,暗地里想做皇帝的人也不是没有,皇上能把他们斩尽杀绝吗?要是皇上因为我过去忠于主人就把我杀了,皇上就用这个去劝化自己的臣下吗?"

汉高祖笑了笑,对左右说:"他倒是个忠臣。"他就免了蒯彻的罪,还叫他做官。蒯彻央告着说:"我哪儿有脸再做官?请皇上看在韩信过去的功劳上,仍旧封他为楚王,赏给他一块坟地,这就是皇上的大恩了。"汉高祖答应了,吩咐蒯彻按照安葬楚王的礼节把韩信的尸首葬在淮阴。

汉高祖能够释放蒯彻,可不能不追查梁王彭越。叫他一块儿去征伐陈豨,他不去,说是病了。害病也不能这么巧哇,刚好就跟韩信同时害了病。汉高祖派人去责备他,要他马上来朝见。胳膊扭不过大腿去,彭越只好来认错。汉高祖因为查不出彭越谋反的真凭实据来,再说刚杀了韩信,也不好意思再杀大臣,就从轻发落,免了他的死罪,把他罚做平民,搬到蜀地青衣县(就是四川省雅安)去住。彭越只好忍受着去了。

到了郑县(陕西省郑县),恰巧碰到吕后从长安来。吕后问他是怎么回事。彭越流着眼泪,口口声声地说是冤枉。他苦苦地央告吕后替他说情,希望让他住在本乡昌邑。吕后答应了他,把他带到洛阳来。彭越半道上碰到了吕后,真是遇到了救星,千恩万谢地跟着她回来了。

吕后到了洛阳,对汉高祖说:"彭越是个壮士,您怎么能把他送到蜀地去?我把他带回来了。"汉高祖说:"你带他回来干什么?"吕后挺了挺腰,说:"要办他就办个透。不用他,又留着他,这是给自己找麻烦。"她又数落彭越谋反的罪状,说得汉高祖不能不依,就把梁王彭越杀了,还灭了他的三族。

汉高祖为了集中统治国家,本来就不愿意把土地封给功臣的。他把梁地分为两大区,东北部仍旧称为梁地,西南部称为淮阳。把后宫所生的两个儿子刘恢和刘友封了王,刘恢为梁王,刘友为淮阳王。为了警告三心两意的诸侯,他又把彭越的尸首剁成碎块,煮成肉酱,分送给各地的诸侯,让他们尝尝割据地盘的滋味。

47 平定南方

彭越的肉酱送到淮南王英布那儿,英布知道在韩信、彭越以后,第三个要轮到他了。他就来个先下手为强,发兵叛变。他对将士们说:"汉帝已经老了,他不能亲自出战。从前几个大将只有韩信、彭越最有能耐,他们可都给汉帝害死了。别的将军都不是咱们的对手。只要诸君同心协力,夺取天下也没有什么困难。有福同享,有祸同当,请诸君努力吧。"将士们个个摩拳擦掌,要夺取汉高祖的天下。先往东进攻荆地,杀了荆王刘贾。接着往西进攻楚地,楚王刘交打了败仗,逃到薛地。

警报传到了长安,汉高祖为了戚夫人和赵王如意的事,正闷闷不乐,身子很不舒坦,准备派太子盈带领大军去征伐英布。

太子盈有四个年老的门客,怎么也不让太子盈出去。原来汉高祖要废太子盈的时候,吕后派她的二哥吕释之去见张良,逼着他想个计策。张良说:"现在天下安定,皇上要更改太子,骨肉之间,知子莫若父。我们虽然有一百多人反对,看来也没有什么用处了。"吕释之威胁张良非想个计策不可。张良屈服了,他说:"说话是没有用的了。要么,这样吧:皇上一向所尊重的有四个人,他们都老了,不愿意做汉朝的臣下。皇上三番五次地去请他们,他们逃到商山(在陕西省商县东南)隐居起来。要是你们能够请太子写封信,多花些金玉财帛,诚心诚意地把他们接了来,让他们老跟太子在一起。皇上见了,准能听他们的。"

吕后就叫吕释之准备了顶厚的礼品,派人去迎接那四个老头儿。那四个年老的隐士既然是品格极高、瞧不起汉高祖、不愿意做汉朝的臣下,难道他们见了金玉财帛和太子的信就愿意来做门客吗?别管这个,真的也罢,冒名顶替的也罢,反正吕释之带来的确实是白头发、白胡子的老头儿,而且人数也确实是四个。这四个老头儿就做了太子盈的门客。

这会儿,这四个老门客听到汉高祖要派太子盈去征伐英布,连忙去见吕释之,对他说:"太子带兵去打仗,有了功劳,还是个太子;没有功劳,恐怕从此不免遭殃。您何不快去告诉皇后,请她要求皇上别让太子去。英布是个出名的大将,善于用兵,决不能轻看了他。我们的将军都是皇上这一辈的人,现在叫太子去率领他们,这不是叫羊去带领狼吗?他们怎么能听他的指挥?给英布知道了,他准加劲地打过来。皇上虽说不舒坦,只要他去,就是在车上躺着,将军们也不敢不卖力气。"

吕释之连夜把这话告诉了吕后,吕后就在汉高祖跟前哭哭啼啼,诉说了一番。汉高祖恨恨地说:"这小子就这么没出息,还得要老子亲自跑一趟!"

汉高祖亲自率领大军往东去,大臣们都到坝上送行。张良虽说不过问朝廷上的事情,这会儿也来送行。他对汉高祖说:"我本来应当跟着皇上一块儿去,可是这些日子身子实在不行,没法支持,请让我歇歇吧。楚人挺厉害,皇上千万要珍重。"汉高祖挺感激他,请他留在关中帮助太子。

汉高祖到了阵前一瞧,英布的军队十分整齐,一切阵法都跟项羽相像,心里非常不安。他在阵前还想劝告英布,说:"我封了你做王,你何苦还要造反?"英布说:"你不是也被项羽封过王吗?怎么又做了皇帝呐?"汉高祖这一气非同小可,他亲自指挥将士,拼命地杀过去。英布那边的箭好像成群的蝗虫似的直飞到这边来。汉高祖来不及闪躲,胸口上中了一箭。幸亏铠甲挺厚,那枝箭只进到肉里去一寸左右。他受了伤,火儿更大了,使劲地指挥将士们往前冲。将士们不顾死活,冲破了英布的队伍,把淮南兵杀得七零八落,四散逃跑。汉军接连又追杀了几阵,英布只好带着一千来人往江南那边逃去。

英布逃到江南,正好长沙王吴臣(吴芮的儿子,英布的郎舅)派人送信来,请他到长沙去避难。英布得到了小舅子的帮助,当然挺喜欢。他到了鄱阳,天已经黑了,就在驿舍里过夜。哪儿知道驿舍里早就埋伏着长沙王吴臣派来的几个武士。到了半夜里,英布正打着呼噜的时候,就给他们暗杀了。为这个,长沙王吴臣立了一个大功。

汉高祖杀了英布,平定了荆、楚,就立赵姬所生的儿子刘长为淮南王。楚王刘交从薛城回去,仍旧做楚王。荆王刘贾死在战场上,没有儿子,汉高祖把荆地改为吴国,立二哥刘喜的儿子刘濞(pì)为吴王。刘濞力气挺大,这次跟着汉高祖出来征伐英布,也立了功,因此汉高祖叫他镇守吴地。这么着,同姓子弟封王的有八个,就是:

齐王刘肥,
楚王刘交,
赵王如意,
代王刘恒,
梁王刘恢,
淮阳王刘友,
淮南王刘长,
吴王刘濞。

其中除了楚王刘交是汉高祖的兄弟,吴王刘濞是他的侄儿以外,其余都是他亲生的儿子。不是同姓的王现在只有四个,就是:

燕王卢绾,
长沙王吴臣,
闽越王无馀,
南越王赵佗。

南越王赵佗原来是秦朝南海郡尉任嚣(xiāo)的属下。任嚣见二世昏庸，中原大乱，就统领百越，独霸一方。后来他病得厉害的时候，召来了龙川(广东惠州)县令赵佗，对他说："秦朝暴虐无道，天下痛恨。听说陈胜、吴广起兵，项羽、刘邦互相争夺，不知道什么时候天下才能够太平。番禺(Pānyú,在广东)有山有水，地势险要，南海东西有几千里，跟中原人士也有来往。我们不必跟中原诸侯相争，就在这儿足足可以建立一个国家。"他就派赵佗为南海郡尉。任嚣死了以后，赵佗通令南方各地守住关口，不跟中原来往。他杀了秦朝的官员，兼并桂林一带地盘，自立为南越武王。公元前196年(汉高祖十一年)，汉高祖为了统一中原，可是又不能去攻打南越，他只好容忍一下，特意派使臣陆贾带着诏书、王印和礼物去见赵佗。赵佗已经不穿中原人的衣服了，他打扮得像当地的土人一样，露着半身，头上梳着一个髻，大模大样地让陆贾进去相见。

陆贾见他这个样儿，就说："大王是中原人，父母、亲戚、兄弟的坟墓都在真定(赵地,原来叫东垣,属常山)。到了今天，怎么改了习惯，帽子也不戴，腰带也不系，就仗着这么小小的一块南越土地，要跟中原的皇帝对抗吗？我怕大王长不了。皇上听到您在南越自立为王，本来就要发兵来征伐，因为他不愿意连累老百姓，特意派我送上王印来，正式立您为南越王。大王就应该用臣下的礼节来迎接诏书。如果大王抗拒皇上，那一定先掘了大王的祖坟，灭了大王的宗族，再派一个副将，不用多，只要十万兵马就可以把南越踩平了。大王到底是有教化的中原人呐还是不讲礼义的土人呐？"

赵佗究竟是中原人，他听了陆贾的话，就向他赔不是，说："我住在这儿年代多了，就忽略了中原的礼节。"他接受了王印，承认是个汉朝的臣下。他就和陆贾一块儿喝酒、聊天。他问陆贾："我跟萧何、曹参、韩信比起来，谁强？"陆贾微微一笑，说："好像大王英明点儿。"他又问："我跟皇上比，怎么样？"陆贾说："那就没法比了。皇上从丰沛起兵，为天下除害，统一中原，地方万里，人口得用千万来计算。这儿的人口不过几十万，土地也不多，只能算是汉朝的一个郡，大王怎么去跟皇上比呐？"赵佗哈哈大笑，他说："因为我不到中原去，所以在这儿做王；要是我住在中原，也不一定比不上皇上啊。"说着又大笑起来。

他留陆贾住了几个月，老跟他喝酒、聊天。赶到陆贾要回去了，赵佗说："越中没有可以谈心的人。先生来了，我天天听到许多没听到过的东西。"他送给汉高祖几颗珍珠，还送给陆贾价值千金的礼物。打这儿起，赵佗做了汉朝的南越王，虽然跟中原的来往很少，可是他一直给中原防守着边界。

陆贾回到长安，向汉高祖回报了南越的情况，汉高祖非常高兴，夸奖了陆贾一番，提升了他的职位。就因为把赵佗封为南越王，所以不是同姓的王就有了四个。

汉高祖安抚了赵佗，平定了淮南、楚、荆等地区，这才动身回来。这时候，国内大体上已经安定下来，他就顺便到故乡沛县去看看父老子弟。

48 大 风 歌

汉高祖到了沛县，早有地方官员和老百姓出城迎接。他在故乡住了好几天，邀请父老、子弟和所有从前认识的人都来参加宴会，大家一块儿喝酒，叫他们无拘无束地快乐几天。他挑选了沛县的儿童一百二十人，教他们唱歌。

汉高祖在快乐当中，想起了这么大的一个国家，真不容易治理。别说诸侯王还不能安分守己，就是边疆上也得有人防守。韩信、彭越、英布他们确实都有能耐，可是他们因为仗着过去的功劳，不是自高自大，不受约束，就是不顾大局，成心割据地盘。真正赤胆忠心地能帮他治理天下的人实在太少了。这么一想，他反倒伤心起来。喝吧，还是喝酒吧。他喝够了，拿起筑来（筑 zhù，一种乐器），一面敲着，一面自己编了一个歌儿，唱起来了：

　　大风起呀云飞扬，
　　威加四海呀归故乡，
　　哪儿来勇士呀守四方！

他自己唱了一遍，又教儿童们学着唱。这班儿童也真伶俐，学了几遍，全都能合起来唱了。汉高祖听了，兴奋得舞蹈起来。他又唱歌又舞蹈，又是高兴，又是伤心，不由得流下眼泪来。父老、子弟一见他们的皇上受了这么大的感触，也激动得流下眼泪来。

汉高祖对他们说："出门的时间长了，回到故乡，又是高兴又是难受。我虽然住在关中，我就是死了，也忘不了故乡，我的魂儿也一定想念着沛县。从我在这儿做沛公起，灭了暴虐的秦朝，得了天下，我就留着这沛县作为供我沐浴的城子吧（古文叫"汤沐邑"）。从现在起，世世代代免税、免勤。"

他喝够了,拿起筑来,一面敲着,一面自己编了一个歌儿,唱起来了。

大伙儿听了,都趴在地下,大声地喊"万岁!万岁!"

　　汉高祖又请了一大批大娘、大嫂跟着父老、子弟都来参加宴会。在这儿只有长辈、晚辈,不分皇上、臣下。大伙儿有说有笑地喝着酒,聊着过去的事,乐极了。一连十几天,都这么快乐着。可是天下没有不散的筵席,汉高祖决定走了。这一大群父老、子弟、大娘、大嫂哪儿肯放他走呐?大伙儿全都央告他再住几天。汉高祖说:"别这么着。我带来的人多,已经多多叨扰了。我只好告别。"汉高祖就动身走了。沛县的人全到城外去送行,沛县变成了一座空城。大伙儿跟着、跪着,不愿意回去。汉高祖对他们也真恋恋不舍。他就吩咐士兵们在城外搭起帐篷来,又跟父老、子弟们聚了三天。

　　到了第四天,汉高祖决定走了。沛县的父兄央告着说:"沛县受到了天大的皇恩,还得请皇上恩上加恩,可怜可怜丰邑吧!"汉高祖说:"丰邑是我出生的地方,我一辈子也忘不了。可是因为当初雍齿叛变,丰人还帮着他抵抗过我,实在太对不起我了。既然这儿的父兄再三给丰邑请求,我就答应了吧。从此以后,丰邑也像沛县一样,世世代代免税、免勤。"沛县的父兄们又替丰邑的老百姓谢恩。

　　汉高祖离开沛县,路过鲁地,吩咐官员们准备牛羊去祭祀孔子。汉高祖不是一向瞧不起儒生吗?怎么这会儿尊重起孔子来了呐?他没念过诗书,这倒是真的。可是自从他做了皇帝以后,儒生陆贾时常在他跟前说起诗书怎么重要。汉高祖开头骂他,说:"老子骑着马得了天下,要讲究诗书干什么?"陆贾说:"皇上骑着马得了天下,难道还得骑着马治理天下吗?打天下当然要用武力,治天下就不能不用文教。文武并用,才是长久的打算。"汉高祖觉得陆贾的话不错,就开始重视文教和儒生。以后这几年里头,陆贾又陆续写了十二篇文章,说明从古以来做国君的所以能够成功和所以失败的道理,一篇一篇地讲给汉高祖听。汉高祖越听越觉得对,没有一篇不说好的。他这才真正知道了文教的重要。这会儿他路过鲁地,很郑重地祭祀孔子,也就不足为奇了。

　　祭祀了孔子以后,他就回到长安。因为沿路辛苦,胸脯上的伤口又发作了。他倒不怕伤口发作,甚至也不怕死,他现在最关心的是两件事:一件是怎么能够镇守四方;一件是谁能够继承他。镇守四方当然需要勇士,可是更要紧的是怎么样收服人心。他在鲁地祭祀孔子,人家都说他做得对。他从这件事上得到了启发,就想用同样的方法去安抚六国的人心。

　　他到了长安,召集大臣们,对他们说:"秦始皇、楚隐王、陈胜、魏安僖王、齐湣王、赵悼襄王、魏公子无忌——这些人活着的时候，虽说都有点差错，可是谁能没有差错呐？他们做了不少事情，大家还都想念着他们。他们没有后代，连坟都没有人管。我打算指定几户人家，给他们一些土地，叫他们看守坟墓。你们看怎么样？"他们都说这是好事情，可以安慰他们的阴魂。汉高祖就派了一些看坟的住户：秦始皇二十家，魏公子无忌五家，其余各十家。

六国的后人当中有不少人说："已经死了的人，皇上还这么照顾着，活着的人就更不必说了。"果然，接着，又传下了命令：代地的官员和百姓一概免罪，过去受陈豨、赵利他们威胁而背叛朝廷的一概免罪。这一来，人心就安定下来了。

汉高祖第二件心事是：谁来继承他呐？他老觉得太子盈厚道有余，能力不足，赵王如意很像他自己，倒是能继承他的事业。他的伤口越是厉害，就越要快点立赵王如意为太子。他曾经把这件事向大臣们提出过，大臣们总是引经据典地起来反对。连那位大门不出、不过问人间事的张良也不赞成。汉高祖认为在这件事上张良也是个书呆子。可是朝廷上所有的大臣都护着太子盈，弄得汉高祖也下不了决心。

有一天，汉高祖瞧见了四个八十多岁的老头儿伺候着太子盈。汉高祖怪纳闷儿的，就问："他们都是谁呀？"那四个老头儿上前，一个个报了名：东园公，甪里先生（甪 Lù），绮里季，夏黄公。汉高祖听了，睁大了眼睛，愣了一下，说："我曾经请你们来，你们可逃了。怎么现在你们来跟我的儿子在一起？"他们回答说："皇上瞧不起人，老爱骂人，我们又不想做官，何苦到您跟前来挨骂呐？所以我们躲起来。现在我们听到太子有爱心、有孝心，对人虚心、恭敬，天下的人都乐意替他出力、卖命，我们这才来跟他一块儿走走。"汉高祖哪儿知道他们是吕后花了金玉财帛请来的，他叹了一口气，眼睛看着自己的鼻子，说："你们好好爱护太子吧。"

汉高祖回到宫里，直替赵王如意担心。大臣们都向着太子盈，要是硬废了他，赵王如意必然更加孤立，也许连命都保不了。他对戚夫人说："太子有了帮手，翅膀已经硬了。唉，没法更动。吕后真要当家了。"戚夫人听了，直哭，伤心得没法说。汉高祖也流着眼泪。他说："咱们俩原来都是楚人，你替我来个楚人的舞蹈，我替你唱个楚人的歌儿。"两口子流着眼泪舞着、唱着，凑合着解解闷气。"威加四海"的汉高祖终究逃不出吕后的手掌心。打这儿起，汉高祖总是多病多痛的，老发脾气，谁见了都怕他，连相国萧何也差点丧了性命。

49 白马盟约

吕后杀了韩信以后,汉高祖加封相国萧何五千户,另外再给他五百个士兵、一个都尉,作为相国的卫队。大伙儿都向萧何贺喜。他的一个手下人对他说:"淮阴侯身经百战,尚且灭了三族,相国的功劳未必真比韩信大得了多少。现在韩信刚给杀了,皇上就给相国加了封,外表上是尊敬相国,恐怕骨子里对相国已经不大放心了。"

萧何倒抽一口冷气,他说:"这这这,哎呀,这可怎么办呐?"那个手下人说:"相国不如光接受封号,别的什么都不要。皇上准会喜欢。另外,就是用最低的价钱去多买民田、民房,让人家说相国坏话,说您贪污,说您勒索。相国的威信不高,皇上就能放心了。"萧何一一照办,汉高祖果然不说话。甚至于老百姓向汉高祖控诉萧何强买民田、民房几千万,汉高祖全不在意,仅仅叫他向老百姓赔不是,把田价、房价补足就算了。当大臣们都反对更改太子的时候,萧何为了上林的土地(上林,圈作皇上游玩的林园),上了一个奏章。汉高祖这会儿可火了,马上把萧何下了监狱。

萧何因为长安居民多、土地少,圈作上林的土地可不少,大多都空着,一点用处都没有,他建议不如让农民去耕种,一来可以帮助穷人,二来公家还可以增加收入。汉高祖认为这明明是萧何向老百姓讨好,就说他受了土地商人的贿赂,替他们说话,把萧何上了刑具,下了监狱。

萧何已经上了年纪,再说做相国的哪儿受过监狱里的苦楚?他流着眼泪,直担心韩信、彭越、英布的命运轮到他头上来。过了十来天,幸亏有人替他分辩,汉高祖知道萧何已经服了,就免了他的罪。萧何从监狱里出来,就这么光着脚去向汉高祖赔不是。汉高祖对他说:"相国不必说了。你为老百姓请愿,我不答应。我是个暴君,你是个贤相。我把你关了这几天,好叫老百姓知道是我的不是。"萧何愣头磕脑地拜谢了汉高祖,仍然做他的相国,可是从此再也不敢随便开口了。

汉高祖这么处理了萧何,原来是给他一个教训,免得他也像韩信、彭越、英布那样仗着自己过去的功劳不肯老老实实地受朝廷的约束。萧何果然完全服了。谁知道按下葫芦瓢起来,汉高祖接到警报,他最亲信的燕王卢绾造反了。

卢绾也是丰乡人，他的父亲跟太公是好朋友。两个好朋友同一天生了两个孩子，就是汉高祖和卢绾。街坊送羊、送酒向他们两家贺喜。两个小孩儿长大了，同一天上了学，街坊又送羊、送酒向他们两家贺喜。汉高祖跟卢绾一向挺亲热，连萧何、曹参都比不上。赶到燕王臧荼反了，汉高祖明知道卢绾的才能差些，自己不好意思偏向着他，就暗暗地叫大臣们推荐卢绾，立他为燕王。

燕国接近匈奴，臧荼的儿子臧衍和陈豨投降了匈奴，他们就劝卢绾跟匈奴联合起来，保卫燕国。汉高祖得到了这个消息，不愿意发兵去征伐，只派个使者去请卢绾回朝。说句天公地道的话，卢绾是不愿意投降匈奴的，可也不敢回长安去。他推说有病，一时不便动身。汉高祖就打发辟阳侯审食其和御史大夫赵尧到燕国去问候，再劝卢绾回去。

卢绾不跟他们相见，他对燕国的大臣们说："当初分封诸王，不是姓刘的共有七国，到了今天只剩下了我和长沙王两个，其余全没了。皇上待我恩重如山，可是吕后阴险刻薄，我不能不防备着。当年韩信、彭越都死在她手里，现在皇上正病得厉害，吕后一定会自作主张。我要是回去，准会遭到她的毒手。且待皇上恢复了健康，我再亲自去赔不是，也许能够保全性命。"

有人把他的话转告了审食其和赵尧。赵尧不说话，心里还有点同情卢绾。审食其是吕后的人，当然偏向着吕后，痛恨卢绾，回去以后，就有枝添叶地说卢绾确实谋反了。

汉高祖一听卢绾果然谋反，火儿更大了，那胸脯上的伤口又冒出脓血来。他吩咐樊哙带领大军去征伐，接着就立皇子刘建为燕王。卢绾并不是真要造反，这会儿逼得没法分辩，只好带着几千人马驻扎在长城下面，还想等汉高祖病好了，再回到长安去谢罪。

汉高祖越是挂火儿，伤口就越厉害。他原来叫太子盈带兵去征伐英布，因为吕后不让太子盈去，他只好亲自出去，以至于中了一箭。现在伤口发作，病得不能起来，心里更加痛恨吕后和太子。有时候吕后和太子进来问病，还给他骂出去。有个伺候他的人偷偷地对汉高祖说："樊哙跟吕后串通一气，要等皇上百年之后，杀害戚夫人和赵王如意，皇上不能不提防。"

汉高祖自己早已觉得吕后老自作主张，不成体统。可是一个妇道人家能干出什么来呐？现在跟她的妹夫樊哙串通起来，情况就严重了。他立刻叫陈平和周勃进来，对他们说："樊哙跟吕后他们结成一党，巴不得我早点死。你们赶快去燕国，一到军营，立刻把樊哙斩首。"他还怕他们暗地里使花招,不敢杀樊哙,就又吩咐陈平尽快把樊哙的脑袋拿来,让他亲自验过,吩咐周勃为将军代替樊哙进攻燕地。最后他又嘱咐陈平,说:"快去快来,不得有误。"

陈平、周勃立刻动身去斩樊哙。在道上,陈平对周勃说:"樊哙是皇上的自己人,功劳大,又是吕后妹妹吕须的丈夫,地位这么高的皇亲国戚,咱们可不能自动手斩他。这会儿皇上挂了火儿要斩他,万一他后悔了,怎么办?再说皇上病得这么厉害,咱们斩了吕后的妹夫,将来她能放过咱们去吗?"周勃说:"难道咱们能不听皇上的命令,把他放了吗?"陈平说:"放是不能放的。咱们不如把他上了囚车,送到长安去,让皇上自己去办吧。"周勃认为这是个好主意,他们商量停当,就这么办。

陈平还没回来,汉高祖又在那儿生气了。他的脾气也真怪,病了,不愿意请大夫看。他见吕后带着一个大夫进来,就骂着说:"我平民出身,手提三尺剑,得了天下,这是天命所归,现在病得这个样子,也只能听天由命。你们给我出去!我有紧要的事和大臣们商量。"他们只好出去。汉高祖担心的不是他自己的病,而是他的天下。他仔细一想,光杀了樊哙,还不能削弱吕后他们的势力。因此,他召集大臣要他们起誓立约。

大臣们到了他跟前,汉高祖吩咐手下人宰了一匹白马,和大臣们歃血为盟。大伙儿依着汉高祖的话,起誓说:"从今以后,非刘氏不得封王,非功臣不得封侯。违背这个盟约的,天下共同征伐他!"大臣们宣了誓,汉高祖这才放了心。吕氏家里有功劳的也只能封侯,可不能做王了。他还担心自己一死,各国可能趁着这个机会作乱,荥阳是最紧要的中心地区,更加不能不防备。

他马上派使者送诏书给陈平,吩咐他立刻到荥阳去,帮助灌婴小心镇守,樊哙的人头可以交给别人送来。这么布置好了以后,才叫吕后进去,嘱咐后事。吕后问他:"皇上百年之后,萧相国要是死了,谁做相国呐?"汉高祖说:"曹参可以。""曹参以后呐?""王陵也可以,可是王陵有点戇(gàng,傻的意思),陈平可以帮助他。陈平倒是够机灵的了,可是不能单独干事。周勃为人厚道,办事慎重,可是没有文墨。尽管这样,将来安定刘家天下的还是他,可以做太尉。"吕后又问:"还有谁可以做相国呐?"汉高祖说:"以后的事也不是你能够知道的了。"

公元前195年(汉高祖十二年)四月,汉高祖在长乐宫里死了。他四十八岁(公元前209年)起兵,五十五岁做了皇帝,在位八年,死的时候已经六十三了。他死了四天,吕后还没把消息传出去。她要把一切布置停当,才给汉高祖发丧。

50 把人当作猪

吕后把汉高祖过世的消息压住,挺秘密地叫她的心腹审食其进去,对他说:"大将们和先帝都是平民出身的,他们在先帝手下做臣下已经不太甘心,这回就更靠不住了。不把他们灭门,天下不能安定。"审食其说:"怎么拿得住他们呐?"吕后说:"这怕什么?只要说皇上病重,叫大臣们一个一个地进来,宫里埋伏着武士,来一个杀一个,不就得了吗?"她就叫审食其去布置。

审食其一个人不好办,他就约吕后的哥哥吕释之做帮手。吕释之的儿子吕禄和郦商的儿子郦寄是好朋友。吕禄知道了他父亲准备和审食其合起来屠杀大臣,就把这个消息偷偷地告诉了郦寄。郦寄又偷偷地告诉给他父亲。

郦商得到了这个信儿,立刻去找审食其,对他说:"听说皇上晏驾已经四天了。您不想办法快点发丧,反倒打算屠杀大臣。这一来,天下大乱不必说了,恐怕连您的命也保不住。您想,灌婴带领十万大军,镇守荥阳,陈平已经接到了诏书去帮助他。您敌得过他们吗?这还不算,周勃代替樊哙,镇守燕、代,他的兵马可不少哇。朝廷上一杀大臣,他们必然发兵来攻打关中。皇后和太子的性命固然难保,大臣们哪一个不知道您是一向帮着皇后的。他们能放过您去吗?"

这一大篇话把审食其吓得连话都说不出来。他愣了一会儿,才吞吞吐吐地说:"我我我不知道有这么回事。那那那怎么办呐?"郦商说:"您知道也好,不知道也好,反正非您想个办法不可。"审食其说:"我我这就去见皇后。"

审食其跟吕后一说,吕后知道消息一传出去,事情就不好办了。她一面嘱咐审食其去告诉郦商和吕释之千万不可嚷出去,一面就下了发丧的命令。大臣们安葬了汉高祖,立太子盈为皇帝,就是汉惠帝,尊吕后为皇太后。

汉惠帝即位的诏书一发出去,燕王卢绾和陈平就改变他们的行动。卢绾本来还想等汉高祖病好了,亲自来向他诉说自己的委屈。他知道汉高祖一死,吕后的权力必然更大了。他怎么还肯自投罗网去见她呐?他就投奔匈奴去了。陈平呐,因为害怕吕后和吕须,才没敢照汉高祖的命令治死樊哙,只是把他上了囚车送到关中来。后来他又接到命令，叫他立刻上荥阳去帮助灌婴。这会儿他听到汉高祖死了，恐怕吕后和吕须恨他去杀樊哙，将来一定要找他报仇，就想法先去讨她们的好。他赶紧回到关中，跑到长乐宫，在汉高祖的灵前又拜又哭。

吕太后见陈平回来了，马上问他樊哙怎么样。陈平说："我是奉了先帝的命令去斩樊将军的。可是我始终认为樊将军有过大功，而且又是皇亲，我怎么能得罪他呐？再说那时候先帝病得这么厉害，他的话不一定对。因此，我只派人把樊将军送回来，听候太后发落。"

吕太后这才放了心，还安慰陈平说："你能顾到大局，真不错。你路上辛苦了，出去休息休息吧。"陈平还怕自己的地位不稳，就流着眼泪，说："我受了先帝的大恩，应该赤胆忠心地报答一番。现在太子刚即位，宫里正需要人，请让我在宫里做个卫士，伺候皇上，一来可以报答先帝的大恩，二来可以替太后和皇上效力。"吕太后听了他这些话，心里挺舒坦，就夸奖他一番，拜他为郎中令（管宫殿门户的大官），叫他在宫里辅助汉惠帝。打这儿起，陈平不但没有因为樊哙的事吃了亏，还得到了吕太后的信任。

吕太后免了樊哙的罪，叫他官复原职。她不能杀害大臣，可是朝廷的大权在她手里，她要怎么着就怎么着。吕太后最痛恨的莫过于戚夫人和戚夫人的儿子赵王如意，她是没法不对她们母子下毒手的。她把戚夫人罚做奴隶。命令一下，手下的人就把戚夫人的头发削去，宫装剥下，给她换上奴隶的衣服，天天叫她舂米。戚夫人一向给汉高祖惯得挺娇的，哪儿干过这种苦活儿。她舂一阵，哭一阵，后来就一面舂米，一面挺伤心地唱着舂米的歌：

> 儿子做了王，
> 母亲做奴隶；
> 整天舂着米，
> 跟死在一起，
> 相隔三千里，
> 谁能告诉你？

这个歌传到吕太后的耳朵里，如同火上加油。她说："你还想靠着儿子吗？"她立刻派人去召赵王如意入宫。赵相周昌知道吕太后不怀好意，怎么也不让赵王如意回去。吕太后第二次派人去催，周昌还是不答应。吕太后第三次又打发使者去对周昌说："太后非叫赵王如意回去不可。"周昌对使者说："先帝嘱咐我小心伺候赵王，现在赵王有病，我不能让他动身。"

吕太后恨透周昌了。本来要立刻把他拿来办罪，可是因为过去周昌曾经竭力反对汉高祖废太子盈，吕后感激得向他下过跪。因此，她对周昌不得不宽大点。她就不再叫赵王如意入宫了。可是她吩咐周昌自己回到朝廷来见她。周昌不能不去。吕太后见了周昌，也不提赵王如意的事，只是不让他回到赵国去。周昌告了病假，不再上朝。

吕太后把周昌支开，再派人去叫赵王如意回来，说是他母亲要见见他。赵王如意失去了周昌，没有人替他拿主意，只好动身回来。赵王如意还没到宫门口，就瞧见哥哥汉惠帝亲自出来迎接他。汉惠帝那时候才十七岁，可是他挺懂事，为人又厚道，跟吕太后的性情完全不同。他听说戚夫人舂米，已经觉得自己的母亲不对。这会儿他知道赵王如意来了，怕他母亲暗地里害他，就把赵王如意接到自己的宫里来。以后天天跟他在一块儿，连吃饭、睡觉都在一起，弄得吕太后没法下手。

赵王如意想要见见他自己的母亲。汉惠帝只是劝他别着急，慢慢想办法。赵王如意只好天天想念着母亲，可不能见面。他哪儿知道母亲已经做了奴隶呐？有一天早晨，因为天冷，赵王如意又是个小孩子，还没起来。汉惠帝为了爱护他，让他多睡一会儿，就自己管自己起了床射箭去了。就在这么一会儿工夫里头，赵王如意给毒死了。不一会儿，汉惠帝回来，瞧见赵王如意七窍流血，挺在床上，他抱着尸首大哭一场。他明知道谁是主使人，可是做儿子的不敢定母亲的罪，只好吩咐手下人把尸首用王礼安葬了。

吕太后杀了赵王如意以后就不再让戚夫人舂米了。她独出心裁地把人弄成猪。她把戚夫人的两只手和两只脚砍得跟猪的四肢一般长，再把戚夫人的两只眼睛挖去。这么折磨完了，把她扔在猪圈里，还给她起个名儿叫"人猪"。然后请汉惠帝去参观"人猪"。

汉惠帝一见戚夫人给自己的母亲害得这个样儿，就放声大哭。他不但是为戚夫人和赵王如意痛哭，他也是为自己痛哭，痛哭他为什么恰恰做了这么一个母亲的儿子。他不能叫母亲死，他情愿自己死。他伤心极了，当时就害起病来。他派人去对吕太后说："这不是人干的。我做了太后的儿子，终究不能治天下。"汉惠帝是个软皮囊。病好了以后，不敢再说什么，他希望再患病。他拼命地喝酒、玩女人，只想毁坏自己的身子，早点离开这个残酷的人间。

51 萧规曹随

吕太后害死了戚夫人和赵王如意以后，改封淮阳王刘友（汉高祖跟后宫所生的儿子）为赵王。她恐怕将来诸侯王可能发生叛变，打到长安来，就用了三十多万民夫去建筑长安城。长安城在汉惠帝元年，就是公元前194年开始建筑，三年正月又在长安六百里以内征了男子和妇女十四万五千人继续建筑，六月又叫各王国、侯国一共送来囚犯和奴隶两万人，五年正月又在长安六百里以内征了男子和妇女十四万五千人，到秋天才把周围六十五里的城墙造好。

公元前193年（汉惠帝二年），齐王刘肥来朝见汉惠帝。齐王刘肥是曹氏生的，年龄比汉惠帝大几岁。汉惠帝把他当作亲哥哥看待，吕太后嘴里敷衍他几句，心里可挺不乐意。妃子生的刘肥怎么能跟她的儿子称兄道弟的呐？在家里宴会的时候，汉惠帝请太后坐上位，请这位哥哥坐在第二位，自己坐在下位。齐王刘肥也不客气，就这么坐下了。这可把吕太后气坏了。

大家正在喝酒的时候，她背地里嘱咐心腹斟了两杯毒酒，递给她，她叫齐王刘肥向她上寿。齐王刘肥拿起一杯奉给吕太后，自己拿了一杯。吕太后推说自己酒量小，叫齐王刘肥替她喝下去。刘肥挺爽气，准备把两杯酒全由自己干了。汉惠帝马上拿起那一杯来，跟哥哥一齐给太后上寿。这可把吕太后急坏了，她连忙从汉惠帝手里夺过那杯酒来，倒在地下。齐王刘肥怪纳闷儿的，也不再敢喝了。他假装喝醉了酒，告辞出来。

齐王刘肥买通了宫里的底下人，才知道吕太后成心要杀害他。他怕没法离开长安。一个随从的臣下献个计，对他说："太后只生了皇上和鲁元公主。这两个人是她的命根子。现在大王的封地有七十多个城，鲁元公主可只有几个城。要是大王把一个郡（包括好几个县）奉给太后，请她转送给鲁元公主作为她的汤沐邑，太后一定喜欢，大王就不必担心了。"齐王刘肥就把城阳郡献给鲁元公主，还尊她为王太后（张敖的儿子张偃为鲁王，公主是鲁王的母亲，所以尊为王太后）。吕太后果然高兴，带着汉惠帝挺客气地送走了齐王刘肥。

汉惠帝送走了哥哥刘肥，更觉得做人太没有意思了，希望早点离开这个世界。到底他是个年轻小伙子，一下子还不至于死。那个年老的相国萧何可病得只剩了一口气了。汉惠帝亲自去看他，还问他将来请谁代替他。萧何说："谁能像皇上那样知道臣下呐？"汉惠帝就说："曹参怎么样？"萧何说："皇上的主见错不了。"萧何和曹参原来都是沛县的官吏，本来彼此很好，后来曹参带兵，打了不少胜仗，立了大功，可是他得到的爵位和赏赐反倒比不上萧何，心里挺不痛快。两个人就不那么好了。这会儿汉惠帝提到曹参，萧何总算顾到大局，并没反对。

萧何一死，曹参做了相国。他原来是个将军，汉高祖拜他为齐相去帮助长子刘肥。那时候，他到了齐国，不知道应该怎么样办，就召集了齐地的父老和儒生一百多人问他们怎么样才能够治理百姓。这些人差不多每人有一个说法，而且大多都是夸夸其谈，不合实际，弄得曹参无所适从。

后来曹参打听到胶西有一个盖公，人家都说他德高望重，可是不愿意出来做官。曹参挺诚恳地把他请来。盖公是研究黄帝、老子那一派的学说的（简称黄老之学），主要的理论是：在上的清净无为，在下的自然会安定。曹参依了他的话，不准长官去打扰老百姓，他就这么在齐国做了九年相国和丞相（汉惠帝改相国为丞相），齐地七十多个城果然都挺安静，大伙儿称他为贤明的丞相。那时候，刚刚在大乱之后，老百姓都希望过几年太平日子，只要做官的不做坏事，不去打扰他们，他们就够造化的了。

这会儿曹参代替萧何做了相国，遵守着"在上的清净无为，在下的自然安定"的信条，什么都不变动，什么都不过问，让官吏们一切都按照前相国的章程办理。虽说什么都不过问，他可不喜欢那些油腔滑调、舞文弄墨或者沽名钓誉、好高骛远的官员。他挑了几个年岁大的、忠厚老实的人做他的帮手，老跟着他们一块儿喝酒、聊天。朝廷上的事什么也不管。有几个大臣看着新相国什么都不管，很替他着急，也有去向他献计策的。可是他们一到那儿，曹参就请他们喝酒，一杯接着一杯地把他们灌醉才算完事。要是有人在他跟前提起朝廷大事，他就叫他先喝酒，然后用别的话岔开，弄得别人没法再开口。他们只好喝醉了酒，糊里糊涂地回去。

汉惠帝还以为曹参喝酒是学他的样，也许是瞧不起他，不愿意替他好好地治理国家，心里挺不踏实。恰巧曹参的儿子大夫曹窋（zhú）过来。汉惠帝嘱咐他说："你回家的时候替我问问你父亲：高皇帝归了天，皇上年岁又轻，在这个紧要关头，国家大事全靠相国主持。您天天喝酒，什么也不管，这么下去，怎么能安抚天下呐？看你父亲怎么回答，然后你来告诉我。你可别说是我教你这么问的。"

180

曹窋回家去，就跟他父亲照样说了一遍。曹参一听儿子的话，火儿可就上来了，他骂着说："你这小子懂得什么？也敢在我面前耍嘴皮子！"说着，拿起板子来把他打了一顿。完了把他赶出去，还说以后不准他回家。

曹窋受了责打，垂头丧气地回到宫里，向汉惠帝直诉委屈。汉惠帝更加纳闷了。第二天，他见曹参一个人在他跟前，就对他说："相国为什么责备曹窋？他说的话就是我的意思，是我叫他去劝相国的。"曹参立刻摘去帽子，趴在地下，连连磕头，认了错。

汉惠帝叫他起来，对他说："相国有什么话，请直说吧。"曹参说："请问皇上，您跟先帝比较，哪一位英明？"汉惠帝说："我哪儿比得上先帝？"曹参又说："我跟萧相国比较，皇上看哪一位贤明？"汉惠帝微微一笑，说："好像还不如萧相国。"曹参说："是啊，皇上的话完全对。皇上不如先帝，我又不如萧相国，那么，先帝和萧相国平定了天下，制定了规章，咱们只要继承下去就是了，难道还能超过他们吗？"

汉惠帝本来是个老实人，听了曹参的话只好说："噢，我明白了。请相国别介意。"他可实在不明白光喝酒怎么能叫国家太平、人民安乐呐？可是当时也有人认为这样"萧规曹随"的办法挺不错。

曹参虽说在上的清净无为，不去打扰老百姓，可是打扰老百姓的事有的是。不说别的，光是为了建筑长安城，就一而再、再而三地征了三十多万壮丁去做苦工，拉了男子还不够，连妇女也逃不了。再加上连年的旱灾，江里河里的水少了，小河沟和池塘干得连底都裂开。在这种情况底下，相国光喝酒，什么都不干，怎么能叫老百姓安居乐业呐？天下又怎么能太平呐？

52 太后临朝

相国曹参天天喝酒，不管朝政。汉惠帝病病歪歪的，也不管朝政。因此，这几年来，朝廷上的事情实际上都落在吕太后身上。可是一个妇女管理朝廷，先不说管得好不好，当时的阻力是很大的，人家总觉得不对劲儿，连冒顿单于也瞧不起汉朝了。

汉高祖采取和亲政策，把匈奴作为亲戚看待，几年来总算平安无事。赶到汉高祖一死，朝廷上的局面又是那个样子，冒顿单于就要试探试探汉朝的态度。他写了一封很没有礼貌的信给吕太后。主要是说:"你死了男人,我死了老婆,两个主人都孤单得很。我愿意把我所有的换取你所没有的,彼此都能称心如意。"

吕太后一看气得直喘,立刻召集文武百官到宫里来商议。她说:"匈奴太没有道理了,我想先杀了他们的使者,再发兵去征伐。你们看怎么样?"樊哙说:"给我十万人马,准可以打败匈奴。"季布可没有这分胆量,可是又不能让人家说他胆小。他就大声地说:"樊哙这么狂妄,应当砍头!从前匈奴在平城围住先帝,那时候汉兵三十二万,樊哙是上将军,还不能解围。现在他只要十万人马就能打败匈奴,这是当面欺骗太后。匈奴本来不懂礼貌,说了一句得罪太后的话,太后犯不着这么生气。"

曹参、王陵、周勃、陈平、叔孙通他们觉得匈奴厉害,都说还是和好的好,连樊哙也不再言语了。吕太后只好说:"那么,还是和好吧。"她就写了一封挺客气的回信,还送给冒顿单于一些车马。冒顿单于见了回信,也认为和亲对他有好处,又打发使者来向汉朝认了错,要求和亲,还送了几匹好马来。吕太后就挑了宗室的一个女儿嫁给冒顿单于。这么着,匈奴同汉朝又和好了。

北边同匈奴和好了,南边也不能不防备一着。当初中原诸侯攻打秦国的时候,赵君无诸和闽君驺摇这两个首领率领着闽、越的兵马帮助诸侯灭了秦国。后来汉高祖封无诸为闽越王。闽君驺摇也有功劳,可没受到封。他就在东海(在吴郡东南海边)扩张自己的势力,那一带的老百姓都归附了他。吕太后怕他不安心,就在同匈奴和亲那一年(公元前192年,汉惠帝三年),立闽君驺摇为东海王,以东瓯(在浙江温州;瓯ōu)为都城,所以也称为东瓯王。

北边同匈奴和亲,南边立驺摇为东海王,这是汉惠帝三年的两件大事,都是吕太后出的主意。汉惠帝十七岁即位,到了这一年已经二十岁了。他可还没正式结婚。老百姓的子弟到了这个年龄也可以娶媳妇儿了,怎么做了皇帝反倒还没结婚呐?

原来汉惠帝的姐姐鲁元公主生了个女儿,吕太后打算把她配给汉惠帝。舅舅跟外甥女儿结了婚,亲上加亲,不是挺好吗?可惜小姑娘太小,一时不能成亲,吕太后只好让汉惠帝等着。到了汉惠帝四年,他的未婚妻也有十几岁了,虽然还太年轻,那可不管了。这么着,吕太后就让汉惠帝和张敖的女儿成了亲,还立小娃娃张氏为皇后。

汉惠帝结婚那一年,做了几件大事情。第一件是叫各郡县推举优秀的老百姓,予以免勤的奖励。被推举的人必须是:孝顺父母、尊敬兄长而又努力于耕种土地的。第二件是大赦天下。第三件是废去秦朝私藏诗书灭门的法令。汉高祖和秦国父老约法三章是在公元前206年,可是秦朝不准私藏诗书的法令一直到了公元前191年,已经过了十五年了,才把它废除。到了这时候,朝廷才允许民间收藏诗书,可是已经太晚点了。

汉惠帝结婚那一年做了这三件大事情,以后两年里面(公元前190—公元前189年),接连着死了几个重要的大臣。相国曹参、舞阳侯樊哙、留侯张良都先后死了。又过了一年(公元前188年,汉惠帝七年)汉惠帝也死了。

吕太后只有这么一个儿子,年轻轻地死了,怎么能不伤心呐。她可没流眼泪。右丞相王陵、左丞相陈平、太尉周勃等大臣们都挺纳闷。张良的儿子张辟强才十五岁,吕太后把他留在宫里做事,所以他也跟大臣们在一块儿。他们出来以后,张辟强去见左丞相陈平,对他说:"太后死了独生子,当然难受极了。可是她没流眼泪,丞相知道这是什么缘故吗?"

陈平说:"不知道哇。"张辟强还真帮着吕太后,他说:"皇上晏驾了,太后因为没有年壮的儿子,恐怕大臣们另有打算,所以她伤心得连哭都哭不出来。可是太后怀疑你们另有打算,对她不利,她能轻易放过你们去吗?我说,不如请太后立刻拜她的两个侄儿吕台(吕太后的大哥吕泽的儿子)和吕产(吕台的兄弟)为将军,统领军队,保卫长安和宫殿,再推荐吕家的人,给他们做大官,太后准能喜欢,你们也就不至于遭到什么祸患了。"

机灵鬼陈平真佩服张辟强,觉得这小子比他自己还机灵。这个美差可不能让别人抢了去。陈平马上进宫去见吕太后,请她拜吕台、吕产为大将,分别统领南军(驻扎在城内保卫宫廷的军队叫南军)和北军(驻扎在城外的军队叫北军)。这两支军队原来都是由太尉周勃统领的。吕太后就怕那些跟汉高祖一同打天下立过大功的将军们不受约束。汉高祖这么厉害,他们还一个接一个地谋反。她忘不了燕王臧荼、韩王信、代相陈豨、淮阴侯韩信、梁王彭越、淮南王英布、燕王卢绾的事。现在她一个妇道人家怎么压得住周勃、王陵、灌婴他们呐?这会儿她把这些军队都交给自己的侄儿去管,自己人到底靠得住些。太后一家抓住了兵权,就不必再怕他们造反了。吕太后完全依了陈平的话,马上把兵权拿过来。她才算放心。一放了心,就一把眼泪、一把鼻涕、哭天哭地地哭开儿子来了。

安葬了汉惠帝以后,吕太后就立汉惠帝的儿子刘恭为皇帝,称为"少帝"。可是张皇后到底太年轻,没生过儿子,据说汉惠帝也没跟别的女人生过儿子。那么,哪儿来的少帝呐?吕太后早已准备好了。她叫张皇后填高了肚子,假装受了孕,到时候,偷偷地把别人家的婴儿弄到宫里来,算是张皇后生的。又怕将来婴儿的母亲泄漏秘密,就把她杀了。因为少帝刘恭还是个婴儿,不能统治天下,吕太后名正言顺地替他临朝,主持朝政。

吕太后为了巩固自己的政权,就在朝廷上提出要立吕家的人为王,问问大臣们可不可以。右丞相王陵是个直筒子,愣头磕脑地说:"高帝宰了白马,大臣们都宣过誓:非刘氏不得封王!"陈平和周勃替吕后找出非刘氏可以封王的道理来,他们说:"高祖平定天下,分封自己的子弟为王,这当然是对的;现在太后临朝,分封自己的子弟为王,也没有什么不可以。"吕太后点了点头,没说话,可也没封吕家的人为王。

散朝以后,王陵批评陈平和周勃,说:"当初在先帝跟前宣誓,你们不是都在场吗?你们拿起誓当白玩儿,一个劲儿地奉承太后,怎么对得起先帝呐?"陈平和周勃说:"当面在朝廷上争论,我们比不上您;将来保全刘氏,您可比不上我们。"

王陵只是冷笑着。可是冷笑有什么用?吕太后不让他做丞相,叫他去做婴儿少帝的老师。王陵托病告了长假,吕太后也不去为难他,准他退休。她就拜陈平为右丞相,审食其为左丞相。陈平打这儿起,老是喝酒,审食其只管宫殿里的事,因此实际上就没有一个丞相管理朝廷大事了。

吕太后做事是有步骤的,分封吕家的人也不能一下子就干。她先把早已死了的父亲吕公和大哥吕泽封为王。果然没有人反对她去封死人。这两个王既然是姓吕的,那么以后再封别的姓吕的就不足为奇了。在吕太后临朝的八年当中(公元前188—公元前180年),她的内侄和内侄孙先后封王的有吕台(吕太后的大哥吕泽的儿子)、吕嘉(吕台的儿子)、吕产(吕台的兄弟)、吕禄(吕太后的二哥吕释之的儿子)、吕通(吕台的儿子)。连吕太后的妹妹吕须(樊哙的妻子)也封为临光侯。

这么多吕家的人都封了王、封了侯,刘家和刘家的大臣们怎么能服气呐?吕太后早已想到了这一层。她也封了不少姓刘的人,据说封的都不是汉惠帝的儿子。可是吕太后把别人家的小孩子冒充为汉惠帝的儿子,封他们为王。少帝还算是张皇后生的。可是少帝到了五六岁的时候,挺天真地说:"太后杀了我的母亲,赶明儿我长大了,我一定要报仇!"吕太后怕以后出麻烦,就把他杀了,立恒山王刘义为皇帝。

吕太后封的那些刘家的王都是小孩儿,吕家的王大多都是带兵的,朝廷上的大臣们又都不敢说话,按理说已经很稳当了。可是她知道不服气的人还真不少,连她一手提拔起来的人也反对她。那个人就是朱虚侯刘章。吕太后为了照顾齐王刘襄(刘肥的儿子,汉高祖的长孙),曾经封他的兄弟刘章为朱虚侯,叫他住在宫里作为亲信的卫士,还把吕禄的女儿(太后的内侄孙女儿)嫁给他。朱虚侯刘章很有力气，他在二十岁那一年（公元前181年，吕太后临朝的第七年），有一天，在宴会上伺候着吕太后。吕太后指定他监督宴会。他对吕太后说："我是将门之子，请允许我按照军营的规矩监督宴会。"吕太后说："可以。"

　　朱虚侯刘章瞧见刘家的大臣们喝酒喝得挺乐的，他要求吕太后让他唱个耕田歌。吕太后说："好，你唱吧。"他就放开嗓子，唱起来了：

　　　　地要耕得深哪，
　　　　种要播得密；
　　　　插秧不能乱哪，
　　　　行列要整齐；
　　　　杂种和野草哇，
　　　　随时要锄去！

　　大臣们听了，你看看我、我看看你，心里直点头。吕太后不说话。不一会儿，有个姓吕的子弟喝醉了酒，不守宴会的规矩，走了。刘章追上去把他杀了。他回来向吕太后报告。大臣们都吓得什么似的，直替他担心。吕太后因为已经允许他按照军法行酒，也不为难他。可是她知道要锄去野草（指吕家）的不光是朱虚侯刘章一个人。她还得小心提防着。

　　到了第二年（公元前180年，吕太后临朝的第八年），吕太后害了重病。临终立吕产为相国，吕禄的女儿为皇后，吕禄为上将军。她叫吕禄统领北军，吕产统领南军，嘱咐他们，说："我死了以后，大臣们也许趁着丧事作乱，你们必须带领军队保卫宫廷，千万不要出去送殡，免得遭受别人的暗算。"她说了这话，就咽了气。

53　汉文帝即位

　　吕太后虽然死了，吕产、吕禄统领着南军、北军，严密地保卫着宫廷和京城，连太后下葬的时候，他们都不出去。大臣们不免怀疑起来。吕家的将军们为什么带着兵马老占领着宫廷呐？朱虚侯刘章的媳妇儿是吕禄的女儿，她准知道她父亲的行动。刘章向她一盘问，才知道吕产、吕禄是受了太后的遗嘱保卫着宫廷的。刘章一想，这么下去，刘家的天下不是要变成吕家的天下了吗？他就派心腹去告诉自己的哥哥齐王刘襄，约他发兵从外面打进来，自己在里面接应。

齐王刘襄拿征伐吕家的名目号召诸侯，自己首先发兵往西边打过去。相国吕产得到了这个消息，立刻派颍阴侯灌婴带领兵马去对付刘襄。灌婴到了荥阳，对亲信的将士们说："吕产、吕禄他们统领大军，占领关中，明明是要夺取刘家的天下。我们要是向齐王进攻，这不是帮助吕家造反吗？"他们都同意暂时把军队驻扎下来，还暗地里通知齐王刘襄约会诸侯共同去征伐吕家。这么着，灌婴和刘襄都把自己的军队驻扎下来，同时联络刘章、周勃、陈平他们，叫他们从里面发动起来，准备里外夹攻，消灭吕家。

刘章、周勃、陈平、郦寄他们想了个办法，居然把吕禄的兵权夺过来了。南军和北军的士兵们也都愿意帮助刘家，反对吕家。刘章杀了吕产，周勃杀了吕禄。两个头儿一死，事情就好办了。周勃带领着新归附过来的军队，把这两家的男女老少全都杀了。他们还打死了吕须，杀了吕通，废了鲁王张偃。大臣们打发刘章到齐营里去请齐王刘襄退兵，一面再派人请灌婴撤兵回来。

到了这时候，刘家的大臣们胆儿就大了。他们说："从前吕太后所立的少帝和现在的皇上都不是先帝的亲骨肉。她还把别人家的几个小孩儿冒充惠帝的儿子，都封了王。现在我们灭了吕氏，这些冒充的皇子将来长大了，还不是吕氏一党吗？我们不如斩草除根，再在刘氏诸王当中挑选一个最贤明的，立他为皇帝，这才是正经。"

可是立谁为皇帝呐？有人说："齐王刘襄是高帝的长孙，可以即位。"大臣们大多不同意。丞相陈平和太尉周勃认为代王毫无势力，简直跟扔在边界上一样，手底下也没有得力的大臣，要是帮着他登基，自己的功劳可大了，将来的地位可靠；要是立齐王刘襄，齐国的大臣必然得势，一朝天子一朝臣，到那时候自己反倒给排挤出去。他们就冠冕堂皇地说："吕氏差点夺去了刘氏的天下，齐王的丈母家挺强，要是立了齐王，不是去了一个吕氏又来了一个吕氏吗？代王是高帝的亲儿子，年龄最大，谁都知道他品格高、有能耐。他的母亲薄氏素来小心谨慎，从来不过问朝政。立代王为皇帝是最合适的了。"大臣们一见最拿事的陈平和周勃这么主张，都同意了。当时就打发使者去迎接代王刘恒。

使者到了代地，向代王刘恒报告了朝廷上大臣们公推他即位的事，请他马上动身。代王刘恒不敢轻易答应，他召集大臣们商议一下。郎中令张武说："朝廷上的大臣都是高帝手下的将军和谋士，只知道欺诈，不讲什么信义。他们大多不甘心老老实实地做臣下，因为害怕高帝和太后，才不敢为非作歹。现在太后也过去了，京城里闹得鸡犬不宁，谁都想做皇帝，偏偏要到咱们这个顶偏僻的边疆上来迎接大王，谁也不知道他们打什么主意。大王不如推说有病，探听探听京城里的动静再说。"

中尉宋昌说："张武只知其一，不知其二。大王可以放心回去，管保没有事。残暴的秦皇失了天下，诸侯豪杰一窝蜂似的起兵，谁都想做皇帝。末了，高帝统一了天下，以后谁再起兵都没成功。这是为什么呐？吕太后这么专制，吕氏诸王这么威风，可是刘章、周勃一号召，士兵们都愿意为刘氏效忠。这又是为什么呐？还不是因为天下厌乱，老百姓要求过几年太平日子吗？就算是有的大臣再要作乱，老百姓不肯听从他们，他们也没法发动起来。现在，高帝的儿子只剩下淮南王刘长和大王两个人了。大王居长，又是人心所向，所以大臣们不得不听从大伙儿的意见来迎接大王，大王不必多心。"

代王觉得宋昌的话很有道理，可是他素来谨慎，就向他母亲薄氏请示。薄氏曾经吃过许多苦头，老怕活不下去。幸亏汉高祖和吕太后不把她放在心里，才把她送到接近匈奴的边疆上来，因此没遭到吕氏的毒手，真是不幸中的大幸。她是惊弓之鸟，漏网之鱼，怎么也不肯轻易让她儿子去冒危险。娘儿俩商量了一会儿，先打发薄氏的兄弟薄昭到长安去见太尉周勃。周勃老老实实地把大臣们所以要迎接代王的意思告诉了他。

薄昭回来向代王报告，说："大臣们真心迎接大王，大王可以不必再怀疑了。"代王对宋昌说："你说得对，咱们走吧。"当时就准备车马。代王只带着宋昌、张武等六个随从人员上长安来了。他们到了高陵，离长安只有几十里地，就停下来。代王派宋昌先到长安去看看情况。宋昌到了渭桥（在长安北三里），就瞧见丞相以下的大臣们都在那儿等着迎接代王。宋昌下了车，对他们说："特来通报诸君，代王快到了。"大臣们都说："我们恭候着就是了。"宋昌又上了车，急急地回到高陵，请代王放心前去。

代王仍旧叫宋昌驾车，带着张武他们一块儿来了。他们到了渭桥，大臣们都跪着拜见代王。代王下了车，向他们回拜。

太尉周勃想格外献个殷勤，向前抢上一步，他单独对代王说："请左右暂退，我有话奉告。"宋昌在旁边一本正经地说："要是太尉说的是公事，公事公办，请公开说吧；要是太尉说的是私事，做王的大公无私！"太尉周勃给宋昌这么一说，不由得脸上直发烧，慌里慌张地跪在代王跟前，拿出皇帝的大印来，双手奉给代王。他心里美美地一笑，代王还能不感激他，给他记个头功吗？想不到代王推辞，说："到了公馆（诸王在京城都有自己的公馆，这是汉朝的制度；代王的公馆叫代邸；邸(dǐ)再商议吧。"周勃只好臊模搭眼地把大印收起来，请代王上车，自己领道，一直到了代王公馆。大臣们都跟着进了公馆。

代王朝西坐下（正位是朝南的，代王在自己的公馆里以主人的地位把大臣们当作贵宾，所以不坐正位）。丞相陈平、太尉周勃、朱虚侯刘章，还有别的主要的大臣一齐趴在地下。陈平带头说："太后所立的少帝都不是惠帝的儿子，本来就不该祀奉宗庙。宗室侯王和大臣们都说大王是高帝的长子，应当祀奉宗庙，请大王即位！"

代王接连推让了三次。他说："祀奉高帝宗庙是多么重大的事，我不敢当。还是请楚王（指汉高祖的兄弟刘交，代王的叔父）到来商议商议，挑选一位贤明的君王吧。"大臣们坚持要请代王即位。他们七手八脚地把代王扶上了正位，请他朝南坐下。代王又推让了两次。陈平、周勃他们不让他再推让。他们说："我们已经很郑重地商议了几次了。大家都认为祀奉高帝宗庙的，只有大王最适宜。请大王以天下为重，不要再推辞了。"

周勃就捧着皇帝的大印，一定要代王接受。代王说："既然宗室、将相决意推定了我，我也不好过于固执。希望各位同心协力，共保汉室。"大臣们就尊代王为天子，就是汉文帝。

当天晚上，汉文帝就拜宋昌为卫将军，统领南北军，张武为郎中令，管理宫殿。汉文帝除了宋昌、张武以外，还有舅舅薄昭算是自己人。他手下就是这几个人。他知道自己确实没有势力，君位并不巩固。论辈分，楚王刘交是他叔父；论地位，齐王刘襄是高祖的嫡长孙；就是兄弟刘长当初所封的淮南也比代地重要得多。他这么前思后想地一核计，要保持君位，治理天下，只能虚心地尊重先帝的大臣，再就是减少老百姓的痛苦，对他们多多让步来换取他们的拥护。他连夜下了诏书，大赦天下。

汉文帝尊他母亲薄氏为皇太后，拜陈平为左丞相，周勃为右丞相，灌婴为太尉。齐王刘襄、朱虚侯刘章等也都论功行赏，加了俸禄。右丞相是朝廷上最高的官衔。周勃自己也认为功劳最大，地位最高，他的那股子得意劲儿就不用提了。他仰着脑袋，个儿也好像高了一截。汉文帝对他很恭敬，每回散朝，老是拿眼睛送他，直到他出去了，才随便坐下。

郎中袁盎(àng)见了这种情形，挺担心事。他问汉文帝："皇上看周丞相是怎么样的臣下呗？"汉文帝说："是一位忠臣。"袁盎说："我看他只能算是一个功臣，算不上忠臣。不顾自己的性命，一心一意地跟君王同生死的，才是忠臣。当吕太后专权的时候，刘氏危急万分，周丞相身为太尉，掌握着兵权，不敢挺身出来，挽回当时的局面，反倒违背了高帝的盟约，附和吕太后封吕氏为王；赶到吕太后死了，大臣们起来征讨吕氏，周丞相碰上了运气，成功了，本来也没有什么了不起的地方。现在皇上即位，拜他为右丞相，他正应该小心谨慎，虚心待人才是。可是他反倒在皇上面前得意忘形，目中无人。难道忠臣是这个样儿的吗？我怕皇上对他越恭敬，他就越骄傲。这么下去，太不妥当了。"

汉文帝听了，点点头。以后他对周勃，还是挺恭敬的，可是恭敬之中带着严肃。周勃才开始有点怕汉文帝了。

54 废除连坐法

汉文帝即位，首先大赦天下，接着就召集大臣们商议一件大事。他说："治天下当然不能没有法令。法令公正，才能禁止横暴，鼓励善良。一个人犯了法，定了罪，也就是了。为什么把他的父母、妻子也都逮来办罪呐？我不相信这种法令是公正的。请你们商议个改变的办法。"

一班掌管法令的大臣们都说："老百姓自己管不住自己，所以得用法令去管束他们。一个人犯了法，把他的父母、妻子也都逮来办罪，全家才能重视法令，互相监督，不敢轻易犯法。从古以来就是这样的。这可不能改，改了怕管不住百姓。"

汉文帝说："我听说如果法令公正，百姓也能忠诚；惩罚恰当，百姓才能服从。官吏领导百姓好像放羊的人照顾羊群一样。做了官吏既然不能好好地领导百姓，又拿不合理的法令去定他们的罪，这不是反倒害了他们吗？那就难怪有人不顾法令去胡作妄为了。我看拿这样的法令去禁止人犯法是禁止不了的。到底改了方便还是不改方便，请你们再仔细商议商议吧。"

他们再要反对，也说不出道理来，就说："这是皇上的恩德，好极了。我们怎么也不会想得这么周到。这种法令趁早改了才是。"打这儿起，全家连坐的法令在这一时期废除了。

大臣们因为汉文帝连罪人的父母、妻子也照顾到了，他们也不能不替汉文帝的家里安排一下。他们建议立皇子刘启为皇太子，立皇太子的母亲窦氏为皇后。汉文帝不免推让一番。他说:"我自己还怕不配治理天下,上,不能求天帝免去天灾;下,不能使天下人安居乐业。现在,虽然不能征求天下圣贤有德行的人,把天下让给他,可是也不应当为自己打算,预先立了太子。我要是自私自利,怎么对得起天下呐?"他们说:"立太子是为了重视宗庙,不忘天下,不能说是自私自利。"汉文帝不再反对,就立皇子启为太子。

既然立了太子,大臣们又请汉文帝立太子的母亲窦氏为皇后。汉文帝不敢自己做主,就向薄太后请示。薄太后一向看重窦氏。窦氏不但对太后孝顺,对文帝恭敬,对儿女教育有方,对左右谦虚、热心,而且她也像薄太后一样,从来没忘过自己的出身,在宫里老喜欢亲自操作,服装朴素,真是一个又勤又俭的妇女。薄太后完全赞成立她为皇后。

窦皇后想起自己的苦楚,就请汉文帝照顾贫困的人。原来窦皇后是赵国清河观津人,出身贫寒,很早死了父母,家里连自己就是三个孤儿。哥哥长君还太年轻,不能做事,兄弟广国刚三四岁。三个没有爹娘的穷孩子实在没法活下去。可巧宫里挑选使唤的丫头,窦氏为了要得到一点安家费,就去应选。她就这么跟兄弟分开了。

她到了宫里,被分派去伺候吕后。后来吕后觉得宫女太多了,把她们分配给列王,每一个王分到五个宫女。窦氏得到了这个消息,就去央告主管的内侍把她分配到老家赵国去。她想,到了赵国也许能够见到她哥哥和兄弟。主管的内侍当时答应了她,可是后来忘了。她就被吕后分配到代国,后来做了代王恒的妃子。

代王恒已经有了夫人,还生了四个儿子。窦氏自叹薄命,只好安分守己地伺候着夫人。夫人、太后和代王见她虚心、稳重,都挺喜欢她。她也生了一个女儿,就是公主嫖,两个儿子,就是刘启和刘武。正因为自己有了儿女,她格外小心地伺候着夫人,还嘱咐儿女千万要听从夫人的吩咐和四个哥哥的话。不料代王的夫人死了,他就把窦氏当作夫人看待。赶到代王做了皇帝,那夫人所生的四个儿子接连着害病死了。薄太后因此格外看重窦氏,疼爱她的儿女。

这会儿大臣们立了窦氏的长子刘启为皇太子,又立窦氏为皇后。汉文帝又封第二个儿子刘武为淮阳王。不用说她是多么高兴了。

薄太后还叫汉文帝想办法把窦皇后的哥哥和兄弟找来。汉文帝一道命令下去,各地的长官不敢怠慢,到处寻找窦长君和窦广国。大概窦长君也随时随地打听着妹妹的下落,所以很快地就见到了窦皇后。姐儿俩又是伤心又是快乐。长君一提起兄弟广国就哭了。他说:"兄弟早就给人拐走了,一直得不到消息,是死是活也不知道。"窦皇后想起小兄弟这么命苦,抽抽噎噎,连饭都吃不下去。

　　窦皇后正在想念着兄弟广国,内侍送来了一封信。原来广国已经到长安来认亲。信里还提起他跟着姐姐去采桑,从桑树上摔下来这件事作为凭证。广国五岁的时候给人拐去卖了,前前后后卖给十几家主人。最后卖给宜阳的一个大财主。那时候他已经十六七岁了。主人派他跟着一百多个奴仆到山里去烧炭。晚上就睡在帐篷里过夜。有一天,大家睡得正香的时候,忽然山崖坍了,一百多个烧炭的奴仆差不多都给压死。广国顶有造化,没死。后来主人搬家到长安,广国也就跟着来了。正碰到汉文帝新立皇后,还听说皇后姓窦,是清河观津人。广国就大胆地去认亲。

　　窦皇后向汉文帝一说,汉文帝派人去领广国进宫。姐儿俩见了面,可是谁也不认识谁。窦皇后盘问他,说:"你跟你姐姐是在哪儿分别的?分别的情形又是怎么样的?"

　　广国说:"我姐姐离开我们的时候,我跟哥哥送她到驿舍里。姐姐看我人小,挺可怜。她向驿舍里的人要了一盆淘米水,一面哭着,一面替我洗头。洗了头,又要了一碗饭给我吃。我们就这么分别了。"

　　窦皇后再也忍不住了,拉住兄弟,抽抽噎噎地直哭。汉文帝也流了眼泪。他给了窦长君和窦广国不少田地和房屋,叫他们住在长安。

　　汉文帝一来自己没有势力,只怕国家不好治理,二来他原被送到边缘地区,是个吃过苦头的人,他就有意识地想出种种办法安抚人民,他下了一道诏书,开始救济各地的鳏、寡、孤、独(鳏 guān,死了妻子的年老人;寡,寡妇;孤,孤儿;独,没有儿子的年老人)穷困的人。规定八十岁以上的每人每月给米一石,肉二十斤,酒五斗,九十岁以上的每人每月再给帛两匹、丝绵三斤。还规定各地的长官必须按时去慰问年老的人。

　　汉文帝废除了全家连坐的法令,已经让老百姓够安心了,现在他又实实在在地救济了穷人,老百姓都愿意为他效忠,向他朝贡。

　　有一个地方出了一匹千里马,这是无价之宝。当地的老百姓大家凑出钱来,公推那个主人把千里马献给汉文帝。文武百官见了千里马,就一起向汉文帝庆贺。汉文帝对大臣们说:"我出去的时候,前面有旗车,后面有属车,平时巡游,每天也不过走五十里,天子行军,每天只走三十里。我骑了千里马,一个人跑到哪儿去?"他吩咐左右把千里马还给原来的主人,又给了他来回的路费。汉文帝恐怕以后还有人来贡献什么,就下了一道诏书,不准四方官民奉献任何礼物。

191

汉文帝反对残酷的刑罚和铺张浪费的习气。他要知道人民犯法的情况和朝廷钱粮收入的多少。他一面命令各地长官必须很慎重地审问案子，一面吩咐宫里上下人等都要节衣缩食，不许浪费。

有一天，大臣们上朝，他问右丞相周勃，说："全国关在监狱里面的囚犯一年当中有多少？"周勃搭拉着脑袋，回答说："不知道。"汉文帝又问："一年当中收进的和支出的钱粮各有多少？"周勃又说："不知道。"他急得脊梁上和头发里直冒着汗。

汉文帝回头又问左丞相陈平。陈平比周勃机灵得多了，他说："这些事都有主管的人。皇上要知道监狱的情况，可以问廷尉；要知道钱粮的收支，可以问治粟内史。"

汉文帝说："既然一切事情都有主管的人，那么，你们管的是什么呐？"陈平的嘴是最会说话的。他说："丞相主要的职司是：上，帮助天子调理阴阳，顺从四时；下，适应万物；外，镇抚四方；内，爱护百姓，使文武百官各守职责。"

汉文帝听了他这些摸不着边的话，不好意思再追问下去，就说："哦，原来如此。"

周勃自己觉得才能不如陈平；就交还相印，告老还乡了。汉文帝趁着机会废除了左右丞相的制度，让陈平一个人做了丞相。

汉文帝在一年里面就把天下治理得井井有条，老百姓也都安居乐业。可是南方的边疆还不受汉朝约束。南越王赵佗在吕后临朝的时候就自立为南越武帝，跟汉朝对立了。南越离中原远，赵佗没有力量打到这儿来，天下还算是太平的。可是汉文帝认为在统一的中国，这一小部分的土地是万万不能放弃的。

55 两 封 信

南越王赵佗是汉高祖派陆贾去封的（公元前196年，汉高祖十一年）。当时他还把陆贾留住了几个月，挺痛快地喝酒、谈心。他已经承认是汉朝的臣下，一向镇守着南方，跟中原也有些来往，怎么现在又跟汉朝对立起来呐？原来南越王虽然也是汉朝封的，那可只是个外臣，不受朝廷统治，因此一向不作为中原的诸侯看待。在吕太后临朝的第四年(公元前191年),汉朝的官吏请吕太后下令禁止把铁器卖给南越。吕太后同意了,还在长沙通往南越的地界上设立了关口,严格检查禁运的货物。

　　南越人不但买不到中原的铁器,后来连他们所需要的别的东西也都得不到,生活上挺不方便。他们纷纷地向南越王赵佗报告。赵佗可火了。他说:"高帝立我为王,互相交换货物。现在吕后听了奸臣的话,把我们南越当作野蛮人看待,断绝来往,禁运货物。这准是长沙王的诡计。他想靠着朝廷的势力,兼并南越,自己做王。我不能呆在这儿等着挨打。"

　　赵佗就自立为南越武帝。在公元前190年发兵打到长沙边界,夺了几个县城。长沙王吴回(吴芮的孙子,吴臣的儿子)向吕太后报告,要求朝廷发兵支援长沙。吕太后就在第二年拜隆虑侯周灶为将军去攻打南越。中原的大军走了几个月才到了南方。正赶上三伏天,又热又湿,北方的士兵怎么也受不了这号天气。开头还只有少数的士兵中暑死去,后来发生了疫病,死的人就更多了。南越的士兵守着各路出口,中原的大军没法过去。就这么在道上转来转去费了一年多工夫,还不能越过阳山岭去(阳山,在广东省连县东南)。又过了几个月,吕太后死了,中原的将士干脆就退了兵。

　　中原兵一退,赵佗更加威风。他一面把军队驻扎在长沙边界上威胁着中原,一面拿财物送给闽越,把它收为属国。赵佗统治了这一大片土地,他就按照汉朝的仪式,做了南越的皇帝,出来的时候坐着金黄色的车马(用黄色的缎子作为车马的装饰),左边飘着一面大纛旗(纛dú)。中原人就这么跟中原对抗起来了。

　　汉文帝即位以后,首先整顿了内政,然后才想办法去对付南越。他知道赵佗是真定人,祖先的坟墓都在那儿,就派人去修理这些坟墓,还设立了一个专门管理坟地的机构。一年四季按照规矩举行祭祀的仪式。汉文帝又把赵佗的叔伯兄弟安置了地位。他想起陆贾从前见过赵佗,跟他还是挺好的,就派他为使臣,拿着给赵佗的一封信,带了一些礼物,再一次到南越去。

　　南越王赵佗接待陆贾,拆开汉文帝的信,上面写着:

　　　　皇帝诚心诚意地向南越王问候。我是高皇帝偏房的儿子,奉命在代地防守北方边疆,一向在外边。因为地区遥远,见识不广,性情老实,天资愚钝,一直没跟您通过信。高皇帝抛弃了大臣,接着孝惠皇帝也去世了,高皇后这才亲自临朝。可惜她身子有病,长期不见好转,以致脾气急躁,措施上不免有差错的地方。吕氏一族的人趁着机会做出了不少违法乱纪的事。高皇后一个人没法管得住他们,她才拿别人家的孩子作为孝惠皇帝的儿子。幸亏靠着祖宗的威灵和大臣们的努力,把他们都惩办了。我因为列王、诸侯和官吏不让我推辞,只好即位,做了皇帝。听说您曾经有信给将军隆虑侯,要求他寻找您的亲兄弟,并且要求把长沙的两个将军(进攻南越的两个将军)免职。我就按照您的意思把将军博阳侯免了职,派人慰问了在真定的令兄弟,还修理了您先人的坟墓。前一个时候,听说您发兵进攻边界,不停地进行抢掠。那时候,苦了长沙的老百姓,尤其是南郡的老百姓。可是您的国里难道能独独得到好处吗?如果一定要多杀士兵,伤害将官,害得人家的妻子变成寡妇,孩子变成孤儿,父母变成孤老,那么,得到的利益只有一种,失去的倒有十种。这样的事我是不愿意干的。我也曾经问过边界上的官员,想把(长沙和南越之间)交叉的分界线调整一下,可是他们都说:"这是高皇帝划分给长沙的土地。"我不能自作主张地把它改变。得了您的土地,中国也大不了;得了您的财物,中国也富不了。因此,服岭(就是大庾岭;庾 yǔ)以南,由您自己去治理吧。可是,您称为皇帝,两个皇帝并立,而没有使者互相来往,这就起了争端。争而不让,仁德的人是不愿意的。我愿意跟您一起去掉以往的不和,从今以后,仍旧互通使臣。所以我派陆贾前来表达我的心愿,希望您也能同意,不要再来侵犯。送上上等棉衣五十件,二等的三十件,三等的二十件。祝您听听音乐消遣消遣,慰问慰问邻国。

赵佗看了这封信,拉着陆贾的手,说:"皇上真是个忠厚长者。他这么又虚心又诚恳地对待我,我要是再跟他对抗,也太说不过去了。"陆贾翘着大拇哥儿,说:"大王真了不起!大王这么贤明,顾全大局,这是咱们中国的造化。"

赵佗听了陆贾这么夸奖他,更加高兴。他说:"我也得写封回信,是不是?"陆贾说:"好极了。"

赵佗原来好强,有点自高自大。这会儿他可要跟汉文帝比一比虚心和诚恳劲儿了。他想:"人家自个儿称为偏房的儿子,多么虚心哪。我可不是小老婆养的,怎么样称呼自个儿才显出虚心呐?啊,有了!"他就这么写着:

野蛮人的头儿老夫臣赵佗,冒了死罪,再拜,写信给皇帝陛下:老夫原来是南越的一个小官,承蒙高皇帝赏给我一颗大印,封我为南越王,叫我做了外臣,按时进贡尽职。孝惠皇帝即位,在道义上不好意思把我扔了,所以还是很优待老夫的。赶到高后临朝，亲近小人，听信坏话，把我当作蛮夷看待。她下了命令，说："不要把金、铁（就是铜和铁）、田器（就是农具）、马、牛、羊给蛮夷的外人南越。就是卖给他们马、牛、羊，也只给他们公的，不要给他们母的。"老夫住在这个偏僻的地区，几年来马、牛、羊都老了，我怕连祭祀用的牲口都不齐，犯了不敬鬼神的大罪。因此，我曾经先后打发内史藩、中尉高和御史平上过三次奏章，承认过错。哪儿知道三个使者连一个也没放回来。又听说老夫父母的坟墓都毁了，兄弟和族里的人全定了罪杀了。我手下的官吏们议论着说："现在我们的大王在汉朝内部没有什么地位，在外边又不特别出名。"所以我把名号改为皇帝。这也不过是我在自个儿的国土里这么叫叫，并不是要去跟谁争天下。高皇后听到了这个消息，冒了火儿，削去了南越的国籍，断绝了来往。老夫疑心是长沙王给我说了坏话，所以发兵去攻打边界。再说南方土地又低又湿，蛮夷当中，西边有西瓯（现在的广西），那边的人倒有一半是瘦弱的，他们的头儿称为王；东边有闽越（越，也写做粤），一共只有几千人，他们的头儿也称为王；西北边就是长沙，那边的人倒有一半是蛮夷，他们的头儿也称为王。管理这么小的地方，这么一点儿人的都称了王，所以老夫也狂妄起来偷偷儿地称为皇帝了。这也就是自个儿开开心罢了。老夫亲身平定下来的地方有几百处，东西南北几千万里，穿着铠甲的士兵就有一百多万。然而，我情愿做个臣下，侍奉汉朝，这是为什么呐？因为我不敢违背自个儿的祖先哪！老夫到了南越已经住了四十九年，现在已经抱上孙子了。可是我早晨晚上老不得劲儿，睡觉不舒坦，吃饭没有滋味，眼睛不愿意看华丽的颜色，耳朵不愿意听钟鼓的声音（钟、鼓，乐器；钟鼓的声音，就是音乐的意思）。这又是为什么呐？因为不能让我服事自己的国家啊。现在，蒙皇上可怜我，恢复了我原来的称号，能像从前一样有使者来往，老夫就是死了，也不怕骨头腐烂了。我马上改号，不敢再称帝了。现在趁着使者的方便，我恭恭敬敬地奉上白璧一双，翠鸟一千只，犀牛角十支，紫贝（紫色的贝壳，古人曾经作为最名贵的货币）五百个，桂蠹（桂树上长的蛆虫，有手指头那么大，作为蜜渍的香料用，是极名贵的调味品）一瓶，活的翠鸟四十对，孔雀两对。冒着死罪，再拜上书给皇帝陛下。

陆贾拜别了南越王赵佗，回去报告了汉文帝。汉文帝看了赵佗的信，很是高兴。他觉得，中国人尽管住在遥远的边疆上，还是热爱自己的父母之邦的。他不由得更热爱自己的国家了。

56 耕种的榜样

汉文帝不用兵马就把南越收服过来,更觉得文教重要。可是就拿文教治理天下,也不能专靠他一个人哪。因此,他要多多搜罗人才,帮助他做事。他听说河南郡守吴公治理河南很有成绩,人们甚至夸奖他是天下第一个好郡守。汉文帝就把他调到京城里来,请他做了廷尉。吴公又推荐了洛阳人贾谊,说他熟读诗书,挺有才能。汉文帝封他为博士。

贾谊是个年轻小伙子,只有二十几岁,可是比朝廷上一班老大臣都强。汉文帝每次起草诏书的时候,叫大臣们来商议,那班老先生就知道点头哈腰地说好,可提不出什么意见来。贾谊没有这么深的人情世故,他想到什么就说什么,而且说的都很有道理。因此,汉文帝很看重他,才一年就把他升为大中大夫。

汉文帝重视贾谊,不但因为他有才能,而且因为他肯说话。多少年来,人们是不能谈论政治的,更不用说批评朝廷了。汉文帝下了一道诏书,让人们多提意见。他首先定出选举"贤良方正"的制度,只要品行端正,稍通文墨的人能够直爽地说实话、规劝皇上的,都有被选的资格。每一个郡选举一次老有一百多个。可是,"贤良方正"究竟还有一定的名额,一般的老百姓还是不敢批评朝廷的。

原来汉文帝刚即位的时候,还沿用着一条法令,叫"诽谤妖言法"("诽谤"就是诬蔑朝廷或者批评皇帝的意思;"妖言"是指有意造谣,扰乱人心的意思;"法"就是法令)。犯了诽谤妖言法的就有死罪,严重的还得灭门。汉文帝已经废除了"全家连坐法"。这会儿他又下了诏书废除"诽谤妖言法"。他说:"拿诽谤妖言法来定罪,谁还敢说话?朝廷上的大臣们不敢直直爽爽地说话,做皇帝的有了过失,怎么能听得到批评?远地方的人更不能来劝告皇帝了。这种法令应当立刻废除。如果有人咒骂皇帝,官吏就认为大逆不道,说话一不小心,又说他们有意诽谤,那简直是封了人民的嘴。我极不同意这种办法。从此以后,有犯所谓诽谤妖言的,一概无罪;不管老百姓说什么话,官吏不准干涉。"

这么一来,上奏章的,当面规劝皇帝的人就多起来了。别说在朝廷上,就是在道儿上有人上书的话，汉文帝也会停下车来把奏章接过去。他说："可以采用的就采用，不能采用的搁在一边，这有什么不好呐？"

公元前178年（汉文帝第二年），贾谊上了一个奏章，请汉文帝提倡生产，厉行节约。大意说：

> 管子（就是管仲）曾经说过，"贮藏粮食的仓库满了，才能够讲究礼节；有吃的、有穿的了，才能够谈得到什么是光荣、什么是耻辱"。老百姓连饭都吃不上，要说能把天下治理得好，从古以来都没听说过。古人早就说过，一个男的不耕种，就有人挨饿；一个女的不纺织，就有人受冻。生产有一定的季节，要是消费没有限制，那么，财物一定不够用。古时候治理天下的，着重节俭和积蓄，就是这个道理。现在呐，奢侈的习气越来越厉害。生产的人少，消耗的人多，天下的财物自然就缺少了。要知道积蓄是天下的命根子。如果粮食多了，财物富裕了，什么事情不好办呐？因此，朝廷应当劝老百姓好好儿地种庄稼，使天下的人都能自食其力，好吃懒做的游民都该转到农村里去。只要多生产、多节约、多积蓄，老百姓就能安居乐业，天下自然太平了。

汉文帝完全同意贾谊的话。他在春耕以前就下了诏书，劝老百姓多生产粮食。他还亲自率领大臣们下地，作个耕种的榜样。另外还规定：农民缺少五谷种子或者没有口粮的，由各县借给他们。各地的长官也不得不下乡，进行农贷，劝告农民及时耕作。老百姓得到了帮助，又听到了汉文帝亲自耕种的消息，男男女女干活儿的劲头可就更大了。土地是不辜负人的，农民多用力气，它就多生产粮食。那年秋天，得到了普遍的丰收。汉文帝为了鼓励农民积蓄，就下了一道命令，说：

> 粮食是天下的根本，人民是靠着它养活的。如果人民不着重耕种，就不能过生活。所以我亲自率领臣下劝人民着重耕种。今年农民格外勤劳，可喜可嘉，准予免去天下农民今年田租一半。

汉高祖原来规定的田租是十五税一，现在只收半租，就是三十税一，这确实是最轻的租税了。

老百姓因为得到了丰收，又免了一半的田租，一个个眉开眼笑。想不到朝廷上平时不大关心老百姓痛痒的大臣们也因为另一件事情在高兴得眉开眼笑。原来那个一向叫大臣们厌恶的审食其给淮南王刘长杀了。

淮南王刘长是汉高祖的小儿子。当初汉高祖从平城（就是给匈奴围困了七天的那个城）回来，路过赵国，赵王张敖派宫女赵姬去伺候他。后来赵国的大臣贯高、赵午谋反，他们都受到了惩罚，连赵姬也下了监狱。赵姬跟监狱官说明她曾经伺候过皇上，已经有了身孕。监狱官一级一级地奏报上去，赵姬才免了死罪，可是还得关在监狱里，等她生了孩子再说。赵姬的兄弟赵兼千辛万苦地到了长安，央告审食其转求吕后向汉高祖求情。吕后不愿意帮忙，审食其也就不敢多嘴了。赶到赵姬在监狱里生了儿子，还不能免罪。她哭了三天三夜，就自杀了。赵国的官吏把赵姬的婴儿抱给汉高祖，汉高祖倒也喜欢，给他起了个名儿叫"长"，嘱咐吕后收养。后来汉高祖消灭了淮南王英布，就封刘长为淮南王。刘长做了淮南王，把他的舅舅赵兼接来。舅舅、外甥一谈到赵姬，就抱怨审食其，不肯从中出力。

赶到汉文帝即位，审食其失了势力。刘长就在汉文帝第三年（公元前177年）到长安来朝见他的皇帝哥哥。刘长是汉文帝唯一活着的兄弟，汉文帝像亲兄弟一样地待他。刘长很有力气，平日骄横惯了的，对汉文帝也不太恭敬，老管他叫大哥。汉文帝只有这么一个兄弟，也不计较。刘长说要去见审食其，汉文帝答应了。

审食其听说淮南王来访问他，大摇大摆地出来迎接。刘长下了车，从袖口里拿出一个铁锤，一下子把审食其砸了个脑浆迸裂。他马上回来，求见汉文帝。汉文帝出来，瞧见兄弟刘长光着上半身，跪在台阶底下直哭。汉文帝问他是怎么回事。

刘长说："辟阳侯是吕后最信任的人，他明明知道贯高谋反的事跟我母亲丝毫关系也没有，可是他不肯在吕后面前分辩，这是一项大罪；赵王如意母子二人没有罪遭了毒害，辟阳侯也不说话，这是两项大罪；吕后把吕家的人封了王，要夺刘氏的天下，辟阳侯又不说话，这是三项大罪。我今天杀了他，一则为天下除去奸臣，二则为母亲报仇。可是我自作主张，得罪了皇上，请皇上惩办吧。"

汉文帝也同情他为母亲报仇，觉得情有可原，就免了他的罪，让他回到淮南去。哪儿知道汉文帝越是偏护着刘长，刘长越发无法无天地胡闹。他不遵守朝廷的法令，自己要怎么办就怎么办。杀害平民，乱送爵位的事也越来越多。他把车马装饰得跟皇帝的一样。汉文帝派使者去劝告他，他也不接见。末了，他派人到南方去约会闽越，到北方去勾结匈奴，竟准备造反了。

帮着刘长谋反的人给逮住了,刘长也给带到长安来。大臣们一定要汉文帝把刘长办死罪。刘长也认为这会儿再也保不住命了。可是汉文帝免了他的死罪,废除他的王号,把他送到蜀地去,还让他带着全家的人一块儿搬去。刘长想不到汉文帝对他这么宽大,心里头好像刀子扎着似的那么难受,就在路上绝食自杀。

汉文帝得到了这个消息,哭着说:"我不过暂时叫他去吃点苦,希望他能悔过,哪儿想得到他会死呐?"大臣们劝汉文帝,说:"淮南王自作自受,请皇上不要过于伤心。"汉文帝说:"我只有一个兄弟,还不能保全他,总觉得心不安。"他为了死了的兄弟显着这么伤心,可是人们说他杀了兄弟,还编了一首歌谣讽刺他,说:

一尺布,还可缝,
一斗粟,还可舂,
兄弟二人不能相容。

汉文帝听到了这首歌谣,心里十分难过。他就把淮南王的四个儿子都封为侯。大夫贾谊得到了这个消息,上了一个奏章,说淮南王大逆不道,死在路上也是活该,朝廷不应该把罪人的儿子封为侯。

淮南王谋反自杀,还有人批评汉文帝,说:"兄弟二人不能相容"。没想到过了四年(公元前170年,汉文帝即位第十年),他的舅舅,薄太后唯一的亲兄弟,车骑将军薄昭,杀了天子的使者,犯了大逆不道的死罪,这真把汉文帝难住了。他直后悔,不该拜自己的舅舅为车骑将军。车骑将军的地位多么高哇,姐姐是皇太后,外甥是皇上,这就使薄昭骄横起来,连天子的使者也不搁在眼里。汉文帝要是不把他办罪,给将来横行不法的外戚专权开个先例,这个他不干;要是把他抓来办罪,从外甥和娘舅的关系上说,又怕妨碍了孝道。要是薄昭能够认识到自己的罪,自己处理自己,那可多么好哇。汉文帝就打发公卿大臣上薄昭家里去跟他喝酒。在酒席上大伙儿劝薄昭自杀。他不依。大臣们只好回来。没多久,他们再一次上薄家去,说是去吊孝的。薄昭一见公卿大臣们个个都穿上丧服,戴着孝,向他号丧,他只好硬着头皮自杀了。

57 往边疆移民

汉文帝一向看重贾谊，可是朝廷上一般大臣见他比自己强，不断地给他说坏话。汉文帝就把他送到长沙去做长沙王的太傅（皇子的师傅）。贾谊听说长沙地区潮湿，长住在那边，怕活不长，心里很不得劲儿。渡过湘水的时候，想起屈原的遭遇，就写了一篇赋吊他。到了长沙，还是闷闷不乐。有一天，他瞧见一只小鸟飞到他屋子里。这种小鸟楚人叫"服鸟"（鵩鹕的一种），据说是种不吉之鸟。贾谊借题发挥，写了一篇《服鸟赋》，大意是一个人应该把生和死看得很轻，个人的宠辱得失都不必放在心上。他的心情不用说是有些悲观失望的。可是他到底年轻，总希望做一番事业，就向汉文帝上了一个奏章。汉文帝接到了贾谊的奏章，又把他召来。贾谊劝汉文帝不要封刘长的儿子们。汉文帝对这件事虽然没依他，可是挺喜欢跟他谈论别的事情。因为小儿子梁王刘揖用功读书，汉文帝挺疼他，就叫贾谊去辅助刘揖，做他的太傅。

贾谊一心想跟汉文帝在一块儿。上次叫他到长沙去已经很不乐意了。这次回来，满想留在朝廷里，谁知道又叫他到梁国去，一肚子的牢骚简直没有地方可以发泄。他就写了一篇很长的文章，提醒汉文帝。主要的是说："分封的列王各人占据各人的地盘，培养自己的势力，将来一定不容易控制；匈奴屡次侵犯北方，总得想个抵御的办法。"汉文帝知道贾谊的才能，可是也看出了他的缺点。他认为贾谊年纪太轻，火气太大，尽管说的话很有道理，可是事情得一步一步地去做，不能一下子要求太高、太急。性子太急，要求太高，不但事情办不好，而且容易得罪人。因此，汉文帝叫贾谊先去做梁王的太傅，一来免得他老受大臣们的排挤，二来希望贾谊积累一些经验，懂得一些人情世故，将来好做更大的事。

就在这个时候（公元前174年，汉文帝六年），冒顿单于死了，他儿子做了匈奴王，称为"老上单于"。老上单于屡次侵犯边疆，加上汉朝的一个臣下，名叫中行说（yuè；中行，姓）的，他做了汉奸，帮助匈奴跟汉朝为难。贾谊又上了一个奏章。他说："匈奴有多少人呐？只不过汉朝的一个大县罢了。汉朝这么大的天下反倒受着一个县那么大的匈奴的欺负、压迫，朝廷上的文武百官是干什么的？皇上怎么不派我去对付匈奴呐？用我的计策，我准能把单于和中行说拴着脖子牵到长安来。"汉文帝更觉得这小伙子太狂妄了，又是喜欢他，又是替他担心，只好把他的奏章搁在一边。

贾谊虽然没有机会去攻打匈奴，可是梁王刘揖很尊敬他。他们俩不但是君臣和师生，而且还做了好朋友。想不到后来梁王跑马摔死了。贾谊哭得死去活来。他自己责备自己没好好地看着梁王，失了师傅的本分。打这儿起，他更加心灰意懒，不顾自己的身子。这位很有才能的青年过了一年也死了。死的时候才三十三岁。汉文帝立第二个儿子淮阳王刘武为梁王，代替刘揖，又重用了另一个有才能的人，叫晁错（晁 Cháo）的，代替贾谊，叫他去帮助太子刘启。

晁错是颍川(郡名,包括河南省中部和南部)人。他喜欢文学和法学。那时候，汉文帝征求经书，单单短了一部《尚书》。听说济南伏生正拿《尚书》教授齐、鲁的儒生，可是他已经九十多岁了，不能上长安来，汉文帝就派晁错到济南去向伏生学习。伏生原来是秦朝的博士，因为秦始皇禁止民间私藏诗书，伏生只好把书都烧了，只有这部《尚书》是他的专门研究，怎么也不肯烧毁。他就偷偷地把这部书砌在墙里。秦朝末年，天下大乱，接着，楚汉相争，伏生到别的地方去避乱。直到汉惠帝时代才把秦朝不准私藏诗书的法令废除(公元前191年)。伏生回到家里，把砌在墙里的那部书拿出来，大部分已经霉烂，只剩了二十九篇大体不错，可还有些破碎不全，只能凭伏生的记忆补上去。

晁错拜伏生为老师，可没法听懂他的话，不但济南跟颍川方音不同，而且伏生牙齿全掉了，发音也不清楚。幸亏伏生有个女儿叫义娥，她也精通《尚书》，替她父亲一句句地传话，晁错总算了解了大意。为这个，伏义娥实际上做了晁错的老师。

晁错也像贾谊一样，对内主张削弱诸侯王的势力，对外主张抵抗匈奴的侵犯。

当初汉文帝不愿意跟匈奴打仗，依了老上单于的要求，把宗室的公主嫁给他，派宦官中行说作为陪嫁的大臣。中行说不愿意到匈奴去，汉朝的大臣们因为他是北方人，知道匈奴的风俗，一定要他去。他吓唬大臣们，说："你们一定要我去，将来我要帮着匈奴，你们可别怪我啊。"大臣们还是劝他服从命令，不相信他真会帮助匈奴来害他父母之邦的。

中行说到了匈奴，得到了老上单于的信任。他瞧见匈奴的贵族都喜欢穿绸缎的衣服，就对老上单于说："匈奴的人口没有像汉朝那么多，可是挺强。这是因为匈奴能够自足自给,不必依赖汉朝。要是匈奴人都喜欢穿中原的衣服,吃中原的粮食,而这些东西匈奴没有,那么,只能依赖汉朝了。其实,中原的绸缎哪儿抵得上匈奴的皮衣服,中原的粮食又哪儿抵得上匈奴的牛、羊肉和酥油呐?"

他就穿上绸缎的大褂,骑着马,在长着荆棘的草原上跑了一会儿,回来说:"你们瞧,绸缎的大褂全都给荆棘撕破了。匈奴自个儿的牛皮、羊皮不是比汉朝的绸缎更结实吗?"

中行说劝匈奴不要学汉人的样,本来也不能说他不好,可是他并不是真心为了帮助匈奴。他是有意跟汉朝作对。每回汉朝的使者到了匈奴,中行说总是作威作福地把使者辱骂一顿。使者离开的时候,他老指着使者的鼻子,说:"回去叫朝廷多来进贡。放明白点,挑上等的东西来;要不然,给你们尝尝骑兵的滋味!"

他还叫老上单于不要把汉朝的皇帝放在眼里,连来往书信的格式和称呼都要比汉朝高一等。汉文帝给单于的信通常是长一尺一寸,头一句写着:"皇帝恭敬地向匈奴大单于问好",接着就写着礼物的名称和件数。中行说叫老上单于的回信要比汉朝神气,有一尺二寸长,印和信都是又阔又大,头一句写着:"天地所生、日月所立的匈奴大单于恭敬地向汉皇帝问好",接着就写着礼物的名称和件数。

公元前169年(汉文帝十一年),匈奴进攻狄道(就是甘肃省兰州)。汉文帝派兵遣将地去对敌。每次出兵,他总嘱咐将士们,说:"只要把匈奴打回去就算了,千万不可打进匈奴的地界去。"可是汉兵一退,匈奴又打进来。这种捉迷藏似的战争弄得汉朝横难竖难。和亲也好,订约也好,说匈奴没有信义、不遵守盟约也好,反正匈奴总是千方百计地到中原来掠夺青年男女和财物。

晁错研究了这种情况,又上了一个奏章,大意说:匈奴是个游牧部族,时常到长城跟前来打猎,侦察我们的边防。防守的士兵少了,他们就打进来。要是朝廷不发兵去救,边界上的老百姓就遭了难;要是发兵去救,救兵刚赶到,匈奴早已走了。把军队驻扎在边疆上吧,费用实在太大;不驻扎吧,匈奴又进来了。这么一年年地下去,真太劳民伤财了。皇上注意边疆,发兵去防守,固然是好的,可是遥远地防守着边疆,人数有限,而且每年换防一次,军队来往又得花去多少费用。因此,不如下个决心,在边疆上建筑一些城,多盖些房屋,招募内地的老百姓,大批地搬到边疆上去。边疆上每一个城邑必须移民一千户以上。由官家发给他们牲口、农具、粮食和春秋四季的衣服，直到他们能够自给为止。如果他们能够抵抗匈奴，把匈奴抢掠去的牛、羊、财物夺回来，这些东西归还给原来的主人，再由县官照一半的价钱赏给夺回来的人。这么一来，驻扎边疆的士兵就可以大大减少。城邑里的移民平时耕种，匈奴进来的时候，拿起兵器来就都成了士兵。只要对这些人有好处，他们准能够相帮相助地抵抗匈奴。

汉文帝觉得往边疆移民是一个办法。他就采用晁错的计策，招募内地的老百姓搬到边疆上去住，还大赦罪犯，让他们也作为移民一块儿去建立新的城邑。

晁错又建议提高粮食的价钱，压低商人的利益。当初汉高祖订过办法，成心压制商人。到了吕太后临朝的时候，她把对商人的限制大大放宽，除了商人和他的子孙不得做官这条以外，别的都不大注意了。晁错主张重视农业，压制商人。他上了一个奏章，说：

> 开明的君王看重五谷，看轻金玉。现在农民整年勤劳，不得休息，就算没有水灾、旱灾，也会因为粮价太低，弄得没法过日子。有粮食的低价出卖，没有粮食的就不得不拿出加倍的利息向商人借贷。这么着，农民只好出卖田地、房屋和妻子来还债。大商人放债、囤积货物，小商人坐在市上贩卖。趁着人家有需要、货物又不足的时候，这些商人就抬高物价，加倍取利。他们男的不耕种，女的不纺织，可是穿的是绣花的衣服，吃的是大鱼、大肉，没有农民的苦头，倒有千儿八百的利益。有了财富，就去结交王侯，势力越来越大。商人就这么兼并农民，农民就这么流离失所。现在最要紧的事情是鼓励百姓注重耕种。要鼓励百姓注重耕种，必须重视粮食；重视粮食的办法最好拿粮食作为赏罚。比如说，拿出粮食来的，可以得到爵位，可以免罪。富人想得到爵位，就得向农民买粮食，把粮食交给县官。这么着，富人有了爵位，农民有了钱，郡县有了粮食。如果天下人拿出粮食来，可以得到爵位，可以免罪的话，不到三年，粮食一定多了。把这些粮食送到边疆上去，只要边疆上聚藏的粮食可以供五年吃的，郡县里聚藏的粮食可以供一年以上吃的，经常能够保持这么多的粮食，农民的田租可以全免了。

汉文帝采用了晁错往边疆移民和聚藏粮食的计策。重视粮食、聚藏粮食，把粮食送到边疆上去，这些都是好事情。可是晁错只知道收藏粮食，没看到"卖官鬻爵"（鬻 yù，就是卖的意思）的毛病，给后世开了一个很坏的例子。这也是汉文帝所没想到的。

203

接着，汉文帝下了一道诏书，把那一年(公元前168年,汉文帝十二年)的田租免去一半。第二年又下了诏书，完全废除田地的租税。汉文帝不收田租，不说别的，朝廷的费用哪儿来呐？

58 废除肉刑

汉文帝在即位的第二年(公元前178年)就免去天下田租的一半；十二年(公元前168年)又免去天下田租的一半；十三年以后，完全废除了田租。十几年来，国内基本上是太平的，跟匈奴也没发生过大的战争。南越王赵佗曾经进攻过长沙，可是汉文帝开诚布公地跟他和好，避免了战争。吴王刘濞假装害病不来朝见，准备谋反。大臣们都主张去征伐。汉文帝可不把他当成谋反，说是因为他老了，不便来往，就赐给他几、杖(几，疲乏的时候可以靠着打盹；杖，就是拐棍)，准他免礼，不必上朝，又暂时避免了一场战争。

没有战争，国家已经有了积蓄，再加上汉文帝一生节俭，不肯轻易动用国库，国家就更加富足了。有一次，有人建议造一个露台。汉文帝召工匠计算一下得花多少钱。工匠仔细一算，需要一百金(汉朝以黄金一斤为一金)。汉文帝说："要这么多吗？十户中等人家的财产也不过一百金。我住在先帝的宫里已经觉得害臊，何必再造露台呐？"

为了给天下做个俭朴的榜样，他自己穿的衣服是黑色的厚帛做的。他最宠爱的夫人所穿的衣服也挺朴素，衣服下摆不拖到地上，宫女们更不必说了。宫里的帐幕、帷子全不刺绣，也没有花边。

为了给天下做个勤劳的榜样，汉文帝制定了一种男耕女织的仪式。他在春耕的时候，亲自率领臣下耕种一块土地，生产一些供祭祀用的粮食；皇后亲自率领宫女采桑、养蚕，生产一些蚕丝，作为祭服(祭祀穿的衣服)的材料。

由于勤劳、节约，不收田租也可以过得去。再说，汉文帝只说废除田租，可没说废除商人的税赋。这还不算，汉文帝早就开发铜山，铸造差不多有半两重的四铢钱。当初秦朝通用的是半两钱，汉高祖嫌它太重，改铸五分重的荚钱。这种荚钱又小又薄，因此物价高涨，一石米需要一万荚钱。汉文帝为了压低物价，在他即位的第五年，就铸造四铢钱，而且还废除禁止私铸钱币的法令，有钱的人可以自己铸造钱币。可见得汉文帝虽然废除田租，朝廷还是很富裕的。

就在废除田租那一年，汉文帝又废除了肉刑（那时候的肉刑包括脸上刺字，割去鼻子，砍去左右足三种）。事情是这样起来的：

齐国临淄地方有个读书人，名叫淳于意（淳于，姓；意，名）。他喜欢医学，拜同乡人阳庆为老师，得到了古代医学家传下来的治病的方法，能够预先断定病人的生死。他替人治病，很有把握。因此，很快地就出了名，后来他做了齐国太仓县的县令，也算是个清官。他可有个毛病，一向自由散漫，不愿意受什么拘束。所以辞了官职，仍旧去做医生。看病的人实在太多了。他又喜欢出去游玩，也不管病人多少，反正看了半天病，下午就出去了。

有一个大商人家里的姨太太患了病，请淳于意医治。那女人吃了药不见好转，过了几天死了。大商人就告他是庸医杀人、忽视人命。当地官吏把他判成肉刑。因为他曾经做过县令，就把他解到长安去受刑罚。他有五个女儿，可没有儿子。临走的时候，他叹着气，说："唉，生女不生男，有了急难，一个有用处的也没有！"

姑娘们搭拉着脑袋直哭。那个最小女儿缇萦（缇 tí）又是伤心又是气愤。她想："为什么女儿就没有用处呐？难道我不能替父亲做点事吗？"她决定跟着她父亲一块儿上长安去。她父亲到了这时候，反倒疼着她，劝她留在家里。解差也不愿意带上小姑娘，多个累赘。她可不依，寻死觅活地非去不可。解差怕罪犯还没送去先出了命案，只好带着她一块儿去了。

缇萦到了长安，要上殿去见汉文帝，管宫门的人不让她进去。她就写了一封信，又到宫门口来了。他们只好把她的信传上去。汉文帝一看，才知道上书的是个小姑娘，字写得歪歪扭扭，可是挺感动人的。那信上写道：

> 我叫缇萦，是太仓县令淳于意的小女儿。我父亲做官的时候，齐地的人都说他是个清官。这会儿犯了罪，应当受到肉刑的处分。我不但替父亲伤心，也替所有受肉刑的人伤心。一个人死了，不能再活；割去了鼻子，不能再安上去。以后就是要想改过自新，也没有办法了。我愿意给公家没为奴婢替父亲赎罪，好让他有个改过自新的机会。恳求皇上开开恩！

汉文帝不但同情小姑娘这一番孝心，而且深深地觉得过去的肉刑实在太不合理。他召集大臣们，对他们说："犯了罪，应当受到刑罚，这是没有话说的。可是受了罚，得到了教训，就该让他好好地重新做人才是。现在惩办一个犯人，不但叫他受到痛苦，而且还在他脸上刺了字或者毁了他的肢体，这就太过分了。刺上字再也下不去,毁了肢体再也长不上,害得他一辈子没法再做好人。这样的刑罚怎么能劝人为善呐?我决定废除肉刑,你们商议个代替肉刑的办法吧。"

丞相张苍(张苍,原来是秦朝的御史大夫,精通数学和天文;这时候陈平、周勃、灌婴都去世了,张苍是接着灌婴为丞相的)和别的几位大臣拟定了几条办法:

1. 废除脸上刺字的肉刑(古文叫黥刑),改为服苦役;
2. 废除割去鼻子的肉刑(古文叫劓 yì 刑),改为打三百板子;
3. 废除砍去左右足的肉刑(古文叫斩左右止),改为打五百板子。

汉文帝同意了,就下了一道诏书,正式废除肉刑。小姑娘缇萦不但帮助了自己的父亲,也替天下的人做了一件好事情。说起来也奇怪,汉文帝注重勤俭和教化,不但老百姓有了积蓄,户口年年增加,而且刑罚越减轻,犯罪的人反而减少。一年里头,全国犯重罪的案子一共只有四百来件。

可是正因为汉文帝相信黄老的学说,一些江湖上的骗子就有了奉承皇帝的机会。他们使用种种花招去欺诈汉文帝,连这么贤明的汉文帝也上了他们的圈套。

59 方士的诡计

汉文帝自己很朴素,连一百金的露台都不愿意造。他的好处大多是在废除坏的一方面,而在兴办好的一方面可并不多。这是因为他是相信"无为而治"的黄、老学说的。正因为他跟道教的思想很接近,就有一些方士拿金、木、水、火、土五行等等神秘的玩意儿去奉承他。

有个鲁国人名叫公孙臣,他上书给汉文帝,说:"秦朝是靠着'水'的德性得天下的,汉朝是靠着'土'的德性得天下的。最深的水,颜色是黑的,所以秦朝着重黑颜色;最肥沃的土,颜色是黄的,所以汉朝应当着重黄颜色。皇上是真命天子,将来准有黄龙出现。为了顺从上天的旨意,现在就应当改年号,着重黄颜色。"

汉文帝听说自己是上天注定他做皇帝的,心里当然喜欢;黄龙出现一定是天大的喜事,着重黄颜色来迎接黄龙,上天当然也会喜欢。可是丞相张苍是个天文学家,哪儿能相信方士的鬼话?他尽力反对,汉文帝就把公孙臣的话搁在一边。

想不到过了一个时期,陇西成纪的地方官来了个报告。报告上说,某月某日黄龙出现,他自己虽然没有亲眼瞧见,可是这个新闻已经传开,人人都知道了。这准是国家兴旺的好兆头。汉文帝得到了这个报告,认为公孙臣准是一位未卜先知的真人,就召他为博士,请他计划改年号和改颜色的事。丞相张苍越是反对,越叫汉文帝讨厌。

公孙臣得到了汉文帝的信任,就请他去祭祀"五帝"(东方青帝、南方赤帝、西方白帝、北方黑帝、中央黄帝),他就到郊外去祭祀五帝。

汉文帝一生节俭,可是对待天帝和方士就挺大方。祭祀天帝的费用要多少有多少,赏给公孙臣的黄金要给多少就多少。公孙臣做了官、发了财,别的方士也眼红了。没有多少日子,又来了一个比公孙臣更大胆的方士。他是赵国人,名叫新垣平。他到了长安,求见汉文帝,说是来报告喜信的。汉文帝没说的,立刻欢迎他。

新垣平对汉文帝说:"我在赵地就望见长安东北角上有神气,结成五色云彩。这是皇上的洪福。"他还说:"五色云彩聚在这儿,是五帝来保佑皇上的。皇上应该在'神气'所在的地方建立庙宇,一来报答五帝,二来可以留住他们永远保佑长安,长安才能够真的长安。"汉文帝就把他留下,还吩咐地方官员跟着新垣平去看"神气"所在的地方,准备在那儿建立庙宇。

新垣平带着几个官员,出了北门,往东拐过去,到了渭阳(渭水的北岸),装模作样地观察了一番,就在一块云彩底下,划了地界。然后在那儿大兴土木,按照东、南、西、北、中的地置,建造了五个殿,配上青、赤、白、黑、黄五种颜色,合成一座五帝庙。汉文帝亲自到五帝庙去祭祀。祭台上冒出来的黑烟升到半空中去,跟云彩凑在一起。新垣平指着黑烟和云彩对汉文帝说:"皇上请瞧瞧,像这样五彩的'神气'是少见的。那黄的就是中央戊己土。祝皇上吉祥如意!"汉文帝点点头,心里挺痛快。

祭祀了五帝回来,汉文帝就封新垣平为上大夫,还赏了他一千金。这么着,新垣平的地位比公孙臣还高了。公孙臣知道自己的花样耍不过新垣平,就向汉文帝告辞,说是要云游天下去了。新垣平的地位不但比公孙臣高,而且也比晁错高。晁错只能说些什么诸侯王的实力太大,朝廷的法令不大合理,请汉文帝及早削弱诸侯王的实力,修改朝廷的法令。可是他不能像新垣平那样请天帝来保佑汉文帝。所以汉文帝只封他为中大夫,新垣平可是上大夫呐。

上大夫新垣平又请汉文帝再干两件大事：一件是改换年号，一件是举行封禅大礼（封禅是皇帝到名山大川去祭祀天地的一种礼节，古时候认为只有圣明的帝王才能举行这种大礼）。皇帝的年号不能随便改换，这件事汉文帝不能答应。封禅是古代的大礼，这时候谁也不知道究竟怎么样举行。汉文帝就吩咐博士和儒生们参考古书，仔细研究，宁可多花点工夫，先拟出一个办法来。新垣平请汉文帝干的两件大事都没马上实行。这对新垣平来说是很不利的。不再想个办法也许会保不住自己的地位了。

有一天，新垣平在朝堂上猛一下子显出挺惊奇的样子，说："啊，这儿有宝玉的味儿！皇上的福气真太大了。你们大家找一找这么宝贵的玉器在哪儿啊？"大伙儿东张张西望望，瞧瞧上头，瞅瞅下面。汉文帝也拿鼻子闻闻这个，闻闻那个。

大伙儿正在纳闷的时候，果然进来了一个人，两只手捧着一只玉杯，来献给汉文帝。汉文帝拿来一看，那只玉杯也挺平常，可是玉杯上面刻着"人主延寿"四个古体字，这就叫汉文帝够高兴了。他问："你这只玉杯哪儿来的？"那个人回答说："有一位穿黄衣服的老先生，眉毛和胡须全像雪一样白，他交给我这个玩意儿，嘱咐我替他献给皇上。我是个大老粗，什么也不懂，我就问他：'您叫什么名字？住在哪儿？干么要我去献？'他说：'你不必问。远在天边，近在眼前。有缘千里来相会，无缘对面不相逢。'"

新垣平插嘴说："那位老先生一定是个仙人，也许就是中央戊己土。怪不得我早就闻到宝玉的味儿啦。"汉文帝欢欢喜喜地收了玉杯，吩咐左右拿出黄金来赏给来人。

新垣平送出了那个替他献玉杯的人，回来对汉文帝说："今天是个大喜的日子，太阳过了正午以后还会回到正午来的。到了那个时刻请皇上去看看。"太阳从东边往西边去，这是自然的道理，哪儿能从西边再转到东边来呐？可是汉文帝已经入了迷了，什么鬼话都听得进去。到了中午，就有人来向汉文帝报告，说："哎呀，太阳又回到正午来了。"汉文帝出来一看，太阳正在头顶，又看了看"漏壶"（古时候计时辰的器具），已经午后一刻了。他就相信太阳真又回到中午来了。这才下了诏书，宣布他即位的第十七年（公元前163年）回过头来改称为第一年（历史上称为"后元年"）。

新垣平又说汾河有金宝气，想必是周朝的宝鼎又要出现了，请汉文帝在汾阴建立庙宇，祭祀河神。汉文帝当然同意，吩咐地方官动工建造庙宇。

新垣平正在汉文帝面前弄神捣鬼，得意洋洋的时候，丞相张苍和廷尉张释之暗地里派他们的心腹去侦察新垣平的行动；还真给他们查出了那个献玉杯的人和刻字的工匠。他们自己不便出面，就叫别的人上书告发方士新垣平，说他欺蒙皇上，骗取金钱，他说的话没有一句不是欺诈；他做的事没有一件是实事求是的。有凭有据的罪状不得不叫汉文帝相信。汉文帝前前后后仔细想了一遍，这才从迷梦中醒过来了。他越是后悔自己的糊涂，就越痛恨方士的可恶。他立刻革去新垣平的职位，把他交给廷尉张释之去审问。

新垣平见了张释之的威严，已经吓得直打哆嗦；一经审问，他没法抵赖，只好把前后欺诈的经过和盘托出，连着磕头求饶。张释之早就恨透了方士，怎么还能饶他呐？他认为新垣平犯的不是平常触犯法令的罪，而是大逆不道的重罪，就把他判成灭门三族。经汉文帝批准，方士新垣平就给砍了。

汉文帝痛恨自己不该听信方士的鬼话，做出了这么多给人笑话的事。他认为这是他一生的污点。他马上下了命令，把汾阴立庙的工程停下来，又叫博士和儒生们停止制定封禅仪式的工作。他回过头来，又留心起老百姓的生活和匈奴来了。他下了一道诏书，首先承认自己的过错，然后劝老百姓好好地耕种，不要去做买卖。在诏书里他还吩咐各地官员去劝化老百姓不要靡费粮食；粮食是给人吃的，而且还得养牲口、养鸡。因此，不应该把五谷拿来做酒。然后他又写信给匈奴，大意是说，两个兄弟国家应当爱护自己的老百姓，不应当叫他们去打仗，互相残杀。匈奴屡次侵犯边疆，不但害得汉人不能安居乐业，就是对于匈奴自己也没有好处，不如像从前一样结为亲戚，互相帮助。可是匈奴不这么想，再说，还有汉奸中行说在那边挑拨单于来进攻中原呐。

60 有生必有死

冒顿单于和老上单于都是汉朝的姑爷，虽然在边疆上免不了有冲突，可是究竟没发生过像平城那一次大规模的战争。到了公元前162年（汉文帝后2年），老上单于死了，他的儿子军臣单于即位，打发使者到汉朝来报丧。汉文帝遵守和亲的盟约，把宗室的公主嫁给军臣单于。军臣单于娶了汉朝的公主倒还称心如意，偏偏汉奸中行说三番五次地鼓动单于进攻中原，夺取汉朝的土地。

军臣单于刚和汉室公主结了婚，还不愿意违背盟约。到了第四年（公元前158年),他听了中行说的话,跟汉朝绝交,派了六万人马分两路打到中原来。一路到了上郡(陕西省延安),一路到了云中(山西省大同),杀害了许多老百姓,抢掠了不少牛羊、财物。匈奴来势挺凶,连长安也惊动起来了。

　　汉文帝连忙派遣三个将军带领三路人马去抵御。为了保卫长安,另外又派了三个将军带领三路人马分别驻扎在临近的地区:将军周亚夫(周勃的儿子)的军队驻扎在细柳(在长安西南);将军刘礼的军队驻扎在灞上(在长安东三十里);将军徐厉的军队驻扎在棘门(在长安北)。汉文帝亲自到这三个地方去慰劳将士。他先到了灞上,带着随从的臣下一直进了军营。慰劳了将士们以后,就坐了车马赶到棘门。同样一直进了军营,慰劳了那儿的将士们。

　　第二天,汉文帝到了细柳,远远地就瞧见将士们拿着刀、戟,守着营门。再过去,还瞧见弓箭手扣上箭、拉满了弓等在那儿,好像对付敌人一样。前面的车刚到营门口,站岗的士兵吆喝一声"站住!"车上的人说:"皇上到了,你们还不让我们进去?"士兵说:"将军有令:军队里只听将军的命令,不听皇上的话。"

　　这时候,汉文帝的车到了,同样不能进去。汉文帝打发使者拿着符节去通知周亚夫,说皇上亲自来慰劳军队。周亚夫传令大开军门,让皇上的车马进去。管营门的士兵对驾车的人说:"将军有约:军营里不得跑马。"汉文帝只好叫车马慢慢地走。汉文帝到了营里,周亚夫带着兵器向他作个揖,说:"穿铠甲的将军不能跪拜,请准我行军礼吧。"汉文帝不由得挺恭敬地还了礼。他举行了慰劳军队的礼节以后就回去了。

　　跟着汉文帝一块儿去的大臣们都觉得周亚夫这么对待皇上,未免太过分了。汉文帝反倒说:"啊,他才真是个将军!灞上、棘门的军队简直像小孩儿闹着玩儿似的。要是敌人突然打进去,这种将军不做俘虏才怪呐。像周亚夫那样的将军,还有人敢冒犯他吗?"

　　跟匈奴打仗的那三路军队打了不到几个月工夫就把匈奴打回去。他们也就撤兵回到长安。

　　匈奴是给打败了,可是"灾荒"好像跟"战争"老连在一块儿似的。那年夏天,发生了旱灾,庄稼已经不像样了。哪儿知道连这一点点不像样的庄稼又全给蝗虫吃光。汉文帝就下了一道诏书,吩咐天下做五件事:(1)诸侯不必进贡;(2)以前禁止老百姓进去的山林和河流一律开放;(3)减少公家的衣服和车马,精简官员的人数;(4)发放公家的粮食救济贫民;(5)有钱的人要买爵位,没有钱的人要卖粮食,听他们买卖。这一年的灾荒就这么度过去了。第二年(公元前157年,汉文帝后七年),汉文帝害了重病,

他立个遗嘱,上面写着:

> 万物有生必有死。死是自然的道理,用不着太伤心的。现在的人,一听到死就害怕;死了人,为了出殡、安葬花了很多的金钱、财物,甚至于弄得倾家荡产;为了追悼死了的人,过分的伤心、啼哭,甚至于弄坏自己的身子。这些都是不好的,我很不赞成。像我这么道德不高、才能浅薄的人,靠着上天的恩赐、祖宗的洪福、天下诸侯王的爱戴,做了二十多年皇帝,四方还算太平,没发生过大的战争,我这么死去已经够造化的了,何必悲伤呐?因此,我嘱咐天下的官吏和老百姓带孝只准三天,在这期间并不禁止结婚、祭祀、喝酒、吃肉。本族的人也不要像从前那样赤脚踏地地啼哭。带孝的麻不可太长,三寸就够了。千万别发动老百姓到官殿上来号丧。官里的人也只要早晨和晚上啼哭几声就是了,别的时候不准啼哭。过去穿孝三年,太长了,现在拿一天当作一个月,三十六天就可以满孝了。把我葬在霸陵(在长安东南),用不着起大坟,也用不着把坟堆得高高的。除了夫人以外,所有后官里的女人一概送回自己的家里去。别的事情我也不能一一嘱咐,只要以此类推地做去就是了。

汉文帝立了遗嘱,就不想再说话了。太子刘启流着眼泪,问:"要是皇上扔了我们,叫我们怎么办呐?"汉文帝挺温和地瞧着他,对他说:"将来国内要是有变乱,可以拜周亚夫为将军,你也不必担心。"说了这话,他就咽气了。

汉文帝二十三岁即位,做了二十三年皇帝,享年四十六岁。在他做皇帝的时候,宫殿、花园不增加一点,车马、衣着很节俭;废除连坐法和肉刑;田租减低,甚至完全免去。当然,免去田租,得到好处的主要是地主,可是那时候,地主不必付田租,对农民的剥削也减轻了一点。这对发展生产也有好处。为这个,二十多年来,老百姓得到了休养。汉文帝在中国历史上可以说是一位开明君主。他死了以后,大臣们尊他为孝文皇帝。

太子刘启即位,就是汉景帝。汉景帝认为租税固然不应该太重,可是为了国家的开支也不能完全没有租税。他在即位第一年,开始收原来田租一半,就是收三十成里的一成(就是百分之三点三三)。

当初汉文帝废除肉刑原来是件好事情。可是,犯人有打到五百或者三百板子就给打死的。本来应当砍去左右足的或者应当割去鼻子的,汉文帝改为打五百或者三百板子,好像减轻了刑罚,而实际上也有把人打死的。汉景帝即位没多久,有些被打死的犯人的家属起来喊冤枉,他们说:"为什么没有死罪的遭到了死刑?"汉景帝不愿意把事情闹大了,再说他也不同意把轻罪办成死罪。他就下了一道诏书:原来规定打五百板子的减为三百,原来规定打三百板子的减为二百。这么减了刑罚,当然比从前轻了些。可是减到三百或者二百板子,还是有给打死的。后来(汉景帝六年)汉景帝又规定:应当打三百板子的改为二百,应当打二百板子的改为一百。他还规定只准打屁股,不准打别的地方。这么一来,就再没有给板子打死的了。

汉景帝也像汉文帝一样,决心要把天下治理得好好的。他知道晁错有才能,就把他提升为御史大夫。谁想得到忠心耿耿的晁错为了要安定天下,反倒引起了一场大乱。

61 削　　地

晁错眼看分封的那些王势力越来越大,有的作威作福,已经不受朝廷的约了。他怕这么下去,也许会发生变乱。有些诸侯的土地实在太多了,像齐王有七十多个城,吴王有五十多个城,楚王也有四十多个城。要是他们仗着这个势力,不服从朝廷,就会把汉朝的天下弄成四分五裂的局面。

晁错拿吴王刘濞作个例子,对汉景帝说:"吴王不来上朝,按理就该治罪。先帝赐给他几、杖,本来希望他改过自新。他反倒越来越傲慢了。他不但私自开铜山铸钱、烧海水煮盐,而且还招收了一些亡命徒,暗地里准备造反。要是不及早削去他一部分的土地,将来就没法对付他了。"

汉景帝也打算削弱这些同姓王的势力,可是他不敢动手。他说:"削去他们的封地,再好没有,就怕他们造反。"晁错说:"如果削去他们一部分的土地,他们就要造反,那么,就是现在不动他们的土地,到时候他们也会造反。不如现在就动手,祸患还能小一点;现在不削地,将来他们造起反来,祸患那就更大了。"

汉景帝召集了几个近身的大臣,商议这件事情。大臣们都同意。就说有人不赞成的话,也因为晁错是皇上的红人,谁也不敢驳他。只有窦太后的侄儿窦婴,因为有撑腰的人,才毫无顾忌地反对晁错的主张。汉景帝只好暂时把这件事搁在一边。晁错因为窦婴的反对,不能实行自己的主张,心里实在有点恨他。可是人家是皇亲国戚，怎么能跟他作对呐？恰巧梁王刘武来朝见汉景帝，晁错可有了机会。

梁王刘武和汉景帝是一奶同胞。这次来了，母子、兄弟相会，都很高兴。窦婴是梁王的表哥，也来凑热闹。大伙儿喝酒、聊天。窦太后素来喜欢小儿子，汉景帝又只有这么一个亲兄弟，大家对他就显着格外亲热。窦太后瞧着他们哥儿俩这么热呼呼的，就说："皇儿待兄弟真好。"汉景帝因为多喝了点酒，又是喜欢小兄弟，又想讨母亲的好，就说："将来我把皇位传给兄弟！"

梁王刘武明知道这不过是他哥哥闹着玩儿的，可是就这么随便说说，也够称心了。窦太后还真以为两个儿子都能做皇帝，那可多美呀。她正想抓住汉景帝叫他订约，想不到她的侄儿窦婴斟了一杯酒，端给汉景帝，对他说："天下是高皇帝的天下。皇位传给儿子是天经地义，怎么能传给梁王呐？皇上说错了话，请喝一杯。"汉景帝笑了笑，还真把那杯罚酒喝下去。梁王刘武只觉得窦婴讨厌，窦太后瞪了窦婴一眼，回到自己的屋子里去了。窦婴就这么得罪了他的姑母窦太后。

第二天，窦婴上书辞职，托病回家。他一走，就没有人敢反对晁错了。晁错趁着这个机会又请汉景帝削去诸侯的封地。他对汉景帝说："楚王刘戊(刘交的孙子；刘交是汉高祖的兄弟)荒淫无度，上次太皇太后下葬的时候，他还跟宫女们胡闹。这种没廉耻的人应该处罚。"汉景帝就削去楚国的东海郡作为一种惩罚。

晁错又查出胶西王刘卬(汉高祖的孙子，刘肥的儿子；卬áng)接受贿赂，私自卖官鬻爵，汉景帝就削去胶西王的六个县城。赵王刘遂(汉高祖的孙子，刘友的儿子)也因为犯了过失，削去赵国的常山郡。这三个同姓的王(楚王刘戊、赵王刘遂、胶西王刘卬)一时不敢反抗，只能怨恨晁错。

晁错正在同汉景帝商议着要削去吴王刘濞封地的时候，吴王刘濞已经派人到各国联络。别说汉景帝要削去他的封地，他要造反，就是早在汉文帝的时候，他已经不受朝廷的管束了。他自己始终没来朝见过汉文帝。只有一次，他派太子刘贤到过长安。吴太子刘贤也像他老子一样，自尊自大，目中无人。他和皇太子(就是汉景帝)下棋，为了一个子儿，争起来。吴太子原来是惯坏了的，皇太子更不必说从来没有人敢顶撞他。"钉头碰铁头"，两个淘气的家伙碰出火星来了。皇太子拿起棋盘砸过去，一下子就把吴太子砸死。

汉文帝把皇太子责备了一顿，把吴太子的尸首入殓，派人运到吴国去。吴王刘濞见了儿子的灵柩，连鼻子都气歪了。他把灵柩退回去，说："现在

213

天下一家，死在长安，就葬在长安，还送来干什么！"打这儿起，吴王刘濞一心一意准备造反。朝廷上的大臣们都要求汉文帝发兵去征伐，汉文帝抱定"多一事不如少一事"的宗旨，下了一道诏书，好言好语地安慰吴王刘濞，还赐他几、杖，说他年老，不必入朝。吴王刘濞找不到起兵的名义，不能鼓动别人跟着他走，只好把造反的打算暂时搁下。

这回他一听到汉景帝削地削到他头上来，起兵有了名义，就决定造反了。公元前154年（汉景帝三年）他打发使者拿惩办晁错的名义去约会楚王、赵王和胶西王共同出兵。本来这三个王就因为没有人出来领头，才不敢发动，现在有了吴王刘濞替他们作主，胆儿就大了。

胶西、楚、赵这三个王国里面也有几个大臣反对的，可都给杀了。胶西王刘卬格外卖力气，他还去发动齐、菑川、胶东、济南、济北一同起兵。齐王刘将闾（刘肥的儿子）同意了，可是后来他又改变了主意，吩咐将士们守住临淄，不让外面的军队进来。济北王刘志（刘肥的儿子）因为要修理济北的城墙，腾不出手来，不能发兵。胶西王刘卬就率领着胶西、胶东、菑川、济南四国的兵马围攻齐国。他打算先把临淄打下来，然后再跟吴王刘濞、楚王刘戊、赵王刘遂的大军会合在一起打到长安去。

那边吴王刘濞率领着二十多万兵马从广陵出发。他鼓动将士们说："我今年六十二了，还自个儿做将军，我的小儿子刘驹才十四岁，也跑在头里。将士们年龄不同，可是最老的，老不过我，最小的，也小不过刘驹。诸君应当有进无退，大家出力。立了功劳，都有赏！"当时就浩浩荡荡地往淮水这边来了。

吴王刘濞的大军渡过淮水，跟楚王刘戊的军队合在一起，声势更大。吴王刘濞又通告各国诸侯，请他们发兵惩办奸臣、挽救刘氏的天下。那时候中原大大小小的诸侯有二十二个，除了吴、楚、赵、胶西、胶东、菑川、济南七国以外，其余像齐、燕、济北、淮南、梁、代、长沙等十五国，有的坚决反对吴王刘濞，发兵抵御，有的还要等一等听听风声。吴王刘濞和楚王刘戊就先去进攻梁国。

这么着，东边是胶西王、胶东王、菑川王、济南王围攻齐国；南边是吴王和楚王围攻梁国；北边是赵王在邯郸虚张声势，单等吴、楚大军一到，就准备南下。这时候，他打发使者去约会匈奴作为他们的后援。

齐王刘将闾、梁王刘武接连着打发使者赶到长安，火急求救。汉景帝立刻召集大臣们商议怎么去对付他们。大臣们谁都不说话。晁错出了主意，他请汉景帝亲自监督将士首先把守荥阳，堵住吴、楚那一头。关中由晁错自己镇守,然后再调动兵马一个一个地去对付七国。

汉景帝嘴里不说,心里有点不痛快。他想:"怎么叫我出去作战,你自己倒躲在京城里?"他正在为难的时候,忽然想起汉文帝临终时候的话来了:"将来国内要是有变乱,可以拜周亚夫为将军。"他就拜周亚夫为将军,把他升为太尉。周亚夫率领着三十六个将军和他们的兵马去对付吴王和楚王那一路。

汉景帝又派使者召窦婴入朝,要拜他为大将。窦婴因为反对汉景帝同梁王刘武说开玩笑的话,得罪了窦太后,已经辞了职,正在家里闲着。现在汉景帝把他叫来,还要拜他为大将,他推辞着说:"我本来没有才能,近来又老害病,请皇上另挑别人吧。"汉景帝劝他不要老记着过去的事,还说:"天下这么危急,你是自己人,难道还能站在旁边不出力吗?"窦婴只好答应。

汉景帝拜窦婴为大将去对付胶西王、胶东王、菑川王、济南王那一路的叛军。窦婴又推荐了栾布和郦寄两个人为将军,汉景帝也同意了。窦婴派栾布带领一队兵马去救齐国,派郦寄带领另一队兵马去征伐赵王遂,自己准备去镇守荥阳,接应救齐和攻赵的两路兵马。

他正想动身的时候,来了一个人,愿意帮他出一口气。在有些人看来,私人的仇恨要比国家大事更重要,窦婴挺殷勤地招待了他。

62 平定七国

窦婴还没动身,那个做过吴相国的袁盎来求见他,对他说:"打仗不一定能打赢,只要皇上采用我的计策,去了晁错,管保七国退兵。"窦婴也像袁盎那样,一向痛恨晁错,把他看得跟眼中钉一样。现在听到袁盎排挤晁错,高兴极了。当天晚上就去见汉景帝,说袁盎有平定七国的妙计。

汉景帝只怕晁错叫他去打仗,一听袁盎有妙计,立刻派窦婴叫袁盎进宫。袁盎到了宫里,瞧见晁错正在汉景帝跟前商议运输军粮。汉景帝问袁盎:"七国造反,你说怎么办?"袁盎说:"皇上可以放心!我是来献计策的,可是军情大事必须严守秘密。"汉景帝就叫左右退去,只有晁错还留在跟前。汉景帝等着袁盎说出他的计策来,袁盎只是看看汉景帝,又看看晁错,还是不说话。汉景帝只好叫晁错暂时退下去。晁错瞅了袁盎一眼,很不高兴地退到东厢房去了。

袁盎一见四面没有人了,才轻轻地对汉景帝说:"吴、楚发兵就是为了晁错一个人。他们说,'高帝分封子弟,各有土地,现在奸臣晁错一心要削去同姓王的封地,这不是成心要削弱刘氏的天下吗?'因此,他们发兵前来,一定要惩办晁错。只要皇上斩了晁错,免了诸侯王起兵的罪,恢复他们原来的土地,臣可以担保他们就会向皇上请罪,撤兵回去的。"

汉景帝拿手托着下巴颏,慢慢地摸着,过了好大一会儿,才说:"如果能够这样,我又何必舍不得他一个人呐。"袁盎一瞧事情已经成功了,就赶紧卸责任,说:"我的话就说到这儿,究竟应该怎么办,还是请皇上自己拿主意。"

过了几天,就有当时的丞相、中尉和廷尉上本弹劾晁错,说他言论荒谬,大逆不道,应当腰斩。汉景帝把心一横,亲手批准了他们拿来的公文。可是晁错还在鼓里蒙着呐。他正在家里计划着怎么运输军粮,忽然有个大臣直到御史府,传达皇帝的命令,叫晁错跟着他上朝议事。晁错立刻穿上朝服,整了整帽子,跟着那位大臣上了车,急急忙忙地去了。晁错沿路看着不是往宫廷去的道,正要问个明白,车马已经到了东市。那个大臣拿出诏书来,说:"晁御史下车听诏书。"晁错还没下车,武士们一窝蜂地上来,把他绑上。御史大夫晁错为了巩固汉朝的天下,就这么穿着朝服,莫名其妙地给汉朝的皇帝杀了,全家还灭了门。

汉景帝就派袁盎和吴王刘濞的一个亲戚带着诏书去叫吴王刘濞退兵。吴王刘濞一听到汉景帝已经把晁错腰斩了,心里反倒大失所望。他已经打了几阵胜仗,夺了不少地盘,哪儿还肯退兵?他不愿意接见袁盎,只叫他的那个亲戚进去,对他说:"我已经做了东边的皇帝了,还接什么诏书?"他把那个亲戚留在营里,另外派五百名士兵围住袁盎,叫他投降。到了半夜里,袁盎逃出去。他还真有本领,转了几个弯,赶路往长安去向汉景帝回报去了。

汉景帝还以为袁盎到了吴王营里,准能叫他退兵。等了好几天,袁盎还没来,可来了个周亚夫的使者邓公,向汉景帝报告军事。汉景帝问他:"你从军营里来,知道不知道晁错已经死了?现在吴、楚是不是愿意退兵?"邓公说:"吴王成心要造反,已经几十年了。这次借晁错削地的因头发兵,哪儿真是为了他呐?想不到皇上竟把晁错杀了。这么一来,恐怕以后谁也不敢再替朝廷出主意了。"

汉景帝叹了一口气,说:"你说得对。我后悔也来不及了。"他叫邓公回去慰劳周亚夫,叫他用心主持军事。

邓公刚出去，梁王刘武的使者又到了。过了一会儿，又有一个使者到了。他们要求皇上赶快发兵去救梁国。汉景帝就派人去催周亚夫进兵。周亚夫上书说明进攻的计划。汉景帝很信任他，下了道诏书，嘱咐他按计划做去。周亚夫接到了诏书，立刻从灞上动身，一直到了荥阳。

他连着接到梁王刘武求救的信，他只叫梁王守住睢阳，可是自己不发兵去救。他留下一部分人马守住荥阳，自己带领着大军退到昌邑。他吩咐将士们坚决遵守"只守不攻"的命令。这么一天天地过去，周亚夫的军队天天闲着。吴王和楚王瞧着周亚夫的大军已经到了，可就是不来跟他们交战。吴王刘濞对楚王刘戊说："他不过来，咱们打过去吧。"他们就去进攻昌邑。吴、楚的将士三番五次地向周亚夫挑战，周亚夫叫将士们守住军营，不准出战。

吴王刘濞、楚王刘戊反倒着起急来了。怎么这几天运粮队不来了呐？他们正打算派人去催，自己的探子一个个地回来报告，说："周亚夫暗地里派了最有能耐的一队将士，抄到咱们的后路，早就把咱们运粮的道儿截断了。前些日子已经运来的粮草也全给他们抢去了。"吴王刘濞听了这个报告，急得连鼻涕都流出来。他说："我们几十万人马，没有粮草怎么行呐？"楚王刘戊听了，只会翻白眼。

又过了三五天，吴、楚的士兵自己先乱起来。他们也不管队伍不队伍的，反正肚子饿了总得想办法去弄点吃的来。到了这个时候，周亚夫才亲自率领着将士们进攻。灌婴的儿子灌何和灌何家的勇士灌孟、灌夫爷儿俩，还有射箭的能手李广要算最卖力气了。灌孟阵亡，他儿子灌夫发疯似地冲进敌阵，杀散了敌人，负伤十几处还使劲地追杀敌人。李广凭他百发百中的箭法，专射将领，吓得吴王刘濞的将士不敢让他瞧见。周亚夫的大军像狂风刮霜叶似地把吴、楚的兵马打得一败涂地。

吴王刘濞带着他十四岁的儿子趁着黑夜逃跑。第二天，将士儿郎们找不到他们的头儿，都乱哄哄地散了。单丝不成线，楚王刘戊也只好逃跑。他带着一部分人马正想溜的时候，周亚夫的兵马早已把他们围住，大声嚷着说："放下兵器，一概免死！"楚王刘戊知道已经逃不了啦，只好自杀了事。

周亚夫在这儿消灭了吴、楚的兵马，才派将士去救齐国。胶西、胶东、菑川、济南四个王连着打了几阵败仗。齐王刘将闾和栾布他们趁着机会联合起来追赶那四国的兵马。到了儿，胶西王、胶东王、菑川王、济南王也都自杀了。七国当中只有赵王刘遂还守住邯郸，抵御着郦寄。这会儿，六国已经平了，周亚夫和窦婴再发一些兵马去帮助郦寄，赵王刘遂就没法再抵抗。他向匈奴去求救兵，匈奴已经打听到吴、楚失败的消息，不肯发兵。赵王刘遂

217

也只好自杀。

那个首先发动叛变的吴王刘濞逃到东越去,东越王一接到周亚夫的信,就把刘濞杀了。刘濞的儿子刘驹逃到闽越,就在那边住下。齐王刘将闾因为当初曾经答应过吴王刘濞随着他一同造反,后来虽然改变了主意,还是怕朝廷办他的罪,也自杀了。这么着,七国的叛变,打了不到三个月工夫,就全都平定下去了。

汉景帝还算厚道,灭了七国的王,还封了七国的后代继承着他们的祖先。不过经过这一番的变乱,各国诸侯以后只能在自己的地区内征收租税,不再干预地方行政,诸侯的势力大大削弱。汉朝能够加强政权的统一,晁错是有功劳的,可是他已经灭门三族了。

第二年(公元前153年,汉景帝四年),立皇子刘荣为皇太子,皇子刘彻为胶东王。汉景帝有十几个儿子,刘荣不是嫡子,也不是长子,年纪又小,为什么立他为皇太子呐?

63 金屋藏娇

汉景帝已经立薄氏(太皇太后薄氏的内侄孙女)为皇后,可是他爱上了妃子栗姬。薄氏没有儿子,栗姬连着生了三个儿子。汉景帝打算废了薄皇后,立栗姬为皇后。他就先立栗姬的长子刘荣为皇太子。谁都想得到,只要薄皇后一废,栗姬就是皇后了。想不到栗姬在这场斗争中失了一着,皇后的地位反倒给别的妃子抢了去。

那个跟栗姬争宠的妃子叫王美人(美人,汉宫妃子等级中的一种称号)。王美人原来是金家的媳妇儿,生了一个女儿以后,跟金家离了婚,才进宫的。她伺候皇太子启,也就是没即位时候的汉景帝。皇太子把她当作第二个栗姬看待,很宠她。赶到汉景帝即位以后,王美人才生了个儿子,就是刘彻。刘彻比刘荣小,而且王美人究竟还比不上栗姬那么得宠,所以汉景帝立栗姬的儿子刘荣为皇太子,立王美人的儿子刘彻为胶东王。到了汉景帝六年,一道诏书下来,把薄皇后废了。这皇后的地位就到了栗姬的手边了。正在这个紧要关头,汉景帝的姐姐长公主嫖插进来,栗姬跟王美人斗争的形势就起了根本的变化。

长公主嫁给堂邑侯陈午（陈婴的孙子），生个女儿，叫阿娇。长公主本来想把女儿阿娇许配给皇太子刘荣，托人向栗姬去说媒，栗姬明明知道长公主跟皇上姐儿俩十分亲密，也知道后宫里的美人儿都奉承着长公主。她们求她在皇上跟前推荐，长公主还真老帮着她们去接近汉景帝。栗姬就因为长公主帮助后宫分了自己的恩宠，早就恨透了她。这次长公主为了自己的女儿托人来做媒，栗姬一肚子的气就借着这件事全发泄出来，她干脆回绝了。

　　长公主恼羞成怒，从此跟栗姬结下了冤仇。王美人抓住这个机会，一个劲儿地讨长公主的好。长公主一高兴，就把她当作亲家看待，愿意把阿娇许配给刘彻。王美人不用说够多么高兴了。她说："亲家这么照顾我们，我们一辈子也忘不了您的恩典。可是我总觉得太委屈阿娇了。"长公主说："有我在，她受不着什么委屈。"这么着，王美人和长公主都自作主张，做了两亲家。

　　王美人把这件喜事告诉了汉景帝，汉景帝可不同意。他说："阿娇比彻儿大好几岁，不合适。"王美人愁眉苦脸地向长公主诉委屈。长公主就带着阿娇到宫里来见汉景帝，汉景帝挺高兴地接待着她们。王美人也带着刘彻来向长公主请安。

　　长公主把刘彻抱过来，放在自己的膝盖上，摸着他的小脑袋，笑嘻嘻地问他："彻儿要不要媳妇儿？"小孩儿刘彻笑着不说话。长公主指着一个宫女对他说："她给你做媳妇儿，好不好？"刘彻摇摇头，说："不要。"长公主指着自己的女儿，问他："阿娇给你做媳妇儿好吗？"刘彻咧开嘴乐了，说："要是阿娇给我，赶明儿我一定盖一间金子的屋子给她住（文言叫'金屋藏娇'）。"大伙儿不由得都笑了起来。汉景帝觉得他儿子小小年纪这么爱着阿娇，大概是个姻缘，就答应了这门亲事。

　　汉景帝废了薄皇后，原来打算立栗姬为皇后。可是栗姬也实在太骄横了。有一次，汉景帝身体不舒服，心中烦闷，他故意对栗姬说："我百岁之后，请你照顾照顾所有的皇子，行不行？"栗姬听了，很不高兴，理也不去理他。汉景帝又逼问她一句："怎么啦？"栗姬就很不客气地回答说："怎么啦？我又不是保姆！"汉景帝简直有点恨她了。就在这时候，长公主对他说："栗姬肚量狭窄，老咒骂别人，特别是对王美人更厉害。要是她做了皇后，恐怕'把人当作猪'的悲惨事儿是难免的了。"汉景帝一听到"把人当作猪"，浑身打了一阵冷战，更不愿意让栗姬做皇后。

　　过了一年，皇后的位置还空着不必说了，连太子荣也废了，改封为临江王。到了这个时候，栗姬好比竹篮打水，忙了一场空，气得害病死了。这么一来,皇后和皇太子的位置就全空起来。这就引起了梁王刘武的兴趣来了。

梁王刘武是汉景帝的胞弟,是窦太后的命根子。上回听了汉景帝说将来传位给他,当时还以为只是一句玩儿的话,可是以后他老想着:要是有朝一日真能做上皇帝,那该有多好哇。后来七王造反,梁王刘武坚决地抵抗了吴、楚的进攻,立了功劳。汉景帝赐给他天子的旗子,车马也装饰得跟天子的差不多,他就越来越威风了。他的奢侈放纵连国君都比不上他。他修了一个极大的花园叫兔园,也叫东苑,后人称为梁园。里面不但盖了许多宫室,而且还堆了不少假山和岩洞,开了一些河道和水池子。各种花木应有尽有,飞禽走兽无奇不有。梁王在这儿不是跟宫女们斗鸡、钓鱼,就是跟门客们喝酒做诗。

他开始招收四方宾客,手底下的人就一天一天地多起来。齐人羊胜、公孙诡、邹阳,吴人枚乘、严忌,蜀人司马相如等这些有名人物都做了他的门客。公孙诡更替他出主意,叫他争取皇帝的地位。他一听到把皇太子刘荣废了,就催促梁王刘武去见窦太后,要求她从中帮助。窦太后就叫两个儿子进宫里来喝酒。她对汉景帝说:"我老了,活不了几年了。我只希望你做皇兄的好好地照顾兄弟。"汉景帝当时就跪下去,说:"我一定遵从母亲的话。"

第二天,汉景帝召集几个心腹大臣,秘密地商议一下可不可以传位给梁王。袁盎首先说:"皇上没听到过从前宋宣公传位给他兄弟的事吗?因为他不把皇位传给自己的儿子,反倒传给他的兄弟,害得宋国乱了多少年。皇上千万可别学宋宣公!"大臣们都劝汉景帝遵守传子不传弟的规矩。汉景帝只好把大臣们的意见告诉了窦太后。窦太后和梁王刘武当时没有话说,可是他们打这儿起,就把袁盎恨透了。

公元前149年(中元年,即汉景帝即位第八年)汉景帝立王美人为皇后,胶东王刘彻为皇太子。临江王刘荣丢了太子的地位,死了母亲,心里当然十分难受。可是他还算仁厚,据说在江陵(临江的都城,在湖北省江陵县)挺能爱护老百姓。后来因为扩建宫殿,用了汉文帝庙外的一块空地,被人告发,说他侵占宗庙,大逆不道。汉景帝把这件案子交给郅都(郅,姓;都,名)去审问。临江王刘荣动身上长安去的时候,江陵的父老给他送行,甚至于有流眼泪的。

临江王刘荣落在郅都的手里还有什么希望呐?郅都是个出名的硬汉,不论皇亲国戚,他都铁面无私地有罪办罪,所以落了个外号叫"老鹰"(古文叫苍鹰)。刘荣不愿意在公堂上丢丑,他写了一封绝命书给汉景帝,就在监狱里上吊死了。

窦婴把刘荣自杀的情况告诉给窦太后,窦太后死了孙子,哭了一顿,召汉景帝进来，一定要他从严惩办郅都。汉景帝把他免了职，后来又把他调到北方去，做了雁门太守（太守的官名由汉景帝时代开始）。匈奴见他厉害，派使者向汉朝抗议，说郅都虐待匈奴，违背和约。窦太后趁着机会，叫汉景帝把郅都杀了。汉景帝说他是个忠臣，杀了他未免冤枉。太后说："临江王死在他手里，就不冤枉吗？"这位得罪了窦太后又得罪了匈奴的郅都就这么丢了脑袋。

汉景帝杀了郅都，心里挺不踏实。不料叫他心里不踏实的事还不只这一件呐。有人报告说："袁盎给人刺死了，还有几个大臣也给害了。"汉景帝一听，就料到这准是梁王刘武干的。他马上派大臣田叔和吕季主到梁国去查办凶手。他们到了梁国，很快地把全部案子查清楚。田叔跟吕季主商量了一下，认为梁王刘武是窦太后心爱的儿子，皇上的亲兄弟，没法叫他抵罪。他们就把主犯公孙诡和羊胜定了死罪，把全部案卷带了回来。

他们到了京城，才知道窦太后为了梁王的案子，哭个不停，已经有几天没吃饭。田叔就把带来的全部案卷烧毁。汉景帝问他："梁王的事办完了吗？"田叔说："办完了。主犯公孙诡和羊胜已经处死了。"汉景帝说："难道梁王不在里边吗？全部案卷都带来了没有？"田叔说："请皇上不必再追问。留着这种案卷没有好处，我大胆地把它烧了。"汉景帝慰劳了田叔和吕季主，进去告诉窦太后，窦太后这才放心。

窦太后和梁王都很感激田叔和吕季主，可是他们更忘不了王信。王信是王皇后的哥哥，汉景帝的大舅子。他为了讨窦太后的好，不断地在汉景帝面前替梁王刘武求情。汉景帝听了王信的劝告，再加上田叔烧毁了案卷，就不再追究。这才使他们母子兄弟又能团圆。梁王刘武亲自去向王信道谢。两个人一来二去地就做了知己。他们做了知己，周亚夫可就倒了霉了。

64　绝　　食

梁王刘武因为当初吴、楚兵马围住睢阳，他一天几次向周亚夫求救兵，周亚夫不愿意分散兵力，坚决不让将士们去救，他把周亚夫恨得没法说。但是周亚夫平定七国的叛乱，功劳大，后来做了丞相，地位又高，梁王只好把这个仇恨记在心里头。这会儿他跟汉景帝和好了，就老在他跟前数落周亚夫的过错。

王信跟周亚夫的仇恨更大了。汉景帝废去太子的时候,周亚夫出来反对;立王美人为皇后的时候,他又出来反对。汉景帝这两次都没听周亚夫的话。王美人做上了皇后以后,一个劲儿地奉承着窦太后,窦太后就叫汉景帝封王皇后的哥哥王信为侯。汉景帝同周亚夫一商议,周亚夫说:"高皇帝有约在先:没有功劳的不得封侯。王信虽然是皇后的哥哥,他可什么功劳都没立过,不应该封他。"汉景帝这次虽然听了他的话,可是心里挺不痛快。窦太后、王皇后、王信他们不断地在汉景帝面前给周亚夫说坏话。正在这个时候(公元前147年),有匈奴王徐卢等六个人从匈奴那边过来投降。汉景帝为了鼓励那些已经投降了匈奴的汉人回到中原来,决定把徐卢等六个人都封为侯。丞相周亚夫拦住他,说:"叛逆的人应当办罪,怎么能受封呐?就是匈奴自己的臣下背叛了他们的君王,过来投降,就是不忠。臣下不忠,投降敌国,也可以封侯,将来皇上怎么还能够勉励忠臣呐?"

汉景帝听了这话,再也忍耐不住。他说:"丞相这话不合时势,不能听!"他就封徐卢为容城侯,徐卢以下五个人也都封了侯。周亚夫推说有病,要求辞职。汉景帝准他辞职。

公元前144年,梁王刘武回国以后,害病死了。他还留下一句话,请汉景帝注意周亚夫的行动。就在这一年,匈奴方面又有人来投降汉朝。那个人叫卢他之。他是前燕王卢绾的孙子。卢绾害怕吕后,投降了匈奴,匈奴封他为东胡王。卢绾做了东胡王,可还是忘不了父母之邦。他一直想找个机会回来,可是到了儿没回来。他想念中原,痛恨自己,闷闷不乐地害起病来。临死的时候,他对儿子说:"咱们是中原人,总该回到中原去。"

卢绾死了以后,卢夫人撇下自己的儿子,冒着危险逃到关内,向吕太后认罪求饶。吕太后夸奖她能够向着本国,说她有见识,传话出去叫她暂时住在燕公馆,准备开个宴会欢迎她。想不到吕太后一病不起,没跟卢夫人见面。接着刘家的大臣攻打吕家的大臣,长安闹得鸡犬不宁。卢夫人闷闷不乐地死在长安。

她儿子在匈奴,没见母亲回来,想是给朝廷杀了。他也像他父亲一样,虽然做了东胡王,还想回到中原来,可是终究没回来。他临死的时候,对他儿子卢他之说:"你祖父临死说过,'咱们是中原人,总该回到中原去'。我没能回去,已经对不起你祖父了。你可别像我那样才好。"卢他之不顾死活,带着另外几个汉人逃到长安来见汉景帝。汉景帝把他封为亚谷侯。这件事又叫周亚夫生气。他已经辞了职,可是还住在京城里,打算想办法再把汉

在监狱里没有别的自杀的办法,周亚夫就决定绝食。连着五天,水米不进。

景帝批评一顿。正好汉景帝想着梁王留下的那句话,要再观察一下周亚夫,要试试他是不是还肯听他的话。他叫内侍去召周亚夫进宫。周亚夫当时就去拜见汉景帝。汉景帝随便问了他几句话,就叫他吃饭,周亚夫不好推辞。他还想趁着机会再劝汉景帝别封卢他之为侯。

厨师摆上酒和菜来。搁在周亚夫面前的是一大块煮烂了的肥肉,没有别的菜,连筷子都没有。汉景帝就这么叫他吃。周亚夫认为这是成心开玩笑,就火儿了。他回过头来对伺候酒席的人说:"拿筷子来!"左右当作没听见,不挪窝儿。周亚夫正想再发话,汉景帝笑着说:"我这样请你,你还不满意我吗?"周亚夫摘了帽子,趴在地下,向汉景帝赔不是。汉景帝说了一声"起来",周亚夫就站起来,头也不回地跑出去了。汉景帝看着他出了门,叹了一口气,说:"唉,这家伙这么傲慢,将来怎么能伺候我的儿子呐?"汉景帝既然怕周亚夫将来欺负他的儿子,那就非先除去他不可了。

过了没有几天工夫,有人控告周亚夫,说他谋反。汉景帝压根儿没打算调查,把他交给廷尉去办就得了。原来周亚夫已经老了,他儿子给他做寿坟,还向公家买了五百套铠甲和盾牌作为殉葬的器物。这件事连累到周亚夫,罪名是盗买兵器。周亚夫气得呼呼地直喘,当时就要自杀。他夫人劝他耐住性子,还说:"事情总会弄清楚的。"周亚夫这才到了公庭。

廷尉责问他,说:"你为什么造反?"周亚夫说:"我买的是殉葬的器物,怎么说我造反呐?"廷尉说:"就说你生前不造反,死后就可以用这些器物造反啰。"周亚夫冷笑了一声,不愿意再跟这号人说话。他索性闭上嘴,什么也不说。廷尉再三问他,他始终不开口。他一闭上嘴,不但不再说一句话,而且也不再吃一点东西。在监狱里没有别的自杀的办法,他就决定绝食。连着五天,水米不进。末了儿,他吐了几口血,离开了人间。

汉景帝听说周亚夫死了,也就算了。他不愿意人家说他刻薄寡恩,就封周亚夫的兄弟为侯,继承周勃的地位。那个王皇后的哥哥王信从此出了头,挺顺利地受封为侯。

汉景帝也知道官吏严酷、诸侯侈奢,已经成了风气。他曾经下过诏书,要官吏从宽处理罪犯,加紧劝导农民。公元前141年又下了一道诏书,提倡节约,禁止采办黄金、珠宝。可是既然朝廷把残酷的廷尉看作能手,把无功受禄的人看作阔人,这些诏书就都变成官样文章。

这一年(公元前141年),汉景帝四十八岁,害了重病死了。皇太子刘彻即位,就是汉武帝。汉武帝即位那一年才十六岁,他已经娶了陈阿娇。他早已说过"金屋藏娇"的话,这会儿就立她为皇后;尊窦太后为太皇太后,王皇后为皇太后；尊外祖母臧儿为平原君，还把臧儿再嫁以后所生的两个儿子田蚡(fén)和田胜都封为侯。

汉武帝虽然年轻，可是他什么事都懂得一点。他一即位，就下了一道诏书，搜罗人才，叫丞相、御史、郡守、诸侯王等推举贤良方正。从各地送来的人可真不少，汉武帝还要亲自查考他们的学问。这一来，朝廷变成了考场。

65 排斥百家

汉武帝喜欢文学，尤其喜欢看看文理通顺、词藻丰富的文章。他的诏书一下去，各地推举了不少读书人。被选上送到朝廷里来的就有一百多人。汉武帝叫他们各人都写一篇文章，内容不外乎怎么样治理天下。大约费了半天工夫这批人陆续交了卷，都退出去了。汉武帝一篇一篇地看，觉得都很平常。其中有一篇，他认为写得最好，就仔细读了几遍。那篇文章是广川人(广川,在河北省)董仲舒写的。董仲舒研究《春秋》(《春秋》,书名,孔子写的)，很有心得。学生们都尊敬他。汉武帝看了他的文章，觉着写得好，又单独地问了他两次。他就又写了两篇。那三篇文章里主要是说：圣明的君王治理天下不是靠着刑罚，而是靠着文教。用仁义礼乐教化老百姓，能够使正气升上来，邪气压下去，老百姓就不会犯法、作乱。一块玉石不经过琢磨，是不会变成玉器的。朝廷要搜罗人才，就得培养人才；要培养人才，就得兴办学校。天下已经统一了，就应当好好地去教化人民，培养人才。要教化人民、培养人才，就应当有一套统一的理论。一个老师有一个说法，一百家有一百家的道理，那是不行的。如果这么一来，叫人们到底听从哪一家好呐？董仲舒建议：除了孔子的学说以外，别的学说一律禁止。他说，这么着，天下的思想就可以一致，法度就能够明确，老百姓也就知道什么是应当遵守的了。

董仲舒的排斥百家，着重一统的议论正合乎汉武帝独霸天下的心思。汉武帝在朝堂上把董仲舒大大地称赞了一番，当时就派他去做江都的相国，帮助江都王刘非(汉景帝的儿子,汉武帝的异母哥哥)。大臣们听到汉武帝称赞董仲舒，又看到派他做了江都的相国，都认为这一来，孔子这一派学说的儒家该吃香了。丞相卫绾上了一个奏章，大意是说：各地送来的那些贤良方正，有的是法家这一派的（指商鞅和韩非的一个学派），有的是纵横家这一派的（指苏秦、张仪那一派），有的是别的什么什么派的；这些人不但不能治理国家，而且各人说各人那一套，反倒会扰乱朝廷，应当一律不用。汉武帝听了他的话，只把公孙弘、庄助等几个儒家这一派的人留下，别的人一律不要。

汉武帝知道窦婴和田蚡也算是儒家这一派的大臣，就把他们重用起来。他把年老的卫绾免了职，拜窦婴为丞相，田蚡为太尉。窦婴和田蚡做了朝廷里数一数二的大官，他们又推荐了几个儒生给汉武帝。汉武帝任用代人赵绾为御史大夫，兰陵人王臧为郎中令。赵绾和王臧请汉武帝设立"明堂"。汉武帝就吩咐他们依照古代的制度去起草设立明堂的计划。他们又推荐他们的老师申公。汉武帝早就听到申公是当时数得起来的儒家的学者，就打发使者用最隆重的礼节去聘请申公。

申公年轻的时候曾经见过汉高祖，后来做了楚国的大臣。为了反对楚王刘戊谋反，曾经受过刑罚。他就回到鲁国本地，专门讲学，教授了一千多个弟子。这时候，他已经八十多了，本来不愿意出门，可是见到汉武帝这么隆重地派使者来请他，只好跟着使者到了长安。

汉武帝挺尊敬地问他怎么样治理天下。申公恐怕这位年轻的皇帝好高骛远，能说不能做，就回答说："治理天下不在乎多说话，主要是看行动上怎么样？"他就说了这么一句话。汉武帝等了半天，还是听不到下文，也就算了。申公呐，等了半天，还是听不到汉武帝再问下去，也就拉倒。

申公就这么说了一句话出来了。他的门生赵绾和王臧向他请教古代的明堂制度是怎么样的，他只是笑了笑，可没说什么。赵绾和王臧还认为老师脾气古怪，过几天再说吧。哪儿知道过了几天，大祸临头了。

原来太皇太后窦氏是信黄老的，一听到汉武帝重用儒生，她已经不高兴了。别的事情可以听凭汉武帝去办，只要是冒犯黄老的，她可怎么也不能依。她把儒家的道理批评得不值一个子儿，把赵绾和王臧看成是只会说空话不会干活儿的帮闲的。这一来可把赵绾和王臧都气坏了。他们上了一个奏章，说："按照古时候的规矩，妇女不得干预朝政。现在皇上亲自治理天下，什么事情都应当自己作主，怎么还要去向东宫（太皇太后住在长乐宫，长乐宫在长安东边，所以也叫东宫）请示呐？"汉武帝一时不好回答他们。

太皇太后知道了，就马上责备汉武帝，说："你用人用得好哇！赵绾、王臧是什么样的儒生啊？他们只懂得挑拨离间，自己目无长辈还不够，还要诱惑你藐视孝道。你这个不孝的子孙，还要包庇他们吗？"汉武帝说："这我哪儿敢。因为窦丞相和田太尉都说他们有才能，我才用了他们。"太皇太后说："窦婴、田蚡都不是东西！告诉你：你要是还算是我的子孙，就该把赵绾、王臧下监狱，把窦婴、田蚡马上免职！"

汉武帝到底还太年轻，他祖母的势力又挺大，他只好革去赵绾、王臧的官职，把他们下了监狱。他还想等到他祖母火儿下去，再把那两个人放出来。偏偏窦太后抓住政权不肯放松。她把这两个人当作方士新垣平看待，非要汉武帝把这两个宣传邪道的"新垣平"砍了不可。她说不把赵绾、王臧办死罪，不把窦婴、田蚡免职，不能防止将来。赵绾和王臧也挺懂事，就在监狱里自杀了。汉武帝把窦婴和田蚡免了职。那个老头儿申公倒挺有造化，趁着机会告老还乡。什么明堂，什么学校，也就吹了。

太皇太后窦氏可有她自己的主张。她讨厌夸夸其谈的儒生，可是挺看得起少说话、多做事的人。她对汉武帝说："儒生专注重外表，写的文章读起来倒是好听，可是不如万石君这一家子能够老老实实地做事。"

"万石君"是河内人石奋这一家的外号。石奋从十五岁的时候就伺候着汉高祖，以后经过汉惠帝、吕太后、汉文帝、汉景帝这么多的年代，一直做着官。他没有学问，可是为人忠厚老实，做事小心谨慎。他有四个儿子，也都很朴实。在汉景帝的时候，爷儿五个都做了官，每人俸禄二千石粮食，全家一共一万石，所以称为"万石君"。

太皇太后反对儒家，喜欢像万石君那样专做事、不说话的老实人，所以在汉武帝面前称赞他们这一家子。这时候，石奋已经告老了，他的大儿子石建也老得头发全都白了，小儿子石庆可正在壮年，老二、老三可能已经去世。汉武帝就命令石建为郎中令，石庆为内史（治理京城的官，就是后来称为京兆尹的）。郎中令石建每五天回家一次去看看他父亲。他父亲换下来的衬衣，他老是偷偷地洗干净了，再交给底下人，从来不让他父亲知道是他洗的。他在汉武帝跟前做事非常小心。没有别的人在场的时候，他也能和汉武帝说几句话；一到朝堂上，好像什么话都说不上来了。他看公文，仔细得不能再仔细，连"马"字短了一点，他也一定补上去。

内史石庆的那股子细心劲儿也跟他哥哥一样。有一次，他替汉武帝驾车，汉武帝问他："拉车的有几匹马？"石庆当然知道皇帝的车总是用六匹马拉的。他恐怕忙中有错，就用马鞭子一匹一匹地数了一遍，说："六匹。"像石家哥儿们这样的人才是信黄老的太皇太后要汉武帝重用的。董仲舒希望汉武帝专尊孔子，排斥百家；太皇太后要汉武帝排斥儒家，专尊黄老。这叫汉武帝怎么办？他可有主意。太皇太后不是很老了吗？干么那么心急呐？还不如在这几年当中先玩玩再说吧。

66 金屋变为冷宫

汉武帝做孩子的时候就说过："要是把阿娇给我，赶明儿我一定盖一间金子的屋子给她住。"以后他靠着陈阿娇的母亲长公主嫖的力量做了太子。他做太子的时候就娶了陈阿娇；即了位，就立她为皇后。陈皇后可以说是汉武帝的恩人，就说真盖一间金子的屋子给她住也不算过分。她认为她有十足的理由要求汉武帝不亲近别的女人。汉武帝可有他自己的想头：做了皇帝就不能光有一个女人，陈皇后不让他跟妃子们亲近未免太妒嫉了。再说陈皇后结婚了这几年，还没生过孩子。做皇帝的最怕没有后代。这么一来二去地对陈皇后就越来越冷淡了。

有一天，汉武帝到灞上去祭祀，回来的时候，路过他姐姐平阳公主门口，就进去休息一会儿，聊聊家常。平阳公主是王太后的亲生女儿，汉武帝的亲姐姐，嫁给平阳侯曹寿（曹参的曾孙），所以叫平阳公主。她因为陈皇后多年没有生养，特意挑选了十几个良家女子留在家里，等汉武帝到她家来，让他自己挑选。当时她就叫她们出来伺候汉武帝喝酒。汉武帝看看，都很平常，一个也看不中意。

平阳公主又召了一班歌女，叫她们弹几个曲子，唱几个歌儿，讨汉武帝的好。这一回汉武帝还真看上了一个歌女，眼睛直盯着她。他问平阳公主："她叫什么名字？哪儿的人？"公主说："她叫卫子夫，平阳人。"汉武帝马上叫了一声："好一个平阳卫子夫！"平阳公主就把她送给汉武帝。

汉武帝带着卫子夫一块儿坐着车马回到宫里。冤家碰到对头，恰巧给陈皇后瞧见了。她竖起眉毛，瞪着眼睛，查问起来。汉武帝究竟有点心虚，连忙说："她是平阳公主家里的丫头，到宫里来当差的。"陈皇后鼻子里哼了一声，生气走了。汉武帝知道自己由胶东王做了太子，由太子做了皇帝，全是陈皇后的母亲长公主一手提拔的，怎么敢当面得罪陈皇后呐？他把卫子夫安顿一下，马上到陈皇后跟前去赔小心。陈皇后不是好惹的，她气呼呼地叫汉武帝陪伴那个新来的美人儿去，自己要回娘家去了。汉武帝只好答应让卫子夫住在冷宫里，再不跟她相见。

陈皇后一面抓住汉武帝住在中宫（皇后住的），一面请医生、看病吃药，希望早生贵子。她花了九千万钱，还是白费心。约摸过了一年多，汉武帝的皇位坐稳了，他不再像以前那么害怕陈皇后了。他放大胆子，布置了一个院子，把卫子夫接到那儿来住下。没有多少日子，卫子夫有了身孕。这个消息给陈皇后知道了，又来跟汉武帝争闹。汉武帝理直气壮地责备她不能生男育女。陈皇后气得咬牙切齿地一定要跟卫子夫拼个死活。汉武帝用心保护着卫子夫，不让陈皇后有下手的机会。打这儿起，他干脆不再到中宫去。"金屋"变成了冷宫。

陈皇后自己使不出别的花招来，就去跟她母亲商量。长公主嫖当然要替她女儿打抱不平，可是一时里也想不出办法来。后来她听说平阳公主家里有一个看马的奴仆，名叫卫青，是卫子夫的兄弟。她就派人去把卫青抓来，准备杀了他，出口恶气，也好叫卫子夫丢个脸，知道知道她的厉害。

卫青和卫子夫是一个母亲生的，可是他们各有各的父亲。他们的母亲是个苦命的女子，原来是平阳侯家里的一个使唤丫头。后来嫁了人，称为卫氏（卫氏，可能是她自己的姓），生了一个儿子，三个女儿，小女儿就是卫子夫。卫氏死了男人，又回到平阳侯家里去干活儿。

平阳县有个小官吏叫郑季，被派到平阳侯家里去当差，住了一个时期。他瞧见卫氏长得挺美，爱上了她，跟她生个儿子，叫青儿。可是郑季家里已经有了妻子和儿女，他回到家里去的时候，就把卫氏和青儿扔了。卫氏千辛万苦地把青儿养到七八岁，把他送到郑季家去。郑季没有办法，只好把自己生的儿子收下。他的老婆和儿子都瞧不起青儿，不把他当作家里人看待。郑季也是个狠心肠，他叫青儿去看羊，跟家里的奴仆们一块儿过日子。

青儿被郑家虐待，吃尽苦头，勉勉强强长大成人。他长大了，不愿意再受人家的欺负，就去找他自己的母亲卫氏，姓了母亲的姓，把自己叫作卫青。卫氏向平阳公主求情，请她收留卫青。平阳公主见他长得相貌端正，身材魁梧，就叫卫青给她看马。

卫青在平阳公主家里挺守本分，又有人缘。他结交了几个朋友，在空闲的时候，请他们教他认字、读书。他很聪明，又肯用功，不到两年工夫，学得已经粗通文字了。想不到正在这个时候，长公主嫖和陈皇后为了跟卫子夫作对，要在他身上出气。

有一天，卫青正在看马，忽然来了几个人把他绑了去。幸亏给卫青的几个朋友瞧见了。他们路抱不平，立刻上了马，急急地追上去，把卫青夺回来。他们把长公主派人来抓卫青的事告诉了平阳公主，平阳公主也火儿了。

她向兄弟汉武帝一诉委屈，汉武帝知道这明明是陈阿娇打击卫子夫。他也要报复一下，就把卫青叫进宫来，当着陈皇后的面重用了他。没有多少日子，汉武帝封卫子夫为夫人，提升卫青为大中大夫。这一来可把长公主嫖和陈皇后都气坏了。她们还得再想办法谋害卫子夫。

汉武帝已经把"金屋"看作"冷宫"，他还想废了陈皇后。可是他怕得罪太皇太后窦氏（汉武帝的祖母，陈皇后的外祖母），只好暂时把这件事搁在一边。太皇太后见汉武帝对陈皇后这么冷淡，挺不满意。每回见到汉武帝进来问安，老绷着脸骂他没有出息。汉武帝不好反抗，心里可挺不舒服。他索性跟一班伺候他的臣下们整天地喝酒，做诗，打猎，过着无聊的日子。

那时候朝廷上真是人才济济，最出名的有庄助、公孙弘、主父偃、汲黯（Jí'àn）、东方朔、司马相如、朱买臣等。可是他们大多只会你跟我争，我跟你吵，谁也不服谁，有的甚至于净想往上爬，哪儿还敢劝阻汉武帝出去玩儿。汉武帝新出花样，换上便衣，带着能骑马射箭的手下人到各处去游玩。有时候晚上出去，直到天亮还不回来。

有一次，他们到南山去打猎，净在庄稼地里跑来跑去，把地里的庄稼踩得稀里哗啦的。农民大声嚷着骂他们，他们连理也不理。那些农民只好去报告县令。县令马上派一队人马把这些糟踏庄稼的家伙逮来办罪。县里派来的人拦住几个跑马的，一问，才知道是皇上在这儿玩儿呐。

又有一次，汉武帝带着这些手下人到了柏谷地方，晚上住在客店里。客店的主人瞧着这批不三不四的人，又像是无赖，又像是强盗，心里起了疑。他们向主人要酒。主人没有好气地说："酒没有，尿倒有。"这些人对他当然也没有好看的颜色。主人以为来了强盗了，就出去召集了一班青年人把这几个"强盗"围起来，准备一个一个地收拾他们。那个内掌柜的跟她当家的说："我瞧那个头儿准是个贵公子，再说，他们也有准备，你可千万别动手哇！"那个男的不依。他老婆就花言巧语地跟他喝酒，把他灌得烂醉，然后用绳子把他绑上。就因为这件事，汉武帝赏了她一千金，还叫她的男人做了卫兵。

汉武帝出去玩儿，至少出了这两次岔儿。为了以后玩着方便，他吩咐人在十二个地方盖了房子。这么着，随时随地都可以在外边休息了。有一个会奉承汉武帝的臣下，替他出个主意：把南山和临近的山林、河道、田地圈起来，叫老百姓全搬出去，原来的民房一概拆去，然后四周围砌上围墙，修成一个极大的上林园。在这里面打猎，那可多好玩儿。

那一年（公元前138年，建元三年，汉武帝即位第三年）正碰上大水灾，大河(就是黄河)开了口子,平原(就是齐地)的庄稼全都淹了,老百姓饿死的很多。开头大家把尸首当作粮食吃,后来干脆人吃人了。可是汉武帝是个十九岁的青年,库房又挺充足。京师里的钱不知道有多少万万,钱串烂了,整贯的钱散了,盘都没法盘。粮仓里的粮食一年一年地堆上去,都露到外面来,有的已经霉烂,不能吃了。大水灾和饿死人的惨劲儿压根儿没搁在汉武帝心上。他还是要修他的上林园。

汉武帝手底下有个臣下,大伙儿都把他当作滑稽大王。他阻挡汉武帝修上林园。汉武帝有他自己的想头,哪儿能听他的呐?

67 "滑稽大王"

那个反对汉武帝修上林园的"滑稽大王"叫东方朔。他是平原厌次人(厌次,在山东省阳信县),从小用功读书,喜欢说笑话,人倒是个正派人。他知道汉武帝爱玩儿的脾气,认为跟他一本正经地讲道理是没有用的。他就使出他爱说笑话的才能来,采用滑稽的方式,去说那些正经的道理。人家把东方朔看作滑稽派,东方朔反倒认为滑稽的不是他,而是汉武帝和一班专门讨好的人们。当初他一到长安,就上书给汉武帝,要求皇上用他。他的那封自己推荐自己的信是这么写的:

我叫东方朔,从小死了爹娘,靠着我哥哥和嫂子养大的。十二岁读书,三年就学通了;十五岁学剑;十六岁学诗经、书经,读了二十二万字;十九岁学孙吴兵法,又读了二十二万字。我已经读熟了四十四万字了。今年二十二岁,身长九尺三寸,眼睛像一对夜明珠那么亮,牙齿像一排贝壳那么整齐、洁白;我的勇敢、灵活、讲廉洁、守信义像古时候最勇敢、最灵活、最讲廉洁、最守信义的人一样。像我这样的人总该可以做皇上的大臣了吧。

汉武帝一边读,一边笑,当时就吩咐下去,叫他暂时住在公车令处(相当于招待所),准备用他。东方朔就住在那儿等候任命。公家招待这种人,只供食宿,可没有薪俸。东方朔等了不少日子,还没见诏书下来,身边带着的钱已经花完了。这可把他急坏了。住在公车令处的还有一班矮子(供宫里玩儿的矮个儿,古文叫"侏儒")。东方朔故意吓唬他们,说:"你们死在眼前,知道不知道?"他们说:"怎么啦?""你们还不知道么?朝廷把你们从各地找了来,说是叫你们去伺候皇上,其实是准备把你们全都杀了。你们这些人一不能做官,二不能种地,三不能当兵,什么活儿都不能干,光知道吃饭。所以朝廷把你们骗了来,单等你们进了宫廷,就暗暗地把你们杀了,为的是要节省粮食。"

他们听了,都吓得掉下眼泪来。东方朔替他们想个办法,说:"你们但等皇上坐着车马出来,就去磕头求饶,皇上问你们什么,你们都推在我东方朔身上,管保你们就没事了。"

这班矮子天天等着汉武帝出来,还真给他们等到了,就都上去向他哭诉。汉武帝怪纳闷儿。他问:"谁说我要杀你们?"他们说:"东方朔!"汉武帝回到宫里,派人召东方朔进去,要办他造谣生事的罪。

东方朔说:"矮子身长三尺,每月领一口袋粟,二百四十个钱;我东方朔身高九尺多,也不过领一口袋粟,二百四十个钱。他们吃得撑得慌,我可饿的要命。皇上征求人才,要用就用,不打算用就该放我们回去,别叫我们这些高个儿、矮个儿老在长安呆着白费粮食!"汉武帝听了,大笑起来,就拜他为郎中,留在身边给他逗乐开玩笑。

有一个夏天,汉武帝传下命令,叫大臣们到宫殿里去领肉。按照那时候的规矩,肉是由一个专门管这件事的大官分给臣下的。大臣们按时刻到了宫殿里,就瞧见肉早已搁在那儿了。他们等着等着,可是那个分肉的大官还没来。从早晨等起,等到中午,天越来越热,汗越流越多,只见苍蝇进去,不见分肉的大官出来。大家都等得不耐烦了,可是谁也不敢出去。

东方朔拔出宝剑来,自己动手,把肉割了一块,对大伙儿说:"三伏天气多热呀,不但我们应当早点回去休息,就是那肉再搁下去也快臭了。还不如自个儿动手,拿了肉回家去吧。"他一面说着,一面提着那块割下来的肉走了。

别的人心里也想这么干,可是谁也没有这分胆量。他们又等了半天,才瞧见那个大官大模大样地到了。他念了赐肉的诏书,按着名次,把肉分给大臣们,可就没见着东方朔。他问了一问,才知道东方朔自作主张,已经把肉拿了去了。那大官气得蹦起来。他想:"东方朔这小子没把我放在眼里,也就是不服从皇上的命令。要是让他这么无法无天地下去,还能有我吗?"他就奏明汉武帝要办东方朔不守规矩的大罪。

第二天,汉武帝责备东方朔,说:"昨天我赐肉给你们,诏书还没到,

233

你怎么先自己割了肉,就这么回家去了?"东方朔摘了帽子,趴在地下,赔不是。汉武帝说:"你起来,自己责备自己吧。"东方朔就站起来,数落自己的不是,说:

> 东方东方,你太鲁莽;
> 肉还没分,怎能领赏?
> 拔剑割肉,举动豪爽;
> 割肉不多,还算退让;
> 拿给细君,情义难忘;
> 皇上宽大,谢过皇上。

汉武帝不由得笑起来了,还赏给他一石酒,一百斤肉,叫他去送给他那个"情义难忘"的媳妇儿。

那时候,东都(就是洛阳)献来了一个矮子,拜见汉武帝。那个矮个儿也挺怪,他瞧见东方朔这个高个儿站在旁边,好像跟他比高矮似的,就骂东方朔是个贼。东方朔挺生气。汉武帝也觉得奇怪,沉下脸来问他:"别胡说八道!他怎么是个贼?偷过什么?你说!"那个矮子见风转舵,一本正经地回答说:"他是个贼。西方王母娘娘有个桃园,那里边的桃树三千年开花,三千年结果,结的就是蟠桃。这个高个儿挺坏,蟠桃偷过三次了。"他说的原来是云山雾沼笑话儿,可是汉武帝问东方朔,说:"你真偷过王母娘娘的蟠桃吗?"东方朔乐了乐,可不说话。

这会儿汉武帝听了那些专会奉承他的臣下的话,要修个极大的上林园。东方朔在这个紧要关头上,不再嘻皮笑脸地逗乐了。他正经八百地说:"南山是座宝山,不但出产木料,而且金、银、铜、铁、玉石都有,工匠靠它供给材料,老百姓全靠它过活。南山一带,土地肥沃,稻、梨、栗子树、桑树、麻、竹子、生姜、芋头都种在那儿,水里出产很多的鱼、虾。贫穷的人全靠着这些土地和河流养活自己和一家老少。那儿的土地每一亩值一金。现在把南山和临近的土地一股脑儿圈在上林园里,对国家来说,是个损失,对农民来说,是个灾害。这是第一点。为了修上林园,就得毁坏人家的坟墓,拆去老百姓的房屋。想想吧,伤心的人有多少,啼哭的人有多少。这是第二点。这么大的上林园,光在四周砌起围墙来,工程已经够大了,哪儿还能够把这些地方都造成一片平阳呐?这里面没有可以跑车马的大道,别说高低不平,不能跑马,而且有的是乱石深沟。皇上为了玩儿,冒着翻车的危险,怎么说也不值得。这是第三点。再看看过去的历史吧：殷朝的君王建造九市宫，诸侯叛变；楚灵王建造章华台，楚人分离；秦朝建造阿房宫，天下大乱。我这么随口乱说，违反皇上的心意，真是罪该万死，不过希望皇上能够体察我的一片忠心。"

汉武帝觉得东方朔的话完全正确。他把东方朔称赞了一番，提升他为大中大夫，还赏给他一百金。可是滑稽的也就在这儿，汉武帝当时就下令动工，大修上林园。东方朔觉得又是好气，又是好笑。可是他知道汉武帝逞能、好胜的脾气，什么事情都不肯认输；大臣们大多只会顺着他，很少有劝告他的。东方朔认为他再不劝告还有谁去劝告呐？这次虽然没成功，可是还升了官职，受了赏赐，可见汉武帝对他还是挺尊重的。东方朔早已说过："古时候的人有逃避人世躲到深山里去的；我就嘻嘻哈哈地躲在朝廷里吧。"

东方朔嘻嘻哈哈地又是咳声叹气地瞧着上林园建造起来了，瞧着大批的民夫在鞭子底下拆毁自己的房屋，瞧着庄稼地变成了跑马、跑狗的场所。到了儿，上林园完了工，就有人做诗、写文章来歌颂汉武帝修建上林园的伟大事业。其中最叫汉武帝欣赏的一篇文章就是《上林赋》。那篇《上林赋》，谁都说写得好，简直一个字就顶得上一颗珍珠似的，可是在东方朔看来只不过是帮闲文人的臭玩意儿。

68 帮闲文人

那篇《上林赋》是汉朝出名的文人司马相如写的。司马相如是成都人，从小喜欢读书，也学过剑。他爹妈很疼他，老爱叫他小名"狗儿"（文言叫"犬子"）。狗儿长大成人，挺羡慕战国时代的蔺相如，所以自己取了个学名叫相如。那时候蜀郡太守文翁，大兴文教，设立学校，招收民间子弟。他请司马相如为教师。文翁一死，司马相如就不愿意再教书了。他决定离开成都，要到长安去做大官。到了升仙桥（在成都北），已经累了，想在桥上歇歇乏儿。到了桥上，他就在桥柱子上题了字。写的是："不乘高车驷马，不过此桥。"瞧他这个向上爬的劲儿。

他到了长安，花钱买到了一个像卫士那样的职位，伺候着汉景帝。汉景帝是信黄老的,不喜欢做诗、写文章。司马相如又没有多大的武艺,这个位置就显得很不合适了。

刚巧梁王刘武带着几个文人来朝见汉景帝,司马相如趁着这个机会跟这些文人交了朋友。接着他就辞了职,到了梁国。梁王刘武收他为门客,跟那班文人们住在一块儿。司马相如在梁国住了几年。在这个时候,他写了一篇很长的文章叫《子虚赋》,假托"子虚"、"乌有先生"、"无是公"三个人评论国王打猎的事;文章的字句铺张雕琢,内容却是空空洞洞。当时一班拿喝酒、做诗过日子的文人都说《子虚赋》写得好,司马相如就这么出了名。

梁王刘武死了以后,那班喝酒、做诗的门客们也就树倒猢狲散了。司马相如只好回到老家成都去。他没有事干,家里又穷,就到临邛县(就是四川省邛崃县)去投靠他的好朋友县令王吉。王吉曾经对他说过:"要是你做官的运气不大好,尽管到我这儿来。"司马相如见了王吉,王吉就替他想出一个抬高身价的办法:请他住在都亭里(都亭,城门旁边的公家房子),自己每天挺恭敬地去拜访他。开头几天,司马相如还出来接见县令,后来干脆叫随从的人出来推辞说身子不舒坦,不便相见。司马相如不出来接见县令,县令更加恭敬地每天去问病。王县令天天这么招摇过市地到都亭去拜访司马相如,全城的人都知道了。

临邛县有好多家财主,其中最大的两家都是开铁矿炼铁的大财主:一个叫卓王孙,家里的奴仆就有八百名;一个叫程郑,也有几百名奴仆。两个财主商量着说:"县太爷来了个贵客,咱们也不能不招待他一下。"他们就决定在卓王孙家里请客,约了一百来个有名望的人,请县令做个陪客,挺隆重地给司马相如接风。

到了那一天,卓家门前一溜儿全是车马。一百来个陪客都到齐了,酒席也摆上了。吹吹打打好不热闹。可是就短了一个人,司马相如没来。他推辞说:"身子不大舒服,心领了。"

临邛县的县令不敢怠慢,带着几个顶有面子的人亲自去劝驾,死气白赖地一定要司马相如赏个脸,逼得司马相如没有办法,只好坐着自己的车马,带着随从的人到卓家来了。贵客一到,全堂都兴奋起来。司马相如当然坐了第一位,王县令以下,挨次序坐下,卓王孙和程郑坐在主位。酒越劝越勤,话越说越高兴。

王县令瞧见大伙儿这么高兴,就提议说:"司马公弹琴是出名的。今天我们请他弹一弹,让我们的耳朵也享享福,那我们多么有造化啊!"司马相如直怪王县令多嘴。卓王孙说："琴，我家里也有，这是我前年花了三百金买来的，听说还是古物。请司马公不要推辞。"王县令说："用不着你家的琴。司马公的琴和剑是随身带着的。我瞧见他车上有个口袋，那准是琴。快去拿去。"手下人就把琴拿上来了。王县令接过来，双手递给司马相如。司马相如挺随便地弹了一段就停下了。大伙儿不管听得懂、听不懂，没有一个不喝彩的。

司马相如把弦儿调整一下，正准备弹第二段的时候，就听到屏风后面叮叮当当有玉佩的声音。他偷偷地往那边一瞧，原来是个极漂亮的女子。他用不着想，就知道是卓王孙的女儿卓文君。卓文君不但长得美，而且琴、棋、书、画，样样都会，只可惜年轻轻地守了寡，住在娘家。她听说司马相如是个才子，父亲约了这么多的朋友来欢迎他，不用说又是个贵公子。她就躲在屏风后面想偷看一下。赶到司马相如弹起琴来，行家碰到行家，冤家碰到冤家，不由得转到屏风边上，露了一露，正好跟司马相如打了个照面。她连忙退回来；心里头尽管跳着，还是静静地站在那儿，要再听听琴声。

司马相如哪儿能错过机会呐？好在这些财主们压根儿就不懂得音乐，他就大胆地弹了一只男子向女子求爱的情歌，叫做《凤求凰》。司马相如弹这《凤求凰》的曲子，每个响儿都弹在卓文君的心弦上。两个人就这么彼此爱上了。

司马相如得到了王县令的帮助，买通了卓文君的使唤丫头，请卓文君嫁给他。卓文君怕她父亲不答应，就下了个决心，半夜里私奔到都亭。司马相如连夜带着她逃回成都。

卓王孙丢了女儿，四下寻找，没有下落。一打听，那位住在都亭的贵客也不见了，气得他直吹胡子。可是家丑不可外扬，他只好咬着牙，心里痛骂那两个家伙。

卓文君到了成都，才知道司马相如原来是个穷光蛋。自己匆匆忙忙地出来，又没多带金钱，只好把随身的首饰变卖了，对付着过了一两个月。她劝司马相如回到临邛去，或者向她父亲求求情，或者向她兄弟借点钱，总比在成都饿死强。他们就硬着头皮，到了临邛，托人向卓王孙去说。卓王孙发了脾气，他说："不要脸的东西，我不治死她，已经是恩典了。要我接济她，一个小钱儿也甭想！"

司马相如到底是个"才子"，他准备耍赖，叫卓王孙不得不拿出钱来。他把车马、琴、剑都卖了，在临邛街上租了一间屋子，开了一个小酒铺。他穿上一条短裤衩,打扮成酒保手下干粗活的奴仆一样,在铺子门前洗这个、擦那个。卓文君掌柜卖酒,招待主顾。他们这么做,并不是真正凭着自己的劳动来过日子。他们是成心给卓王孙丢人现眼。卓王孙还真害了臊,连二门也不敢出来。

　　他几个朋友都去劝他,对他说:"令爱既然愿意嫁给他,木已成舟,也就算了吧。再说司马相如究竟做过官,还是县令的朋友,现在尽管清寒点,凭他的才能,将来也许还有出头的日子。万事总得留个后步,何必让他们在这儿吃苦呐?"卓王孙没有办法,只好打发他们走。他就分给女儿文君一百个奴仆,一百万钱,又把她头一回出嫁时候的衣服、被子和财物都送了过去。司马相如把财物诈到手,就关了酒铺,带着卓文君回到成都去,买房屋、置田地,做了财主。

　　俗语说,"时来福凑",司马相如做了财主,汉武帝也就召他进京去做大官。原来司马相如有个同乡叫杨得意,他是个"狗监",就是在上林园里管猎狗的官。他偶然听到汉武帝称赞司马相如的那篇《子虚赋》,说:"这篇东西写得真好,不知道司马相如是哪个朝代的人。要是我跟他是个同时代的人,我倒愿意跟他谈谈文章。"杨得意马上趴在地下,说:"禀告皇上:司马相如是臣下的同乡,他正在家里闲着呐。皇上要愿意召见他,他可以马上就来。"汉武帝这才叫司马相如进京。

　　司马相如见了狗监,狗监带他去见汉武帝。汉武帝问他:"《子虚赋》是你写的吗?"司马相如说:"《子虚赋》只不过是写些诸侯的事,算不了什么。皇上喜欢游猎,我就给皇上写一篇《游猎赋》吧。"汉武帝得到了这么一个人才,就叫他写来。司马相如早就猜透了汉武帝的心思,这篇《游猎赋》该怎么写,在路上已经打好了主意,当时就像默书那样地写出来了。汉武帝拿来一念,摇头晃脑地称赞了一番,就拜他为郎官。

　　汉武帝不听东方朔的劝告,修了一个极大的上林园。东方朔把上林园里的游猎去跟那一年饿死人的大饥荒对比,真是大杀风景。怪不得人家说他是个滑稽大王。司马相如可不同了,他替汉武帝写了一篇《上林赋》,把饿死人的倒霉事儿完全扔开,凭他一枝生花妙笔,挺工整地用上了一大堆歌颂皇上的好字眼。

　　汉武帝修上林园那一年,不但平原遭了大水灾,老百姓饿得活不了,而且东南一带还动了刀兵。这可叫十八九岁的汉武帝怎么办呐?

司马相如把弦儿调整一下,正准备弹第二段的时候,就听到屏风后面叮叮当当有玉佩的声音。他偷偷地往那边一瞅,原来是个极漂亮的女子。

69 马前泼水

东南一带,最大的是南越,第二是闽越,第三是东瓯(东瓯也叫东海,就是现在浙江省温州)。这三个国家因为离开中原比较远,来往不多。公元前154年,吴王刘濞给周亚夫打败以后,逃到东瓯。东瓯王原来是帮助吴王刘濞的,赶到刘濞失败了,他就接受周亚夫的命令,杀了刘濞。刘濞的儿子刘驹逃到闽越,闽越王驺郢把他收留下来。后来刘驹屡次请闽越王攻进东瓯,一来替他父亲报仇,二来可以扩大闽越的地盘。

汉武帝修建上林园那一年,闽越王驺郢依了刘驹的请求,发兵进攻东瓯。东瓯王抵挡不住,粮食又不够,就准备投降了。可是他还打发使者到长安来请求救兵。汉武帝召集大臣们商议出兵不出兵的事,连已经免了职的田蚡他们也都召到朝廷上。

田蚡反对出兵。他说:"越人互相攻击是常有的事。这些人老是反复无常,没法治。所以秦朝就把这些地方放弃了。因此我说,朝廷犯不着派人去救。"

中大夫庄助说:"这是什么话?难道说因为朝廷没有力量,皇上没有威德,救不了吗?要是能够的话,为什么要放弃?秦朝放弃这些地方,难道汉朝也得放弃吗?秦朝连咸阳也放弃了,更甭提东瓯了。现在小国有了困难,自己没有办法,才来向朝廷求救;要是咱们不去救,东瓯还有什么依靠?咱们怎么对得起那儿的老百姓呐?"

汉武帝说:"武安侯(田蚡)的话不能听。"他派庄助拿着节杖往会稽郡(郡治吴县,东汉时移至山阴)调兵去救东瓯。庄助到了会稽,带领会稽的兵马,由海道进兵。闽越王驺郢听到庄助带领大军来救东瓯,就逃回去了。东瓯王害怕汉兵一退回去,闽越再来进攻,好在东瓯地方人口不多,就请求朝廷允许他们搬到内地来。汉朝同意他们这么办。这么着,东瓯王以下四万多人全都迁移到江淮一带来。东瓯简直没有人了。

闽越王驺郢赶走了东瓯王,更觉得自己了不起,他就想并吞南越。他准备了三年,居然率领兵马去进攻南越。南越王赵胡(赵佗的孙子)一面吩咐士兵只守不战,一面打发使者报告朝廷,说:"两越(指闽越和南越)都是边界上的属国,不应该互相攻打。现在闽越无缘无故地侵犯南越,我不敢自作主张,随便开战,请皇上决定办法。"

汉武帝称赞南越,说赵胡很懂得大义。当时就派了王恢和韩安国两个将军分两路进军去征伐闽越王驺郢。闽越王驺郢的兄弟馀善得到了本族人的支持,杀了他们的王,归顺了朝廷。汉武帝就吩咐两路兵马回来,立越王勾践的后人无诸的孙子繇君丑(繇 yóu)为越繇王。馀善立了大功,再说还有本族人的支持,汉朝不立他而立了别人,他怎么能服呐?越繇王没有力量对付他,只好再向朝廷求救。汉武帝因为馀善平乱有功,就立他为东越王(东越包括浙江省东部、南部和福建省东北部的地区),划分地界,嘱咐他不可跟繇越王作对。馀善做了东越王,当时总算接受了命令,住在泉山(在浙江省江山县西,有的说泉山岭就是仙霞岭)。

为了安定南方,汉武帝又派庄助去慰劳南越王赵胡,赵胡十分感激,特意派太子赵婴齐来伺候汉武帝,表示他忠于朝廷。庄助就带着南越的太子回到长安来。汉武帝称赞庄助办事周到,叫庄助进宫,赐他酒席。庄助是会稽人,最近他两次路过会稽。汉武帝问起他家乡的情况。庄助不免报告了一番。他又谈到小时候因为家里贫穷,受尽当地有钱人的欺负。说话的时候还有点伤心。汉武帝很同情他,就答应了他的要求,让他富贵归故乡,派他为会稽太守。

庄助做了会稽太守以后,跟当地的人合不到一块儿。汉武帝就打算把他调走。正在这个时候,东越王馀善得罪了汉武帝。汉武帝好几次叫他来朝见,他可一次也没来。汉武帝准备发兵去征伐。朱买臣趁着机会献个计策,说:"东越王馀善本来住在泉山,那个地方很险要,真是一夫当关,万夫莫敌。听说他现在扩大地盘,往南边去了。他现在住的地方离泉山有五百里地。要是我们由海道进兵,先占领泉山,然后再往南进攻,东越就可以打下来。"汉武帝同意了,就叫朱买臣去接替庄助为会稽太守。朱买臣也是会稽人,汉武帝有意让他也像庄助那样富贵归故乡,可以摆一摆做官人的谱。

原来朱买臣当初也像庄助一样,是个穷读书人。他自己不能生产,又要读书,日子就不大好过了。幸亏他媳妇儿崔氏很能干,不但常替人家洗洗缝缝,还老上山打柴,挣些零钱,好让朱买臣用功读书。她这么抛头露面地干着活儿,就指望着自己的丈夫能够有个出头的日子。想不到朱买臣读书读到四十多岁,还是个穷读书的。崔氏开始不耐烦起来了。她对朱买臣说:"你读书也读够了,我不能一辈子老养活着你。男子汉大丈夫总该干点活儿,老捧着书卷,米打哪儿来?柴打哪儿来?"

朱买臣说:"将来我做了官,别说柴米,就是金银财宝也都有了。"崔氏说："别说这种废话。趁早扔了书卷，干点活儿吧。"朱买臣说："读书人能干什么活儿呐？"崔氏又是恨他又是疼他。她说："你跟着我上山砍柴去，也可以多少挣几个钱。"朱买臣只好跟着他媳妇儿一块儿去砍柴。可是他每次上山，总是带着书卷，一边砍柴，一边读书。这还不算，他挑上柴火，也是一面走，一面摇头晃脑地念古书，招得路上的人全都发笑。崔氏觉得他这么呆头呆脑的，实在太丢人了。有时候崔氏叫他到街上去卖柴。他也只好挑着柴担吆唤着"卖柴呀！"不知道怎么一来，他提高了嗓子就又背起书来了。

崔氏觉得这个书呆子真没法治，家里老是有一顿没一顿的，跟着他还有什么盼头呐？她哭哭啼啼地闹起离婚来了。朱买臣说："我朱买臣五十岁一定要富贵，你就再熬几年吧。"崔氏冷笑着说："别再提富贵了。我求求你行个好，放了我吧。"两口子闹了几天，朱买臣就把崔氏休了。

他休了妻子，一个人砍柴、卖柴，日子越来越难过了。有一天，正是清明时节，朱买臣挑着小小的一担柴火，走下山来。身上又冷、肚子又饿，就在大道旁边缩成一团，在那儿休息着，手里还拿着书卷。那边有不少坟头，有人在那儿上坟。说起来也真巧，崔氏跟一个男的正在那儿上供。

崔氏瞧见朱买臣苦到这步田地，不由得心酸起来。她就把撤下来的酒、饭送到朱买臣跟前，低着头递给他，流着眼泪走了。朱买臣已经饿了两天了，见了酒饭，也顾不得害臊不害臊，狼吞虎咽地吃了。他一边咂着嘴，一边把空碗盏交还给那个男的，向他谢了一谢，挑起柴火走了。他这才知道崔氏已经改嫁了。

又过了几年，朱买臣快五十了。他打听到会稽郡要送货物到京城去，就要求那个管运货的人让他做个运货的小卒子。上车下车，他也能够扛扛挑挑的。那个主管的人正需要人，就用了他。朱买臣就这么到了长安，上书求见汉武帝。等了好多日子，也不见诏书下来。身上又没有钱，苦得还不如在家里呐。他去求见同乡人庄助，央告他帮帮忙。庄助为了顾全同乡，把他引见给汉武帝。汉武帝当面问了问他所学的东西以后，就拜他为大夫，可是并没重用他。

这会儿汉武帝要把庄助调回来，又听了朱买臣进攻南越的计策，就拜他为会稽太守，嘱咐他准备楼船、积聚粮食和兵器，等候大军去征伐东越。

朱买臣做了会稽太守，就可以在本乡扬眉吐气了。他故意换上一身旧衣服，走到一家大一点的饭馆子里，在那儿喝酒的一班人也有认识朱买臣的，也有不认识他的，可是谁都没招呼他。他一个人坐下，要了一点酒、饭。过了一会儿，有几个官吏慌慌忙忙地进来，请朱太守上车。大伙儿一听朱买臣做了太守了,已经吓了一大跳;又瞧见门外来了好多车马,说是来迎接新太守上任的,不由得都趴在地下,央告朱太守免了他们的罪。朱买臣觉得自己有了面子,挺得意地叫他们起来。接着他就坐着车马走了。

这么一来,一传十,十传百,没有几天工夫,城里、城外都知道朱买臣做了大官。他原来的媳妇儿崔氏也听到了。那个男的已经死了,她可不敢去见朱买臣,整天价呆在家里直发愣。街坊上几个妇女跑去对崔氏说:"朱大嫂,你男人做了大官了,你怎么一个人还呆在这儿?"她叹了一口气,说:"可是我已经嫁过人了。"她们说:"你现在还不是仍旧一个人吗?一夜夫妻百夜恩。你不去找他,他怎么知道你在这儿呐?你过去待他并不坏,就是你们离了以后,你还送给他酒、饭吃。就凭这一点也应该去见见他啊。"正在这个时候,外面起了哄,有人嚷着说:"新太守过来了,快到街上去欢迎啊!"几个妇女就拉着崔氏一块儿去了。

果然,朱太守坐着车马慢慢地过来。崔氏见了朱买臣,不由得跪在街上磕头。朱买臣见了崔氏,仰着脑袋笑了笑,说:"你来干么?"崔氏说:"大人不记小人过,请把我收下当个使唤丫头吧。"朱买臣想起姜太公"马前泼水"的故事,他叫手下人拿盆水来,倒在地下。完了,对崔氏说:"你把泼出去的水收到盆里来,我就带你回去。"崔氏听了这话就站起来,晃晃悠悠地走了。她的街坊扶着她回到家里,有个老大娘劝她,说:"坐车马的大官跟挑柴火的老百姓本来就不一样。大嫂压根儿就用不着伤心。"

当天晚上,朱买臣的媳妇儿上吊死了。

朱买臣没忘了汉武帝的嘱咐,他在会稽准备着楼船和兵器,但等朝廷大军一到,就可以去征伐东越了。可是汉武帝这会儿正忙着对付北方,又顾不到南方了。要发大军也得先去进攻匈奴。

70 反攻匈奴

匈奴自从跟汉朝通婚以后,在这六十多年当中(公元前198—公元前133年),虽然没有大规模地打过仗,可是匈奴侵犯边界是常有的事。他们老在长城外边这一带来来往往,一有机会,就侵略进来。

公元前134年,军臣单于派使者来要求和亲。这时候,太皇太后窦氏已经死了(公元前135年),汉武帝也二十二岁了。他决定把政权抓在自己手里。他拜田蚡为丞相,韩安国为御史大夫。为了抵抗匈奴,他派李广和程不识为将军,防守着北方。这会儿单于要求和亲,汉武帝叫大臣们商议答应不答应。将军王恢说:"过去朝廷同匈奴和亲,把公主嫁给单于,可是匈奴老是不守盟约,侵犯边界。还不如发兵去打击他们一下子。"

御史大夫韩安国说:"匈奴没有固定的居住的地方,我们没法用武力去征服他们。如果派大军去,就得奔走几千里地,就是不打仗,人马已经够累的了。他们计算到能够打胜仗的话,就用全部力量来打击我们已经疲劳了的军队;他们不能打胜仗的话,就跑得无影无踪的。还不如同匈奴和亲好,免得劳民伤财。"大臣们大多都赞成韩安国的话。丞相田蚡更是宁可放弃土地,不敢出兵打仗的。汉武帝只好打发匈奴的使者回去,答应把公主嫁给单于。

汉武帝实在不愿意向匈奴屈服。第二年,王恢献计反攻匈奴,汉武帝就同意了。原来雁门郡马邑(马邑,包括现在山西省马邑县和朔县)有个老头儿叫聂壹,是个大商人,他向王恢献计,说:"匈奴在边界上到底是个祸根。现在咱们趁着和亲的机会,把匈奴引到关里来,准能打个大胜仗。"王恢问他:"老人家有什么好主意把匈奴引进来?"聂壹说:"不瞒将军说,我常私运货物,跟匈奴已经做过几次买卖了,连单于都认识我。我借着做买卖的因头,假意把马邑城卖给单于。将军把大军埋伏在临近的地方。单于贪图马邑的货物,一定会进来的。赶到他们一到马邑,将军就截断他们的后路,准能打个大胜仗,也许能够逮住单于。"

王恢认为这是个好主意。他马上把这个主意献给汉武帝。汉武帝召集大臣们,对他们说:"我打扮了子女配给单于,还送给他金币、绸缎。可是单于不但十分傲慢,不守信义,他还不断地进行侵略、抢劫。我看到我们的边界遭到匈奴的迫害,心里非常难过。我想发兵去打匈奴,你们看怎么样?"

御史大夫韩安国又出来反对,他说已经和亲了,再打仗有失信义,而且是个冒险的行动,一点把握也没有。

年轻、好动、富有冒险精神的汉武帝同意王恢反攻匈奴。他就拜王恢、韩安国、公孙贺、李广等为将军,带着三十多万兵马去打匈奴。王恢派聂壹带着货物先到长城外去跟匈奴做买卖。聂壹见了军臣单于,说他愿意把马邑献出来。军臣单于听了,又是高兴又是怀疑。他说:"你是做买卖的,怎么能把马邑城献给我呐?"聂壹说:"我们一伙儿也有几百个人,混进马邑,杀了汉朝的官吏,就可以拿下马邑。赶到汉朝再派兵来,大王的军队早已进去了。"

军臣单于先派几个心腹跟着聂壹到马邑去,但等聂壹杀了官员,就发兵进去。聂壹回到马邑,商议停当,杀了几个囚犯,把人头挂在城上,说是马邑大官的脑袋,叫匈奴的使者去看。匈奴的使者见了这些人头,马上回去报告给军臣单于。军臣单于亲自带领着十万人马来接收马邑。匈奴的大军进了汉朝的地界,到了武州(县名,在山西省左云县南),离马邑还有一百多里地,只见草原上全是牲口,可没瞧见一个放牲口的人。单于起了疑。他瞧见那边有个亭堡,就打算打下亭堡,问个明白。亭堡是瞭望敌人,联络消息用的。每一百里有个亭堡,每一个亭堡有一个亭尉和一个副手,还有一些士兵。那亭尉已经得到了军令,装出挺镇静的样子,引诱匈奴进去。

军臣单于抓住了亭尉,对他说:"你把实际的情况老老实实地告诉我,有赏;要是撒半句谎,我就把你砍了。"那个亭尉怕死,他投降了匈奴,把汉朝军队的情况抖搂了包袱底,全都倒给匈奴。军臣单于一听,好像屁股碰了火盆似地慌忙蹦了起来。他立刻下了命令,全军撤退。匈奴的十万大军急急忙忙地跑到自己的地界上,单于这才缓了口气,说:"我得到了亭尉,真是天意。上天叫亭尉说了实话,我不能不赏他。"他就封那个亭尉为天王。

这时候王恢已经把大军埋伏在马邑附近的地方,自己带着两三万人马抄出代郡去截断匈奴的归路。忽然听到匈奴一到武州就退回去了,气得他直翻白眼。两三万兵马怎么敢进攻匈奴的大军呐?为了保全自己的性命,他没见到匈奴就退回来了。韩安国他们在马邑等了好些时候,一听到匈奴逃回去了,就改变计划,带着大军追上去。他们到了边界上,见不到匈奴的影子,也只好空手回来。

王恢、韩安国、公孙贺、李广他们回到长安,汉武帝责备王恢放走了敌人,把他下了监狱,再叫廷尉定他的罪。韩安国他们本来反对出兵,再说又不是主将,都免了罪。

王恢听说廷尉要把他办成死罪,连忙叫家里人拿出一千金送给田蚡,请他向王太后求情。田蚡收了一千金,进宫请求他姐姐王太后,说:"王恢引诱敌人,本来是个好计策,虽然没有成功,也不至于犯死罪。要是皇上杀了他,不是叫匈奴高兴吗?"王太后就把这话告诉了汉武帝。汉武帝为了另一件事正怪着他母亲,偏不听她的话,再说王恢本来不该逃回来。

原来汉武帝宠上了一个弄臣(供皇帝玩儿的臣下)叫韩嫣,不但老跟他一块儿吃饭、玩儿,有时候还跟他一块儿过夜,金银财宝赏了他不少,韩嫣怎么花也花不完。他把黄金做成打鸟的弹子,随便出去玩儿。长安人瞧见他出来打鸟,都远远地等着,运气好的只要拣着一颗弹子就能卖不少钱。所以那

246

时候有一句歌谣,"要免饥寒,去寻金丸"。

有一回,江都王刘非(汉景帝的儿子,汉武帝的异母哥哥)来朝见汉武帝,汉武帝约他到上林园去打猎。江都王先在外边等着。过了一会儿,他瞧见大队的车马过来,十分威风。江都王连忙吩咐跟随他的人退后,自己趴在路旁等着。谁知道车马并没停下来,一直往前去了。问了问跟随的人,才知道是韩嫣。这可把江都王气坏了。

在打猎的时候,他想把韩嫣瞧不起他的事告诉汉武帝,再一想,人家是得宠的红人,说了也是白费唾沫。打猎回来,江都王去拜见王太后,向她哭诉,还说情愿不做江都王,到宫里来做个弄臣。王太后认为江都王虽然不是自己的亲生儿子,究竟是汉景帝的骨肉,怎么能给一个弄臣欺负呐?当时她安慰了江都王,劝他忍耐一下,等到一有机会一定惩办韩嫣。也是韩嫣自作自受,他跟宫女胡闹的勾当给王太后查出了。王太后把韩嫣的两件大罪合并办理,就叫韩嫣自杀。汉武帝还替韩嫣求饶,王太后反倒把她儿子训斥了一顿,说他不知体统。汉武帝没有办法,只好让韩嫣服毒自杀。

汉武帝为了这件事,直怪王太后不肯留情。这会儿王太后请汉武帝看在她和他舅舅田蚡的面上饶了王恢,汉武帝说:"发兵三十万去打匈奴是王恢出的主意。就说匈奴退去,他既然已经抄到匈奴的后面了,就该杀他们一阵。他这么贪生怕死地放走敌人,不把他治死,怎么对得起天下呐?"

王太后只好把汉武帝的话告诉了田蚡,田蚡也只好回绝了王恢。王恢知道自己已经没有生路,就在监狱里自杀了。

田蚡为了王恢的事得到了一千金,说句天公地道的话,他不是不想救王恢。汉武帝不卖面子,他也没有办法。为了这件事,田蚡老琢磨着:难道皇上不信任他了吗?

林汉达通俗历史经典

前后汉故事 下

文汇出版社

71 灌夫骂座

田蚡是王太后同母异父的兄弟,汉武帝的舅舅。只要看他滴溜溜的两颗眼珠子,就知道他是个机灵鬼。他个儿又矮又小,嘴又长又尖,活像一只田鼠,连那几根松毛胡子也像长在耗子嘴上的。他很会奉承汉武帝,汉武帝把他当作心腹。外甥不相信娘舅相信谁呐? 从前有太皇太后窦氏跟他意见不合,汉武帝还不敢重用他。太皇太后死了以后,汉武帝就拜他为丞相。当初田蚡是在丞相窦婴的手底下,谦虚得不能再谦虚。他把窦婴当作爸爸看待,动不动老跪在他跟前听候吩咐。现在窦婴失了势,田蚡做了丞相,就骄傲得不能再骄傲了。一般大臣也真乖,哪一家得势,就往哪一家钻。田蚡的家里唯恐钻不进去,窦婴的家里简直没有客人了。不离开他的只有一个灌夫。他是个将军,在平定七国内乱中立过大功。他倒跟窦婴越来越亲密了。

田蚡听说窦婴在城南有不少田地,就派门客去给他传话,希望窦婴把那些田地让给他。窦婴可火儿了。他说:"我老头子虽说没有用,丞相也不该夺人家的田地呀!"那个门客还直啰嗦。刚巧灌夫进来。他一听是田蚡要夺窦婴的田地,就把那个门客狠狠地教训了一顿。

那门客胆儿小,怕把事情闹大。他回去对田蚡说:"魏其侯(就是窦婴)已经是土埋半截的人了,还能带着地皮进棺材吗? 丞相不如再等一个时期,等他死了,再要那块地也不晚。"田蚡只好不提了。偏偏有人向田蚡讨好,没事闲嗑牙,把灌夫训斥他门客的话有枝添叶地学舌了一遍。田蚡听了,气得尖嘴里的两颗门牙都露出来。他说:"这一丁点儿土地也不在我眼里,可是他们两个老不死的这么不懂事,看他们还能活上几天!"他上了一个奏章,说灌夫的家族在本乡横行不法,应当查办。汉武帝说:"这原来是丞相分内的事,何必问我。"田蚡就打算逮捕灌夫和他的家族。

灌夫得到了这个信儿,也准备告发田蚡灞上受贿的事当作抵制,先派人向田蚡透个风声。原来当初淮南王刘安来朝见汉武帝的时候,田蚡到灞上去迎接他。他们俩挺有交情。田蚡对淮南王说:"皇上没有儿子,大王是高皇帝的长孙,又能注重仁义,天下人谁不知道? 一旦皇上晏驾,大王不即位,还有谁呐?"淮南王刘安高兴得了不得,送了很多的财宝给田蚡,托他随时留心。两个人的秘密话偏偏给灌夫探听到。这会儿田蚡得到了灌夫要告发灞上受贿的事情，自己先心虚。他只好托人去跟灌夫和解。

田蚡又讨了一个老婆，立为夫人。王太后为了扩大自己的势力，要替她兄弟大大地热闹一番，就下了诏书，吩咐诸侯、宗室、大臣都到丞相府去贺喜。

窦婴约灌夫一块儿去。灌夫说："我得罪过丞相，虽说有人出来调解了一下，到底是面和心不和的。还不如不去。"窦婴劝他，说："冤仇宜解不宜结。上回的事已经调解开了，这回正该趁着贺喜的机会，彼此见见面。要不然，怕他以为你还生着气呐。"灌夫只好跟着窦婴给田蚡贺喜去。

他们到了丞相府，只见门外和附近这一溜儿已经挤满了车马，长安的热闹劲儿全凑到这儿来了。他们俩到了大厅上，田蚡出来迎接，彼此行礼问好，谁也不像是冤家。大伙儿闲聊了一会儿，就挨着个儿坐下。酒席上，田蚡首先向来宾一个一个地敬酒，每个人都离开位子趴在地下，表示不敢当。赶到他们的老前辈、老上司窦婴去敬酒，只有几个人离开座位，剩下的人仅仅把屁股挪动一下就算了。灌夫看着这批人这么势利，心里直骂他们是两条腿的狗。

轮到灌夫向田蚡敬酒的时候，田蚡不但不离开座位，还说："不能满杯。"灌夫笑着说："丞相是当今贵人，难道酒量也贵了吗？ 请满杯！"田蚡不答应，勉强喝了一口。灌夫心里尽管不高兴，可也不好发脾气。赶到他敬酒敬到灌贤面前，灌贤的嘴正凑着程不识的耳朵说话，没搭理他。灌夫再也忍耐不住，就借他出气，骂着说："你平日讥笑程不识连一个子儿也不值，今天长辈向你敬酒，你理也不理，只管唠唠叨叨地跟别人说话！"

灌贤还没回嘴，田蚡先发作起来了。他说："程将军跟李将军是联在一起的，你在大众面前辱骂程将军，也不给李将军留点余地吗？"

灌夫骂的是灌贤，顶多牵连到程不识，怎么把李广也拉了进去呐？ 这是因为李广的威信高，田蚡故意挑拨一下，让灌夫多得罪几个人。灌夫已经犯上牛性子来了，哪儿还管这些个。他挺着脖子，说："今天要砍我的脑袋，挖我的胸膛，我也不怕！ 什么程将军、李将军的！"

窦婴连忙过来，扶着灌夫出去。客人们瞧见灌夫喝醉了酒，闹得不像样子，只怕连累到自己头上来，就站起来打算溜了。田蚡对大伙儿说："这是我平日把灌夫惯坏了，以致得罪了诸君。今天非惩办他一下不可。"他吩咐手下人把灌夫拉回来。有人出来劝解，叫灌夫向田蚡赔不是。灌夫是桑木扁担，宁折不弯，怎么肯向田蚡低头呐？ 他们摁着灌夫的脖子，叫他跪下去。灌夫一死儿不依，两手一抢，把他们推开。田蚡吩咐武士们把灌夫绑上，押到监狱里去。客人们不欢而散，窦婴也只好回去。

田蚡上个奏章，说："我奉了诏书办酒请客，灌夫当场骂座，明明是不服太后，应当灭门。"他不等汉武帝批示下来，就先把灌夫全家和族里的人全都逮来，关在监狱里。灌夫也要告发田蚡受贿、谋反的大罪，可是他关在监狱里，里外不通消息，怎么还能告发别人呐？

窦婴回到家里，当时就写起奏章来。他夫人拦住他，说："灌将军得罪了丞相就是得罪了太后一家。你脑袋就是铁铸成的也不能去碰他们。"窦婴说："我不能看着灌夫遭毒手，不想办法去救他啊。"

汉武帝看了窦婴的奏章，召他进宫，问个明白。窦婴说："灌夫喝醉了酒，得罪了丞相，这确实是他的不好，可是并没有死罪。"汉武帝点点头，还请他吃饭，对他说："明天到东朝廷（就是太后住的长乐宫）去分辩吧。"窦婴谢过汉武帝，退了出来。

第二天，汉武帝召集大臣们到东朝廷审问这件案子。窦婴替灌夫辩白，说他怎么怎么好，就是喝醉了酒，得罪了丞相，也不应该定他死罪。田蚡控告灌夫，说他怎么怎么不好，应当把他处死。窦婴跟田蚡两个人就打起嘴仗来了。

汉武帝问别的大臣们，说："你们看哪一个道理对。"御史大夫韩安国说："灌夫在平定七国叛乱的时候，立了大功。当时他身上受伤几十处，还拼死杀败敌人。他是天下的壮士。这次因为喝醉了酒，引起争闹，究竟没有死罪。丞相说灌夫不好，也有道理。到底应该怎么办还是请皇上判决。"主爵都尉汲黯是个直肠子，他始终支持窦婴，替灌夫辩护。内史郑当时也说窦婴的话不错。他还替灌夫辩护。后来他瞧见田蚡向他拧眉毛、瞪眼睛，就又同意了田蚡的话。

汉武帝责备郑内史，说："你前言不搭后语，这么反反复复的是什么意思？我真想把你砍了！"吓得郑内史直打哆嗦。别的大臣们都不敢发言。汉武帝很生气，袖子一甩走了。他一走，大臣们也都散了。

汉武帝进去向王太后报告。王太后已经知道了韩安国、汲黯他们都向着窦婴，不愿意帮助田蚡，闷闷不乐，饭也不吃。她一见汉武帝进来，就把筷子一摔，怒气勃勃地对他说："我今天还活着呐，你就让别人这么欺负我兄弟；赶明儿我死了，他还活得成吗？你难道是个木头人？怎么不出个主意？"汉武帝连连向王太后赔不是。他马上吩咐御史大夫把窦婴也押起来。

办理这件案子的官员们一见汉武帝连窦婴也要办罪，他们忙着向田蚡讨好,把灌夫定了死罪,还要把他全家灭门。窦婴得到了这个消息,急得只会跺脚。忽然想起汉景帝曾经给他一道诏书,说:"碰到没有办法的时候,你可以破格上书。"窦婴就上了一个奏章,把汉景帝特别恩待他的那句话也写进去了。这个奏章一上去,汉武帝叫大臣查档案。他们找不到这个诏书的底子,就说那藏在窦婴家里的诏书是假造的,他们把窦婴判个欺君之罪,应当砍头。汉武帝明明知道这些人有意要害死窦婴,把这件案子暂时搁下,先把灌夫杀了再说。

汉武帝杀了灌夫,又把他全家灭了。他想这么一来,总可以对得起母亲和舅舅了。他还想过了年把窦婴免罪。田蚡只怕窦婴不死,将来还有麻烦。他花了些黄金,叫人暗中造谣,说窦婴在监狱里毁谤皇上,说皇上是个昏君。谣言传到汉武帝的耳朵里,他立刻下令把窦婴也砍了。

灌夫和窦婴都死了,矮个儿田蚡好像长了半截,更加威风。可是说起来也真新鲜,田蚡忽然得了一种怪病。他只觉得浑身发疼,疼得不停地叫唤。这种怪病,医生没法治。田蚡的新夫人哭哭啼啼地请汉武帝想办法。汉武帝一想,既然没有一个大夫能治这号怪病,不如派个方士去替他求求神吧。那个方士倒是个有心人,他一见田蚡,就说:"有两个鬼拿着鞭子在丞相身上使劲地抽打。"不用说这准是屈死鬼窦婴和灌夫。过了三五天,田蚡浑身发肿,喊了几声"饶命","饶命",滚到地下,咽了气。

朝廷上死了几个人,在汉武帝看来也算不了什么,巴蜀的人民纷纷起来反抗朝廷,这倒不能不想个办法快点去对付。

72 "夜郎自大"

北方有匈奴不断地侵犯边界,中原有大河泛滥,造成了大水灾,朝廷上有大臣们互相倾轧,南方有巴蜀的百姓不服朝廷,纷纷谋反。这么乱糟糟的天下可叫汉武帝怎么办? 好在汉朝从文帝、景帝到这时候五十年当中,天下太平,粮食、布帛堆积如山。有了财物,事情就好办了。为了平定巴蜀,扩大西南方面的地盘,汉武帝是不怕多用些财物的。

所谓西南方是指巴蜀以外的西南地区。那边有六十多个部族,其中最大的有夜郎(在贵州省西部)和滇国(就是云南省旧云南府地)。从前在楚威王的时候，楚国的将军庄蹻平定了滇池一带几千里地方，那些地方算是属于楚国的了。可是那边庄蹻还没回报楚威王，楚国这边的黔中郡已经给秦国夺了去，断绝了交通。庄蹻就留在那儿，依从当地的风俗，换上土人的服装，变成滇人，做了滇王。秦始皇曾经修了一些栈道，派官员去管理那个地方。到了汉朝，就把滇国放弃了。可是巴蜀的商人还不断地跟他们做买卖，拿布帛去换他们的羊毛、马和牦牛（牦 máo）。

后来汉武帝派王恢和韩安国去征伐闽越王的时候，王恢曾经派鄱阳令唐蒙去安抚南越。南越王赵胡大摆酒席招待唐蒙，唐蒙吃得很有滋味。其中有一种调味品叫枸酱（蜀地的产品，胡椒科，味辣；枸 jǔ），味道特别好。唐蒙就问："这是哪儿来的？"赵胡说："从牂牁（Zāngē 在贵州省遵义、石阡、思南等县一带地方）那边运来的。"

唐蒙又问："这么远的道儿怎么运呐？"赵胡说："是用船运来的。这儿有一条牂牁江（牂牁江，就是濛江，由贵州、云南、广西流入广东为西江），江面有好几里宽。这条江就是通牂牁的。"唐蒙的兴趣可并不在枸酱上，他是想找出一条更方便的道路直通南越。

唐蒙回到长安，碰到了一个蜀地的商人，说起牂牁出产的枸酱味道不错。那商人说："枸酱不是牂牁出的，这玩意儿是我们蜀地的特产，是我们那边儿的商人偷偷地在边界上卖给夜郎，再由夜郎卖给南越的。"唐蒙这才知道从蜀地动身经过夜郎可以直通南越。

夜郎地方的牂牁江有一百多步宽，可以通小船。南越曾经拿财物去引诱夜郎，叫他们归附南越，可是夜郎不愿意。唐蒙就想去联络夜郎，再由夜郎去收服南越。上回汉武帝称赞南越王赵胡，说他懂得大义，南越王也十分感激朝廷派庄助去慰劳他，特意打发太子赵婴齐来伺候汉武帝，表示他归向朝廷的诚意。汉武帝不愿意让南越保持着半独立的地位。他要把南越收在统一的国家里。因此，唐蒙上书说："南越王的车马、旗子和皇上的式样一样。土地从东到西有一万多里。名义上是个臣下，实际上是个土皇帝。过去我们要到南越去是由长沙豫章（就是江西省南昌市）出发，这条路水道大多不通，难走。现在打听到夜郎有一条大江直通南越。像汉朝这么强，巴蜀这么富，开一条道儿接通夜郎，把夜郎收过来，这是很容易的事情。在夜郎还可以招收十多万精兵，然后多造些船，由牂牁江顺流而下，出其不意地去进攻南越。这是制服南越最好的计划。"

汉武帝对于结交夜郎、进攻南越的计划兴趣很高，就拜唐蒙为将军，吩咐他先去结交夜郎。唐蒙带领着一千个士兵和一万多个运送货物的人从长安出发。他们翻山越岭、经历过无数的困难，才到了夜郎。

夜郎是山沟里的一个部族，四周全是高山，交通非常不便，跟中原素来没有来往。临近夜郎的还有十几个部族，可都没像夜郎那么大。夜郎的首领竹多同从来没到过别的地方，他正像有些别的古时候的人一样，认为天下就是他知道的那么大的一块地方。既然夜郎是那个地方最大的一个部族，他就认为夜郎是天底下最大的国家了。所谓"夜郎自大"就是这个意思。赶到他见了唐蒙和他带来的许多礼物，他才开了眼界。唐蒙他们戴的帽子、穿的衣服和放在面前的绸缎等等许多东西，都是他从来没见过的。这些五光十色的东西已经叫他眼花缭乱了，一听唐蒙的话，知道汉朝的地方有那么大，汉朝人有那么多，不由得承认自己没见过世面，竹多同再也不敢自大了。

唐蒙叫竹多同向着汉朝，汉朝的皇帝就封他为侯，他的儿子也可以做县令，皇上还会派官员去帮助他治理夜郎。竹多同满口答应。他召集了附近的十几个部族的首领，说明结交汉朝的好处。各部族的首领看见了汉朝送给夜郎的绸缎、布帛，都眼红起来。唐蒙就把带来的货物，一份一份地送给他们。他们都很高兴，就跟着竹多同和唐蒙订了盟约，情愿归向汉朝。

唐蒙订了盟约，回到长安报告经过，汉武帝就把夜郎和附近的地方改为犍为郡，另派官员去管理。他再叫唐蒙去修一条可以通车马的大路和栈道，直通牂牁江。唐蒙再往蜀郡调动士兵和民夫动工筑路。这工程非常浩大，又是非常艰苦。士兵、民夫死伤了不少。唐蒙监督得很严。逃走的，逮住就砍脑袋。人数不够，还得在当地抓壮丁。临近的老百姓受不了，全都抱怨。各种谣言也起来了。蜀郡的老百姓打算逃到别的地方去避难。

这个消息传到了长安，汉武帝想起司马相如熟悉蜀地情形，就派他去安抚蜀郡的老百姓。司马相如到了那边，一面叫唐蒙改变管理的方法，一面写了一篇通告，好言好语地安慰当地的老百姓，说了些皇上怎么爱护他们，他们为了筑路受到痛苦，这完全不是皇上的意思等等。他又跟蜀地的上层人士结交了一番，得到了他们的谅解。虽然老百姓还得吃苦受累，可是各种谣言就慢慢地停下来了。

蜀郡的西边、滇的北边有十多个部族。他们的首领早已听到了消息，说南夜郎归附汉朝，得到了许多财物，特别是五颜六色的布帛。这会儿又听到汉朝派大官到了蜀郡，就派人去见司马相如。司马相如回报汉武帝，说明西南方的部族接近蜀郡，通路也比较容易，可以设立郡县，那要比收服南方方便得多。汉武帝就拜司马相如为中郎将，叫他从巴蜀拿出钱币和货物作为礼品去送给这些部族的首领。

西南方别的部族听说归向汉朝可以得到礼物,纷纷地请求愿意做汉朝的臣下。汉武帝派人到那边去开山、搭桥,造了几条车马道,往西通到沫水和若水(沫水又叫青衣水,就是大渡河;若水,就是雅龙江,下游为泸水,也叫大渡河),往南通到牂牁。汉朝就在那一带设立了一个都尉,十几个县,都由蜀郡管理。

司马相如回到长安,汉武帝格外慰劳他,当然还有赏赐。没想到司马相如官运不好,一来,他自己得意忘形,骄傲起来,二来,大臣们也有妒忌他的,就有人检举他在蜀地受贿的罪状。为这个,司马相如免了职,跟卓文君住在茂陵。

司马相如做过大官,又有钱,住在茂陵闲着,生活挺舒服。他见卓文君没像以前那么年轻漂亮,就跟一个茂陵的小姑娘勾搭上了,准备把她接到家里来。卓文君写了一首诗,叫《白头吟》,意思是说,"从前山盟海誓,原来想跟你白头到老;哪儿知道你到今天变了心,我只好跟你分离了。"司马相如总算不是没有情义的,到了儿,没把那个小姑娘娶过来。

他住在家里也就是做做诗、弹弹琴,过着无聊文人的生活。有一天,忽然住在长门宫里的陈阿娇派来了一个宫女,给他送来了一百斤黄金,请他帮帮忙。陈阿娇准是又出了什么事啦。

73 长 门 宫

陈阿娇怎么会请司马相如帮忙呐? 司马相如又怎么能帮助她呐? 原来汉武帝爱上了卫子夫以后,阿娇的"金屋"早已变成冷宫。她老想着汉武帝祭祀灶王爷,派方士去求神仙,难道她就不能请个巫婆来替她求求神,让汉武帝回心转意再来爱她吗?

陈皇后听说长安城里有个巫婆,说是很有本领,能替人祈求叫他交运,也能咒诅人叫他倒霉。陈皇后就召她进宫,把她当作自己的救星。巫婆乱吹一起,说自己的法术怎么灵,皇后的事可以包在她身上,可是不能心急,祈求和咒诅都得一步步地来。陈皇后给了她不少金钱,叫她使起法术来。巫婆就召集她的一班徒弟,又是祈求又是咒诅地做起法事来了。她还天天进宫,在陈皇后房里埋着木头人,怪声怪气地念着咒语。她说这么干下去,到了一定的日子就能够叫汉武帝迷魂,专爱皇后,不爱别人。

这么胡闹了几个月,给汉武帝知道了。他不但没回心转意地去爱陈皇后,反倒冒了火儿,派人拿住巫婆,叫御史大夫张汤彻底查办这件事。

张汤是当时最出名的酷吏。汉武帝因为他办起案子来,手段毒辣,杀人杀得多,特别信任他。张汤眼睛一瞪,已经吓得巫婆不敢不招认。审查完了,判了死罪,又把她的徒弟和跟这件案子有牵连的宫女、内侍等三百多人一概处死。张汤把判决书奏明汉武帝,汉武帝全都批准,还称赞他办事能干。

陈皇后听到了这个报告,吓得魂儿出了壳。幸亏汉武帝没忘了"金屋藏娇"的话,仅仅把她废了,让她搬到长门宫去住。窦太主(汉武帝的姑妈,也是他的丈母娘)慌忙跑到宫里,趴在汉武帝跟前,向他磕头认错。汉武帝赶紧还礼,好言好语地安慰她,说:"皇后干出这种事来,不得不废;可是我决不会叫她吃苦。她住在长门宫,一切供应像在上宫一样。"窦太主谢过了汉武帝,走了。

窦太主回到家里,假装害起病来。汉武帝想起自己是窦太主一手提拔起来的。要是没有窦太主把阿娇嫁给他,不在汉景帝跟前说好话,他哪儿有做太子的分儿,哪儿能有今天? 他忘不了她的好处。因此,他一听到窦太主病了,就亲自去看她,殷殷勤勤地问她需要什么。

窦太主抽抽搭搭地说:"皇上这么顾到我,我还能要求什么呐? 要是皇上能够凑空到我这儿来走走,让我有机会向皇上上寿,我就是死了也甘心。"汉武帝说:"就怕太打扰太主。请您好好休养,病好了,我一定再来。"

过了几天,汉武帝又去看窦太主。窦太主也真会玩儿,她换上一套奴婢的衣服,前面还系着一条短围裙,打扮得像个做饭的丫头,就这么出来迎接汉武帝。汉武帝见了,笑着说:"请你家主人翁出来。"窦太主一听,臊得连耳朵都红了,不由得趴在地下磕头,说:"我知道自己太不正经。我辜负了皇上的大恩,犯了死罪。请皇上惩办吧。"汉武帝还是笑着说:"太主不必这样。我真要见见主人翁,请他出来吧。"

这时候窦太主的丈夫堂邑侯陈午早已死了,主人翁又是谁呐? 原来窦太主养了一个弄儿叫董偃。董偃的母亲是卖珠子花儿的,常到窦太主家去兜生意。有时候还带着她儿子董偃一块儿去。窦太主瞧见这孩子长得挺不错,人又伶俐,就问他母亲:"这孩子多大啦? 念书没有?""十三岁了,做小买卖的人家哪儿有念书的福气。"窦太主就说:"怪招人疼的孩子,怎么不给他念书呐? 要是你愿意的话,我倒想帮帮他。"娘儿俩感激得直磕头。董偃就这么留在窦太主家里。

窦太主请老师教他读书、写字、做算术、骑马、射箭、驾车等这几门功课。董偃很聪明，又用功，学了几年，很不错。他不但功课好，而且很能做事，伺候窦太主也非常周到。后来堂邑侯陈午害病死了，出殡、安葬等一切事务全靠董偃协助办理。窦太主更觉得少了他不行。她怕人家说闲话，就拿出钱财赏给家里的人和宫里、宫外的底下人，甚至连大臣也有得到好处的。

董偃结交的朋友当中有一个叫袁叔，他对董偃说："你这么私底下伺候着太主，要是皇上责问起你来，你还有命吗？"董偃慌慌忙忙请求袁叔想个办法。袁叔说："我早就替你想过了。文帝的庙在城东南，皇上出来祭祀的时候没有地方休息，更不能过夜。太主的长门园离庙不远。你去请求太主把长门园献给皇上，皇上准能高兴。他知道了这是你出的主意，他也会喜欢你的。那你就不用再担心了。"

董偃向窦太主一说，窦太主完全同意。当天就上书献出了长门园。汉武帝果然挺高兴，把长门园修建了一下，改为长门宫。

公元前130年（汉武帝十一年），汉武帝因为陈皇后阿娇叫巫婆在宫里捣鬼，就把陈皇后废了，让她住在长门宫。为了这件事，窦太主向汉武帝请罪，汉武帝反倒显着亲热，常去瞧瞧她。

这一次汉武帝笑着请主人翁出来相见。董偃赶紧出来趴在地下，说："厨子臣偃冒着死罪，拜见皇上。"汉武帝叫他换上衣、帽，一块儿喝酒，还口口声声地管他叫主人翁。汉武帝临走的时候，窦太主拿出许多金银绸缎请汉武帝分别赏给随从的大臣们。打这儿起，董偃放大了胆子，堂而皇之地跟大臣们有来有往。窦太主有的是钱财，只要董偃能去结交朋友，需要花费多少，窦太主就能供给他多少。大伙儿瞧见董偃这么慷慨，又是窦太主的心腹，连皇上都管他叫主人翁，就都争前恐后地投到他的门下来。董偃就这么变成了长安城里最红的红人。人们向他奉承还来不及，谁还敢说他的坏话？大伙儿都尊他为董君。

有时候窦太主带着董君到宫里去见汉武帝，汉武帝对他很好，还跟他一块儿玩儿。董君也真会巴结。他伺候汉武帝在上林园里打猎、跑马、赛狗、斗鸡、踢球也伺候得很好。汉武帝越来越喜欢他。

有一天，汉武帝在宣室（未央宫前殿的正房，宣布政策和文教用的）摆下酒席特意请请窦太主和董偃。汉武帝吩咐一个大臣领着董偃到宣室来。门外拿着长戟站岗的正是那位所谓"滑稽大王"的东方朔。他瞧见汉武帝和董偃过来，就把长戟一横，怎么也不让他们进去。他对汉武帝说："董偃有三项大罪，应当砍头，怎么能到这儿来？"汉武帝说："你说什么？"

东方朔说:"董偃私自伺候公主,一项大罪;败坏男女风化,扰乱婚姻大礼,二项大罪;皇上正在壮年,应该用心于六经(就是《诗经》、《书经》、《易经》、《春秋》、《礼记》、《乐经》;《乐经》在秦以后已经失传了),董偃不但不懂经学,不能帮助皇上学习,反倒拿赛狗、跑马、斗鸡、踢球这些勾当来引诱皇上走上奢侈、荒淫的道路。他是败坏国家的大贼,迷惑皇上的小人。这是第三项大罪。"

汉武帝说不上话来,过了好一会儿才说:"我已经摆下了酒席,以后改过就是了。"东方朔郑重地说:"宣室是先帝的正屋,宣扬礼教的地方,怎么能叫他进去呐? 淫乱开了头,如果不及时扑灭,就会变成篡位的大祸。"

汉武帝一听到"篡位",不由得害怕起来。他说:"先生的话对。"他吩咐手下人把酒席撤到北宫,又叫那个大臣领着董偃从便门进去。他还赏了东方朔三十斤黄金。打这儿起,汉武帝不敢再跟董偃一起玩儿,可是他对窦太主还是挺不错的。

陈阿娇听到了汉武帝对窦太主和董偃这么宽大,她想也许还能够托人向他求情。她在中宫的时候,曾经听到过汉武帝称赞司马相如,因此,她花了一百斤黄金请司马相如写了一篇文章,叫《长门赋》,吩咐宫女们天天念,念得能背,就天天背,希望汉武帝听到,也许能想起以前的恩情,回心转意。可是汉武帝的心早给卫子夫拉住了,他还想立卫子夫为皇后呐。

74 飞 将 军

卫子夫自从进宫以来到汉武帝二十九岁那一年已经十一个年头了。她生了三个女儿,汉武帝可还没有儿子。这一年(公元前128年),卫子夫又要生产了,汉武帝默默地祈求着,希望上天给他一个儿子。果然,卫子夫生了个胖小子,汉武帝这份高兴就不用提了。满朝文武官员都来祝贺,这个热闹劲儿连匈奴侵犯上谷的事也冲淡了。他叫文墨特别好的大臣们做诗、写祝文,给婴儿取个名儿叫"据"。卫子夫已经够造化了,想不到快乐上面又堆上快乐。她的兄弟卫青打了胜仗,立了大功。汉武帝这一下名正言顺,就立卫子夫为皇后。姐儿俩就这么越飞越高了。

汉武帝因为匈奴屡次侵犯边界,上年来得更凶,一直打到上谷,杀害了不少老百姓，抢去了许多财物，他就派了四个将军带领四万兵马，每人一万，分四路去对付匈奴。卫青从正面去救上谷，公孙敖从代郡出发，公孙贺从云中出发，李广从雁门出发。

匈奴的首领军臣单于探听到汉朝派了四个将军分四路打过来，就重新把人马布置了一下。匈奴最怕的是李广。四个将军当中，李广资格最老，本领最大。他是成纪人（成纪，在甘肃省秦安县北），在汉文帝的时候就做了将军，在汉景帝的时候，也跟着周亚夫平定七国内乱，立过大功。汉景帝曾经派他为上谷太守。他仗着自己有能耐，老冒着危险去跟匈奴作战。汉景帝怕他太鲁莽，白白地丧了命，就调他为上郡太守。他不但做过上谷太守和上郡太守，他也做过雁门太守、代郡太守和云中太守。他这么多年净在北方，防御着匈奴，在匈奴那边也出了名。

有一次，匈奴进了上郡，汉景帝派个得宠的大臣跟着李广去打匈奴。那个大臣带着几十个骑兵随便跑跑，越跑离开军营越远。他们一眼瞧见了三个匈奴兵，就追上去想占个便宜。匈奴兵回过头来射了几箭，那个大臣首先中了一箭，拼命地往回逃。半道上，碰到李广带着一百来个骑兵正在那儿巡逻，就向他说了个大概。李广是个急性子，马上带着几个骑兵追过去，一口气追了几十里地。那三个人跑不了啦。他们扔了马，往山上乱跑。李广拿起弓箭，射死了两个，活捉到一个。他把那个匈奴兵拴在马上，准备带回来。他们走了还没有多远，忽然瞧见在不很远的地方有好几千匈奴骑兵。这真太出乎意料了。

匈奴的大队兵马在这种地方瞧见了李广的一百来个人，直纳闷儿：要说李广是来进攻的，人数实在太少了；要说不是来进攻的，干么到这儿来呐？匈奴的将领就断定这一小队的汉兵准是来引诱他们出去的。他立刻吩咐那几千个骑兵上了山，摆起阵势来，挺细心地观察着汉兵的动静。李广的一百来个人突然碰到这许多匈奴兵，都吓得不知道该怎么办才好。李广对他们说："咱们离开大营太远了。要是咱们一逃，他们准追上来。一百来个人马上就完蛋。不能逃。要是咱们上去，他们准怕咱们是去引诱他们的，他们一定不敢来打咱们。大家别慌，慢慢上去吧。"

李广带着这一小队兵马又往前走了二里地。他下个命令，说："大家下马，把马鞍子也拿下来，消消停停地休息一会儿。"那些骑兵说："匈奴兵马这么多，又这么近，要是他们打过来，怎么办？"李广说："咱们一走，他们准下来，咱们还是安安静静地在草地上躺一会儿吧。"他们好像没事人儿似地把马也溜开了。匈奴的大军果然不敢下来。有一个骑白马的匈奴将军带着几个士兵跑了过来。他想走近一点看个明白。李广立刻上了马,也带着十几个人,好像飞似的迎上去,只一箭,就把那个白马将军射倒了。他马上跑回原来的地方,下了马,卸下马鞍子,叫士兵们随便躺着。

山上的匈奴兵看得清清楚楚的。汉兵横七竖八地躺着,没笼头的马甩着尾巴安安静静地在那儿吃草。天黑下来了,汉兵和汉马还是那个样子。快到半夜了,汉兵还在那儿等着。这一来,匈奴可着慌了。他们料定附近准有汉兵埋伏着,半夜里来个总攻击,那可不是玩儿的。山上的匈奴大军就偷偷地逃回去了。汉营里的将士们根本不知道李广上哪儿去了。他们找也找不到他,哪儿还能去接应呐? 直到天亮,匈奴兵不见了,李广才擦着冷汗带着他那一百来个骑兵和那个活捉来的匈奴兵回到了大营。

以后,匈奴在李广手里又吃过几次亏。军臣单于一心想把李广收过来,他下了个命令,说:"抓李广,要抓活的,有重赏。"

这会儿,汉武帝吩咐李广带领一万兵马从雁门出发去打匈奴。军臣单于探听到汉朝四路兵马的情况。他知道这四个将军当中最难对付的是李广。他就把大部分的兵马集中到雁门,沿路布置了埋伏,准备活捉李广。李广打了一阵胜仗,不顾前后地往前追去。他哪儿知道匈奴是假装打败仗引诱他进去的。这一下子李广可倒了霉了。他给匈奴的伏兵活活地逮住。匈奴的将士们高兴得没法说。他们一见李广受了伤,就用绳子络成一只吊床模样的筐子,让他躺在上面,吊在两匹马中间驮着他,押到大营去献功。

他们一路走,一路跳着唱着歌。李广在吊床上纹丝儿不动,好像死了似的。大约走了几十里地,他偷偷地瞅着旁边一个匈奴兵骑着一匹好马。李广使劲地一挣扎,猛一下子,跳上那匹好马,夺过弓箭来,把匈奴兵推下去,调过马头来,拼命地往回跑。赶到匈奴的将士们一齐回过头来去追,李广已经跑在头里了。他一面使劲地夹住马肚子,使劲地逃,一面连着射死了几个跑在最前面的匈奴兵。匈奴的将士们瞧着李广越跑越远,只好瞪着白眼看着他逃回去。

公孙敖那一路的军队给匈奴大杀一阵,死伤七千多人,逃回去了。公孙贺那一路的军队没见到匈奴兵,等了几天听说雁门、代郡两路兵马打了败仗,不敢老呆在那儿,也只好回去。只有上谷那一路卫青的军队一直到了龙城。匈奴兵大部分都到雁门去了,守在龙城的只有几千人,让卫青占了便宜,打了胜仗,逮住了七百来个匈奴兵,也回来了。

四个将军回到长安。汉武帝听了他们的报告:两路打了败仗,一路白跑一趟,只有卫子夫的兄弟卫青打了胜仗,他格外赏赐卫青,封他为关内侯。

李广立刻上了马,也带着十几个人,好像飞似的迎上去,只一箭,就把那个白马将军射倒了。

公孙贺总算没损失人马,没有功,也没有过。李广和公孙敖都定了死罪,应当砍头。好在汉朝已经有了一条规矩:罪人可以拿出钱来赎罪。他们两个人交了钱,赎了罪,打这儿起,做了平民。

李广做了平民,回到老家,打打猎、喝喝酒,倒也逍遥自在。第二年(公元前128年)秋天,匈奴又打进来了,杀了辽西太守,掳去了两千多人。将军韩安国打了败仗,逃到右北平,守在那儿。过了几个月,他死了。汉武帝又起用李广,派他为右北平太守。李广到了右北平,防守着边界,匈奴不敢进犯。匈奴因为李广行动快,箭法好,给他一个外号叫"飞将军"。

右北平一带有老虎,时常出来伤害人。李广就经常出去打老虎。老虎碰见他,没有不给射死的。有一天,他回来晚了,天色半明半暗,正是老虎出来的时候。他在山脚下忽然瞧见草缝里蹲着一只老虎。他连忙拿起弓箭来,使劲地射了过去。凭他百发百中的箭法,当然射中了。他手下的人见他射中了老虎,就跑过去逮。他们走近了一瞧,嗨!中箭的原来不是老虎,是一块大石头。箭进去很深,拔也拔不出来。大伙儿奇怪得了不得,李广过去一看,也有点纳闷。他回到原来的地方,又射了一箭。那枝箭碰到石头,迸出了火星儿,掉在旁边。他连着又射了两箭,箭头都折了,可没能射到石头里去。就那么一箭已经够了,人家都说李广的箭能射穿石头。这个消息传了开去,匈奴那边更不敢来侵犯右北平了。

匈奴害怕李广,在右北平那一溜儿不敢进来,可是在别的边界上,还是老来打击守在那儿的汉兵。汉武帝就再派卫青去跟匈奴作战。

75 加强边防

卫青带着三万兵马从雁门出发。他打了胜仗,杀了好几千匈奴兵,又立了一个大功。汉武帝更加信任他。他有什么建议,汉武帝是没有不听的,可是在用人方面,汉武帝有他自己的主张。卫青好几次推荐过齐人主父偃(主父,姓;偃,名),汉武帝就是不听他。

主父偃原来是苏秦、张仪那一派的政客,可是好久好久没有做官的份儿。后来由于朝廷重视儒家,他就改行研究《易经》、《春秋》,有时候也读读诸子百家的书。他借了些盘缠,到燕、赵、中山这些地方想找个出身。

人家都不用他。末了，他到了长安，想尽办法，托将军卫青在汉武帝面前给他说几句好话。可是汉武帝一直没召他进去。主父偃没法再等下去，只好上书给汉武帝撞撞运气。

主父偃那篇文章里引用了司马穰苴（战国齐威王的大司马）兵法上的话，说："国家尽管怎么大，喜欢打仗的，必定灭亡；天下尽管怎么太平，不作打仗的准备的，必定有危险。"接着，他说明进攻匈奴只有害处，没有好处的道理。汉武帝并不同意他这一项的主张，可是别的许多议论，他很欣赏，就让主父偃做个郎中。

主父偃做了郎中，净想法子讨汉武帝的好，有些计策也着实不错，说话又挺有本领，汉武帝格外优待他，一年当中把他连着升级，叫他做了中大夫。那时候，有两个诸侯王先后上书向汉武帝请示可不可以把自己的土地分封给子弟。主父偃抓住这个机会，献了个计策，说："古时候的诸侯，封地不过一百里，力量不大，容易控制。现在的诸侯，有的有几十个城，地方一千多里。强横的一不称心，就可以联合起来反抗朝廷。要是打算把他们的土地削去点儿，他们就造起反来。从前晁错就是这么下场的。再看，有的诸侯有十几个子弟，除了嫡子继承封地以外，别的亲骨肉连一尺土地也分不到。要是皇上下令，让诸侯把自己的土地分封给自己的子弟，不但大家都高兴，感激皇上的恩德，而且封地一分散，势力也就分散了。这要比削地好得多。"

汉武帝就下诏书，允许各国诸侯分封自己的子弟。这么一来，化整为零地把大国分成了小国，朝廷就容易管束他们了。虽说诸侯叛变的事不能完全避免，可是到底比以前容易控制。汉武帝因此更加信任主父偃。

主父偃是最能抓住机会说话的。他一听到卫青、李息两个将军在河套一带又打了胜仗，这岂不又是一个说话的好机会吗？他立刻跑进宫去，向汉武帝献计，对他说："河南（黄河南岸，指河套一带）土地肥沃，外边有大河阻止匈奴的进攻，秦朝的时候，蒙恬曾经在那边造过城墙，抵御匈奴。现在应该在这些地方重新造城，设立郡县。这是保卫边疆，抵抗匈奴的根本办法。"

汉武帝召集大臣们商议筑城大事。他们都反对，说："这跟秦始皇造长城有什么不一样？不但劳民伤财，而且造了城，谁愿意搬到那边去住呐？"

汉武帝并不讨厌秦始皇，为了抵抗匈奴，多花些人力物力他也干。他赞成主父偃的意见，派将军苏建征调十多万人马去建筑朔方城（在内蒙黄河以南鄂尔多斯），又征发民夫把黄河以南蒙恬所造的要塞都修理了一下。这几处工程都非常浩大，山东（崤山以东，从前的六国都叫山东，不是限于现在的山东省）的老百姓都得轮流去干活儿，金钱费了几万万，汉朝的府库也用空了。为了防守的方便，汉朝把上谷郡里面伸到匈奴疆界里去的一块土地放弃给匈奴。北方一带这么整顿一下，的确加强了边防，就是人口太少了些。汉武帝就移民十万到朔方去。这大量的移民不但加强了边防，而且也部分地解决了没有土地的农民的生活。

到北方去的移民都是穷人。主父偃又向汉武帝建议把列国的豪强大族移一部分到茂陵来。汉武帝的寿坟建造在茂陵（做皇帝的预先做寿坟的规矩是汉景帝五年，公元前152年开始的），那里地方大，人口少。把天下豪强大族搬到这儿来，不但茂陵可以繁荣起来，而且还能防止这些人在各地乱活动，欺压农民。汉武帝就下了道诏书，叫各郡调查户口，财产在三百万以上的人家都搬到茂陵来，不得有误。这道诏书一下去，大户人家不管愿意不愿意，只好服从。越是有财有势的人家越催得紧。

有个河内轵县人（轵县，在河南省济源县南）郭解（xiè），人们都管他叫"关东大侠"，他是应该搬家的。可是他不愿意搬，就托人请大将军卫青帮个忙。卫青对汉武帝说："郭解家里穷，是不是可以不搬？"汉武帝笑着说："郭解是个平民，居然能够叫将军替他说话，可见他家里决不穷。"卫青碰了个钉子，回复了郭解。郭解扭不过汉武帝，只好搬家，有钱的亲戚、朋友都去送行，大家送的路费一下子就是上千上万的。

郭解到了茂陵，他的手下人留在轵县，还是跟以前一样，谁跟他们作对，就暗杀谁。汉武帝下令逮捕郭解。那时候，人们都谈论着郭解的行动，有的说他横行霸道，有的说他是个好汉。其中有个儒生批评郭解不守法令，动不动就杀人，算不得好汉。那个儒生回家的时候，半道上给人害了，连他的舌头也割去了。

这件案子当然又上在郭解的帐上。审判的时候，郭解不承认。有人认为割舌头的案子发生在轵县，郭解已经到了茂陵，他什么都不知道，怎么能办他的罪呐？ 公孙弘说："郭解结聚私党，随意杀人。他的党徒杀了人，他是个头子，那要比他自己动手更厉害。这种大逆不道的人应当灭门。"要说呐，这些所谓"大侠"，实际上只是地主富商的爪牙，上干官府，下凌百姓。汉武帝同意公孙弘的话，把郭解全家都杀了。

主父偃为了献计移民，加强边防，得到了汉武帝的夸奖。他又揭发了燕王刘定国荒淫的罪恶，汉武帝下了道诏书让燕王自杀，把燕国改为一个郡。主父偃就这么又立了一个功。大臣们见他这么厉害，一句话就杀了燕王，灭了燕国，都有点害怕。大伙儿向他行贿，他就老实不客气地一一照收。

主父偃又说齐王刘次昌行为不正。汉武帝就派他去做齐相国。主父偃做了齐相以后，要把自己的女儿嫁给齐王。齐王不答应，婚事没成功。主父偃就告发齐王跟他姐姐通奸的事。齐王知道主父偃的厉害，只好自杀。为了这件事，有人告发主父偃。汉武帝听了公孙弘的话，说主父偃不该迫死齐王。他把主父偃定了死罪。

公孙弘把主父偃挤下去，得到了汉武帝的信任，做了丞相。他和张汤两个人算是汉武帝的红人儿了。这两个人在汲黯看来都不是东西。公孙弘做了丞相，可是他穿的是布衣裳，吃的是糙米饭。有人知道底细的，说他布衣裳里面穿的是细毛皮袄，糙米饭是当着别人的面吃的，他自己在内房里吃的就全是山珍海味。

汲黯对汉武帝说："公孙弘在朝廷上做了数一数二的大官，俸禄很厚，他可故意穿着布衣裳，这全是做作。"汉武帝问公孙弘，说："汲黯说你做作，对不对？"公孙弘说："对，要是没有像汲黯那么耿直的大臣，皇上怎么能听到这些话呐？"汉武帝听了这个回答，认为公孙弘是个君子。

汲黯老听到公孙弘说张汤有学问，张汤又说公孙弘有学问。两个人互相标榜，说得汲黯直恶心。公孙弘和张汤尽管虚伪，他们都能迎合汉武帝的心意，叫他喜欢。汲黯越是耿直，越叫汉武帝尊敬，甚至于有点怕他。

有一回，河内失火，烧毁了一千多户人家。汉武帝派汲黯拿着节杖去安抚受火灾的老百姓。汲黯不但安抚了这一千多家，而且利用节杖，吩咐当地长官开仓放粮，救济了一万多户。他回来，自己绑着去见汉武帝，向他报告，说："老百姓失火，烧毁了一些房子，没什么了不起的，用不着皇上担心。可是我到了河内一看，贫民遭受水灾、旱灾的，就有一万多家。老百姓没有吃的，真的人吃人了。我就拿着节仗，便宜行事，开发粮仓，救济了灾民。现在我把节杖归还给皇上，请皇上办我假传命令的大罪。"汉武帝沉着脸核计了一会儿，称赞他几句，把他放了。

又有一回，汉武帝搜罗人才，招纳文人。他老说，"我要怎么怎么"。意思是说他要怎么怎么施行仁政。汲黯批评他，说："皇上内心充满着欲望，外面要施行仁义，难道皇上也想学学唐虞的样儿吗？"他是批评汉武帝嘴上说怎么怎么，事实上并不怎么怎么。他这几句话戳痛了汉武帝的肺管子。他真挂了火儿，散了朝，他对左右说："真是，汲黯真憨得厉害！"大臣当中有人数落汲黯不该对皇上说这种话。汲黯对他们说："哦，你们说我不该这么说，是不是？可是天子设置公卿大臣干什么？难道要他们说说好话，拍拍马屁，让皇上去犯错误吗？我们占了高位，即使保住了自己的身家性命,朝廷遭到了耻辱,怎么办呐?"

说真的,汉武帝对汲黯有点讨厌,可是他在一定限度内还是能够听听刺耳的话,能够容忍像汲黯那样的人。

汉武帝对待大臣是有分寸的:卫青做了大将军,汉武帝对他挺随便,蹲在床边上也会跟他聊天。公孙弘做了丞相,汉武帝对他也不怎么拘束,不戴帽子也会跟他说话;汲黯的地位比他们两个人低得多,可是汉武帝不戴帽子就不敢跟他相见。有一回,汲黯有事来见汉武帝,汉武帝刚巧没戴帽子,连忙躲在帐幕后面,叫别人传话去接受汲黯的意见。汲黯就是因为耿直,那些好拍马屁的大臣们怕他当面批评,都巴不得不跟他见面。

汲黯对待卫青也跟别的人不一样。卫青做了大将军,大臣们见了他,都跪着拜见,只有汲黯从来不下跪,见了他也就是拱拱手。有人对汲黯说:"大将军功劳大,爵位高,咱们应该尊敬他。"汲黯说:"大将军底下还有只肯作揖的人,这不是更显出大将军的长处吗?"这也正是卫青的长处。他不但不怪汲黯,而且对他格外尊敬。

卫青几次出兵去打匈奴,都立了功劳回来,汉武帝不但拜他为大将军,封他为侯,而且还要封他的小孩儿为侯呐。

76 武 功 爵

公元前124年(元朔五年,即汉武帝即位第十七年),卫青打败了匈奴,掳来了男女俘虏一万五千多名,匈奴小王就有十几个,还有不少牲口。汉武帝见他打了这么一个大胜仗,就要把他的三个儿子都封为侯。卫青推辞着说:"几次打胜仗,全靠皇上的洪福和各位将士的功劳。我那三个孩子都还是小娃娃,什么事都没做过。要是皇上封他们为侯,怎么能够鼓励将士们立功呐? 三个孩子决不敢受封。"

汉武帝说:"我忘不了将士们的功劳。"他就封了公孙贺、公孙敖等七个将士为侯。卫青更加得到了他的手下将军和各方面的拥护和称赞,连他从前的女主人平阳公主,也对他另眼相看。

卫青原来是给平阳公主(汉武帝的大姐)看马的奴仆。平阳公主早已死了丈夫,这会儿托卫青的姐姐卫皇后做媒,再嫁给卫青。卫青和汉武帝就亲上加亲了。

第二年匈奴又来进攻。汉武帝再派卫青率领着六个将军和大队人马,去对付匈奴。卫青的外甥霍去病那时才十八岁,很有能耐,喜爱骑马、射箭。这次也跟着他舅舅卫青一起去打匈奴。

卫青派兵遣将,分头去打匈奴。各路兵马打败了敌人,一直追到匈奴地界,又往前进去了一百多里地。将军赵信原来是匈奴的小王,投降汉朝,封了侯。他比别人更熟悉道路,就跟将军苏建带着三千多骑兵,跑在头里。霍去病做了校尉,带领着八百名壮士作为一个小队。他是第一次出来打仗的小伙子,当然不肯落后。还有四个将军,公孙贺、公孙敖、李广、李沮各人带着一支兵马分头去找匈奴,一定要把他们打败才好。卫青自己守住大营,等候消息。

到了晚上,四路兵马都回来了。他们没碰到匈奴的大军,多的杀了几百个小兵,少的杀了几十个,也有一个敌人没找到,只好回来的。赵信、苏建和霍去病他们三队还没有信儿。卫青怕他们出了岔,连忙派别的将军去接应。

又过了一天一夜,还不见赵信他们回来,急得大将军卫青坐立不安。正在着急的时候,将军苏建跑回大营,半死不活地趴在卫青跟前直哭。卫青问他:"怎么啦?将军怎么弄成这个样儿?"苏建哭着说:"我和赵信一直往前跑去,突然给匈奴的大军围住了。我们打了一天,人马死伤了一大半。想不到赵信变了心,投降了匈奴。我只好带着几百个人拼着性命冲出来。匈奴不肯放松,追上来又杀了一阵,就剩下我一个人逃回来请罪。"

当时就有人说:"苏建全军覆没,自个儿逃了回来,应当砍头。"又有人说:"苏建以少数人对付大队敌人,他不肯跟着赵信投降敌人,直到全军覆没,他才拼命地逃回来。如果把他杀了,以后将士们万一打了败仗,谁还敢回来呐?"卫青说:"就说苏建有罪,也应当凑明皇上,我不能自作主张。"他就把苏建装上囚车,派人押送到长安去。

卫青派去接应赵信的将士们也都回来了。末了,霍去病才赶到大营,手里提着一颗人头,后面的士兵还押着两个俘虏。卫青瞧见外甥霍去病回来,已经够高兴,又见了人头和俘虏,连忙问他打仗的情形。霍去病指手画脚地说了个大概:他带着八百个骑兵往北跑去,一路上没瞧见匈奴。他们吃了些干粮,继续往前走去。一直走了几百里路,远远地望见了匈奴的军营,就偷偷地绕道抄过去,趁着匈奴没防备的时候,瞅准了一个最大的帐篷,猛一下冲了进去。霍去病手疾眼快,在帐篷里杀了匈奴的一个头儿,他的手下人又活捉了两个。匈奴兵做梦也没想到汉兵会钻到这儿来，他们全没作准备。霍去病的八百个勇士杀了两千多个匈奴兵，剩下的逃了个一干二净。

霍去病他们没等匈奴的救兵来到，立刻跑回来。路上问了问那两个俘虏，才知道一个是单于的叔叔，一个是单于的相国，那个给霍去病杀了的是单于爷爷一辈的大王。卫青听了，觉得幸亏霍去病打了个大胜仗，这次出来总算还没吃亏。他就撤兵回去了。

汉武帝因为这次出兵，虽然杀了一万多匈奴兵，带来了单于爷爷的人头，活捉了单于的相国和叔叔，可是有两路兵马覆没了，赵信也走了。功过相抵，也差不多。只有校尉霍去病不能不赏，还有另一个校尉张骞（qiān）也有功劳。他就封霍去病为冠军侯，封张骞为博望侯。

原来张骞曾经作为汉朝的使者到过西域（汉朝边疆以西的地区笼统地都叫西域，大部分都在新疆维吾尔自治区），被匈奴逮去，扣留在那边十几年。后来他逃回来了。因此，他熟悉匈奴的地势，知道哪儿有水、哪儿有草。这次出兵，全靠他带道，人和马才不至于受渴、挨饿。卫青奏明了他的功劳，汉武帝就封他为侯。将军苏建免了死罪，罚做平民。

赵信回到匈奴，匈奴王特别优待他。那时候军臣单于已经死了，他的兄弟伊稚斜（稚zhì）轰走了军臣单于的儿子，自己做了单于。伊稚斜单于封赵信为王，还把自己的姐姐嫁给他。

赵信劝单于，说："咱们还是休养一个时期再说，现在不必再去进攻中原了。等到汉朝有了困难，汉兵疲劳不堪的时候再打进去，才不会吃亏。"伊稚斜单于听从赵信的话，汉朝的边界上暂时平静了一年。

汉朝自从计划在马邑活捉单于没成功以后，十年来差不多每年跟匈奴打仗，弄得府库也空了。这时候，汉武帝下了一道诏书，让有钱的人拿出钱来可以买爵位。这些钱是作为军费用的，这种爵位就叫"武功爵"。武功爵还有等级，起码一级十七万，以后每加一级，加钱两万。一万个钱等于一金。卖爵的诏书下去以后，一共收到了三十多万金。不论有本领的没有本领的，只要买到了什么等级就可以做什么官。

汉朝府库里增加了三十多万金，原来是想作为军费抵御匈奴用的。谁知道匈奴倒没打进来，国内先造起反来了。淮南王刘安和衡山王刘赐谋反，经人告发，很快地都失败了。为了淮南王和衡山王两件案子，死了好几万人。他们倒是的确都有造反的打算和准备，可是并没发兵，也没打仗，怎么会死了这许多人呐？这是因为汉武帝所信任的张汤做了廷尉。他是最出名的酷吏，他的手下差不多也全是酷吏。因此，直接的、间接的、有点嫌疑的、完全受冤屈的,一股脑儿,就杀了好几万人。

国内平定了,太子也立了。他就想起西南方的大事应该及早解决。西南方自从司马相如安抚巴蜀、唐蒙开始筑路去通夜郎以来,因为工程浩大,气候潮湿,民夫死的很多,西南的部族时常发生叛变,发兵去征伐又太浪费。费了这么些年工夫,连条道儿都没造成。汉武帝为了建筑朔方城,专门对付匈奴,就听了御史大夫公孙弘的话,把西南方的事停下来。他欣赏博望侯张骞能探险的劲儿,就再派他到西域去。

77 通 西 域

张骞是汉中人,在汉武帝初年做了郎中。那时候,匈奴当中有人投降了汉朝。汉朝从他们的说话中才知道一点西方的情况。他们说敦煌和祁连山(就是天山,匈奴称"天"为"祁连";这儿是指天山南路)当中有个大国,叫月氏(Yuèzhī)。月氏给冒顿单于打败以后,又给冒顿单于的儿子老上单于赶走。老上单于砍了月氏王的脑袋,把他的骷髅做成一个瓢,拿它舀水(舀 yǎo)。月氏族的人只好远远地往西逃去。他们痛恨匈奴,想要报仇,就是没有人帮助他们。

汉武帝听到了,就想去联络月氏。月氏在匈奴的西边,要是从月氏去打匈奴,准能斩断匈奴的右胳膊。他下了道诏书,征求精明强干的人到月氏去联络一下。汉朝跟月氏本来不通音信,现在月氏逃到西边去,离汉朝就更远了。谁也不知道这月氏到底在哪儿。诸侯王、文武大臣当中没有一个人敢到这种地方去。

张骞首先应征。还有一个匈奴人堂邑父(堂邑,姓;父,名;父 fǔ)和一百多个勇士都愿意跟着张骞一块儿去。汉武帝就叫张骞做了他们的首领,带着这一百多人从陇西(就是甘肃省)出发。陇西外面就是匈奴地界。他们要到月氏去,必须经过匈奴。张骞他们小心地走了几天,终于给匈奴兵围住了。这一百多个人怎么能够打得过匈奴呐? 他们全都做了俘虏。

匈奴倒没杀他们,只是派人管制他们,不放他们回去。张骞他们住在匈奴,一住就是十多年。张骞还娶了匈奴的姑娘做了媳妇儿,生了儿子和女儿。外面看看,他们跟匈奴没有什么两样,日常生活也比以前自由得多了。

尽管张骞在匈奴生活挺安定，他可没忘了汉武帝交给自己的任务。他和堂邑父偷偷地商量好了，带着干粮，在一个月黑的夜里，趁着别人不留意，骑上两匹快马，逃了。他们虽然不知道月氏在哪儿，只要往西走，准错不了。他们跑了几十天，吃尽千辛万苦，逃出了匈奴地界。这一下，总该到了月氏了吧。哪儿知道月氏还没找到，倒闯进了大宛国（在匈奴的西南面）。

大宛在月氏的北边，是西域列国当中出产快马、苜蓿（就是金花菜，也叫草头）和葡萄的好地方。他们到了大宛，就给大宛人截住。大宛是匈奴的邻国，这儿不少人都能说匈奴话。张骞跟他们说明白了以后，他们就去报告国王。

大宛王早就听到很远很远的东方有个中国，地方很富庶，金银财宝、绸缎布帛多得用不完，就是路太远，没法来往。这会儿一听到汉朝的使者到了，连忙欢迎他们。

张骞对大宛王说："我们是奉了大汉皇帝的命令到月氏去的。要是大王能够派人送我们去，将来我们回到中原，我们的皇上一定感谢大王的好意，拿最好的礼物来送给大王。"大宛王答应了。他说："从这儿到月氏还得经过康居（在大宛的西北面）。康居和月氏言语相同，可是你们听不懂，我给你一个能说月氏话的人帮助你吧。"

张骞谢过了大宛王，跟着带道的大宛人走了。他们到了康居。康居同大宛素来相好，又有大宛王的介绍，康居王就派人送张骞他们到了月氏。

月氏王给老上单于杀了以后，月氏人立太子为王。新王带领着全部人马往西进攻大夏（也叫巴克特里亚，在乌孙西南面），占领了大部分的土地。那边土地肥沃，物产丰富，月氏人得到了那块土地，很满意，就建立了一个大月氏国。张骞由康居王介绍，见了月氏王，谈到联合进攻匈奴的事。月氏王不想再去跟匈奴作战，报仇的念头已经冷了。他听了张骞的话，不大感到兴趣，只是把他作为一个外国的使者，挺有礼貌地招待着他。

张骞住了一年多，学到了许多东西，就是没法联合月氏去攻打匈奴。他只好辞别月氏王回来。

张骞和堂邑父到了匈奴地界，又给匈奴逮住了。他们留在那儿一年多工夫，正碰上伊稚斜跟单于的太子争夺王位，国内大乱。张骞趁着这个乱劲儿，带着妻子和堂邑父逃回长安。张骞原来带着一百多个勇士出去，在外边足足过了十三年，就剩下他们两个人回来。汉武帝慰劳了他们，拜张骞为大中大夫，拜堂邑父为奉使君。

大中大夫张骞因为熟悉匈奴的地理，使得这次进攻匈奴的兵马能够在荒野地找到了水和草。大将军卫青特意向汉武帝奏明张骞的功劳,汉武帝就封张骞为博望侯。

博望侯张骞还想再到西方去探一次险。他向汉武帝详细报告了西域各国的大概情况,最后他说:"我在大夏看见邛山出产的竹杖和蜀地出产的细布。我问大夏人这些东西哪儿来的。他们说是商人从身毒(又写做天竺;身毒、天竺,都是古代的译音,就是现在的印度)买来的。身毒在大夏东南好几千里,风俗跟大夏差不多,就是天气热,士兵骑着大象打仗。这就跟别的地方不一样。大夏在长安西边一万二千里,现在大夏从身毒买到蜀地的东西,可见身毒离蜀地一定不远。我们走西北这条道到大夏去,必须经过匈奴,阻碍重重;要是从蜀地出发,走西南那条道儿,经过身毒到大夏,就不必通过匈奴了。"

汉武帝听了,才知道:在匈奴的西边还有大宛、大夏、安息(古代的伊朗)这么些大国;他们像中国一样都是务农和牧畜的,也像中国一样有许多珍贵的物产,就是兵力不强,可是挺喜爱汉朝的物品;还有大月氏和康居这些国家兵力比较强。可是他想,只要多送点礼物,让他们有好处,也准能跟汉朝来往的。汉武帝打算不用兵力,光用礼物和道义去跟这些人来往,使得一万里以外的,要经过几道翻译才能够彼此懂得意思的部族都联合起来对付匈奴,还怕什么匈奴呐? 他对于张骞的探险精神非常钦佩,对于他经过身毒到大夏去的计划也完全同意。

汉武帝就派张骞从蜀地出发,多带礼品去联络身毒。按照张骞的推想,身毒是在蜀地的西南方,可是谁也没有去过。那条道还得用汉朝人的脚去踩出来。张骞把人马分成四队,从四个地方出发去寻找身毒国。四路人马各走了一两千里地,都碰了壁。有的给当地的部族打回来,有的给杀害了。那边的人都不让汉朝的使者过去。

往南走的一队人马到了昆明,也给当地的人挡住了。那地方的人瞧见外面来的人,不是杀就是抢。汉朝的使者只好换一条道儿走去。他们到了滇国,也叫滇越(在云南省)。滇国的大王当羌是战国时代楚国庄𫏋的后代,已经有好几代跟中原隔绝了。他挺客气地招待了使者,还不断地探问汉朝的情形。赶到他听到了汉朝的地方很大,人口很多,他就问:"有没有像滇国那么大?"使者告诉他实际的情况以后,他很高兴,愿意跟汉朝来往,也愿意帮助使者找道去通身毒。可是因为昆明在中间挡着,没法过去,他们只好回来了。

张骞回到长安,向汉武帝报告了一切经过。汉武帝认为这次出去,虽然没能够通到身毒，可是已经通了滇越，也很满意。昆明不让汉朝去通身毒，实在可恨，将来非找个机会去征伐不可。

汉武帝要从西南方去通身毒为的是要去攻打匈奴。上次去通大月氏也为的是要去攻打匈奴。在汉武帝看来，汉朝跟匈奴是势不两立的。匈奴也真厉害，汉朝不去打他们，他们就打进来。伊稚斜单于听了赵信的话，休养了一年，到了第二年（公元前122年，元狩元年，即汉武帝即位第十九年）就带领着一万骑兵，进了上谷，杀了几百个汉人，抢了一些财物，不等汉军过去就走了。这可把汉武帝气坏了，他决定要去跟匈奴拼一拼。

78 "匈奴未灭，何以家为"

公元前121年，汉武帝拜霍去病为骠骑将军，率领一万骑兵，从陇西出发去进攻匈奴。霍去病的军队跟匈奴连着打了六天，匈奴抵挡不住，向后直逃。霍去病追上去，追过了燕支山（在甘肃省山丹县东）一千多里地。那边还有不少匈奴的属国，像浑邪（在甘肃省民勤、武威两县以西到山丹、张掖一带的地方）、休屠（在甘肃省武威县北；屠chú）等。汉兵到了那边，俘虏了浑邪王的太子和相国，连休屠王祭天的金人（一种神像）也拿来了。这回出兵，霍去病又立了大功。

到了夏天，骠骑将军霍去病带着公孙敖和几万骑兵从北地（郡名，在甘肃省东北部）出发，再去进攻匈奴。他们打了个大胜仗，夺取了燕支山和祁连山。匈奴失去了这些地方，非常痛心。他们编了山歌，挺难受地唱着：

　　夺去了我们的祁连山，
　　叫我们的牲口不繁殖；
　　夺去了我们的燕支山，
　　叫我们的姑娘没颜色。

同时，另一队匈奴兵打进代郡和雁门，杀了不少人，抢了不少东西就走了。汉武帝派博望侯张骞和郎中令李广带着一万四千骑兵去追赶。李广带着四千骑兵做先锋，张骞带着一万骑兵跟在后头，相隔几十里地，前后接应着。匈奴打听到李广仅仅带着四千人马出来，就集合了全部的四万骑兵把李广他们团团围住。四千人给四万人围住，怎么也逃不出来。李广的部下都害怕了。李广吩咐他的小儿子李敢带着几十个骑兵先去试试匈奴的虚实。

李敢他们几十个人好像猛虎扑到狼群里去似地杀开了一条血路，冲破匈奴的队伍，然后突出包围，再杀进来，回到他父亲跟前，说："匈奴人多，可没有能耐，咱们用不着担心！"

李广的士兵就这么都壮起了胆子。李广把士兵们布置成一个圆阵，每个人都向外站着，抵御着四面八方的敌人。匈奴不敢接近，光拿弓箭进攻。李广的军队虽然挺镇静，可是匈奴的箭好像蝗虫似地飞过来，汉兵用了挡箭牌，可还是死了不少人。汉兵也把匈奴兵射死了不少。李广的箭是百发百中的。他专射匈奴的将领，射一个死一个。匈奴兵只好在四面围成圈子，不敢冲过来，也不肯离开。后来李广吩咐士兵们拉着弓，搭上箭，不准随意发射。他们就这么相持了一天一夜。到了第二天，李广的军队正想着拼命再打一阵，张骞的大军到了。他们打退匈奴，救出李广，收兵回去了。

李广的兵马损失了一大半，可是匈奴给他们打死的更多。这样，功过相抵，免罚。张骞耽误了行军的日期，应当定死罪，由他拿出钱来赎罪，做了平民。只有霍去病连着打了胜仗。赵破奴也立了功劳，封为从骠侯（从骠，跟从骠骑将军的意思）。霍去病手下别的将军也有几个封了侯的。

汉武帝为了慰劳霍去病，要替他盖一座大房子。霍去病推辞，说："匈奴未灭，何以家为！"（匈奴还没消灭，怎么可以为家庭打算呐？）汉武帝更加信任他，差不多跟大将军卫青可以相比了。

卫青、霍去病接连打击着匈奴，那些比较接近汉朝的地方就更加苦了。匈奴的属国浑邪王和休屠王打了败仗已经够瞧了，伊樨斜单于还责备他们不够用心，派使者叫他们前去受罚。他们害怕单于，大伙儿商量停当，准备一块儿去投奔汉朝。刚巧汉朝的将军李息在河上筑城，浑邪王就打发使者到李息那儿请求归附。

李息向汉武帝报告，汉武帝恐怕是匈奴的诡计，派霍去病带着军队去迎接他们。

浑邪王派使者去催休屠王带领部下一同进关，休屠王忽然变了卦，说这个说那个，就是不肯动身。浑邪王骑虎难下，就带着兵马，突然打进来，杀了休屠王，收了他的属下，一同往汉朝这边来。

霍去病带领兵马渡过河去，接见了浑邪王。投奔汉朝的一共有四万多人，都由霍去病和浑邪王率领着渡过大河到了南边。

汉武帝拜霍去病为骠骑将军,率领一万骑兵,从陇西出发去进攻匈奴。

汉武帝立浑邪王为漯阴侯（漯 tà，古代水名，为黄河的支流）封给他一万户。浑邪王底下的四个小王也都封了侯。另外还赏给他们很多金钱。这四五个头儿封了侯，又把那四万多的手下人分别安顿在陇西、北地、上郡、朔方、云中五个郡里。汉武帝允许他们保留自己的风俗习惯，还可以跟汉人做买卖。这五个郡就称为"五属国"。

打这儿起，从金城（在甘肃省皋兰县西北，黄河北岸）、河西，通到南山，直到盐泽（新疆维吾尔自治区的罗布泊，也叫蒲昌海），都没有匈奴的踪影了。原来防守着陇西、北地、上郡的士兵可以减少一半。

休屠王的太子日䃅（Mìdī）由浑邪王押到汉朝，没收为官奴。日䃅才十四岁，整天看马，又勤俭又虚心，谁都喜欢他。后来汉武帝见着了，让他做了侍中，赏给他不少金钱。日䃅的一举一动，一言一语都很得体。汉武帝把他当作自己人看待，叫他在身边伺候，有时候还带着他一块儿出去，让他赶车。左右亲戚纷纷议论，说皇上不应该这么信任一个俘虏。汉武帝听到了这些话，反而更加优待他，还赐他姓金。从此，他就叫金日䃅，做了汉武帝的心腹。

浑邪王归附了汉朝以后，汉武帝陆续把关内贫苦的老百姓和囚犯送到西北去开垦土地。

第二年（公元前120年，元狩三年，汉武帝即位第二十一年），山东地区遭到了大水灾，老百姓穷得没有吃的。汉武帝下了诏书，吩咐地方官开仓放粮，又向有钱的人家借粮，救济难民。放粮、借粮只能是一时救急，不能老这么下去。汉武帝决定移民，把受水灾的难民送到关西和朔方南段的边界上去。这次移民一共有七十多万人，吃的、穿的全由公家供给。移民到了开荒地区，好几年都由公家借粮、借钱给他们。朝廷花了几万万钱，弄得府库又快空了。

汉武帝不怕花钱，他还要再花些钱挖个大湖。上次昆明不让张骞去通身毒，汉武帝一直想发兵去征伐。可是昆明有个大湖，周围三百多里，是昆明天然的边防，别人没有船没法过去。汉武帝就在上林挖一个大湖，叫昆明池，又造了些战船，在这里练习水军，准备去征伐昆明。这么一来，府库更空了。他要大臣们想办法多增加朝廷的收入。他知道大商人有的是钱。他们靠着铸钱、冶铁、熬盐、造酒等，都发了大财，金钱多得没法数，朝廷反倒无权过问。这种制度非改变不可。他就重用桑弘羊、东郭咸阳（东郭，姓；咸阳，名）和孔仅三个大商人，叫他们管理财政，一定要把铸钱、冶铁、熬盐、造酒这些事业从商人手里拿过来，让朝廷来掌握。经过多次讨论、研究和剧

烈的斗争,汉武帝定出了几条增加收入的办法:

第一,商人所有的车马、船只,必须一律纳税。

第二,禁止私人晒盐、熬盐、铸造铁器和造酒。盐、铁、酒,一概由官家专卖。

第三,用白鹿的皮做成货币,每张一尺见方,边上绣着花纹,叫做"皮币"。皮币一张作价四十万。王侯、宗室朝贡或者诸侯当中互相聘问都得使用皮币。

第四,用白银和锡铸成三种钱币:第一种最大,圆形的,上面有龙的图案,值钱三千;第二种略小,方形的,上面有马的图案,值钱五百;第三种最小,椭圆形的,上面有乌龟的图案,值钱三百。

第五,收回半两钱,改铸三铢钱。新铸的钱分量轻,价值略高。私铸钱的定死罪。

第六,商人和手工业者必须把自己的货物估价报官,纳税百分之二。私藏货物不估价的或者估价过于低的,货物、钱币一概没收,还要罚他到边界去服军役一年。谁告发的,把没收的钱财赏给他一半。

这么一来,军饷就很充足了。汉武帝决定再去进攻匈奴。自从浑邪王归向汉朝以后,匈奴不敢从西边过来。他们就从东边进来。他们来了一万多骑兵,杀了一千多名当地的老百姓,抢了一些财物就回去了。

汉武帝派大将军卫青和骠骑将军霍去病各带五万骑兵去追击匈奴。郎中令李广要求一块儿去。汉武帝嫌他太老了,不让他去。李广再三要求,汉武帝就叫他带一队兵,和曹襄(曹参的孙子)、公孙贺、赵食其三个将军,共分前、后、左、右四队,由卫青统领。卫青临走的时候,汉武帝嘱咐他,说:"李广年老,不能让他独当一面。"

这次汉军出去跟以前大不相同。除了十万骑兵以外,还有几十万步兵和十四万匹驮东西的马。卫青、霍去病分两路进兵,一定要打败匈奴。

卫青派李广往东绕道进兵,指定日子到漠北会齐。李广要打先锋。卫青不答应,派赵食其跟他一同去。

卫青自己向北进兵。走了好几天,才找到了匈奴的大营。当时就打起来了。双方死伤了不少人马。到了黄昏时分,伊穉斜单于向西北方面逃去。匈奴兵四散逃跑。三天里卫青又追了二百来里地,没追上单于。他们继续往前追,到了寘颜山。那边有个赵信城,里面存着不少粮草。这些粮草,匈奴来不及运走,全落在汉军手里。他们在赵信城一带搜索了一天,没找到匈奴,又不知道前面的道路,也许还有埋伏,只好离开赵信城,回到漠南来了。

卫青的大军回到漠南，才碰到李广和赵食其的军队。卫青责备他们误了日期，都应该定罪。赵食其说："东路水草少，道儿远，弯弯曲曲的小道儿又多，我们迷了道儿。"李广气得说不出话来。卫青派人送酒食给李广，另外派人审问李广他们行军误期的案子。

李广流着眼泪对将士们说："我自从投军以来，跟匈奴打仗，大小七十多次，有进无退。这次大将军一定要我往东绕道儿。东路远，迷了道儿，耽误了日子，叫我说什么呐？我已经六十多了，犯不着再上公堂。"说着，就自杀了。士兵们一向敬爱李广，一听到他死了，全都哭起来，好像死了自己的父亲一样。赵食其拿出钱来赎罪，罚做平民。

李广有三个儿子，老大、老二都死在他头里。小儿子李敢跟着骠骑将军霍去病从代郡出发去打匈奴，倒立了功劳。霍去病的大军走了二千多里地，才找到了匈奴的军队。他们连着打了几次胜仗，逮住了单于底下的三个王，还有将军、相国、军官等一共八十三人。他们一直到了狼居胥山和姑衍山，又上了一座山，望见瀚海。他们每到一座山，就在那儿堆起石头和泥土筑了祭台，祭祀天地。这一次的大战消灭了匈奴八九万人。

匈奴打了这么一个大败仗，不能不认输，单于只好另想办法来对付汉朝。

79 再通西域

伊穉斜单于收集了散兵败将，索性回到漠北去。打这儿起，漠南不再有匈奴的军营了。赵信劝单于不要再跟汉朝作对，还是讲和好。单于只好派使者到长安来要求和亲。汉武帝召集大臣们商议了一下。有的说和亲好，有的说和亲不好。

有个大臣叫任敞（chǎng）的，他说："匈奴打了败仗，应当叫他们归顺，作为外臣。怎么还提和亲的事呐？"这句话正说到汉武帝的心坎上，他当然不肯把公主去嫁给刚打败了的单于。可是不做亲戚也不一定就得变成冤家。因此，汉武帝打发任敞为使者跟着匈奴的使者去访问单于。单于虽然打了败仗，还是很傲慢的，他因为汉朝不答应把公主嫁给他，就把任敞扣留下，一直不放他回去。

单于得不到汉朝的公主倒也罢了，没想到西域一带的属国也都动摇了。他们见匈奴失了势，有的准备不再向匈奴进贡。汉武帝趁着这个机会，打算再叫张骞去通西域。张骞献计，说："匈奴西边有个乌孙国（在新疆温宿县以北、伊宁县以南的地区），是受匈奴压制的。最好能多送点礼物给乌孙王，先跟他结交起来。要是他愿意归向朝廷，皇上不妨把以前浑邪王的地盘封给他，然后再跟乌孙和亲，多给他们好处。这等于砍断匈奴的右胳膊。这么一来，乌孙以西的国家，像：大宛、康居、大夏、月氏等就容易结交了。"

汉武帝一听到这许多国家都能联合起来对付匈奴，就是多花些钱也值得干一下子。公元前115年（元鼎二年，即汉武帝即位第二十七年），他派张骞和他的几个副手为使者，拿着汉朝的使节，带着三百个勇士，每人两匹马，还有牛、羊一万多头，黄金、钱币、绸缎、布帛等价值几千万的礼物，动身到乌孙去。

张骞到了乌孙，乌孙王出来接见。张骞把一份很厚的礼物送给他，对他说："要是大王能够向着汉朝，搬到东边来，汉朝愿意把那边的土地封给大王，还把公主嫁给大王为夫人，两国结为亲戚，共同对付匈奴。这是最好的办法。"

乌孙王一时不能决定。他请张骞暂时休息几天，自己召集大臣们商议商议。大臣们只知道汉朝离乌孙很远，可不知道汉朝的天下到底有多大，汉朝的兵力到底有多强。他们归附匈奴已经很久了，离匈奴又近，大伙儿都害怕匈奴，不敢搬到东边去。可是他们又想得到汉朝的财物。因此，商议了好几天，还是决定不下来。

张骞恐怕耽误日子，就打发他的副手们拿着使节，带着礼物，分别去联络大宛、康居、大月氏、大夏、安息、身毒、于阗（tián；于阗，在葱岭以北，就是新疆和阗县）等国家。乌孙王还派了几个翻译帮助他们。这许多使者去了好些日子还没回来，乌孙王倒先要打发张骞回去了。他借着送回张骞、报谢汉朝的因头，派了几十个人到汉朝去探看一下。

张骞带着乌孙的使者和几十个随从的人来见汉武帝。汉武帝见了他们，已经很高兴了，又瞧见乌孙王送给他的几十匹高头大马，喜欢得不得。汉武帝的兴趣是多方面的。他喜欢司马相如他们的文章，他可更喜爱西域的好马。他一高兴就格外优待乌孙的使者。

过了一年，张骞病死了。汉武帝失去了这么一个能人，愁眉苦脸地闷了好几天。又过了几年，张骞派出去的那些副手们都带着各国的使者陆续回来了。汉武帝觉得张骞的副手们都很不错，各国的使者又都送来了各色各样的礼物，他非常高兴，把张骞的副手们当做贵宾那样招待着。

汉武帝要知道：这些国家都在哪儿？到底有多远？怎么走的？使者们也说不上西域到底有多少国家。大伙儿把到过的地方一算，就有三十六国。南北有大山，中央有河，东西六千多里，南北一千多里。东边跟汉朝的玉门、阳关相接，西边一直到葱岭为界。从玉门、阳关到西域有两条道儿。从阳关出发，经过楼兰（后来改为鄯善，在新疆鄯善县东南）沿南祁连山往西到莎车（就是新疆莎车县），叫做天山南路。从天山南路翻过葱岭，可以通到大月氏和安息。从玉门关出发，经过车师前王国（车师分前王国和后王国，前王国在新疆吐鲁番县，后王国在乌鲁木齐），沿北祁连山往西到疏勒（就是新疆疏勒县），叫做天山北路。从天山北路翻过葱岭，可以通到大宛、康居、奄蔡（在康居西北）。

这些国家一向受着匈奴的压迫，不但年年得向匈奴进贡，而且匈奴还派官员到那边去收税，要牛羊，要奴仆。他们害怕匈奴，只好把自己的财富交给匈奴。这会儿汉朝打败了匈奴，跟这些国家交好，他们不但不必纳税，而且还能够得到好处，当然都很高兴。他们希望汉朝不断地派使者带着礼物到那边去。

乌孙王也只希望得到汉朝的礼物，可不愿意搬到东边来。汉武帝就把原来浑邪王的地盘改为两个郡，一个叫酒泉郡，一个叫武威郡（就是甘肃省酒泉县和武威县），一年到头有官员和士兵守卫着。这么着，匈奴通羌中（在甘肃省临潭、岷县和四川省松潘、茂县等地区；羌 qiāng）的道儿也给堵死了。

汉武帝为了抵抗匈奴，不叫西域各国变心，又为了要得到西域的好马和别的特产，他一而再，再而三地打发使者分别到这些国家去送礼物。西域三十六国都知道博望侯张骞，说他不但力气大，而且心眼好，真够朋友。因此，在很长一个时期内，派到那边去的使者都不说张骞已经死了。他们每次出去的派头大体上都跟当初张骞出去的时候差不多。出使一次，多则几百人，少则一百多人。西域的道儿上年年都有使者来往。路近的两三年来回一次，路远的八九年来回一次。汉朝和西方的交通就这么建立起来。这对于汉朝和西域各地在经济文化交流上都有好处。比方说，从汉朝运去的货物经过天山南路的主要是丝织品，大伙儿就把那条道儿称为"丝路"；从天山北路运到东方来的主要是毛皮，所以那条道儿也叫做"毛皮路"。大宛以西，人们还不知道炼铁和制造铁器，别说是教他们炼铁，就是运点儿铁器去，那边的人就够高兴了。同样，汉朝也从他们那边得到不少东西，尤其是一些水果和蔬菜的新品种。

每次使者从西域回来，或者西域的使者到来，汉武帝总是喜气洋洋的。他不但喜欢从西域带来的东西，像：葡萄酒、葡萄、胡桃、蚕豆、石榴、苜蓿，还有珊瑚、琥珀、玳瑁、琉璃、象牙等等，而且更喜欢听使者的报告。

有一回，他把几十个到过西域的使者都召了来，对他们说："你们都到过外国，每个人一定见过不少稀奇古怪的东西。现在把你们所见到的或者听到的都说一说。要照实说，只要说得有意思，都有赏。"

他还叫他们不必拘束，像聊家常一样地聊聊就可以了。他们这才海阔天空地各人说开了。其中有个使者知道汉武帝喜爱大宛的千里马，就说："大宛有一座高山，山上有一匹天马。大宛王想尽办法也没能够把天马弄到手。他就挑选了几匹各种颜色的、最最好的母马放在山下，引天马下来跟它们玩儿。果然，母马生了小马。这些小马长大了，都是千里马。这种马跑急了，流出来的汗像血一样，因此，叫汗血马。大宛的汗血马最名贵，就因为它们都是天马的种啊。"汉武帝听得出神，连着说好。

第二个使者说："大月氏往西几千里有个安息国。那边做买卖的人很多。他们用的是银钱。咱们的钱上面有龙、有马；他们的钱可真特别，上面有国王的脸。国王一死，就换上新国王的脸。"

汉武帝瞧了瞧第三个使者。

那个使者说："安息人很能做买卖，他们坐船由海道到海西（又叫大秦，就是罗马国）。据说顺风顺水，三个月可以到了，风向不顺，得一两年工夫。海西也叫大秦，那边宝贝很多。外国人说，'天下有三多：中国人多，大秦宝多，月氏马多。'海西的宫室挺别致，大多是'重屋'的，就是屋子上面再盖屋子。乌孙以西的人大多是蓝眼睛、红眉毛、高鼻子，满脸胡子，挺怕人的。他们的风俗也特别，对于妇女挺尊敬，男的要听女的吩咐。"

汉武帝对于别人的长相和风俗倒不大感觉到兴趣。他说："外国有什么好玩儿的没有？"

第四个使者抢着说："有！安息以西几千里有个条枝国（包括现在的叙利亚和幼发拉底河以东的地区）。那边的人最喜欢玩儿。有些人专门靠着玩儿过日子。他们的法术真巧妙！能够把一把刀吞到肚子里去再吐出来；嘴里能够吐出火来；把种子放在盆里，一下子就长叶子、开花，结个大香瓜；把一个人砍死了，还能叫他活过来。"

这种变戏法的情形吸引住了汉武帝，他听得乐起来了。

第五个使者猜透了汉武帝的心思，连忙接着说："西方有种大鸟，生下来的蛋大极了。他们说，大的有酒坛子那么大。这还不算希奇。据安息的老人家说，西方有条弱水，他可没见过，只知道弱水很轻，鸟毛掉在水里也沉下去。弱水上有一座玉山，西方最尊贵的女神'西王母'就住在那儿。那边是太阳下去的地方，不骑着龙是不能到的。西王母吃的东西是神鸟给她送去的，那神鸟据说有三条腿，所以叫'三足神鸟'。"

汉武帝听得出神。他赏了这些使者不少金子，决定以后不断地派使者到西域去。

汉朝和西域这么来往着，匈奴当然很不服气。他们休养了一个时期以后，就派骑兵去阻碍交通，抢劫使者带着的礼物。汉武帝除了加紧酒泉郡和武威郡的防御以外，又设立了两个郡，一个叫张掖郡，一个叫敦煌郡。这四个郡都驻扎着军队，随时随地可以打击匈奴，保护着西域的交通。

张骞他们通西域，能够跟几千、几万里以外的人来往，大家都说了不起，想不到还有人自以为比张骞的本领更大，他们能够通天，能够跟神仙来往。不用说汉武帝也要重用他们了。

80 求 神 仙

汉武帝十六岁即位以来，一直相信鬼神。这一二十年来，已经有不少方士向他骗过俸禄和黄金。他每次发现了方士的欺诈，就把他们处死，可是他认为神仙是有的，就是这批方士本领太差。因此，他杀了一个，又相信一个，他相信方士李少君活了一千多年，死了，还说他已经得道，变成仙人了。

李少君以后，又来了一个齐人叫少翁。"少翁"就是"少年老人"的意思，因为少翁的长相虽然还像个少年人，可是他自己说已经有二百多岁了。他有一种本领，能够叫死去了的人显灵。正好汉武帝最宠爱的美人儿李夫人死了。汉武帝老是闷闷不乐地想念着她。少翁说他能够请李夫人回来。汉武帝就请他作法。

少翁要了李夫人生前的衣服，准备了一间很清静的屋子，中间挂着薄纱似的帷幕，幕里面点着蜡。请汉武帝一个人坐在帷幕外面等着。他自己进了帷幕作起法来。汉武帝静静地等着，两只眼睛直盯着帷幕，不敢眨巴一下。过了一会儿，幕里出现了影子，少翁领出一个美人儿来了。她慢慢儿地走着。汉武帝使劲地瞧着，那美人儿侧着半边脸，越瞧越像是李夫人。他站起来，又跑过去，想跟她说句话。猛一下子李夫人不见了。少翁直怪汉武帝，说："皇上也太心急了。阴阳究竟是两条路，皇上的阳气太旺盛，您一上来，就把李夫人冲走了。"汉武帝直怪自己不好。他做了一首歌，哼着：

    真的？还是假的？
    站着看，
    偏着半边脸。
    怎么慢吞吞地来得这么晚！

  汉武帝总算见到了李夫人的影儿。就因为这一点，也应该优待少翁啊。少翁虽说不会打仗，汉武帝为了要他去通神仙，就拜他为文成将军，还赏了他不少黄金。少翁对汉武帝说："皇上要跟神仙来往，现在的宫室、被服都不像神仙的东西，神仙怎么能来呐？"汉武帝一心想见神仙，什么都能听他。打这儿起，宫殿的顶子、柱子、墙壁都画上五彩的云头、仙车什么的，帷幕和被服也绣上这一类的东西。

  少翁又请汉武帝盖了一座甘泉宫，里面画着各色各样的神像，摆着祭祀的东西，为的是请神仙下来。这么搞了一年多，花了不少钱，可是神仙还是没来。汉武帝开始怀疑了。少翁得想个法儿挽回皇上对他的信任才行啊。

  有一天，他跟着汉武帝到甘泉宫去，瞧见有人牵着一头牛，少翁指着牛对汉武帝说："这头牛的肚子里准有天书。"当场把那头牛宰了，从牛肚子里拿出一条布帛来，上面写着字。大伙儿全认为少翁确实是个仙人。可是字尽管写得古怪，字句也不大好懂，汉武帝认出了是少翁的笔迹。审查下来，果然是少翁耍的花样。汉武帝就把文成将军砍了。少翁的骗局拆穿了，他手下的人和别的方士怎么能再骗饭吃呐？

  过了一个多月，有人在关东碰见了少翁，回来报告汉武帝。汉武帝起了疑，派人把少翁的棺材打开。一瞧，据说棺材是空的，里面只有一个竹筒。这么着，汉武帝又相信起别的方士来了。

  公元前115年（元鼎二年）汉武帝用柏树做栋梁，造了一座二十来丈高的台，叫"柏梁台"，台上用铜做柱子，有三十来丈高，铜柱顶上有个盘，叫"承露盘"。承露盘由一只手掌托着，那手掌叫"仙人掌"。柏梁台上的仙人掌托着承露盘。盘里的露水和着玉石的粉末成为玉露，经常喝玉露就能长生不老。汉武帝当然一有玉露就喝，害得他生了一场大病。

他老想起少翁棺材里的竹简，直怪自己太心急，得罪了仙人。正在这时候，又来了一个方士，叫栾大（栾 Luán）。栾大长得又魁梧，又英俊，又能说大话。汉武帝见了，把他当作贵宾招待。

栾大说："我以前在海里来往，碰到了安期生（传说中古代的仙人），拜他为老师，也学到了一点皮毛。只要功夫深，黄铜可以变成金；河开了口子，可以堵住；长生不老的药可以得到，神仙也可以请到。可是文成将军受了冤屈，死了。方士有几个脑袋呐？我也不敢多嘴。"

汉武帝连忙撒谎，说："文成将军是吃了马肝中毒死去的，你别多心。只要你有法术，尽管老实说。要花钱，我有。"栾大说："我的老师都是仙人。他们并不求人，只是人求他们。皇上成心求神仙，就应当尊重仙人的使者。"

汉武帝因为黄河决了口，水灾很严重。灾民没办法，实在活不下去了。他听到栾大说能够把口子堵住，又能够把黄铜变成金子，就很慷慨地把栾大封为五利将军、天士将军、地士将军、大通将军，给他四颗大印。栾大并不希罕这些官衔。一个人担任了四个将军的名头，还不肯把法术使出来。汉武帝的气魄是没有人比得上的。他再封栾大为乐通侯。后来干脆把一个公主嫁给他，随嫁的黄金就有十万斤。栾大凭什么还不把法术使出来呐？汉武帝叫他去迎接神仙。栾大只好动身到海岛上找他的老师去了。汉武帝打发几个心腹扮作老百姓暗暗地跟着他，要观察他的行动。

这几个心腹沿路跟着栾大，看他干什么。栾大上了泰山，坐了一会儿，又到了海边溜达溜达。就这么呆了几天，回到长安来了。那几个暗探瞧见栾大这么捣鬼，压根儿没有神仙跟他来往，赶到栾大到了长安，他们实话实说，把这些事告诉给汉武帝。栾大见了汉武帝，还想捏造鬼话。汉武帝叫出证人来，揭穿他的勾当，不怕栾大不承认自己的罪恶。"刀快不怕头大"，顶着四个将军衔头的方士栾大给拉到大街上斩了。

就在这一年六月里，河东太守上书报告，说汾阴地方掘出了一只极大的宝鼎，上面有花纹、有字，可没有款。不知道是哪朝哪代的东西。大伙儿都说这一定是周朝的宝鼎。又说，朝廷上有了圣明的皇帝，"周鼎"才出现。汉武帝当时就派人像迎接神仙一样地把那只宝鼎迎接到长安来，摆在甘泉宫里，还准备用极隆重的仪式祭祀天神。偏偏有个大臣叫吾邱寿王（吾邱,姓；寿王,名），他说："鼎的式样是新的，怎么说是周鼎呐？"汉武帝听到了这话，就召他进去，问他："你怎么说这不是周鼎呐？"吾邱寿王机灵得很。

他知道跟汉武帝说话得顺着他的意思，就回答说："从前周朝的天王道德高，上天的报应好，出了宝鼎，所以叫周鼎。汉朝出了高皇帝，继承周朝，到了皇上手里，巩固了汉朝的天下，谁比得上皇上的威德？在这个时候出了宝鼎，当然是汉朝的宝物，怎么能说是周朝的宝物呐？所以我说这是汉鼎，不是周鼎。"

汉武帝笑了，说寿王的话有道理，赏他十斤黄金。大臣们用最吉祥的话祝贺汉武帝得到宝鼎的事。汉武帝还做了宝鼎歌让大伙儿唱着。上天赐宝鼎的喜信马上传开了。齐人公孙卿上书，说："黄帝得到宝鼎是在冬至那一天，皇上得到宝鼎也是在冬至那一天。这决不是偶然的。黄帝成了仙，皇上也不能落后，应当趁着宝鼎出现的时候，赶快去封禅，封禅就能通神，通神就能成仙登天了。"

汉武帝早已有了封禅的念头。司马相如临死的时候也曾经上书，满篇除了歌颂汉武帝以外，还劝他上泰山去封禅。这会儿经公孙卿这么一提，他决定准备封禅了。

汉武帝就召公孙卿进去相见，问他："黄帝是怎么封禅的？你怎么知道的？"公孙卿信口开河地说了一大骡车，他说："当初黄帝从首山采了铜，在荆山铸宝鼎。宝鼎铸成功的时候，有龙下来迎接黄帝。当时攀着龙须骑上去的还有黄帝的后宫和大臣一共七十多人。还有别的臣下也拉着龙须不放，一下子龙须拉断了，全掉了下来。我的老师没法儿上去，只好留在人间修道。"

这一番话，倒是有许多方士都说过的，可没像公孙卿说得那么详细，那么动听。汉武帝叹了一口气，说："要是我也能学黄帝的样，我情愿抛弃妻子像抛弃破鞋一样。"他拜公孙卿为郎中，叫他准备封禅的事。

汉武帝听公孙卿说，当初黄帝一面打仗，一面学仙，可见封禅还得出兵。这时候南越发生了内乱。南越王赵兴（赵婴齐的儿子）和太后主张归向汉朝，正打算跟着汉朝的使者来朝见汉武帝。南越的相国吕嘉和他的手下人反对汉朝。他们杀了南越王、太后和汉朝的使者，立赵婴齐另一个儿子为南越王，还发动人马打了过来。汉武帝没想到南越敢造反，他打算发几十万大军去征伐。他号召诸侯从军去打南越，又叫各地催收公粮作为军粮。

京师里催收公粮的责任落在左内史（掌管京师地方行政的大官,分为左右内史,后来左内史改称左冯翊,右内史改称京兆尹）倪宽（倪,姓,原文作"兒"）身上。倪宽是个忠厚长者，出身贫寒。他在求学时代，有时候还得做雇工,带着书本替人家锄地。他一向反对残酷的刑罚,老劝导农民种地、养蚕。当地的老百姓没有不喜欢他的。他不但没照汉武帝的意思去催收公粮,而且见了有人交不出粮食的,就让他们少交些或者免交了。这么着,倪宽收公粮的成绩就差。公粮短了不少,军粮又急,倪宽就得革职办罪。老百姓一听到左内史为了没有收齐公粮就要革职了,大伙儿全把粮食补送上来。倪宽不但没免职,还更加得到了汉武帝的信任。

倪宽是个穷读书的,他做了左内史,不虐待老百姓,自己不要出名,人们都尊敬他,汉武帝也尊敬他。另外有个用金钱骗取地位的河南人卜式,汉武帝把他也封为关内侯。卜式是个大地主,他有不少田地和牲口,光是羊就有一千多头。他看到汉武帝为了抵抗匈奴,需要财物,就趁着机会上书,说他愿意把财产的一半捐给公家作为边防的费用。汉武帝派使者去问卜式,说:"你是不是要做官?"卜式说:"我只会看羊,不要做官。"使者又问他:"难道你有冤屈,要皇上替你作主吗?"卜式回答得非常漂亮,他说:"我一不要做官,二没有冤屈,捐出家产只是做个榜样,好叫天下人为了抵抗匈奴,大伙儿都出点力。"使者回去向汉武帝一报告,汉武帝就问当时的丞相公孙弘该怎么办。公孙弘认为这种沽名钓誉的人不必理他。汉武帝就把这件事搁在一边。后来公孙弘死了,浑邪王归附了汉朝,汉武帝移民七十多万到西北去,弄得府库又空了。卜式趁着机会,捐钱二十万交给河南太守,说是作为帮助移民用的。那时候,有钱的人都把钱藏起来,装作难过日子的样子。汉武帝要借着卜式改变这种风气,就召卜式入朝,拜他为中郎,还赏了他十顷田地。后来又拜卜式为齐王的太傅,接着,这位嘴里说不要做官的卜式做了齐相。

这次卜式一听到汉武帝号召诸侯从军去打南越,就上书请求皇上让他和他的儿子从军,就是死在南越,也是乐意的。汉武帝没答应他,把他称赞了一番,封他为关内侯,赏他四十斤黄金,十顷田地,还布告天下,叫诸侯王踊跃从军。可是除了卜式以外,干脆没有别的人出来。这可把汉武帝气坏了。正好秋季祭祀的日子到了。按照那时候的规矩,诸侯都得献上一定数目的金子作为祭祀的费用。汉武帝嘱咐管赋税的大官仔细检验诸侯送来的金子。检查下来不是说成色不足,就是说颜色太坏。当时就有一百零六个人废了封号,收回了封地。

汉朝大军到了南越,就把南越整顿一下,改为南海、苍梧、郁林、珠崖等几个郡。

汉武帝又亲自带着十几万人马先去巡游北边。他出了长城,走上了单于台（冒顿单于造的，在大同），到了朔方，直到北河。他派使者去告诉单于，说："南越王的头已经挂在未央宫的前殿了。要是单于能打仗，出来，天子在边界上等着；要是不能打，以后就不该再来侵犯。干么不出来说话啊？"单于也火儿了，就把使者扣留下来。可是他也不出来。汉武帝只好回来了。路过上郡桥山，祭祀了黄帝的坟。接着他对方士们说："你们说黄帝没死，怎么这儿有他的坟呐？"公孙卿想出了一个理由，回答说："这是衣冠冢。黄帝骑着龙上了天，可是他臣下想念着他，就把他的衣帽葬在这儿。"汉武帝点点头，认为他说得有理。

汉武帝到了嵩山（在河南省登封县北），官员们都在山下。忽然山里发出声音来，叫了三声"万岁！"这是大家都听到的。汉武帝认为山里有神，就禁止老百姓到山上砍树。以后他往东到了泰山，在山上刻了字，祭祀一番。

齐地的方士成群结队地来拜见汉武帝，都说蓬莱岛上有神仙。汉武帝吩咐预备许多船只，叫一千来个方士到蓬莱去求仙人。公孙卿拿着节杖打头先去。第二天，公孙卿回来报告，说："昨儿晚上我瞧见了一个巨人，有好几丈高。赶到我跑过去的时候，这个巨人忽然不见了。可是他留下了一个挺大的脚印子。"

汉武帝要看个明白，他带着大臣们到了蓬莱岛上，果然有个挺大的脚印。他仔细瞧瞧，像个走兽蹄子，不免起了疑。可是随从的官员们说，他们在路上碰到了一个老头儿牵着一只狗，说要去见巨人。说了这话就不见了。官员们都这么说，汉武帝也信了。

他准备自己坐船到海里去寻找神仙。东方朔对汉武帝说："皇上还是回去吧，求神仙也不能太心急。只要安安静静地住在宫里，多修修好，神仙有灵，自然会来的。"汉武帝一听，这话倒不错，就回到长安去。

这一次出门巡游，费了五个月工夫，花了无数的金钱，来回走了一万八千里地，还是没见着神仙。

公孙卿不能让汉武帝静静地呆在宫里。总得叫他做点事才热闹哇。他建议，说："仙人喜欢住在楼上。盖了高楼，等仙人降临吧。"汉武帝又大兴土木，建造了一座通天台，高五十丈。造了这么高的台，神仙还不肯下来。这还算不了什么，谁想到东边、北边、西南边都出了事啦，汉武帝不得不把求神仙的事暂时缓一下子。

81 天下十三州

西南方的滇王仗着自己的几万兵马和临近归附他的部族,不但不听命令,还把汉朝的使者杀了。汉武帝就发兵去征伐。滇王没法抵抗,愿意入朝谢罪。汉武帝就在那边建立了益州郡,正式立原来的滇王为汉朝的滇王,赐他一颗王印。西南方有一百多个部族,只有滇王和夜郎王受封,得到了王印。汉武帝叫这两个王管理当地的人和西南方其余的部族。

东边和西南方很快地平定了。北方的匈奴和西北方的许多小国比较难对付。汉武帝借着喜欢大宛"天马"的因头,差不多每年打发十几批使者去通大宛。有些商人和无业游民愿意跟着使者去跟外国人做些买卖。使者因为路远,道上不好走,还有危险,能够多几个人搭个伴儿去,也很欢迎。如果路上平安,来回一次,就能够赚不少钱。

后来有好些人冒充汉朝的使者,专门去跟西方人做买卖。沿路的几个小国还得供给他们吃的,这已经够腻烦的了。这些"大国使者"的自大劲儿好像谁的老子似的,更叫别人瞧着冒火儿。反正汉朝离他们这么远,就是把这些使者揍一顿,也不见得会吃亏。这么着,他们就不准使者吃他们的东西。使者不但没有粮食,而且还老挨打、挨抢。

阳关和玉门关外的两个小国楼兰和车师(车师,也叫姑师),正在通西域的要道上,他们老抢劫使者的财物。匈奴的骑兵也常到那边去打劫使者。楼兰和车师得到了匈奴的贿赂,当了匈奴的眼线。以后什么时候汉朝的使者到了那边,什么时候匈奴的骑兵接着也就到了。这么一来,大宛的天马怎么也拿不到手。

汉武帝就派赵破奴和王恢(和以前进攻匈奴的王恢是同名同姓的两个人)为将军,带领七百个骑兵去进攻楼兰和车师。他们打了胜仗,俘虏了楼兰王。楼兰和车师不再跟汉朝作对了。汉武帝把赵破奴和王恢都封为侯,叫他们把大军驻扎在西域,好让乌孙、大宛这些国家不敢小看汉朝。

乌孙王上次曾经派使者跟着张骞到过长安,送上了几十匹马,就是因为害怕匈奴,不敢跟汉朝和亲。这会儿汉军打败了楼兰、车师,还把军队驻扎在外边,他慌忙打发使者到长安来,情愿按照当年张骞的话,跟汉朝和亲。

汉武帝为了专心对付匈奴，就答应了。乌孙王派使者送了上等好马一千匹作为聘礼来迎亲。汉武帝把江都王刘建的女儿作为公主嫁给他。乌孙王把江都公主立为右夫人。单于为了拉拢乌孙，也把自己的女儿嫁给他，乌孙王把她立为左夫人。

江都公主嫁到这么远的地方，丈夫又是个老头儿，言语不通，吃的、穿的、住的都跟中原不一样，心里非常难受。她做了一首歌，流着眼泪，自己哼着：

皇上送我哇，天一方，
嫁给外国哇，乌孙王；
帐篷当屋子呀，毯子当墙；
牛羊肉当饭哪，奶酪就是汤。
想念老家啊，太悲伤！
愿意变只黄鸟哇，飞回故乡！

汉武帝听到了侄孙女儿这么悲伤，也挺可怜她。每隔一年，就派使者去安慰安慰她，赐给她许多帷子、绸缎和绣花的衣裳、被子等等。

乌孙王觉得自己年老，儿子又死了，打算把右夫人江都公主转嫁给他的孙子岑陬(zōu)。按辈分说，一个是祖母，一个是孙子。江都公主一死儿不依。她上书给汉武帝求他把她领回去。汉武帝一心要联络乌孙共同去打匈奴，就写了个回信，劝江都公主尊重乌孙的风俗。她没有办法，再说乌孙王的孙子年龄跟自己差不多，只好嫁给他了。后来乌孙王害病死了，岑陬继承为乌孙王，称为昆弥（昆弥是王号，不是人名）。

汉武帝东讨西伐、南征北战，不得不叫广大的农民负担着很高的赋税和一定的官差。各地官吏还私自加重赋税，挨户勒索，再加上水灾，大批的农民离开本乡变成了流民。公元前107年（元封四年，即汉武帝即位第三十四年），关东流民就有两百万，其中没有户口可查的有四十万。朝廷上的大臣们主张把那些没有户口的人都送到边疆上去。汉武帝可把大臣们批评了一顿。他说："老百姓离开本乡是不法的官吏逼出来的。如果把四十万无罪的人送到边疆上去，这不是叫老百姓更加动荡起来吗？赶快想办法把他们就地安顿下来，帮助他们从事耕种。"这么一来，流民的人数总算没增加，社会秩序暂时安定下来。

汉武帝连年打仗，又用礼物结交临近的部族，汉朝的威望越来越大了。

他把汉朝的天下，除了京师和临近京师的一部分以外，划分为十三个州。每个州设立一个刺史，监察地方长官和受封的诸侯王。那十三个州是：

1. 冀州（在河北省地区），
2. 幽州（在辽宁省一带地区），
3. 并州（在山西省和陕西省一部分的地区），
4. 兖州（在山东省一部分的地区；兖 Yǎn），
5. 徐州（在山东省郯城县西南等地区），
6. 青州（在山东省临淄县等地区），
7. 扬州（在安徽省；不是江苏省的扬州），
8. 荆州（在湖北省地区），
9. 豫州（在河南省），
10. 益州（过去也叫梁州；在四川省），
11. 凉州（过去也叫雍州；在甘肃省），
12. 交州（在广东、广西等地区），
13. 朔州（在鄂尔多斯等地区）。

在西南方已经建立了益州和交州，又封了滇王和夜郎王，可是昆明阻碍着交通，汉朝派去通大夏的使者老给昆明王杀害。汉武帝一定要从昆明去通大夏，昆明就非打下来不可了。他把天下的囚犯都免了罪，编在军队里，派大将去征伐昆明。昆明是个小地方，哪儿打得过汉军？昆明给打下来了。可是始终没法从那儿通到大夏再到大宛。

汉武帝只好仍旧从楼兰、车师、乌孙那一路去通大宛。回来的使者都说大宛的千里马藏在贰师城里（贰师城，大宛国的一个城），就是不肯交给汉朝的使者。汉武帝硬的、软的都来，先礼后兵，非把大宛的千里马弄到手不可。

82 强求"天马"

汉武帝吩咐工匠铸成一匹金马，派壮士车令为使者，率领一队人马把金马送给大宛王毋寡，另外还送给他一千斤黄金。这么高的代价总可以换得到大宛的千里马了吧。

大宛王毋寡召集了大臣们商议这件事。他们说："汉朝离这儿这么远，汉兵是没法打进来的。不用说别的,这条道就不好走。他们得经过高山、大河、沙漠,有的地方没有水草,有的地方容易迷道。汉朝的使者出来的时候老是几百人,死在半道上的倒有一大半。哪回都是这样的。听说,他们迷了道,就找道上的标记。我们开头还不明白,这么荒凉的地方有什么标记呐?原来他们把死人的骨头,牛、马的骨头和牛粪、马粪当作标记。有这种东西的地方就是道。这就说明汉军是没法到这边来的。"也有人说:"贰师的马是大宛的宝贝,怎么也不能让别人拿走。"大宛王就决定拒绝汉武帝的要求。

使者车令再三再四地向大宛王说好话。大宛王收了金马,可不肯牵出千里马来。使者受不下这口气。他砸毁了金马,把大宛王责备了几句,走了。

大宛的大臣们说:"汉朝的使者这么回去,太便宜他了。"他们就通知东边的郁成王,叫他拦住汉朝的使者。郁成王决定半路行劫,他带领着人马等在那儿。汉朝的使者和随从的士兵一到就挨了打。车令究竟人马太少,给他们杀了,财物全给抢了去。

几个逃回来的人向汉武帝一报告,汉武帝气得直吹胡子。以前到过大宛的将军姚定汉说:"大宛的兵力不强,皇上只要发三千人马,多带弓箭,准能够把大宛打下来。"

汉武帝一想,上次叫赵破奴进攻楼兰,他仅仅用了七百名骑兵,就把楼兰王捉住了。这么一比,三千名骑兵准能把大宛王活捉过来。他可并不派赵破奴或者姚定汉他们去。这时候,大将军卫青、骠骑将军霍去病已经死了。这个准能够立大功的美差总得派给一个得宠的人才成。汉武帝就拜李夫人的哥哥李广利为将军。

李夫人有两个哥哥,一个叫李延年,一个叫李广利。李延年擅长音乐,已经做了"协律都尉"。李广利喜欢骑马、射箭,在宫廷里服事着汉武帝。李夫人快死的时候,汉武帝亲自去看她。她把头蒙在被窝里,不跟汉武帝见面。汉武帝揭开被窝,她还是不让他看她的脸。她说:"我没梳妆,不能参见皇上。"汉武帝只好出去。她终于死了。汉武帝始终没见到害病时候的李夫人,留在他心坎里的只有一个活泼漂亮、一笑俩酒窝的李夫人。为了李夫人的缘故,他拜李广利为将军。

这次出兵是去进攻贰师城的,就把李广利封为贰师将军。汉武帝为了叫贰师将军李广利准能打胜仗,三千骑兵再加三千,另外还有几万步兵。王恢曾经到过西域,叫他带道。

公元前104年(太初元年,即汉武帝即位第三十七年),贰师将军李广利率领大军向敦煌出发。蝗虫也来凑热闹,吃完了关东的庄稼,满世界飞,往西飞到了敦煌。贰师将军的军队把蝗虫撇在后面,出了玉门关,经过盐泽和沙漠地带。沿路的小国不敢得罪匈奴,他们联合起来守住城和堡垒,不供给汉兵粮食吃。汉兵受冻挨饿,又没有水喝,不断地有人倒在路上。赶到他们到了郁成,只剩了几千人了。郁成王上次杀了使者车令,早已作了准备。两下一交战,几千个汉兵又死了一半。贰师将军对王恢他们说:"郁成都打不下来,怎么能进攻大宛呐?"他们只好回来了。

　　一来一往,费了两年工夫,损失了不少人马。汉兵回到敦煌的时候,十个人里也就剩下一两个人了。李广利上个奏章,大意说:"因为路远,粮食不够,困难重重;士兵们不怕打仗,就怕口渴、肚子饿;人多了,粮食供应不上,人少了,不能进攻大宛,还是退兵回来吧。"汉武帝看了这个奏章,直冒火儿。要是连大宛都欺负我们,怎么还能够对付匈奴呐? 他立刻打发使者到玉门关,传出命令,说:"谁敢进关的,谁就砍头。"贰师将军李广利他们都害怕了,只好留在敦煌。

　　汉武帝正想再发大兵去攻打大宛,匈奴又侵犯进来。有的大臣说:"不要再去攻打大宛了,还是用全力去对付匈奴吧。"汉武帝认为大宛打不下来,千里马弄不到手还是小事,他怕的是大夏、月氏这些国家准会瞧不起汉朝,就是乌孙、轮台(轮台,古地名,在车师以西一千多里,再往西就是大宛)也会出来阻碍使者的。到了那时候,匈奴拉拢西域各国,西、北两路像卡子一样来卡住中国,事情就更不好办了。他主张先去对付大宛,把西域这一边稳住了,然后才能够用全力去对付匈奴。

　　汉武帝派出六万骑兵、七万步兵,还有三万匹马和几万头驴、骡、骆驼等,还有从民间征用的耕牛十万头。这许多牲口全都编作运输队。粮草、弓箭等多得数也数不清楚。另外还有跟着军队私人带着粮食、食品、货物去做买卖的,不计其数。这么多人马到了敦煌,全都交给留在那边的贰师将军李广利率领。贰师将军李广利率领着这些兵马,胆儿就大了。沿路各部族瞧见汉军这么威武,都自动地拿出粮食来慰劳。只有轮台一个城不顾死活地跟汉军作对。李广利先打下了轮台。以后从轮台往西,一点挡头都没有地向大宛进去。打头的三万骑兵到了大宛,大宛王毋寡带着大队兵马出来对敌,给汉军打得落花流水。大宛兵逃进城里,再也不出来了。大宛王毋寡打发使者冲出包围,到康居国去求救兵。康居王不愿跟汉朝作对,没发兵来。李广利进攻了四十多天,攻破外城,大宛兵退守内城。

　　大宛的贵族们私底下商议着讲和。贵人昧察说:"咱们的大王也太不讲情理了。他把好马都藏在贰师城,还杀了汉朝的使者,难怪人家来报仇。现在咱们内缺粮草,外无救兵,再打下去也是个死。不如杀了毋寡,跟汉军和了吧。"

大宛的贵族们就杀了毋寡,打发使者捧着人头到汉营里来求和。李广利答应了。大宛人把贰师城的马放出来,让汉兵自己挑去。李广利叫两个都尉仔细选择。他们挑了上等马几十匹,中等以下三千多匹。李广利和大宛的贵族订了约,立昧蔡为大宛王。汉军带着马群离开了大宛。

李广利因为郁成王上次杀了使者车令,抢去了汉朝的礼物,这次又打击了另一路的汉兵,还杀了几个汉朝的军官,就派上官桀(上官,姓;桀,名)去进攻郁成城。郁成城给攻破了。郁成王逃到康居。上官桀派使者到康居,要求康居王把郁成王交出来。康居王知道大宛给汉军打下来了,不敢得罪汉朝,只好把郁成王交给上官桀,上官桀派四个骑兵把他押到李广利的营里去。四个骑兵怕路上出了岔,就把郁成王杀了,拿着人头去见贰师将军。贰师将军就叫上官桀的那一支军队回到玉门关相会。

李广利他们先后出去的有十几万人马,费了四年工夫,赶到他们回到玉门关,一共只有两万人,一千另几匹马了。损失尽管这么大,汉武帝认为这是通西域、打匈奴的一场关键性的战争,是值得庆祝的。

汉武帝得到了几十匹大宛的好马,把它们叫"天马"。他要"天马"只是个名目,实底子是要把大宛拉过来。西域各国见到了汉朝的威力,都派他们的子弟来拜见汉武帝,把汉朝作为依靠。汉武帝打败了大宛,准备再跟匈奴干一下子。

83 扣留使者

匈奴伊稚斜单于自从给卫青、霍去病打败以后,逃到漠北,休养了几年。他在公元前114年(元鼎三年,即汉武帝即位第二十七年)死了,他儿子乌维做了单于。乌维单于采用赵信的计策,外表上做出要跟汉朝和亲的样子,实际上还是招兵买马,进行侵略。汉朝正忙着对付别的地方,也没去跟匈奴计较。

这几年当中,汉武帝整顿了南越,建立了南海等九个郡;取消了东越王,把老百姓迁移到江淮一带来;平定了西南方,建立了牂牁等五个郡;封了滇王，建立了益州郡；打败了楼兰、车师，跟乌孙和了亲；打败了大宛，加强了西边的边防。东、南、西三方面大体上都安定下来，他就可以专门去对付北边了。乌维单于派使者来求和，汉武帝就打发杨信为使者到匈奴去传达命令。

匈奴也实在霸道，他们定了一条规矩：汉朝的使者必须放下使节、把脸涂黑了，才准到大帐篷里去见单于。使者杨信认为他手里拿着的使节是代表朝廷的，怎么也不能离手；他又没犯法，怎么能把脸涂黑呐？匈奴这么对待汉朝的使者，杨信不依；杨信不按照匈奴的要求办，单于也不依。双方交涉下来，总算同意了一个折衷的办法：单于坐在大帐篷外面接见手里拿着使节、脸上不涂黑的杨信。

杨信对乌维单于说："如果大王诚心诚意地要跟汉朝和亲，请把太子送到长安去。"乌维单于说："哪儿有这个规矩？以前也订过盟约：汉朝把公主嫁给单于，再送绸缎、布帛、食物和别的礼物来，我们就不跑到你们的边界上去。现在你要我把太子送去做抵押，这算什么道理！"

杨信回去报告了以后，汉武帝派使者王乌去见单于。王乌怕触犯单于，就低声下气地放下使节，把脸涂黑，走进大帐篷去见单于。单于一瞧是这么一个听话的使者，心里挺高兴。为了要多得到汉朝的财物，他对王乌说："我要到汉朝去见皇上，当面结为兄弟。"他又说："汉朝要是诚心诚意地跟我们和好，以后就应该派贵人到这儿来接头。"

王乌回去以后，汉武帝在长安给单于盖了一所公馆。乌维单于派他的贵人到汉朝来。匈奴的贵人因为水土不服，到了长安就病了。汉朝给他看病、吃药，巴不得他早点好起来。事情可真不巧，匈奴的贵人终于病死了。

汉武帝派大臣路充国挺隆重地把灵柩送去，送葬的费用花了几千金。可是乌维单于认为贵人是给汉朝害死的，就把路充国扣留了。匈奴还不断地发兵来侵犯。

路充国给匈奴扣留了三年，乌维单于死了。他儿子做了单于，称为"儿单于"。汉朝派两个使者去吊丧，儿单于把他们也扣留了。汉朝的使者前前后后被匈奴扣留的就有十几起。匈奴的使者被汉朝扣留的也有十几起。

汉武帝派贰师将军李广利进攻大宛的那一年，匈奴遭受了大雪灾，牲口冻死了很多。儿单于正在少年，脾气又古怪，动不动就杀人。匈奴人都不安生。左大都尉准备除去儿单于，打发他的心腹来告诉汉朝，说："我决定杀了儿单于，投奔汉朝。可是汉朝离这儿太远。请发兵来迎接我一下，我就立刻发动。"

汉武帝听了匈奴使者的话，派公孙敖带领士兵和民夫到关外去造受降城迎接左大都尉。受降城离漠北还是太远，汉武帝另外派赵破奴去接头。赵破奴带着两万骑兵从朔方出发，向西北走了两千多里地，到了浚稽山（在喀尔喀土喇河和鄂尔库河当中）。他派人去约左大都尉到浚稽山来相会。

他们等了好些天，没见左大都尉到来。赵破奴再派人去探听，才知道有人通了风声，左大都尉给儿单于杀了。赵破奴只好带着两万骑兵回来。他们到了离受降城还差四百里地的地方，突然给匈奴的八万骑兵围住了。两万骑兵全军覆没，赵破奴做了俘虏。匈奴的大队骑兵接着进攻受降城。幸亏公孙敖早已作了准备，匈奴打不进来，只好回去了。

公孙敖的报告到了长安，汉武帝因为先要去对付大宛，暂时把匈奴这一头搁下来。这会儿，西边已经安定了，他下了道诏书，通告天下，说匈奴不断地侵略我们，差不多每年来抢我们的牛羊，杀害无辜的老百姓，不把匈奴击退，我们是没法过安静的日子的。

公元前 100 年（天汉元年，即汉武帝即位第四十一年），汉武帝正想出兵去打匈奴，那个扣留在匈奴的使者路充国和别的使者都回来了。他们向汉武帝报告，说匈奴又要和亲了。

原来儿单于死了，他儿子太小，大臣们立乌维单于的兄弟为单于。才一年工夫，他也死了。他们就立他的兄弟且鞮侯（且鞮 jūdī）为单于。且鞮侯单于刚即位，汉朝已经打败了大宛，消息传到匈奴，他怕汉朝打进去，就派使者把过去扣留在匈奴的使者都送回来了，还说："汉朝是匈奴的丈人，我做晚辈的怎么敢得罪长辈呐？"

汉武帝见到了路充国他们回来，又听到了且鞮侯单于说了这么谦虚的话，不能不信。为了回答且鞮侯单于的好意，他特意打发中郎将苏武拿着使节送匈奴的使者和以前扣留下的使者们回去，还带了许多值钱的礼物去送给单于。苏武奉了命令，带着两个副手，张胜和常惠，还有一百多个士兵到匈奴去，沿路跟匈奴的使者们交了朋友。

苏武到了匈奴，归还了匈奴的使者，送上了礼物。且鞮侯单于总该满意了吧。哪儿知道他并不是真要跟汉朝和好。他把汉朝的使者送回只是个缓兵之计。他瞧见汉朝归还了使者，送来了礼物，认为汉朝中了他的计，更加傲慢起来了。他对待苏武也不很讲礼貌。苏武为了两国和好，不便多说话。他只等着单于写了回信，让他回去就是了。想不到就在这个时候，倒霉的事发生了，害得苏武吃尽苦头。

84 苏武牧羊

苏武没到匈奴以前,有个汉朝的使者叫卫律,投降了匈奴。匈奴正需要有个汉人替他们出主意,就格外优待卫律,封他为丁灵王。卫律的副手虞常虽然跟着卫律投降了匈奴,可是心里很不乐意,老想暗杀卫律,逃回中原去。就因为没有帮手,不敢莽撞。他跟苏武的副手张胜本来是朋友。这次见了张胜,就暗地里对他说:"听说咱们的皇上恨透了卫律,我准备替朝廷把他射死。我母亲和兄弟都在中原,我不希望别的,只希望立了功,皇上能够照顾照顾我的母亲就是了。"张胜很表同情,愿意帮助他。谁知道虞常没把卫律射死,自己反倒给逮住了。单于叫卫律审问虞常。到了这个时候,张胜害怕起来。他把虞常跟他说的话全告诉了苏武。苏武急得什么似的,他说:"要是虞常供出了跟你同谋,咱们还得去上公堂。堂堂大国的使臣像犯人一样给人家审问,不是给朝廷丢脸吗? 还不如早点自杀吧。"说着,他就拔出刀来,向脖子上抹去。张胜和常惠连忙拉住他的手,夺去了刀,才没让他死。

苏武只希望虞常不把张胜供出来就够造化的了。虞常受了各种残酷的刑罚,只承认张胜是他朋友,他们曾经说过话。卫律把他的供词交给单于,单于召集了大臣们商议治死汉朝的使者。有一个大臣劝住单于,说:"如果他们谋杀大王,也不过定个死罪。现在还没有这么严重,不如免了他们的罪,叫他们投降。"单于叫卫律去召苏武他们进去。

苏武听到卫律叫他投降,就对常惠他们说:"丧失气节、污辱使命,就算活下去,还有什么脸见人呐?"一面说,一面拔出刀来,又向脖子上抹去。卫律慌忙把他抱住,苏武的脖子已经受了重伤。他倒在地下,浑身是血。卫律叫人去请医生。常惠他们哭得不像样子。赶到医生到来,苏武还没醒过来。

匈奴的医生叫人刨个地坑,地坑里烧着文火(微微的、没有火焰的火;也写做煴火),铺上木板,把苏武仆在上面。医生用脚踩他的脊梁,让他的伤口出血。这么踩了半天,苏武才缓醒过来。然后给他涂上药膏子,扎住伤口,抬到营房里去。那个愿意帮助虞常的张胜已经关在监狱里了。

单于十分钦佩苏武,早早晚晚派人去问候,一直等到他痊愈了,才叫卫律想办法去劝他投降。卫律奉了单于的命令请苏武到公堂上坐下,让苏武好像旁听似的听他审问虞常和张胜的案子。

虞常态度强硬,他对卫律说:"要杀说杀,要剐就剐,我可不愿意跟你这个汉奸多说话。"卫律宣告虞常死罪,当时就把他杀了。

他对张胜说:"你是汉朝的使臣,不应该跟虞常同谋暗杀单于的大臣。你也有死罪。可是单于有个命令,投降的可以免罪。你要是说个'不'字,我就砍了你的脑袋!"说着,他就拿起刀来向他举着。张胜贪生怕死,投降了。

卫律回过头来对苏武说:"您的副手有了死罪,您也得连坐。"苏武说:"我既不是同谋,又不是他的亲属,为什么要连坐?"卫律又拿起刀来,他还没砍过去,苏武脖子一挺,不动声色地等着。这一挺,反倒叫卫律的手缩回去了。他说:"苏先生,您听我说吧。我也是不得已才投降匈奴的。多蒙单于大恩,封我为王,给我几万个手下人和满山的马群。您瞧多么富贵呀。苏先生今天投降,明天就跟我一样。何必这么固执白白地丧了命?尸首扔在草野里,有谁知道呐?"

苏武不回答他。卫律又说:"先生听我劝告,我就跟先生结为兄弟。要不然,恐怕您不能再跟我见面了。"

苏武再也忍不住了,他站起来,用手指头指着卫律,骂着说:"卫律!你是汉人的儿子,做了汉朝的臣下,忘恩负义地背叛了朝廷,背叛了父母,厚颜无耻地投降了敌人,做了汉奸,亏你还有脸跟我说这些话! 再说,单于信任你,叫你审问案子,决定生死。可是你不能平心静气地主持公道,反倒挑拨离间,引起两国的争端,你安的是什么心! 你也不想想:南越杀了汉朝的使者,给汉朝灭了,改成了九个郡;大宛王杀了汉朝的使者,自己的脑袋给人送到长安去了。难道你也要叫单于学他们的样吗? 你明明知道我是决不会投降的,怎么逼我也没有用。我并不怕死,可是匈奴要是闯了祸,我看你也逃不了。"

苏武这种理直气壮的责备,连卫律这样的人听了,也红了脸。他只好去向单于报告。单于不得不称赞苏武,可是他更加要想办法叫苏武投降。他想折磨他的身子,叫他屈服。他把苏武下了地窖,不给他吃的、喝的。这个办法可真毒辣,两三天饿下来就叫苏武受不了啦。没有吃的已经够受的了,想不到没有喝的,简直连喘气都喘不过来。苏武不怕死,可是事情已经到了这步田地,他要争取活着坚持正义。正好天下大雪,破破烂烂的地窖里也全是雪,他就大口地吃。嘴倒是不渴了,肚子还是饿的。在没法当中他把扔在地窖里的破旧的皮带、羊皮片什么的啃着吃下去。这么着,他又过了几天。

苏武不怕死,可是事情已经到了这步田地,他要争取活着坚持正义。

匈奴见苏武还活着,只好把他放出来。单于要封他为王,他可不干。末了,单于把他充军到北海(就是前苏联的贝加尔湖),叫他在那边放羊。那个副手常惠也像苏武一样不肯投降,单于罚他做苦工,故意不让他跟苏武在一块儿。

苏武到了北海,口粮不够,他就挖野菜、逮野鼠,作为补充。吃的、喝的,是冷是热,他都不在乎,最叫他念念不忘的是他没完成使者的使命。他永远拿着汉朝的使节,始终还是个汉朝的使者。现在他什么都没有了,跟他同生同死的就剩下这根使节了。他从这根使节上得到了安慰。他从每一节的穗子上瞧见了他白头发的母亲,瞧见了他长着胡子的皇上,瞧见了中原的麦穗,瞧见了他所热爱的整个国家。他拿着使节放羊,抱着使节睡觉,他还想着总有一天能够拿着使节回去。

一年一年地过去了,苏武一直在北海放羊。他不知道汉朝有没有再派使者来,也不知道汉武帝怎么样。

85 李陵投降

汉武帝没见苏武回来,挺纳闷儿的。他疑心匈奴借着和好的因由,骗取汉朝的财物,扣留汉朝的使者。他正想派人去探听,恰巧赵破奴从匈奴逃回来了。赵破奴并没见到苏武,可是他知道匈奴扣留汉朝的使者,还打算再来侵犯边疆。汉武帝就派贰师将军李广利带领三万骑兵去打匈奴。他又吩咐李广的孙子李陵监督辎重,跟着李广利一块儿去,可是李陵不干。

李陵是个少年英雄,力气大,箭法好,跟手底下的人很合得来。汉武帝说他有点像他的祖父,让他做了都尉,给他五千楚兵防守着酒泉、张掖一带。这次李广利准备从酒泉出发去打匈奴,汉武帝吩咐李陵给李广利监督辎重。李广利虽然老打败仗,可是他到底是汉武帝的大舅子,谁也不敢不服他。李陵究竟年轻,还不知道天有多高、地有多厚呐。他瞧不起李广利,不愿意在他的手下。他央告汉武帝,说:"我的部下都是楚兵,他们个个都能打老虎,射箭是百发百中的。我情愿带领这一队人马独当一面去分散单于的兵力。请别叫我专门跟着贰师将军的军队。"

汉武帝知道他瞧不起李广利,当时就生了气,骂他,说:"你不愿意跟着贰师将军吗？我派出了这么多的军队，再也没有马给你了。"李陵挺着胸脯，说："没有马就没有马，只要给我五千步兵，我就打到单于的大营里去！"汉武帝就像斗气似的答应了他，可是他另外派将军路博德在半路上接应李陵。

路博德的地位本来比李陵高，他也不愿意跟在李陵的后头，好像做他的副手似的。他上了个奏章，说："现在正是秋天，匈奴的马最肥，我们不可轻易跟匈奴交战。还不如叫李陵慢点出发，等到明年春天再出去也不晚。"

汉武帝看了奏章，不说话。他怀疑这是因为李陵说了大话后悔了，才叫路博德出面来推辞。他把奏章搁在一边。正好探子来报告，说匈奴侵犯西河。汉武帝就派路博德去守西河。接着他下了命令，吩咐李陵从遮虏障（在张掖居延县）出发，去侦察东浚稽山。

李广利从酒泉出发，到了天山，碰到了匈奴右贤王的士兵。右贤王没作准备，人马又没像汉军那么多，打了一个败仗，死伤了一万多人。他赶紧去召集大队人马，再回来追赶汉军。李广利打了一个胜仗，得意洋洋地回来。他走了还不到几百里地，忽然被右贤王的大队人马围住。几天下来，汉军的粮草不够，饿死的和打死的人就不少。逃又逃不出去，呆又呆不住，眼看就要全军覆没了。

有个陇西人叫赵充国，他带着一百多个壮士拼着死杀出重围。贰师李广利这次也挺勇敢地夹在赵充国和一百多个壮士中间一块儿逃出来。汉兵又死了十分之六七，赵充国受伤二十多处，可还没死。

李广利带了三万骑兵出去，回来的还不到一万人。他上了个奏章，说明匈奴多么厉害，他多么勇敢地杀出了重围。不说别的，光是他手下的赵充国，身上就受了二十多处伤。汉武帝召见了赵充国，亲自瞧了瞧他的伤，血瘢还没掉呐。汉武帝不由得夸奖了他一番，拜他为中郎。李广利虽然打了败仗，损失了这么多的人马，可是人家这么勇敢地逃回来了，当然也不能办罪。

汉武帝是不肯认输的。他再派公孙敖和路博德从西河出发，分两路去打匈奴。两队兵马分别在北边兜了一个圈子，没碰到匈奴兵，只好回来。进攻匈奴的几批大军，忙了一天星斗，都回来了，就是李陵的那五千步兵还没有消息。如果进攻匈奴有盼头的话，全在李陵这一队了。果然，李陵的骑兵陈步乐回来向汉武帝报告，说李陵率领着五千步兵从遮虏障出发，一帆风顺地到了东浚稽山南边，在龙勒水上（在敦煌县），歇了几天，还没找到一个匈奴兵。他们再往北走了三十天，到了浚稽山，就驻扎下来。李陵把沿路的山水形势画成一张地图，加上说明，由骑兵陈步乐带回去给汉武帝。

汉武帝听了报告，看了地图，很高兴。他认为打胜仗有了盼头了。他天天等候着好消息。好容易消息传来：李陵全军覆没！

原来李陵他们一直到了浚稽山，还没瞧见一个匈奴兵，匈奴兵可早就瞧见他们了。且鞮侯单于亲自率领三万骑兵，把李陵的五千步兵围困在两座山的中间。李陵拿大车作为营盘，营盘外面摆下阵势：前面一层的士兵拿着戟和盾牌，后面一层是弓箭手。匈奴瞧见汉军少，大胆地一直冲过来。汉营里的弓箭手等着匈奴兵走近了，几千枝箭一齐射出去，大批的匈奴兵中了箭，倒下了，其余的乱糟糟地逃到山上去。汉军趁着他们的乱劲儿，追上去，杀了一两千人。汉军一打退匈奴兵，连忙往南跑回来。

单于着慌了。他赶紧召集了八万多骑兵来追赶汉军。汉军一面抵抗，一面继续往南跑。这么打打、跑跑、跑跑、打打，对付了好几天。他们到了一个山谷里，又打了一阵，杀了匈奴一千多人。汉军跑了四五天，到了一个水洼地区，那边长的满是苇子。他们想躲在苇塘里打游击。不料匈奴在上风放起火来了。李陵连忙叫士兵们自己这边先放火，腾出一块烧过的空地来，使得那边的火不能烧到这边来。汉军趁着匈奴那边的火正烧着的时候，一直往南跑，到了一座山底下。匈奴兵赶到，又展开了一场血战。李陵的步兵在树缝里钻来钻去地打击匈奴的骑兵，匈奴的骑兵在树缝子里反倒挺不方便，又被汉军杀了不少人。汉军瞧见单于在南山上，大伙儿对着他一齐射箭，吓得单于慌忙逃去。

那一天，汉军俘虏了几个匈奴兵，盘问下来，才知道单于本来不想再追汉军了。他认为李陵的步兵是汉朝的精兵，他们天天引着匈奴兵往南赶，前面准有大军埋伏着，所以不想再追下去了。单于左右的几个大臣说："大王亲自率领着几万骑兵还消灭不了几千个汉兵，以后汉朝将更瞧不起咱们了。在山谷里打仗，人多使不出力气来。再过去四五十里地说是平地了。要是在平地上再打不过他们，咱们就回来。"单于听了他们的话又追赶了一阵。

汉军到了平地，一天当中打了十几次。匈奴兵又死伤了一千多人。单于得不到便宜，这会儿真打算回去了。想不到汉军里有个军官，叫管敢，为了说怪话被校尉责打了一顿。管敢夜里偷偷地跑出来，逃到匈奴那边去，做了汉奸。他告诉匈奴，说："汉军后面并没有救兵，汉营里的箭也快要完了。只有将军李陵和校尉韩延年各有八百名步兵，十分厉害，别的人都平常得很。"单于得到了汉奸管敢的报告，非常高兴。他马上带领骑兵去攻击李陵和韩延年，还向他们喊话，叫他们投降。

匈奴的一支骑兵拦住汉军的去路，大军在山上四面围攻，把汉军赶到山

303

谷里。汉军五十万枝箭都用完了，五千名步兵也只有一千另点了。他们就拿车轮、车档、车轴当作兵器，跟匈奴兵展开了肉搏。双方又死了不少人。天黑了，匈奴不便出来，汉军也不能出去。李陵穿上便衣，自己出去，想去跟单于拼命。可是四面全是敌人，怎么跑得出去呐？他叹了一口气，回来叫士兵们把旗子收起来，同值钱的东西一块儿埋在地下，不让匈奴拿走。

他对士兵们说："要是现在还有几十枝箭的话，咱们还可以一块儿冲出去。现在箭没有了，刀、戟也都折了，一到天亮，不是全给他们逮了去吗？还不如散了队，各自逃命，能够有几个逃回去报告皇上也是好的。"他就吩咐士兵每人随身带上两升干粮，一块冰，各人自想办法分头逃跑。能够往南再跑一百八十里地就是遮虏障了。他约定他们在那边相会。

到了半夜，李陵叫士兵打鼓助威。哪儿知道所有的鼓不是破的，就是鼓皮软绵绵的，"噗噗噗"怎么也打不响。李陵和韩延年骑上马，带着十几个壮士往南出去。匈奴的骑兵追上来的就有几千。十几个人跟几千个骑兵就打起来了。韩延年杀了几十个匈奴骑兵以后阵亡了。李陵被匈奴围住。他向南哭着说："我没有脸见皇上了！"他下了马，让匈奴逮了去。

其余的汉兵先后逃回到遮虏障的一共有四百多人。他们向当地的长官详细报告汉军覆没的经过，长官又向朝廷报告上去。

汉武帝得到了这个消息，还以为李陵一定也阵亡了。后来他听到李陵投降的信儿，气得什么似的，当时就责问那个送地图来的陈步乐。陈步乐有口难辩，自杀了。汉武帝说他话该。他又把李陵的母亲和妻子下了监狱。大臣们这才知道汉武帝是多么痛恨李陵了。

86 司马迁受累

汉武帝召集了大臣们，让他们都来评评李陵的行动。有的责备李陵怕死，有的批评李陵没有用兵的本领，有的骂李陵是个卖国贼。

一个说："孤军深入已经不对了，他还想躲在山谷里，苇塘里，这哪儿像个将军呐？"一个说："李陵只会说大话，他可没有真本领。他当时曾经说过他的部下个个都能打老虎，射箭是百发百中的。要是真有这种本领的话，五十万枝箭怎么射不中几万匈奴呐？难道百发百中的射箭能手，五六箭还射不中一箭吗？"一个说："李陵一死儿要自己带兵，他早就瞧不起贰师将军了。"大伙儿都说李陵不应该不死。可是谁都没提起韩延年和四千多个阵亡的将士来，好像他们都是该死的，而李陵是不该活的。

大臣当中有个太史令，叫司马迁。他正在壮年，也像李陵一样不知道天有多高、地有多厚。他并不是跟李陵特别相好，也不是不知道李陵投降匈奴是不对的。只因为他瞧不起这批专看汉武帝的脸色说话的人，就冒冒失失地替李陵打起抱不平来了。

他说："李陵服侍父母很孝顺，跟同人来往最讲信义，国家有缓急，他情愿不顾性命地干去。他素来就是这么存心的。他的风度是大人物的风度。现在一碰到不幸，出了岔，那些自己保全身体、保全妻子的臣下，加醋加酱地都说李陵的坏话，我实在觉得痛心！再说，李陵带去的步兵还不满五千，就这么深深地跑到敌人的心腹地区，打击了几万敌人，叫敌人来不及救护打死的和受伤的人。李陵的士兵拿着弓箭打击匈奴，转来转去，拼命地打了一千里地。直到箭也使完了，道儿也堵死了，他们还赤手空拳地拼，打死了不少敌人。他能够叫他部下个个不顾死活地打仗，就是古代最出名的将军也不过如此。他虽然打了败仗，可是杀了这么多的敌人，也足足可以向天下的人交代了。"

司马迁这么替李陵辩护着，汉武帝也不能插嘴，大臣们更不敢反驳。有几个人喊喊喳喳地议论着说："这么说来，李陵要比贰师将军强得多了。"汉武帝听见了他们把李陵去比李广利，好像戳了他的肺管子似的，已经火儿了。可是他觉得司马迁的话里很难挑出错处来，只好瞪着眼睛看了看那几个议论李广利的人。也是司马迁一时糊涂，说着说着，不应该说的他也说出来了。他说："李陵不肯马上就死，准有他的主意。他一定还想将功赎罪来报答皇上。"

汉武帝抓住了这句话，骂着说："你怎么知道他的主意？是李陵告诉你的？是我叫李陵去投降的？要像你这种说法，谁都可以堂而皇之地投降敌人了。这么狂妄地替投降敌人的人强辩，你不是成心反对朝廷吗？"他吆喝一声，把司马迁下了监狱，吩咐廷尉杜周去审问他。

廷尉杜周是个酷吏，也是汉武帝肚子里的蛔虫。他早就知道汉武帝的心意了。上次大舅子贰师将军李广利出兵，李陵不愿意在他的手底下监督辎重，已经得罪了汉武帝。因此，汉武帝就让他带着五千步兵去冒个险，不但后面没有军队接应他，连打仗的马也不给。他既然这么对待着李陵，司马迁还替他辩护，这不是老虎头上拍苍蝇吗？为了迎合汉武帝的心意，廷尉杜周就把司马迁定了宫刑（一种摧毁生殖器能力的刑罚）。

按照汉朝的规矩，定了死罪的人还可以拿出钱来赎罪，宫刑当然也可以赎罪的。可是司马迁拿不出钱来。他既没有有钱的朋友帮助他，又没有侠客替他打抱不平，他只好受了刑罚，做个残废的人。受宫刑是最丢人的，依他的脾气宁可自杀，也不愿意受这种刑罚的。可是他觉得自己的工作还没完成，不应该死。他正在用全部精力写着一部《史记》，还没写完。他要忍受一切污辱和痛苦来完成这部书。据他自己说，他十岁的时候，就读《尚书》、《左传》、《国语》等古文，二十岁开始游历各地的名胜古迹，全国东南西北差不多快走遍了。以后一直喜欢研究中国的历史和文学。他父亲司马谈做了太史公，执掌天官。汉武帝上泰山封禅，像他这样执掌天官的大臣按理应当在一起，汉武帝可没让他跟了去。他因此闷闷不乐地病死了。太史公死了以后，司马迁曾经出使巴蜀，回来继承他父亲的事业，做了太史令。这次为了李陵的事，受了宫刑。他叹息着说："这是我的罪呀！这是我的罪呀！身子毁了，没有用了。我静下来仔细想想：从前西伯（周文王）关在羑里（在河南省汤阴县；羑 Yǒu），他写了一部《周易》；孔子被困在陈蔡，他写了一部《春秋》；屈原遭到放逐，他写了《离骚》；左丘明眼睛瞎了，他写了《国语》；孙子斩了脚，他写了一部《兵法》；吕不韦被逼搬到蜀地去，他传下了一部《吕氏春秋》；韩非子关在秦国，他传下了几篇《说难》（说 shuì）、《孤愤》等文章；《诗经》三百篇，大多是圣贤人在发愤的情况下所写的著作。这些人心里都有郁闷，有理想可行不通，他们就把过去的事情叙述出来，作为将来的参考。我也就从黄帝开始到太始二年（公元前95年）为止，一共写了一百三十篇文章，五十二万字。"司马迁出了监狱以后，还做了中书令，后来终于闷闷不乐地死了。也有人说，他是因为改不了倔强的老脾气，到了儿给汉武帝杀了的。

汉武帝把李陵的一家下了监狱，又把司马迁办了罪，总算出了气了。过了一个时期，他平心静气地想了想，自己也有点后悔。他本来叫路博德去接应李陵，就不应该改变主意，又叫他去守西河，弄得李陵得不到救兵。这么一想，他就打发使者去慰劳那些四百多个逃回来的士兵。他还打算再去进攻匈奴，最好能把李陵接回来。

公元前97年（天汉四年，即汉武帝即位第四十四年），汉武帝发出了二十多万人马分做三路去进攻匈奴：他派贰师将军李广利率领六万骑兵，七万步兵，从朔方出发，派强弩都尉路博德带着一万多人跟在后面接应；派游击将军韩说带着三万步兵，从五原出发；派因杅将军（因杅，匈奴地名）公孙敖带着一万骑兵、三万步兵，从雁门出发。四位将军一个一个地向汉武帝辞行。

汉武帝特意嘱咐公孙敖，对他说："李陵虽然打了败仗，留在匈奴，听说他还想回来。你要看准机会，一直打进匈奴里面去，能够把李陵接回来，就是一等大功。"公孙敖觉得汉武帝这么重用他，高兴得眯缝着眼睛连着点头、哈腰。

二十多万汉军浩浩荡荡地陆续出发，看这个劲头，非把匈奴消灭不可了。匈奴的探子得到了这个消息，立刻骑着快马飞一样地跑去报告且鞮侯单于。且鞮侯单于吩咐左贤王带领两万骑兵去抵抗从雁门出来的公孙敖那一路汉军，自己率领着十万骑兵去对付从朔方出来的李广利那一路，叫临近五原的任何匈奴百姓和牲口一概撤退。兵法上说，知己知彼，才能够百战百胜。匈奴知道了汉军的情况，他们这么布置了，李广利可还不知道。

他率领着六万骑兵、七万步兵毫无阻碍地一直到了余吾水（在浚稽山北），正碰上单于的十万精兵。两下一交战，李广利就败下来了。人家还不肯让他好好地退去，他只好一面打、一面逃。这么连着抵抗了十几关，粮草都快完了，刚巧路博德的一队人马来接应，匈奴兵才不再追赶。李广利和路博德两队大军这下子总算挺安全地一块儿回来。

游击将军韩说带着三万步兵到了匈奴地界，在荒野里兜了几个圈子，没碰到一个匈奴兵。他们没有事，每天只是吃饭、走路，走路、吃饭。路越走越远，粮食可越吃越少。韩说没有办法，只好回来。

第三路公孙敖的那一万骑兵、三万步兵到了匈奴地界，还没扎营，匈奴左贤王的骑兵已经打过来。公孙敖皱着眉头子，眯缝着小眼睛估量了一下，觉得自己不是左贤王的对手，还是退兵最上算。幸亏左贤王挺大方地让汉军回来了。汉武帝嘱咐他深入匈奴地区，可是他见了左贤王就往回跑，更别说见到李陵了。他怎么能向汉武帝交代呐？他可有办法。只要心狠，怎么说都行。

他向汉武帝报告，说："我捉到了一个匈奴的活口，他说，李陵投降了匈奴，做了单于的军师。李陵布置了匈奴兵防备着汉军，叫我怎么还能打得进去呐？"说着，连连摇头。汉武帝不能怪他，要怪当然只能怪李陵。

汉武帝这才确定李陵真不是玩意儿。他不是怕死，他是成心跟朝廷作对。司马迁说他还想将功赎罪，来报答朝廷，这不是有意欺蒙皇上吗？他越想越恨。当时就下了命令，把李陵的一家老少全杀了。

冤枉的事情可能查得出来，害死了的人可不能再活了。原来汉朝有一个都尉叫李绪，他早已投降了匈奴。这会儿教匈奴防备汉军的就是他，可不是李陵。汉武帝听到了还有个李绪,觉得不应该杀了李陵的母亲和妻子。他想,死的已经死了,也就算了。

李陵得到了全家灭门的信儿,哭得死去活来。他要报仇。他派人把李绪刺死。单于的母亲知道了这件事,说李陵不该杀害匈奴的大臣,一定要把李陵治死。且鞮侯单于爱李陵的才能,暗地里派心腹把李陵送到北方暂时躲避一下。李陵不由得感激单于的好意。后来单于的母亲死了,单于马上派人去接李陵,好言好语地安慰了他一番。因为汉武帝杀了李陵的母亲和妻子,单于把自己的女儿嫁给李陵,还封他为右校王。打这儿起,李陵跟卫律一样,死心塌地地做了汉奸。汉武帝就更没法打败匈奴了。

汉武帝不但不能打败匈奴,而且弄得国内很不安定。这几年来,东方的(长安以东的)老百姓纷纷起来反抗朝廷,怎么办呐?

87 尧 母 门

汉武帝为了连年用兵,他就多收捐税,常派官差;为了不让百姓逃捐税、逃官差,他就加重刑罚,任用酷吏。苛捐、杂税、严刑、酷吏逼得老百姓走投无路,只好成群结队地起来反抗官府。齐、南阳、楚、燕、赵等地闹得很凶。有的几百人一伙,有的几千人一队,常常打下城邑,夺取兵库里的兵器,冲进监狱放走囚犯。他们抓住了郡里的太守或者县里的都尉,不是把他们绑上示众,就是把他们杀了。俸禄在二千石一级的残酷的官吏杀了至少有一百多个,有钱有势的人家挨抢挨杀的那就更多了。

汉武帝派大臣穿着绣花的衣服、拿着节杖发兵去围剿。这种残杀老百姓的大官有个挺好听的衔头,叫"绣衣使者"。"绣衣使者"一到,因为带来的兵马多,杀人就杀得凶,一个郡里上万的人被杀,是常见的事。可是"剿匪"剿了几年,不但没把"土匪"消灭,而且越杀越多,越剿越找不到他们了。他们占领了山头或者别的险要的地方,继续抵抗官兵。有的跟干活的老百姓在一起,白天种地,黑夜出来打击官兵,弄得"绣衣使者"也无可奈何。

汉武帝想出了一条新法律,叫"沉命法"("沉命",就是没有性命的意思):凡是二千石以下的地方官不能发觉"土匪"的或者发觉了不能消灭他们的,都有死罪。这么一来,二千石以下的地方官和地方官手底下的那些人为了保全自己的性命,只好眼开眼闭地对待着"土匪",谁也不敢再往上报告了。

有一个绣衣使者叫暴胜之(暴,姓;胜之,名),他对二千石以下的官吏专会挑眼,老说他们不用心剿匪,动不动就依照"沉命法"把这一级的官吏处死。沿路的州、郡听到他快来了,谁都害怕。有的守令就特别卖力气,天天发兵围剿,硬把那些反抗官府的农民极其残酷地镇压下去。暴胜之到了勃海,听说那边有个知名之士叫隽不疑(隽 Juàn,姓;不疑,名),挺了不起。他就请他来相见。隽不疑样子很庄严,衣冠整齐,大方,暴胜之见了,不由得恭恭敬敬地向他请教。隽不疑还真帮着这位杀人不眨眼的"绣衣使者",替他出了主意。他说:"做大官的不能太厉害,太厉害了,自己长不了;可也不能太柔和,太柔和了,没有威望。要是能够在威望之中加上一点恩德,恩德之中又有威望,这样,对自己、对别人都有好处。"

暴胜之一点不糊涂,他接受了隽不疑的劝告,下决心采用了"恩威兼施"的手段,还把隽不疑推荐给汉武帝,汉武帝拜他为青州刺史。暴胜之采用了这种手段很有用,还真有人说:"姓暴的不太残暴了。"

"绣衣使者"当中最刻毒的要数大胖子江充。大胖子江充是赵国人,原来是赵王的门客。他得罪了赵太子,逃到长安,反咬一口,说赵太子怎么怎么不好。汉武帝见他长得个儿大,眼睛深,认为他一定有魄力,办事一定精明,就把他留下,还挺重用他。大胖子的马屁劲儿是数一数二的,没有多少日子他就当上了"绣衣使者"。汉武帝叫他去督察皇亲国戚和文武大臣。江充就在贵戚和大臣当中检查开了。他把贵戚子弟的毛病检举出来,吓唬他们,说要罚他们到北方去打匈奴,要不然,就得拿出钱来赎罪。那些被检举的人情愿拿出钱来赎罪。汉武帝正需要军费,最近才开始征收酒捐,现在既是能够收到大批的赎罪费,他都批准了。他还说江充忠直可靠,是个铁面无私的大臣。

有一天,江充跟着汉武帝上甘泉宫去,路上瞧见了太子刘据的手下人坐着车马过来,他就上前喝住,把车马扣留了。依照那时候的规矩,皇上出来的时候,除了随从的人以外,道儿上不准别的人走动。如果有车马走这条道儿的,就把车马没收。太子一听到这个消息,马上派人去向江充求情,说:"车马情愿没收,不过请江君原谅,千万别让皇上知道这件事,免得皇上说我不好好地管教手下人。"江充可不答应,还特地上了个奏章指责太子的不是。汉武帝把江充夸奖了一番,说:"做大臣的应当这样。"又把他升了官职。这一来,江充的威风震动了京城。

江充怎么敢得罪太子呐？他难道不想想将来太子即位做了皇帝，他可怎么办呐？江充要是想不到这一层，他也就不是江充了。他敢得罪太子，这里面当然有个道理。

原来汉武帝又爱上了一个美人儿，因为爱捏拳头，汉武帝给她一个外号叫"钩弋夫人"（弋 yì），也叫"拳夫人"。公元前94年（太始三年，即汉武帝即位第四十七年），汉武帝已经六十四岁了，钩弋夫人生了个儿子，起名叫弗陵。据说，怀胎十四个月才把弗陵生下来。

汉武帝认为这个儿子将来准了不起。他说："听说从前帝尧（古代中国最理想的帝王）是十四个月生的，现在我这个儿子也是十四个月生的，可见得钩弋夫人也比得上帝尧的母亲了。"他就把钩弋夫人住的那座钩弋宫的大门叫"尧母门"。那些专门瞧着汉武帝的心思做事的人多乖呐。他们见了"尧母门"，就知道这里面住的就是今天的帝尧的母亲了，她的儿子弗陵还不是将来的皇帝吗？现在的太子早晚总得废去。江充当然用不着害怕太子了。

不但江充跟太子作对，还有一些大臣也都跟太子合不到一块儿去。那就是那些同汉武帝一样主张加重刑罚，主张连年用兵的大臣们。太子是汉武帝头一个儿子，他母亲卫夫又是当年最得宠的人，汉武帝当然非常喜爱他。赶到太子长大了，心眼好，性情温和，做事小心谨慎，跟汉武帝大刀阔斧的脾气不一样，再说卫皇后也不如以前那么年轻漂亮，汉武帝就不怎么看重太子了。再加上汉武帝宠爱的几个夫人都生了儿子，哪一个皇子不能做太子呐？因此，卫皇后和太子挺不安心。

汉武帝也瞧出来了，可是他怕卫皇后的兄弟大将军卫青不乐意，曾经对他说过："汉朝的内政还是潦潦草草地才有个头绪，四面的部族又不断地向中原侵犯。我要是不改变制度，后世没有个规范，我要是不出兵征伐，天下不得安定。要改革制度，要出兵征伐，就不能不多费些人力、财力。如果我的后代也像我这么干的话，那准会像秦朝一样，跟着就要亡国。太子为人稳重，好静不好动，一定能够安抚天下。这是用不着我担心的。要找一个能够安抚天下、提倡文教的君主，哪儿还有比太子更好的呐？听说皇后和太子都有点不安心，真是这样的吗？还是你替我好好安慰安慰他们吧。"

大将军卫青听了汉武帝这一番话，磕头谢恩。卫皇后听了这一番话，就摘下首饰来向汉武帝请罪。汉武帝免不了又安慰了她一番。

太子每次请汉武帝不要去征伐四周围的部族，汉武帝老是笑着对他说："劳苦的事情让我来干，将来你好安安停停地治理天下。这不是很好吗？"话虽如此，究竟因为爷儿俩脾气不同，大臣们也就分成了两派。汉武帝任用酷吏，加重刑罚；太子为人厚道，处处宽大。他时常请汉武帝任用忠厚的大臣，减轻刑罚。因此，老百姓和忠厚的大臣都拥护太子，那班专门着重刑罚的大臣怕太子将来对他们不利，都给他说坏话。后来大将军卫青死了，卫皇后没有势力，有些大臣认为太子已经没有撑腰的人了，就千方百计地找他的过错。汉武帝和自己的儿子平时本来疏远，卫皇后更是难得跟他见面。这就给这些人有了钻空子的机会。

有一天，太子去拜见皇后，好大半天才出来。江充的心腹黄门苏文（黄门，管宫门的内侍）贼头贼脑地向汉武帝咬着耳朵，说："太子天到晚在后宫调戏宫女。"汉武帝没说什么，只是给太子加了好多名宫女。后来太子知道了原来是苏文在汉武帝面前造谣，心里不免恨他。苏文又跟小黄门常融他们在汉武帝跟前老给太子说坏话。卫皇后知道了，咬牙切齿地痛恨他们。她嘱咐太子去向汉武帝分辩一下，说说自己的委屈，请他惩办奸臣。太子说："只要自己不错，何必怕他们呐？皇上多么聪明、能干，他是不会相信奸臣的。"

又有一次，汉武帝有点不舒服。他吩咐小黄门常融去召太子进来。常融跟苏文先碰了个头，才去请太子。他先跑一步回来告诉汉武帝，说："太子听说皇上病了，他脸上就喜气洋洋的。"汉武帝叹了一口气。随后太子进来问安。汉武帝一瞧，他脸上还留着眼泪的印儿，他可故意做出笑脸来跟汉武帝说话。汉武帝看出太子的真心，向他追问下去，才知道原来是常融在他面前捣的鬼。他就把常融宰了。

苏文为了陷害太子，反倒断送了一个帮手，又是恨又是怕。他抓工夫去告诉江充，江充闭着眼睛、晃着大脑袋琢磨了半天，还真给他想出了一个害死太子的好主意。

88 挖掘木头人

大胖子江充趁着汉武帝身子不舒服，请他搬到甘泉宫去养病。这时候汉武帝已经六十七了，他正想清清静静地休养几天，就听了江充的话，暂时住在甘泉宫。

近来他老觉得心神不安，好像暗地里有人要谋害他似的。他知道齐、南阳、楚、燕、赵等地都有大批的农民起来反抗官府。要不是闹到这步田地，也用不着派"绣衣使者"带着兵马到各处去镇压了。连长安城里也有不少人咒骂皇帝。汉武帝住在建章宫的时候，曾经瞅见一个男人带着宝剑溜进了龙华门来行刺，当时就吩咐左右去抓。可是哪儿有刺客的影儿？这可把汉武帝气坏了。他首先把管宫门的人杀了，再吩咐京城里的骑士搜查上林。接着，下了命令，关上城门，挨家挨户地去搜查。整个长安城搜查了十一天，闹得满城风雨，到了儿也没抓到刺客。

　　长安城里没查到刺客，可是查出了无数的方士和巫婆。这些人利用迷信，骗人钱财。他们教人们把木头人埋在地下，由他画符、念咒、做法事。据说，这么一来，就可以叫冤家遭殃，自己得福。有门路的巫婆往来宫中，教美人、宫女也这么干起来。那些怨恨皇上的，就在屋子里埋下木头人，一面祭祀，一面咒骂。汉武帝也曾经听到过用木头人迷魂的把戏，可是因为自己相信方士，不断地叫他们去求神仙，就一直没去追究。这会儿他明明瞅见了一个带剑的男人，怎么忽然会无踪无影呐？他疑神疑鬼，就疑心到木头人迷魂上头去了。

　　正在这个时候，有人告发丞相公孙贺（卫皇后的姐夫）的儿子公孙敬声跟汉武帝的女儿阳石公主私通，还埋着木头人咒骂皇上。汉武帝一想：那个忽然不见的带剑的男人可能就是木头人变出来的。他立刻吩咐廷尉杜周审查这件案子。

　　杜周猜透了汉武帝的心思，知道当初因为公孙贺是卫皇后的姐夫才步步高升做上了丞相，现在也正因为他是卫皇后的姐夫，又是丞相，对于住在尧母门里的钩弋夫人是不利的。杜周就把公孙贺和他儿子敬声定了死罪，全家灭门。过了三四个月，卫皇后的亲生女儿诸邑公主，卫皇后的内侄卫伉（大将军卫青的儿子；伉 kàng），还有那个跟卫皇后的外甥公孙敬声要好的阳石公主，都拿木头人迷魂、咒骂皇上的罪名定了死罪。汉武帝一一批准。不料木头人的案子越闹越大，连累了许多后宫美女和朝廷大臣。汉武帝火上加火，一下子就杀了他们好几百。

　　要是木头人不过是骗人的玩意儿，何必屠杀这么多的人呐？要是木头人的确有灵验的话，它们不会向汉武帝来报仇吗？汉武帝既然相信方士，相信神仙，他当然也相信木头人能害人。为了有人咒骂他，埋着木头人来迷他的魂，他老闹别扭，闹得他头昏脑胀，精神迷糊。有一天，吃了午饭，他想好好儿地睡一个午觉，忽然来了几千个木头人，个个拿着棍棒，一窝蜂似的向汉武帝没头没脑地打来。汉武帝大叫一声，醒了，原来是个噩梦。脑袋疼得挺厉害,心里直跳。从那天起,他就病了。

江充趁着这个机会,请汉武帝搬到甘泉宫去。江充跟太子和卫皇后作对,现在他见年老的汉武帝病了,万一死了,自己落在太子手里,那可不是闹着玩儿的。他就对汉武帝说:"皇上的病完全是由于木头人起来的。这批咒骂皇上的人犯了'大逆不道'的罪,实在可杀。"

汉武帝就叫江充再去查办这些"大逆不道"的人。江充带着几个"眼睛能看得见鬼"的人到文武百官和老百姓家里去挖掘埋在地里的木头人。真埋着木头人、咒骂皇上的人定了死罪,不必说了。那些家里并没有木头人的,也没咒骂过皇上的人,只要江充说他们"大逆不道",他们家里也就能够刨出木头人来。如果有人说,那木头人是江充手下的人在刨地的时候放进去的,那么,只要江充吆喝一声,手下的人就把烧红的铁钳烙他的手、脚和身子,直到他招供为止。做官的和老百姓这么死在江充手里的就有好几万。木头人的案子是皇上命令江充查办的,谁还能跟皇上打官司呐?

江充的心腹叫檀何。他自己吹牛能够望气,也是汉武帝信任的人。他对汉武帝说:"我在外面望气,就瞧见宫里有鬼气。那里面准埋着不少木头人。要是宫里的鬼气不消除的话,唉,皇上的病是没法好的。"汉武帝就给江充一道诏书,吩咐他带着方士檀何、将军韩说、御史章赣、黄门苏文等到宫里去搜查木头人。

江充拿着诏书,率领着檀何、韩说、章赣、苏文等到了宫里,到处挖掘。别的地方掘出来的木头人有限,只有卫皇后和太子的两个宫里特别多。太子宫里不但刨出了许许多多木头人,而且还有一条布帛,上面写着咒骂皇上的话。江充出来,说要向皇上去上奏章。

太子并没埋过木头人,那帛书也是无中生有的东西。他凭空受了委屈,怎么能不害怕呐? 他连忙跟他的老师石德(石庆的儿子,万石君石奋的孙子)商量办法。石德说:"贺丞相父子、两位公主和卫伉他们都是这么定了死罪的。他们有冤没处诉。现在江充他们又拿木头人来陷害太子,简直没法分辩。还不如把江充逮了来,追查他的罪行,再作道理。"

太子愣了一下,说:"这怎么行呐? 江充是奉了诏书来的,我怎么能够逮他呐?"石德说:"现在皇上有病,住在甘泉宫。皇后和太子派人去问病,也不给通报。究竟皇上是生是死,不得而知。奸臣当权,闹到这步田地。难道太子不想想秦朝扶苏的事吗?"太子说:"我做儿子的怎么可以独断独行地杀害皇上的大臣呐? 我还是拼条性命上甘泉宫去央告皇上。如果能够免罪,那就够造化的了。"

313

太子不听石德的劝告，就要走了。想不到江充派人来叫太子去见他，还催得挺紧。太子逼得走投无路，只好听从石德的话，打发武士们冒充使者去拿这批奸臣。江充没防到太子有这一着，当时就给捉住，檀何也给绑上。将军韩说自己觉得有武艺，就跟武士们打起来。究竟双拳抵不过四手，受了重伤死了。苏文和章赣找个空子逃到甘泉宫去了。

　　武士们把江充和檀何拿到东宫去见太子。太子见了江充，气得眼睛里冒出火来，指着他骂："奸贼！你扰乱了赵国，害了赵太子还不够，这会儿又来害我们父子吗？"江充搭拉着大脑袋，咧着嘴，直打哆嗦。太子一声吩咐，武士们就把江充砍了。那个专门望气的家伙檀何被拖到上林，用火活活地烧了。

　　太子还怕江充的党徒和御史章赣、黄门苏文他们带着兵马来进攻东宫，就派自己的心腹连夜去通报皇后，调用皇后所有的车马，装运武库里的兵器和长乐宫的卫士。卫士到了，兵器有了，太子就吩咐武士们和卫士们守住宫门。

　　苏文和章赣逃到甘泉宫，向汉武帝报告了经过，说太子造反。汉武帝说："那一定是因为太子害怕了，又因为痛恨江充他们，才出了事。我叫他过来问一问就知道了。"他打发内侍去召太子来。那个内侍出去的时候，苏文向他递个眼色，好像打了冷战似的摇了摇脑袋。那个内侍已经明白了七八分。再说他怕太子也像对待苏文那样对待他，更不敢去见他了。这么着，他在外边躲了一会儿，回来报告，说："太子已经造反了！他不肯来，还要杀我。我只好逃回来了。"

　　汉武帝这才真冒了火儿。他下了道诏书，吩咐丞相刘屈氂（lí）派兵去捉拿太子，有谁拿住太子的有重赏，活的、死的都行。

　　刘屈氂一听到太子造反，慌慌忙忙地逃出来，连丞相的大印也丢了。这会儿接到了汉武帝的诏书，才传出命令，把京城里和临近县邑里的将士都召集起来，进攻太子。太子也派使者假传皇上的命令，把长安城里所有的囚犯一概放出来，由石德和门客张光率领着抵抗丞相的兵马，并且宣布说："皇上病重，奸臣作乱。"弄得文武百官不知道到底谁是谁非。城里乱打一锅粥，混战了四五天，双方都死伤了几万人，还分不出谁胜谁败来。

　　汉武帝带病回到建章宫，大臣们这才知道是太子造反，都出来帮助丞相。人们听说是太子造反，不再帮助他了。这么一来，丞相手下的人越打越多，太子手下的人越打越少。石德和张光先后被杀。太子打了败仗，带着两个儿子往南门逃去。四城早已关得严严的，哪儿逃得出去呐？守南门的田仁是个二千石的官员。他不愿意杀害太子,就把他和他两个儿子都放走了。

刘屈氂追到城门边,查出田仁放走了太子,当时就要把他杀头。御史大夫暴胜之也跟刘屈氂在一块儿。他赶紧拦住,说:"田仁是二千石的大臣,要杀也得奏明皇上。"刘屈氂只好把田仁拿下,自己去报告汉武帝。汉武帝正在气头上,不但不体谅田仁的好意,还责备暴胜之不该袒护田仁,把他也下了监狱。暴胜之知道再活下去只有更倒霉,就自杀了。

汉武帝又派人去接收卫皇后的印。卫皇后想起了这一辈子的遭遇,做了皇后还不如做个"平阳歌女卫子夫"呐!她哭了一场,上吊死了。

汉武帝还是很生气。他下了命令,捉拿太子。大臣们谁也不敢劝阻。难道天下就没有一个敢说实话的人吗?

89 轮台悔过

壶关(县名,属上党郡)有个三老,名叫令狐茂(令狐,姓;茂,名)。他上书给汉武帝,说:"太子素来忠厚、稳重、顺从皇上。他决没有恶意。那江充是个奸臣。他先前害了赵太子,天下人都知道赵太子的冤屈。这次太子被他逼得无路可走,他为了保护自己,才出了事。皇上被奸臣蒙蔽,发大兵把他逼走,还要去捉拿他。大臣们谁都不敢替他说话,我真觉得痛心!希望皇上开开恩,不要专看太子的不是,快点收兵,别让太子老躲在外边。我是出于一片忠心,才敢冒着死罪来劝告皇上的。"

汉武帝看了令狐茂的奏章,心平气和地想了想:太子究竟是自己的儿子,一向不错,江充怎么能跟他比呐?他也有点后悔了。可是他一下子还下不了台阶,没能直截了当地免了太子的罪。

太子逃到湖县(包括河南省湖城和阌乡两个县;阌 Wén),躲在泉鸠里(在阌乡县东南十五里)一个老百姓的家里。主人很穷,是卖草鞋过日子的。现在为了供给太子和他两个儿子,生活就更维持不了啦。太子有个有钱的朋友在湖县,他派人去请他帮助。朋友没有找到,风声倒走漏出去了。

新安令李寿和山阳男子张富昌为了要得到重赏,连夜到泉鸠里去捉拿太子。小小的几间民房给李寿他们围住。太子没法逃出去,只好上吊自杀。主人家和在太子身边的两个儿子还想拦住李寿和张富昌,都被他们打死。

李寿飞快地上了奏章报功。汉武帝有言在先,只好把李寿和张富昌都封了侯。可是背地里有人骂他们这个"侯"是断子绝孙的"猴儿"。汉武帝自己也觉得有点傻,杀了自己的儿子和孙子的反倒封了侯,怎么说得过去呐?他开始调查挖掘木头人的那件事。

　　从各方面调查下来,才知道卫皇后和太子宫里压根儿就没埋过什么木头人。原来都是大胖子江充他们捣的鬼。汉武帝正在懊悔自己不该这么冒冒失失地杀害子孙的时候,有个管理汉高祖庙堂的官员叫田千秋,上了一个奏章替太子申冤,说:"儿子玩弄父亲的刀兵,应当受责打;天子的儿子错杀了人,该怎么定罪? 这是我做梦的时候一位白头发老爷爷教我这么说的。"

　　汉武帝完全明白过来了。他召见了田千秋。一见他身高八尺,相貌堂堂,已经很喜欢了,又听他说到太子的冤枉,真是一个字一滴眼泪,更加受了感动。汉武帝对他说:"父子之间,别人很难说话。你能够说得这么简单明了,这准是高帝庙里的神灵叫你来教导我的。请你做我的助手吧。"他拜田千秋为大鸿胪(管典礼的大官)。又下了命令,把江充一家灭了门,把苏文绑在渭桥上活活地烧死。杀害太子的李寿和张富昌已经封了侯不便办罪,就叫他们做了北地太守去对付匈奴。

　　匈奴在公元前90年(征和三年,即汉武帝即位第五十一年,太子死后八个月),又打到五原和酒泉来了。汉武帝派李广利带领七万兵马从五原出发,另外派马通带领四万兵马从酒泉出发,派商邱成带领两万兵马从西河出发,去对付匈奴。李广利动身的时候,丞相刘屈氂送他到了渭桥。两个人趁着这个机会偷偷地约定了一件大事。

　　原来汉武帝生了六个儿子,除了太子刘据以外,还有齐王刘闳、燕王刘旦、昌邑王刘髆(bó)、广陵王刘胥、钩弋夫人的儿子弗陵。燕王刘旦是汉武帝第三个儿子,上头两个哥哥都死了,挨次序说来,他也可以希望做太子。他上书请求到宫里来侍候皇上。这明明是探听汉武帝的心意。汉武帝不答应。那么第四个儿子昌邑王刘髆也有了希望了。昌邑王刘髆是贰师将军李广利的妹妹李夫人生的。李广利的女儿是丞相刘屈氂的儿媳妇。两亲家为了儿女的富贵和自己的势力,就在渭桥约定立昌邑王刘髆做太子。

　　李广利、马通、商邱成三路兵马到了匈奴,开头倒还顺利。后来马通到了天山,追不上匈奴兵,就回来了。商邱成碰到了匈奴的大将李陵,占不到便宜,也回来了。只有李广利还没回来。汉武帝正挂念着他,忽然有人告发他和丞相刘屈氂订了密约,要立昌邑王为太子,丞相夫人还祈神祷鬼地咒骂皇上。汉武帝气得眼珠子直转,把丞相刘屈氂交给廷尉去审问。审问下来,断定他犯的是大逆不道的死罪。结果,丞相刘屈氂腰斩,丞相夫人砍了头,李广利的妻子也都下了监狱。

李广利家里的人火速到前方去报告。李广利听到了这个信儿,吓得脑袋嗡的一声,浑身直发冷。有人对他说:"如果将军能够打个大胜仗,还有将功折罪的希望。要不然,匆匆忙忙地回去,恐怕凶多吉少。"李广利只好硬着头皮,再往北打过去。千不恨、万不恨,只恨自己太没有能耐。他打了败仗,被匈奴兵马围住。他早已有了主意,下了马,趴在地下,投降了匈奴。狐鹿姑单于(且鞮侯的儿子)知道他是汉朝的红人,特别优待他。

狐鹿姑单于收留了李广利以后,对汉朝更加傲慢了。他写了一封信,派使者来见汉武帝。那信上说:"南边有大汉,北边有强胡。强胡是天之骄子,不愿意为了一些小礼节麻烦自己。现在我干脆对你说个明白:大开关口,让匈奴出入方便;我们还要娶汉人的女子为妻子;你们还得每年给我上等好酒一万石,粟米五千斛,各种绸缎布帛一万匹;还有别的东西照以前的规矩送来。这样,我们就不再到边界上来抢掠了。"

汉武帝先派使者送匈奴的使者回去,暂时和好。

狐鹿姑单于因为李广利原来是汉朝的大将,又是个皇亲国戚,对待他在卫律之上,这可把卫律气坏了。刚巧单于的母亲病了,卫律买通了神婆子,嘱咐她去谋害李广利。神婆子对单于说:"太夫人的病是不容易好的了。过世的单于已经发了脾气,他说:'这个南蛮子贰师三番五次地侵犯过咱们。你怎么还这么优待他? 以前我出兵的时候老说逮住了贰师,一定把他宰了,祭祀天地。你为什么不拿他来祭祀呐?'"狐鹿姑单于就把李广利宰了作为祭物。

汉武帝因为李广利投降了匈奴,把李家灭了门,跟他有联系的公孙敖和赵破奴他们也都灭了门。汉武帝痛恨着江充、刘屈氂、李广利他们,痛恨自己杀了太子。他越想越后悔,就在湖县盖了一座皇宫,叫"思子宫",又造了一个高台,叫"归来望思台"。他还真住在"思子宫"里想念着太子,上了高台,东瞧瞧、西望望,希望太子回来。天下的人听到了这位年老的汉武帝这会儿这么想念着太子,又是恨他,又是替他心酸。

汉武帝想念着太子,又考虑到各地人民大多对他不满,有的地方早已起来反抗官府,匈奴虽然轰到漠北去了,可是单于还是挺傲慢的,还等着机会再来侵犯边疆。他干了一辈子事业,远不能称心如意。他这么左思右想一来,觉得天底下什么都是空的了。他想再一次去求神仙,就召集了方士们,问他们神仙到底在哪儿。他们说:"神仙在山里,山在海里。可是每次出去,船只老是被风刮回来。因此,没有一回到达神山。"汉武帝要亲自航行去找神山。大臣们拦也拦不住他。

公元前89年(征和四年,即汉武帝即位第五十二年,他69岁那一年),汉武帝到了东莱海边(在山东半岛),正碰到大风大浪。没结没完的浪头向岸上冲过来,打在岩石上,天崩地裂地"砰"的一声,蹦得山那么高,把汉武帝的耳朵也震聋了。一个大浪刚在半空中爆成粉粉碎,向四面飞下,接着一声霹雳,第二个浪头又在半空中开了花。往远处瞧,好像千百条的青龙翻山倒海地在那儿恶斗,一条上来,一条下去,把海面搅成了无数的雪山在那儿打滚。大风大浪把整个天都闹得迷迷糊糊的,好像快要塌下来似的,哪儿还能驶船!汉武帝连着在岸上等了十几天,没法下船。他叹了一口气,死了心,回来了。

汉武帝求不到神仙,只好回过头来脚踏实地整顿朝政了。他曾经说过:"我要是不改变制度,后世没有个规范,我要是不出兵征伐,天下不得安定。要改变制度,要出兵征伐,就不能不多费些人力、财力。如果我的后代也像我这么干的话,那准会像秦朝一样,跟着就要亡国。"没想到不必等他的后代,目前国内的人民已经受不了啦。当初汉文帝和汉景帝采用"与民休息"的政策,完全免去田租或者免去田租的一半,原来是件好事情,可是得到好处最多的主要是土地所有者,就是当时的地主阶级。他们开始兼并土地。到了汉武帝的时候,土地所有者趁着农民有困难,大批地兼并土地,土地更加集中到大中地主的手里。失去土地的农民不是做了佃农就是逃亡而为流民。再加上水灾、旱灾,各地方都有大批的农民起来反抗官府。一生精明强干的汉武帝已经看到了:他要是再这么干下去的话,汉朝的统治准会给这一代的陈胜、吴广所推翻。汉武帝害怕了,他第一次感觉到他得向人民屈服。他在没办法当中,不得不使出他最后的一份能力来挽救自己的命运。他下了决心,要尽一切努力来巩固自己的统治,还得以身作则去劝戒大臣和全国的官吏。他到了巨定县(属齐国,在淄水北),正是三月好天气,农民忙着春耕。他指着他们对大臣们说:"咱们吃的、穿的,都是他们给咱们的呀!"他吩咐大臣们准备耒耜(lěisì)。汉武帝亲自下地,做个耕种的榜样,劝导全国的农民好好儿耕种。

汉武帝在巨定耕作以后,封了泰山,在明堂祭祀了一番。他对大臣们说:"从我即位以来,所作所为没有一件不是狂妄的,害得天下百姓愁苦不堪。我悔也悔不过来。从今以后,不论什么事情,凡是伤害老百姓的或者浪费天下财物的,一概停止!"大臣们低着头,各人心里都责备着自己过去的不是。

大鸿胪田千秋抓住机会,央告汉武帝,说:"方士们都说神仙、求神仙,从来没见到过一点效验。请皇上把方士们一概排斥不用,让他们回家去，不得再骗人钱财。"汉武帝完全依照田千秋的意思做去。他说："唉，我以前实在太糊涂了，受了方士的欺骗。天下哪儿真有仙人呐？全是瞎说八道。能够节制饮食、有病吃药、注意身子、少生疾病就是了。"

汉武帝回到宫里，搜粟都尉（官名，管农业和财政的大臣）桑弘羊来见他。他以前曾经请汉武帝叫老百姓每人增加三十钱的赋税作为边防的费用，这会儿又向汉武帝建议，说："轮台东部有五千多顷土地可以耕种。请皇上派人到那边去筑堡垒，再设置都尉，驻扎军队，然后招募老百姓到那边去开荒。这样，不但轮台可以种五谷，而且也可以帮助乌孙，让西域各国有所顾忌。"汉武帝趁着这个机会下了一道诏书，说：

上次有人主张每人加税三十钱作为边防的费用。这是加重老弱孤独的负担，叫他们更加困难。这次又请派士兵和老百姓到轮台去开荒。轮台在车师以西一千多里。以前发兵去打车师，虽然收服了车师，但是因为路远、饮食困难，沿路死了好几千人。到车师去已经死了这么多人，别说再到车师以西的地方去了。由于我自己糊涂，屡次派贰师（就是李广利）去打匈奴，害得士兵死亡，妻离子散，到今天我还心痛。现在又请我派人到遥远的轮台去筑堡垒，这不是又要扰乱天下，苦了百姓吗？我听也不愿意再听下去。目前最要紧的是：禁止残暴的刑罚，减轻全国的赋税，鼓励农民努力耕种，养马免勤，使国家不缺乏费用，边疆防备不放松就是了。

自从这道诏书下去以后，汉武帝就不再用兵了，所以后人称为"轮台悔过"。汉武帝不但不再用兵，他还用各种办法让老百姓能够过日子。农民反抗朝廷的行动开始缓和下来了。

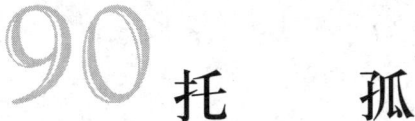 90 托 孤

汉武帝轮台悔过以后，不再用兵，一心要信任忠良、减轻官差，使人民反抗朝廷的情绪能缓和一下。到了这时候，他才想起东方朔的好处。东方朔也像司马相如一样，临死还上书汉武帝。不过司马相如是迎合汉武帝当时的心意，请他封禅；东方朔是劝汉武帝远离小人，信任忠良，还说只会奉承讨

好的不一定就是好人,能够直言劝告皇上的倒不是坏人。

汉武帝认为像田千秋那样的人虽然没像董仲舒、申公、辕固那样博学多能,也没像张骞、卫青、霍去病那样立过大功,可是他能够替太子申冤,劝皇上排斥方士,做事小心谨慎,待人和蔼可亲,那就很不错了。要信任忠良,田千秋就该重用。这么着,汉武帝就拜田千秋为丞相,还封他为"富民侯",就是叫他想办法"使人民富足"的意思。不论怎么着,"富民"总要比派绣衣使者去屠杀农民好得多。

富民侯田千秋推荐了赵过为搜粟都尉,教导老百姓增加生产的办法。汉武帝这几年来,对于增加农业生产的兴趣越来越高。几年前(公元前95年)大夫白公(姓白;他的名字已经不知道了)上个奏章,建议挖掘水渠,利用泾水灌溉民田。汉武帝就吩咐白公全权办理。白公勘测了地形,从泾阳县西北的山谷口开始一直到栎阳两百多里地方开了三条水渠,可以灌溉泾阳、醴泉、三原、高陵四个县七十多万亩田地。老百姓把这三条渠叫白公渠,编了歌赞扬白公。那支歌说:

水从哪儿来?
远在山谷口。
郑国渠在前,
白公渠在后。
举锹成云彩,
放渠水足够;
泾河一石水,
肥土顶几斗;
浇地又当粪,
庄稼不用愁;
养活多少人?
几千万人口。

这会儿搜粟都尉赵过教导农民做三件改良耕种的事情。第一,每一亩地挖三条沟,每一条沟一尺宽、一尺深;地沟和地沟之间的土地分成三块,每年轮流留下一块让它休息。这样,土地不至于过分消耗力量,长了草,有草肥,庄稼就能长得更好。第二,他教农民在薅地(薅hāo,除去杂草)的时候,拿土包住庄稼的根;根一深,就更能够耐风、耐旱。第三,改良农具,做到方便、灵巧，使用起来省力，还能够增加产量。老百姓采用了这些方法，庄稼长得欢，粮食打得多，大伙儿欢天喜地把搜粟都尉赵过当作"神农氏"看待，还说："白公、赵过、田千秋，丰衣、足食有盼头。"

汉武帝信任了田千秋和赵过，又拜桑弘羊为御史大夫。这三个都是文的。武的方面也有三个人是他最亲信的。一个是霍光，一个是金日䃅，一个是上官桀。

霍光是骠骑将军霍去病的异母兄弟。虽然不是一个母亲养的，霍去病待他像亲兄弟一样。汉武帝也挺看重他，叫他做了郎中，又从郎中连连升上去做了奉车都尉，又升为光禄大夫。霍光服事汉武帝二十多年，小心谨慎，从来没犯过过失。汉武帝知道他忠厚可靠，一切事情完全信任他。

金日䃅原来是休屠国的太子，因为汉武帝特别待他好，不顾大臣们的反对，一直信任他，他也就决心忠于汉武帝。金日䃅的母亲害病死的时候，汉武帝还把她的像画在甘泉宫里，给她写上"休屠王阏氏"几个字，作为纪念。

上官桀原来是给汉武帝养马的。有一回，汉武帝病了，上官桀乐得闲几天。赶到汉武帝病好了，到马房里一看，马都瘦得不像样子。汉武帝气得什么似的，骂着说："你以为我不能再来看看马吗？"说着，就要把他办罪。上官桀连忙磕头，说："我听说皇上病了，日日夜夜担心，饭也吃不下，觉也睡不着。我我我实在没有心思看马。"说着，眼泪一行、鼻涕一行地流下来。汉武帝认为他这么关心着他，真是个大大的忠臣。打这儿起，就把他当作心腹。

汉武帝重用田千秋、赵过、桑弘羊、霍光、金日䃅、上官桀这几个文武大臣，天下安定了一些，心里觉得舒坦得多了。

公元前88年，汉武帝七十大寿快到了。丞相田千秋约会了御史以下，二千石以上的文武百官要给他做寿，还请他听听音乐、养养神，祝他万寿无疆。汉武帝再一次下了道诏书：

我无德于天下，无恩于人民，无德、无恩，狂妄一生。为了木头人的案子死了多少人，左丞相和贰师阴谋叛逆又使人心不安。几个月来，我连饭都吃不下去，哪儿还有心思听音乐呐？到了今天，方士、女巫的祸患还没完全扑灭，国内、国外还不能安享太平。我只觉得很惭愧，还有什么大寿可庆祝呐？我恭恭敬敬地感谢丞相以下到二千石各位的一番好意，请你们都回去。只要你们不偏不倚、忠心为国，那就是我的造化了。做寿的事，请别再提！

这道诏书一下去，人们都说汉武帝好，汉武帝也觉得挺痛快。到了那年夏天，他住在甘泉宫避暑。那边四周安静，正好养神。有一天早晨，他还没起床，忽然听到卧室外面"砰"的一声怪响，接着又是叮叮咚咚好像音乐的声音。他坐起来，正纳着闷，又听到有人嚷着"马……造反！"他连忙拿着宝剑出去，一瞧，两个人正扭成一团在地下打滚。金日䃅死抱着一个人，嚷着说："马何罗造反！"左右拔出刀来正要跑过去，汉武帝恐怕金日䃅受伤，吩咐他们不要用刀。金日䃅把马何罗举得高高的，使劲地往地下一扔，别人拥上去把他绑上。不费多大工夫，马何罗的案子就查问出来了。

原来马何罗是外殿里伺候汉武帝的一个内侍。他跟大胖子江充是一党。太子刘据起兵的时候，马何罗的兄弟马通帮着丞相刘屈氂打败太子，立了功劳，封了侯。赶到汉武帝后悔过来，把江充灭了门，马家的哥儿俩怕灾祸临到他们身上，就暗地里约定谋反。马何罗的行动给金日䃅瞧出来了，可是无凭无据，不能把他怎么样。金日䃅有意无意地老跟着他，弄得他不能下手。这会儿汉武帝到甘泉宫来避暑，马何罗就约定马通和他们的小兄弟马安成假传命令，连夜发兵埋伏在临近甘泉宫的地方。天刚亮的时候，马何罗袖子里藏着短刀从外面进来。刚巧金日䃅因为肚子疼上厕所去。马何罗见了金日䃅，有点心慌，急急忙忙地向汉武帝的卧室跑去。跑到外屋，眼睛往后瞧，身子贴着墙轻轻地向卧室溜过去，正碰着了挂在墙上的宝瑟。"砰"的一声，那个宝瑟掉到地下，叮叮咚咚地响个不停。马何罗吓了一大跳，正想把弦摁住，就给金日䃅从后面抱住了。

汉武帝立刻派使者吩咐霍光和上官桀去捉拿马通和马安成。两兄弟正在宫外等着接应马何罗，想不到霍光和上官桀带着兵马把他们围上，好像逮小狗似的把他们都逮住了。

汉武帝经过这一次的惊吓，心里很不舒服，又想着太子死了以后，立谁做太子呐？昌邑王刘髆正月里害病死了。六个儿子现在只剩下三个。燕王刘旦和他的兄弟广陵王刘胥虽然都很勇敢，有力气，可是他们都是骄横惯了的，毛病很多，怎么也不能立他们为太子。这么说来，只有钩弋夫人的儿子弗陵了。弗陵今年七岁，身子长得挺结实，人又聪明，汉武帝不用说多疼他了。可是立这么一个小孩子做太子，他母亲又年轻，非得有个忠实可靠的大臣帮助他不可。他觉得大臣之中霍光顶靠得住。他又想起从前周公怎么帮助小孩子成王来着。周公背着成王让诸侯朝见。弗陵是个小孩子，正跟成王一样，可不知道霍光肯不肯做周公。他叫画工画了一张"周公背成王朝诸侯图"，送给霍光。霍光是个老实人，收到了这么一张图画，一看，只觉得画

汉武帝没有勇气再看下去,就闭上眼睛,捧着脑袋,说:"快走,快走!反正你活不了啦!"钩弋夫人就这么给逼死了。

得挺好，可不知道是什么意思。

霍光可以做周公，弗陵可以做成王；可是弗陵这么年轻，钩弋夫人一定代他临朝，万一她也像吕太后那样抓住大权、杀害刘家的人、夺了刘家的天下，那可怎么办呐？他把心一横，决定先去了弗陵的母亲，消灭太后专权的可能性，然后才立他为太子。过了几天，他叫钩弋夫人自杀。钩弋夫人摘下簪子和耳环，趴在地下只是磕头。汉武帝吩咐左右把她带出去。钩弋夫人不说话，两只眼睛直瞅着汉武帝，那种可怜劲儿说也没法说。汉武帝只觉得她的水汪汪的眼睛好像两把尖刀扎在他的心上。他没有勇气再看下去，就闭上眼睛，捧着脑袋，说："快走，快走！反正你活不了啦！"钩弋夫人就这么给逼死了。

第二年（公元前87年，后元二年，即汉武帝即位第五十四年），汉武帝病了，还病得很厉害。霍光、金日䃅、上官桀他们进去问安。霍光流着眼泪，说："万一皇上有个三长两短，谁继承皇位呐？"汉武帝说："你还不明白那张图画的意思吗？立小儿子。你做周公。"霍光磕着头推辞，说："我比不上金日䃅。"金日䃅说："我是外族人，一来我比不上霍君，二来会叫匈奴把汉朝看轻的。"

当天就立八岁的弗陵为皇太子。第二天，汉武帝拜霍光为大司马大将军，金日䃅为车骑将军，上官桀为左将军。三个人都接受了汉武帝的嘱咐，辅助小主人。还有御史大夫桑弘羊也一起在床前拜过了汉武帝。又过了一天，七十一岁的汉武帝死了。太子弗陵即位，就是汉昭帝。

91 苏武回国

太子弗陵做了皇帝，燕王刘旦很不服气。他认为上面的三个哥哥都死了，按次序他应当即位。他跟齐王将闾的孙子刘泽一同起来反对。可是他们并没有充分的准备。刘泽首先发兵，他还没跟燕王刘旦的军队联系上，就被青州刺史隽不疑逮住了。朝廷上审问下来，把刘泽处了死刑，燕王刘旦当然也应该处死。大将军霍光他们认为，汉昭帝刚即位就杀害亲哥哥，似乎不好，就叫刘旦承认了过错，给他一个重新做人的机会，没办他的罪。青州刺史隽不疑办事能干，升为京兆尹。

车骑将军金日䃅，上次逮住马何罗立了大功，汉武帝遗诏封他为侯。金日䃅因为汉昭帝刚即位，年纪又轻，他要是接受封号，好像是趁着机会抓权似的，就推辞了。想不到过了一年多，他害了重病。霍光请汉昭帝快封他为侯。金日䃅在床上躺着接受了大印。第二天，金日䃅死了。他的两个儿子一个叫金赏，一个叫金建，跟汉昭帝的年龄差不多，汉昭帝老跟他们玩儿，有时候还叫他们一块儿过夜。金日䃅一死，汉昭帝拜金赏为奉车都尉，金建为驸马都尉。金赏还继承他父亲封了侯。

九岁的汉昭帝挺有情义，他对霍光说："金家只有弟兄两个，不妨都封他们为侯。"霍光说："金赏继承他父亲封了侯，这是按规矩办事。金建就不能封。"汉昭帝歪着小脑袋笑嘻嘻地说："只要我跟将军一句话，封他也就封了呗。"霍光挺正经地说："从前高皇帝和大臣们立过约：无功不得封侯。"汉昭帝这才明白了，就说："将军说得对，我应该听从太爷爷的盼咐。"霍光趁着机会对他说："皇上真了不起。"他又说："老百姓到今天还想念着孝文皇帝和孝景皇帝呐。"汉昭帝问："为什么？""因为他们待老百姓好。"汉昭帝说："那咱们也要好好儿待老百姓啊！"霍光听了，心里的疙瘩解开了一大半。他一直担心着国内不得太平。现在看到汉昭帝能这么听他的话对待百姓，百姓对朝廷不满情绪也许能够缓和下来。他就跟汉昭帝商量一下，准备做点帮助老百姓的事情。

汉昭帝听了霍光的话，打发五个使者分头到各郡县去查看，叫他们办四件事：第一，叫各郡县选举贤良；第二，慰问有困难的老百姓；第三，替有冤枉的人申冤；第四，查办失职的官员。

第二年快要春耕的时候，又打发使者到各地去救济穷人，把大量的种子和粮食借给没有种子和口粮的农民。可惜那一年年成不好。八月里下了道诏书，说："这两年灾害多，今年蚕丝和麦子的收成又都很差。春天里所借的种子和粮食都不必还，今年田租也完全免了。"老百姓听到了这个消息，真是喜出望外，有的甚至说："孝文皇帝又回来了！"

汉昭帝虽然年纪小，能听大臣的话，霍光也挺不错的，全国的情况要比汉武帝轮台悔过以前安定得多，连匈奴也愿意跟汉朝和好了。当初汉武帝进攻匈奴，深入穷追二十多年，匈奴因此也大伤元气。打一次仗，每回总得死伤几万人马，连怀着胎的牛、马、羊也流了产，那些生下来的小牛、小马、小羊一碰到打仗，因为照顾不了，也大批大批地死去。为这个，匈奴好几次想跟汉朝和亲，可是都没成功。

后来狐鹿姑单于害了病，临死的时候，对大臣们说："我的儿子太小，不能治理国家,请立我的兄弟为单于。"第二天,狐鹿姑单于死了,阏氏跟卫律不愿意让别人即位,就假传单于的命令,立阏氏的儿子为单于,就是壶衍鞮单于。狐鹿姑单于的兄弟和左贤王不服,各占地盘,都自称为王。这么一来,无形中匈奴分成了三个国家。匈奴因为内部不团结,开始衰落下去。阏氏知道没有力量再跟汉朝打仗,就打发使者到长安要求跟汉朝和亲。霍光也派使者去回报匈奴,只提出一个要求:要单于放回苏武、常惠等汉朝的使者,就答应和好。

苏武在北海放羊,已经十九年了。他在放羊的时候,始终没忘了自己是汉朝的使者。那个代表朝廷的使节老没离开手。使节上的穗子这么多年来全掉了。可是他把那个光杆子的使节看成自己的命根子一样。他紧紧地抓住这根杆子,想念着汉武帝,想念着朝廷,想念着父母之邦。

他在朝廷上本来跟李陵在一块儿,又是朋友。李陵投降了匈奴以后,不敢去见苏武。过了十多年,单于派李陵到北海去见苏武,给他们预备了酒席和音乐,让他们两个人会一会,聊聊天。

李陵对苏武说:"最近单于听说我跟您素来挺好,特意派我来跟您说,他很尊敬您。您反正不能回到中原去,白白地在这个没有人的地方自己吃苦。不管您怎么忠心,有谁知道呐? 再说,令兄、令弟因为出了岔,朝廷要办他们的罪,都自杀了。我来的时候,令堂已经过世了。嫂夫人年轻,听说也已经先走了一步了。剩下的就是两个令妹、两个令媛、一个公子了。现在,过了这十几年,是生是死,不得而知。唉,人生好比早晨的露水,何必老这么自己吃着苦呐? 起初,我刚来的时候,心里有说不出的痛苦,简直像疯了一样。自己痛恨对不起朝廷,年老的母亲又被关在监狱里,您可以想得到我是多么痛心哪。万没想到朝廷不谅解我,把我的一家老少都杀了,逼得我无路可走,只好留在这儿。您不愿意投降,我何尝愿意投降呐? 现在皇上已经老了,法令也没有准谱儿。今天杀大臣,明天杀大臣,无缘无故地灭了门的就有好几十家子。早晨起来谁都不知道晚上能不能保得住命。子卿(苏武字子卿),您还为了谁呐?"

苏武回答说:"做臣下的就是为朝廷死,也没有什么可恨的! 就说朝廷有什么不谅解咱们的地方,难道咱们能对不起咱们的祖宗吗? 能对不起咱们的父母之邦吗? 请您别再说了。"

李陵不便再开口,就跟苏武住了几天,喝喝酒,聊聊别的事情。那一天,两个人喝着酒,正在高兴的时候,李陵再一次对苏武说:"子卿,您能不能再听听我的话?"苏武放下酒杯,说:"我自己早就准备死了。大王一定要逼我投降的话,我就死在大王面前!"

李陵见苏武这么坚决,忽然管他称为大王,听了实在刺耳,就叹了一口气,说:"唉,您真是个义士! 我和卫律简直都不是人!"说着,掉下眼泪来。这么着,他只好跟苏武分别了。

李陵叫他妻子出面,送给苏武几十头牛、羊。两口子又给苏武找了个匈奴姑娘,劝她去嫁给苏武。那姑娘也着实尊敬苏武,什么事情都愿意帮助他。苏武也挺喜欢她,把她当作丫头留下了,可是不敢娶她做媳妇儿。日子久了,他从心眼里尊敬这位姑娘,他认为:"单于跟汉朝作对,可是我跟匈奴的老百姓是无冤无仇的。"他就把她作为夫人。

后来李陵得到了汉武帝逝世的消息,又跑到北海去见苏武。苏武面朝着南方,眼睛望着天边,放声大哭,哭了个没完,还咯了(咯 kǎ)几口血。一连几个月,他只要一想起从此不能再跟汉武帝见面了,就伤心得哭起来。

赶到壶衍鞮单于即位,国内不团结,阏氏怕汉兵突然打过来,就请卫律想办法。卫律出了个主意,要匈奴跟汉朝和亲,匈奴才打发使者来求和。汉朝的使者要求匈奴把苏武、常惠他们送回去。匈奴骗使者说苏武他们都已经死了。后来汉朝又派使者到匈奴去。常惠买通了单于的手下人,私底下见了使者,说明苏武的底细,还教给他一个要回苏武的说法。

第二天,使者见了单于,要他送回苏武他们。壶衍鞮单于说:"苏武早已死了。"汉朝的使者挺严厉地责备他,说:"单于既然成心要跟汉朝和好,就不应该再欺骗汉朝。大汉天子在上林射下了一只大雁,大雁的脚上拴着一条帛书,是苏武亲笔写的。他说他在北海放羊。您怎么说他死了呐?大雁能带信,就是天意。您怎么可以欺骗天呐?"

单于听了,吓了一大跳,眼睛看看左右,左右目瞪口呆地也都愣了。单于张着嘴,眼睛望着天,说:"苏武的忠心感动了飞鸟,难道我们还不如大雁吗?"他当时就向使者道歉,答应一定好好儿送回苏武。使者说:"承蒙单于放回苏武,请把常惠、马宏、徐圣、赵终根等一概放回,才好诚诚恳恳互相和好。"单于也都答应了。

单于就派李陵再到北海去召回苏武来。李陵准备了酒席,给苏武道喜。两个人一面喝酒,一面聊天。李陵说:"现在您能够回国,我又是高兴又是悲伤。您在匈奴扬了美名,对朝廷立了大功,从古以来,谁比得上您? 我李陵虽然又是愚昧又是胆小,如果朝廷宽大一点,保全我年老的母亲,让我有个擦去污辱、将功赎罪的一线希望,我怎么也不至于忘恩负义。想不到朝廷把我一家灭了门,我还有什么脸再回故乡? 您是知道我的心的。我们今天分别就是永别了。"说着，他又哭了。

苏武也有一种痛苦，他得去跟那个匈奴夫人告别。他十分感激她，也很爱她，可是不能带她回去。他说："要是两国真正和好，我们还可能有见面的机会。"她流着眼泪说："我是匈奴人，您不能带我回去，我也不能叫你为难。可是，我，我……"她没法再说下去，只能抽抽噎噎地哭着。苏武给她擦着眼泪，问她："你怎么啦？"她哭得更伤心了。过了一会儿，她低着头，说："我……我已经有了身孕了。将来的孩子，他……他总是汉朝的人哪。"苏武又是喜欢又是难受，可是他也不知道怎么说好，就点点头，安慰她一番，走了。

当初苏武出使的时候，随从的人有一百多个，这次跟着他回来的只剩了常惠、徐圣、赵终根等九个人了。另外还有一个马宏。他是在汉武帝末年跟着光禄大夫王忠出使西域的。他们路过楼兰，楼兰王告诉了匈奴。匈奴发兵去截击，王忠阵亡，马宏被俘。匈奴逼他投降，他宁可拼死，不肯投降。匈奴就把马宏拘留下来。这次单于让他也跟着苏武一块儿回来了。

苏武出使的时候刚四十岁，今天回国，胡须、头发全都白了。长安的人民听说苏武回来了，都出来看。他们瞧见了白胡须的苏武手里拿着光杆子的使节，没有不受感动的。有的流下眼泪来，有的跷着大拇指，说他真是个大丈夫。

苏武他们拜见了汉昭帝，交还使节。十四岁的汉昭帝拿着那个光杆子，看了好大的工夫，又看看苏武他们，酸着鼻子，可说不出话来。完了，他把使节亲手交给苏武，对他说："您到先帝庙里去祭祀祭祀，把使节交还给先帝，让他老人家也高兴高兴。"说着，他直流眼泪。他只能这么流眼泪，可不知道该封给苏武什么官职。大将军霍光出了个主意，请汉昭帝拜苏武为"典属国"，叫他管理管理汉朝跟那些外国来往的事儿，又赏给他钱二百万、公田二顷、住宅一所，可没封他为侯。常惠、徐圣、赵终根他们做了郎中。还有五六个年老的，各人赏钱十万，让他们回家去。那个死也不肯投降匈奴的马宏好像没得到什么。他们这些人不肯投降匈奴，本来都是准备死在外边的。这会儿能够回到本国，重见故乡，已经够满意的了，对于朝廷赏赐的多少倒不在乎。

苏武回来以后，汉朝和匈奴没再打仗，双方都有使者来往。苏武收到了李陵给他的信，才知道匈奴夫人已经给苏武生了一个儿子。苏武写了回信，给儿子取了个名字叫"通国"，托付李陵照顾他们，还劝他抓住机会能够回来就回来。霍光和上官桀原来跟李陵都是朋友，这会儿也派李陵的老朋友陇西人任立政等三个人到匈奴去劝李陵回来。李陵回答他们,说:"回去是容易的,可是我已经丢了脸投降了匈奴,我不能回到汉朝去再丢一次脸。"他的脸比国家重要,他不愿意受到汉朝的审问,宁可死在匈奴。

苏武回来没多久,上官桀勾通了燕王刘旦又造起反来了。

92 聪明的少帝

上官桀和他儿子上官安,汉昭帝的大姐盖长公主,还有别的大臣,他们都因为霍光不讲情面,把他看作眼中钉,就勾结了燕王刘旦造起反来了。

上官安的妻子是霍光的女儿。她生了个女儿,已经六岁了。上官安异想天开,要把他六岁的女儿嫁给汉昭帝,将来好立她为皇后。他把这个打算告诉了他父亲上官桀,请他先去跟霍光疏通疏通。疏通下来,霍光说:"令孙女才六岁,现在就送进宫里去,这是不合适的。"话是一句好话,可是上官桀和上官安从此就更痛恨霍光了。

上官安还不死心,他另外找了个门路。他找到了汉昭帝的大姐盖长公主的姘头丁外人(丁,姓;外人,名),请他去要求长公主。丁外人原来是长公主的丈夫盖侯的门客。盖侯死了以后,长公主就跟丁外人偷偷摸摸地做了露水夫妻。后来汉武帝一死,汉昭帝即位,大臣们请大姐长公主搬到宫里去照顾小弟弟汉昭帝。这一来,长公主就跟丁外人分开了。有时候她告一天假回家去,一回去总是在家里过夜。霍光挺纳闷,怎么长公主老爱回家去过夜呐?他探听下来,才知道长公主跟丁外人的关系。他认为两个人私通事小,照顾皇上事大,他干脆叫丁外人也搬到宫里来,让他们两个人好好儿伺候汉昭帝。

上官安向丁外人一说,丁外人向长公主一说,长公主就答应下来了。汉昭帝从小死了母亲,一向把大姐长公主看成母亲一样。长公主怎么说,他就怎么依。这么着,上官安六岁的女儿进了宫,没有多少日子就立为皇后。上官安做了国丈,升了官职,做了车骑将军。上官安非常感激丁外人,就在霍光面前说丁外人怎么怎么好,可以封他为侯。霍光对于六岁的小姑娘进宫这一件事本来很不乐意,因为长公主主张这么办,他不便过于固执,再说小姑娘到底是自己的外孙女儿,她做了皇后将来对他也有好处,就睁一只眼、闭一只眼地算了。可是,封丁外人为侯,算是什么规矩呐?就算上官安嘴皮子说出血来,霍光也是一死儿不依。

上官安碰了一鼻子灰,还不甘休。他央告他父亲上官桀再去跟霍光商量。霍光只知道"无功不得封侯",高低不答应。上官桀降低了要求,他说:"那么,拜他为光禄大夫行不行?"霍光说:"那也不行。丁外人无功无德,什么官爵都不能给。请别再提啦!"上官桀又是害臊又是恨,只好搭拉着脑袋出去了。霍光因此得罪了上官桀他们爷儿俩和长公主、丁外人他们。

除了这几个人以外,还有一个御史大夫桑弘羊,他是个理财的专家,倒不是为了个人打算反对霍光,只因为两个人在理财的政策上意见不同,合不到一块儿去。原来霍光听了谏议大夫杜延年的意见,要实行汉文帝那样"与民休息"的政策。杜延年对霍光说:"先帝喜欢用兵,又爱奢侈,弄得天下困苦不堪,户口减少了一半。这几年来,收成又不好,老百姓流离失所,难过日子。大将军辅助少帝,应当实行孝文皇帝时代的爱民政策:一切费用能够节省的就节省,使天下能够有俭朴的风气;一切法令能够宽和点的就宽和点,使老百姓能够乐意受到教化。"

霍光完全同意杜延年的建议,他请汉昭帝再一次下一道诏书,从各地方选举贤良的、有文学的人才,慰问有困难的老百姓,给他们一些帮助。这还不算,他又要废除盐税、酒捐、公家铸钱和"均输法"。"均输法"是公家防止商人抬高物价的一种买卖制度。这些捐税和买卖制度都是当初桑弘羊请汉武帝这么规定下来的。现在霍光请汉昭帝废除这些规定,桑弘羊当然起来反对。

大臣们对于废除酒捐和均输法大多都赞成,可是对于废除盐税和让私人自己铸钱,意见很不一致,因此发生了有关盐、铁的争论。

上官桀他们就把桑弘羊拉过去,再去勾结燕王刘旦,打算先除霍光,然后废去汉昭帝,立燕王刘旦做皇帝。朝廷里有左将军上官桀、车骑将军上官安,外边有燕王刘旦,宫里有长公主和丁外人,他们联合起来布置了天罗地网,不怕霍光不掉在里面。

燕王刘旦不断地派人带了很多的金银财宝送给长公主、上官桀、上官安他们,叫他们快想办法。刚巧霍光出去检阅羽林军,完了又把一个校尉调到大将军府里来。上官桀他们趁着这个机会冒充燕王刘旦上书告发霍光。他们派个心腹作为替燕王刘旦上书的人。汉昭帝接到了燕王刘旦的信,上面写着:

臣燕王旦上书陛下:听说大将军霍光出去检阅羽林军,耀武扬威地坐着跟皇上一样的车马,又自作主张,调用校尉。这种不尊重皇上、滥用职权

331

的人哪儿像个臣下？我担心他准有阴谋，对皇上不利。我愿意归还燕王的大印，到官里来保卫皇上，免得奸臣作乱。

汉昭帝把这封信看了又看，念了又念，就搁在一边。上官桀等了半天，没见动静，就到宫里去探问。汉昭帝只是微微地一笑，可不回答他什么。第二天，霍光进去，听说燕王刘旦上书告发他，吓得躲在偏殿的画室里等待发落。过了一会儿，汉昭帝临朝，大臣们都到了，单单少了一个霍光。他问："大将军在哪儿？"上官桀回答说："大将军因为被燕王告发，不敢进来。"

汉昭帝吩咐内侍去召霍光进来。霍光进去，自己摘去帽子，趴在地下，说："臣该万死！"汉昭帝说："大将军尽管戴上帽子。我知道有人成心要害你。"大臣们听了，你看看我、我看看你，都害怕了。霍光又是高兴又是奇怪。他磕了个头，说："皇上怎么知道的呐？"汉昭帝说："大将军检阅羽林军是在临近的地方，调用校尉也是最近的事，一共不到十天工夫。燕王远在北方，他怎么能够知道这些事？就算知道了，马上派人来上书，也来不及赶到这儿。再说，如果大将军真要作乱，也用不着一个校尉。这明明是有人谋害大将军，燕王的信是假造的。我虽然年轻，也不见得这么容易受人愚弄。"这时候汉昭帝才十四岁，霍光和别的大臣们听了，没有一个不佩服少帝的聪明的。

霍光戴上帽子，恭恭敬敬地站着。上官桀他们吓得凉了半截。汉昭帝把脸一沉，对大臣们说："你们得想个办法把那个送信的人拿来！"送信的人就是上官桀他们，大臣们怎么知道呐？汉昭帝连着催了几天，也没破案。上官桀他们怕追急了，弄出祸来，就劝汉昭帝，说："这种小事情陛下不必追究了。"汉昭帝说："这还是小事情吗？"打这儿起，他就怀疑上官桀那一伙人了。

上官桀那一伙人还在汉昭帝面前给霍光说坏话。汉昭帝沉下脸来，他说："大将军是忠臣。先帝嘱咐他辅助我，你们还要给他说坏话吗？以后谁要再在我面前诬赖好人，我就砍他的脑袋！"上官桀他们只好再使别的花招。

上官桀他们和长公主商量了好几次，最后决定由长公主出面请霍光到宫里去喝酒，上官桀他们爷儿俩布置下埋伏，准备在宴会的时候向霍光行刺。他们又派人通报燕王刘旦，请他到京师来即位。燕王刘旦还答应封上官桀他们为王。当时先派使者去接头。

上官桀他们爷儿俩自己又秘密地定下了计策。他们准备杀了霍光以后，再把燕王刘旦刺死，上官桀自己即位登基。上官安高兴得像躺在云彩里一样。父亲做了皇帝，自己就是太子了。心里太高兴，不能不向自己的心腹聊聊。有人对他说："皇后是您自己的女儿，将来可怎么安置她呐？"上官安说："狗在追鹿的时候还有工夫去管小兔子吗？"说着，大笑起来，笑得浑身好像大了一圈。哪儿知道有人把他们的秘密泄漏出去。谏议大夫杜延年得到了这个消息，连忙告诉了霍光，霍光连忙告诉了汉昭帝，汉昭帝又连忙嘱咐丞相田千秋火速扑灭乱党。

田千秋首先逮住了燕王刘旦的使者，再派人分头去邀请上官桀和上官安到丞相府里来。他们一个一个地进来，就一个一个地给绑上了。然后田千秋派丞相府的卫士逮捕他们同党的人，挨个儿录了口供。这么着，上官桀、上官安、丁外人等连他们的宗族好像做梦似的都给杀了。长公主没有脸再见人，也自杀了。燕王刘旦听到了这个信儿，还想发兵，随后又接到了诏书，叫他放明白点。他就上吊自杀。燕王刘旦的儿子和长公主的儿子都免了死罪，让他们去做平民。皇后上官氏才九岁，谋反的事连听都没听到过，她又是霍光的外孙女儿，还是做着皇后。

霍光扑灭了乱党，就请大臣们推荐正派的人到朝廷里来办事。有人上书，说韩延年可以重用。霍光请汉昭帝拜韩延年为谏议大夫。大家又说张汤的儿子张安世品德高尚，又有能耐。汉昭帝拜他为右将军。霍光又推荐了杜延年。他在这次平乱当中立了大功，就升为太仆（管车马的大官，是九卿之一）。霍光对于刑罚主张从严，杜延年和张安世老帮助他，劝他从宽处理。

霍光希望老百姓能够得到休养，不愿意再用兵，偏偏东边的乌桓和西边的楼兰又出了事了。

93 立 昏 君

乌桓是东胡的后代，以前附属于匈奴，后来归附了汉朝，这会儿又跟汉朝敌对起来。从前冒顿单于打败了东胡，东胡向东逃去，占领了乌桓和鲜卑两座山，以后就分成乌桓和鲜卑两个部落，仍旧附属于匈奴。汉武帝打败了匈奴，让乌桓迁移到上谷、渔阳、右北平、辽东的塞外去，叫他们替汉朝侦察匈奴的动静。汉朝还设置乌桓校尉，监察他们，不让他们跟匈奴交通。乌桓住在这一带比较好的地方，慢慢儿强大起来，不但不怕匈奴，而且也不愿意再听从汉朝的命令了。

汉昭帝即位以来的三年当中，匈奴每年总来侵犯边界，可是没有一次不被打得头破血流的。因此，匈奴不敢再到南边来。西北方面，匈奴也不敢再到张掖去了。乌桓趁着这个机会，不但大胆地去侵略匈奴，还跟汉朝对立起来。

霍光正在为难的时候，恰巧有几个匈奴的将士前来投降。他们报告一个消息，说上次乌桓侵略匈奴，还刨了单于的坟，匈奴为了报仇，发动两万骑兵去打乌桓。霍光就请汉昭帝拜范明友为度辽将军带领两万骑兵赶到辽东去。霍光嘱咐范明友，说："匈奴屡次说和亲，可是还侵犯我们的边境。你不妨宣布他们的罪状，征伐一下。乌桓不服朝廷，也应当受到惩罚。"

度辽将军范明友到了辽东塞外，匈奴已经跟乌桓打了几仗了。匈奴听到汉兵到来，连忙退回去。乌桓刚跟匈奴打得筋疲力尽，哪儿还能够抵抗汉兵？范明友杀了六千多乌桓士兵，打了胜仗。范明友就这么平定了乌桓，立了功，封为平陵侯。同时，还有个傅介子，他平定了楼兰，立了功，封为义阳侯。

傅介子是北方人。他听说楼兰、龟兹(Qiūcí，古西域国名，在新疆维吾尔自治区库车县地方)虽说归附了汉朝，可是反复无常，还屡次杀害汉朝到大宛去的使者，就自告奋勇地上书，情愿到大宛去，顺便探听一下楼兰和龟兹的内部情形。霍光挺看重他，派他带着人马出使大宛，顺路责问楼兰和龟兹的不是。傅介子先到了楼兰和龟兹，责问他们为什么跟汉朝为难，又告诉他们，说："如果再杀害使者，汉朝只好发兵来了。"他们都承认不该杀害汉朝的使者，以后情愿一心跟汉朝和好。

傅介子从大宛回来的时候，路过龟兹，正碰到匈奴的使者也到了龟兹。傅介子半夜里率领着随从的士兵包围匈奴的帐篷，杀了匈奴的使者，把人头带回长安。

他对霍光说："楼兰、龟兹虽然都归向了朝廷，可是他们的国王只顾自己，不顾大局，一有机会跟匈奴勾结，他们还是会叛变的。依我说，不如帮助一些能够抵抗匈奴的人，立他们为王，好叫他们一心向着朝廷。"霍光回答说："龟兹路远，不如先到楼兰去试试吧。"

楼兰王的兄弟尉屠耆(qí)住在长安，学习汉朝的文化，他是向着汉朝、反对匈奴的。楼兰的贵人们当中有一批人愿意辅助尉屠耆，他们看到楼兰王对汉朝反复无常，也很不满意。傅介子就利用楼兰内部不和的机会，安下埋伏，杀了楼兰王。他对楼兰的贵人和大臣们说："你们的王私通匈奴，屡次杀害汉朝的使者，不能不办罪，别的人都不必害怕。他的兄弟尉屠耆已经立为楼兰王,他的兵马马上就到。只要你们归向他,大家都有好处。"大伙儿听了,谁也不反对。他们说愿意迎接新王。

汉朝改楼兰为鄯善,立尉屠耆为鄯善王,给他一颗王印,又把宫女嫁给他做夫人。汉昭帝吩咐丞相率领着文武百官很隆重地把鄯善王送到北门外。鄯善王非常感激。

公元前74年(元平元年,即汉昭帝即位第十三年),汉昭帝二十一岁了。霍光只怕少帝的君位不稳,又替汉昭帝设法减轻百姓的负担。他帮着汉昭帝下了一道诏书,叫大臣们商议酌量减少人头税。

汉昭帝因为这十几年来厉行节约,国库还算充足,就下了诏书,说:"天下的根本大事在于种地和养蚕。几年来,由于鼓励节约,减少官差,撤消不必要的官员,耕地的和种桑树的人就越来越多了。可是老百姓还有困难,我总觉得心里不安。因此,我主张减少人头税。"主管人头税的大臣虽然不愿意减少收入,也只好上奏章,建议减少人头税十分之三。汉昭帝批准了。

减少人头税的命令一下去,老百姓减轻了负担,都颂扬着汉昭帝对老百姓的好心眼,希望他身体健康,万寿无疆。想不到仅仅过了两个月工夫,汉昭帝害病死了。

那时候,皇后上官氏才十五岁,没有孩子,别的妃子也没听说生过儿子。大臣们议论纷纷,立谁好呐? 汉武帝的六个儿子,现在只剩下一个广陵王刘胥了。可是他的荒唐劲儿是出了名的,汉武帝早就说过不准他继承皇位。霍光当然不会立他为皇帝的。

有人认为汉武帝原来的两个皇后,陈皇后废了,卫皇后自杀了,那等于没有皇后了;只有一个李夫人,她临死还是汉武帝所宠爱的;还不如立李夫人的孙子吧。

李夫人的孙子就是昌邑王刘贺。霍光也不知道昌邑王刘贺是怎么样的一个人,就请十五岁的皇后上官氏下了一道诏书,打发使者去迎接他来即位。昌邑王刘贺原来是个低能的浪荡子,光知道玩儿,不知道上进。他手底下也有几个正派的大臣,像中尉王吉、郎中令龚遂、老师张安等。他们屡次苦苦地劝告过刘贺,刘贺可不喜欢他们。他喜欢的只是一班专门跟着他荒淫无度地玩儿的臣下。

使者到了昌邑已经半夜了。因为事关紧要,宫里伺候刘贺的臣下请他起来。刘贺接了诏书,刚看了几行,就高兴得手舞足蹈,大声笑着说:"哈哈,我做皇帝去了!"说着,就抱着一个手下人直蹦,蹦得两个人全都摔倒了。一爬起来,就叫人预备车马,一面叫厨师把夜宵端到内室里来。夜宵还没端进来,他一个人净在屋子里像小猫撒欢似的蹦着,没法坐下来。他一见厨师进来,就自己端着盘转了几个圈,对厨师说:"哈哈,我到长安做皇帝去了,你们去不去?"一下子,宫里、宫外都起了哄,内侍、宫女、厨师,还有驾车的、看马的、养狗的、踢球的、吹打的都到宫里来贺喜,要求刘贺把他们都带到长安去。刘贺指手画脚地说:"行,行!都去,都去!"

中尉王吉得到了这个信儿,慌忙来劝昌邑王别这么心急。这种泼冷水的话哪儿听得进去,他等不到中午,就骑上马飞一般地先跑了。一口气到了定陶,已经跑了一百三十五里地。回头一瞧,跟着他的人一个也见不到。他只好在驿舍里等着。等了大半天,才见原来的使者赶到。后面还有三百多人一个接着一个地赶上来。他们说马受不了,沿路死了不少。

王吉劝告昌邑王,说:"我听说从前孝文皇帝听到高皇帝晏驾了,悲伤得说不出话来,三年没笑过一次。现在大王去主持丧事,应当哭泣、悲哀。请大王留点神,别让人家瞧不起。大将军的仁爱、勇敢、智慧、忠诚、信义,谁都知道。他伺候了孝武皇帝二十多年没有过错。先帝把整个天下托付给他。大将军抱着少帝治理天下,爱护百姓,大伙儿过着太平的日子。就是古时候的周公、伊尹也不过如此。现在皇上晏驾了,没有后代。大将军为了奉祀宗庙而立大王。他对大王的仁厚没法说,请大王一心一意地尊敬他,就是像伺候长辈一样地伺候他也不算过分。但愿大王留意,记住我这一番忠诚的劝告。"刘贺呆呆地点点头,就又上马走了。

昌邑王刘贺到了济阳,听说那儿有两种土特产很出名。一种是"长鸣鸡",打起鸣儿来比别的鸡又长又响;一种是"积竹杖",是用两根竹竿合成的手杖。这两种东西对于刘贺一点用处都没有。他偏偏要人家停下车马去买,越多越好。郎中令龚遂一死儿劝阻他。他只好买了三只长鸣鸡、两根积竹杖,又走了。他到了弘农,瞧见那边的姑娘们挺漂亮,就暗暗地嘱咐奴隶的头子阿善快去挑选十几个最漂亮的偷偷地送到驿舍里去。阿善奉了命令,到老百姓家里去搜查美女。见到有几分姿色的,就硬拉上车。车用帷子遮着,不让外面的人看见。当天晚上就有一些良家妇女关在驿舍里。

这件事情给使者知道了。他批评昌邑的相国安乐,安乐告诉龚遂,龚遂立刻进去责问刘贺。刘贺承认又不肯,赖又赖不了,他只好挺别扭地眼睛看看站在旁边的阿善。龚遂叫人把阿善拉出去砍了,又把那些抢来的妇女放回家去。刘贺自己觉得没有话说,搭拉着脑袋,表示同意。

刘贺他们到了灞上,离京都只有几里地了。有几个大臣等在那儿迎接,请昌邑王刘贺坐上特别准备好了的车马。他们到了东门外,龚遂对刘贺说:

"照规矩，奔丧见了京都就应当哭了。"刘贺说："我嗓子疼，不能哭。"到了城门口，龚遂又催他哭。他哪儿哭得出来呐？一直到了未央宫，龚遂请刘贺下车，对他说："再不哭，就不能做皇帝了。请赶快趴在地下，越哭得伤心越好。"刘贺答应了。他说："好，好！我哭，我哭！"他就趴在地下，呜呜呜地哭得还很像个样儿。

上官皇后下了诏书，先立昌邑王刘贺为皇太子，再叫皇太子刘贺即位，尊十五岁的上官皇后为皇太后。可是这么一个宝贝怎么能治理天下呐？

94 废昏君

昌邑王刘贺即了位，中尉王吉、郎中令龚遂、老师王式都没重用，因为这些大臣老说着讨厌的话，劝他守规矩。就是对于霍光，他也只是敬而远之。老师王式还老教他念《诗经》。《诗经》难字多、句子深，他觉得没有趣味。他是皇帝，又不是小学生，犯不着每天抱着书本子。他喜欢的是他从昌邑带来的那些跟他一块儿胡闹的臣下，包括车夫、厨师、看马的、养狗的，连养长鸣鸡的都在内。他在宫里闷得慌，只好叫手下的人陪着他喝酒作乐、说说笑话。瞧见美貌的宫女，他就拉着不放。

他还闹着要到外面玩去。左右的人说皇上不能随便出去。他们就陪着他到上林园去跑跑马，或者到兽园内去看看老虎、豹什么的。刘贺觉得老虎跟豹各管各地关在笼子里，太老实，不好看。他要管野兽的人把它们关在一起让它们打架，那才好玩儿呐。

他在宫里的时候，就是喝喝酒、听听音乐、玩玩女人。老是这一套也挺腻烦的。他就独出心裁，把乐府里所有的乐器都搬出来，叫每人拿一件，自己也拿一件，就这么乱七八糟地吹吹打打，闹得宫里锣鼓喧天，好像要把房顶都轰塌了他才高兴似的。

说他年轻、不懂事，他可已经十九岁了。在汉昭帝丧事期内，就这么荒唐，怎么不叫大臣们不着急呐？龚遂他们流着眼泪，头磕出血来地劝告过他，他也不生气，可就是坚决不改。大臣张敞(chǎng)上书劝告他，说："皇上刚即位，正在年轻有为的时候，天下的人都擦着眼睛、侧着耳朵要看看皇上的行动，听听皇上的教化。朝廷中辅助皇上，为国家出力的大臣都没受到表扬，从昌邑来的那批淫乱的小人反倒重用。这是最大的过错。请皇上远离小人，亲近君子，这是国家的造化，天下人的造化。"刘贺觉得亲近君子、远离小人多乏味儿，要是这样，还不如不做什么皇帝。

大臣当中最苦闷的要数霍光了。他瞧着新立的天子这个样子，他觉得对不起汉武帝。他偷偷地跟大司农田延年商量挽救的办法。田延年说："大将军是国家的柱石，既然知道他不配做君王，为什么不禀告太后，另外选一个贤明的君王呐？"

霍光要强，他一心想做个像古时候那样忠心的大臣。因此，他一直小心谨慎，不敢有一点破坏规矩的行动。听了田延年的话，心里倒是同意了，可是他怕坏了规矩，就结结巴巴地说："古时候有过这样的事吗？"田延年说："怎么没有呐？从前伊尹做殷朝的相国，曾经轰走昏君太甲，安定宗庙、社稷。后世的人都称他为圣人。大将军如果也能够这样做，您就是汉朝的伊尹了。"

霍光又去跟车骑将军张安世（张安世由右将军升为车骑将军）商议。张安世完全赞成霍光和田延年的主张。三个人一致决定废去昏君。霍光就派田延年去告诉丞相杨敞。杨敞倒是个忠厚人，就是胆儿小，掉个树叶怕打开头。这会儿他听了田延年的话，吓得上气不接下气地说："是，是！哦，哦！"连连擦着脑门子上的汗珠。那时候正是伏天，田延年到里面去宽宽衣服。丞相杨敞的夫人是司马迁的女儿，很有见识。她趁着机会赶紧从东厢房跑到杨敞那儿，对他说："这是国家大事。现在大将军能够这么决定，特意请大司农来告诉你，你怎么还这么吞吞吐吐的呐？你要是不跟大将军一条心，你就死在眼前了！"杨敞给他媳妇儿一说，吓得脊梁上的汗湿透了衣服。司马夫人来不及离开屋子，田延年已经回来了。她索性拜见了田延年，对他说："情愿听从大将军的命令！"杨敞照着他夫人重了一句，说："情愿听从大将军的命令！"

田延年向霍光报告，霍光就叫田延年和张安世写奏章，准备请大臣们签名。第二天，霍光到了未央宫，召集了丞相、御史、将军、列侯、大夫、博士，还有典属国苏武等，商议大事。霍光先开口，说："昌邑王行为昏乱，恐怕社稷不保、天下不安，怎么办呐？"大伙儿听了，好像晴天打了个响雷，只是你看看我、我看看你地愣了一下，谁也不敢发言。

田延年站起来，拿着宝剑，走上一步，说："先帝把孤儿托付给大将军，把天下托付给大将军，因为大将军忠心、贤明，能够保全刘家的天下。现在人心惶惶，国家将亡，要是大将军不快点决定大计，汉朝天下从此灭了，刘家宗庙从此毁了，就说大将军拼着一死，请问大将军有什么脸去见先帝？今天的事不能再拖下去了。做了汉朝的大臣不能帮助汉朝的就是不忠！谁敢不同心协力，我就先把他去了！"

霍光拱了拱手，说："大司农责备我，很对！朝廷弄得乱哄哄的，都应当怨我！"大臣们手摸胸膛想一想，觉得自己也应当受到责备。他们都趴在地下，磕着头，说："天下万民全靠大将军。我们愿意听从大将军的吩咐！"丞相杨敞也说："情愿听从大将军的吩咐！"

霍光就把田延年和张安世写好了的奏章念了一遍，大臣们听了，连连点头。当时就由丞相杨敞领衔，接着是大将军霍光、车骑将军张安世、度辽将军范明友、太仆杜延年、大司农田延年、典属国苏武等十几个大臣都签了名。他们一块儿去见上官皇太后，扼要地说明昌邑王不能继承宗庙。皇太后就坐着车到了未央宫承明殿，吩咐卫士守住各处宫门，不准昌邑的那批臣下进来。

昌邑王刘贺听说皇太后到了承明殿，不得不去朝见。他一瞧不让昌邑的臣下进来，就问霍光是怎么回事。霍光跪着说："是皇太后下的命令。"刘贺说："就是有命令，干什么这么大惊小怪的？"

不一会儿，皇太后传出命令，吩咐昌邑王进去。昌邑王进了承明殿，就吓了一大跳。他望见：上官皇太后穿着最有气派的衣服，威风凛凛地坐着；左右站着卫士，手里拿着刀；殿下排列着一班拿着长戟的武士。昌邑王不由得哆嗦起来，跪在皇太后面前，听她的吩咐。旁边有个尚书令，拿着大臣们的奏章，开始宣读起来：

> 丞相敞等冒死上书皇太后陛下：孝昭皇帝晏驾，没有后嗣，特派使者去召昌邑王来主持丧事。不料他毫无悲哀之心，路上也不肯斋戒，反倒派人强抢民间妇女，在驿舍里荒淫无道。到了京师，立为皇太子，竟在孝子居丧期内，私买鸡、猪，大吃大喝。自作主张，带来了昌邑的人员二百多人，天天跟他们在一起玩乐。送殡回来，就把宗庙乐器胡乱吹打。连皇太后的车马，他也给官奴使用、玩儿。连孝昭皇帝的宫女，他也随便污辱。他还出了命令，谁敢泄漏这种情况的一律腰斩……

别看上官皇太后年纪轻，她听到这儿，气得胸膛一鼓，吩咐尚书令停下。她大声责备刘贺，说："做臣下的可以这么无法无天吗？"刘贺用膝盖走路倒退了几步，仍然趴在地下。尚书令继续读下去：

他把诸侯王和二千石的绶带送给昌邑官奴,把库房里的金钱、刀、剑、玉器、绸缎送给跟他玩乐的人。他即位才二十七天,就做了一千一百二十七件不应当做的事。他这么荒淫无道,失去了帝王的体统,破坏了汉朝的制度。臣敞等屡次向他劝告,他不但不肯改正过错,而且过错越犯越严重。这么下去,恐怕社稷不保,天下不安。宗庙、社稷比君王更重要,这样的君王不能继承宗庙,统治万民,应当废去。请皇太后下诏!"

上官皇太后听他念完了,**就**说:"可以!"霍光就吩咐左右扶着刘贺下去。霍光还把他送到昌邑公馆,对他说:"大王自己不好。我宁可对不起大王,可不能对不起国家。希望大王自己保重,我不能再伺候大王了。"说着,他流着眼泪跟刘贺分别了。

大臣们请霍光把刘贺放逐到汉中去。霍光认为太重了。他请皇太后削去刘贺的王号,仍旧让他回到昌邑去,另外给他二千户作为生活供应。但是昌邑的那批帮闲的臣下害得昌邑王落到这么个下场,应当处斩。只有中尉王吉、郎中令龚遂、老师王式可以免刑。皇太后一一照准。

霍光他们既然废去了刘贺,就得再选择一位像样的君王。

95 坐牢读经

光禄大夫丙吉上书给大将军霍光,推荐汉武帝的曾孙刘病已,说他有才有德,可以继承皇位,请大将军和大臣们商议。霍光先向大臣们个别地征求意见,有的说刘病已的确不错,有的不太知道他,可也不反对。太仆杜延年劝霍光把他接来。霍光是知道刘病已的历史的,可是还不像丙吉和张安世的哥哥张贺那么清楚。

原来刘病已是卫太子刘据的孙子。卫太子刘据生了个儿子叫刘进,因为刘进的母亲姓史,他又是汉武帝的孙子,所以称为史皇孙。史皇孙娶了王夫人,生个儿子,就是刘病已,又叫皇曾孙。卫太子刘据发兵把大胖子江充治死的时候,汉武帝正害着病,他听了黄门苏文和御史章赣的话,认为太子造反,就派丞相刘屈氂发兵围攻卫太子。卫太子和他两个儿子都受了害还不算,连史皇孙刘进和他的母亲,还有刘病已的母亲王夫人也都杀了。那时候，刘病已刚生下几个月，也关在长安监狱里。奉了诏书检查监狱的就是丙吉。他见了这个生下来没有多少日子的婴儿，心里有点不自在，就叫两个有奶的女犯轮流奶着他。丙吉还每天去检查监狱，不准虐待婴儿。后来汉武帝听了方士的话，派使者拿着诏书要把关在长安监狱里的人不论男女老小一律杀光。丙吉关着门，不准使者进去，对他说："上天有好生之德，皇上怎么可以乱杀人呐？再说监狱里面还有一个毫无过错的婴儿皇曾孙呐！"使者向汉武帝报告，汉武帝也觉得自己太过分了，就把监狱里的囚犯一概免了死罪。刘病已就这么保全了性命。

丙吉又替皇曾孙刘病已想办法，写信给京兆尹，请公家收养这个婴儿。偏偏当时那个京兆尹最怕事，不肯答应，弄得丙吉不知道把这个没爹没娘的婴儿放在哪儿好。他只好自己来照顾他了。他养了一两年，皇曾孙又是多病多痛的，老看医吃药。最后一次病好了的时候，丙吉给他起个名字叫"病已"，意思说"病已经过去了"。后来他打听到史皇孙的姥姥家史家，还有刘病已的舅祖父史恭和舅曾祖母住在乡下，他就把刘病已送到史家。史恭见到了这个外孙，史老太太见到了这个外曾孙，又是伤心又是高兴，他们把他养着。

刘病已到了四五岁的时候，汉武帝临终下个命令，把他曾孙刘病已交给掖庭令(掖庭,宫中旁边的房子,供后宫妃子住的,有别于正宫；令,官儿)张贺看管。张贺曾经伺候过卫太子，对他的孙子格外爱护，教他读书。刘病已着实用功，张贺就更喜欢他了。他想把自己的孙女儿嫁给他，偏偏张贺的兄弟右将军张安世不同意。张贺就给刘病已娶了个平民许广汉的女儿做媳妇儿。刘病已喜欢读书，也喜欢斗鸡、跑马，游山玩水，观察风土人情。丙吉把他推荐给霍光的时候，他已经十八岁了。

霍光又和丞相杨敞商议了一下，请丞相领头向上官皇太后上书，先封皇曾孙为阳武侯，然后立阳武侯为皇帝。皇太后同意了。刘病已做了皇帝，就是后来的汉宣帝。

大臣们认为立了皇帝就得立皇后。这时候，霍光还有个小女儿没出阁。大家都琢磨着除了大将军的女儿以外谁还配做皇后呐？他们还没说话，可是汉宣帝已经猜透了他们的心思，就绕着弯子，下了一道命令，说他在微贱的时候原来有一把宝剑，请大臣们把那把旧的宝剑找来。大臣们这才知道了汉宣帝的心思，他们就立许氏为皇后。汉宣帝还想依照以前的老规矩，封皇后的父亲许广汉为侯，可是霍光不同意，说他在卫太子的案子中已经受了刑罚，不应当再封为侯。汉宣帝也就算了。

霍光可能还不太高兴，他向汉宣帝辞职，说他年老了，要退休。汉宣帝很诚恳地挽留他，还吩咐大臣们有公事先告诉大将军，然后再奏明皇上。这一来，霍光的权就更大了。不但如此，霍光的儿子霍禹，侄孙霍云、霍山，还有霍光的女婿、外孙这些亲戚都在朝廷上做了大官。霍光每回上朝，汉宣帝总是对他虚心得不能再虚心，恭敬得不能再恭敬。

　　汉宣帝即位以后，第一件的好事情是大赦天下。过了八个月，又免了天下的田租、赋税。接着，他要把他的祖父、祖母、父亲、母亲重新安葬，追加封号，表示不忘本的意思。大臣们都说应当这么做，皇上真是个孝子贤孙。汉宣帝一想，要做孝子、贤孙，干脆做个到家。他就下诏书，要大臣们商议增加宗庙音乐来歌颂汉武帝。皇帝下了诏书，还用商议吗？有的说："赶紧增加宗庙音乐！"有的说："赶快编写颂扬武帝恩德的歌词！"大伙儿都说："马上联名上书，一致同意诏书。"

　　大臣当中有个专门研究《尚书》的学者叫夏侯胜。他一瞧这么多的大臣谁也没商议到诏书，只是乱哄哄地瞎奉承，直替他们害臊。他说："孝武皇帝虽然征服了临近边疆的敌人，设置了不少郡县；但是连年用兵，死伤了无数的人马，耗费了全国的财力。再说孝武皇帝奢侈无度，弄得天下贫困；老百姓妻离子散、流离失所，每回蝗虫起来，几千里的庄稼全成为荒地；有了军粮，没有民粮，害得老百姓不能过日子，甚至于饿死人的悲惨情形也常发生。直到今天，国家、百姓还没能够恢复元气。请问他对于百姓有什么恩德可说，既然没有恩德，就不应当歌颂他。"

　　啊！？这还了得！大伙儿听了夏侯胜的话，好像捅了窝儿的马蜂似的，都哄起来，嗡嗡嗡地乱了一下子。他们说："这是诏书，你怎么敢违抗？""你怎么敢毁谤孝武皇帝！"夏侯胜说："皇上叫我们商议，我们就该认真地商议。如果不准我说不同的话，那还商议什么呐？诏书也不一定全都对的。全靠臣下直话直说，难道一味地奉承皇上，就算是尽了本分吗？"

　　他们觉得夏侯胜越说越不像话了。像他这么无法无天的傻瓜没法跟他评理，大家就联名上书，控告夏侯胜，说他毁谤孝武皇帝，藐视皇上，犯的是大逆不道的罪名。写好了奏章，一个一个地签上了名，满朝大臣谁敢逆风行船？没想到有个叫黄霸的大臣，他不肯签名。他说："一个有骨气的人不应该只顾自己的利害，不问是非！"他们认为黄霸又是一个硬头子，硬头子就该让他去碰钉子，就把他也控告在内。

　　汉宣帝下了命令，把夏侯胜和黄霸两个大臣下了监狱。满朝百官都称颂汉宣帝是个有道明君，一致地同意了诏书，制定了仪式，用歌唱和舞蹈来颂扬汉武帝。

单单依照诏书办去还显不出大臣们的聪明和忠心来。他们就更进一步，建议给汉武帝多立庙宇。当年汉武帝曾经巡游过四十九个地方。他们建议在他到过的每一个地方建立一座庙宇。汉宣帝自己倒没想得这么周到。他听从大臣们的建议，吩咐他们一一照办。他对于关在监狱里的夏侯胜和黄霸一时里也想不出处理的办法，就让他们关下去吧。

夏侯胜和黄霸两个人关在一起，可以谈谈天，总算不太冷静。黄霸从小学习法令，他可痛恨酷吏。这会儿碰到了夏侯胜，正好向他请教，学点经书。他就请夏侯胜讲解经学。夏侯胜哈哈大笑，对他说："关在监狱里，快定死罪了，还想读经干么？"黄霸正经八百地说："老师，您也太小看人了。'早晨听到了道理，晚上死了也行。'我今天晚上还不一定死，为什么不能坐牢读经呐？"夏侯胜已经快九十了，见了这么一个"门生"，高兴得捋着雪白的胡子直乐。他就天天给黄霸讲解《尚书》，谈论着古代帝王和将相得失、成败的道理。

他们关了两年，才释放出来。以后他们还是继续研究《尚书》，有时候也喜欢谈论谈论历史上的人物。聊着，聊着，黄霸一不留神又聊到霍光头上去了。他说："大将军的权太大，他越来越专制了。"夏侯胜拦住他，说："谈谈古代的人吧。我们都年老了，犯不着再去坐牢。你要读经，还是在家里读吧。"

大臣们都知道霍光专制，哪儿知道霍光家里还有个专制的老婆呐。

96 霍家的败亡

霍光的原配夫人早死了。她只生了一个女儿，嫁给上官安做夫人，就是上官皇太后的母亲。霍夫人有个使唤丫头叫显儿，因为是霍家的丫头，她就叫霍显，还生了几个儿女。霍夫人一死，霍光把霍显扶正做了夫人。霍显还有个小女儿成君没出嫁。赶到汉宣帝即位，霍显就打算把成君送进宫里去，将来可以立为皇后。偏偏汉宣帝叫大臣们去找他的旧宝剑，他们就立许氏为皇后。霍显还不死心，她打算废去许皇后。

到了汉宣帝第三年，许皇后怀孕期满，快做产的时候，忽然害起病来

343

了。汉宣帝连忙嘱咐医生好好儿地给她看病、吃药,还叫女医淳于衍(淳于,姓;衍,名)进宫去伺候皇后。

女医淳于衍跟霍显原来有点来往。这次奉命进宫,到霍家去辞行,顺便托霍显替她丈夫在大将军跟前说几句好话,提拔提拔他。霍显抓住这个机会,对淳于衍说:"你们的事包在我身上,你们将来还能够大富大贵。可是我也有一件事儿托托你,不知道你肯不肯。"淳于衍说:"只要夫人吩咐,我一定尽力。"霍显咬着耳朵嘱咐了她一番,末了加上一句,说:"大将军统管天下,谁不怕他;天塌下了有地接着,什么事有我呐。"

淳于衍把附子捣成粉末,藏在口袋里,到宫里伺候许皇后去了。许皇后生下了一个女儿,也没有什么大病。只是产后乏力,吃点丸药罢了。丸药是由几个医生共同配成,由淳于衍伺候许皇后吞下去的。许皇后吞下了丸药,没有多少工夫,就觉得头痛,越痛越厉害。她含着眼泪,说:"怎么吃了丸药就这么不好受?难道里面有毒吗?"淳于衍安慰她,说:"不要紧,过一会儿就好了。"一面说,一面请医生们都来看病。医生们赶到,也查不出什么毛病。又过了一会儿,许皇后两眼一翻,咽了气。

汉宣帝亲自把许皇后入了殓,又是伤心又是怀疑。他正在悲伤的时候,有人上了奏章,说皇后突然去世,准是医生们的过失,应当从严追究。汉宣帝立刻批准,吩咐有关的官员查办医生。淳于衍和别的医生都被逮捕了。审了几堂,谁也不肯承认。审判官只好把他们都押在监狱里,每天提审。

霍显听到了这个消息,怕这么审问下去,淳于衍可能招供出来。她只好把前后的经过告诉了霍光。霍光听了,气得手脚冰凉,连着说:"你你你怎么不早跟我说?这这这要灭门的呀!"霍显哭哭啼啼地说:"事情已经到了这步田地,后悔也来不及了。还是请您想个办法救救全家的性命吧。"霍光想去自首,可又没有这份勇气。愁眉苦脸地核计了半天,他认为胳膊折了在袖子里,自己人有什么不好,还是包涵点儿,替娘儿们瞒下去吧。

他上朝见了汉宣帝,说:"皇后晏驾,想是天命如此。如果一定要惩办医生,恐怕有伤皇上的仁厚。再说,这些医生哪儿能这么大胆敢到宫里去下毒药呐?"汉宣帝听了大将军的话,就把淳于衍他们都免了罪。

天大的祸事过去了,接着是喜事临门。霍光得到了汉宣帝的允许,把小女儿成君送进宫去。汉宣帝失去了"旧宝剑",倒也喜爱"新宝剑"。过了一年,就立霍成君为皇后。

霍皇后的派头跟平民出身的许皇后大不相同。许皇后衣服朴素,待人接物小心谨慎,每五天一次到长乐宫去朝见上官皇太后,遵守孙媳妇的礼节。

霍皇后的服装、车马、仆从的阔气劲儿不必说了，就是上官皇太后也不在她眼里。论起娘家的辈分来，上官皇太后是霍光的外孙女儿，她还得称霍皇后为姨母呐。为这个，上官皇太后见了霍皇后，往往站在一边，对她特别恭敬。

女儿做了皇后，外孙女儿本来是皇太后，自己是废了昌邑王、立了汉宣帝的大司马大将军，霍光的威风就不用提了。可是不论他怎么威风，到头来也有个死。霍成君立为皇后的那一年，霍光害病死了。

汉宣帝在霍光临死的时候，就拜他的儿子霍禹为右将军，继承他父亲为博陵侯，封他的侄孙霍山为乐平侯，让他继承骠骑将军霍去病的血脉。汉宣帝虽然封了霍禹，可是不愿意他像霍光那样专权，就拜张安世为大司马车骑将军兼尚书的职司。打这儿起，汉宣帝亲自掌权。第二年，立许皇后的儿子为皇太子，封许皇后的父亲许广汉为平恩侯。他恐怕霍家不高兴，就封霍光的侄孙霍云为冠阳侯。这样，霍家有了三个侯，就是博陵侯霍禹、乐平侯霍山、冠阳侯霍云。

霍氏一家三个侯，还是不大满意，尤其是霍家的太夫人霍显。她指望着自己的女儿将来生个儿子就是皇太子，怎么汉宣帝偏偏这么心急立了许皇后的儿子呐？她觉得不够称心，可是人家背地里已经说霍家的权太大。御史大夫魏相早已请汉宣帝注意霍家的儿子、孙子、侄儿、侄孙、女婿、娘舅、外甥他们的行动。

霍家的威风劲儿不必说，就是霍家的奴仆们也够瞧的了。有一天，霍家的奴仆们跟御史大夫魏家的奴仆们碰上了。霍家的奴仆们吆喝一声，叫御史家的奴仆们让道。他们不让，霍家的奴仆们动手就打，一直打到御史府里面，还大叫大嚷地说要揍死他们。还是御史大夫亲自出来赔不是，吩咐自己的奴仆们向霍家的奴仆们磕头、谢罪，才算了事。可是御史大夫魏相并没因此丢了脸。老丞相一退休，汉宣帝就拜魏相为丞相，丙吉为御史大夫。

这么一来，霍太夫人着了慌。她到了宫里，偷偷地嘱咐女儿霍皇后毒死许太子，免得将来吃他的亏。霍皇后听了母亲的话，随身带着毒药，屡次请许太子吃饭，想趁个机会下毒。汉宣帝早已防着了。他嘱咐保母不得一时一刻离开太子；每次霍皇后请他吃饭，必须先由保母尝过，然后递给太子。霍皇后没法下手，只好背地里咬着牙咒骂。

汉宣帝留心观察，看出霍皇后有点古怪。他不但疑心霍皇后对太子不怀好意，还疑心到许皇后也许是给霍家毒死的。后来他也听到了宫廷内外三三两两地议论着霍家的厉害。他就挺秘密地跟丞相魏相商量着怎么对付霍家。

霍家掌握兵权的人真不少。汉宣帝怎么也得想办法把霍家压下去。外表上逐步把他们都升了级，实际上收回了他们的兵权。他把霍光的大女婿度辽将军范明友升为光禄勋，把霍光的第二个女婿中郎将任胜升为安定太守。过了几个月，又把霍光的另一个女婿，还有霍光的外甥女婿、霍光的孙子女婿等等一个一个调到外边去做太守或者做别的大官。末了，他拜霍禹为大司马，官衔跟他父亲霍光一样，可是不让他掌握兵权。汉宣帝拜他亲信的张安世为卫将军。所有未央宫、长乐宫和长安城的将士由许家(汉宣帝的丈母家)、史家(汉宣帝的外祖母家)的子弟来担任，由卫将军张安世作总管。

　　霍禹因兵权被夺去，告了病假，不去上朝。人家当然说他不好。霍禹、霍山、霍云他们还老听到有人控告霍家，虽然汉宣帝没查办他们，可是他们已经急得日夜不安了。他们就去告诉霍太夫人，还说："京都里纷纷地议论着，说许皇后是咱们毒死的，这打哪儿说起呀？"霍太夫人只好把他们领到内室，打开天窗说亮话，把淳于衍下毒的事说出来了。霍禹他们听了，不由得跺着脚，说："这这这怎么干出来的呀？"霍太夫人、霍禹、霍山、霍云都着急得像热锅上的蚂蚁似的，还是霍禹胆大，他说："先下手为强，后下手遭殃。干脆把皇上废了，才能够转祸为福。"

　　这时候又进来了霍光的一个女婿和霍云的舅舅的一个心腹。他们都是来报告祸事的。他们说："现在魏相和许广汉专权用事。请太夫人去请求上官皇太后，先想办法杀了这两个人，皇上就孤立了。然后再请上官皇太后下道诏书就可以把皇上废去。"他们就决定这么干。

　　不想这批粗里粗气的霍家人半夜里讲的话早已泄漏出去。那个献计的心腹和另一个霍家的门客都给逮了。还是汉宣帝照顾着霍家，不准难为霍家的人，也不追究下去。霍家知道了泄漏消息，更加着急。他们就约定霍家的女婿们准备一同起来谋反。可是他们还没发动，汉宣帝已经下了命令，把霍云、霍山免了职，让他们各回家去。霍家还不肯罢休，他们定了计策：由上官皇太后出面邀请汉宣帝的外祖母进宫喝酒，请丞相魏相、平恩侯许广汉作陪，嘱咐范明友他们突然打进宫去杀魏相和许广汉；然后请上官皇太后下诏书废去汉宣帝，立霍禹为皇帝。这是他们的如意算盘。可是他们的如意算盘又给汉宣帝探听出来了。

　　到了这个时候，汉宣帝才下了诏书逮捕霍家全族的人和亲戚。范明友得到了这个信儿，慌忙跑去报告霍山、霍云。霍山、霍云吓得魂儿出了壳。他们还没有工夫定一定神，就有几个家奴上气不接下气地跑来说："太夫人府上已经给士兵围住了。"范明友、霍山、霍云三个人知道逃不了啦，都服毒自杀。

霍太夫人、霍禹娘儿俩连服毒的工夫都没有，就给抓了去。霍太夫人不愿意多受罪，把淳于衍毒死许皇后、霍皇后藏毒药准备毒死许太子等等一股脑儿都招供了。审判完了，霍显杀头，霍禹腰斩。不但霍家灭了门，女儿、孙女儿、女婿、孙女婿等一概杀了，就是其他跟霍家谋反有关的几十家全都处了死刑。霍皇后当然废了。

汉宣帝灭了霍家，正想整顿朝政，宣扬文教，没想到不到一年工夫，有个使者叫冯奉世派人来报告，说他已经平定了莎车国的内乱，还送来了莎车国王的人头。这一下，倒把汉宣帝弄糊涂了。他并没发兵去进攻莎车国，这又是怎么回事呐？

97 国内要紧

西域各国早已结交汉朝，而且常有使者来往。汉宣帝曾经派奚充国为使者到莎车去，可还没回来。龟兹王和他的夫人来访问长安，汉宣帝送给他们许多礼物，还派使者护送他们回去。他们刚走，大宛的使者又到了。汉宣帝非常高兴。大宛的使者要回去的时候，汉宣帝叫大臣们推荐一个有才能的人护送大宛的使者回去。将军韩增推荐上党人冯奉世为使者。汉宣帝就吩咐冯奉世带着随从人员和礼物护送客人们回到大宛去。

冯奉世他们到了鄯善国，那边有汉朝的官吏和士兵，还有开荒的农民，就休息下来。就在这个时候，他们听到莎车王杀了汉朝的使者奚充国，还要联合西域各国一同反对汉朝。冯奉世仔细打听下来，才知道莎车起了内乱。原来乌孙公主有个儿子叫万年，他做了莎车的臣下。莎车王很喜欢他，把他送到长安去学习。后来莎车王死了，没有儿子。莎车国的大臣们想拿汉朝做靠山，同时又能够讨好乌孙国，就上书给汉宣帝要求万年做他们的国王。汉宣帝同意了，派奚充国为使者护送万年回到莎车国去。

万年做了国王，就有人不乐意。莎车王的兄弟呼屠征首先反对。他联络临近的部落，杀了万年和汉朝的使者奚充国，自己做了莎车王。呼屠征又派使者到天山南路各国，故意造谣，说："北路各国全都脱离汉朝，归附匈奴了。南路各国也应该跟莎车联合起来脱离汉朝。"其实，北路各国并没脱离汉朝，汉朝的使者郑吉正带着一部分人马在那边呐。可是南路各国害怕呼屠征，只好跟他订立盟约，反对汉朝。这样，汉朝的使者就不能通往鄯善以西的地方了。

冯奉世了解了这些情况，对他的副手说："要是不立刻去收拾莎车，西域各国都受了影响，以后更不能来往了。"他的副手也说："这么下去，不是博望侯的前功尽弃了吗？可是咱们得先向朝廷请示一下。"冯奉世说："这跟救火一样，哪儿等得及呐？"他就拿着汉朝的使节，假传汉天子的命令，向各国征兵。没有几天工夫，招集了一万五千人马，好像"救火"似的打进了莎车国。呼屠征没作防备，慌忙抵御，已经晚了。他急得想不出办法，只好自杀。莎车人献出呼屠征的人头，要求和好。冯奉世让他们另外立个国王。他一面派人带着呼屠征的人头向汉宣帝报告，一面打发各国的士兵回去，自己继续陪着大宛的使者到了大宛国。

大宛王知道冯奉世打败莎车国，杀了莎车王，也有点害怕，对他格外尊重，还送给汉朝几匹大宛的快马，号称龙马。西域各国也就不敢反对汉朝了。

冯奉世回到长安，向汉宣帝详细报告平定莎车国的经过，又奉上大宛的龙马。汉宣帝不用说多么高兴了。他对将军韩增说："你推荐冯奉世，果然不错。"他又叫丞相魏相他们商议，可不可以封冯奉世为侯。丞相魏相说："冯奉世很及时地平定了莎车，宣扬了皇上的威德，叫西域各国不敢背叛朝廷。这功劳可不小哇！可以封他为侯。"大臣们都附和着说："应当封侯，应当封侯。"

大臣当中有个名叫萧望之的出来反对。他说："不行，不行！冯奉世奉命出使西域，皇上仅仅吩咐他送回各国的使者，并没叫他去打仗。他假传命令，征调各国人马，自作主张，进攻莎车。虽然碰巧成功了，这种行动究竟不应该鼓励。如果封他为侯，那么以后出使各国的使者都可以拿这件事作为借口，贪图立功，在一万里以外的地方随便调兵，在各部族当中轻易开战，从此，国家就要多事，威声也就要扫地了。朝廷注重法令，万万不可助长这种风气。"

汉宣帝听一句，点一点头。丞相魏相也觉得萧望之的话有道理。汉宣帝只好叫冯奉世做光禄大夫，不封他为侯。

南路的莎车国刚平定，北路的车师国又出了事啦。汉宣帝原来派郑吉监督渠犁城（在新疆轮台和尉犁两县之间）和车师屯田的士兵。匈奴认为车师土地肥美，而且接近匈奴，如果让汉兵在那边屯田，将来粮食越来越多，对于匈奴是很不利的。他们就发兵去攻打车师。郑吉率领着渠犁城屯田的士兵七千多名去救。没想到匈奴的人马越打越多，郑吉的士兵不能对付。他们就退到车师城里，守在那儿。匈奴围攻了几次，没能够把车师城打下来，只好回去。过了些时候，匈奴又把车师城围住了。

郑吉派几个壮士杀出重围,飞快地把奏章传到长安,请汉宣帝多派一些屯田的士兵来。汉宣帝召集大臣们商议这件事。将军赵充国说:"车师离渠犁一千多里,怎么救得了?还不如快发大军去进攻匈奴右边的地区,让他们回头去救。这样,匈奴就不敢再在西域捣乱了。"汉宣帝一时下不了决心。丞相魏相上书,里面有一段说:

  匈奴曾经表示过好意,还把汉朝的人送回来。这几年来,也没侵犯过我们的边境。这会儿虽然为了屯田车师,发生了争端,那也用不着大惊小怪。现在听说将军们要发兵打到匈奴里面去,找一同愚昧,不知道这次是凭什么去打人家的。请再看看我们边疆上的老百姓。他们的生活十分贫困。羊皮、狗皮的衣服,父亲和儿子合着穿;野菜和草果,大家拿来当饭吃。这样的生活还怕过不下去,怎么还能够再动刀兵呐?而且战争以后,必有荒年。就算打了胜仗,恐怕以后的祸患会越来越多。现在国内年成不好,不是水灾,就是旱灾。郡县的长官大多不够称职,风俗、道德尤其可叹。现在大臣们不为这些大事情担心,反倒为了小小的争端,要发兵去向远方的部族出气,我怕灾难不在国外而在国内呀!

汉宣帝也觉得国内要紧。他听从了丞相魏相的劝告,暂时不去跟匈奴作战,只派长罗侯常惠带领着张掖和酒泉的骑兵把郑吉的军队和住在车师的人都移到渠犁去,立前车师王的太子为国王,守在那儿,原来车师国的地方就让给了匈奴。

汉宣帝拜郑吉为卫司马,保护鄯善以西的南路。他听了丞相的话,要好好儿地整顿朝政,任用贤明的官吏来治理国家。

98 称职的官吏

汉宣帝除了重用丞相魏相以外,还信任了卫将军张安世、大司农朱邑、水衡都尉龚遂、太傅疏广、少傅疏受、御史大夫丙吉等。这些大臣都是注重文教,不热心于用兵的。

卫将军张安世就是那个抚养汉宣帝的掖庭令张贺的兄弟。他不愿意人家知道他在朝廷上有势力,更不愿意被提拔的人知道是他提拔的。他曾经推荐过一个人,那个人到他家里去谢他。他恨极了,不再跟那个人来往。另外有一个臣下向张安世发点牢骚,认为自己功劳大,才干好,应当升职,要求他帮帮忙。张安世不但拒绝了他的要求,还把他批评了一顿。他说:"谁应该升职,皇上自然知道,做臣下的怎么可以不安心呐?"过了一个时期,那个臣下升了职,好像跟张安世无关似的。

张安世老想起霍光一家子的下场,虽说"树大招风,官大招祸",究竟由于自己得意忘形,自高自大,才遭了祸。所以他屡次三番地推辞爵位和俸禄。他夫人率领着家里七百个奴仆从事纺纱、织布。有这么多的奴仆替他们进行劳动生产,在当时他们还心安理得地认为是勤俭的大官呐。他们老两口子管束子弟比较严格,不准他们骄傲自大、荒淫奢侈。为这个,张安世算是汉朝善于保家的一个大臣。

大司农朱邑是庐江人。他曾经做过桐乡的长官,对待桐乡的老百姓相当宽和。他还老出去访问当地的父老和子弟。桐乡的老百姓都尊敬他,说他从来没骂过人,更没打过人。后来他做了北海太守,被评为第一个好太守。汉宣帝把他调到朝廷里拜他为大司农。大臣们见朱邑性情温和、衣食俭约,老把多余的俸禄救济有困难的亲友,说他是个老好人。他做了五年大司农,一直请汉宣帝注重农业,减轻百姓的负担。临死嘱咐他儿子说:"我喜欢桐乡的老百姓,桐乡的老百姓也不讨厌我。恐怕我自己的子孙还不如桐乡的老百姓那么想念我呐。你必须把我的灵柩运到桐乡去,葬在那边。"他死了以后,他儿子就把他葬在桐乡。果然,桐乡的老百姓跑来给他做坟,还给他立了个庙,每年祭祀他。

水衡都尉龚遂曾经为了昌邑王刘贺的事受了委屈。汉宣帝即位的时候,渤海遭受了饥荒,抢劫很多,郡守以下都没法治。丞相和御史推荐了龚遂,请他去做渤海太守。汉宣帝召他上朝,一瞧,原来是个七十多岁的老头儿,长得貌不惊人,又瘦又小。汉宣帝怕他不能称职,就问他:"老先生上任以后,准备怎么去处理盗贼?"龚遂说:"海边的人民离京师远,还没受到皇上的教化。他们遭受了饥荒,受冻挨饿,又没有称职的官吏去安抚他们,才不得已做了盗贼,好像皇上的小孩子在水汪子里玩弄皇上的兵器,哪儿能把他们看做真叛逆呐? 现在皇上问到我怎么去处理他们,我正想请示:皇上是叫我去剿灭他们,还是叫我去安抚他们呐?"汉宣帝说:"能够安抚当然安抚好。"龚遂说:"我听说,治理不守法的人正像解开纠了死扣子的绳子一样,不能太心急。有耐心,才能够成功。希望丞相和御史不要拿老一套的章程把我拘束住了。如果皇上能够信任我，让我有个便利，我相信坏人是可以变成好人的。"汉宣帝答应了，还给了他不少黄金。

龚遂到了渤海地界，渤海郡派兵来迎接他。他不愿意惊动老百姓，连忙吩咐他们回去。他刚一上任，马上下了一道命令，吩咐各县停止剿匪，开发粮仓救济贫民。命令上还说："凡是手拿农具的都是安分的老百姓，官吏不得难为他们；凡是拿凶器杀人的才是强人。"这么一来，贪污的和残酷的县官撤了职，贫民得到了一些粮食，渤海就安定下来了。龚遂还劝导农民耕地、种桑树、养鸡、养猪。他瞧见有人带着刀剑，就对他们说："你们都是好百姓，为什么不带耕牛带刀剑呐？"他耐心地劝导他们卖刀买牛。龚遂在渤海做了三四年太守，老百姓都有点积蓄，据说没有人打官司，监狱变成了谷仓。汉宣帝知道了龚遂把渤海管理得这么好，就拜他为水衡都尉。

太傅疏广、少傅疏受是叔侄，都是许太子的老师。他们两个人一直教许太子读《论语》和《孝经》。许太子到了十二岁的时候，这两本书才读熟了。也许因为许太子天资差些，也许因为疏广年老了，他们两个人都辞了职。疏广是老于世故的，为了适应当时的情况，他对疏受说："我听说：一个人能够知足，就不至于受到侮辱；能够及时退让，才不至于摔下来。现在咱们做了官、有了名望，要是老呆下去，恐怕后悔不及了。咱们还是回老家去吧。"疏受同意他叔父的话，要求汉宣帝让他们告老还乡。汉宣帝留不住他们，只好答应了，还送给他们二十斤黄金，许太子自己又加了五十斤。他们人缘好，送他们到城外的大臣和朋友的车马就有好几百辆。

疏广和疏受回到东海兰陵本乡，差不多天天招待着亲戚、朋友和老乡们，请他们吃饭、喝酒。看见老乡们有困难，就挺慷慨地帮助他们。钱用完了，就把七十斤黄金陆续卖去。族中的父老劝疏广他们节省些，也好给子孙留点财产。疏广说："你们以为我们真老糊涂了？我们这么帮助别人，准备把家产花完，正是为了照顾子孙。我们家里还有一点田地，只要子孙能够安心耕种，可以勤勤俭俭地过日子。子孙如果有出息，财产多了，就会消磨他们上进的志向；子孙如果没有出息，财产多了，反倒叫他们骄傲、奢侈。我们何苦留着这么多财产去害子孙呐？再说，这些金钱全是皇上赏给我们的，乐得跟亲戚、朋友、老乡们大家享受享受皇恩。"

御史大夫丙吉在监狱里救了汉宣帝。论起功劳来，张贺还比不上他。只是丙吉从来没向人家说过自己的功劳，连张贺也不知道详细的情形。汉宣帝出监狱的时候，还是个吃奶的婴儿，什么都不知道。以后长大了，他只知道张贺教养他，可不知道丙吉救了他的性命。刚巧有个抱过汉宣帝的老妈子上书,说明自己以前的功劳,要求皇上照顾照顾她。汉宣帝就问张贺。张贺说:"详细的情形只有御史大夫丙吉知道。"汉宣帝叫丙吉去认辨真假。丙吉见了那个女人,还能认识。他说:"你抱过皇上,也算不了什么。在监狱里轮流喂奶的赵大妈和胡大妈才有功呐。"汉宣帝马上下令叫丙吉去请两位大妈来。丙吉调查下来,才知道她们都过世了,可是都有子孙。汉宣帝赏了他们十万钱。然后他再细细地盘问那个抱过他的女人。他这才知道原来丙吉是他的救命恩人,当时就封丙吉为博阳侯。

除了魏相、张安世、朱邑、龚遂、疏广、疏受、丙吉等人以外,当时还有不少称职的官吏,像:张敞、王吉、盖宽饶、韩延年等等。汉宣帝信任这么多称职的臣下,还屡次下诏免去田租,减轻官差,提倡节俭,反对修建宫殿,对于四周围的部族也不像汉武帝那样专用武力。为了这个缘故,他被称为汉朝的一个开明君主。

尽管这样,文武百官的互相排挤,皇亲国戚的参与朝政,汉宣帝的得意自满,都给汉朝这个兴盛的局面带来了很大的损失。

99 杀害大臣

文武百官的互相排挤好像变成一种政治风气似的。除了像魏相、丙吉他们那样存心忠厚,肯赞扬别人的优点以外,一般的臣下,尤其是那些皇亲国戚,老喜爱鸡子儿里挑骨头,一旦发现别人脸上长个斑点,好像非把它说成毒疮不可。

官员当中最叫人眼红、又最容易受到攻击的是京兆尹。这是因为京兆尹是京师里的地方官,地位高,待遇好;可是皇亲国戚、朝中大臣都住在京师里,京兆尹容易得罪这些权贵。所谓"京兆尹难做",或者说"五日京兆",就是这个意思。除了汉昭帝时代的隽不疑能够善始善终以外,以后别的京兆尹差不多没有一个没遭到过控告的,有的降了职,有的丢了官,有的甚至于掉了脑袋。

张敞是河东平阳人,他做了京兆尹,管理长安有些成绩,行动相当谨慎。他怕人家攻击,不敢贪污腐化,更不敢去得罪皇亲国戚。他也不摆官架子,往往穿上便衣、拿着扇子,在长安街上溜达溜达,好像欣赏风景的诗人似的。有时候早晨起来，瞧见他夫人正在梳妆，就拿起笔来替她画画眉毛。他根本不想踩着别人的头往上爬，能够这么安分守己地过去，就够知足的了。哪儿知道他处处防备着别人攻击，皇亲国戚当中已经有人在汉宣帝面前告发他了。罪名是："行动风流、轻浮，有失大臣的体统。"汉宣帝亲自问他："有人告你替媳妇儿画眉毛。有没有这件事？"张敞回答说："闺房里面，夫妇之间，比画眉毛更风流的事儿还多着呐，难道光画画眉毛就算了吗？"汉宣帝听了，笑了笑，总算没办他的罪。

谏议大夫王吉听到了皇亲国戚控告张敞这件事，很生气。他瞧着汉宣帝宠任外戚（皇帝的丈母家和外祖母家的亲戚），外戚的子弟都做了官，还屡次升职，这些人差不多没有一个不荒淫、奢侈，目中无人的。他上了一个奏章，说：

> 现在做官的可以任命他们的子弟，这些子弟大多是不学无术、骄傲奢侈，对百姓一点没有好处。因此，我建议任命子弟的办法应当废除，有才、有德的人才能够替国家办事。为了照顾亲戚、朋友，皇上不妨多赏赐财物给他们，但是不要因为他们是亲戚、朋友就给他们做大官、占据高位。还有，奢侈的行为必须禁止，俭朴的品德要用心鼓励。

这时候，汉宣帝不但信任外戚，而且还学汉武帝的样，听了方士的话，到处修建庙宇。他看了王吉的奏章，认为他太古板了，不但不采用他的话，以后干脆不去理他。王吉碰了个软钉子，觉得自己在朝廷上是多余的了。他推说害病，辞官不干了。汉宣帝准他辞了职。

王吉走了；疏广、疏受两年前已经辞职了；卫将军张安世害病死了；丞相魏相年老体衰，好像也活不了多久了；西羌（部族名，住在附近湟水一带）又老来侵犯边界；外戚和宦官的权力渐渐儿大起来。在这种情况底下，汉宣帝还爱用刑法。这就引起了人们的不满。可是不满意尽管不满意，直话直说的人可不多。只有不怕死的人才敢批评汉宣帝。

有一个大臣叫盖宽饶，他是司隶校尉（专管巡察京师、供给劳役、捕捉盗贼的大官），他眼里揉不下沙子去，批评起人来，一点不留情。别说是皇亲国戚，就是皇帝有什么不是，他也一样要批评。在汉宣帝和那些奉承汉宣帝的人们的眼里他是个讨人嫌的刺儿头。他的朋友王生是懂得人情世故的，他劝告盖宽饶，对他说："人家既然不听你的话，你又何必多嘴呐？你老这么得罪有权有势的人，不但对他们没有好处，恐怕连你自己的命也保不住。

大丈夫固然应当直爽,这是好的。可是也不能太莽撞。可以受点委屈的时候不妨受点委屈,只要不厚脸无耻地去奉承人就是了。俗语说,'明哲保身'。我劝你不如放明白点,保保身吧。"

盖宽饶最瞧不起的就是那些只知道"明哲保身"的胆小鬼。他不听王生的劝告,愣头磕脑地上书给汉宣帝,其中有一段说:"现在圣道衰落,文教不振;把刑罚当作教化,把法令当作诗书。"他又说:"古书上说,'五帝把天下看成天下人的天下;三王把天下看成一家人的天下'。一家人的天下是传给子孙的;天下人的天下是传给圣贤的。"

汉宣帝看了,认为盖宽饶有意毁谤朝廷,就把他的奏章交给主管的大臣们去审查。他们用不着怎么审查盖宽饶的奏章,只要听听汉宣帝的口气就够了。他们商议了一下,都说盖宽饶瞧不起皇上,要他让位给别人,犯的是大逆不道的死罪。谏议大夫郑昌上书给汉宣帝,说:"盖宽饶是替国家担心,并不是有意地毁谤朝廷。他不计较自己的利害,很耿直地说出了他要说的话,为的是劝告皇上。皇上不理他也就是了,怎么能把他定罪呐? 我做了谏议大夫,不敢不说。请皇上开恩。"

汉宣帝不听郑昌的话,一定要把盖宽饶交给官吏去查办。盖宽饶明知道胳膊扭不过大腿,他可还不肯上公堂去。他走到宫殿门前,面向着汉宣帝的宝座,拔出刀来自杀了。宫殿外面的人们还真都替他掉眼泪,认为盖宽饶死得太不值了。谁想到比盖宽饶死得更不值的还有两个人。一个是韩延寿,一个是杨恽(yùn)。

韩延寿曾经做过颍川太守和东海太守。他修理学宫,拿礼义教导老百姓;减轻刑罚,表扬有德行的人。几年下来,在他管理的郡里打官司和坐监牢的人越来越少了。这时候,汉宣帝正宠信着左冯翊萧望之,把他升为御史大夫,就把韩延寿调到长安来接替萧望之原来的职司。韩延寿不但在京师里宣扬教化,还老到临近各县去视察。

有一回,他到了高陵县(在陕西省长安县东北)。县官正为了弟兄两个人争夺田产的案子没法判断。他趁着韩延寿到县里,就向他请教。韩延寿传两造到案,还邀请了几个街坊和他们的父兄来听审。老乡们听说上头派大员来审判案子,叫他们去旁听,还真去了不少人。大伙儿一见韩延寿出来,都把眼光集中在他身上。公庭里鸦雀无声,连自己的心跳也听得出来。那弟兄两个人哆里哆嗦地跪在地下,准备着京师里来的大员严厉地审问他们,办他们的罪。旁听的父老街坊们也替他们哥儿俩担心。

韩延寿瞧着这两个人,说:"兄弟如手足,应当相亲相爱。如果做哥哥的不爱护兄弟，做兄弟的不尊敬哥哥，怎么对得起父母呐？我做了长官，不能宣扬教化，反倒让兄弟亲骨肉为了一块土地互相争夺。我不怪你们不好，只怪我自己没尽到本分。"说到这儿，他的眼眶湿了。他接着说："起来，你们回去吧。让我先审查审查自己的过错。这件案子过几天再审。"他就闭着眼睛，好像还流着眼泪。那哥儿俩倒是忠厚朴实的庄稼人，他们听了韩延寿的话，脸早已红了。他们慢慢地站起来，瞧见韩延寿这个样子，连忙低下头去，心里像刀子扎着一样。他们不敢再看韩延寿了，就臊模搭眼地回过头去，偷偷地瞅了瞅他们的乡邻，正碰到父老们责怪的眼光盯着他们的眼睛。那个哥哥再也受不了啦。他流着眼泪对他的兄弟说："田给你。我不要了。"他的兄弟更加伤心，抽抽噎噎地说："哥哥别这么说了。田给你，我不要了。"旁边的人听了他们这两句话，有的抹眼泪，有的咧着嘴，其中有个父老对他们说："你们都能退让，事情就好办了。那块地不分，行不行？"他们谢过了韩延寿，回家去了。打这儿起，不但这弟兄两个相亲相爱，就是别的人也不敢再争吵了。

韩延寿用这一类的方法治理老百姓，据说在他所管辖的二十四个县里，监狱都是空的。他的名望大大超过了前一任的萧望之。萧望之听说自己比不上韩延寿，心里很不舒服。刚巧有人告诉他说韩延寿在做东海太守的时候，发放了公家的钱一千多万。萧望之就拿这个作为罪状告发韩延寿。韩延寿也把萧望之亏空公家一百多万钱的事揭发出来作为抵制。

汉宣帝正宠信着萧望之，就派人查办韩延寿。那些查办案子的人一味地奉承皇上，说韩延寿诬告萧望之，另外又查出韩延寿车马的装饰超出了制度，就把他判了死罪。汉宣帝批准了，把韩延寿送到渭城去受死刑。老百姓流着眼泪跟着韩延寿到法场去的就有好几千人，简直把道儿都堵住了。

韩延寿有三个儿子，都做了官。他们在法场上活祭他们的父亲，哭得非常伤心。韩延寿临死嘱咐他们，说："你们应当把我作为儆戒。千万别再做官了。"三个儿子葬了父亲以后，都辞官回乡。

杨恽是前丞相杨敞的儿子，也就是司马迁的外孙子。汉宣帝因为他首先揭发霍禹谋反，封他为平通侯。平通侯杨恽疏财仗义，廉洁无私，就认为自己了不起，不把朝廷上的一般大臣放在眼里。他不懂得什么"明哲保身"，也像盖宽饶一样，别人不敢说的话他敢说，别人不敢批评的人他敢批评。那些给他戳过肺管子的人就把他看成眼中钉、肉里刺一样，跟他结成了冤家。其中有个冤家向汉宣帝告发，说："杨恽曾经说过：'秦朝宠信小人，杀害忠良，以至亡国；要是秦朝能够信任大臣，也许今天还是秦朝的天下。过去的跟今天的比较起来，都是一鼻孔出气。'杨恽这么毁谤朝廷，失去做臣下的体统，应当办罪。"

汉宣帝看在杨恽过去的功劳上，免了他的死罪，让他做个平民。杨恽不但不感激天大的皇恩，从此小心谨慎，改过自新，他反倒满不在乎地回到老家，买了一些田地，做了富家翁，自得其乐地过着日子。他有个朋友叫孙会宗，是安定太守，写信劝告杨恽，说："做大臣的革了职，应当关着门省察省察自己的过错，表示又害怕又可怜的意思；不应当购买田地、结交朋友，还显出挺阔气的样子。"杨恽因为说了一句不识时务的话，受了这么重的惩罚，心里很不服气，就写回信给孙会宗，说：

> 我自己暗暗地想想，觉得我已经犯了很严重的过错，行为上有了很大的缺点，只好一辈子做个农夫算了。因此，我亲自带着妻子努力于耕地和养蚕。想不到还有人拿我这么干活儿作为因由再来讽刺我、议论我。一个人总有人情，不能压制的人情就是圣人也并不禁止。君王和父亲是最尊贵的了，如果他们过世了，带孝也有个满孝的日子。我犯了罪、罚做平民已经三年了，还要天天把自己看作罪人吗？庄稼人一年到头辛辛苦苦地干活儿，也应当让他们有个享乐的分儿。有时候，我就煮了些羊肉，喝点儿酒，自己慰劳慰劳自己。喝了酒，耳朵发热了，我就仰着头，敲着瓦盆，唱起歌来了：
> 南山去种地呀，
> 荆棘真难铲；
> 种了一顷豆啊，
> 落了些豆秆。
> 人生作乐吧，
> 富贵不希罕！
> 我的确是荒淫无度，不知道这有什么不可以呐？

杨恽写了这么一封回信，又得罪了孙会宗。刚巧碰到日食，就有人向汉宣帝告发，说这次日食完全是因为杨恽骄傲、奢侈，不肯悔过而促成的。孙会宗趁着这个机会把杨恽的回信拿出来给汉宣帝看。汉宣帝挂了火儿。廷尉就说杨恽大逆不道，应当腰斩。杨恽就这么给杀了。他的妻子充军到酒泉，跟杨恽相好的人包括孙会宗在内，也都革了职。

又有人上书，说京兆尹张敞也是杨恽的朋友，应当革职。汉宣帝不想马上惩办张敞，把他的案子暂时搁下。张敞照常办事，叫他的手下人絮舜整理公文。絮舜认为既然有人告发张敞,就不听他的命令,私自回家去了,还说:"京兆尹顶多再做上五天,我还听他的指挥干吗?"

张敞听到了,气得胸膛发疼。他宁可自己犯罪,也得拿他出一口气。他立刻把絮舜抓来,定了他的死罪,说:"五天的京兆尹怎么样?"当时就把他杀了。絮舜的家里人控告张敞,汉宣帝就把张敞罚做平民。可是张敞一走,京师里不断地发生抢劫,尤其是冀州,更乱得不成样子。汉宣帝派使者到张敞家里,请他去做冀州刺史。张敞还真有一套办法,没多久,他就把抢劫事件平了下去。

汉宣帝杀大臣很坚决,对于抵御外边的敌人,他可没有一定的主张。

100 赵充国和西羌

汉朝西边附近湟水一带的地方住着西羌族的人。他们以前是帮着匈奴的。自从汉武帝在河西建立了武威、张掖、酒泉、敦煌四个郡以后,砍断了匈奴的右胳膊,不让匈奴再跟西羌来往,还叫西羌人从这四个郡搬出去,不准他们再住在湟水一带。赶到汉宣帝即位,打发光禄大夫义渠·安国(义渠,部族名,当作姓用;安国,名)去察看西羌。义渠·安国也是西羌人,因为他祖父和父亲做了汉朝的官,他继承了他们的地位,还升为光禄大夫。西羌族当中人口比较多的有先零羌和罕开羌两部。先零羌听到义渠·安国来了,就打发使者去见他,请汉朝放宽禁令,让他们渡过湟水到汉朝这边来放牲口。义渠·安国替他们上书给汉宣帝。汉宣帝怕西羌借因头攻打进来,只好含含糊糊,召回了义渠·安国。

先零羌认为汉朝待他们太苛刻,义渠·安国又不肯帮他们的忙,就联合西羌各部,渡过湟水到汉朝这边来了。他们又派出使者绕道到匈奴去请他们帮助。将军赵充国得到了这个信儿,请汉宣帝派个将军带领兵马去防备西羌。汉宣帝就派义渠·安国带领两千骑兵再到西羌去察看。义渠·安国到了西羌,召集了三十多个先零的重要人物,把他认为最不老实的一些人全都杀了。接着,他把骑兵放出去,又杀了一千多人。

先零的领袖杨玉本来已经归向汉朝,封为归义侯。这会儿一见义渠·安国屠杀西羌人,他又是害怕又是愤怒。他的手下人也要他反抗汉朝。归义侯杨玉就率领先零士兵冷不防地打到汉营里来。义渠·安国一来没作准备,二来人马不过两千,被杨玉的军队打得落花流水。汉军扔了辎重、粮草、兵器,一口气逃到令居(属金城郡,在甘肃省平番县西北),守在那儿。义渠·安国火速派人向朝廷求救。

汉宣帝一想:将军当中只有赵充国最熟悉西羌的情况,可是他已经七十多了,恐怕不能再打仗。他叫御史大夫丙吉去问问赵充国派谁去最好。赵充国说:"要平定西羌,没有比我这个老头子再合适的人了。"汉宣帝问他:"老将军准备怎么样去打败西羌? 应当用多少人马?"赵充国说:"百闻不如一见。我到了金城,侦察了地形和西羌的情况,才能够决定计划。只要皇上用我,平定西羌是用不着皇上担心的。"汉宣帝笑了笑,说:"好吧。"

赵充国到了金城,带着大军很小心地渡过湟水,到了西部都尉府,就在那边把军队驻扎下来。先零羌也的确厉害,天天出来挑战。赵充国吩咐将士们只准守营、不准出战。他要用分化敌人的办法,去收服西羌。

先零羌跟罕羌、开羌本来是有仇恨的。前一些日子罕羌和开羌的领袖靡当儿派他的兄弟雕库来向汉朝的都尉报告,说先零羌准备反对汉朝。汉朝的都尉就把他暂时留下,一面派人去侦察。过了几天工夫,果然,先零羌起兵了,还跟罕羌、开羌讲了和、订了约,叫靡当儿也起来反抗汉朝。雕库的部下也有跟先零羌通声气的。汉朝的都尉就扣留了雕库,把他当作俘虏。

赵充国知道了这件事,马上放出雕库,安慰他,说:"罕、开并没背叛汉朝,你哥哥也不会上先零的当,你先来报告,不但没有罪,而且是有功劳的。你可以安心地回去,请你去传达天子的命令:大军到了这儿,只惩办犯法的人,别的人一点用不着害怕;谁逮捕犯法的人,谁都有赏:抓住或者杀死一个犯法的头等的豪强,赏四十万钱;中等的,赏十五万钱;下等的,赏两万钱;女子和老弱的,赏一千钱;乱党的财物全部赏给逮捕他们的人。"雕库听了这一番话,高高兴兴地回去了。

赵充国安排了罕、开那一边,还想用办法慢慢地去收服先零羌。他仍旧把大军扎住,不让士兵出去打仗。可是汉宣帝没有像他那么耐心。他又发了六万人马,驻扎在边疆上作为声援。

酒泉太守辛武贤上书,愿意帮助赵充国去打罕、开。他说:"只要带上三十天的口粮,从张掖、酒泉出发,两路夹攻罕、开,就说不能灭了罕、开,也能够掳掠一批牲口和妇女,然后回来过冬,明年再发兵去打,西羌准能吓得不能不来投降。"汉宣帝把辛武贤的奏章交给赵充国去研究,作出决定。

赵充国上书,说:"一匹马自己驮三十天的粮食,就得八十斗麦子、二十四斗米,还得装上衣服、兵器。驮着这么多东西的马很难追赶敌人。敌人见了大军,必然一步一步地往后退,汉军也只能一步一步地往前进。西羌到了山林里,守住山口、要道,再用骑兵来截断运粮的道儿,弄得我们进退两难,给外人笑话。辛太守想掳掠人家的牲口、妇女,这不是好计策。我认为不如安抚罕、开,专门对付先零。惩办顽强的,奖励悔过的。再挑选贤明的、能够尊重当地风俗的官吏去安抚他们,他们一定能够归向朝廷。现在先零羌当中离开杨玉来投诚的已经多起来了。这是保全军队、保证胜利、安定边疆最好的办法。请皇上放心。"

汉宣帝召集大臣们商议赵充国的奏章。大臣们大多都说:"先零兵多,加上罕、开的帮助,就更强了。先攻破罕、开,先零就容易收服了。"

汉宣帝就拜乐成侯许延寿为强弩将军、酒泉太守辛武贤为破羌将军,共同去进攻罕、开,还下了一道诏书责备赵充国,催他快点进兵。

赵充国第二次上书,请汉宣帝不要再派兵去,更不可去打罕、开。他说:"先零羌杨玉背叛朝廷,杀害官吏,罕、开羌并没侵犯过边疆,也没杀过汉朝的将士。我已经派罕、开羌雕库去宣扬皇上的威德,告诉西羌人:汉朝大军只惩办有罪的人,决不伤害良民。西羌人都知道朝廷是奖励好人、惩办坏人的。现在不去惩办有罪的先零,反倒去杀害无辜的罕、开,这哪儿是皇上的意思呐?只要惩办先零的头子,先零就可以平定下来,罕、开更不敢背叛朝廷了。"

汉宣帝再三考虑,觉得赵充国的话的确有理,就依了他的话,不再派兵去。赵充国还是只守不战。先零羌认为赵充国只是来防守的,就慢慢儿地松懈下来了。赵充国看准了机会,突然向先零羌打过去,杀得杨玉的兵马一败涂地,给汉军掳去了牛、羊十万多头,车四千多辆。赵充国打了胜仗,立刻把军队开到罕、开的地界驻扎下来,吩咐将士不准抢劫。罕、开欢迎汉军,靡当儿亲自到汉营里来见赵充国。赵充国拿上等的酒筵招待他,还送了他很多礼物,嘱咐他好好地治理罕、开百姓,不可反对汉朝。靡当儿这才放了心,诚心诚意地跟汉朝和好。

赵充国联络好了罕、开,又回到先零。他向汉宣帝报告经过,汉宣帝派破羌将军辛武贤为副将去帮助他。这时候,先零羌投降汉军的已经有一万多人了。赵充国一见先零羌来投奔的越来越多,就改变策略。他要用步兵屯田的办法来代替骑兵的进攻。

他第三次上书,说:"大军远在外地,每天所费的粮食和草料已经不少了;要是老这么守着,不但耗费财物,而且士兵、民夫也都太苦了。西羌只能用恩德去收服,不能用兵力去消灭。这儿可以开垦的土地有两千多顷,我愿意撤退骑兵，单单留下一万步兵，一面耕种，一面防守，西羌就能够这么平静下去的。"

汉宣帝又召集大臣们商议屯田的事。大臣们反对屯田的占多数。汉宣帝还是吩咐赵充国赶紧进兵。他说："依照将军这个办法，什么时候才能够把西羌的头子杀了呐？什么时候才能够得胜回朝呐？"

赵充国第四次上书，说明利害。他说："西羌的风俗和习惯虽然跟中原的不一样，可是爱护亲戚、害怕死亡，尊敬好人、痛恨坏人，喜欢利益、躲避灾害——这些跟汉朝人完全一样。西羌一共只有五万人，除了在战场上打死的以外，前前后后投降的就有一万多人。我们陆续把他们放回去，叫他们去劝告亲戚、朋友来归附的也有七十起了。现在跟着杨玉反对朝廷的不过七八千人左右。听说他们每天还有饿死的和逃亡的。只要我们一面屯田防守，一面劝化他们，西羌是能够听从朝廷的。"

汉宣帝就吩咐辛武贤仍旧回到酒泉去做太守，把各路骑兵都撤回来，只留下赵充国屯田的步兵。果然，杨玉的手下人若零、弟泽他们杀了杨玉，率领四千多人到这边来了。汉宣帝把若零和弟泽两个首领封为王，把另外几个重要的人封为侯；又在金城地方设置"金城属国"，让投奔汉朝的西羌人住在那边，还叫西羌人自己推荐几个人为"护羌校尉"。这么着，西羌那边完全安定下来了。汉宣帝吩咐赵充国和屯田的士兵都撤回来，把那些开垦了的土地全都给西羌人自己去耕种。

赵充国告老还乡。丞相魏相向汉宣帝承认自己的错误，说他当初没支持过赵充国。原来赵充国第一次上书的时候，十个人当中赞成他的主张的只有两三个；第二次就有一半人赞成他了；最后，十个人当中已经有八个赞成他了。

西羌那边稳定下来了，匈奴听到了这个消息，更不敢侵犯汉朝了。

101 功臣画像

匈奴自从壶衍鞮单于即位（见第 91 篇）以来，贵族争权，国内不团结，越来越衰落了。赶到壶衍鞮单于一死，匈奴出了五个单于，互相攻打，根本没有力量再跟汉朝作对。其中有个单于叫呼韩邪，他杀了一个主要的敌手，又打败了别的几个单于，差不多可以统一匈奴了。想不到呼韩邪单于的哥哥自立为郅支单于(郅 zhì)，又打起来了。

郅支单于兵力很强，他杀了另一个单于，回头又来攻打他的兄弟呼韩邪单于。呼韩邪单于因为连年打仗，已经死伤了不少人马，这会儿又打了几个败仗，不知道怎么办才好。

匈奴的大臣左伊秩訾王(訾 zǐ)替呼韩邪单于献计，劝他去投靠汉朝。他说："得到了汉朝的帮助，才能够平定咱们的内乱。"呼韩邪单于问大臣们可不可以这么办。多数的大臣说："不行。咱们一向以战斗出名，临近的部族哪一个不知道咱们的威名？现在弟兄之间互相争夺，就算死了哥哥，还有兄弟，子孙仍旧可以做首领。汉朝虽说挺强，究竟不是匈奴。咱们投靠汉朝，明明是违反古代的制度，丢祖宗的脸，给列国笑话。即使投靠了汉朝，能够暂时安定一下，可是怎么还能够做各部族的领袖呐？"

左伊秩訾王说："话不是这么说的。一个国家有时候强、有时候弱，情况就有变化。现在汉朝正强盛，乌孙、城郭这些国家都做了汉朝的臣下。咱们自从且鞮候单于以来，一天天地衰落下去，一时不能再兴起来。虽然勉强支持着，可是没有一天安定的日子。现在摆在面前的只有两条路：投靠汉朝就能安定；不投靠汉朝就灭亡。要想生存，没有比投靠汉朝更好的办法了。"

大臣们议论了好久，不能决定。呼韩邪单于听从了左伊秩訾王的话，决定结交汉朝。他带领着部下，到了南边，先派他儿子右贤王去伺候汉宣帝，还要求汉朝让单于到长安来会见中原皇帝。

汉宣帝召集大臣们商量着用什么仪式去接待呼韩邪单于。丞相、御史认为匈奴是夷狄，单于的地位比不上诸侯王。他来会见，就应该用比接待诸侯王低一等的仪式去接待他。太子太傅萧望之不同意这种说法。他说："匈奴是一个国家，单于并不是中国的臣下。他的地位比诸侯王高。他是第一个来归向中国、亲自到我们这儿来的单于，朝廷应当奖励他，不要把他当作臣下看待。咱们能够这么有礼貌地对待匈奴，别的部族也就容易结交了。"

汉宣帝采用萧望之的主张，下了一道诏书，说要像招待贵宾一样地去招待匈奴单于，他的地位在诸侯王之上，让他称为外臣，可是不必像臣下那样在皇帝面前叫自己的名字。

公元前51年(甘露三年)正月，匈奴呼韩邪单于亲自来会见汉宣帝。汉宣帝打发使者送给他一套最讲究的衣帽、一颗金印、一把宝剑、一张弓、四支箭、十支戟、一辆头等的车子、十五匹马、二十斤黄金、二十万钱、七十七套衣服、八千匹绸缎、六千斤丝绵。使者举行了赠送礼物的仪式以后，就迎接单于到了长平(在泾水的南边,离长安50里地)。

汉宣帝也到了长平,请呼韩邪单于到建章宫相见,还下了道诏书,说明:会见的时候,请单于不要下跪,单于的大臣们都可以列席。到时候,各部族的君长、王侯等一块儿去迎接呼韩邪单于,到渭桥的就有几万人。汉宣帝上了渭桥,大伙儿全都高呼"万岁"。呼韩邪单于先到了长安公馆里,然后再到建章宫去参加盛大的宴会。汉宣帝送了不少礼物给单于,又请他参观了各种珍宝。

呼韩邪单于和匈奴的大臣们在长安住了一个月。到了二月里,他们准备要回去。呼韩邪单于向汉宣帝请求,让他们住在漠南光禄寨一带(在从前九原城北边),万一郅支单于再来攻打,可以守住受降城。汉宣帝答应了,还派长乐卫尉高昌侯董忠、车骑都尉韩昌带着一万六千骑兵护送单于到了漠南,吩咐他们留在那儿帮助单于。这时候,匈奴正缺少粮食,汉朝送了不少粮食去救济他们。前后送去的共有三万四千斛。匈奴人见到呼韩邪单于得到了汉朝的帮助,都不敢不服他了。

郅支单于也怕汉朝帮着呼韩邪单于去打他。因此,呼韩邪单于派他儿子来伺候汉天子以后,郅支单于也打发自己的儿子来伺候汉天子。后来他带领着部下往西去,离匈奴故城七千多里。他还不断地打发使者来访问汉朝。

呼韩邪单于十分感激,一心跟汉朝和好不必说了,就是西域各国也都安定下来。以前乌孙以西直到安息这些地方的部族,凡是接近匈奴边界的都害怕匈奴,小看汉朝。这会儿他们一听到匈奴跟汉朝和好,呼韩邪单于还亲自到长安会见了汉朝的皇帝,他们就都派遣了使者来跟汉朝打交道。汉宣帝不用说有多么高兴了。

汉宣帝认为要是汉朝没有这么多立过大功的臣下,怎么能够结交这许多的部族呐?他就把以前的和现在的功臣一个一个地回想了一番,其中挑出他认为功劳最大的十一个人,吩咐画工参考各种材料,再凭着自己的想像把他们都画在麒麟阁上。每一个画像底下写上他的官爵和姓名。只有一个功臣最不好办,那就是霍光。论他的功劳,谁都比不上;论国家的法令,他们家是灭了门的。大功臣在历史上不能不给他一个最高的地位;大罪人又不应该传扬后世。他的画像底下,汉宣帝就叫单写官爵和姓,可是不写出名字。那十一个功臣前后次序如下:

1. 大司马大将军博陆侯霍氏,
2. 卫将军富平侯张安世,
3. 车骑将军龙额侯韩增,
4. 后将军营平侯赵充国,

5. 丞相高平侯魏相,
6. 丞相博阳侯丙吉,
7. 御史大夫建平侯杜延年,
8. 宗正阳城侯刘德,
9. 少府梁邱实(梁邱,姓;实,名),
10. 太子太傅萧望之,
11. 典属国苏武。

这十一个人当中,只有萧望之还活着。按理说,他应该排在最后,怎么反倒排在苏武的前面呐? 苏武的威名,不但匈奴知道,别的部族也都知道。他在世的时候,做典属国,专门管理招待外宾的事。他跟匈奴夫人生的那个儿子苏通国早已回到汉朝,做了郎官。国内、国外的人都佩服苏武,认为他是个了不起的人物。现在麒麟阁上倒把他排在末一名。有人说,正因为他是个最出名的人,才这么安排,好让外人见了,觉得像苏武那样的人物还只能放在末一名,就更不敢小看中国了。

汉宣帝纪念功臣,还提倡文教,立当代出名的一般儒生为博士,研究《易经》、《尚书》和《春秋》。他希望国内太平,国外不再发生事变。忽然有一天,乌孙国派使者来报告,说大昆弥(乌孙王称为昆弥,正像匈奴王称为单于一样)元贵靡死了。他奉上乌孙公主的一封信,说她年老体弱,想回到本国来,愿意死在本国,葬在汉朝的土地上。汉宣帝见了这封信,对乌孙公主倒是挺同情的,就打算让她回来。

102 女 使 者

乌孙公主是楚王刘戊的孙女,名叫解忧,也叫楚公主。乌孙王岑陬军须靡(岑陬,王号;军须靡,名)娶了江都公主为夫人(见第 81 篇)以后,向着汉朝。过了几年,江都公主害病死了,岑陬要求继续跟汉朝和亲。汉朝就把楚公主解忧嫁给他。后来岑陬害了重病。他临死的时候,想起解忧虽然没生过孩子,好在自己已经有了个儿子,叫泥靡,就是年纪太小,还不能够管理国家大事。他就把他儿子泥靡托付给他的从兄弟翁归靡,嘱咐他代理泥靡为王,等到泥靡长大了,再把王位还给他。翁归靡完全同意,保证按照他哥哥的吩咐,好好地抚养侄儿,管理乌孙。军须靡一死,翁归靡即位,做了乌孙王。

翁归靡就依着那时候的风俗,把楚公主解忧接过来,立她为夫人。楚公主解忧只好依从乌孙的风俗,跟翁归靡做了夫妻。两个人年龄相当,感情也还不错。楚公主解忧生了三个儿子、两个女儿,还把他们都养大了。大儿子叫元贵靡,留在国内;二儿子叫万年,曾经做过莎车王(见第97篇);小儿子叫大乐,做了乌孙国的大将。后来翁归靡上书给汉宣帝,说明他一心一意地结交汉朝,愿意立楚公主解忧所生的儿子元贵靡为太子,还要求给太子娶个汉朝的公主,这么着,亲上加亲,世世代代向着汉朝。汉宣帝本来主张和亲,就同意了。他在宗室里挑个公主,派光禄大夫常惠带着一份挺阔气的嫁妆,把新娘送去嫁给乌孙的太子元贵靡。

常惠他们到了敦煌,就接到乌孙方面来的信儿,说翁归靡死了,军须靡的儿子泥靡即位做了乌孙王。常惠把新娘留在敦煌,一面派人向汉宣帝去报告,一面拿着使节亲自到了乌孙,责备他们不该废了太子元贵靡。乌孙的大臣们都说岑陬原来嘱咐翁归靡传位给泥靡,按理不能立元贵靡为王。常惠没有话说,只好回到敦煌。他再上书说明理由,准备把新娘送回来。汉宣帝也只好同意了。

泥靡做了乌孙王,就把楚公主解忧接过去做了他的夫人。解忧又生了个儿子。到了这个时候,解忧已快老了,可是泥靡正在壮年,两个人合不到一块儿。泥靡性情急躁,行动粗暴,乌孙人把他叫作"狂王"。可巧汉朝的使者魏如意到了乌孙,解忧偷偷地把狂王的行为告诉了使者,叫他用计策废去狂王,再立她的儿子元贵靡为乌孙王。魏如意同意了。他布置了埋伏,嘱咐卫士们听他的指挥。接着就请狂王泥靡过来喝酒。泥靡万没想到汉朝的使者会去害他,就骑着快马来了。他进了使者的帐篷,挺高兴地喝酒。魏如意向泥靡敬了酒以后,做个暗号,汉朝的卫士忽然拔出宝剑向泥靡刺去。泥靡眼快,把身子一躲,可是已经受了伤。他冲出帐篷,跳上快马,逃到别的地方去了。

汉朝的使者就说他是奉了汉朝天子的命令来惩办狂王的。乌孙的大臣们这时候也觉得泥靡失了民心,都没说话。哪儿知道狂王泥靡的儿子召集了手下士兵,把乌孙的都城赤谷团团围住。乌孙的大臣立刻派人去向西域都护郑吉求救。

郑吉原来做了卫司马,保护着鄯善以西的南路(见第97篇),后来他做了西域都护,督察康居、乌孙等三十六国。这时候,他的兵马驻扎在乌垒(在新疆策特尔地方)。他一听说乌孙起了内乱,就从乌垒发兵,到了赤谷,依了乌孙大臣们的要求,把狂王泥靡的儿子轰走。他给汉宣帝报告事情的经过,自己又回到乌垒去了。

汉宣帝召回魏如意，办他假传命令的大罪，另外派个使者带了医生和药品去替泥靡治伤，送他不少礼物，仍旧让他做乌孙王。泥靡的伤本来不重，经过医生一调治，很快地就好了。他很感激汉朝，欢送使者回去替他向汉宣帝道谢。一场内乱，满想从此了结。

哪儿知道翁归靡的儿子乌就屠住在北山，招集了部下，声势浩大。他趁着泥靡出来的时候，突然把他杀了，自己立为乌孙王。汉朝既然承认泥靡为乌孙王，乌就屠又不是楚公主解忧生的，就不承认他。汉宣帝吩咐破羌将军辛武贤带着一万五千骑兵到了敦煌，准备去责问乌就屠。西域都护郑吉听到了这个消息，恐怕辛武贤的军队老远地去进攻，不一定能够一帆风顺，还不如派人去劝乌就屠让位，免得两国交战，人民遭殃。他就打发一位女英雄为使者去见乌就屠。

那位女英雄叫冯嫽(liáo)，西域各国都知道她，称她为冯夫人。冯夫人原来是楚公主解忧的随身丫头，不但聪明伶俐，而且知书达理，办事能干。她跟着楚公主到了乌孙，不到几年工夫，就学会了西域的语言、文字和风俗、习惯。楚公主曾经叫她拿着汉朝的使节去慰问邻近各国，把汉朝的礼物送给好几个国王。她每到一个国家，都受到欢迎。西域人见她又大方又对人亲热，已经够佩服了，跟她一聊天，连翻译都用不着，更把她当作自己人看待。乌孙的右大将见了这么一个多才多艺的大美人儿，就想法向她求爱。冯嫽见他长得英俊，也挺喜欢。楚公主解忧就把她嫁给右大将。两口子非常恩爱，不是骑着快马出去打猎，就是手拉着手一块儿溜达。乌孙的风光好像都给他们俩占了。

右大将跟翁归靡的儿子乌就屠本来是好朋友，冯夫人也把他当作自己人看待。三个人一块儿出去打猎也是常有的事。后来乌就屠到了北山，还老向右大将和冯夫人问好。这会儿乌就屠暗杀了狂王泥靡，自立为王，汉朝派人去责问，西域都护郑吉就派冯夫人去劝告乌就屠别跟汉朝作对。冯夫人接到了郑吉的命令，立刻到北山去见乌就屠。

乌就屠见了冯夫人，很高兴，问她："什么风儿吹来的？"冯夫人挺正经地说："东风，从敦煌吹来的，来吹醒聪明人的糊涂脑袋。"乌就屠听了，不由得一愣。他说："难道出了什么事儿啦？"冯夫人说："汉兵已经到了敦煌，想必您早已知道了。您自己估计能不能跟汉兵交战？"乌就屠搭拉着脑袋，自言自语地说："恐怕不行。"冯夫人说："我说您是个聪明人。您听从汉朝的命令，难道汉朝会给您亏吃吗？何必自己找麻烦呐？"乌就屠说："我也不敢自作主张去跟汉朝作对。如果汉朝能够给我一个封号，哪怕是一个小封号，那我也愿意归附汉朝。"冯夫人说："您放心。我替您说去。"

冯夫人回去，把详细的情况回报了西域都护郑吉，郑吉就上个奏章把冯夫人劝告乌就屠的经过向汉宣帝报告了。汉宣帝要详细了解乌孙内部的情况，当时就召冯夫人到京都来。过了好些日子，冯夫人才到了长安上朝拜见汉宣帝。汉宣帝详细问她西域的情况，冯夫人回答得有条有理，还挺动听。汉宣帝觉得这个女人简直比一般大臣还强，就正式派她为汉朝的使者，还叫两个大臣做她的副手，听她的指挥。接着汉宣帝又派光禄大夫长罗侯常惠去立元贵靡为大昆弥，立乌就屠为小昆弥。

冯夫人他们到了赤谷城，常惠也到了。乌就屠还真留在北山等候消息。冯夫人他们到了北山，带着乌就屠到赤谷城来见常惠。常惠宣读诏书，立元贵靡为大昆弥，立乌就屠为小昆弥，划分地界和居民，给大昆弥六万多户，小昆弥四万多户。

过了两年，大昆弥元贵靡害病死了，他儿子星靡即位。楚公主解忧已经快七十了。她向汉宣帝上书，要求回国。汉宣帝觉得她怪可怜的，就派人把她接到京都来。冯夫人舍不得离开楚公主，也跟着她回来了。又过了两年，楚公主解忧死了。冯夫人不但为了楚公主挺伤心，还为了她的孙子大昆弥星靡担着一份心事。

原来冯夫人回到长安以后，老打听着乌孙的消息。她一听说星靡软弱无能，恐怕给小昆弥乌就屠欺负，就上书给汉宣帝，请允许她作为使者，再到乌孙去，免得大小昆弥再打起来。汉宣帝就又派她为使者，还给了她一百名骑兵护送她到乌孙去。星靡得到了冯夫人的帮助，总算平安无事。

就在这个时候（公元前49年，黄龙元年），汉宣帝害了重病。他拜外戚史高为大司马车骑将军，太子太傅萧望之为前将军，太子少傅周堪为光禄大夫，把后事托付给这三个大臣。他死的时候才四十三岁。

103 外戚和宦官

汉宣帝死了以后，太子即位，就是汉元帝。汉元帝立王政君为皇后，封王皇后的父亲王禁为阳平侯。

阳平侯王禁有四个女儿、八个儿子。大儿子叫王凤，第二个是女的，就是王政君。王政君还有个妹妹和一个叫王崇的兄弟。这四个人都是王禁的正夫人生的。王禁有几个姨太太，她们生了六个儿子、两个女儿。王政君做了皇后，父亲封了侯，王家的子弟就阔起来了。可是这时候，他们还没抓到大权。朝廷上地位最高的是大司马史高，其次是前将军萧望之和光禄大夫周堪。大司马史高全仗着皇亲的关系做上了大官，自己可没有什么本领。朝廷大事多半由萧望之和周堪拿主意。再说他们两个人都是汉元帝的老师，汉元帝格外信任他们。史高只好退居下风，做个有职无权的大官。萧望之又推荐了刘更生（楚王刘交的玄孙）和金敞（金日䃅的侄孙）给汉元帝。四个人同心协力地辅助着汉元帝，劝他注重文教，减轻捐税。汉元帝倒也能够听从他们的话。史高就更觉得自己没有势力了。他结交宫里的两个宦官一块儿去对付萧望之他们。

那两个宦官，一个叫弘恭，老是拱肩缩背的，个儿又小，活像一只瘦猴，一个叫石显，肥头大耳朵的，长相十分体面。他们原来是汉宣帝宫里的内侍。汉宣帝看到霍光一家子灭了门，就想到大臣掌了权，已经不容易对付，再加上他们的子弟、女婿和子弟、女婿的子孙都做了官，那一家子的势力就会更大。为这个，他认为还不如任用一些不能娶媳妇儿的单身汉。他们没有子孙，也没有女婿外孙子，就不必怕他们变成像霍家那样的大家族了。汉宣帝这才重用了两个宦官，叫他们随身伺候他，替他管理管理大臣们的奏章和别的公文。瘦子弘恭就这么做了中书令，胖子石显做了仆射。汉宣帝也算是个精明的君主，他们在他的手底下还不敢为非作歹。汉元帝的才能远远比不上他的父亲。说他是个糊涂虫吧，有时候他也很懂道理；说他懂道理吧，有时候他可糊涂透了顶。他不但不能利用弘恭、石显，反倒被弘恭、石显所利用。这么干，朝廷上不闹乱子才是怪事。

宦官弘恭和石显正想结交外戚，树立私党，恰巧大司马史高找上门来。他们就串通一气，想法轰走萧望之他们，把朝廷大权抓在手里。

弘恭、石显见刘更生老劝告汉元帝亲近君子，远离小人，多么讨人厌！他们就跟史高商量停当，趁着外边需要人的时候，向汉元帝推荐刘更生，把他调出去了。萧望之暗暗着急，赶紧想办法去找个能做谏官（劝告皇帝别做坏事的官）的人。刚巧有个会稽人郑朋上书给汉元帝，说是车骑将军史高派人在外面勒索贿赂，许、史两家子弟横行不法，欺压百姓。汉元帝把郑朋的控告书给光禄大夫周堪看。周堪请汉元帝让郑朋暂时住在金马门（相当于现在的招待所）等候召见。

郑朋还想巴结萧望之，写了一封信给他，把萧望之比成周公、召公、管子（管仲）、晏子，还说如果有用得着他的地方，他就是做猪做狗也乐意。萧望之挺诚恳地接待了他,准备向汉元帝推荐,可是他恐怕郑朋只是能说会道,未必真有德行,就派人去调查一下。调查下来,才知道郑朋是个作恶多端的小人。郑朋满想马上可以升官发财,没想到等了好些日子,总没有消息下来,就再去求见萧望之和周堪,可是都被拒绝了。

郑朋一见此路不通,大失所望。他就改变主意,去投靠许、史两家。许、史两家听说郑朋这小子向汉元帝告发他们,又去巴结萧、周两家,正把他恨到骨髓里去了。郑朋向他们起誓发愿地说:"上次我实在是上了周堪和刘更生他们的当。都是他们不好,教我这么做的。现在我后悔得了不得,情愿将功折罪,做猪做狗也干。"

他们就把郑朋收留下,还把他引荐给汉元帝。郑朋拜见了汉元帝,得意洋洋地出来,向许、史两家吹牛,说:"我在皇上跟前揭发了前将军(就是萧望之)五个小过、一项大罪。"许、史两家听了,非常高兴,把他当作心腹。

还有一个不问是非、只想做官的人,叫华龙。他去投奔周堪。周堪知道他是个无赖,没用他。他就钻到许、史那一边去了。他们把他和郑朋联在一块儿,帮助他们结交弘恭、石显。弘恭、石显就叫郑朋和华龙向汉元帝上书,告发周堪和刘更生,说他们树立私党,排挤许、史两家。汉元帝看了,交给弘恭、石显去查问。

萧望之气得什么似的。他说:"外戚占了高位,子弟骄横不法。周堪、刘更生忠心耿耿,他们不奉承外戚,可并没有什么坏主意。"

弘恭、石显向汉元帝报告,说:"萧望之、周堪、刘更生欺蒙皇上,毁谤大臣,离间皇亲,一心想把大权抓在自己手里。依我说,应该把他们都交给廷尉去查问。"汉元帝压根儿不知道"交给廷尉"是什么意思,他也不好意思问问清楚什么叫做"廷尉",就糊里糊涂地答应了。弘恭、石显传出命令去,把萧望之他们三个人下了监狱。

过了一会儿,汉元帝有事情要跟周堪和刘更生谈谈,叫弘恭、石显去召他们来。弘恭、石显回答说:"他们已经关在监狱里了。"汉元帝大吃一惊,连着说:"怎么? 怎么? 谁把他们关在监狱里的?"弘恭、石显磕头,说:"皇上不是下了命令把他们交给廷尉了吗?"汉元帝这会儿可懂了,他说:"不是叫廷尉去问问他们吗? 谁叫你们把他们下了监狱? 快把他们放出来!"

弘恭、石显出来,一直跑到大司马府中,跟史高商量了一下。史高就去见汉元帝,对他说:"皇上刚即位,全国的人还不知道皇上的威信。这会儿把以前的太傅、少傅下了监狱,人家总以为那一定是因为他们有罪。要是马上让他们官复原职，反给人家议论。还不如暂时免了他们的官职，将来再说吧。"汉元帝就糊里糊涂地下了一道诏书，让萧望之、周堪、刘更生去做平民。

公元前47年（初元二年）二月里，陇西发生了地震，城墙、房屋塌下来压死了不少人。七月里又来了一次地震。汉元帝害怕了。他认为这一定是因为他轰走了老师，得罪了上天。他就封萧望之为关内侯，又召周堪和刘更生回来，打算拜他为谏大夫。弘恭、石显急得不得了，连忙对汉元帝说："这两个人已经受了惩罚，做了平民，要是再重用他们，反倒显出自个儿的错处来。"汉元帝不作声。弘恭、石显知道再拦也拦不住，就说，"就是要用他们，也不能一下子升为谏大夫，叫他们做中郎也就是了。"汉元帝捏在两个宦官手里，就依了他们，叫周堪、刘更生都做了中郎。

有一次，汉元帝同手下人随便谈谈，说他打算拜萧望之为丞相。弘恭、石显听到了这个消息，急急忙忙地去跟许、史两家商量。他们死也不能让萧望之做丞相。

他们的鬼主意给刘更生探听出来了。他一定要告发弘恭和石显，可是又怕人家说他是跟萧望之同党的。他就托他的一个亲戚出面，上书给汉元帝，劝他去了宦官，重用萧望之。上书的事给弘恭、石显知道了。他们疑心是刘更生出的主意，就请汉元帝追究上书的人。汉元帝自然又同意了。上书的人受不起吓唬，都供出来了。刘更生又一次被罚做平民。

萧望之的儿子萧伋（jí）也上书给汉元帝，说上次他父亲无缘无故地下了监狱，这个冤枉得查查。汉元帝叫大臣们商议这件事。大臣们大多奉承有权有势的人。他们说："萧望之有了过错，自己不反省，反倒叫儿子上书替他辩护，有失大臣的体统，应当把他交给廷尉。"这会儿汉元帝已经知道"交给廷尉"是什么意思了，就说："太傅性子刚强，万一寻了短见，怎么办呐？"弘恭、石显说："谁都爱惜自己的性命。太傅并没有什么大罪，干么要自杀呐？"汉元帝只好答应。

弘恭、石显得到了汉元帝的允许，就派武士们把萧望之的房子围住，又派使者作威作福地叫萧望之去受审。萧望之没了主意，问了问自己的门生朱云该怎么办。朱云重视名节，他劝老师不如自尽。萧望之仰天叹着说："我曾经做过将相，现在已经六十多了，再到监狱里去受侮辱，还不如死了好。"他就喝了毒药自杀了。

汉元帝一听到萧望之自杀，拍着大腿，咧着嘴，说："我说他不肯到监狱里去的。你看，果然杀了我的好老师！"这时候正是中午，酒食摆上来，请汉元帝吃午饭。汉元帝推开酒食，流着眼泪，哭了起来。他把弘恭、石显召进来,责备他们不该逼死萧望之。弘恭、石显慌忙摘去帽子,趴在地下直磕头。汉元帝瞧见他们这么可怜,心又软了,就骂了他们几句算了。

萧望之自杀以后没有多久,弘恭害病死了。汉元帝叫宦官石显接着弘恭做了中书令。石显掌握了大权,朝廷上大半是他的人,周堪很不容易见到汉元帝,就是要去见他,也得经过石显这一关。石显又老在汉元帝跟前给周堪说坏话。到了儿,周堪难受得害了重病,不能说话。没有几天,他死了。

自从汉元帝即位以来,几个大臣为了排斥外戚和宦官,朝廷上弄得乱糟糟的,顾不到修理水利,差不多每年不是水灾就是旱灾。饿死人的惨事又出来了。再加贵族、豪强、地主、富商不断地兼并土地,剥削农民,朝廷只能依靠暴力镇压百姓。南方的珠崖郡(在广东省海南岛琼山县东南)早已发生了叛变,因为路远够不上,汉元帝就放弃了那个郡。陇西的羌人也不服汉朝,右将军冯奉世又出了一次兵,总算镇压下去。西边的郅支单于强大起来,派使者来要求汉朝把他的儿子送回去,话还说得挺强硬,弄得汉元帝不知道该怎么办才好。

104 昭君出塞

郅支单于当初听到汉朝出兵帮着呼韩邪单于在漠南建立了国家,就率领部下往西去攻打坚昆(坚昆,古代的部族名,也是地名,在新疆哈密西边)。郅支单于占领了坚昆以后,把它作为匈奴的都城,兼并了那边三个小国,又强大起来了。

他派使者到长安来,要求汉朝把他的儿子送回去。汉元帝听从了大臣们的话,决定派卫司马谷吉为使者把他回送到坚昆去。

御史大夫贡禹和博士匡衡不赞成这么办。他们说:"郅支单于还没受到教化,坚昆离这儿又那么远,咱们派使者把他儿子送到边界上也就是了。"

谷吉说:"中原跟匈奴能够交好还是交好的好。郅支单于的儿子在这儿已经十年了,朝廷一直优待着他,现在不把他好好地护送回家,就在边界上把他一扔,不但以前对他的恩典全算完了,而且以后还许结了怨。依我说,要好就好到底。如果我能够到了那边传达朝廷的好意,使郅支单于也愿意跟咱们交好,那是最好;万一他没安着好心,不讲道理,把我害了,他这么得罪了朝廷，必定越逃越远，不敢到边界上来。这样，死了一个使者就能够使老百姓免遭刀兵，这在国家是最合算的事，也是我的心愿。我愿意护送他到单于那里去。"

右将军冯奉世认为可以派谷吉去。汉元帝同意了。谷吉把郅支单于的儿子送到坚昆。郅支单于认为儿子做抵押是件丢脸的事。这个仇非报不可。他还真把谷吉和随从的人都杀了。他知道这么得罪了汉朝，汉朝是不能放过他的，又听说呼韩邪单于也越来越强大，就打算再往西逃去。刚巧西边的康居王派使者来约他订盟约。他当然同意。

原来康居屡次受到乌孙的攻击，很难对付。康居王和大臣们都认为匈奴原来是一个大国，连乌孙都是它的属国；现在郅支单于在外边很不得意，不如跟他联合起来去攻打乌孙，把它灭了，立郅支单于为王，让他住在乌孙，康居就可以不再受到乌孙的欺负。他们这么决定，就派使者到坚昆去见郅支单于。

郅支单于非常高兴，他就率领部属往西到康居去。路上碰到寒流，冻死了不少人，到了康居只剩了三千人。康居王挺尊敬郅支单于，把自己的女儿嫁给他。康居王借着郅支单于的威名去吓唬临近的小国，临近的小国不敢不听他的。郅支单于就向他们借了兵，进攻乌孙，一直打到赤谷城，杀了不少人，把乌孙的牲口赶到康居去，乌孙不敢追，连西半边五千里的地方都不敢住人。

郅支单于打了个胜仗，再说匈奴本来是个大国，他又骄傲起来了。到了这时候，他不把康居王放在眼里。康居王的女儿劝他几句，他就把她杀了。他还杀了康居的贵人和好几百个康居的老百姓，把他们的四肢砍下来，扔在都赖水里（都赖，康居国的河名），好让康居人不敢不听他的指挥。康居的老百姓直怪他们的国王当初不该把郅支单于请了来。他们这才认识到跟老虎讨交情的，早晚是喂了老虎。郅支单于又强迫当地的老百姓费了两年工夫给他筑了一座郅支城，也叫单于城。老虎有了山洞，什么都不怕了。他打发使者到大宛和别的国家去，要他们年年进贡、纳税。这些国家不敢不依他。

汉朝三次派使者到康居，要把谷吉他们的尸首运回来。郅支单于不但不答应，还侮辱了使者。他说让使者活着回去，已经是恩典了。他还故意向汉天子开玩笑，通过汉朝的西域都护上书给汉天子，说："我困居在这里，苦得很，我只好归顺强大的汉朝，打发儿子来伺候汉天子！"郅支单于瞧不起汉朝到了这步田地。

这时候，西域都护郑吉已经告老了。镇守乌垒城的是西域都护甘延寿和他的副手陈汤。陈汤对甘延寿说:"郅支单于到了康居,侵略乌孙和大宛。如果这两国给他并吞了,他必然还要进攻别的国家,西域就太平不了啦。咱们不如把屯田的将士都用上,再带领一些乌孙的兵马,直接去打郅支单于,把他杀了。这是千载一时的大功。"甘延寿同意了,可是他说:"先得奏明皇上,才好发兵。"陈汤说:"朝廷上那些大臣是不会同意的。"甘延寿总觉得不应当自作主张。没有皇上的命令,怎么也不敢发兵。他正想上书给汉元帝,忽然害了病,就把这件事搁下来了。

陈汤趁着甘延寿害病的时候,让他安安静静地休养一下,自己瞒着他发号施令地征调了在西域屯田的汉兵和当地的人马,一共有四万多人。赶到甘延寿病好了,才发觉四万多兵马已经会齐了。到了这时候,他没法阻挡,只好一面上书报告情况,自己请求处分,一面把兵马分作南北两路,绕道向郅支单于进攻。大军到了康居,离郅支城才六十里,扎营下寨。就在那边逮住了几个康居的贵人,他们也正痛恨着郅支单于,巴不得把郅支城的情况告诉了陈汤,还愿意给大军带道。第二天,大军又前进了三十里,扎了营。

郅支单于派使者来责问,说:"汉兵干么到这儿来?"汉兵回答说:"单于上书,说困居在这儿苦得很,愿意归顺汉朝,还要去朝见汉天子。汉天子可怜单于离开了大国,住在康居,委屈了,才特地打发都护将军来迎接单于和妻子。又恐怕左右惊动,才没到城下来。"郅支单于还是很硬的,就发兵出来对敌。一来因为甘延寿和陈汤计划周到,又得到了西域十五个国家的帮助,二来因为郅支单于不得人心,两下打了几仗,汉兵打下郅支城,砍了郅支单于的脑袋,把人头送到长安去。部下的将士都投降了。汉朝将士进了郅支单于的宫里,搜出了汉朝的两根使节和谷吉带去的诏书。甘延寿和陈汤把郅支城里的金银财宝和牲口都拿出来,分别送给一起围攻郅支城的十五个国王和他们的将士们。他们全都欢天喜地地回到本国去了。

郅支单于的人头送到长安,朝廷上议论纷纷。汉元帝认为甘延寿和陈汤立了大功,应当加封。中书令石显反对,他说擅自兴兵就该定罪,至多只能将功折罪。石显的话从表面上看来,跟当初萧望之反对汉宣帝封冯奉世为侯的话(见第97篇)有点相像,可是挖出根儿来看,完全不一样。原来石显曾经想把甘延寿拉过来,情愿把他姐姐嫁给甘延寿,甘延寿干脆回绝了。石显这一气呀,直喘了三天三宵。这会儿不能把甘延寿办罪,怎么也不能让这小子立上大功。匡衡是跟石显有交情的,这时候,他做了丞相,完全支持石显。为这个,议论了好几天,汉元帝决定不下来。正在这个时候,刘更生上书给汉元帝。他说:"郅支单于恩将仇报,杀害天子的使者谷吉,他又暴虐无道,扰乱西域,按理早该受到惩罚了。"他还说:"立大功的不记小过,甘延寿和陈汤应当加封。"

汉元帝听了刘更生的话,封甘延寿为义成侯,陈汤为关内侯。

汉朝杀了郅支单于,呼韩邪单于听到了这个消息,又是高兴又是怕。高兴的是郅支单于一死,他的匈奴王位可以坐定了;怕的是汉朝这么强大,万一对他不满意,那可不是玩儿的。他就在公元前33年(竟宁元年),再一次亲自到长安来会见汉天子,要求做汉朝的女婿,愿意一辈子和汉朝交好。汉元帝也愿意同匈奴和亲,答应了。

以前匈奴很厉害,汉朝嫁给单于的得挑个公主或者宗室的女儿。现在呼韩邪单于已经投奔了汉朝,作为外臣,只要给他一个后宫的女子就可以了。住在掖庭里准备给皇上挑选的女子多着呐,随便赏一个给呼韩邪单于,就能让他满意。汉元帝吩咐掖庭令去传话:"谁愿意到匈奴去,皇上就把她作为公主看待。"那些成千的被送入掖庭的女子从没见过皇上一面,大多数一辈子也没有伺候皇上的机会。她们好似关在笼子里的鸟儿,永远没有飞的份儿。能够出去嫁人的话,就是嫁给一个平民也就够称心。可是要她们离开本国,跟着匈奴到遥远的外族去,谁都不乐意。其中有个宫女叫王嫱,又叫王昭君,是南郡秭归人(秭归,在湖北省秭归县;秭 zǐ)王穰的女儿。她很有见识。为了两国的和好,也为了自己的终身,她向掖庭令说明愿意到匈奴去。

掖庭令正为了没有人应征而焦急,难得王昭君肯去,就把她报上去。汉元帝把宫女图中的王昭君检出来,仔细看看,觉得这个女子长得并不难看,可也不怎么漂亮,反正后宫女子有的是,他就在王昭君的画像上画个圈儿,决定把她嫁给呼韩邪单于。当时就吩咐几个专门办理喜事的臣下,准备嫁妆,择个日子,给呼韩邪单于成亲。

到了结婚那一天,王昭君到汉元帝跟前来辞行,她跪着说:"臣女王嫱拜见万岁!"说着低下头去。汉元帝一瞧,觉得她又可怜又可爱,就问她:"你是什么时候进宫的?"王昭君说出了哪年哪月。汉元帝眼看这么一个美人儿送给单于,多少有点儿舍不得。可是那只是在情绪上波动一下,好像燕子在水面上很快地掠过去那么想了一想。他嘱咐王昭君几句话,就让掖庭令带她去跟呼韩邪单于成亲。呼韩邪单于娶了这么一个年轻美貌的"公主",从心坎里感激汉天子。不说别的,那份嫁妆已经够叫他高兴。光是绸缎布帛一项,就有一万八千匹,丝绵一万六千斤,从汉朝方面说,只要匈奴不来侵犯,使边界上和临近的居民不受到抢劫和屠杀,已经称心满意。如今呼韩邪单于一心和汉朝交好,不但从此不再来侵犯边境,而且还跟汉朝一起守卫北方,汉朝怎么样优待他也都乐意的。因此,在呼韩邪单于夫妇离开长安那一天,汉元帝在宫廷里举行一个盛大的宴会欢送他们。

在宴会上满朝文武百官和匈奴的大臣们都有说不出的高兴。只有汉元帝一个人憋着一肚子的不高兴。他这会儿见了新娘王昭君和新郎呼韩邪单于在一起,他突然愣了。这么一个大美人儿像是天上掉下来的。他盯坑儿似的对着王昭君出神。大臣们向他上寿,匈奴的君臣们向他上寿,他只好皮笑肉不笑地应付着,心里头直跺脚。他皱着眉头子想:"原来她进宫已经这么些年了。没见她,无所谓;那天见她一个人跪着,也不怎么样;为什么今天她跟着别人走了,才越看越舍不得?"他打算把王昭君留下,可惜太晚了。为了一个宫女,给大臣们议论,说他好色,还对外国人失了信,两国和亲眼看着没好结果,那可太不值得了。他定了定神,酸溜溜地让宴会继续下去。

汉元帝回到内宫,越想越后悔,越想越生气。再拿出宫女图来仔细看看,模样是对的,可是一点没有精神气,压根儿没有刚才见到的那种招人疼的劲儿。他认为这一定是画工捣的鬼。他火儿了,他早就火儿了,可是这会儿他找到了让他泄恨的人了。原来王昭君被送入掖庭的时候,照当时的规矩,由画工画了像,让皇上随时可以看看,看中了,才召她去伺候。那个画王昭君的画工叫毛延寿,是当时很出名的一个画家。他给宫女们画像,宫女们希望他画得好看点,总是送点礼物给他。那时候朝廷上下贪污勒索成了风气,光是宦官石显一个人就贪污了一万万。毛延寿很可能得到了不少额外的收入。汉元帝看了宫女图,直怪毛延寿没把王昭君画成大美人儿。左思右想,他认为是毛延寿害得他把这么一个大美人儿送给了匈奴。他怎么能不生气呐? 当时就拿贪污勒索的罪名,把个倒霉的毛延寿杀了。

王昭君冒着刺骨的冷风,骑上马,在汉朝和匈奴官员的护送下,离开了长安。到了匈奴,住在塞外(塞 sài,就是有防御工事的边界),从此见不到父母之邦,心里不免难受,可是匈奴人都喜欢她,尊敬她。她看出了匈奴人和中原人有不少相同的地方,慢慢儿她也就生活惯了。她一面劝呼韩邪单于不要专仗着武力去发动战争,一面把汉朝的文化介绍给匈奴。王昭君就这么安安定定地住在匈奴。

王昭君出嫁以后没过了几个月工夫,汉元帝死了。死的时候才四十二岁。太子即位,就是汉成帝。汉成帝立母亲王政君为皇太后,拜大母舅阳平侯王凤(王禁死了以后,长子王凤为阳平侯)为大司马大将军兼任尚书,二母舅王崇为安成侯,还有五个母舅都封了侯。外戚王家从此掌握了朝廷的大权。

王昭君冒着刺骨的冷风,骑上马,在汉朝和匈奴官员的护送下,离开了长安。

105 攀断栏杆

大司马大将军王凤第一件做的事情就显出他的厉害来了。他得到汉成帝的同意,夺去宦官石显的大权,叫他做个管理皇太后车马的官。从前奉承石显的那些大臣,像丞相匡衡、御史大夫张谭等,一瞧见石显失了势,都告发他和他一党的种种罪恶。汉成帝就革去石显的官职,叫他回到老家去,又把他一党的人都调到外边去。石显闷闷不乐,吃不下饭去,在路上害病死了。

匡衡、张谭虽然告发了石显,可是也有人告发他们,说他们当初不该跟石显通同一气。匡衡他们也觉得不能再像从前那样呆下去了。他们就向汉成帝辞职。汉成帝还挽留他们。只是"花无百日红",他们也长不了啦。末了,张谭因为选举舞弊,革了职,匡衡因为他儿子杀人,自己又侵占了封地以外的土地四百多顷,罚做平民。这么一来,宦官和士大夫都下去,朝廷上差不多都是外戚王凤一派的人了。汉成帝认为重用姥姥家的人也就是孝顺母亲,自己人不信任,信任谁呐?

汉成帝这么信任王凤,当然又有人不乐意了。他们借着日食、地震、大水等的因由,指桑骂槐地说皇上不该重用姥姥家的人。可是也有人为了结交王凤,说皇上能够孝顺太后,就能逢凶化吉,遇难成祥。事情也真不凑巧,公元前29年(建始四年),连着下了十几天大雨,黄河决了口。馆陶(在山东省临清县西南)、东郡(在河北省南部和山东省西北部地方)一带四个郡、三十二个县,十五万顷地都遭了水灾。有的地方大水高出地面三丈,毁坏房子四万多所。朝廷一面派人用木船帮助老百姓逃难,逃到山坡上住下来的就有九万七千多人;一面发放粮食,救济灾民。赶到天晴了,大水下去,才想办法去堵缺口。

当时有人推荐水工王延世。汉成帝就派他去修理河堤。王延世叫人用竹子编成极大的筐子,里面装满石头子儿,用两只船夹着沉到水里去。这样把河堤的底子填满了,然后再在上面用石头和泥土砌成河堤。成千成万的人费了三十六天工夫才把河堤筑成。王延世立了大功,拜为光禄大夫,封为关内侯,得到了一百斤黄金的赏赐。过了两年,平原一带的黄河又决口,大水到了济南。王延世再一次动用民夫,费了六个月工夫,又把那一段的河堤筑好了。

王延世治理了黄河，人们就不能借水灾的因由怪汉成帝重用王凤了。汉成帝还重用他的兄弟。王凤原来有七个兄弟，两个已经死了，其余五个兄弟在同一天封为侯，所以人们就称他们为"五侯"。这一下，大司马大将军王凤就更加威风，连汉成帝都有点怕他。到后来，王凤可以不听汉成帝的话，汉成帝可不能不听王凤的话了。

有人推荐刘向（刘更生改名为刘向）的儿子刘歆（xīn），汉成帝召他进来，一看就很喜欢，当时就吩咐手下的人拿衣帽来要拜他为中常侍。他们都说："没跟大将军商量过，恐怕不行。"汉成帝说："这种小事情何必告诉大将军呐？"手下的人着了慌，连着磕头，请皇上千万别这么干。汉成帝只好低声下气地跟王凤商量，征求他的同意。王凤挺干脆，坚决不答应。汉成帝只好算了。

王凤因为太后的从兄弟王音对他百依百顺，就推荐他做了御史大夫。赶到王凤一死，王音接着做了大司马车骑将军。这些王家门里的大官有太后王政君做他们的靠山，连皇上也不放在眼里。汉成帝也是个宝贝，他认为朝廷里有大臣，四方有将士，乐得坐享太平，快乐快乐。他原来是个好色之徒，除了皇后以外，别的妃子和宫女他也喜欢。他有了这么多女人，可是就没个儿子。好在他也不在乎，只要能够玩儿就行了。他常穿上便衣，带着手下的人偷偷地到外面去斗鸡、跑狗，玩女人。

有一天，他到了阳阿公主家里，公主请他喝酒，还叫家里的几个歌女出来唱歌、跳舞，伺候皇上。汉成帝瞧见其中有一个姓赵的歌女长得特别漂亮，他越看越爱，就向阳阿公主要。阳阿公主当然答应。汉成帝就把她带到宫里来。从此日日夜夜陪着她，爱她爱得掉了魂。这个歌女原来的名字叫赵宜主，因为长得娇小玲珑，跳起舞来，灵巧得像燕子飞似的，就得了个外号叫"飞燕"。

赵飞燕已经够叫汉成帝入迷的了。哪儿知道赵飞燕还有个妹妹呐。后宫里一个女官是赵飞燕的亲戚，她为了讨汉成帝的好，就把赵飞燕的妹妹赵合德推荐了一番，说得汉成帝心里直痒痒，他立刻派人去接她。赵合德装腔作势地不肯动身。她说必须有她姐姐的命令，否则就是死也不进宫。汉成帝向赵飞燕起誓赌咒地许了愿，总算得到了她的同意，把赵合德接到宫里来。

汉成帝爱上了赵家姐儿俩，废了原来的皇后，立赵飞燕为皇后，赵合德为昭仪（昭仪，女官名，比皇后只差一级）。谏大夫刘辅上书反对，汉成帝把他下了监狱，经大臣们联名求情，才免了死罪。

赵飞燕做了皇后，赵合德做了昭仪，一个住在中宫，一个住在昭阳宫。

尽管这几年来,水灾、旱灾已经闹得全国老百姓简直没法活下去,不说别的,光是路倒的(饿死在道路上的)尸首得用百万来计算,死了没人埋,只好让猪狗去收拾,可是皇帝的马房里天天喂粮食的马就上一万匹。汉成帝有的是金银财宝。他把赵合德住的昭阳宫重新修建起来。一般的雕梁画栋不必说了,门坎全是铜的,还包上黄金,台阶是用白玉砌成的,墙壁上还嵌着玉璧、珍珠、翡翠什么的。什么都称心如意,可就是没有儿女。姐儿俩一心想生儿子,各人都偷偷地养着几个汉子。汉成帝也老瞒着她们偷偷地去跟别的宫女们来往。

光禄大夫刘向实在看不过去,可是他又不敢得罪皇上。他就借题发挥,写了一本书叫《列女传》,谴责淫荡的妇女,赞扬贤德的女子,又写了两本人物传记叫《新序》、《说苑》。他把这几本书献给汉成帝。汉成帝看了,大大地称赞了一番,可就是不愿意改变他的行为,也不去过问赵皇后和赵昭仪的行动。

赵昭仪对待宫女非常残酷。有一个姓曹的宫女生了一个儿子。汉成帝心里喜欢,可是不敢告诉赵家姊妹。他特地派了六个宫女去伺候曹氏娘儿俩。没想到这件事给赵昭仪知道。她假传皇上的命令,把她们娘儿俩和那六个宫女全都杀了。

又有一个许美人,也生了一个儿子。汉成帝这会儿老老实实地告诉了赵合德。赵合德哭得死去活来,一定要自杀。汉成帝做好做歹把她劝住了。她要瞧一瞧婴儿。汉成帝叫宫女把婴儿放在苇子编成的箱子里,偷偷地跟赵合德两个人看了一会儿。完了赵合德吩咐宫女把婴儿送回去。那个婴儿就给活埋了。

汉成帝把朝廷大权交给了外戚王家,这么荒淫无度地闹着,难道没有大臣出来劝阻他吗? 自从谏大夫刘辅因为反对立赵飞燕为皇后,差点送了命以后,大臣们大多只想明哲保身,得过且过。在这些大臣之中,要数安昌侯张禹最老成。有不少人把他当作好榜样,做了大官,又不得罪人,真不易。他是汉成帝的师傅,曾经做过丞相,前前后后得到了赏赐就有几千万,加上他自己又会弄钱,光是最上等的田地买了四百多顷(就是四万多亩)。汉成帝虽说昏庸,他可挺尊敬老师,还一个劲儿地送给他土地,有事没事老到他家里去请教请教。这时候,有不少人上书给汉成帝,一般都说天灾流行是由于外戚王家专权。因为大家都这么说,不由得不叫汉成帝有点相信。他到了张禹家里,斥退了手下的人,亲自把这些文件给张禹看,叫他出个主意。张禹因为自己上了岁数,子孙又弱,恐怕今天得罪了王家,将来要吃他们的亏,就替王家解释了一番。老师的话错不了,汉成帝从此不再怀疑王家。大臣们知道了这件事,大多认为张禹做得对,他懂得做人的道理。

没想到这件事引起了一个小官的气愤。那个小官是萧望之的门生,叫朱云,是个县令。他上书给汉成帝,说有紧要的事,求见皇上。汉成帝答应接见。朱云就在朝堂上指着大臣们对汉成帝说:"今天朝廷上的大臣都是拿着俸禄不做事的匹夫,只顾自己,不管国家,患得患失,怎么能伺候皇上呐?请皇上赐我一口尚方宝剑,斩一个奸臣的头,也好给别的人作个警戒。"

汉成帝问他:"你要斩谁?"朱云说:"安昌侯张禹!"汉成帝听了,好像屁股碰上了白炭火,当时就蹦了起来,骂着说:"小小县令竟敢毁谤大臣,在朝廷上污蔑我的师傅。你犯了死罪——推出去砍了!"

御史要把朱云推出去,朱云攀住宫殿的栏杆。两个人都挣扎着。一个死儿把他往下拉,一个拼着命攀着栏杆不放。这么拉拉扯扯,忽然哗喇喇一声响,栏杆给攀断了。朱云大声嚷着说:"我能够到地下去跟龙逄、比干在一块儿,心满意足了。可是朝廷……朝廷怎么办呐?"他的声音发抖,眼泪也掉下来了。大臣当中也有代抱不平的。左将军辛庆忌(破羌将军辛武贤的儿子)再也耐不住。他摘下帽子,在殿下磕着头,说:"这个臣下说话素来直爽,还有点傻。要是他说的话不错,不可杀他;要是他的话错了,就宽容他吧。我情愿拿我的生命替他求情。"辛庆忌一边磕着头,把头磕出血来。汉成帝看着辛庆忌脑门子流血,总算消了气,免了朱云的死罪。

后来修栏杆的时候,汉成帝见了,就说:"别修了。留着这个破栏杆作个纪念,也算表扬忠直的臣下。"可是这个忠直的臣下从此不再做官。他在家里收了一些门生,教教书过着日子。可见破栏杆早已修好了。

公元前9年(元延四年),定陶王刘欣(汉成帝的兄弟刘康的儿子)来朝见汉成帝,还一个一个地拜见了宫里的长辈,送了不少礼物。皇太后王政君、皇后赵飞燕、昭仪赵合德,还有大司马王根(王太后的兄弟;王音死了以后,王商为大司马,王商死了以后,王根为大司马)都得了好处。他们因为汉成帝没有儿子,能够结交一个他所喜爱的侄儿,将来也有个靠山。他们就劝汉成帝把定陶王刘欣当作太子。汉成帝也正这么想。过了一年(公元前8年),他就立刘欣为皇太子。那年冬天,大司马王根害了重病,他推荐皇太后的侄儿,王曼的儿子,新都侯王莽来代替他。王根死了以后,大臣们也都推荐王莽,汉成帝就拜王莽为大司马。

106 谦恭下士

皇太后王政君有八个弟兄,二兄弟王曼死得最早,没能够封侯。他有两个儿子,大儿子结婚以后没多久就死了。小儿子就是王莽。王莽一向孝顺母亲,尊敬嫂子,对待伯伯、叔叔挺有礼貌。他伯父王凤执掌朝廷大权的时候,王莽的六个叔叔和叔伯弟兄们都好像互相比赛着看谁更骄横、更奢侈似的。只有王莽虚心待人,努力学习,穿的衣服跟穷苦的读书人差不多。当时人们都说他才懂得孝悌忠信。他伯父王凤害病的时候,王莽亲自替他煎药,白天小心伺候不必说了,晚上连衣服也不脱。他叔父王商情愿把自己的封地分出一部分来给他。他们都在太后和汉成帝面前保荐王莽。朝廷上有名望的大臣也上书称赞王莽。汉成帝就封他为新都侯,叫他做了光禄大夫侍中。王莽做了官,对人更加恭敬,做事特别小心。这会儿王根一死,汉成帝拜他为大司马,叫他掌握朝廷大权。

王莽做了大司马,用心搜罗天下人才。远远近近一些知名之士,有来投奔他的,他都收用。他老把自己的俸禄和皇上赏给他的东西分送给别人。他特别注重节俭,家里的生活跟一般的官员还要差些。有一回,他母亲病了,大臣们都打发自己的夫人去探问。这些贵妇们没有一个不打扮得花儿似的。她们穿的是绣花的绸缎,戴的是珍珠、翡翠。她们一下车马,飘带上的玉佩就叮叮珰珰地响起来。大司马夫人赶紧到大门外去迎接。贵宾们见她穿着普通的衣服,裙子也不拖到地下,就认为是王府里的一个老妈子。有人偷偷地问了问旁边的人,才知道她就是大司马王莽的夫人,大伙儿不由得臊得脸都红了。王夫人挺小心地招待了客人。她们问过了太夫人的病,各人回到自己的家里,都说大司马家里比平常人家还要俭朴。大臣们因此更加尊敬王莽。皇太后王政君有了这么一个内侄,这份高兴也就不消说了。

公元前7年(绥和二年,汉成帝即位第26年)三月,有一天,汉成帝在赵昭仪的宫里过夜。第二天,赵昭仪已经起来了,汉成帝刚穿上一只袜子,突然倒在床上,不能再说话。赵昭仪慌忙派人去请医官,可是已经不中用了。这一下子吓得宫里上上下下都慌乱起来。皇太后、赵皇后赶来,摸了摸汉成帝,冷冰冰的。消息传到外面,大臣们和长安的老百姓议论纷纷,都说皇上是给赵合德害死的。皇太后下了一道诏书,吩咐大司马王莽和御史、丞相、廷尉查问皇上突然死去的原因。赵合德觉得自己做了不少缺德的事,审问起来,也是一死,她就召集了贴身伺候她的丫头们,给了她们不少赏赐,嘱咐她们不可说出她以往的过错,自己就喝了毒药死了。

汉成帝做了二十六年皇帝,只因酒色过度,死的时候才四十五岁。太子刘欣即位,就是汉哀帝,尊皇太后王政君为太皇太后,皇后赵飞燕为皇太后。汉哀帝自己的父亲定陶王刘康早已死了,这会儿尊为定陶共皇,尊母亲丁氏为丁皇后,祖母傅氏(汉元帝的妃子)为傅太后。汉哀帝早就娶了傅太后的内侄女,她就立为傅皇后。这么着,外戚傅家和丁家就有不少人封了侯,傅太后抓住大权,还想管住汉哀帝。

王莽眼看着外戚王家斗不过外戚傅家。他要反对,可是说不出口,因为自己就是太皇太后的内侄。太皇太后要反对,可是她也说不出口,因为自己就是大司马王莽的姑姑。太皇太后就以退为进,下了一道诏书,叫王莽避开。王莽上书向汉哀帝辞职。汉哀帝派大臣们去恳求太皇太后,对她说:"皇上听到太皇太后下了这道诏书,非常难受。皇上说要是大司马不复职,皇上也不敢再管理朝政了。"太皇太后就叫王莽回来,仍旧叫他做大司马。

大司马王莽打算宣扬文教,整顿朝政。他推荐刘向的儿子刘歆给汉哀帝,说他品行、才能都好,可以升为光禄大夫。汉哀帝同意了。刘歆做了光禄大夫,改名刘秀。汉哀帝听了王莽的话,吩咐刘秀继续他父亲的事业,搜集从古以来各种书籍编辑成一部丛书。

那部丛书分成七略(就是七类):辑略(相当于总编)、六艺略(也叫六经,就是:《诗》、《书》、《礼》、《乐》、《易》、《春秋》)、诸子略、诗赋略、兵书略、术数略(包括天文、历书等)、方技略(包括医药等),一共三十八种,一万三千二百六十九卷。"诸子略"一类又分成九流,也叫九家,就是:儒家流、道家流、阴阳家流、法家流、名家流、墨家流、纵横家流、杂家流、农家流。这么一部巨大的著作,可以算是中国最古的百科全书了。诸子九流的著作就是百家争鸣的学说。其中有许多书过去老受某些人的排斥。刘秀上个奏章,说明这些书都应当研究。

他说:"诸子百家的学说互相排斥,好像水跟火不相容一样。可是水跟火互相消灭,也互相生长,互相对抗也都互相成全。只要方向相同,不同的道路可以达到同一的目标。拿各种不同的学说,互相参考,采取他们的长处,去了他们的短处,天下的道理就能够融会贯通了。"

王莽推荐刘秀,编辑了"七略",但是主要的是在推崇"六艺略",诸子百家中也把"儒家流"放在第一位。有一位大臣叫师丹，他原来是汉哀帝做太子时候的老师。他也是属于"儒家流"的。他见到贵族、地主、豪强兼并土地，农民穷得没法活下去，就向汉哀帝建议改革土地制度。他说从前董仲舒曾经向汉武帝说过：秦孝公采用商鞅的办法，废除公田，让老百姓可以买卖土地。结果，土地都集中在少数富人的手里，穷人连一丁点儿的土地也没有。老百姓怎么能够不越来越穷呐？ 古代的公田制固然不能再恢复过来，但是可以用限制土地的办法不让富人占有太多的土地，农民就多少能够有点土地了。师丹又说："现在做官的和豪富大族财产多得用不完，穷苦的越来越穷苦。贫富都应当有个限度。"

汉哀帝把师丹的建议交给大臣们去讨论。他们拟了一个办法，大意是这样的：诸侯王、列侯、公主的土地应当各有各的限度；关内侯、官吏和富人的土地都不得超过三十顷(就是三千亩)，男女奴隶不得超过限额：诸侯王奴婢二百人，列侯、公主一百人，关内侯、吏民三十人；奴隶三年满期；不遵守制度的，田地、奴隶由官家没收。

汉哀帝同意了，诏书都起草好了，可还没下去。外戚傅家、丁家都是最大的地主，土地和奴隶多得没有数。他们首先起来反对。汉哀帝只好把这件事搁下。王莽气得什么似的。他决定跟傅、丁两家势不两立，尤其是傅太后的一家。事情也真凑巧：汉哀帝在未央宫摆了酒席，请的是太皇太后、傅太后、赵太后、丁皇后她们。太皇太后坐的当然是上首第一位；上首第二位留着给傅太后。大司马王莽瞧见了这么安排座位，就大声地问那个排座位的官员，说："为什么上首排着两个座位？"那个官员说："正中是太皇太后，旁边是定陶傅太后。"王莽责备他，说："定陶太后是外来的妃子，怎么能够跟太皇太后并排着坐？撤下去！"

傅太后把鼻子都气歪了，她逼着她孙子皇帝轰走王莽。王莽得到了这个风声，就又辞了职。汉哀帝不敢再挽留，送了他五百斤黄金，一辆上等的车马，让他去"休息休息"。王莽一走，朝廷上的大臣们都说他有古代大臣的风度，有不少人为他打抱不平。

王莽回到自己的封地，大门不出，二门不迈，安分守己地过着日子，大家都说他好。有一回，他第二个儿子王获打死了一个奴婢。王莽大发雷霆，他一向反对奴隶主虐待奴隶，怎么能让他自己的儿子打死奴婢呐？ 他就逼着王获自杀了事。那时候，做主人的私自杀害奴婢是要受到处分的，可并没有死罪。王莽认为杀害奴婢也得抵命。这件事一传出去，连老百姓都说王莽真是正直无私的好人。为这个，王莽在家三年，官吏和百姓上书替他说话的

383

就有一百多起。

王莽辞职以后,接着师丹也免了职,朝廷大权就完全落在傅太后的手里。傅家、丁家的子弟都做了大官。汉哀帝害怕祖母,让她掌了大权,自己索性不管了。

107 "七亡七死"

傅太后轰走了王莽、师丹以后,把冯太后也杀了。冯太后就是当年平定莎车国的冯奉世的女儿。她像傅太后一样,是汉元帝的妃子。她生了个儿子,就是中山王刘兴。汉元帝封她为"倢伃"(jiéyú,爵位同列侯一样高的女官)。傅太后也生了个儿子,就是定陶王刘康。汉元帝封她为昭仪。冯倢伃和傅昭仪曾经跟着汉元帝一块儿到虎圈(juàn)去看猛兽相斗。他们都坐在有栅栏围着的殿上。忽然有一只大熊逃出来,扒着栅栏要爬到殿上来了。傅昭仪和别的宫女们都吓跑了。冯倢伃反倒走到大熊面前站着。大熊见了倢伃,一愣。就在这一眨巴眼儿的工夫,卫士们把那只大熊打死。汉元帝问冯倢伃为什么不逃。她说:"猛兽抓到了一个人也就是了。我怕大熊跑到皇上这边来,所以拿身子挡它。"汉元帝叹息一会儿,加倍地尊敬冯倢伃,封她为昭仪。傅昭仪又臊又恨,把冯昭仪当作狐狸精。这会儿,傅太后执掌了朝廷大权,就派个使者到中山,拿个咒骂皇上和傅太后的罪名审问冯太后。冯太后当然不肯承认。那个使者冷笑着说:"当初你拿身子挡住大熊,多么勇敢;这会儿怎么怕起死来了?"冯太后回到宫里对宫女们说:"挡熊是前朝的事,内宫里的话,这小子怎么能够知道? 这一定是有人成心害我,死就死吧。"她就自杀了。同时死的有十七个人。大伙儿都流着眼泪,敢怒而不敢言。这种事汉哀帝是不管的。就是把天下闹翻了,他还是过他荒淫的生活。

公元前3年(汉哀帝建平四年),发生了大旱灾,关东的农民借着祭祀西王母的名目,大规模地骚扰起来。几千个人在路上发疯似的奔跑。有的披着头发,有的光着脚鸭子,一路上又跳又跑、又嚷又唱,"去拜西王母!""拜西王母去呀!"沿路有人参加队伍,人数越来越多。他们经过二十六个郡国,到了京师,官府没法禁止。京师的居民也起了哄,夜里拿着火把,爬上屋顶,敲锣打鼓,大喊大叫,"去拜西王母!""拜西王母去呀!"这么闹了几个月,才平静下去。这种事也用不着汉哀帝管。他干脆不过问朝政。

汉哀帝也真怪,他爱上了一个年轻小伙子叫董贤的,待他比待什么人都好。董贤就这么做了朝廷上最得宠的红人儿。谏大夫鲍宣瞧见了傅家、丁家的子弟和这个不三不四的董贤都做了大官,就上书劝告汉哀帝,说:

> 朝廷上有骨气的大臣都走了。皇上宠用像董贤那样的小孩子,怎么能够治理天下呐?现在老百姓有七亡七死,皇上怎么还不着急呀!七亡,就是:
> 1. 水灾、旱灾不断;
> 2. 捐税加重;
> 3. 贪官污吏勒索;
> 4. 豪强欺压;
> 5. 徭役不顾农忙;
> 6. 外族侵略;
> 7. 盗贼抢劫。
>
> 有了七亡,还不要紧,再加上七死,那可就更不得了。七死,就是:
> 1. 酷吏残杀百姓;
> 2. 监狱里折磨囚犯;
> 3. 官府逼死好人;
> 4. 强人谋财害命;
> 5. 怨仇相报、互相残杀;
> 6. 荒年叫老百姓饿死;
> 7. 瘟疫叫老百姓病死。
>
> 老百姓有了七亡七死,父子、夫妇都活不成。皇上是天下的父母,怎么不救救他们,反倒亲近小人呐?

汉哀帝觉得鲍宣的话说得挺不错的,就把他当作有学问的儒生看待。可是老百姓,他是不在乎的;董贤,他是舍不得的。公元前2年(元寿元年),傅太后死了。汉哀帝就假托傅太后的命令加封董贤,一下子赏给他土地二千多顷,又把他的媳妇儿和妹妹都接到宫里来,闹得臭气冲天。汉哀帝立董贤的妹妹为昭仪,还拜另外一个小人孔光为丞相。

有一天,孔光出来查园陵(历来皇帝安葬的地方),他的部下驾着车马在到园陵的驰道中乱跑。这是违反当时的制度的。刚巧司隶鲍宣(司隶,巡逻京师的官;鲍宣由谏大夫升为司隶)在那边巡逻。他马上派手下人逮住那些在驰道上乱跑的人,还把车马没收。他逮住的是丞相孔光的人,他没收的是丞相孔光的车马。这不是老虎头上拍苍蝇吗?

果然,汉哀帝下了命令,叫御史中丞查办司隶鲍宣。御史中丞派使者去传鲍宣到案,鲍宣关上门不许使者进去。这抗拒使者的罪名可就更大了。御史中丞说他大逆不道,就把他下了监狱。人们都说:"鲍司隶扣住车马是执行制度,他做得对。丞相自己犯法,反倒把奉公守法的人下了监狱,这算哪一门子的规矩?"

博士弟子王咸和别的几个弟子就在太学里竖起一面长幡,对大伙儿说:"愿意去援助鲍司隶的,都到这儿来!"一下子就集合了一千多个太学生。他们一齐出发去见丞相孔光。正好孔光出来,他们就把他围住,叫他放出鲍宣来。孔光一见人多势大,只好假意地答应他们去请求皇上。众人让出一条路来,叫他快去奏明皇上。孔光进了朝堂,不但不替鲍宣求情,反倒给他说些坏话。鲍宣还是在监狱里,听说还要把他定成死罪。一千多个太学生哪儿肯拉倒? 他们就举着长幡,游行示威,大伙儿到了宫廷门外,向汉哀帝请愿。

汉哀帝总算免了鲍宣的死罪,罚他充军到上党。能够大胆地提出"七亡七死"的鲍宣一走,又少了一个劝告汉哀帝的人。汉哀帝就拜二十二岁的弄臣董贤为大司马,叫他执掌兵权,董贤的父亲董恭为光禄大夫,董贤的兄弟为驸马都尉。董家的亲戚也都做了大官。这么一来,董家的势力就比外戚傅家、赵家、丁家、王家都大了。

汉哀帝也像汉成帝一样,因为酒色过度,只做了六年皇帝,才二十六岁就死了。傅皇后、董昭仪、董贤他们只知道哭,不知道该怎么办才好。这时候,汉哀帝的祖母和母亲已经死了。太皇太后王政君坐着车到了未央宫,把皇帝的大印收过来。她到了东厢房,召大司马董贤,问他:"丧事怎么办?"董贤不但从来没办过丧事,就是别的大事他也没办过。这会儿给太皇太后这么一问,好像劣等生碰到考试似的,一句也答不上来。他自己摘下帽子,趴在地下,请太皇太后作主。太皇太后这才说:"新都侯王莽,曾经办过先帝的丧事,叫他来帮助你,好不好?"董贤连忙磕着头,说:"好,好,再好没有。"太皇太后王政君打发使者去召王莽。王莽连夜动身,急急忙忙地赶到京都来。

王莽进宫,朝见了他姑姑太皇太后。他首先提出大臣们的意见,说董贤一无功劳,二无德行,三无能耐,不该占据高位。太皇太后点点头,吩咐他去跟大臣们商量着办。当时就有几个大臣趁着机会告发董贤。王莽奉了太皇太后的命令，收回大司马董贤的兵权，把他免了职，不准他再到宫里来。董贤跟他媳妇儿逼得当天都自杀了。家产归公，由官家估价发卖，共值钱四十三万万贯(一千钱为一贯)。

太皇太后下了一道诏书，叫大臣们推荐一个可以做大司马的人出来。孔光以下所有的大臣都推荐王莽。太皇太后王政君就用王莽为大司马。王莽打这儿起，掌握了朝廷大权。

108 面面俱到

汉哀帝也像汉成帝一样，没有儿子。接连两个皇帝没有后嗣。论起血统来，最亲的是中山王刘兴的儿子刘箕子。刘箕子的祖母就是冯太后。冯太后给傅太后害死的时候，总算没牵连到她的孙子。刘箕子一直继承着他父亲的地位做着中山王。大司马王莽和太皇太后王政君就派车骑将军王舜(王音的儿子，王莽的叔伯兄弟)拿着符节到中山去迎接刘箕子。刘箕子没到长安以前，朝廷上连挂名的头儿都没有。太皇太后已经七十多了，国家大事就全由王莽作主。

大司马王莽把皇太后赵飞燕和傅皇后废做平民。过了一个多月，她们两个人都自杀了。那个已经死了的傅太后也革去尊号，改称为定陶共王的母亲；丁太后也革去尊号，改称为丁姬。傅家、丁家的子弟都免了职，只有一个傅喜(傅太后的叔伯兄弟)一向被傅太后排挤在外边，这会儿，受到了表扬。王莽请他到朝廷里来办事。他又把逼死冯太后的那个使者革了职。大臣们都说大司马王莽办事公道，谁都愿意听他的命令。那时候，得到王莽重用的有孔光、王舜、王邑(王商的儿子)、甄邯(孔光的女婿；甄 Zhēn)、甄丰、刘秀这么些人。太皇太后对他非常满意，老给他奖赏，每次王莽都推辞，甚至于流着眼泪趴在地下连连磕头，一定要他姑姑收回赏赐，他才起来。

过了两三个月，车骑将军王舜保护着中山王刘箕子到了。王莽就召集大臣们，请他即位，就是汉平帝。汉平帝才九岁，懂得什么。这么着，太皇太后王政君替他临朝，大司马王莽管理朝政。

王莽掌握了大权，已经能够号令天下，可是他还怕地位不够巩固。要是边疆以外的部族也能够像朝廷上的大臣那样顺服，那该多么好哇。他这个心思,不是没有人知道的。益州的地方官带着外国的使者到长安来送礼。那个使者是从很远的地方来的,经过三道翻译,才能够互相通话。据那个使者说,南方的越裳氏愿意跟汉朝结交,特地送来了一只白野鸡、两只黑野鸡。这两种山鸟是很名贵的。尤其是白野鸡,人们把它当作吉祥如意的标帜。据说周公旦辅助成王的时候,越裳氏也向周公送过一只白野鸡(公元前1106年)。想不到过了一千多年,到了今天,越裳氏又送白野鸡来。那么汉朝的王莽不就是周朝的周公旦吗?

大臣们商议了以后,一致请太皇太后加封王莽,又因为他是安定汉朝的大功臣,大伙儿建议称他为"安汉公"。太皇太后一一照准。王莽连忙告病假,坚决推辞封号和封地。他上了个奏章,说:"就算我有点功劳,那也不是我一个人的功劳,一定要加封的话,请封给孔光、王舜、甄丰、甄邯他们。"太皇太后就任命孔光为太师,王舜为太保,甄丰为少傅,甄邯为承安侯,然后再下诏书,召王莽上朝受封。

王莽还是躺在床上不肯起来。大臣们一面联名请求太皇太后一定要封王莽,一面都去劝他上朝。太皇太后又下了一道诏书,封王莽为太傅,尊为安汉公,加封两万八千户。王莽勉强接受了封号,坚决退还封地。他趁着这个机会,请求太皇太后把汉宣帝第四五代的孙子三十六人都封为侯;诸侯、王公、列侯、关内侯当中没有儿子而有孙子的,就让他们的孙子继承祖父的爵位;皇族中因为犯了罪被废的,让他们的家属恢复原来的地位;二千石以上年老退休的官吏,终身给他们三分之一的俸禄;无依无靠年老的穷人,也都给他们一些适当的照顾。太皇太后都批准了。这么一来,皇室、大臣和全国的官吏都歌颂着安汉公的恩德。为了提倡礼乐,他封鲁顷公第八代的孙子公子宽为鲁侯,叫他祭祀周公,封孔子的后代孔均为褒成侯,叫他祭祀孔子。

越裳氏的使者回去以后,第二年春天(公元2年;元始二年),南海有个国家叫黄支国,也派使者到了长安,送来了一只犀牛。王莽为了表示汉朝对外国的好意,就拿出很多名贵的礼品来,交给黄支国的使者去送给他们的国王。

黄支国的使者刚回去,中原发生了旱灾,加上蝗虫,公家要粮要税还逼得很紧,全国又骚动起来了。为了缓和百姓对朝廷和官吏的愤恨,王莽向太皇太后建议节约粮食和布帛,公家的伙食和衣服也都得节省一些。为了向全国将近六千万人口(公元2年,汉平帝元始二年,中国全国人口数为59 594 978人)表示关心,王莽自己一家先吃素。他一下子拿出一百万钱、三十顷地交给大司农当作救济灾民的费用。他这么一带头,贵族、大臣当中有二百三十人,也只好拿出一些土地和房子来。

到了下半年,为了叫太皇太后高兴高兴,王莽叫匈奴把王昭君的女儿送来。单于就打发他的女儿到汉朝来伺候太皇太后。原来王昭君嫁给呼韩邪单于以后,立为宁胡阏氏,生了一个儿子。后来呼韩邪单于死了,他原来的长子即位。他照着匈奴的风俗,把后母王昭君娶过去作为夫人。王昭君又生了两个女儿。这次到长安来的就是王昭君的大女儿须卜·居次云("须卜"是夫家的姓,"居次"是公主的意思,"云"是人名)。太皇太后连忙把她接到宫里去,把她当作心肝宝贝儿。

须卜·居次云长得很像她母亲王昭君,汉平帝挺喜欢她,老要她讲匈奴的故事。须卜·居次云在宫里差不多住了近一年,虽然吃的、穿的都挺讲究,人家又都疼她,可是她老想念着自己的故乡,要求回去。太皇太后只好依了她,赏了她许多名贵的东西,派人护送她回到她的故乡匈奴去。

须卜·居次云这一来,引起了十二岁的汉平帝对她的好感。王莽就趁着机会,请太皇太后给汉平帝选个姑娘。太皇太后同意了。她下了一道诏书,叫几个负责的大臣办理这件事。没有几天工夫,大臣们把推荐的小姑娘上了名册。王莽拿来一看,除了自己的女儿以外,别的姑娘还有几十个。他就拿着名册去见太皇太后,对她说:"我自己没有德行,我女儿也没有才貌,再说,报名的倒有一半都是咱们王家一族的女子。这就太不妥当了。请首先把我女儿的名字勾去。"

太皇太后认为王莽不愿意让外戚的女儿做皇后,这倒是个好主意。她就又下了一道诏书:"王家的女子不得入选。"这道诏书一下去,满朝文武都为王莽的女儿打抱不平。他们一齐恳求太皇太后立安汉公的女儿为皇后。外边上书推荐王莽的女儿的,每天有一千多起。太皇太后就很大方地听从了大家的意见,选定王莽的女儿。王莽自然又是推让一番。太皇太后和大臣们怎么也不依。他就又很大方地同意了。太皇太后给汉平帝定了亲,准备明年给他完婚。

王莽做事这么面面俱到,对内对外都有一套办法。可是背地里还有人说他虚伪。他自己的大儿子王宇先不赞成他。王宇最不满意的一件事,是他父亲不让汉平帝的母亲卫姬到宫里去。王莽恐怕汉平帝母亲一家将来独霸朝廷,就立卫姬为中山王后,叫她留在中山,不准到京都来。卫后只有这么一个儿子,年纪又小,就上书给王莽,要求让她到宫里去照顾照顾自己的儿子。王莽始终不答应。王宇害怕将来汉平帝长大了会怨恨王家,就跟他老师吴章、大舅子吕宽暗地里商量着怎么样去劝告他父亲。

吴章挠着头皮想了一会儿。他说:"你现在去劝告安汉公,他一定不听。听说他相信鬼神,咱们就从这里着手吧。你不如把猪羊狗血盛在桶里,到了晚上偷偷地把这些污血泼在他的大门上,让他起疑。他起了疑,准会来问我。那时候,我就借着这个因由劝他去迎接卫后。"王宇和吕宽都认为这是个好办法。王宇就托吕宽小心去办。

吕宽照着计划,把猪羊狗血泼在王家的大门上。想不到看门的一闻到血腥气,赶紧出来一看,就瞧见吕宽往旁边逃去。看门的当时就向王莽报告。王莽先把吕宽抓来。追问下去,才知道主使人就是他自己的儿子。王莽把王宇、吕宽、吴章他们下了监狱。再拷问下去,原来王宇那一党除了吴章、吕宽以外,还有以前的司隶鲍宣和卫后一家的人。王莽就逼着王宇自杀;又把吴章腰斩。鲍宣等好几百人都处了死刑。卫家只留下卫后一个人没死。汉平帝的姥姥家怎么也不能跟王家争权了。

甄邯他们向太皇太后报告,说王莽大义灭亲,应当受到表扬。王政君下了一道诏书,把王莽表扬了一番。可是王莽受到的表扬还不只这一点呐。

109 改朝换代

转过了年,十三岁的小皇帝愣头磕脑地成了亲,王莽的女儿立为皇后。王莽做了国丈,大赦天下。

为了搜罗人才,培养儒生,王莽在京师里设立了最高级的学校,给老师和弟子盖了一万多间房子。凡是有一种专门学问的人都可以来应征。前前后后从各地来投靠王莽的学者有一千多人。在这儿研究的是经学、礼学、音乐、天文、兵法、历史、古书、文字等。这时候黄河发了大水,这些大师和弟子不能叫黄河不发大水。王莽就又征求各地能够治理河道的人才。当时应征的也有一百多人。这许多有知识、有技术的人全靠着王莽的提拔,才有了地位,大家全都感激他。

王莽掌握了政权,太皇太后以下,不论贵族、大臣、地方官吏、学者,大多都说王莽好,认为他的功德只有古代的伊尹和周公才能够相比。这样的功臣自然应当加封。太皇太后要把新野的土地二万五千六百顷赏给他,王莽又坚决推辞了。

王莽派了王恽等八个大臣带着随从人员分头到各地方去观察风土人情,

收集民间的意见。他们把王莽不肯接受新野土地的事情到处宣扬。中小地主和农民对于豪强兼并土地,害得种地的人自己没有土地,都恨透了,一听到王莽连两三百万亩的土地都不要,说他真是个了不起的好人。可是王莽越是不肯受封,人家就越要太皇太后封他。朝廷上的大臣,地方上的官吏,甚至于有些平民,都纷纷上书要求加封安汉公。前后上书的一共有四十八万七千五百七十二人。诸侯、王公、列侯、宗室还到太皇太后面前磕头,说:"要是不快点拿最高的荣誉赐给安汉公,天下的人都不答应了。"他们一定要太皇太后把九种最高的赏赐(古文叫"九锡","锡"就是"赐")给安汉公。那九种赏赐是:

1. 最讲究的车马,
2. 像王袍那样的衣服,
3. 乐器,
4. 朱红色的门户,
5. 有屋檐的台阶,
6. 三百名卫兵,
7. 先斩后奏的刀斧,
8. 表示征伐的弓箭,
9. 祭祀用的香酒。

太皇太后就把这九种最尊贵的赏赐赏给王莽。王莽推辞了一番以后,只好接受了。他就更想采用周朝的文教、礼乐,把自己当作周公。正好皇族里有个泉陵侯刘庆,他上书给太皇太后,说:"周成王小的时候,全由周公代理;现在皇上还很年轻,应当请安汉公执行天子的职权。"太皇太后叫大臣们去商议。大臣们都说:"应当照刘庆的话做去。"王莽就真像周公那样地做了汉平帝的代理人。

这还不算,王莽派出去观察风土人情的王恽等八个人都回来了。他们写了各种各样歌颂王莽的文字,一共有三万多字,说这些都是从老百姓那里采集来的歌谣。足见全国人民有口皆碑。王莽的威望就更高了。

那年(公元5年,元始五年,汉平帝即位第五年)十二月"腊日"(汉朝以大寒后第一个"戌"日为腊日),大臣们欢聚一堂,给汉平帝上寿。王莽按照当时的仪式,亲自献上一杯椒酒。汉平帝接过来喝了。想不到第二天宫里传出话来,说汉平帝病了。第三天,他病得更厉害。王莽要做周公,就想起周公的故事来了。原来周武王害病的时候,周公情愿代替他死,写了一篇祷告文藏在箱子里。王莽也像周公那样,写了一篇祷告文藏在前殿的一只箱子里,加上封条,表示他暗暗地祷告上天让他替死。又过了六天(丙午那一天),汉平帝死了。因为汉平帝是喝了王莽献给他的那杯椒酒以后害病死的,反对王莽的人就说王莽在那杯椒酒里下了毒药。

　　汉平帝死的时候才十四岁,当然没有儿子。就是汉元帝也绝了后。要挑一个岁数小的继承人,只好从汉宣帝的曾孙方面去找了。可是继承的人据说还得比汉平帝晚一辈的才行。王莽就挑选了汉宣帝的一个玄孙叫刘婴的,他才两岁,挺合适。大臣当中没有人反对,而且还有人再提一提刘庆的话:"应当请安汉公执行天子的职权。"还真有个长安的大官叫谢嚣的,他报告说,武功县令在挖井的时候,发现了一块白石,上面刻着这么几个字:"告安汉公莽为皇帝"。王舜马上把这个消息告诉给太皇太后。太皇太后说:"这种话不能信!"王舜说:"请安汉公代理一下,才能够安定天下。"太皇太后就下了一道诏书,叫安汉公像从前周公那样地代替天子临朝。大臣们上书太皇太后,说是为了便于统治天下,安汉公应当有个更合适的称呼,在祭祀宗庙的时候,最好称为"假皇帝"(假,是代理的意思,不是真假的假),老百姓和臣下就称他为"摄皇帝"。太皇太后同意了。

　　一转眼,就是新年了,换了个新年号,叫居摄元年(公元6年)。到了三月,王莽立汉宣帝的玄孙刘婴为皇太子,又叫孺子,尊皇后(王莽的女儿,汉平帝皇后)为皇太后。汉高祖打下来的刘家的天下眼看着要落在王莽手里。这对于跟着王莽的一帮人只有好处,没有害处,就是在朝廷里做大官的刘家子孙也不吃亏。可是另外有一些刘家的子孙就不能这么服气了。

　　安众侯(安众,在河南省镇平县)刘崇首先起来反对。他对自己的一个心腹张绍说:"王莽准会夺去刘家的天下,可是谁也不敢起来反对。这是我刘家的羞耻。我先发动起来,全国的人一定会帮助我的。"张绍帮着他召集了一百多个部下。刘崇就带领着这一百多人冒冒失失地进攻宛城(就是河南省南阳市)。宛城也有几千名士兵守着。两下一交战,刘崇的兵马就垮了。刘崇和张绍死在乱军之中。刘崇的伯父刘嘉和张绍的叔伯兄弟张竦(sǒng)恐怕王莽追究,就自动地到了长安,请王莽办他们的罪。王莽为了安定人心,把他们都赦了。刘嘉又上了一个奏章,歌颂王莽的恩德,还建议把刘崇的房子拆毁,挖成一个污水池,作个警戒。据说这是古时候的一种制度。王莽一心想恢复古时候的制度,心里早已点头了。他把刘嘉的奏章交给大臣们去商议。大臣们都说:"应当照刘嘉的话做去。"王莽一高兴,就请太皇太后下道诏书,封刘嘉为侯。后来索性慷慨一下,把张竦也封了侯。

想不到第二年秋天,东郡太守翟义起兵了。他约会了皇族里的一些人,立东平王刘云(汉宣帝的孙子)的儿子刘信为天子。自己称为"大司马柱天大将军",号召天下,说王莽毒死汉平帝,要夺刘家的天下,现在已经有了天子,大家应当起来去征伐王莽。刘信、翟义他们从东郡出发,到了山阳(郡名,在山东省金乡县西北),已经有了十几万人马。

警报到了长安,王莽难受得吃不下饭去。他抱着三岁的孺子婴日日夜夜在郊庙里祈祷着,他还诵告天下,说他只是代行职权,这个职权是要还给孺子婴的。可是不管他怎么说,刘信、翟义的大军已经向着长安打过来。王莽就派孙建、王邑等七个将军带着关东的兵马去对付翟义。

正在这个时候,长安西边有两个壮士,一个叫赵朋,一个叫霍鸿,他们眼看着王莽的大军都往关东去了,长安空虚,就率领当地的农民起义。他们占领县城,火烧官府,沿路招收青年子弟。没有多少日子,起义的人就发展到十几万。因为他们接近长安,未央宫里就望得见西边的火光。王莽又拜王奇、王级为将军发兵去镇压赵朋,拜甄邯为大将军守住城外,派王舜、甄丰他们带着卫兵日夜巡逻宫殿。

孙建他们七个将军到了陈留,就跟翟义的军队打了起来。翟义全军覆没,自己也给杀了。孙建他们得胜还朝,王莽就封这次带兵的五十五人为列侯。他们接着往西去帮助王奇、王级。赵朋、霍鸿他们勉强支持到年底,到了第二年(公元8年)春天,也给压下去了。

满朝文武百官都想做开国元勋,王莽也觉得假皇帝管不了天下,还不如痛痛快快地做个真皇帝。当时就有一批凑热闹的人,纷纷地报告"天帝的命令",什么"王莽是真命天子"的图书也发现了,"汉高祖让位给王莽"的铜箱也在高帝庙里发现了。这类东西有个名称,叫"符命"(就是天帝注定立某人为天子的命令)。一生以谦让出名的王莽,这会儿可不再客气了,就把汉朝改为新朝,自己称为新皇帝。因为孺子婴还没即位,皇帝的大印还由太皇太后掌管着,王莽就派安阳侯王舜去向她要。

太皇太后王政君到了这个时候好像又向着刘家了。她骂着说:"你们一家好几代都受了皇恩,得了富贵。你们不知道报恩,辜负了汉朝的托付,趁着孤儿没有依靠,篡夺皇位。这种忘恩负义的人,猪狗不如。天下真有像你们这样的弟兄! 你们既然受了符命,做了新皇帝,就该自己去做个玉玺。我这一颗是亡国的、不吉祥的玉玺,还要它干什么? 我是汉家的老寡妇,早晚就快死了,我还要把这颗玉玺带到棺材里去呐。"一边骂着,一边哭个不停。

过了好大工夫,王舜对太皇太后说:"事情已经到了这步田地,我们做臣下的也没有话可说。安汉公要这颗玉玺,您也没法不给他。"太皇太后拿出玉玺来,往地下一扔,"硼"的一声,那颗玉玺摔坏了一只角。王舜把那颗缺了一只角的玉玺献给王莽,王莽叫工匠用金子补上。

公元 9 年正月,孺子婴废为定安公,皇太后(就是王莽的女儿)改称为定安太后。前汉从汉高祖到汉平帝一共十二个皇帝,二百一十四年的天下(公元前 206 到公元 8 年),到这儿就亡了。王莽做了皇帝(公元 8 年,初始元年),一心要把汉朝的制度按照古代的办法改革一番,可是姓王的夺取了姓刘的天下,自己的地位能不能巩固还成问题,复古的办法违反历史的发展和人民的要求,更引起了人家的反对。

110 复古改制

王莽做大司马的时候,师丹就向汉哀帝建议限制贵族大地主的土地,汉哀帝准备了诏书,因为皇亲国戚的反对,没有发下去(见第 106 篇)。这会儿王莽下了命令,禁止买卖土地和买卖奴婢。这是第一个大变动。

他说:"古时候一个人有一百亩土地,田租只收十分之一,国家的费用够了,人民富裕了,到处都是歌颂的声音。秦朝破坏圣人的制度,废除公田制,以致强暴的欺负弱小的。土地兼并,强暴的占有了大量的田地,弱小的连插一个锥子的地方都没有。还有,买卖奴婢,把人在市上跟牛马圈在一起,多不合理。万物之中,人最贵重,买卖奴婢是违反天意的。汉朝减轻田租,只收三十分之一,可是实际上要收十分之五。所以有钱的人家,狗和马吃的粮食还有多余,穷人连糟糠也吃不上。现在必须恢复公田制度,天下的田叫王田,奴婢叫私属,都不准买卖。一家不到八口人占有一井以上的土地的,把多余的土地分给乡邻,让没有田地的农民都有耕种的土地。谁敢反对公田制、扰乱人心的,都充军到边疆上去。"

按理说,这种改革应当是符合农民和奴婢的要求的了,可是王莽改天下田为"王田",只是用强制的办法把全国的土地归皇帝一人所有;改奴婢为私属不得买卖,并不是释放奴婢,而是把奴婢没收为官奴。他以后动不动就把罪人没收为奴婢，可见他并不主张废除蓄奴制，只是把私人可以买卖的奴婢改为官家所有的奴婢罢了。再说农民是压在底层，一向受着主人的欺诈和摆布的。王莽一下子把土地改为王田，再交给农民去耕种，农民连农具都没有，生产的资金也没有，原来的贵族、豪富、地主虽然不愿意充军到边疆上去，不敢公开地反对公田制，可是暗地里还用各种办法破坏生产，再加上这几年来连着发生雹子、蝗虫、水灾和旱灾，这么着，农业生产反倒不如以前了。

王莽认为只要下一道命令，古代的公田制就可以恢复过来。第二年，他又来了一个措施，使得王侯和官吏大大地受了打击。这是第二个大变动。国内的王侯和官吏使用的印都是汉朝发给的。现在要把这些汉朝的印收回来。王莽把汉室的诸侯王一律改为平民，派七十二个将士分头去收回他们的印。接着又派了许多将军分头到匈奴、西域和西南各部族去换印。

汉朝的诸侯王早已失了势力，没有一个违抗新朝的，全都乖乖地交出了原来的印。到这时候，姓刘的诸侯只有三个，就是：前广阳王刘嘉、前鲁王刘闵和前中山王刘成都，因为他们献过"符命"、"神书"或者歌颂过王莽的恩德，都封为侯。但是那些到匈奴、西域、西南去的将军们还没把旧印换回来。各部族的首领可能不像刘家子孙那么听话。

被王莽封做"立国将军"的孙建看到刘家的诸侯王做了平民，并没有人反对，就上个奏章，说长安城里不应当再留着刘家的宗庙，汉朝既然亡了，以前的皇族和皇族的官吏都应当跟着汉朝一同废去，免得他们再像刘崇那样借着汉朝的名义聚众谋反。王莽批准了。只是刘秀等三十二人，因为都立过功，照常重用，跟这三十二个人同宗同祖的刘家人，也都保全原来的地位。王莽还特别恩待他们，赐他们姓王，算是王家的贵族。其中只有刘秀一家，因为是王莽的小儿子王临的丈人家，仍旧姓刘。

第三个大变动是财政的改革。刘秀建议，请王莽按照周朝的办法设立评定物价和管理金钱的官吏。市上的物价不得超过官价。如果有人抬高物价，公家就照他的价钱把货物卖给他；低于官价的可以随便。王莽又规定五种货币叫作"宝货"，就是：黄金、白银、龟壳、贝壳和钱布（"布"是流通的意思，"钱布"就是"钱"）。钱布又分作小钱和大钱两种：一个小钱重一铢（有的说二十四铢为一两,有的说十二分为一铢），一个大钱重十二铢，值五十个小钱。按比例说一个大钱等于十二个小钱，王莽硬规定值五十个小钱。老百姓怕吃亏，大多还是使用汉朝的五铢钱。王莽就下命令，过了调换的限期以后，凡是再用五铢钱的都充军到塞外去。老百姓不敢再使用五铢钱，可是有钱的人又使出新的花招来。他们私自把五铢钱铸成新的大钱。私铸钱布的很快地都发了大财。王莽就又下了一道命令：钱币由官家铸造；一家私铸钱币，五家连坐，全都没收为奴婢。

在短短的七年当中（公元7年到公元14年），币制改了四次，每改一次，钱越改越小，价越作越大，无形中把老百姓的财富全都搜刮去了。为了私铸钱币或者买卖田宅、奴婢而定罪的，人数在十万以上。这一来，没落的贵族、惟利是图的富商、剥削农民的地主就利用老百姓的不满情绪，千方百计地来反对新朝。

王莽还想招收一些德高望重的知名之士，利用他们的名望去安定人心。他打发使者带着厚礼去聘请有名的儒生龚胜。龚胜原来是汉哀帝时候的光禄大夫，后来他眼看王莽掌权，就告老还乡了。使者用极隆重的礼节去拜见龚胜，龚胜假装害病，躺在床上。使者再三请他动身，他就说："我受了汉家的厚恩，没法报答。现在已经老了，何苦再换个主人呐？"从那天起，他就绝食。饿到第十四天上，这位七十九岁的龚胜才断了气。使者回去一报告，王莽也着实感叹了一番。

另外还有一个薛方，也是知名之士。王莽派人带着最讲究的车马去迎接他。他推辞说："尧、舜在上，下有巢、由（巢，巢父；由，许由；唐尧时候以清高出名的人）；现在皇上有尧、舜的德行，就让我做做巢、由吧。"使者回去一报告，王莽觉得既然薛方称他为尧、舜，就让他去做巢、由算了。像龚胜、薛方那样的人还真不少，甚至于连自己的姑姑太皇太后王政君和自己的女儿定安太后也不完全跟他一条心。

太皇太后自从王莽做了皇帝，尽管王莽时常亲自去问安，她可没有一天开过笑脸。她老说她是汉家的老寡妇，不是新朝的什么人。到了公元13年，她死了。那时候她已经八十四了。

王莽的女儿定安太后也认为她自己是刘家的人。汉朝亡了，她就假托害病，不再出来。王莽因为她还没到二十岁，打算把她再嫁出去。他首先改了她的名称，叫"黄皇室主"，表示她是新朝的公主，不再是刘家的人了。他看中了立国将军孙建的儿子孙豫，嘱咐他打扮得整整齐齐的，跟着医官到宫里去看望"黄皇室主"。十八九岁的王太后自己有主意。她拉着一个宫女退到内室，责备她不该放外人进来，还拿鞭子打她。孙豫听得清楚，鞭子好像打在他脸上，只好搭拉着脑袋出去了。王莽也不勉强，就由着"黄皇室主"不再嫁人。

这件事给甄丰的儿子甄寻知道了。他把王莽的女儿当作天鹅肉，一心要弄到口。他假托"符命"，说："黄皇室主是甄寻的妻子。"王莽火儿了，他说:"黄皇室主是天下的母亲,怎么是甄寻的妻子?"其实倒不是为了甄寻要他的女儿,主要是因为甄寻假托符命。王莽怀疑大臣们故意讽刺他,因为他就是假托符命做了皇帝的。因此,他一定要查办甄寻,甄寻听到了这个消息,逃了。他这一逃,案情就更严重。朝廷的使者逼着甄丰,要他交出儿子来。甄丰没法对付,服毒自尽。过了一年工夫,甄寻被抓住了,他和几个跟他要好的朋友都定了死罪。为了这一件案子,大夫扬雄也做了嫌疑犯,上面传他去审问。

扬雄是成都人,以前由大司马王音推荐给汉成帝。汉成帝欣赏他的赋,正像汉武帝欣赏司马相如的赋一样。由汉成帝到汉哀帝、汉平帝,多少年来,他就做着大夫,专心研究文字,从事著作。这会儿他正在天禄阁上校阅古书,一听到有人来传他去受审问,他想起自己已经七十多了,何苦再去受别人家的审问。他就从天禄阁上跳楼自杀。万没想到摔了个半死,当时就有人把他救起来。王莽知道了,觉得扬雄七老八十的,根本没有什么势力,现在摔得这个样儿,怪可怜的,就下了个命令不去难为他。扬雄很是感激,就写了一篇歌颂王莽的文章。

王莽做事急躁,复古改制又不符合人民的利益。为了改变土地制度,他遭到了贵族、豪门、地主、富商的反对,连农民也并不支持他。三年以后,他又下了一道命令,王田、奴婢又可以买卖了。三年当中一反一复,产生了极大的不安和损失。国内的秩序还不能恢复过来,匈奴、西域、西南各部族纷纷起来反对新朝。王莽又强迫征用民夫,加重捐税,连带地就加重刑罚,纵容酷吏,弄得天下大乱。

王莽派将军王骏他们到了匈奴,叫单于(呼韩邪单于的儿子)交出汉朝旧印,改换新印。单于以为中原换了朝代,叫他换个印,并没有别的事,就老老实实把旧印交给王骏。王骏先把旧印毁了,然后发给他新印。单于看了,很不满意。他说:"汉朝发给我的是王印,上面有个'玺'字,现在把'玺'字改成'章'字,跟汉朝诸侯的图章一样,这不是把我当作臣下看待吗? 还是把旧印还给我吧。"王骏把毁坏了的旧印的碎片给他看,单于才知道上了当,可是已经来不及了。赶到王骏他们一走,他就对大臣们说:"父王(指呼韩邪单于)受了汉宣帝的大恩,咱们忘不了。现在的中原天子并不是汉宣帝的子孙,咱们为什么要听他呐?"他就发兵进攻边疆,杀了朔方太守、都尉,还抢去了很多的居民和牲口。

王莽正想借着匈奴干一下子,显显新朝的威力。大臣严尤劝告他别这么干。他可不听。当时就派立国将军孙建带领十二个将军招募三十万人马去打匈奴。三十万人马已经不是一时能够招募得来的，还得向老百姓征用牲口和粮草，那就更困难了。老百姓稍慢一步或者表示不愿意的，官吏就把他们拿来办罪。名义上是招募新兵，实际上是强迫拉伕。这么一来，就有不少人离开家乡做了亡命徒。

王莽的大军还没出发，匈奴已经在那儿号召西域各国脱离新朝。西域的乌耆国首先杀了王莽派去的都护，别的国家也都纷纷起来反对新朝。

王莽派到西南去换印的将军们也遭到了那边各部族的反对。句町王（句町，在云南省；町 tǐng）首先不服，他说："汉武帝封我们家为王，新朝把我降了一等，改称为侯，这太瞧不起人了。"他就杀了牂柯的官员，还不断地向边界进攻。到了这个时候，东、西、南、北边疆外的各部族没有一个不反对新朝的了。

大臣严尤再三劝告王莽暂时不要去跟塞外的部族作对，首先得把中原内部安抚一下。王莽不同意这么办。他认为国内有了法令，只要叫官吏用心惩办不法的人就是了，谁还敢造反呐？有谁不服的话，刘崇、张绍、翟义、刘信、赵朋、霍鸿就是下场的榜样。他看到当初汉朝的君王自己不管理朝政，什么事情都交给别人，以致亡国，他就不敢把国家大事交给别人去办，宁可自己辛苦点。因此，批阅文件，起草法令，他都亲自动手，常常到了天亮，还不能休息。可是他抓了这些，就顾不了各地的灾荒，更管不了那些宁可豁出性命去反抗压迫的人民了。

111 绿林和赤眉

这几年来，水灾、旱灾、蝗虫、冰雹已经叫农民活不下去，边界上还驻扎着几十万大军，牲口、粮草都得向老百姓要。西北边境五原、代郡一带的老百姓因为接近匈奴，负担更重。他们首先起义，几百人一伙、几千人一队地挣扎着跟官兵对抗。西北方面还不能安定下来，东方和南方也都有大批的农民起来反抗官兵。

王莽为了对付各部族的叛变，为了供应塞外大军的费用，就增加了六种税，就是：盐税、酒税、铁税、名山大泽开采税、赊欠、借贷税和炼铜税。郡县的官吏尽管多么厉害，也管不住所有逃税的人。王莽委托富商去监督。

富商和官吏共同舞弊，层层勒索，更加苦了老百姓。拿不出钱来的就是犯法，犯法的动不动就处死刑或者没收为官奴。这么着，官吏、富商也逼着穷人起来反抗官府了。

临淮人（临淮，在安徽凤阳）瓜田仪（瓜田，姓；仪，名）在会稽（汉朝的会稽包括现在的苏州、吴县）、长州（长州和吴县以前都属苏州管的）一带首先聚集了几千人攻打县城。琅邪海曲（在山东省日照县）有个老大娘，人家都管她叫吕妈妈。她的儿子吕育是县里的一个公差，为了没依着县令毒打没钱付捐税的穷人，县令把他办成死罪杀害了，这就激起了公愤。吕妈妈约会了一百多个穷苦的农民起来反抗。大家伙儿替她儿子报仇，杀了那个县令，跟着吕妈妈到黄海躲着官兵，一有机会就上岸攻打官府。很快地就有一万多人跟着吕妈妈。

公元17年（天凤四年，即新朝建立以后的第九年），南方荆州闹饥荒，老百姓为了挖野荸荠互相争夺，甚至打架打得挺厉害。新市（属荆州，在湖北省京山县）有两个很有名望的人，一个叫王匡，一个叫王凤。他们出来给农民排解，大伙儿都服他们，公推他们为首领。一下子就有好几百人跟着王匡、王凤去找活路。还有亡命的罪犯南阳人马武、颍川人王常和成丹，为了逃避官府的压迫，也都来投奔王匡。王匡他们占领了荆州的一个山头，叫绿林山（在湖北省当阳县）。就拿绿林山为根据地，攻占临近的乡村。不到几个月工夫，这支南方起义军就有了七八千人。

农民起义的报告到了长安，王莽召集大臣们商量。大臣们说："这些盗贼死在眼前，皇上不必费心。他们既然找死，发大军去剿灭他们，不就完了吗？"左将军公孙禄可不同意。他说："大臣当中有的报喜不报忧，以致下情不能上达；有的一味作假，光知道奉承；有的乱划井田，叫农民没法耕种；有的不顾到老百姓的痛苦，只知道加重捐税。百姓造反，罪在官吏。如果皇上能够惩办这些贪污的官吏，向天下赔不是，再派贤良的大臣去安抚全国，国内就能够安静。进攻匈奴的大军应当赶快撤回来，再跟他们和亲。从今天的形势看来，恐怕新朝的忧虑不在塞外的匈奴，而在中原内部！"

王莽从没听到过这种顶撞他的话，这叫他怎么受得了？他叫卫士们把公孙禄轰出去。接着，他就下了命令，吩咐荆州长官快去剿灭绿林。荆州长官不敢怠慢，当时就招集了两万人马去打绿林。南方起义军绿林的首领王匡、王凤立刻带领着弟兄们迎了上去，把官兵打死了好几千，还夺到了许多兵器和粮草。荆州长官带了残兵败将拼命地往北逃跑。王匡、王凤、马武、王常他们趁着机会打进竟陵（在湖北省天门县西北）、安陆（在湖北省应山县南)两个城,搬了一些粮食就回去了。

他们回到绿林,人数增加到五万多。想不到第二年(公元22年),绿林发生了疫病,五万多人死了快一半。其余的人只好离开绿林,分头去占领别的地方。王匡、王凤和他们的部下马武、朱鲔(wěi)等往北,占领了南阳,称为"新市兵";王常、成丹、张卬等往西,占领了南郡(湖北省江陵县一带),称为"下江兵";平林人(平林,在湖北省随县东北)陈牧、廖湛(zhàn)带着几千人加入了绿林的队伍,称为"平林兵"。绿林的三路人马——新市兵、平林兵和下江兵——各自占领地盘,越来越强大了。

南方荆州的起义军打败官兵的时候,东方起义军的首领樊崇已经在莒县号召农民起义了。樊崇是个朴实而又勇猛的庄稼人,一班青少年老喜欢跟他在一起。因为青州、徐州各地遭受着旱灾,外加蝗虫,农民本来就活不下去,王莽新朝的官吏还残酷无情地向他们逼粮逼税。在这种天灾人祸双重压迫下的老百姓,年老的和弱小的穷人已经死了不少,年轻力壮的农民都来投奔樊崇。这时候,吕妈妈害病死了,她手下的一万多人都归附了樊崇。同时,樊崇的同乡逄安(逄Páng)和东海人徐宣、谢禄、杨音等也率领着几万人加入了樊崇的东方起义军。三路人马合在一起,声势更加浩大。他们拿泰山做根据地,在青州和徐州之间来回打击官府、地主,抢粮救灾。他们都是朴实的贫苦农民,只希望度过灾荒,能再回乡种地,根本没打算夺地盘、打天下。起义军中只有一个徐宣,曾经做过监狱官,算是粗通文墨,别的人全是文盲。军队里没有将军、都尉等的名位,因为农村中地位最高的是"三老",其次是"从事",再就是"卒史",他们就采用这三种名称。彼此之间都叫"巨人"。

公元21年(地皇二年),王莽派大将景尚率领一队官兵去剿灭樊崇的东方起义军。起义军在跟官兵接触中才学会了打仗。第二年,他们打了个大胜仗,把大将景尚也杀了。

王莽大发雷霆,马上派太师王匡(跟绿林起义军的首领王匡是同名同姓的另一个人)和更始将军廉丹率领着十万大军浩浩荡荡地去围剿樊崇军。樊崇准备跟官兵大战一场。他恐怕自己的人马跟王莽的人马混乱,就叫他的部下都在眉毛上涂上红颜色作为记号,因此,东方起义军就得了个外号叫"赤眉"。赤眉军很守纪律。他们立了两条公约:第一条,杀害老百姓的定死罪;第二条,打伤老百姓的受责打。为这个,老百姓并不害怕赤眉。相反的,太师王匡和更始将军廉丹的官兵到处奸淫掳掠,无恶不作。东方的人民都说:

宁可碰到赤眉，
不要碰到太师；
碰到太师已经糟糕，
碰到更始性命难保。

王匡和廉丹的军队只知道抢劫掳掠，不愿意卖命打仗。赤眉兵不怕死，纪律又好，得到老百姓的拥护，他们的力量就比官兵的力量大了。开头的时候，廉丹还打了一回胜仗，以后越打越不像话。他们在成昌（在山东省东平县）大战一场。太师王匡做梦也没想到涂着红眉毛的庄稼人还真敢跟他对敌。他不愿意拿自己的性命去跟这些亡命徒拼。他不愿意拼命，赤眉军可拼着命找上他来。不知道怎么一来，大腿上给樊崇扎了一枪，太师王匡就捧着脑袋逃了回去。更始将军廉丹，往好里说，比太师强些。他跟逢安、杨音他们混战一场，正杀出重围，又碰上了东海人董宪的队伍，末了，死在乱军之中。

十万官兵，逃了太师，死了大将，没有个发号施令的将官，乱哄哄地散了一大半，有一部分投降了赤眉军。赤眉军越打越强，这时候已经发展到十多万人。

到处都是乱糟糟的，到处又都是饥荒。饿死人的惨事又在关东发生了。逃荒的、逃难的男女老少，听说关中有粮食，一批一批地都往关中拥过去。守关的没法拦阻，慌忙向王莽报告，说进关的难民有几十万。王莽急得脸膛发黑，只好下令开发粮仓，派官吏去救济他们。万没想到这些官吏层层扣克，处处揩油，害得十分之七八的难民都死在他们手里。

王莽听说连长安城里也天天有人饿死，他把那个管理长安市政的大官王业叫来，问他难民的情况。王业说："这些人大部分都是流氓，并不是真正的难民。"他拿了些市上菜馆子里出卖的小米饭和肉羹给王莽看，对他说："这些人吃得这么好，怎么能是难民呐？"王莽能够观察到的都是底下的人布置好了的，叫他不能不信。他就认为所谓关东饥荒，难民进关，原来都是轻事重报。他这才放了心，派使者分头去催荆州长官和太师王匡加紧剿灭绿林和赤眉。

绿林军在荆州，赤眉军在东海打败了王莽的两路大军，别的地方起义的农民听到了这个消息，更加活跃起来。黄河北岸有大小起义军几十路，其中城头子路（以东平人爰曾为首领）有二十多万人，刁子都（原来是东海人）有六七万人。此外，还有铜马、青犊、大肜（tóng）等共有几百万人。这许多起义的农民，我们就总称为北方起义军。东方、南方、北方的起义军彼此并没有联系，都各自作战反抗官府。

那些没落的汉朝贵族和各地的地主、豪强趁着机会也都野心勃勃地出来混在农民起义军的队伍里抢夺地盘。其中有个刘家宗室的子孙也在南阳（南阳，郡名，在河南省西南部和湖北省北部，汉时以宛为郡治，即现在河南省南阳市）舂陵县（在湖北省枣阳县东；舂 Chōng）发动起来了。

112 起义军的混合

南阳舂陵县住着汉朝的一个远房宗室叫刘钦。他娶了个有田地三百多顷（三万多亩）的大豪强樊重的女儿，生了三个儿子，三个女儿。老大叫刘縯，老二叫刘仲，老三叫刘秀（跟刘歆改名的刘秀是同名同姓的另一个人）；大姑娘叫刘黄，二姑娘叫刘元，三姑娘叫伯姬。刘钦死的时候，刘秀和伯姬还小，全靠他们的叔父刘良教养成人。大哥刘縯性情刚强，慷慨仗义，喜爱结交天下豪杰。他因为王莽废除汉宗室的爵位和封地，又不准刘家人做官，一直痛恨着王莽，老想恢复刘家汉朝的天下。小兄弟刘秀生性谨慎，态度沉着，怕他大哥闯出祸来，自己故意安安停停地种着庄稼。刘縯老把他比作高祖的哥哥刘仲，笑他没有多大出息。刘秀听了也不在乎。可是他觉得光做个地主或者大商人，地位太差，他还想进太学去跟一班士大夫联系一下。他到了长安，进了太学，拜了老师，认识了一些名人。他从太学回来，还做些粮食买卖。

刘秀的姐姐刘黄嫁给南阳的豪强新野人（新野，在河南省南阳市南）邓晨做媳妇。邓晨有个朋友叫李守，宛县人（宛县，就是河南省南阳市），离邓晨的家不太远。他虽然做着新朝的官，可是曾经对他儿子李通说过："新莽长不了，刘家可能再起来，我们家可以做帮手。"李通把他父亲的话记在心头，希望将来帮助刘家宗室恢复汉朝天下，做个复国元勋。公元22年（地皇三年），南方起义军绿林的新市兵和平林兵到了南阳，李通的叔伯兄弟李轶对他说："现在四方都乱糟糟的，汉室又要兴起来了。咱们南阳地方就数刘縯一家是宗室，他们哥儿俩又挺能干，咱们不如跟他们去商量商量。"李通说："我早有这个意思了。"李通、李轶哥儿俩打算到舂陵去见刘縯。

刚巧刘秀运着谷子到宛县去卖，他打算卖了谷子买些弓箭回去，李通和李轶在街上碰到了,把刘秀邀到家里来。大伙儿志同道合,约定在南阳动手。李通在宛县发动,李轶跟着刘秀到了舂陵,去见刘縯。刘縯召集了一百来个豪杰,对他们说:"王莽暴虐,老百姓活不下去。现在连年灾荒,各地豪杰都起兵了。这是天亡新朝的时候,也是恢复高帝事业,平定天下的时候了。"大家都很赞成。当时就分头到临近各县去发动他们的亲戚、朋友一同起兵。

刘縯就在舂陵县号召南阳豪强起兵。有几家人挺害怕,他们干脆躲开他,还说:"造反不是闹着玩儿的,跟着刘縯冒冒失失地去拼命,都得灭门。"后来他们瞧见那个一向小心谨慎的刘秀也穿上军装,就改变了主意,说:"他也参加了,咱们还怕什么?"一下子就来了七八千人。那时候,刘秀正二十八岁。他帮着哥哥准备粮草,还等着李通那一边到这儿来会齐。等了几天,还没有人来。刘縯派人去打听一下,才知道李通还没发动,已经给官府发觉了。李通逃了,他父亲李守和李家一门全都给抓了去,一共死了六十四个人。

李通那一头吹了。刘縯只有七八千人,成不了大事。他知道新到的新市兵和平林兵比他们强,就派本家的子弟刘嘉去见新市兵的首领王凤和平林兵的首领陈牧,劝他们共同去进攻长聚。他们同意了。这么着,三路人马联合起来往西打去。这第一仗,旗开得胜,长聚打下来了。刚起兵的时候,他们什么也没有。刘秀骑着牛,杀了新野的县令,自己才夺到了一匹马。接着,他们又打下了唐子乡和湖阳县(在河南省沘源县南),沿路抢夺了不少财物。为了互相争夺财物,新市兵和平林兵差点没打刘家的南阳兵。刘秀劝告自己这一边的人,把财物都让给别人。那两路人才都高兴了,愿意跟南阳兵再去进攻棘阳(县名,在湖阳县西北)。

他们打下了棘阳,把军队驻扎下来。刚巧,李轶和邓晨也带着一队壮丁来会见刘縯。刘縯打算进攻宛县,先到了"小长安"(在宛县南三十七里)。半道上碰到了王莽的大将甄阜和梁邱赐的大军。刘縯他们都是步兵,连刀枪都很少,简直没法抵抗。这第二仗,南阳兵打了败仗,还败得挺惨,大伙儿各逃各的。刘秀也只好骑着马自己逃命。跑了一阵子,道旁瞧见了妹妹伯姬。他连忙叫她也上了马,哥儿俩骑着一匹马往棘阳那边直跑。还没跑了多么远,又瞧见了他们的姐姐刘元。刘秀叫她快上马来。刘元摇摇手,说:"你们快走,快走!别为了我,大家都逃不了。"不一会儿,追兵到了,刘元和她的三个女儿都给杀了。刘秀的二哥刘仲和本家的几十个人也都死在乱军之中。

刘縯、刘秀收集了残兵退到棘阳，守在那儿。王莽的大将甄阜和梁邱赐不肯放松。他们把辎重留在蓝乡，率领着十万大军过了沘水（沘水，也写做泚水，在河南省泌阳县），把桥都毁了，表示不打胜仗决不回头。新市兵和平林兵的两个首领来见刘縯和刘秀。他们说："甄阜和梁邱赐有十万兵马，叫我们怎么抵挡呐？还不如扔了棘阳，暂时退了吧！"刘縯安慰了他们一番，心里可也挺着急的。

正在这个时候，忽然进来了一个人，说："下江兵已经到了宜秋了（宜秋，在河南省唐县西南）。我们联合起来，一定能够打败敌人。"刘縯哥儿俩一看，原来是李通。刘秀挺高兴地说："这就好了！你怎么到了这儿？"李通说："我从家里逃出来，四面奔波。听说你们在这儿很为难，棘阳也许守不住，刚巧下江兵到了宜秋，我才赶来。下江兵的首领王常挺了不起，你们去请他帮助，他准肯出力的。"

刘縯抓住机会，马上带着刘秀和李通亲自到宜秋去见王常。他说他要会见下江的一位贤明的将军，共同商议大事。下江兵的几个首领成丹、张卬等公推王常出来跟刘縯他们相见。刘縯就跟他说明两路人马联合起来的好处。王常给他说服了，挺痛快地说："王莽暴虐，大失民心。现在你们起来，我愿意做个助手。"刘縯说："如果大事成功，难道我刘家独享富贵吗？"刘縯恐怕王常反悔，还跟王常订了约，才回去。王常送走了他们，回来就把这件事跟别的将士们说了一遍。成丹和张卬反对，说："大丈夫既然起了兵，就该自己作主，不应该依靠别人，受人家的节制。"王常向他们解释，说："王莽暴虐，失了民心。我们一起来，老百姓都向着我们。这就说明：人民所痛恨的，天也抛弃他；人民所想念的，天也帮助他。上合天意，下顺民心，才能够成大事。草莽英雄是长不了的。现在南阳刘家起兵了，刚才来的那位将军真了不起，咱们跟他们联合起来，一定能够成大事。这是天帮助咱们。"成丹他们虽然心里不愿意，可是因为他们一向钦佩王常，只好听他的了。打这儿起，农民起义军和地主武装就混合在一起。

王常带着下江兵从宜秋赶到棘阳，跟南阳兵、新市兵、平林兵合在一起，准备跟甄阜他们干一下子。

刘縯和各路将士订立了盟约，大摆酒席，休息三天。到了十二月三十日那天，刘縯提出他的作战计划，大伙儿都同意。就在当天晚上先去袭击蓝乡。蓝乡当然有将士守着，可是一来，他们认为前面有十万大军去扫荡棘阳，棘阳方面自顾不暇，决不敢再来进攻蓝乡；二来将士们大吃大喝地过除夕，大伙儿都醉了。到了半夜，谁都睡得死死的。突然受到了攻击，连逃命都来不及，怎么还抵抗得了？刘縯、刘秀、王常、成丹、张卬、王匡、王凤、马武、朱鲔、陈牧、廖湛他们杀散了蓝乡的士兵，把甄阜、梁邱赐所有留在那儿的辎重全都搬到棘阳来。这一个大胜仗鼓舞了起义军。过了元旦，他们就去进攻沘水。

沘水那边的甄阜、梁邱赐接到了蓝乡打败仗的报告，辎重全被夺去，军中粮草眼看接济不上，已经慌了神，想不到四路起义军已经到了跟前，大伙儿只好手忙脚乱地抵挡一阵。死的死，逃的逃，兵马越多，败得越惨。士兵死伤了两万多，连大将甄阜和梁邱赐也都先后被杀。其余的官兵有逃散的也有投降的，起义军就更加强大了。王莽另一路的两个将军严尤和陈茂恐怕宛县保不住，赶紧带着他们的军队去救，正好碰上了刘縯的大军，也打了败仗。起义军就把宛县围困起来。

这时候，刘縯、王匡、陈牧、王常带领的四路人马合起来已经有了十多万人。将士们都认为人马多了，必须有个最高的首领，才能够统一号令。四路人马的首领们这就商量开了。贵族、地主出身的一些将士就利用农民的正统观念，提出了一个口号，叫"人心思汉"。他们说："人心思汉，已经不是一天了。必须立个刘家的人才符合人们的愿望。"可是军队里姓刘的人多着呐，立哪一个好呐？南阳的舂陵军和下江的王常主张立刘縯。新市和平林的将士们怕刘縯太严厉，反把他们管束住了，主张立刘玄。刘玄也是汉朝的宗室，跟刘縯、刘秀是平辈的。他因为犯了法，王莽的官府要抓他，就投奔了平林军。平林军的首领陈牧和廖湛利用这个破落贵族的幌子，把他作为一个首领，称为更始将军。这会儿平林军的首领跟新市军的王匡、王凤、朱鲔他们商量了一下，又拉拢了下江军的张卬，准备叫更始将军刘玄做个挂名的皇帝。

平林军和新市军的首领联合起来请刘縯立刘玄为皇帝，刘縯觉得南阳的刘家兵力量不够，不能直接反对。他对大伙儿说："诸君要立汉朝的后代，我们刘家的子孙万分感激。但是，现在赤眉军也有十多万人在青州和徐州（汉朝的时候，青州、徐州都包括在现在山东省），要是他们听到了南阳立了宗室，恐怕他们也会立个宗室。王莽还没消灭，宗室跟宗室要先互相攻击起来，叫天下人怀疑，自己又减了力量。咱们不如先立个王。有了王，也可以统一号令。如果赤眉立了个贤明的皇帝，咱们就去归附他，他决不会废去咱们的爵位。要是他们没立，咱们往西去消灭王莽，然后往东去收服赤眉，到了那时候再立天子，也不晚哪。"

没想到张卬拔出刀来向地下一剁，大声地说："三心两意的，不能成大事。今天已经决定了，不应该再有第二句话！"刘縯不便再反对，别人也不说话，当时就立刘玄为皇帝。他们在二月初一日（公元23年，即新莽第十五年），举行了皇帝即位的仪式。刘玄朝南坐着，让别人向他朝拜。他又是害臊又是怕，脑门子上的汗擦去一阵又是一阵，话是连一句也说不出来。当时改元为"更始"，大赦天下，尊族里的伯父刘良为"国三老"，拜王匡、王凤为"上公"，朱鲔为"大司马"，刘縯为"大司徒"，陈牧为"大司空"（大司马，就是以前的太尉；大司徒，就是以前的丞相；大司空，就是以前的御史大夫；大司马、大司徒、大司空称为"三公"；三公之上还有个名位最高而无职权的"上公"），刘秀为"太常偏将军"，其余的将士各有各的职位。打这儿起，绿林起义军称为汉军，汉军的大权掌握在新市、平林将士们的手里，南阳的刘家军很失望。他们可不愿意这么下去，暗暗地在心里另作打算。

113　昆　阳　大　战

更始皇帝刘玄派王凤、王常、刘秀他们去进攻昆阳（在河南省叶县北），派大司徒刘縯继续围攻宛城。王凤、王常、刘秀他们很快地打下了昆阳，接着又打下了临近的定陵（在河南省郾城县西北）和郾城（就是河南省郾城县）两个县。

王莽听到了汉军立刘玄为皇帝，又打下了昆阳，围攻宛城，心里急得坐立不安，可是外表上还得显出满不在乎的样子。王莽把白头发和白胡子都染黑，六十八岁的老头儿又做起新郎来了。原来在他登基做皇帝的第二年，有人对他瞎说："黄帝娶了一百二十个女人，他成了仙。"王莽听了这样的话，马上依从。他打发四十五个大员分行天下去搜罗"有德性的美女"。过了一年，到了这个时候，选美人的大事已经完成，王莽娶新征来的史氏为皇后，聘礼是黄金三万斤，车马、奴婢、绢帛、珍宝等的价值，只能用"万"字来计算。同时又在搜罗来的美女之中，挑选妃子多少多少人，美人多少多少人，宫女多少多少人。这个热闹劲儿说也说不完。立皇后、选后宫的大事办完了，这位染了头发和胡子的六十八岁的新郎才派司徒王寻和司空王邑两个心腹大臣去征调各郡县的兵马到洛阳会齐，一定要平定各地的叛乱，尤其是南阳这一头。王寻、王邑到了洛阳，各郡县都有兵马派来，当时就集合了四十二万人马，号称一百万，浩浩荡荡地直奔昆阳。王寻和王邑的大军还没到昆阳，严尤和陈茂的军队也跟他们会合在一起，声势就更大了。

汉军的将士站在北门的城门楼子上往远处一望，只见没结没完的全是王莽的军队。他们害怕了，有的甚至吓得准备散伙。刘秀对他们说："这是最紧要的关头，必须坚持。咱们兵少粮少，全靠同心协力打击敌人，要是见了敌人就散伙，什么全都完了。咱们可万万不能后退。"接着他又跟他们说明怎么到外面去抽调军队，怎么布阵可以打个胜仗。将士们这才安定下来，愿意听他的指挥。可是昆阳城里只有八九千人，王寻、王邑头一批军队就有十万。刘秀请王凤和王常守住昆阳，只守不战，自己带着李轶他们十三个人骑着快马，趁着黑夜，冲出重围，到定陵和郾城去调兵。

昆阳城虽然不大，可是挺坚固，王寻、王邑一时不能把它打下来。后来他们制造楼车，王莽的士兵利用楼车站在上头不断地向城里射箭。有时候箭多得像下阵雨一样，城里的人连出门打水都要背着门板挡箭。王寻他们还用撞车撞城，甚至还挖掘地道打算通到城里去。好在昆阳的城墙厚，城门又结实，王凤、王常硬着头皮死守下去，王莽的大军只好把城围下去。

刘秀他们到了定陵的时候，刘縯的一队兵马好容易才把宛城打下来。汉军的将士恨透了宛城的将军岑彭，说他死守了好几个月，害得汉军吃了这么些日子的苦头。他们要求刘縯把岑彭砍了。刘縯劝他们别这么着。他说："岑彭是镇守宛城的将军。他能够尽心守城，这正是他的长处。像他这样的将军应当受到尊敬。我想请求皇上封他的官爵，这样，才能够鼓励别人来归附咱们。"他们没想到这一层，都承认了自己的不是。刘縯把这个意思向更始皇帝刘玄说明白，更始就封岑彭为归义侯，把他拨在刘縯部下。

刘秀到定陵去调兵的时候，还不知道他哥哥刘縯已经打下了宛城。他要把定陵和郾城的军队全部调到昆阳去。将士们贪图财物，不愿意离开那两个城。刘秀劝他们暂时放弃那两个城，他们更觉得奇怪。刘秀说："现在咱们到昆阳去，把所有的人马都用上，打败了敌人，那边的珍宝比这边多好几万倍，而且还可以成大事，立大功。要是让敌人打过来，咱们打了败仗，连咱们的命都保不住，还谈得上财物吗？大丈夫做事，眼光得放远一些。"为了鼓励士气，他虽然还不知道他哥哥那一头的情况，他故意说："宛城已经打下了，那一支军队就快到这儿来，还怕什么！"将士们这才勇气百倍地带着所有的兵马跟着刘秀上昆阳来。

刘秀亲自带着步兵和骑兵一千多人作为先锋。他们到了离王寻、王邑的大军四五里的地方就摆下了阵势。王寻、王邑一瞧前面只有一千多人，就派了几千士兵去对敌。刘秀突然冲过去，一连杀了几十个敌人。将士们见了，高兴得了不得。他们说："刘将军平日遇到小队的敌人好像胆儿挺小似的，今天见了强大的敌人，就这么勇敢，真怪！来呀，咱们大家跟着刘将军，冲啊！"这一来，汉兵一个抵得上敌人十个。王寻、王邑的士兵连着后退，汉兵赶上去，杀了上千的人。这一来，汉兵一个抵得上敌人一百个了。刘秀马上带着敢死队三千人向王寻、王邑的大营那边冲过去，集中打击敌人的中坚部分。王寻、王邑一看就这么些人，不把汉兵放在眼里。自己带着一万兵马去跟刘秀交战。一万人还真打不过刘秀的敢死队。王寻、王邑的队伍早已乱了，各郡县征调来的兵马各守阵营，互不相救。汉兵越打越有劲儿。王寻不知死活，还想显点本领，打着马冲上前来。汉兵知道他是大将，好像逮鱼的见了一条大鱼似的，谁也不肯错过机会，立刻把他围上，乱砍、乱刺，结果了他的性命。王邑瞧见王寻被杀，慌忙逃走。城里王凤、王常他们一瞧外面打赢了，就打开了城门，全部人马一下子都冲出来。两面夹攻，喊声震动了天地。王莽的大军一听到主将被杀，大营的中坚部分被消灭，全都慌了神，乱奔乱逃，自相践踏，沿路一百多里都有尸首倒着。这时候正是夏天，毒花花的太阳晒得血污直冒烟。

汉兵正杀得高兴的时候，忽然敌人军队里出现了一个怪人带着一批猛兽冲过来了。一霎时，太阳也没了，黑云像天罗地网似的罩下来。这一下子可把汉兵愣住了。那个怪人叫巨毋霸，据说有一丈来高，身子像牛那么粗，三匹马联在一块儿还不能驮他。他坐的车特别大，四匹马才拉得动他一个人。这么笨重的巨人有什么用呐？可是他有一种特别的本领，他能训练老虎、豹子、犀牛、大象。王莽拜他为校尉，让他带着几只猛兽和一批扮作猛兽的士兵出来助威。汉兵从来没见过虎豹出来打仗，他们只好掉头就逃。说也奇怪，半空中突然哗喇喇来个大霹雳，接着一阵暴雨直倒下来。六月天气本来变化无常，一下子连着响了几个霹雳，刮着狂风，大雨好像天塌似的往下直倒。扮作老虎跟豹的士兵受了凉，打着哆嗦，不但不往前冲，反倒往后面直窜。巨毋霸也只好往后退。一群猛兽净向巨毋霸挤去，挤得他立脚不住，仰面一倒，头重脚轻，就这么掉在潢水（现在叫沙河，上游在河南省鲁山县西）里。四匹马才拉得动的巨人，掉在河里，说什么也起不来了。

雷响着，风刮着，大雨直倒。汉军认为这是天帮着他们消灭敌人，个个生龙活虎似的直往前追。王莽的大军好像决了口子的大水似的直往滍水那边冲去。后浪催前浪，把人都往水里边挤。士兵掉在水里淹死的有一万以上，连猛兽都夹在里面。大风大雨，河水流得多急呀。可是一万多个尸体把河流堵住，水就往岸上泛。王莽的大将王邑、严尤、陈茂骑着马，踩着尸体渡过河，把所有的粮草和军用物资全扔在滍水这一边，各地征调来的长官带着他们的残兵败将各自逃回自己的郡县。王邑逃回洛阳，跟着他的只剩了几千人。

昆阳大战消灭了王莽的主力。胜利的消息鼓动了天下人民。他们在各地都起来响应南阳起义军。有不少人杀了当地的官府，自己称为将军，用汉朝的年号，等待着新的命令。

刘縯和刘秀的威名越来越大，新市和平林的将军们越来越担心。他们暗地里劝刘玄消除刘縯。刘秀已经看出了苗头，他对他哥哥说："我看事情不大妙，哥哥您还是多加小心吧。"刘縯笑了笑。刘秀又说："李轶原来跟着咱们，现在他一味地奉承朱鲔他们。我看这家伙靠不住。"刘縯可不把他搁在心上。

事情越闹越明显，更始和刘縯的分裂终于爆发了。更始听了朱鲔和李轶的话，把刘縯的部将刘稷（jì）拿来办罪。刘稷是刘縯的心腹，他根本就不赞成立刘玄为皇帝。他说："首先起兵的是伯升兄弟（刘縯字伯升），更始算老几？哪儿轮得到他来做皇帝？"这种话传到更始的耳朵里，更始已经注意他了。后来他立刘稷为抗威将军。刘稷不接受。明摆着，他是只听刘縯不听更始的。更始把他拿下，说他违抗命令，定了死罪。这可把刘縯急坏了。他替刘稷说理，劝更始别杀他。更始拿不定主意，李轶、朱鲔他们大声地说："皇上得下决心！刘稷违抗命令还不是刘縯主使的吗？刘縯也不能免罪！"更始把脑袋一顿，刘縯就给绑上了。他就这么和刘稷一块儿给杀害了。

刘秀还在父城，一听到他哥哥被杀，痛哭一场。完了擦干眼泪，立刻动身到宛城，拜见更始，承认自己的不是。大臣们向他表示同情，劝他别伤心。刘秀按照礼节答谢了他们，可是他的痛苦心情跟谁也不流露，只说自己平时没能好好劝阻兄长，以致使他得罪了皇上。人家问起昆阳大战的情形，他说这全是将士们的功劳，他不过跟着别人沾了些光就是了。他也不给他哥哥穿孝；吃饭、喝酒，有说有笑的，完全跟平日一样。更始反倒觉得过意不去，拜他为破虏大将军，封为武信侯。刘秀就留在宛城，伺候着更始。可是更始不敢重用他，另外派了几个将军去进攻洛阳和武关。

114 新朝的灭亡

更始派上公王匡去进攻洛阳，大将军申屠建、李松去进攻武关。王莽知道了，更加着急起来。新朝能够打仗的一些将军大多都在塞外对付着匈奴、西域和西南的部族，一时里不能撤回来，留在国内的主力已经给刘秀消灭了。王莽主要的根据地只剩下长安和洛阳两个大城。王莽急得吃不下饭，光是喝酒、吃鲍鱼，读兵书，累了就趴在几案上打盹儿，不再睡觉了。可是他的大臣刘秀（就是刘歆）反倒高兴。刘秀眼看汉兵逼上来，王莽快完了，他就约定将军王涉，一起去谋杀王莽。他认为杀了王莽，再去迎接汉兵，他是汉朝的宗室，原来的地位高，又有杀王莽的大功，汉兵还能不立他为皇帝吗？想不到他这个如意算盘落了空。他和王涉还没动手，已经给王莽发觉了。他们逃也逃不了，都只好自杀。王莽临时把囚犯都放出来作为士兵，才凑成一支军队，往东去抵抗汉兵。

汉兵到的地方，县城纷纷投降。申屠建的一路人马很快地进了武关。王莽的士兵又都是临时凑数的，其中有不少还是刚放出来的囚犯。他们到了渭桥，就开始逃散了。弘农（郡名，在河南省洛阳以西到陕西省商县以东的地区）郡长王宪赶紧投靠新的主人，做了汉兵的校尉。他带着几百人先渡过渭河。各县的豪强大族起兵响应，自己都称为汉朝的将军，跟着王宪去打长安。除了王宪这一路以外，别的方面又来了不少"将军"和士兵。他们到了长安城下，都想立大功，争着要进城去。可是一下子不能全进去，他们就在城外先放起火来。城外烧着大火，照到城里；城里也有人放火。火烧到了未央宫，众人闹闹嚷嚷地都拥了进去。王宪他们跟着也进了宫。新朝的将军王邑、王林、王巡他们带着士兵四面抵抗。孝平皇后（就是王莽的女儿，嫁给汉平帝的）哭着说："我有什么面目去见汉家的人哪！"她跳到火里自杀了。

王莽穿着礼服，衣冠齐整地走到宣室前殿，手里拿着短刀，许多公卿、官员都跟着他在一起。王莽端端正正地坐着正位，死守着六十万斤黄金和珍宝，还自己安慰着自己说："天理在我这儿，汉兵能把我怎么样？"别的人可没能像他那么镇静，有的叹气，有的流泪。这样挨过了一个晚上。第二天，火烧到了前殿。大臣们扶着王莽躲到太液池里的一座楼台上去。那楼台叫渐台，四面是水，一面有桥，火是烧不到这儿来的。在渐台陪着王莽的还有一千多人。

王邑、王林、王巡他们日夜不停地抵抗着那些涌到宫里来的人群，累得有气无力，手底下的士兵儿郎们死伤得差不多全完了。王邑他们听说王莽在渐台，就到水池子那边去保护他。可是究竟人数太少，他们全给杀了。渐台周围全是人，围了好几层。台上的将士还往下射箭。大伙儿没法上去。直到台上的箭射完了，下面的人才渡过水，拥上台去。台上的将士拿着长枪、短刀继续抵抗，肉搏开始了。

太阳下山的时候，众人进了台上的内室，跟着王莽的几个大臣都死了。王莽只好使用手里拿着的短刀。有个商县人叫杜吴的，向王莽砍了一刀，结果了他的命。

王莽一死，大伙儿都来抢他的脑袋，就说抢不到脑袋，能够抢到一只手或者一条腿的，也可以立个大功。末了，有个校尉割下王莽的脑袋，拿去向王宪报功。王宪又找到了那颗镶了一只角的玉玺。他就自称为"汉大将军"。城里几十万士兵正乱糟糟地没有头儿，一听说王宪是汉大将军，自己就算是他的部下了。

弘农郡长王宪一下子当上了"汉大将军"，直乐得他头脑发昏。他把自己的一部分士兵留在宫里作为卫队，吩咐别的将士和小兵都驻扎在外边。他到了内宫，拿着玉玺，穿上王莽穿过的龙袍，戴上王莽戴过的冠冕，把王莽的后宫妃子都收下来作为自己的妃子。他就这么得意忘形地住在宫里过着皇帝瘾。过了两天，申屠建和李松到了。他们听说玉玺在王宪那儿，就向他要，可是他不给。他们查出王宪使用天子的旗子和车马，强奸宫女，就把他拿来砍了脑袋。他们把王莽的人头送到宛城去向更始皇帝刘玄报功。

更始觉得这么一来，天下没有第二个皇帝，他的江山可以坐定了。既然做了天子，小小的宛城当然不配作都城。他就打算迁都到长安去。正好上公王匡那边的捷报也到了。王匡已经打下了洛阳，还把那个跟他同名同姓伤了一条腿的太师王匡也杀了。更始手下的将士们都是关东人，不愿意到西边去。他们说："长安太远了，不如迁都到洛阳吧。"更始本来没有一定的主张，就听从了将士们的意见，决定迁都到洛阳去。可是洛阳刚打过仗，宫殿破坏了不少，得先修理一下才好。更始不敢重用刘秀，不让他去打仗，可是这修理房子的碎烦事儿不妨叫他去办。他就派刘秀为司隶校尉，带着一些人马到洛阳去修理宫殿。

刘秀往洛阳去修理宫殿，路过父城（县名，就是河南省宝丰县）。父城的

411

将军冯异出来迎接刘秀,还向他献上牛肉和酒。冯异是父城人,原来是新朝的将军,颍川郡的郡长。他平日喜欢读书,对《左传》和《孙子兵法》都有研究。他统管颍川郡五个县的时候,因为父城兵马不多,他亲自到临近各县去招兵。想不到那时候刘秀进攻颍川,冯异在路上就给汉兵逮住了。刘秀问了他的来历,他毫不隐瞒地都直说了。刘秀喜爱他态度诚恳,为人正派,就把他当作君子人那么尊敬他,劝他投降。冯异说:"我还有个年老的母亲在父城。要是将军能够放我回去,让我母子再见一面,我死了也感激将军。"刘秀一听,原来是个孝子。他挺豪爽地说:"那你就回去吧。可是用不着死,好好地供养母亲,投降不投降随你的便。"冯异非常感激,他说:"我愿意奉上五个县城来报答将军。"

冯异回到父城,对县长苗萌说:"新起来的将军们大多傲慢、贪财,只有刘将军到哪儿也不抢掠。听他的言语,看他的行动,不是个平常人。咱们不如去归附他吧。"苗萌同意了。他们两个人就率领着五个县城投降了刘秀。冯异归附刘秀之后,一心一意地帮着他。刘秀认为他是个孝子,人品好、能力强,把他当作心腹,要带着他一同到洛阳去。冯异又推荐了三四个很有本领的人给刘秀,其中有一个像猛虎似的壮士,浑身全是劲儿,个儿比别人高,脸相长得威武可怕,可是心眼好,说话算数。他是冯异的好朋友,名叫铫期(铫 Yáo)。刘秀很高兴地把冯异、铫期他们全带到洛阳去。

刘秀到了洛阳,专门办理修理宫殿的事。他还是像在宛城那样,做事挺有精神,天天有说有笑的。可是到了晚上,他喜欢清静,一个人一间屋子,不让别人进去。只有冯异是例外,他曾经跟刘秀在小屋子里谈过一次话。刘秀的秘密给他发现了:刘秀的枕头湿着一大片。冯异趴在地下,磕着头,苦苦地央告刘秀别太伤心。刘秀苦笑一下摆摆手,对他说:"我没有什么可伤心的,你别乱说!"

刘秀在洛阳默默无声地修理宫殿,好像他不是什么了不起的人物,可是人们都说昆阳大战是促使新朝灭亡的紧要关键。这是因为自从刘秀在昆阳打垮了王莽号称百万的大军以后,新朝的天下就变成四分五裂的了。当时各地的豪强、大族,都起兵响应,有的自称为将军,有的自称为王,有的自称为帝。要是把几万人一伙、几千人一伙,甚至于几百人一伙的贵族、地主、大户、豪强都算起来,那简直多得没法说了。

这许多武装起来自己抢夺地盘的人也促使新朝的崩溃,但是新朝灭亡以后,各地方都是王、都是帝,互相攻打,各抢各的地盘,反倒又害得老百姓叫苦连天。这么乱糟糟的天下究竟不是个了局。可是更始皇帝刘玄懦弱无能,他自己也并不想平定天下。破虏将军刘秀还是更始的臣下,再说他无权无势,自己还正因为死了哥哥,暗地里伤心着,他又能干什么大事呐? 就在这样的情况下,出来了一个太学生。他自己说愿意给刘秀做军师。可不知道他真有这种能耐,还是只会说说大话。

115 一个算卦的

那个太学生名叫邓禹,南阳新野人。他曾经和刘秀在长安同过学,比刘秀小七岁。年纪轻轻的就把刘秀当作了不起的人物,跟他很要好。他在长安念了几年书,回到家里继续用功。更始在宛城即位的时候,有不少人推荐邓禹,请他去做官。可是邓禹不愿意出去。赶到刘秀修好了宫殿,更始迁都到洛阳,邓禹恐怕刘秀也像他哥哥刘𬙂那样给更始杀害,就到洛阳去找他。他到了洛阳,才知道刘秀已经走了。仔细一打听,又是高兴又是怕。高兴的是刘秀已经脱离了虎口,怕的是他还得回来。原来更始要派大将去进攻河北,大司徒刘赐(刘玄的叔伯哥哥,接着刘𬙂做了大司徒)建议派刘秀去。朱鲔他们起来反对,更始又没有主意了。刘赐再三劝他利用刘秀,也可以安定舂陵的将士。更始正信任着刘赐,就听了他的话,叫刘秀执行大司马的职务,吩咐他拿着符节,带着少数兵马,往河北去安抚郡县。

邓禹就沿路追上去。他一路走去,一路听到人们说刘秀不是来打仗的,是来安抚老百姓的。他每到一个地方,总要考察官吏,贤明的升了职,贪污的办了罪。他废除了那些苛刻的法令,恢复了汉朝的官名,还赦了囚犯,让他们回去种地。官吏和老百姓都很高兴,争前恐后地拿着牛肉和酒去慰劳刘秀,他都推辞了,他的士兵也都不接受。邓禹听了,当然高兴,可是他不是来视察情况的,他是来找刘秀的。一听说刘秀到了哪个城,他就追到哪个城。可是赶到他到了那个城,刘秀又已经过去了。人家是骑马的,他是靠着两条腿赶路的。他拄着拐棍往前追,追到邺城(在河南省临漳县西),方才把刘秀追上。

同学好友见了面,那份高兴就不用提了。刘秀见他还拿着拐棍,就跟他打哈哈,说:"老朋友跑了这么多的路赶来,是不是要做官?"邓禹摇摇头,说:"我不愿意做官。""那你来干什么呐?"邓禹笑着说:"我想替您出点力,将来也好在历史上留个名。"到了晚上,刘秀留着他在一间屋子里睡,准备两个人谈个痛快。邓禹挺正经地说:"现在山东还没安定下来,像赤眉那样各占地盘的人多得很。更始庸庸碌碌,自己没有主张。他手底下的将士们光知道贪图财帛,没有远大的志向,都不是尊重王室、安抚百姓的人。您虽然帮助他们,立了大功,恐怕这么下去,大事也成不了。依我说,不如搜罗人才,收拾人心,创立高祖的事业,救护万民的生命,处处为人民打算,一定可以平定天下。"

刘秀跟着他哥哥刘縯在南阳起兵的时候,并不想做王。他在新野的时候,听说阴家有个小姑娘叫阴丽华,长得挺美,他心里就爱上了她。他在长安的时候,看见过"执金吾"(官名,皇帝出来的时候,在前面开路的官),觉得"执金吾"够威风的了。因此,他老说:"做官要做执金吾,娶妻要娶阴丽华。"他在昆阳大战之后就进了宛城。那时候,刘秀二十九,姑娘十九,也够了岁数了,他就娶了阴丽华。到今天他做了大将军,行大司马事,地位很高。他的两个心愿都达到了。没想到邓禹拄着拐棍追上来,劝他搜罗人才、收拾人心,去平定天下,创立高祖的事业。刘秀向老朋友邓禹点了点头。

第二天,刘秀吩咐手下的人称邓禹为邓将军。他还叫邓禹跟他住在一个屋子里,有事情就跟他商量。他们两个人的心思给另一个有心人琢磨出来了。那个人就是冯异。他对刘秀说:"人心思汉,已经不是一天了。现在更始的将士们到处抢劫,暴虐出了名。老百姓对他们完全失望。一个人挨饿挨久了,能够吃到点东西,就够满足了。将军应当赶快派人分头到各郡县去给老百姓处理冤屈,宣扬恩德。"刘秀同意了。他就带着部下往北到了邯郸。

刘秀到了邯郸,就有一个宗室的子弟来见他。那个人叫刘林。他喜欢结交豪杰,在赵、魏一带很出名。他向刘秀献计,说:"赤眉在河东(在黄河东边,邯郸的西南),只要挖开河堤,把水灌到河东去,就说赤眉有一百万人,也都非淹死不可。"刘秀一想,从哪儿冒出来这么一个缺德鬼,用这种办法哪能夺取天下,就没去理他。他只是派冯异和铫期到临近各县去察看官吏,释放受冤屈的囚犯,安抚无依无靠的老年人。过了几天,刘秀带着邓禹、冯异、铫期他们到真定去了,气得刘林直翻白眼。他越想越别扭,就去算个卦。

刘林原来认识邯郸的一个算卦先生。说起来他们还是朋友。那个算卦的叫王郎,他一见刘林撅着嘴,知道他准有心事,就详细地盘问他。刘林说他打算自己起兵。王郎说:"真的? 那我有主意。您总还记得,头些日子长安有个男子自称为成帝的儿子子舆,王莽说他冒名顶替,把他杀了。您不妨冒充真的刘子舆,就可以号召天下。"刘林说:"你自己去冒充,不是一样的吗？你做刘子舆,我帮你登基。"王郎没想到自己算了半辈子卦,还能做皇帝,高兴得蹦起来。他说:"行!大爷,咱们可说在头里:有福同享,有祸同当。"两个人就这么对天起了誓。

刘林扯着汉成帝的儿子刘子舆的幌子,联络赵国的大富豪李育和张参。他们拿出家产,招募壮丁。大伙儿都认为算卦的王郎原来是隐姓埋名的王孙公子。没有几天工夫,招集了好几千人。他们就立王郎为天子。王郎拜刘林为丞相,李育为大司马,张参为大将军,向临近的州郡发出通告。远远近近,谁也不知道真子舆、假子舆,很快地赵国以北、辽东以西,全都响应。他们把邯郸城里的王郎当作汉朝的天子,王郎的势力就突然强大起来了。

刘秀和邓禹知道自己的力量不够,没法去跟王郎死拼。回到南方去的道又给王郎截断了,他们再往北走,到了蓟州(蓟,jì,就是河北省蓟县)。王郎的通告也到了。他出了十万户的赏格捉拿刘秀。刘秀逼得走投无路,就打算绕道逃回到南边去。有一位新来的小伙子叫耿弇(yǎn),他说:"王郎的兵马正从南边来,咱们往那边走,正好送上门去。渔阳太守彭宠也是南阳宛城人,大家都是同乡。上谷太守(耿况)就是家父。这两个地方就有一万多骑兵,还都是射箭的能手。跟他们联络起来,就不必怕邯郸了。"有的说:"我们都是南方人,要死也死在南方。我们不愿意跑到北方去受罪!"刘秀指着耿弇对大伙儿说:"北路的主人在这儿,还怕什么?"

没想到蓟州有个刘接,他贪图十万户的赏赐,起兵响应王郎。一下子城里谣言纷纷,都说王郎的大军到了。刘秀他们人数太少,只好慌慌忙忙地逃跑。将士们不愿意往北去,就出了南门,准备往饶阳(在河北省安平县东)方面走去。刘秀一检点随从的人,单单短了那个小伙子耿弇,不知道他上哪儿去了。他们都替他着急,可是又不能等他,只好自己走了。

路上受冻挨饿,这份困难的情况简直没法说。他们到了芜蒌亭,肚子饿得直叫唤。冯异到临近的村子里向老百姓讨来了一些豆粥奉给刘秀。刘秀正饿得慌,好像从来没吃过这香的东西。好容易到了饶阳,大伙儿饿得头昏眼花,实在支持不了啦。刘秀找到了传舍(就是驿站),就叫大伙儿进去,冒充是王郎的使者,吩咐传舍里的官员赶快摆上饭来。随从的人一瞧见有了吃的,大伙儿抢开了。传舍里的官员起了疑。他想:"哪儿有这号使者?不要是冒充的吧。"他故意敲起鼓来。敲了几通以后,对他们说:"从邯郸来的将军到了。"大伙儿一听,脸都白了。刘秀赶紧上了车。忽然一想,逃也逃不了啦。他就改变主意,不慌不忙地回到传舍里,对那个官员说:"请邯郸来的将军进来见我!"那个官员哪儿去找邯郸来的将军,他只好糊里糊涂地敷衍了几句。刘秀他们这才吃了饭，大大方方地离开了传舍。

刘秀听说信都（在河北省冀县东北）太守不肯投降王郎。他们就冒着风雪，向信都方面走去。北风呼呼地吹着，吹得他们的脸和手都绽出血来。脚都麻木了，脚趾头好像全没了。正在万分困难的时候，听说王郎的兵马追上来了。前面是呼沱河（也写做滹沱河），可是没有船。大伙儿又都着了慌。刘秀派手下的将军王霸去看一看。王霸看了回来，说："冰厚得很，可以走过去。"他们下去一踩，这么结实，大伙儿全认为这是老天爷帮助刘秀。他们就精神百倍地都过了河。

他们一路跑去，到了南宫（在河北省新河县东南），下起雨来。大伙儿全淋湿了。他们瞧见道旁有个空的传舍，就进去避一避。冯异抱来了一大捆柴火，又找吃的去了。那位拄着拐棍赶路的邓禹一见有现成的灶，忙着生火。一会儿，火旺了，刘秀给大伙儿烘衣服，冯异煮麦饭。大伙儿就这么吃了点，歇了会儿。一见雨停了，赶紧动身。他们像难民似的又走了一百来里地，才到了信都。这时候，赵国以北、辽东以西的郡县都响应了王郎，只有信都太守任光跟和成太守（和成，郡名，是以前巨鹿郡的一部分）邳彤（Pītóng）不肯投降。他们也有点军队，可是已经变成了孤军。他们正在担心，一听到刘秀他们到了，不由得都高兴起来。可是刘秀他们自顾不暇，怎么能够帮助他们呐？

116 争取民心

信都太守任光是宛城人，曾经跟着刘秀在昆阳大战中立过功。更始迁都到了洛阳，派他为信都太守。他不肯投降王郎，就跟信都都尉李忠、信都令万脩等带领着四千精兵，同心协力地守着信都。任光正担心自己太孤单，不能抵抗下去，一听到刘秀来了，就带着李忠、万脩他们把他迎接进来。刘秀对任光说："我们这儿兵马少，王郎那边势力大，是不是可以向东海城头子路和刁子都那边去借兵，或者跟他们联合起来？"任光摇摇头，说："不行！他们只知道抢劫财物，跟咱们合不到一块儿去。"

正在为难的时候，和成太守邳彤到了。大伙儿正打算着派几千兵马护送刘秀回到更始那边去。邓禹还没开口，邳彤说话了。他说："算卦的王郎尽管势力大，究竟是乌合之众。只要大司马（指刘秀）登高一呼，招集信都、和成两郡的兵马，一定能够打败王郎。要不这么奋发一下，不但河北一带全断送给王郎，而且人心一散，恐怕连这儿的人也不一定愿意离开父母妻子，千里迢迢地送你们回去呀。"刘秀就决定留下，号召临近的郡县共同去抵抗王郎。

刘秀用大司马的名义征调临近县城的人马，又得到了四千精兵。他拜信都太守任光为左大将军，信都都尉李忠为右大将军，和成太守邳彤为后大将军，信都县令万脩为偏将军，还把他们都封为列侯。信都太守任光发出通告，说："算卦的王郎冒充宗室，诱惑人民，大逆不道。大司马刘公从东方调来城头子路、刁子都百万大军前来征伐。一切军民人等，反正的，既往不咎；抗拒的，决不宽容！"他派骑兵把这个通告分别发到巨鹿和别的地界里去。那边的人民看到了通告，纷纷议论，这个消息很快地传开了。各城的官吏好像大祸临头似的都害怕起来。

刘秀带领着任光、李忠、万脩、邓禹、冯异他们趁着黑夜去袭击临近的堂阳（县名，属巨鹿郡）。他们进了堂阳地界，马上举着火把来回奔跑。城里的长官和士兵看了通告，早已日日夜夜提心吊胆地在城头上张望着。一见城外全是火把，看过去望不到头，不知道有多少兵马，怎么还敢抵抗呐？他们就都投降了。拿下了一个城，人马多了些。接着又打下了临近的几个县，人马又多了些。刘秀他们还没到昌城（在堂阳县北三十里，属巨鹿郡），昌城人刘植率领着本族的子弟和宾客几千人开了城门，把刘秀他们迎接进去。刘秀就拜刘植为骁骑将军。

巨鹿宋子人耿纯率领着本族的子弟和宾客两千多人在本乡放了一把火，都投奔到刘秀这边来了。他这一队人马非常特别，不但年老的害病的都有，有的还带着棺材。刘秀问他为什么烧了房屋，又为什么带着棺材。耿纯说："您孤单单地到了河北，并没有金银财宝可以赏给人家，全仗着恩德收拾人心。虽然我们全族的人，连年老的和害病的都跟了来，但是其中免不了还有三心两意的人。我怕他们一碰到困难，就想回家，所以叫人烧了房屋，他们就决不回头了。年老的和有病的恐怕自己死在路上，就连棺材也带了来。"刘秀听了，叹息了一会儿。他拜耿纯为前将军。耿纯的几个叔伯兄弟都做了偏将军。

这么七拼八凑地一来，刘秀总算有了几万人马。他吩咐将士们带领着这些人马分头去进攻临近的县城。正在这个时候，真定王刘扬招集了十多万兵马跟王郎联合起来。凭刘秀这点人马，别说去进攻邯郸，就是对付刘扬这一头也太难了。这一下可把刘秀急坏了。骁骑将军刘植说："我跟刘扬有点交情，我愿意去劝他归附。"刘秀就派刘植到真定去见刘扬。

过了几天，刘植回来了。他先向刘秀道喜，然后又向他赔不是，弄得刘秀莫名其妙。刘植告诉他，说："真定王愿意归附大司马，可是他不大放心。他要把他的甥女儿郭圣通嫁给您，结成亲戚，他才相信您真跟他联合在一起。我就自作主张，已经替您答应了。"刘秀为了联络刘扬，也顾不得阴丽华了，就亲自到真定把郭圣通娶过来。刘扬这才帮助他去打王郎。这么着，刘秀的兵力突然加强了不少。

刘秀接连着打下了几个城以后，又占领了广阿（汉朝的县名，属巨鹿郡，在河北省隆平县东）。他在城楼上摊着地图，用手指头点着一个一个的郡国，皱着眉头子对邓禹说："天下这么大，郡国这么多。到了今天，才得到了这么一点地方。你上次说，一定可以平定天下。这怎么讲啊？"邓禹鼓励他，说："现在海内混乱，人民盼着贤明的君王像小孩子盼着慈母一样。能不能平定天下在乎人心的向背，不在乎土地的多少。"刘秀听了，十分钦佩邓禹。他也觉得争取民心要比专凭武力夺取地盘更重要。

刘秀和邓禹正商议着进攻巨鹿的时候，忽然有人慌里慌张地进来报告，说："不得了！王郎的大军已经到了城外，都是从渔阳和上谷调来的！"别说将士们听了急得什么似的，就是刘秀和邓禹也吓了一大跳。头些日子王郎早已传出话来，说他要调渔阳和上谷两郡的兵马来攻打刘秀的北面，自己发兵攻打他的南面，两面夹攻，叫刘秀死在当间。万没想到两路兵马这么快就到了。刘秀半信半疑地向城下的军队问话。只见带头的一个将军往后退去，另一个人出来，下了马，趴在地下。刘秀一瞧，原来是小伙子耿弇。这一高兴简直没法说。当时就开了城门，先把耿弇放进来。刘秀详细问他，耿弇就把前后的经过说了一遍。

原来蓟城突然一乱，耿弇晚走一步，就跟刘秀、邓禹、冯异、铫期他们失散了。他只好往北到上谷去见他父亲，请他发兵帮助刘秀。他父亲耿况正接到王郎的通告，叫他归顺邯郸。耿况拿不定主意。官吏们大多主张投降王郎。可是上谷的大臣寇恂说："邯郸突然起兵，谁也不知底细，咱们不能轻易响应。大司马刘秀是刘伯升的亲兄弟，品德高尚，虚心待人。咱们不如去归附他。"耿况很为难地说："邯郸方面势力挺大，单单一个上谷也没法抵抗。怎么办呐？"寇恂说："就是一个上谷，也有一万多能够射箭的骑兵。这么一个大郡，足足可以自己选择自己的主人。要是再去约会渔阳，同心协力地去对付王郎，还怕不能抵抗他吗？"

耿况同意了，就派寇恂到渔阳去。渔阳太守彭宠也接到了王郎的通告，叫他及早归附，官拜原职。彭宠的部下大多都愿意"官拜原职"。只有三个长官不同意。一个是南阳宛城人吴汉，还有两个是吴汉的朋友渔阳安阳人盖延和王梁。他们都劝彭宠去归附南阳的汉宗室刘秀。彭宠不能决定。他说："慢慢儿再说吧。"吴汉说话带结巴，要说的话越多，就越说不上来。他见彭宠不答应，赌着气跑出去了，别别扭扭地出了城，就在城门外的驿亭里休息一下，准备再想法去劝告太守。那时候，路上逃难的和讨饭的人很多。他瞧见这些难民之中有个儒生，就派人去叫他进来，请他吃饭，顺便问问他外面的情况。

那个儒生真是从邯郸逃出来的。他说："大司马刘公到了哪儿，哪儿都归附他。那个在邯郸自立为天子的刘子舆其实并不姓刘。"吴汉得到了这个消息，福至心灵，想出了一个主意。他跟那个儒生商量了一下，就用刘秀的名义写了一个通告，把儒生的话都写了进去，派他冒充使者去见彭宠。那个冒充的使者到了彭宠那儿，吴汉跟着也进去。刚巧上谷的使者寇恂也到了。彭宠这才知道邯郸的天子原来是冒名顶替的。他就派吴汉、盖延、王梁三个人带领着三千骑兵和步兵先去进攻蓟城。吴汉他们杀了王郎的大将，夺下了蓟城。

寇恂回到上谷，上谷太守耿况就派寇恂、耿弇和景丹三个人带领着上谷的兵马去跟渔阳的兵马合在一起。吴汉、盖延、王梁和寇恂、耿弇、景丹六条好汉带领着渔阳和上谷的兵马沿路打败了王郎的军队，杀了大将以下三万多人，很快地打下了二十二个县，一直到了广阿。听说城里兵马很多，可不知道是哪一路的。景丹一马当先，大声地问："城里的将军是谁？"汉兵回答说："大司马刘公！"将士们听了，高兴得把沿路的劳累都忘了。赶到刘秀上了城门楼子，出来一问，就把耿弇迎接进去。

耿弇报告完了，刘秀就把景丹他们都迎接进去，向他们慰劳了一番，挨着个儿地问过了他们的姓名和来历。刘秀笑着说："邯郸的将士屡次向我传话，说要发渔阳、上谷的兵马来。我也向他们传话，说也要从那边发兵来。想不到你们真的来了。我一定跟你们同甘共苦，共立大功。"他就拜景丹、寇恂、耿弇、吴汉、盖延、王梁六个人为偏将军，叫他们带领自己的兵马；又拜不在身边的耿况和彭宠为大将军。刘秀对于投向他的人慷慨得很，不但拜他们为将军，还封耿况、彭宠、景丹、盖延为列侯。

刘秀率领着大军去进攻巨鹿。到了这时候，更始刘玄也派尚书令谢躬来攻打王郎。两路大军联合起来，把个巨鹿城团团围住。看情况巨鹿城是非打下来不可了。

117 整顿队伍

刘秀、谢躬两路人马连着攻打了一个多月，还不能把巨鹿城打下来。前将军耿纯（就是允许带棺材的那个人）说："何必在这儿多费日子呐？不如直接去打邯郸。打下了邯郸，杀了王郎，巨鹿必然投降。"刘秀听了耿纯的话，留下一部分人马继续围攻巨鹿，自己带领大军去打邯郸。汉军接连打了几个胜仗，打得王郎支持不住。他派大夫杜威来求和，还说王郎实在是汉成帝的儿子。刘秀说："就是成帝再活转来，今天也得不到天下了，何况是个假子舆呐？"杜威又要求说："那么封他一个万户侯吧。"刘秀说："让他留着一条命，已经算不错了。"杜威怒气勃勃地转身就走。刘秀知道王郎他们是不肯投降的，就叫将士们加紧攻打。汉军一连攻打了二十几天，王郎的少傅李立开了城门，汉军拥进城去，占领了邯郸。王郎、刘林连夜逃跑，刘秀的将军王霸、臧宫、傅俊他们紧紧地追着。王霸赶上王郎，一刀把他劈死，割下他的脑袋。刘林可逃得不知去向。王霸、臧宫和傅俊都是颍川人。三个人又是同乡又是朋友，编在一个营里。这次都立了大功，王霸还封了侯。

刘秀进了邯郸宫殿，检点公文，都是各郡县的官吏和大户人家跟王郎来往的文书，其中大多是奉承王郎，毁谤刘秀的。刘秀特意在将士们面前把这些文书全都烧了。有的说："哎呀，反对咱们的人都在这里面呐。现在连人名都查不到了。"刘秀说："既往不咎。烧了这些文书，好让这些睡不着觉的人安心！"大伙儿这才明白过来，全都佩服刘秀。

汉军越来越多了。刘秀重新编排人马，整顿队伍，在可能的范围内让士兵们自愿地分配到各营里去。士兵们都说："愿意拨在大树将军的部下。"刘秀还不知道谁是"大树将军"。

原来"大树将军"是偏将军冯异的外号。冯异为人谦逊，从来不说自己的长处。上阵打仗，他跑在头里；平时行军或者不受敌人攻击的时候，他老落在各营的后面。将士儿郎们每次休息的时候，免不了要聊聊自己打仗的经过。就是将军们也会团团坐着谈谈自己是怎么样打败敌人的。打仗的次数越多，话就越长。有时候为了争功，甚至于闹得脸红脖子粗地各不相让。偏将军冯异听到将士们争功，就偷偷地溜了，坐在大树底下躲着。因为他不止一次地躲在大树底下，军队里就都称他为"大树将军"。刘秀听了将士们的话，对大树将军冯异就更加尊敬。

军队编好，阵容更强了。护军朱祐对刘秀说："长安政治混乱（长安指更始朝廷，公元24年2月，更始迁都到长安），百姓失望；人心所归就是天命。请您别耽误了自己。"朱祐是南阳宛城人，刘縯、刘秀哥儿俩一向跟他很要好。刘縯做大司徒的时候，就派他为护军。刘秀进攻河北的时候，也派他为护军，还老跟他在一起，好像一家人似的。朱祐看出更始刘玄的朝廷眼光小，不能成大事。这会儿看到刘秀烧毁文书，更觉得他确有雄心，就向他说了这么几句话。刘秀可不让他说下去。他说："召刺奸将军把护军逮了去！"可是刘秀的口气并不严厉，好像就这么说说算了。因此，谁也没真去叫刺奸将军来。"大树将军"的称号已经够新鲜了，那"刺奸将军"又是怎么样的一个将军呐？

"刺奸将军"是颍川人，名叫祭遵（祭 Zhài），从小喜欢读书。他家里很有钱，可是他非常节俭，不讲究穿衣吃食，对待别人十分恭敬。刘秀在昆阳打败王寻、王邑以后，路过颍川，碰到了祭遵。刘秀因为他名气大，又喜欢他的风度，就把他收在部下，叫他管理有关军营里法令的事。有个伺候刘秀的小郎犯了法，祭遵把他杀了。俗语说，打狗要看主人面，刘秀的小郎就算犯了法，也该让刘秀自己去办，至少得向他请示一下。现在祭遵自作主张地把他杀了，这就难怪刘秀发了脾气。他叫左右去把祭遵抓来。当时就有人拦住他，说："您一直盼咐我们奉公守法。现在祭遵不顾利害，执行法令，这是他执行您的命令，怎么能把他办罪呐？"刘秀给他们这么一提醒，不但不把祭遵办罪，还拜他为"刺奸将军"。他对将士们说："你们都得防备着祭遵哪。我身边的小郎犯了法，都给他杀了。他这么铁面无私，一定不肯袒护谁的。"将士们听了，有些平日不大重视纪律的，都偷偷地擦了一把冷汗。

这会儿朱祐一听到刘秀要召刺奸将军来，他就不作声了。可是劝刘秀及早脱离更始的，不光是朱祐一个人。别看耿弇才二十一岁，他就有这个心。刘秀攻下了邯郸，消灭了王郎以后，更始刘玄的朝廷封他为萧王，盼咐他撤兵回去。耿弇急得什么似的，非把刘秀留住不可。他一直跑到刘秀睡午觉的地方，站在床边，向他央告，说："请大王让我回到上谷去招兵。"刘秀说："河北已经平定了，还招兵干什么？"耿弇说："王郎虽然灭了，天下还正乱着呐。更始不能成大事，非失败不可。我看他长不了。"刘秀坐起来，说："你说什么？我应当把你斩了。"耿弇说："大王平日对待我像对待儿子一样，我才敢赤胆忠心地替大王打算。"刘秀一瞧，没有别人，就笑了一下，说："我跟你开玩笑。你说吧。"

耿弇说："当初天下百姓因为受不了新朝的残酷统治，才想念着汉室。一听到汉兵起义，各地纷纷响应。现在更始君臣只知道享乐，不知道处理朝政；皇亲国戚在京都里欺压百姓，横行霸道；将士们在各地掳掠财物、强抢妇女。以前人心思汉，现在回过头来又想念着王莽了。再加上铜马、赤眉、青犊、大肜等几十处，每一处有几万，十几万，甚至几十万人马，更始没法对付他们。所以我说他长不了。大王您呐，在南阳首先起义，在昆阳消灭了敌人的百万大军。现在平定了河北，巨鹿也投降了，天下归心。只要大王登高一呼，准能天下响应。为什么把天下让给别人呐？听说更始打发使者来，要大王撤兵回去。大王千万别听他们。"

萧王刘秀听着，不说话。虎牙将军铫期也进来了。他说："河北接近边界，壮士都能打仗，原来是出精兵的地方。只要大王能够顺从万民的心愿，谁敢不听指挥？"刘秀说："你别瞎说。"

刘秀出去对更始的使者说："王郎虽然灭了，河北还没平静，我一时动身不了。"他就留在河北，还拜耿弇为大将军，派他跟吴汉往北去征调各郡的兵马。有几个郡守抗拒命令，都给耿弇和吴汉杀了。赶到这两个将军带领着北方的大军回来，萧王刘秀的兵力更强了。他亲自带领大军打败了另一个农民起义军铜马。可是除了铜马以外，还有十几处起义的军队。他们在各地杀了王莽的官吏，推翻了王莽的政权。可是王莽的政权被推翻以后，他们大多继续用抢掠财物的手段来维持生活，因此，纪律很差，不符合人民的愿望。这就给萧王刘秀一个有利条件。他的军队中也有掳掠的行为，但是他尽力整顿纪律，争取民心。这时候，他以平定海内、恢复秩序的统治者自居，毫不留情地镇压和消灭各地的农民起义军。

刘秀又到了蓟城，派耿弇、吴汉、景丹、盖延、朱祐、邳彤、耿纯、刘植、岑彭、祭遵、坚镡、王霸、陈俊、马武等十四个将军彻底消灭了铜马这一伙儿。投降的人就有几十万。刘秀把这一支起义军接过来，把几个归顺他的头子封为列侯。尽管如此，投降的人还是怀着鬼胎，放不下心去。刘秀了解了他们的心情，叫他们各归本营，各位头领照样带着自己的兵马，然后他自己骑着马，带着几个随从人员，好像老朋友串门子似的到各营去看看他们。这些投降的人大受感动。他们彼此之间很诚恳地说："萧王把自己的心挖出来搁在咱们的胸膛里，咱们还不该跟着他同生共死吗？"打这儿起，他们服了刘秀，愿意听他的指挥，愿意重新编队，分配在各将军的营里。这一来,刘秀的军队扩充到了几十万人,关西一带只知道有铜马,就管刘秀叫"铜马皇帝"。接着,刘秀进了河内,还想去进攻燕、赵。

北方还没平定,东边的赤眉军反倒越来越强大。赤眉兵大多都是朴实的农民。他们虽然屡次打了胜仗,可是并不想割据地盘,他们的首领樊崇压根儿没有要做皇帝的打算。只要推翻残暴的政权,度过灾荒,能够回家安心生产就是了。因此,他们占领了濮阳和颍川以后,一听到刘玄做了皇帝,恢复了汉朝,就按兵不动。更始从宛城迁都到洛阳的时候,派使者去叫赤眉归顺。樊崇愿意率领赤眉的二十万大军去和更始合作,他就带着二十几个首领跟着使者到了洛阳。更始他们认为樊崇他们不是自己人,就敷衍了一下,把他们封为列侯,可是光有个空名,没有封地,二十万赤眉兵也不供应粮饷。樊崇和他同去的二十多个首领大失所望。他们找个机会都逃回来了。他们担心要再这么呆下去,军心必散。因此决定跟更始干一下子。

公元24年(更始二年)二月,更始迁都到长安。樊崇就率领着二十万大军往西去进攻长安。他们很顺利地进了函谷关。萧王刘秀一得到报告,就知道更始敌不过樊崇,长安一定保不住,就打算派邓禹往西边去打樊崇。可是更始的大将朱鲔和李轶还在洛阳,随时可以打到河内来。刘秀自己又想去进攻燕、赵,那么叫谁守在这儿呐?他就问邓禹。邓禹说:"从前高帝信任萧何,嘱咐他守住关中,供应军粮,高帝才能够一心一意地去收服山东,终于成了大事。现在河内地势险要,物产富庶,北通上党,南近洛阳,要挑个文武全才的人守在这儿,再没有比寇恂更合适的了。"

刘秀听了邓禹的话,拜寇恂为河内太守,对他说:"从前高帝派萧何镇守关中,我现在把河内托给你。你也要像萧何那样供应军粮,鼓励士兵防备着别的兵马进来。"他又拜大树将军冯异为孟津将军,统领河上的兵马,防备着洛阳那边。他这么布置完了,就拜邓禹为前将军,分给他三万兵马,向关内进攻,自己带着吴汉、耿弇、耿纯他们,率领着大军去进攻燕、赵。

河内太守寇恂吩咐各县练兵,尤其是练习射箭。他用竹子做了一百多万支箭,养马两千匹,收租谷四百万斛作为军粮,源源不绝地运到前方去。他真是个"赛萧何"。孟津将军冯异这会儿独当一面,也不能再躲在大树底下了。果然,镇守洛阳的朱鲔、李轶他们一打听到萧王往北去了,就趁着机会去进攻河内。

118 攀龙附凤

大树将军冯异料到朱鲔、李轶他们一定会来进攻的。他先写了一封信给李轶，劝他及早归附萧王。李轶也知道更始长不了，可是他有他的心事。当初刘秀在宛城巢谷的时候，首先约会刘秀起义的就是李轶和李通。他们本来是一条心的。后来刘玄做了皇帝，朱鲔得了势，他就倒在朱鲔那一边，帮着他杀了刘秀的哥哥刘縯。为了这档子事，他尽管愿意听从冯异的劝告，可是他不敢投奔刘秀。另一方面，他尽管不敢来投奔刘秀，可是也不愿意再帮着朱鲔。他就写了一封回信给冯异，含含糊糊地透露了这个意思。

冯异得到了李轶的回信，知道他不会跟他作对。他就带着一万多精兵往北打下了天井关（在山西省晋城县南太行山上，也叫太行关）和上党的两个城；回头往南又打下了河南、成皋以东十三个县；杀了更始的几个大将，收下了十多万投降的士兵。李轶眼看着这么多的县城给冯异夺了去，他一直袖手旁观。就是冯异进攻临近的地方，他也不去救。冯异觉得李轶暗地里真帮了他的忙，就派人把李轶的信送去给刘秀。

刘秀接连打败了尤来、大枪、五幡等这几路农民起义军，一直追到右北平，又打到顺水北面。也是他一时大意，只知道打胜仗，没料到会打个败仗。北路的一支起义军围上来，双方都拿着短刀对打。刘秀的马受了伤，眼看逃不了啦。他就从很高的地方跳到底下，腿也摔坏了。敌人不肯放松，急急地追下来。刚巧耿弇和王丰赶到。王丰把自己的马让给刘秀，刘秀搭着王丰的肩膀上了马，回头笑着对耿弇说：" 差点给盗贼取笑了。"话还没说完，追兵已经到了。耿弇是个神箭手，连连射倒了十几个带头的，别的人只好退回去。耿弇和王丰保护着刘秀到了范阳（在河北省定兴县西南），可是已经跟大军失散了。

汉军不见了刘秀，都悄悄地议论开了。有的说已经给敌人害了，一传十，十传百，将士们都慌作一团，不知道该怎么办才好。吴汉出来了。他尽管说话带结巴，可是说出来的话挺有力量。他说："咱们大家努力，怕什么？万一大王有个三长两短，他哥哥（指刘縯）的儿子在南阳，咱们就尊他做主人。"大伙儿这才稍微安定点。没有几天工夫，刘秀回到大营。从此，他们格外卖力,接连着把北边的起义军打得七零八落,刘秀才把大军驻扎下来。正在这个时候,冯异的信到了。

刘秀给冯异写了回信,说李轶这家伙反复无常,不能轻易信他。他还把李轶写给冯异的信故意泄漏出去,让朱鲔那边也知道这件事。朱鲔得到了这个消息,恐怕李轶谋反,就派人去把他暗杀了。他杀了李轶以后,马上派部将苏茂和贾强带领着三万兵马渡过巩河去进攻河内郡的温邑(在河南省温县西南),他自己带领着几万兵马去攻打平阴(在河南省孟津县东,黄河以南)牵制冯异那一头。

寇恂一面通告各属县发兵到温邑会齐,一面亲自出马先去抵抗苏茂和贾强。将士和官吏都拦住他,说:"洛阳兵继续不断地渡过河来,声势十分浩大。太守您不能随便出去。现在通告已经发出了,等到各县的兵马都会齐,才能够打仗啊。"寇恂说:"温邑是河内郡的大门。要是敌人进了大门,屋子里怎么守得住?"他带领着少数的军队连夜赶到温邑。第二天一清早就跟洛阳兵开了仗。正好冯异和各县的兵马也到了。寇恂吩咐士兵拼命地打鼓,大声地嚷着说:"刘公的大军到了! 刘公的大军到了!"苏茂、贾强的军队在汉军的面前着了慌,一打就垮了。打死和打伤的已经够瞧的了,没想到汉军不让他们好好地渡河,差不多有一半人马都给淹死。洛阳的两个部将,贾强死在阵上,苏茂逃到朱鲔那儿去了。寇恂还不肯饶他们,全军渡过河,追了上去。

孟津将军冯异已经渡过河追击朱鲔那一路。朱鲔的兵马逃回洛阳。冯异和寇恂两路兵马合在一起,一直追到城下。洛阳城关得紧紧的,谁也不敢出来对敌。汉军就绕着洛阳城耀武扬威地走了一圈。打这儿起,洛阳大起恐慌,白天也关着城门。

寇恂、冯异打了胜仗,派人向刘秀去报告。刘秀听到洛阳兵进攻河内,正担着心哪。赶到捷报到了,他挺得意地说:"我知道寇太守行!"将士们都进来向刘秀贺喜,还要尊他为天子。大伙儿趴在地下,一齐说:"大王功高德重,天下的人心都归向您。我们恳求您登上天子的大位。"刘秀摇晃着脑袋,用眼睛把他们压下去。当时有一个将军,挺着胸脯,理直气壮似的说:"大王虚心退让,好是好,可是大王就不顾到宗庙社稷了吗? 应当先即位。确定了名分,才好商议征伐大事。要不然,谁是主、谁是贼,天下的是非公理不分,事情就不好办。"刘秀一看,原来是前锋将军马武。马武本来是绿林的一个首领,也是南阳人。刘玄即位的时候,他跟刘縯、刘秀都算是更始的臣下。他曾经跟着刘秀在昆阳打败王寻、王邑,他就向着刘秀。马武办事能干，打仗特别勇敢，刘秀不但信任他，而且跟他很亲热。刘秀做了萧王，就拜他为前锋将军。这次他劝刘秀即位，刘秀不到时候，怎么能够答应下来？他说："将军怎么说出这种话来？论罪名是可以砍头的！"马武说："将士们都这么说。"刘秀说："那你就去告诉将士们别这么说。"

　　刘秀到了中山，将士们又都劝他即位。他还是不答应。他到了南平棘（县名，属常山郡），将士们又去要求他即位。他说："盗贼未平，四面受敌，还说得上自己的地位吗？"将士们正想退出去，耿纯上来了，他倒挺干脆，说："天下士大夫抛弃亲戚，离开故乡，跟着大王在刀枪、弓箭底下过日子，还不是希望'攀龙附凤'，大家伙儿都能够得到功名吗？现在大王不听从大众的意见，不肯接受尊号。我怕的是，士大夫没有指望，他们就会想：何苦老在外面奔波呐？你也想回家，我也想回家，人心一散，再要联合起来可就难了。"刘秀呆了一会儿，说："让我仔细想想吧。"

　　这一班攀龙附凤的将士们跟着刘秀到了鄗南（后来改名为高邑，在河北省柏乡县北），就接到了两个报告，说又出了两个皇帝。原来别的地方"攀龙附凤"的人也正多着呐。

　　那两个皇帝，一个是孺子婴，一个是公孙述。皇太子孺子婴被王莽废了，改称为定安公以后（见第 109 篇），一直关着，跟外界没有来往，长大了，连六畜（马、牛、羊、鸡、狗、猪）都不认识。王莽被杀以后，他才放出来，一直住在长安。说他没有用，他可是刘家不折不扣的皇太子。平陵人方望把他接到临泾（在甘肃省镇原县西），立他为皇帝，自己做了丞相。更始刘玄派部将李松去征伐。方望究竟力量不够，打了一仗，全军覆没。孺子婴和方望都死在乱军之中。这一个皇帝完了。另一个皇帝是成都的公孙述。他是扶风茂陵人（茂陵，在陕西省兴平县东北），很能干，又有名望。刘縯、刘秀在南阳起义的时候，公孙述就在成都招募了几万兵马响应汉军。他一听到南阳有一位将军叫宗成，带着几万兵马到汉中来，就马上派使者去迎接他们。宗成确实是南阳人，可是他和南阳起义军不是一起的。他自称为虎牙将军，他的军队一到成都就露出了本来面目：烧毁房屋，各处抢劫，强奸妇女，杀害百姓。公孙述对郡里的豪杰们说："天下吃了新朝的苦头，想念着汉朝，已经不是一天了。所以一听到汉军来了，马上去迎接他们。哪儿知道他们一来，老百姓遭了殃，妇女们受了污辱，房屋给烧毁。这明明是盗贼，哪儿是义兵呐？我打算保护成都，等候着真的主人。你们愿意共同努力的，请留在这儿；不愿意的，随你们的便。"他们都磕着头，说："情愿跟随将军同生共死。"他们帮着公孙述，派人扮成汉朝的使者，从东方来，拜公孙述为将军,管理益州。公孙述杀了宗成,把他的军队都接收过来。

公孙述起兵打的是汉军的旗号,可是更始并没给他封号,也不把他当作自己的部属看。公元24年,更始派兵去攻打公孙述,公孙述盼咐他的兄弟公孙恢发兵去对敌。公孙恢把更始的军队打得大败而逃。打这儿起,公孙述的威名更大了。他就自立为蜀王。当地的老百姓和临近的部族全都归附他。他的部下也希望攀龙附凤,劝他即位。有个部下叫李熊的,还说了许多理由,请他赶紧做皇帝。公孙述当然不能马上答应下来,他说:"做帝王要由天命决定,我不敢承当。"李熊说:"天命没有一定,做帝王还得看老百姓的心愿和自己的能力。民心归向大王,大王又是才能出众,还怀疑什么呐?"公孙述就自立为天子,拜李熊为大司徒,自己的兄弟公孙光为大司马,公孙恢为大司空。关中起兵的豪强有一万人马的,有几万人马的,可是都还没有主人。他们都来归附公孙述。公孙述有了几十万士兵,粮草充足,就在南郑盖了宫殿,端端正正地做起皇帝来了。公孙述做了皇帝,势力越来越大,这可叫跟着刘秀的那一班人着急起来。他们就又去要求他即位。刘秀召冯异到鄗南来,问他四方的动静。冯异说:"更始的几个重要的大臣都跑了。他一定失败。天下没有主人,人心惶惶。上为社稷,下为百姓,大王应当听从大家的意见。"

萧王刘秀就在公元25年六月,在鄗南即位,就是后来的汉光武。那时候他三十一岁。汉光武一面大赦天下,一面打发使者拿着符节和诏书到河东(在山西省黄河以东的地区)拜邓禹为大司徒。这时候,邓禹才二十四岁。汉光武把他当作张良看。

邓禹由东北往长安去,赤眉的首领樊崇由东南往长安去。邓禹打到河东的时候,赤眉军早已进了城关。河东离长安还远,可是赤眉军多早晚就可以打进长安去。长安已经是"火烧眉毛",十分危急了。

119 绿林的破裂

更始皇帝刘玄也实在太不像样了。他本来是没落的贵族,没有什么能耐,只因为当时新市、平林的几个首领要利用这个懦弱无能的刘家宗室去对抗精明强干的刘縯,才立他为皇帝。申屠建、李松他们打下了长安,就请他迁都。长安宫殿除了未央宫已经烧毁以外,别的宫殿大体上都还可用。更始住在长乐宫,就在前殿临朝。新市、平林、下江的将领和别的文武百官向他上朝拜贺,他简直害怕了。只知道搭拉着脑袋,不停地用手摩着席子(古人席地而坐)。别说发号施令,连话都说不上来。他对那些捧他上台的将领,只能尊敬他们,可是远远地躲着他们。他娶了赵萌的女儿为夫人,立她为皇后,拜他的丈人为右大司马,拜李松为丞相。朝廷大事全由他们两个人主持。他们请更始把功臣都封为王。朱鲔起来反对。他说:"当初高帝和大臣们立过约:非刘氏不得封王。现在咱们既然恢复汉朝的天下,就不该违反高帝的命令。"

更始自己不能做主,他不得不尊重别的绿林的首领,就不听朱鲔的话,也不管姓刘的不姓刘的,一共封了二十多个王,还封朱鲔为胶东王。朱鲔坚决推辞了。更始就拜他为左大司马。大臣、将军和宫里上上下下,包括厨师、火夫在内,都封了官爵。长安的老百姓给更始皇帝刘玄的朝廷编了一个歌:

灶下养,中郎将;
烂羊胃,骑都尉;
烂羊头,关内侯。

在外边的将军们不受朝廷的约束,他们爱怎么着就怎么着。各郡县的长官,有的是将军们自己设置的,有的是由更始任命的。皇帝和将军都可以下命令,命令又往往不一致,弄得长官们不知道该怎么办。

赵萌见这位皇帝姑爷像个木头人儿,就对他说:"不要老不开口。大臣、将军来朝见,总该应付几句。"正好有几个将军从外地回来,更始就想问问他们。可是这位整天在后宫和宫女们喝酒胡闹的皇帝,外面的事什么也不知道,有什么可问的呐? 他想起以前也曾经向抢劫回来的小兵问过话,就问那些将军们说:"你们抢来了多少东西?"这叫人家怎么回答呐? 左右侍官都是前朝当过差的,他们听了,都张着嘴你瞧瞧我、我瞧瞧你,谁也没法替皇上遮盖遮盖。

这么一个宝贝皇帝,难怪天下失望。他手下的将领眼看着赤眉军快打到长安来了,终于发生了窝里反。公元25年(更始三年),往西进攻长安的赤眉军,一路由樊崇、逢安带领,一路由徐宣、谢禄、杨音带领,两路人马在弘农会师。更始派军队去抵抗,接连打了几个败仗,急得他不知道怎么办好。张印和王匡被邓禹打败,刚从河东逃回来。张印就跟申屠建、廖湛他们商议,他说:"赤眉说话就到,咱们没法在这儿呆下去。我说不如快点下手,先把长安城收拾收拾;有了财物,回到南阳去,再找路子。要是南阳也不能呆的话,咱们就回到大湖里去做大王!"他们都同意了。大伙儿就去见更始,向他献了这个计策。可是更始听了赵萌、李松他们的话,准备再抵抗。他派赵萌、王匡、陈牧、成丹去守新丰,派李松把大军驻扎在掫城(在陕西省临潼县;掫 Zōu)。张卬就去跟大将军申屠建和御史大夫隗嚣(Wěixiāo)商量,约他们一同去强迫更始离开长安。

　　御史大夫隗嚣是成纪人(成纪,在甘肃省秦安县北),很早就跟着他伯父一同起兵响应南阳起义军。因为隗嚣名望大,手段高,大伙儿推他为上将军。他招募了十多万兵马,杀了当地新朝的长官,很快地就把陇西、武都、金城、武威、张掖、酒泉、敦煌这些地方都收下来。更始皇帝刘玄打发使者去联络隗嚣,还请他到长安帮他管理朝政。隗嚣到了长安,更始拜他为右将军,后来又把他升为御史大夫。他听到刘秀在鄗南即位,就劝更始把政权让给刘秀的叔父"国三老"刘良,说这是最合算的脱身之计。更始不听他的话,他就打算回到成纪去。这会儿张卬和申屠建约他去强迫更始离开长安,他也同意了。更始发觉他们打算造反,就先杀了申屠建,发兵围住隗嚣和张卬的房子。

　　隗嚣跟他的门客们冲出了包围,逃到天水(在甘肃省通渭县西南)老家去了。张卬的兵马多,他打败了更始,占领着长安。更始带着家小和随从的一百多人逃到新丰,躲在他的丈人赵萌那儿。丈人、女婿一核计,就怀疑到王匡他们捣鬼。张卬要是不跟王匡他们有联络,他怎么敢叛变呐?赵萌替更始出了主意,传出命令召王匡、陈牧、成丹进去商议大事。陈牧和成丹一进去,就给赵萌的武士们逮住,杀了。王匡晚去一步,听到了陈牧和成丹被杀的消息,就跑到长安,真跟张卬联合起来反抗更始和赵萌。赵萌接收了陈牧和成丹的军队,又从掫城召回了李松。费了一个多月工夫,才打败张卬和王匡,再把更始接回长安去。张卬和王匡逃了。南方起义军绿林就这么完全分裂,力量大大削弱。正在这时候,东方起义军赤眉已经到了华阴(华阴,在陕西省潼关县西,华山的北面)。

　　赤眉军的首领樊崇眼看更始就快完了,可是他不能驳斥旧贵族和地主分子所提出的"人心思汉"的说法,就是在农民起义军中也有不少人存着这种正统观念。方望(就是立孺子婴为皇帝的那个人)的兄弟方阳,怨恨更始杀了他哥哥,特意跑到赤眉营里去见樊崇,劝他立个姓刘的人为皇帝。樊崇同意了。可是军队里姓刘的人还真不少,有远房的、有近房的,一找就找出了七十多个,其中有个刘盆子,据说血统最近。他才十五岁,是给樊崇的部下刘侠卿看牛的，大伙儿管他叫牛倌儿。樊崇就决定立他为天子。刘侠卿叫牛倌刘盆子换身衣服。他不依，还哭着不走。刘侠卿只好让他披着头发，光着脚，破破烂烂地去见樊崇。刘盆子见了樊崇，不敢再使性，就穿上小皇帝的衣服，戴上小皇帝的冠冕。樊崇领着部下，共同立刘盆子为天子。文武百官向他朝见，窘得刘盆子不知道该怎么应付。一退了朝，他赶紧换上原来的衣服，溜到外面情愿跟别的牛倌在一块儿。大臣们只好把他留在屋子里，吩咐手下人别让他随便出去。

樊崇立了刘盆子，自己就该做丞相了吧。可是因为从小没念过书，不认识字，又不能计算，他就让那个能写会算的徐宣做了丞相，自己做了御史大夫，另外还拜逄安为左大司马，谢禄为右大司马，杨音以下几个首领都做了大官。

赤眉军奉了汉天子刘盆子的名义来征伐更始。刚巧更始的大将军张卬和上公王匡被赵萌打败，从长安逃出来。他们就投降了赤眉军，自打头道地把赤眉军领进东都门（长安城东面北头的城门）。更始慌忙派李松、赵萌他们去抵抗。李松他们也打了一仗，死了两千多人。李松被赤眉军逮了去；赵萌投降了。更始急得没有别的办法，只好带着妻子和宫女从北门逃出去。他自己骑着马跑得快，妇女们落在后面大哭大喊地说："皇上，皇上！您怎么不下来拜别京城呐？"更始连忙下了马，向长安城拜了几拜，摸了摸身边带着的玉玺，一骨碌爬起来，跳上马，又跑了。

好容易逃到高陵，在驿舍里休息一下。这时候，又来了几个臣下和一些士兵，更始才透了一口气。他正在没有主意的时候，赤眉军派使者送信来了。使者传达命令，叫更始投降，还可以封为长沙王；过了二十天，就是投降，也不允许了。更始只好跟着使者到长乐宫去见刘盆子和樊崇。他光着上身（表示愿意受责打的意思），向刘盆子奉上玉玺。刘盆子听了樊崇的话，封他为长沙王，让他住在长安。

赤眉军打进长安的消息传到了鄗南。汉光武只知道更始打了败仗跑了。他想起更始原来是自己的主人，现在落到这步田地，怪可怜的，就下了一道诏书：一、封更始为淮阳王；二、官吏、百姓有敢谋害淮阳王的，一概处死。

可是汉光武还顾不到长安那一边。因为什么？这边洛阳还没打下来呐。他早已派大司马吴汉率领着朱祐、岑彭、贾复、刘植、冯异、祭遵、王霸等十一个将军（另外四个将军是王梁、万修、坚镡、侯进）把朱鲔围在洛阳，好几个月了，还不能把洛阳打下来。汉光武因为岑彭曾经跟朱鲔同过事，就派他去劝告朱鲔投降。朱鲔在城上，岑彭在城下，两个人就这么讲话。岑彭的好话是说完了。朱鲔说:"大司徒(指刘縯)被害的时候,我还帮着李轶;更始派萧王北伐,我又拦阻过他。我自己知道罪大恶极,不敢再见萧王。"

岑彭回去向汉光武报告,汉光武说:"做大事的不记小过。朱鲔肯来,官爵可以保住,别说性命了。我指着河水起誓,决不失信。"岑彭又把这些话告诉了朱鲔。朱鲔从城头上放下一根绳子,对岑彭说:"真不失信的话,你上来。"岑彭马上拉住绳子要上去了。朱鲔见他这么实心实意的,才答应了。

朱鲔叫岑彭绑着他去见汉光武。汉光武亲自给他松了绑,还安慰他一番。当夜就叫岑彭送他回到洛阳去。第二天,朱鲔带领着洛阳的军队出来投降。汉光武拜他为平狄将军,封为扶沟侯。接着,汉光武进了洛阳,就把洛阳作为京都(因为长安在西边,洛阳在东边,所以前汉也叫西汉,后汉也叫东汉)。

汉光武住在洛阳很不安心。各地方自立为王、自立为帝的人还真不少,占据一块小地方做土皇帝的,那就更多了。隗嚣已经到了天水,自称为西州上将军,名望很不错,别说临近的豪强都归附了他,连长安的士大夫也有不少一个接着一个地去投奔他。公孙述在蜀地做了皇帝,势力也正在扩大。可是汉光武最担心的还不是这西北和西南两处。那两处又远又偏僻,稍缓一下,还不碍事。赤眉军占领着长安,是个大威胁,非先把长安打下来不可。不知道邓禹为什么还不能进去呐?

120 赤眉的流亡

邓禹从河东往西进军,军队的纪律比较好。他不准将士们抢劫财物,侮辱妇女,这就叫沿路的老百姓够满意了。长安和临近长安的大户人家尽管早把粮食和财物分散到各地隐藏起来,还是被更始的将士们抢去了不少。他们对于迁都长安一年半来的更始政权很不满意,一见赤眉进了长安,又不抢劫,就认为以后可以安定些了。没想到过了没多久,赤眉兵也跟绿林兵一样出来抢粮。因此,他们把希望寄托在邓禹这一支不抢劫的军队上。邓禹的将士们也请他快去进攻长安,他反倒带着军队越走越远了。这是为什么呐?邓禹对将士们说:"我们的人马虽说不少,可是能打仗的士兵究竟不多。再说,前面没有给养,后面运粮困难。赤眉刚进了长安,声势浩大。如果咱们马上去跟他们交战,准得吃亏。可是他们也因为人多粮少,粮草没有来源,他们在长安再呆下去，迟早会发生变乱的。我探听到上郡、北地、安定三个郡粮食富裕，牲口多，咱们不如先到那边去。等到咱们拿下了这三个郡，有了粮食、马匹，长安那边也许已经维持不下去。这样，咱们准能打败赤眉。"

邓禹绕着大弯儿由东往北，转西向南，到了栒邑（在陕西省淳化县西北）。这时候，长安的老百姓果然对赤眉军也很不满意了。他们认为新莽、更始、赤眉一样叫他们难过日子，有的甚至说赤眉不如更始，更始不如新莽。这么一比呀，就有人同情刘玄，想把他救出来。张卬听到了这个风声，很担心。他怕刘玄出来跟他算旧账，就叫谢禄把刘玄骗到城外，勒死了。

刘玄有个手下人叫刘恭。他一知道他以前的皇上刘玄被谢禄勒死了，就在晚上偷偷地把尸首埋在一个不容易找到的地方。樊崇本来不愿意留着刘玄，死了也就算了。可是做将军的可以自作主张地杀害他们的主人所封的王，赤眉将士们的纪律也逐渐变坏了。像张卬那样的一些绿林投降的将士大大影响了赤眉军的纪律。他们原来朴实的习气和不杀人、不伤人、爱护老百姓的优良作风逐渐发生了变化。再说，正如邓禹所说的人多粮少，没法生活下去。他们也就开始抢劫，连樊崇也管不住他们。

公元26年（建武二年，即汉光武即位第二年）元旦吉日，樊崇召集了大臣们开了一个拜年大会。刘恭在会上对大臣们说："诸君立我的兄弟为天子，这情义我们是非常感激的。但是从他即位以来，一年多了，各处扰乱，不得安定，足见他是不能号召别人的，还不如让他做个平民，另外立个有德有才的人。请诸君多多包涵。"

樊崇赔罪，说："这都是我们做臣下的不是。"刘恭再三恳求让刘盆子退位。有人起来反对，说："大伙儿叫他做皇帝，你管得着吗？"刘恭吓得退下去。刘盆子下来，从脖子上摘下玉玺，向大臣们磕着头，说："你们立我做县官（汉朝人把皇帝称为"县官"，是一种代用的称呼），可是你们自己不能禁止抢劫，四方百姓怨恨，谁也不向着我们。我一点本领都没有。饶了我吧！"说着抽抽噎噎地哭起来了。樊崇带头，好几百人都趴在地下磕头，说："这都是我们做臣下的不是，辜负了皇上。以后我们一定改过，不敢再放肆了。"

他们把刘盆子扶到原位上，把玉玺照旧给他挂上。不一会儿，他们送他回宫去歇歇。新年庆祝会就这么不欢而散。

将士们回到各营，立刻下了命令，不准士兵们再出去扰乱百姓。长安一带突然安定下来了。人们传着说元旦那天刘盆子责备将士们的话，都称赞天子聪明。那些已经逃出去的老百姓也有搬回长安来的。城里的人口一多，屯积粮食的富商和地主趁着机会出来,市面又热闹起来了。万没想到过了二十几天,城里挨饿的人和赤眉的士兵把粮食铺子里的粮食抢得一干二净。这一下,长安的混乱局面更加不可收拾了。

长安没有粮食,赤眉军不能再呆下去,他们还能到哪儿去发展呐? 邓禹的军队驻扎在栒邑,扼住赤眉军北上的道儿。洛阳已经建都,做了汉光武的大本营,扼住赤眉军东归的道儿。汉中王刘嘉(和汉光武刘秀平辈,更始封他为汉中王)仗着自己雄厚的兵力,割据汉中,阻止赤眉军向南发展。东、南、北全是敌人,赤眉军要求生存只有往西一条路了。就在那年正月,樊崇带着几十万大军,号称一百万,向西流亡,他们并不打算夺取城邑,最紧要的是在多得粮食。赶到他们进了安定、北地,才知道这两个地方跟长安也差不了多少。粮食和牲口早已给邓禹的军队搜刮去了。

安定和北地粮食不多,没法供给几十万大军的口粮。赤眉军只好再往西过去。没想到这就碰上了地头蛇,割据天水的隗嚣派军队出来迎头痛击。赤眉军打了败仗,死伤了不少人马。樊崇只好避开天水那一头,往西北逃去。谁知道祸不单行,他们在番须谷中(在陕西省陇县西北)正赶上暴风雪,冻死了不少人。他们还能流亡到哪儿去呐? 在万不得已中,他们只好回到东边来。

就在那年九月,樊崇这一队赤眉军到了长安城外,才知道长安城已经给邓禹的军队占了。一来因为城里有邓禹的兵马守着,二来因为城里早已十室九空,没有什么值钱的东西。他们就刨起坟来了。汉朝历代帝王和皇后、妃子等都葬在那一带,埋着不少金银、珠宝、玉器什么的。邓禹一听到,立刻发兵去攻打。想不到打了个败仗,还败得挺惨,连长安城也给赤眉军夺去了。邓禹带领一部分兵马想去跟赤眉军再比个输赢。他们到了云阳(在陕西省淳化县西北),赤眉军接着就追了上来。邓禹哪儿知道赤眉军虽然在这次流亡中遭受了很大的损失,这时候人数还有三十万。邓禹又打了败仗,慌忙退到高陵。他怕军中粮草不够,只好向汉光武请求救兵。

汉光武知道邓禹的军队已经疲劳了,再说邓禹也不是打仗的行家,就派冯异带着一队兵马去代替他。汉光武亲自送冯异到河南(黄河以南,这里指洛阳东北的南岸,不是现在的河南省),送给他一辆车马,一口宝剑,嘱咐他,说:"长安一带遭受了王莽、更始、赤眉的兵灾,老百姓穷困到了极点。将军这次出去征伐,要是敌人肯投降的话,只要把他们的头子送到京都来,其余的士兵都可以让他们回家去种地、养蚕。征伐不一定要夺取土地,杀害士兵。最要紧的是除暴安良,安定人心。我看到许多将士,毛病不在于不能拼命打仗,而在于贪图财物,喜爱掳掠。你一向能够管得住将士,我才把这个重大的责任托给你。你得记住:争取民心最重要,不要叫郡县吃苦。"冯异接受了汉光武的嘱咐,带着军队和粮食往西去了。

汉光武回到洛阳,又接到邓禹的奏章。他说汉中王刘嘉的大将延岑在杜陵(在陕西省长安县东南)打败了赤眉大将逢安的军队,消灭了十多万人;说刘嘉、延岑现在都归顺了朝廷;还说他和刘嘉联合起来,准能把赤眉消灭干净。汉光武已经派冯异去代替邓禹,就下了诏书,叫他马上回去。那诏书上还说:"千万别跟打败了的敌人死拼。赤眉没有粮食,一定会到东边来的。我这儿已经准备好了。你赶快回来,不要再冒险进军。"

果然不出汉光武所料,赤眉军担心粮食不够,不愿意留在长安。长安已经到了饿死人的地步。一斤黄金只换到五升豆子。樊崇只好带着大军往东来了。汉光武派侯进带领十万兵马驻扎在新安,派耿弇也带领十万兵马驻扎在宜阳,嘱咐他们说:"如果赤眉往东来,宜阳的军队马上赶到新安会齐;如果赤眉往南去,新安的军队马上赶到宜阳会齐。"两路兵马布置好了以后,一面吩咐冯异到华阴去把赤眉兵慢慢地引到东边来,一面吩咐邓禹马上回去。

冯异把赤眉军拖住在华阴六十多天。他用的方法是让赤眉军消耗粮食,同时劝告他们投降。邓禹因为打了几个败仗,还想立个功劳然后回到洛阳去。这位少年老成的大司徒,真所谓"聪明一世,懵懂一时",他终于沉不住气,不听冯异的劝告,单独向赤眉进攻,给樊崇军打得落花流水,一败再败,只剩下二十四个骑兵。他就带着这几个人向宜阳方面逃去,连冯异的军队也死伤了三千多人。

冯异用计策把八万多人的一队赤眉兵包围在崤山底下。冯异下了战书,跟赤眉军约定会战的日子和地点,一定要比个上下高低。忠厚老实的农民军不知道这是人家的计谋。他们到了指定的地点,就中了埋伏,全都慌了神。拼死抵抗,挣扎,一天下来,死的死、伤的伤,其余的人精神也很差。没想到就在这时候,冯异的第二批伏兵又起来了。这一批汉兵打扮得跟赤眉兵完全一样,略略混战了一下,就分不出谁是谁来。赤眉兵怕打伤了自己人,可又不能不招架。正在为难的时候,冯异叫将士们大声地劝告赤眉投降。当时就有大批服装跟赤眉相同的士兵互相嚷着"投降!""投降!"赤眉兵一见多数人投降了,全没了主意。军心一乱,这一支赤眉军都被解除了武装。

公元27年(建武三年)一月,樊崇带着另一队十几万人往东向宜阳方面过去。冯异火速派人骑着快马去向汉光武报告。汉光武亲自率领大军到了宜阳,帮助耿弇去截击赤眉军。赤眉军从没碰到过这么厉害的敌人,再加上新安的军队也赶到了。三路大军以逸待劳,把赤眉军围困得没法动换,好像鱼群被拉进了鱼网一样。到了这步田地,樊崇只好派刘恭去向汉光武求和。

刘恭见了汉光武,说:"盆子率领百万大军向皇上投降,皇上准备怎么待他?"汉光武说:"不叫你们死就是了。"刘恭回去一说,刘盆子带着丞相徐宣、御史大夫樊崇、大司农杨音等三十多个首领光着脊梁来见汉光武。刘盆子奉上了玉玺。赤眉的将士儿郎们都把铠甲和兵器堆在宜阳西门外。十多万人的铠甲和兵器差不多堆得像临近的熊耳山那么高。

汉光武吩咐县里的厨师赶紧做菜、做饭,给十多万的赤眉兵吃一顿好的。第二天,汉军在洛水旁边布了阵势,带着刘盆子他们参观一下。完了,汉光武对樊崇他们说:"你们投降了,后悔不后悔? 要是后悔的话,我就让你们回到自己的营里去,再来决个胜败,我不勉强你们投降。"徐宣磕着头,说:"我们今天能够归顺皇上,正像婴儿见到了慈母一样,只有欢喜,没有后悔。"汉光武说:"你是所谓铁当中的钢,人当中的精了。"

汉光武带着樊崇他们到了洛阳,给他们田地房屋,让各人和妻子住在一起。那时候,汉光武的叔父刘良已经封为赵王,就让刘盆子做了赵王的郎中。杨音封为关内侯,徐宣、谢禄和刘恭也各有官职。刘恭替更始报仇,把谢禄杀了,自己叫人绑着进了监狱。汉光武因为早已下过命令,"官吏、百姓有敢谋害淮阳王的,一概处死",就把刘恭放了。樊崇和逄安是赤眉主要的首领,十多万赤眉还是向着他们。汉光武虽然不说话,大臣们总觉得留着他们太不妥当。没过了几个月工夫,就拿谋反的罪名把他们杀了。

推翻新朝统治的绿林和赤眉两支最大的农民起义军,到了这时候都给汉光武消灭了。可是各地割据一个地盘称帝称王的仍然不少,天下还正乱着呐。

121 帝王满天下

农民起义军赤眉被扑灭了,关中没有统一的领导。有不少豪强,各自占据地盘,自称将军,互相攻打。光是关中这一地区就有十来个头儿。其中势力最大的要数延岑。他在关中发号施令,委任官吏,好像已经做了关中的霸主似的。大树将军冯异做了征西大将军。他的征西的计策是安抚和围剿并用，有时候多安抚少围剿。这种办法很顶事，"安抚"下来，居然把延岑的部下收服了不少。然后集中兵力突然袭击延岑。延岑连连打了败仗，只好离开关中。转了几个弯，末了逃到蜀地，归附公孙述。公孙述拜他为大司马。冯异依照汉光武的嘱咐，只把关中几个首领送到洛阳去，别的人都遣散回家。西边关中总算给冯异平下来了。

　　东边的刘永，原来由更始立为梁王，后来自己称为皇帝，拿睢阳（在河南省商丘县南）作为京城，占据着青州、兖州、徐州一带二十八个城。他又联络了东海董宪、琅邪张步，拜他们为大将军。汉光武曾经派虎牙大将军盖延率领马武等四个将军去征伐刘永。刘永打了败仗，放弃睢阳，退到湖陵。张步害怕了，表示愿意归向洛阳。汉光武派光禄大夫伏隆为使者拿着符节去拜张步为东莱太守。那个退到湖陵的"东方皇帝"刘永一得到这个消息，马上打发使者加封张步为齐王，加封董宪为海西王。董宪原来忠于刘永，不必说了。张步已经归向洛阳，现在为了贪图爵位，变了卦，又做了刘永的臣下，还把汉光武派去的使者伏隆杀了。

　　伏隆的父亲伏湛要求汉光武派人去征伐张步，也好替他儿子报仇。汉光武一来为了安慰伏湛，二来还想重用他，就升了他的官职。这时候，邓禹已经回来了。他因为打了败仗，自动地交出大司徒的印和梁侯的印，请求处分。汉光武收下了大司徒的印，把梁侯的印退还给他，仍旧让他做梁侯，还拜他为右将军。这么着，大司徒的职位出了缺，就由伏湛接替。汉光武不是不愿意答应伏湛的要求去征伐张步，但是因为北边闹得很凶，一时顾不到东边，只好暂时让张步占据着齐地十二个郡，做着刘永手下的齐王。

　　北边出了一个燕王，就是渔阳太守彭宠。彭宠曾经派他的部下吴汉、王梁他们帮助汉光武打败王郎和铜马。现在吴汉和王梁的地位反倒比彭宠都高。他就不服汉光武，索性占据蓟城、右北平和上谷的几个县，北边联络匈奴，南边联络张步，自立为燕王。他还派使者去拉拢上谷太守耿况，叫他也脱离洛阳。他认为耿况的情况跟他自己一样，也是立下的功劳大，得到的封赏小，一定也不满意。可是耿况的想法跟彭宠不一样。他觉得自己的功劳并不怎么大，就算功劳大，他也不是为了封赏才立功的。彭宠的使者一听耿况的话不对头，就吓唬他，说："要是太守一定不答应，我怕燕王一不乐意，上谷可就保不住了。"耿况没听，他干脆把那个使者杀了。

　　彭宠做了燕王，不断地扩张势力。汉光武准备亲自去征伐。大司徒伏湛拦住他，说："临近的盗贼猖狂得很，必须首先肃清。渔阳离这儿有两千多里，不妨先搁一搁。"汉光武就决定自己留下，派耿弇为主将，祭遵为副将，带领兵马往北去进攻渔阳。耿弇已经快到北方了，忽然想到他父亲耿况在上谷，以前和彭宠有过来往，耿家又没有子弟留在洛阳，他不能不避避嫌疑。他上书要求调回去，还建议让祭遵代替他为主将去进攻渔阳。他又写信给他父亲，请他为国家效力，夹攻彭宠，免得让人们怀疑他是袖手旁观。

汉光武接到了耿弇的奏章，就给他一封信，劝他不要有顾虑。耿弇才安了心。他父亲耿况收到了耿弇的信，知道他的用意，就派耿弇的小兄弟耿国到洛阳去伺候汉光武。汉光武大大地夸奖耿况，封他为列侯，一面吩咐耿弇向渔阳进军。

耿弇还没打到渔阳，彭宠倒先借了匈奴兵马打到上谷来了。耿况派他第二个儿子耿舒去对付彭宠和匈奴。耿舒打败匈奴，杀了他们两个将军。彭宠只好退回去，守着渔阳，不让耿弇和祭遵进去。

除了彭宠、刘永、张步、董宪、公孙述他们以外，自立为帝，自立为王，或者自立为将军的，还有不少人。例如：舒城（在安徽省庐江县西）的李宪，有十几万人马，占据着九个城，自立为皇帝；安定的卢芳把自己说成是汉武帝的曾孙刘文伯，开头自称为西平王，后来跟匈奴结了亲，匈奴按照当年汉宣帝立呼韩邪为单于的例子，立刘文伯为汉朝的皇帝；南郡的秦丰占据着黎邱（在湖北省宜城县北），自立为楚黎王；平陵人窦融（汉文帝的小舅子窦广国第七代的孙子）占据着河西五个郡（就是武威、张掖、酒泉、敦煌、金城），做了五郡大将军；天水的隗嚣早已自立为西州上将军，汉光武派邓禹拜他为西州大将军，可是实际上他还是自己独霸一方。这样，除了汉光武以外，还有四个天子，四个王，两个将军，就是：

  东方皇帝刘永，
  蜀中皇帝公孙述，
  舒城皇帝李宪，
  匈奴立的皇帝卢芳（刘文伯）；
  燕王彭宠，
  齐王张步，
  海西王董宪，
  楚黎王秦丰；

> 五郡大将军窦融，
> 西州大将军隗嚣。

要是连那些势力比较小的或者做皇帝没多久就完了的人都算上，那就更多了。天下这么乱，老百姓难过日子。要是谁能够把这个四分五裂、七零八碎的局面统一起来，让老百姓能够安居乐业地活着，这就够符合老百姓的愿望了。

推翻王莽政权的各路农民起义军大体上都给汉光武消灭了或者打散了，现在各地占据地盘的大多是旧贵族或者大地主豪强出身的野心家。汉光武利用他自己作为刘氏宗室、大地主、大富商、太学生的有利条件，采取了搜罗人才、争取民心的办法，发挥他善于用人、善于用兵的才能，把许多不听他指挥的人这儿一股、那儿一股挨个儿打败或者消灭。公元 27 年，盖延围攻刘永，刘永手下的将军杀了刘永，投降了。张步、董宪、秦丰、李宪、彭宠、卢芳和那些零星的"土皇帝"，也都接连着受到打击，变成了快要熄灭的蜡头。可是，陇西的隗嚣、河西的窦融、蜀地的公孙述，这三处势力特别大，离着京都洛阳又那么远，没法同时分三路去对付。汉光武对这三处强大的敌人采取了"单打一"的办法，决定先向隗嚣和窦融让步，尽力跟他们打交道，好叫公孙述孤立起来。

汉光武打发中大夫来歙（来，姓；歙 xī，名）为使者去聘问隗嚣。隗嚣手下的几个心腹大臣都劝他去跟京师（就是洛阳）来往。隗嚣就上书给汉光武，颂扬他的功德。汉光武不把他当作臣下，倒按照国王对待国王的礼节给他写了一封回信，把他当作朋友，先颂扬他的功德，说隗嚣这么南边抵抗公孙述，北边抵抗匈奴和西羌，这个功劳简直没法说，末尾还说以后有事，可以彼此直接通信，用不着经过旁人的手。

公孙述也想拉拢隗嚣，派使者去封他为王。隗嚣认为他和公孙述是平起平坐的，根本说不上谁是君、谁是臣。公孙述凭什么封他做王，这不是瞧不起人吗？他把公孙述的使者杀了。以后，公孙述每次往北进兵，都给隗嚣打回去。因此，公孙述不能再向北发展。

公元 28 年（建武四年），隗嚣忽然又改变主意，派个亲信大臣为使者去聘问公孙述，回头再去聘问汉光武。这明明是隗嚣打算向蜀和汉两头讨好。那个使者也真乖，两头跑下来，他自己就有了主意了。

122 "三分天下"

隗嚣派出去的那个使者是扶风茂陵人叫马援。十二岁上死了父母，是跟着他大哥马况长大成人的。大哥马况说他志向大，将来一定能够做一番事业，不过大器晚成，不能心急。后来马况死了，马援把他嫂子当作母亲看待。在王莽的时候，他当个小军官，为了押送囚犯出了事。原来他看到囚犯哭得挺伤心，就把他们全放了，自己只好逃到北地躲起来。后来赶上大赦，免了罪，他才出头露面地留在北地经营畜牧和农业。没几年工夫，他成了大畜牧主和地主。当时有不少宾客投奔到他门下。他对宾客们说："大丈夫立志，穷当益坚，老当益壮（相当于现在所说的"人穷志不穷，人老心不老"的意思）。"大伙儿认为这是很宝贵的教训。

又过了几年，马援有了几千头牛、羊和马，几万斛粮食，家产多得自己花不完。他叹息着说："财产之所以可贵，在乎能够帮助人；要不然，做个看财奴有什么意思呐？"他就把财产分给他的本家和亲戚朋友们。赶到隗嚣离开更始，回到天水，就拜马援为绥德将军，还老跟他商议重要的事情。马援和公孙述是同乡，还是街坊，从小就挺有交情。因此，隗嚣派他去见公孙述。

马援到了公孙述那边，以为老朋友多年没见面，这次碰到，一定手拉着手，像过去一样地亲热。可是公孙述已经做了皇帝了，他得摆一摆皇帝的谱。马援进去的时候，两旁站着卫士，文武百官按官职大小排列着。排场挺讲究，仪仗也挺隆重，可是就找不到从前的朋友之间的那种热呼劲儿。公孙述见了马援，没讲了几句话，就叫手下的人拿出衣帽来要让马援做大将军。他端端正正地坐着，等候马援过去谢恩。

马援推辞不干，回去对隗嚣说："子阳（公孙述的号）自高自大，好像是只井底之蛙。咱们不如向着东方吧（东方，指在洛阳的汉光武）。"隗嚣就派他去见汉光武。汉光武多么精细呀，他穿着便衣，不带卫士，就这么在宣德殿里欢迎马援。他带着笑脸对马援说："您在两个皇帝之间奔波，今天咱们见面，我觉得有点不好意思。"马援说："看现在的形势，天下还没定下来，不但做君王的要挑选臣下，做臣下的也得挑选挑选君王。"汉光武笑了笑，不说话。马援接着说："我跟公孙述是同乡，从小就挺要好。我这次去见他，他还布置了武士，让我一步一步地走上台阶去跟他相见。现在我老远地刚到这儿，皇上您就这么随随便便地接见我，好像见着老朋友似的。您怎么知道我不是刺客呐？"汉光武笑着说："您不是刺客，可能是说客（说shuì）。"马援说："现在天下乱糟糟的，出了不少皇帝，有冒名顶替的，有自立为帝的。今天见了皇上这么豪爽，正像高祖一样。我这才知道帝王确实有真有假。"

两个人就这么聊了聊，彼此都很尊敬。前前后后一共谈了十多次。末了，汉光武打发大中大夫来歙拿着符节送马援回去。隗嚣就问马援："汉帝怎么样？"马援说："他啊，又豪爽，又英明，待人开诚布公，很不错。"隗嚣说："跟高祖比起来怎么样？"马援说："那可比不上。高祖老那么随随便便的，当今的皇上虚心待人，举动合适，他又不像高祖那样喜欢喝酒。"隗嚣挺不乐意地说："照你说来，他比高祖还强，怎么说比不上呐？"

隗嚣虽说不乐意，对马援可还是照样尊重。他又很客气地招待着来歙。来歙劝他上洛阳去见汉光武，还说他一定能够得到很高的爵位。隗嚣推辞了。他送走了来歙之后，就跟自己手下一个很有学问的大臣班彪谈论谈论秦汉兴亡的历史。他的用意是想说明：汉朝以前没有姓刘的皇帝，汉朝既然可以代替秦朝，当然也可以有别的朝代代替汉朝，那么，不是姓刘的人也并不是注定不能做皇帝的。班彪特意写了一篇文章劝他不要去跟汉朝争天下。隗嚣正想自己做皇帝，这种话当然听不进去。班彪就借个因头要求退休。隗嚣觉得这种读书人没有多大用处，让他辞职。

班彪辞了职，真是无官一身轻，逍遥自在。他到河西一带去游玩游玩，打算在那儿隐居下去，整理整理历史，写写文章。谁知道河西五郡大将军窦融和班彪是同乡，他们都是扶风平林人。窦融一听到班彪离开了隗嚣，就想去请他，现在打听到他正在自己的地界里游玩，马上打发使者很隆重地把他接了来，当作上宾，挺虚心地向他请教。班彪得到了这么一个知己朋友，就忠心耿耿地劝他归向汉光武。

窦融早就听说过汉光武这个人挺了不起，只因为河西离着洛阳路远，交通又不方便，没能够跟汉光武来往。他也同隗嚣一样，又像汉朝的臣下，又不像汉朝的臣下。隗嚣曾经给他送来过将军的大印，拜他为将军。这时候隗嚣打算自己做皇帝，又派人去跟窦融联络，劝他自立为王。使者说，从前更始帝大事已经成了，可是接着又灭亡了，这就证明刘家不能再兴；要是陇（隗嚣）、蜀（公孙述）、河西（窦融）联合起来，建成三个国家，共同去对付洛阳（汉光武），成功了，各自为王，就算不成功的话，也能够像从前南越赵佗那样封为边界上的大王。窦融拒绝了隗嚣。他听了班彪的话，写了一个奏章，打发刘钧为使者上洛阳去朝见汉光武。

公元29年（建武五年）四月，汉光武拜窦融为凉州牧（牧，就是州长），还给他写了一封信，里面说："现在益州（就是蜀地）有公孙子阳，天水有隗将军。今天蜀跟汉互相攻打，将军的地位举足轻重，帮谁，谁的力量就大。双方的胜败全在将军手里。这么说来，我怎么厚待将军都是不够的。如今将军能够像齐桓公、晋文公那样帮助衰弱的王室，这样的事业是可以成功的；如果将军要三分天下，采用连横或者合纵的办法也不是不可以。献计策的人当中，一定会有人主张分割天下。他们以为成功了，可以像战国时代那样各自为王；不成功的话，也可以像过去赵佗那样做个南越王。要知道中国的土地即使可以分的话，中国的百姓是不能分的。将军能够上为国家出力，下为百姓着想，我是非常感激的。"

这封信到了河西，窦融和他手下的人全都愣了。他们认为汉光武真英明，一万里以外的情况他全看得这么清楚。谁再要不向着他，就是糊涂虫。

汉光武拜窦融为凉州牧，安定了河西这一边，又派来歙去见隗嚣。这时候关中的将军瞧着蜀兵疲劳得不再出来，上书要求去征伐公孙述。来歙把这些信也给隗嚣看，请他一同去征伐，还答应给他土地。隗嚣说："我这里力量单弱，刘文伯（就是匈奴立为皇帝的卢芳）又在边界上侵略过来，我还不能打到蜀地去。"来歙这才知道他也跟公孙述一样，是要三分天下了。可是来歙还是劝他送他儿子上洛阳去，好表示真心交好。隗嚣已经听到东边的刘永和北边的彭宠都消灭了，他对汉光武不能不赔小心，就打发他大儿子隗恂跟着来歙到洛阳去，还让马援全家也跟着去。

班彪已经到了窦融那边，马援又上洛阳去，隗嚣手底下有见识的人就只剩下了郑兴、杜林、申屠刚等几个。郑兴一向倒是受隗嚣的尊重，可是他没法让隗嚣打消做皇帝的念头。末了，他借了个安葬父母的因头，告假回乡。杜林也因为兄弟死了，要求隗嚣让他送灵柩回老家去。隗嚣也答应了。赶到杜林走了以后，隗嚣可就反悔了。他认为杜林是个有才能的人，自己没法留住他，随随便便让他走了，要是他去帮助别人，这不是搬起石头砸自己的脚吗？他马上派了一个刺客叫杨贤的赶紧追上去。杨贤追到了陇山（在陕西省陇县西北），正好瞧见杜林亲自推着车，车上就装着他兄弟的灵柩。他心里琢磨了一下，认为在这个兵荒马乱的年头，像杜林那样不做大官去推车，这么照顾着兄弟的灵柩，实在太难得了。要下手杀害这么一个好人，可真对不起良心。杨贤暗暗地保护着杜林，直到他离开陇地，自己就逃到别的地方去了。

班彪、马援、郑兴、杜林都走了。隗嚣的部将王元又催他即位。王元说："天水是个好地方，人马又强，至少可以自立为王，何必去听别人的指挥呐？"隗嚣听了很得意。可是申屠刚起来反对。他说："连一个平民都要讲信义，说了话就得算数，何况将军！要是真背叛了汉帝，不但对不起国家，也对不起自己的儿子！"隗嚣听了申屠刚的话，很不乐意，可是他还究竟惦着在洛阳的大儿子隗恂，不敢马上做皇帝。他就派他的心腹周游上洛阳去，假意去讨汉光武的好。

周游先到了关中，去拜见征西大将军冯异。没想到周游在冯异的军营前面被他的一个仇人杀了，凶手又没逮住，人家就说是冯异杀的。因此，陇右和洛阳反而多了一层隔阂(hé)。

冯异在关中已经三年多了，当地的人都挺佩服他。也正因为他很得人心，就有人向汉光武去告发，说他权力太大，自己要做咸阳王。冯异听到这个消息，上书要求调到洛阳来，好让他伺候皇上。汉光武要他留在关中，派使者去安慰他，说："我和将军，从国家来说，是君臣；拿情义来说，好像父子一样。我怎么能怀疑你呐？请你不必顾虑。"冯异还是想回来。他又上书要求入朝。

汉光武为了陇、蜀两边的事，也想跟冯异商议商议，就答应了，让他回来。冯异见了汉光武，向他磕头认错。汉光武对大臣们说："他是我起兵时候的重要帮手。他替我平定关中，功劳很大。"说着，他叫左右拿出珍宝、衣服和钱帛来当场赐给冯异。冯异拜谢了以后，汉光武就跟他像聊家常似的聊起来了。他说："芜萎的豆粥、呼沱河的麦饭（见第115篇），一直没忘。不知道怎么样报答你才好。"冯异说："我听说管仲曾经对齐桓公说过：但愿主公别忘了带钩上中箭的事，我也忘不了装在囚车里押到齐国来的事。他们君臣二人互相勉励，终于建立了霸业。但愿皇上别忘了在河北那会儿的困难，我也忘不了皇上放我回去见过母亲的事。"汉光武听了，很高兴。他们就商议起怎么样去对付隗嚣和公孙述的事来了。要真像他们那样一定要三分天下，天下的人民怎么受得了。

123 钓 鱼 台

公孙述不断地扩充自己的地盘，还打算由江陵（在湖北省长江北岸）这边过来；隗嚣也打算向南发展。汉光武说："将士们都疲劳了，我真不想再去跟他们两个人多事。我三番五次地给他们写信，劝他们归附，还说我决不亏负他们，可是他们始终不乐意。怎么办呐？"冯异说："不去征伐，他们是不会投降的。我愿意听从吩咐。"汉光武说："关中是通陇、蜀的要道，你在那里镇守，不能离开。你先回去，我再调度兵马，想办法去征伐蜀地。"汉光武就叫冯异回到关中去，还吩咐他把家属都带去。

汉光武一面调度兵马，要用武力平定天下，一面尽力搜罗知名之士，要利用他们的名望作为号召，来巩固自己的政权。他打发使者到各地方去邀请当时的名人到朝廷里来。可是名人有名人的怪脾气。他们愣不来。汉光武也有他的怪脾气，人家越不肯来，他越要人家来。太原人周党顶不住使者的催促，只好坐着车马来了。他穿着旧衣服，戴着破头巾，到了朝堂上，气呼呼地往地下一趴，怎么也不肯磕头，更别说等他叫一声"皇上"了。汉光武请他做大官。周党才不希罕呐。他说："我是乡下老百姓，不懂得政事，请放我回去吧！"大臣们见他这么傲慢，都很不服气。汉光武拗不过名士的倔强劲儿，这可叫他怎么下台阶呐？他就下了一道诏书，说："从古以来，就是贤明的君王也有人不肯做他的臣下。从前伯夷、叔齐不吃周朝的粮食。今天太原周党不接受我给他的俸禄。各人有各人的主意。赐给他四十匹帛，让他回去吧。"

周党不愿意做官，总算还来了一趟。其他名人，有的假装害病，干脆不来，有的隐姓埋名，逃到山林里去了。这些名人之中最出名的一个，要数严光了。严光也叫严子陵。他是会稽余姚人，跟汉光武还同过学，他们从小就挺好。汉光武即位以后，老想念着他，他吩咐会稽太守想办法去找严子陵。可是人家早已更名改姓地隐居起来，谁也不知道上哪儿找去。

汉光武就把严子陵的相貌详详细细地说了一遍，吩咐画工画一个像。画工也真有本领，他按照汉光武的话，画了个大概。汉光武拿来一看，还真有几分像。他又说了一遍，叫画工修改了一下。喝！画的简直真是严子陵。

有了这一张,再画几张就方便了。汉光武派人把这些像分送到各郡县,叫官吏和老百姓寻找严子陵。这种画形图影的办法还真顶事。齐国上书给汉光武,说那边有个男子披着羊皮,老在河岸上钓鱼,相貌有几分儿像,可不知道是不是他。汉光武马上派使者准备上等的车马到齐国去接他。

使者见了严子陵,奉上礼物,请他上车。严子陵推辞,说:"你们看错了人啦。我是打鱼的,不是做官的。礼物拿回去,让我安安静静地过日子吧。"使者哪儿肯听,死气白赖地把他推上了车,飞一样地送到京城来。汉光武特意准备了一所房子,派了好些个手下人去伺候他。那时候,大臣侯霸代替伏湛做了大司徒。大司徒侯霸跟严子陵也是朋友。他听说严子陵到了,就写了一封问候的信,派他的助手侯子道送去。侯子道到了严子陵那儿,就瞧见严子陵靠在床上坐着。他恭恭敬敬地把信交给他。严子陵看了看,不说话,也不站起来。过了一会儿,他说:"我多年没见君房了(侯霸,字君房)。君房素来傻里傻气的,现在做了大官,这个毛病可好点没有?"侯子道说:"他做了大司徒,怎么还能傻里傻气的呐?"严子陵说:"他叫你来有什么话?"侯子道耐着性子,说:"大司徒听说先生到了,本来要亲自来的,因为公事忙,脱不了身,到了晚上,他一定亲自来请教。"严子陵捋着胡子,说:"你还说他不傻。你看,我连天子都不愿意相见,难道还希罕他的臣下来见我吗?"

侯子道不便跟他多说话,就请他写封回信。严子陵推说不方便。接着他说:"我讲吧:君房先生:你做了司徒,很好。帮助君王多做点好事,天下都高兴;要是只知道奉承,那就要不得。"说到这儿,他就停住了。侯子道请他再说点。严子陵大笑起来,说:"你到这儿来买菜吗? 还想要搭什么饶头。"

侯子道回去向侯霸一说,侯霸有点不乐意,就把严子陵的话告诉给汉光武。汉光武笑了笑,说:"他就是这个样儿,不必介意。"说着,他亲自去看严子陵。严子陵脸朝里躺在床上,不理他。汉光武走过去,摸摸他的肚子,说:"喂,子陵,你怎么啦? 不愿意帮帮我吗?"严子陵翻过身来,盯了他一眼,说:"各人有各人的心意,你逼着我干吗?"汉光武叹了口气,说:"子陵,我真不能收服你吗?"严子陵听了,更不理他。他宁可收几个弟子,教教书,可不愿意做汉光武的臣下。

汉光武再三请他搬到宫里去,对他说:"朋友总还是朋友吧。"严子陵这才答应他到宫里去走一趟。那天晚上,汉光武跟他睡在一起。严子陵故意打着呼噜,把大腿压在汉光武身上。汉光武就让他压着。第二天,汉光武问

齐国上书给汉光武,说那边有个男子披着羊皮,老在河岸上钓鱼,相貌有几分儿像,可不知道是不是严子陵。

他："我比从前怎么样？"严子陵回答说："好像有一点长进。"汉光武乐得大笑起来，当时就要拜他为谏议大夫。严子陵怎么也不干。他说："你让我走，咱们还是朋友；你逼着我，反倒伤了和气。"汉光武只好让他走。严子陵已经露了面，不必再更名改姓了。他就回到富春山（也叫严陵山，在浙江省桐庐县西，杭县南），种种地、钓钓鱼，过着隐士的生活。富春山旁边就是富春江（钱塘江上游一段）。江上有个台，据说就是当年严子陵钓鱼的地方，所以称为严子陵钓台。

　　严子陵不愿意做官，他的清高的名望更大了；汉光武能够这么低声下气地对待严子陵，他的谦恭下士的名望也更大了。这一来，两个人都抬高了身价。可是真正的隐士是无名无姓的。那个人是王良的一个朋友，不知道姓甚名谁。王良是东海兰陵人（兰陵，在山东省峄县），做了大司徒司直（官衔，是大司徒的助理，地位比司隶校尉高），也是个知名之士。他虽然做了大官，可是挺虚心，又挺节俭。他出来做官也不带家眷。王良的朋友鲍恢，做了他的助手。鲍恢为了公事到东海去，路过王良的村子，就去拜访拜访王良的家。王夫人不像个官太太，她穿着极朴素的衣服，天天在地里干活。那天鲍恢到了她家，她正挑着柴火回来。鲍恢还以为她是王家的老妈子，就一点不在意地对她说："我是王司徒的部下，从这儿路过，要拜访拜访王夫人。"王良的妻子说："我就是。您辛苦了。"鲍恢连忙趴在地下向她磕头，完了，问她："您要不要叫我捎个家信给王司徒？"王夫人说："做官的应当办公事，我怎么敢拿家事相烦您呐？"鲍恢听了，只好臊模搭眼地向她告别。

　　鲍恢回去以后，对王良就更加尊敬。王良因为害病，回家去休养。病好了以后，汉光武又召他回到朝廷里来。他路过荥阳，去拜访一个穷朋友。这么一个大官亲自去拜访一个穷朋友，总算很不错的了。哪儿知道那个朋友干脆不跟他见面。他传出话来，说："天下有这么一个人：他没说过一回忠诚直率的话，也没出过一个奇妙的计策，可是他占据着高位，跑来跑去，一点不怕烦，何苦呐？"王良害了臊，改变了主意，回到自己家里，不再去做官了。汉光武屡次请他出来，他都拒绝了。他宁可得罪皇帝，也不肯跟那个在历史上无名无姓的隐士断绝来往。

　　汉光武征求的那几位知名之士，像周党、严光、王良等等都不肯出来。他对于这些一不怕死、二不爱财的读书人，简直没有办法。他收服不了这些名士。他还是用武力去收服那些自称为帝、自称为王、自称为将军的人们吧。

124 得陇望蜀

汉光武调兵遣将，费了极大的力气，克服了种种困难，用尽了软的硬的各种手段，一个接着一个地首先打败了他关东的敌人。从公元27年七月到公元30年正月，两年半工夫，先后消灭了东方皇帝刘永、燕王彭宠、楚黎王秦丰、齐王张步、海西王董宪、舒城皇帝李宪。公元30年（汉光武六年），关东大体上已经平定了。汉光武又写信给陇右的隗嚣和蜀地的公孙述，招他们来归附汉朝，共享富贵。公孙述决定要三分天下，不但不回答他，反倒发兵进攻南郡（在湖北省江陵县）。汉光武要试试隗嚣是不是向着公孙述，就故意请他从天水发兵一同进攻蜀地。隗嚣回答说："公孙述性子急躁，弄得上下不和。不如等到他恶贯满盈的时候再去征伐。"汉光武知道隗嚣是不肯帮助他的了。他就亲自到了长安，吩咐耿弇、盖延他们七个将军带领着大军向成都进攻。隗嚣知道要是公孙述消灭了，他也站不住。他就发兵占领了陇山底下的几个城，又派他的将士去进攻关中。征西大将军冯异、征房将军祭遵等率领军队打败了隗嚣。

隗嚣正在为难的时候，又接到了马援的信，责备他不该反复无常，劝他及早回头，归附朝廷。隗嚣更冒了火儿。他就调度人马，准备再跟汉兵交战。马援要求汉光武派他去劝说隗嚣的部下。汉光武就给他五千骑兵。马援带领的这五千骑兵，主要的不是去跟陇兵交战。他在隗嚣的部将们当中来来往往地劝他们归附汉朝。当时就有一些将士听了他的话，离开了隗嚣。隗嚣一看大势已去，只好再写信向汉光武求和。汉光武这会儿就不再那么客气了。他回答说："要是你真心投降，可以给你爵位和俸禄。我已经快四十了（那时候汉光武才36岁），带兵差不多带了十年，虚浮的话也听烦了。或是真心或是假意，随你的便。"隗嚣知道汉光武已经看透了他，就打发使者到蜀地，投降了公孙述。公孙述封他为朔宁王，还派兵去帮他对抗汉光武。

汉光武认为关中既然平定了，就应当好好地治理一下。因此，他一面对付着陇、蜀，一面就整顿内政。整顿内政他是从两方面着手的：一方面节省朝廷的开支，一方面减轻人民的负担。他下了一道诏书，说："朝廷设立官吏原来是为了人民。现在人民遭难，户口减少；可是县官和属吏多得无事可做。这是不行的。各州的州牧要按着实在的情形取消一些县,裁去一些官员。人口不多的县可以合并。"这么一来,合并了四百多个县,十个官吏当中只留下一个。公家的开支节省了不少。

减轻人民的负担首先从减轻田租着手。汉光武即位的时候,天下已经乱了好几年。在这种兵荒马乱的年月里,粮食的产量大大降低,一斤黄金只能换一石大米。汉光武三年春天,一斤黄金只能换五升豆子。以后两三年内,关东比较安定,又建设了一些水利工程,粮食和蚕丝的收成都有提高。就在紧缩官员人数的那一年年底,汉光武又下了一道诏书,说:"前几年因为军费大,用度不足,所以田租一直是按照产量的十分之一征收的;现在粮食凑合着有些积蓄了,从今年起,恢复汉朝的制度,各郡县征收田租减为三十分之一。"汉光武即位以后,又接连好几次下诏书不准有奴隶的人虐待奴隶,他用各种条例释放奴隶或者免奴婢为平民。也不止一次地大赦天下,救济贫民,特别是鳏、寡、孤、独和不能生活的贫民。老百姓情愿让他做皇帝,不是没有理由的。这样过了两年,汉光武的势力就更大了。

公元32年(建武八年),汉光武带着马援、吴汉他们亲自去征伐隗嚣。大臣郭宪拦住他,说:"东方刚平定下来,皇上千万不可远征。"他还拔出宝剑来,砍断车马的皮带。汉光武叫他放心,还是亲自往西去了。他到了陇地,才看到那边差不多都是山谷,地势十分险要。将士们大多劝汉光武回去。大伙儿正在为难的时候,蜀地的公孙述又发兵来帮助隗嚣抵抗汉兵,将士们就更泄了气。汉光武决定不下,他问马援怎么办。马援说:"隗嚣的军队不是一条心的,只要皇上进兵,他们非败不可。"他又拿米一撮一撮地堆成山谷的形势,指明行军的道路。汉光武仔细看了,记在心头,他说:"形势已经一目了然了。明天就进兵。"正好凉州牧窦融也率领着五个郡的太守和小月氏的人马来跟汉光武的兵马会齐。光是窦融他们合起来就有好几万骑兵和步兵,还有五千多辆辎重车。将士们一看,泄了的气又鼓了起来。同时,使者来歙已经把隗嚣的两个大将都说服了。他们做了汉朝的大中大夫,大大地削弱了隗嚣的力量。

马援指明了道路,窦融带来了骑兵,来歙收服了隗嚣的大将,这三件重要的事帮助了汉兵挺顺利地把隗嚣打败。陇右投降的大将就有十三个,县城十六个,士兵十几万。隗嚣带着妻子逃到西城(在甘肃省天水县南)。公孙述的救兵逃到上邽(在甘肃省天水县西南;邽 guī)。汉光武再一次写信给隗嚣,劝他投降,保他父子相会。隗嚣情愿不要儿子。汉朝就把他那个作抵押的儿子隗恂杀了。接着,汉光武派吴汉、岑彭围住西城,派耿弇、盖延围住上邽。封窦融为安丰侯,五个太守也都封了侯。因为军队已经够强的了,他就吩咐凉州的人马都回去。这一来,引起了窦融的心事。他担心自己的兵马太强,权力太大,老在西边,叫汉光武不得安心。他要求汉光武派别的人去代替他的地位。汉光武对他说:"我跟将军好像左手跟右手一样。你要求辞职,我还怪你不了解我的心呐?"窦融感激得说不出话,就带着军队回了凉州。

西路大军正在攻打西城和上邽的时候,颍川(郡名,在洛阳东南五百里)又乱起来,河东(郡名,在洛阳西北五百里)的士兵也叛变了。这两个地区出了事,连京都洛阳都起了波动。汉光武听到这个消息,就说:"我没听从郭子横(郭宪,字子横)的话,后悔也来不及了。"他马上离开上邽,日日夜夜地往东赶回来。他在路上先写信给岑彭他们,说:"那两个城(指西城和上邽)要是打下来,你们就带领兵马往南去征伐蜀地。人的毛病就在于不知足,我的毛病也在于'得陇望蜀'(既然平定了陇右,又希望去平定蜀地)。每发一回兵,我的头发和胡须总是白了一些。可是不这么干,天下又怎么能够统一呐!"

汉光武回到京师,就跟执金吾寇恂(就是汉光武把他当作萧何的那个人;他原来镇守河内,后来做了颍川太守,又升为执金吾,留在洛阳)商量,说:"颍川接近京师,必须及时平定。我想来想去,还是你辛苦一趟吧。"寇恂说:"颍川的盗贼听说皇上到了陇、蜀,正忙着对付那两头,一时不能回来,他们才趁着机会闹起来。要是皇上亲自出去,他们一定不会闹下去的。我愿意跑在头里,作个先锋。"汉光武同意了。说起来也真怪,汉光武一到,那些起兵的豪强全都归顺。汉光武带着寇恂动身回洛阳去的时候,颍川的老百姓跪在路上,央告着说:"请皇上让我们再借寇君一年。"汉光武只好把寇恂留在颍川。

颍川平定了以后,别的地方也一个一个地安定下来。第二年(公元33年,汉光武九年),隗嚣闷闷不乐地害病死了。他的部下立他儿子隗纯为王,继续抵抗汉兵。又过了一年,隗纯投降了。可是大树将军冯异为了平定陇右,死在军营里。

陇右既然得到了,就用全力去对付蜀地。汉光武又亲自出去征伐。征南大将军岑彭接连打败了公孙述的军队,夺下了不少城池。公孙述派刺客装成投降的人去投降岑彭。也是岑彭一时大意,就那么被刺客害死了。公元36年(汉光武十二年),大司马舞阳侯吴汉进攻成都,大破蜀兵。公孙述受了重伤死了。蜀地的大将延岑自己知道就是再打下去也没有希望,就献了成都城,投降了吴汉。

吴汉平定了蜀地,按理说,就应当安抚人民,撤兵回来才是。谁知道他犯了牛性子，把公孙氏灭了门。这还不够，把献城投降的延岑也杀了，还把他全家灭了门。这还不够，他为了奖励士兵，让他们无法无天地抢了好几天，把公孙述的宫室全都烧了。汉光武一听到这个消息，气得什么似的，挺严厉地责备吴汉不应该干这种坏事。他又责备刘尚，说："既然敌人已经投降，官吏和人民也都归顺了，怎么又让士兵放火呐？我听见这件事，连鼻子都酸了。你还是咱们宗室，又有经历，这么放纵，真使我万分痛心！你们固然立了大功，可是失去了除暴安良的意义。"

他责备刘尚的话比责备吴汉的还多。吴汉这么一个猛虎似的而又很忠心的大将，他当然十分爱护。吴汉的军队，打仗是没说的，可就是纪律太差。汉光武老替他操心。这会儿吴汉把公孙述和延岑灭了门，只是受了一顿责备，可没办罪。汉光武为了补救吴汉的过错，就把公孙述和延岑手下一些有才能的人都重用起来，就是已经死了的，只要人品好，过去有威望，他也表扬他们，追封他们的官职。这么一来，蜀地才算安定下来。

汉光武等到吴汉的大军回来，就开了一个庆功大会，大封功臣。他想起当年汉高祖是多么重视张良和萧何。可惜那个"赛萧何"寇恂前一年已经死了。邓禹虽然抵不上张良，可是告诉汉光武怎样统一中原，随时劝他注重纪律、争取民心的还是他。因此，汉光武把他当作第一号功臣，封为高密侯。李通封为固始侯，贾复封为胶东侯，别的功臣也都按着功劳的大小，给他们不同的爵位和赏赐。已经死了的功臣，就封他们的子孙。功臣当中受封的一共三百六十五人，外戚当中受封的一共四十五人。

陇、蜀一平定，二十年来乱糟糟的中原又重新统一。汉光武已经打败了所有的敌手，对于战争就表示厌烦了。他打算把战争变成文教，可是这些功臣大多都带领着军队，他们怎么肯把兵权交出来呐？

125 硬脖子

最后平定蜀地的大军回来那一年，汉光武已经四十三了。从他二十八岁起兵那年算起，在这十五年当中（公元22年—公元37年），他差不多没有一天不是过着军队生活。打仗打了这么多年，老百姓对于各地豪强争夺地盘的战争早已恨透了。汉光武决心让老百姓休息。不是碰到紧急的警报，他不愿意再谈军事。有这么一天,皇太子刘疆(郭皇后的儿子)向他父亲讨教讨教打仗的方法。汉光武趁着机会,当着不少立过大功的将军们面前,回答他说:"从前卫灵公向孔子请教打仗的方法,孔子不回答他。这种事你还是不问的好。"

邓禹、贾复他们知道汉光武不愿意再用兵了。他当然用不着功臣们老带着大军住在京师里。他们两个人就首先请求汉光武让他们遣散军队,研究儒家的学问去。汉光武为了保全功臣们的爵位和封邑,就不再叫所有的功臣担任官职,免得他们可能在职务上犯过错。他废除了左右将军。接着,耿弇他们也交还了大将军和将军的印,各回各的封地去。封了侯的功臣当中,只有高密侯邓禹、固始侯李通和胶东侯贾复三个人还留在朝廷里,别的列侯都回到自己的封邑去,让他们享受荣华富贵,可是不让他们参与朝政。汉光武要使用一切办法做到有始有终地保全功臣。他们当中即使有点小过失,也就宽容过去了。要是外地有什么进贡来的好东西,他就分赐给功臣们,宁可自己没有。在中国历史上,打天下的皇帝能够像汉光武那样不杀功臣的,的确太难得了。

有一回,汉光武和功臣们喝酒,他一个一个地问他们:"要是你们不碰到我,你们能够做什么呐?"功臣们就一个一个地回答他。其中最个别的是邓禹和马武两个人的话。邓禹回答说:"我曾经努力研究学问,要是不跟皇上在一起的话,也许可以在郡里做个文学博士。"汉光武说:"你太谦虚了。"马武也想说得虚心点,他说:"我只是个不怕死的大老粗,要是不碰到皇上的话,哪儿能够封侯、做将军? 我也许可以做个郡守或是县尉,管管盗贼。"汉光武笑着说:"你自己能够不做盗贼就很不错了。"大伙儿全都哈哈大笑,马武也乐了。

打天下要靠武力,这是谁都知道的。所以像马武、吴汉他们,即使军队的纪律不好,甚至也掳掠财物,得罪了老百姓,他们还都是很有力的帮手。可是邓禹就说不能专靠武力,还得注重文教。现在天下太平了,文教和法令就显得特别重要。不过法令只能管理老百姓,要拿法令去约束皇亲国戚,那就难了。比方说,汉光武的大姐湖阳公主就认为法令对她是没有多大用处的。兄弟做了皇帝,不但她可以要怎么着就怎么着,连她的奴仆也是那么横行不法。皇亲国戚、豪门贵族大多住在洛阳,这洛阳令就不好做。那时候,陈留人董宣做洛阳令,他就没法到湖阳公主那儿去逮捕一个杀人的奴仆。要是湖阳公主的奴仆在外边杀了人,就可以不办罪的话,董宣还怎么能治理京师呐? 他就天天等着那个奴仆。有一天,湖阳公主坐着车马出来,跟着她的正是那个奴仆。董宣上去要逮捕。湖阳公主竖起眉毛，沉下脸来，阴森森地说："大胆的洛阳令，你有几个脑袋，敢拦我的车马？"董宣可没被吓倒，他拔出宝剑来往地下一划，当面责备公主不应当放纵奴仆杀人。他很严厉地叫衙役把那个奴仆拖下来，立刻把他杀了。

　　这一下，几乎把湖阳公主气昏了。她立刻赶到宫里，向汉光武哭哭啼啼地诉说董宣怎么欺侮她。汉光武听了，也怪董宣不该冲撞公主。他立刻召董宣进宫，吩咐左右拿着鞭子在湖阳公主面前责打董宣。董宣说："用不着打，让我说完话，我情愿死！"汉光武怒气勃勃地说："你还有什么话！"他说："皇上是中兴之主，一向注重德行。现在皇上让长公主放纵奴仆杀人，还能够治理天下吗？用不着打我，我自杀就是了。"说着，他就挺着脑袋向柱子撞去，撞得头破血流。汉光武叫内侍赶快把他拉住，只吩咐董宣向公主磕个头、赔个错。董宣宁可把自己的头撞破或者让汉光武把他的头砍下来，可是怎么也不肯磕这个头。内侍把他的脑袋摁到地下去，董宣两只手使劲地撑住地，挺着脖子，不让他的头被摁下去。这内侍也真机灵，他明明知道汉光武不能把董宣治罪，可又得给汉光武和湖阳公主下个台阶，就大声地说："回皇上的话，董宣的脖子太硬，摁不下去！"汉光武实在佩服董宣，只好笑了笑，让他去了。

　　湖阳公主对汉光武说："文叔（刘秀，字文叔）做平民的时候，也暗藏过逃亡的和犯死罪的人，官吏不敢上门来搜查。现在文叔做了天子，你的威力反倒对付不了一个小小的洛阳令吗？"汉光武笑着说："就因为我做了天子，不能再像做平民时候那么干了。"他一面劝他姐姐回去，一面称赞董宣，还赏了他三十万钱。董宣把这三十万钱都分给他手下的官吏。从此以后，董宣不怕豪门贵族的威望震动了整个京师。人们都称他为"强项令"（就是硬脖子的县令）。

　　当时执法如山的官吏除了董宣以外，还有一个汝南人郅恽（Zhìyùn），也是个硬汉。绿林和赤眉起兵的时候，郅恽曾经上书给王莽，劝他退位。王莽说他大逆不道，把他下了监狱。可是因为郅恽有点名望，王莽不敢杀害他，就嘱咐内侍去告诉他，说："你只要说自己原来说话有点疯疯癫癫的，你就可以免罪。"郅恽可火儿了。他说："我说的都是明白人的明白话。你们自己发疯，叫我也发疯吗？"后来赶上大赦，他才出了监狱，住在扬州。公元27年（汉光武三年），汉光武的将军傅俊到了那边，因为听到过郅恽的名望，就把他请来，向他求教。郅恽劝告傅俊首先必须整顿军队的纪律。他说："将军的士兵掠夺财物、强奸妇女。他们得罪了活人还不够，还刨坟剥尸得罪死人。这样的军队是上天和百姓都不能容忍的。请将军首先率领士兵把尸首都埋起来，再向受害的百姓赔不是。这样，老百姓一定拥护将军。老百姓拥护将军，就容易打败敌人了。"傅俊听从他的话。果然，一路下去都打胜仗。郅恽帮着傅俊整顿军队以后，还是不愿意在军队里靠打仗立功。他就辞了职，过着教书的生活。后来郡里推荐他当了孝廉，叫他做个管洛阳上东门的小官。

公元37年（汉光武十三年），汉光武忙里偷闲地出去打猎，直到晚上才回来。到了上东门，城门早已关了。士兵们叫管城门的开门。郅恽拒绝了。汉光武亲自到了城下，让郅恽看个明白，吩咐他快开城门。郅恽回答说："夜里看不清楚，不能随便开门。"汉光武碰了钉子，只好绕到东中门进了城。第二天，郅恽上书，说："皇上跑到遥远的山林里去打猎，白天还不够，直到深夜才回来。这么下去，国家社稷怎么办？"汉光武看了奏章，赏他一百匹布，还把那个管东中门的官员降了级。

过了四年（公元41年），汉光武把郭皇后废了，立阴丽华为皇后。当初汉光武曾经说过，"娶妻当娶阴丽华"，为什么后来他立郭道圣为皇后呐？汉光武本来要立阴丽华为皇后，因为那时候阴丽华还没有儿子，郭道圣已经生了个儿子，就是刘疆。阴丽华自愿地把皇后的地位让出来。汉光武这才立郭道圣为皇后，立她儿子刘疆为皇太子。郭道圣是富贵人家出身的，阴丽华是平民出身的。两个人的态度行为大不相同。后来阴丽华也生了个儿子，就是刘阳。汉光武不但喜爱阴丽华，而且特别喜欢小儿子刘阳。更重要的还在于阴家不是大族，她的叔伯辈也没有人做过大官、带过兵，势力不大。因此，他废了郭皇后，立阴丽华为皇后。皇太子刘疆只知道自己很危险，可不知道应该怎么办才好。他向郅恽请教，郅恽就劝他辞去太子的地位，好好地奉养母亲。太子刘疆听了他的话，好几次向汉光武要求辞去太子的名位。过了几年，汉光武才立刘阳为皇太子，改名刘庄，封刘疆为东海王。东海王刘疆真能够听从郅恽的劝告，安安心心地奉养着母亲，总算没出什么事。

汉光武保全了功臣，改立了太子，还优待着东海王刘疆和他母亲，国内没出什么岔儿。中原勉强得到了安定，就不能再让边界上的部族老像以前那样来侵占土地，抢掠居民和财物了。因此，对付匈奴、西域、西南方的事又显得特别重要了。

126 马革裹尸

公元44年（汉光武二十年）秋天，马援从西南方打仗回来，回来的士兵还不到一半，死在战场上的并不多，死在瘴气（就是恶性疟疾）和疫病里的倒占了十分之四五。马援还没进城，朝廷上的文武百官都出来迎接他。

有个平陵人孟冀，是马援的好朋友，他也说了几句庆贺的话。马援对他说："我希望您能够教导我。怎么您也说这一套话呐？从前伏波将军路博德设置了七个郡，才封了几百户；我倒得了这么大的赏赐。功劳小、赏赐大，怎么能够保得住呐？这一点，还得请您指教。"孟冀说："我真笨，还没想到这一层。可是你老人家已经够辛苦了，还是在家里休养休养吧。"马援说："不行！现在匈奴和乌桓还在扰乱，我正要向皇上请求让我去保卫北方。男子汉大丈夫，死也应该死在边疆上，用马革裹着尸首，送回来埋葬，那才像个样儿，怎么能够老呆在家里跟妻子儿女过日子呐？"孟冀非常佩服他能够这么忠心耿耿地去保卫边疆。他说："对！大丈夫就应该这样。"

果然，马援回来仅仅一个多月，匈奴和乌桓接连侵犯着天水、扶风、上党，连关中都起了恐慌。马援要求出去对付他们。汉光武派他去守襄国（县名，在河北省邢台县西南）。匈奴和乌桓跟汉兵接触了一下，逃去了。原来匈奴趁着汉朝国内打仗，顾不到边塞外面的时候，又把西域各国当作自己的属国了。匈奴对待西域各国和汉朝对待他们不一样。汉朝只要他们不来侵犯中原就好了。以前跟他们来往，也是送给他们的东西多，向他们要的东西少。匈奴把西域各国收为属国，除了逼着他们纳税、进贡以外，还老勒索牲口和财物。因此，西域各国一听到中原又统一了，就有车师、鄯善、焉耆等十八个国家的国王打发他们的儿子到洛阳来，请求汉光武收留他们，再派都护去保护西域。汉光武因为中国刚平定下来，北方的部族还老来侵犯，自己没有力量去管西域的事，就送了不少的礼物给那十八个国王，好言好语地劝他们的王子回去。

莎车是跟匈奴联盟的。他一听到汉朝不派都护去，就进攻鄯善和车师，还杀了龟兹（Qiūcí）的国王。鄯善和车师又派他们的儿子到洛阳来伺候汉光武，再一次地请求他派都护去。汉光武还是不答应。他说："我不能派大军去。你们要归附哪一国,东西南北随你们的便。"鄯善和车师这才死了心,只好再去归附匈奴。

没想到匈奴连年遭受了旱灾,蝗虫吃完了牧草,几千里都变成了不毛之地。人和牲口遭到了瘟疫,死了一大半。老单于一死,国内又发生了内乱。乌桓趁着机会,攻打匈奴,把他们大部分赶到几千里以北的地方去。匈奴南边的八个部四五万人公推日逐王为单于。这个南部的单于一心要和汉朝和好,希望汉光武能够像当年汉宣帝那样帮助呼韩邪单于,他自己也称为呼韩邪单于。这个呼韩邪单于派使者来要求汉朝,说他愿意永远做汉朝的屏风,挡住北边的敌人。

汉光武召集了大臣们商议这件事。大臣们都认为天下刚安定下来,中原空虚,不应当答应呼韩邪单于的要求。只有耿国(耿弇的兄弟)主张应当像汉宣帝那样答应呼韩邪单于,可以叫他在东边抵抗鲜卑,在北边抵抗北匈奴,让他做个榜样去结交四边的部族。这么着,边防就更加巩固了。汉光武同意了耿国的话。打这儿起,匈奴就正式分成了南匈奴和北匈奴。

北边安定下来没有多久,南边的一个部族叫"五溪"(现在湖南、贵州交界的地方就是古代五溪的地方),又打到临沅县(属武陵郡,在郎州武陵县)来。公元47年(汉光武二十三年),汉光武派将军刘尚去镇压。刘尚中了诱兵之计,全军覆没。接着又派李嵩和马成两个将军去。这第二次出兵又遭到了失败。中原大军接连两次被五溪族打败,五溪族更加厉害了。汉光武正为了这件事担心着,伏波将军马援要求再到南方去。那时候,马援已经六十二了。汉光武瞧了瞧马援,胡子都白了,怎么能再派他去打仗呐?他挺同情地说:"将军太老了。"可是马援不服老,就在殿外穿上铠甲、跨上战马,雄赳赳地来回跑了一转。汉光武瞧着,叹了一口气,说:"真硬朗,这老人家!"就派他带领着中郎将马武、耿舒(耿弇的兄弟)等和四万人马去攻打五溪。

马援出发的时候,许多朋友出来送他,一直送到郊外。马援捋着银白的长胡须,又是高兴又是难受地对一位老朋友叫杜愔的(愔 yīn)说:"我受了国家深厚的恩典,现在老了,正担心着不能马革裹尸,今天接受了命令往南边去,我就是死了,也可以闭上眼睛了。怕只怕豪门子弟常在皇上左右,可能挑拨离间、搬弄是非,这真叫我心里难受,放心不下。"杜愔只好劝慰他几句,请他爱护身子。马援就这么走了。

马援、马武、耿舒他们到了临乡(在武陵县古城山上),正碰到五溪人进攻县城。汉军跟他们打了一仗,杀了三千多人,五溪人就逃回去了。马援他们要去抄五溪人的老窝。往那边去有两条路可走：一条是通过壶头山的，路近，可是难走；一条是通过充县的，道路平，可是远得多。耿舒主张走充县那一路。马援认为路远多费日子，多消耗粮草，不如走壶头山这一路。马援上了个奏章向汉光武请示。汉光武同意他的看法。他们就向壶头山出发。

没想到汉军到了壶头山，被五溪人围住了。四面山冈上和树林子里全是五溪人。马援他们不能在这种地方打仗，好容易找到了一块比较大的地方，把军队驻扎下来。可是天热、太阳毒，已经有好些士兵中暑死去。马援吩咐士兵分作两队，一队守住营寨，对付五溪人，一队在山崖下凿窑洞，使士兵可以在里面避避热气。他想用这个办法应付一个时期，只要他们到了平地，就可以打败他们了。五溪人一忽儿敲着鼓冲下来，一忽儿打个呼哨跑回去，弄得汉兵没法交战。马援不管太阳多么毒，瘴气怎么厉害，也不管五溪人出来还是回去，他总是跑到外面来回指挥，要不，就踮着脚瞭望着五溪人的动静。他手底下的人瞧见他流着汗，连胡子都湿了，央告他到窑洞里去歇歇。他笑着说："老头儿不大怕热。你们进去吧。"左右被他感动得流下眼泪。

中郎将耿舒原来不主张走壶头山这一路的，现在大军扎在山腰里，打又打不过去，退又退不出来，心里有点怪马援。他就给他哥哥耿弇写了一封信，大意说马援不听他的话，以致大军到了这步田地，死了不少人，实在可惜等等。耿弇把这封信给汉光武看了。汉光武虽然自己曾经批准马援这么办，可是大军失利，只能怪将军，不能怪皇上，他派中郎将梁松到壶头山去责问马援，同时去监督马援的军队。

梁松是个驸马爷，骄傲自大，一向瞧不起马援。马援动身的时候对杜愔说的挑拨离间的豪门子弟，梁松就是其中最主要的一个。原来梁松的父亲是马援的朋友，马援瞧着梁松做了皇上的姑爷，那种少年的骄横劲儿实在叫人看不过去。马援是他的长辈，曾经像老子似的批评过他。他就记下了恨心。这次他奉了命令去责问马援，还去监督他的军队，马援不是犯在他的手里了吗？梁松到了壶头山，马援已经害病死了。"死无对证"更方便，梁松爱怎么说就可以怎么说。

梁松上了个奏章，说马援不但这次犯了错误，而且上次在南方的时候，他拿了无数的珍珠，满载而归。不但梁松这么说，甚至于跟马援在一起的马武也说他确实得到了不少珍宝。汉光武相信了。他立刻废了新息侯的爵位，还要追办马援生前的罪。赶到马援的灵柩运到家里，他妻子不敢报丧，偷偷地埋在城外。马夫人亲自到宫里向汉光武请罪。汉光武把梁松的奏章交给她，让她自己看去。马夫人这才知道丈夫的冤屈。她上书给汉光武替马援申冤，接连上书到第六次，汉光武才答应从宽处理。

原来马援在南方的时候，害了风湿症。据当地的人说，米仁（乳白色，比大米大而圆，中有凹纹）可以去风湿。马援吃了，果然有效验。他回来的时候，就买了不少粒头较大的米仁，装在车上，带回家里来了。梁松、马武可能偷眼见到过这些玩意儿，就当作珍珠看，害得马援革了爵位，坏了名誉，连灵柩都不能够好好地安葬。连以前跟马援要好的朋友和宾客们也没有一个敢上马家去吊孝的。就是有同情马援要说几句公道话的，也只能够在背地里说说。只有一个跟马援同郡的朱勃，他倒不是马援的朋友，也不是他的宾客，他隐居在农村里，可是他代打抱不平，大胆地上了一本替马援申诉冤屈。他说："大将在外边，只要有人在里边说坏话，做君王的就很容易记住他的小过，忘了他的大功。"他接着把马援历来的大功说了一遍。他又说："马援为朝廷出力二十二年了，亲身尝遍了北边冰天雪地和南边毒热瘴气的滋味，末了为国家丧了性命。他得到了什么呐？爵位绝了，名誉完了，家属不敢露面，亲戚朋友都害了怕，尸首没能够好好地下葬。死人不能够替自己辩护，活人不敢替他伸冤。我真觉得痛心。"

汉光武看了朱勃的书信，才允许马家把马援的灵柩运到本乡去安葬，也不再追办马援的罪。可是马援凿窑洞抵制五溪族的办法得到了效果，别人因此立了功。原来五溪人在四面山冈上对抗了几个月，也有中暑死的，也有冒了瘴气害病的，再说粮草也不够了。他们没法再坚持下去，只好下山。下了山，到了平地，他们是打不过汉兵的。这么着，他们只好投降。别人因此立了功，可是马援也正因此受了罪。

127 云台二十八将

南边平定了，南匈奴和好了，北匈奴也派使者要求和亲。这一次，汉光武听了班彪的劝告，答应了。到了公元54年（建武三十年）的时候，国内、国外大体上都还安定。汉光武巡游到东方，大臣们趁着机会打算举行一个歌功颂德的仪式，就联合上书，说："自从皇上即位到今天，整整三十年了。这回巡游到东边，就该上泰山去封禅。"（封禅是古代君王在泰山顶上筑台祭天的一种最隆重的歌功颂德的仪式，据说只有古代圣君才配封禅。）汉光武趁着机会下了一道诏书，说："即位三十年，百姓怨气满腹。我骗谁？骗天吗？从今以后，谁要是从郡县派官吏来向我上寿，称颂虚伪的美德，我一定把这些人罚做奴隶到边界去屯田。"这诏书一下来，大臣们缩着脖子，谁也不敢再提歌功颂德的话，别说封禅了。可是过了两年，驸马爷梁松和别的几个专门奉承皇上的大臣起哄了。他们借着图文，说上天早已注定到了汉光武这一代一定封禅。汉光武要让人家知道他是真命天子，就不管"我骗谁？骗天吗？"的话，到底举行了封禅的仪式，上泰山祭天，下梁父（泰山下的小山名）祭地。

汉光武为了巩固汉朝的政权，尽力提倡文教，争取民心，正像当年尽力于战争一样。就在封禅那一年（公元56年，汉光武即位第三十二年）下半年，一面修建太学，一面注意救济老年人和孤儿。第二年，他已经六十三岁了。他还是每天和大臣们讲解、讨论诗书里的道理，常常到很晚才睡觉。太子刘庄劝告他，说："皇上的英明可以比得上禹王和汤王，可是就没有像黄帝和老子那样修心养神的福气。皇上也得照顾照顾自己的身子啊。"汉光武笑着说："我就因为喜欢这么做，所以一点不觉得疲劳。"他不觉得疲劳可能是事实，可是他一天天地衰老下去也是事实。那年二月里，他害了重病，没有几天就死了。太子刘庄即位，就是汉明帝。

汉明帝即位的时候正好三十岁。他拜高密侯邓禹为太傅，东平王刘苍（汉明帝的兄弟）为骠骑将军。邓禹做了一年太傅死了。骠骑将军刘苍不但本领大、学问好，而且很懂规矩。汉明帝即位以后两三年内，天下太平，国家兴盛，人民得到了休养，乌桓也来访问。西边从武威起，东边到玄菟尽头（玄菟，见本书第81篇），都归向了朝廷，边疆上也很安宁。汉明帝就把边缘地区的屯兵都取消了。他自己用不着操心打仗，这些事都可以交给骠骑将军刘苍去办，他只要提倡文教、尊重老师就能够叫大臣们和老百姓都满意了。这样的天下当然是汉光武给他打下来的，可是他忘不了那些帮助汉室中兴的功臣。为了永远纪念这些功臣，汉明帝就在南宫云台中画上他们的像。当时功劳最大的有二十八个将军，就是所谓"云台二十八将"，再加上王常、李通、窦融、卓茂四个功臣，合成了三十二个功臣，就是：

太傅高密侯邓禹，
大司马广平侯吴汉，
左将军胶东侯贾复，
建威大将军好畤侯耿弇，

执金吾雍奴侯寇恂，
征南大将军舞阳侯岑彭，
征西大将军夏阳侯冯异，
建义大将军鬲侯朱祐（鬲 lì），
征虏将军颍阳侯祭遵，
骠骑大将军栎阳侯景丹，
虎牙大将军安平侯盖延，
卫尉安成侯铫期，
东郡太守东光侯耿纯，
城门校尉朗陵侯臧宫，
捕虏将军扬虚侯马武，
骠骑将军慎侯刘隆，
中山太守全椒侯马成，
河南尹阜成侯王梁，
琅邪太守祝阿侯陈俊，
骠骑大将军参蘧侯杜茂（蘧 qú），
积弩将军昆阳侯傅俊，
左曹合肥侯坚镡，
上谷太守淮阳侯王霸，
信都太守阿陵侯任光，
豫章太守中水侯李忠，
右将军槐里侯万脩，
太常灵寿侯邳彤，
骁骑将军昌成侯刘植，
横野大将军山桑侯王常，
大司空固始侯李通，
大司空安丰侯窦融，
太傅宣德侯卓茂。

  骠骑将军东平王刘苍上了云台，把画像看了又看，想了又想，直纳闷儿。有些人像万脩、刘植他们功劳并不怎么显著，都上了云台，为什么那个平定南北的伏波将军马援反倒比不上他们呐？他怎么也想不出个道理来。他挺随便地向汉明帝问了问："为什么不画上伏波将军？"汉明帝笑了笑，不回答他。他又问："是不是因为他犯了过错，革去了爵位？"汉明帝摇摇头，又笑了笑。东平王刘苍这才明白过来了，可是他仍旧认为这个理由是不充足的。那么，究竟是个什么理由呐？

原来伏波将军马援的女儿就是汉明帝的贵人，这时候已经立为皇后了。汉明帝为了避免外戚的嫌疑，故意不把自己的丈人列在"云台二十八将"里面。马皇后在汉光武的时候就被选入了东宫。那时候她是个小姑娘。她一直伺候着阴皇后，挺招人疼的。汉明帝没即位的时候，已经爱上了她，即位以后，立她为贵人。

公元60年（汉明帝三年），大臣们请立皇后，汉明帝问阴太后，阴太后说："马贵人的品德可以称得起后宫第一。"汉明帝就立她为皇后。因为马皇后自己还没有儿子，汉明帝就立贾氏生的一个皇子为太子，由马皇后抚养。马皇后尽心地教养他，当作亲生的儿子。太子也很懂得孝道，娘儿俩十分亲热。马皇后一辈子也忘不了她父亲被人排挤的教训和她母亲所受的苦处，她做了正宫，更加虚心待人，用功读书。她喜欢读《春秋》和《楚辞》，又喜欢穿粗布衣服，裙子也不绲边。后宫美女朝见马皇后的时候，瞧见她的粗衣服和粗裙子还以为那一定是用一种最讲究的绸缎做的，都走过去仔细瞧瞧。马皇后笑着说："这种衣料很不坏，染上颜色不爱褪。"她这么一说，后宫美女越发尊敬她。她们因为马皇后这么朴素、节俭，谁也不好意思再穿得花里胡哨的了。

汉明帝老看到马皇后研究《易经》、《春秋》、《楚辞》和董仲舒写的书，他要试试她的才能和学识。有时候他故意把大臣的奏章给她看，还问她怎么处理。马皇后还真能够说得有条有理，叫汉明帝没法不佩服她。她可并不干预朝廷上的事，也从来不把自己家的私事去麻烦汉明帝。

阴太后、马皇后都没干预朝政，这是因为一则汉明帝即位的时候已经三十岁了，二则他遵守着汉光武的制度，其中有一项是：后妃的家族不得封侯。外戚没有势力，不致发生太后专权的毛病。甚至馆陶长公主（汉光武的女儿）替她儿子请求让他做个郎官，汉明帝宁可送给他一千万钱，可不答应给他做官。

马皇后虚心待人，后宫上下人等就是有些小过错，她也能够宽容她们。汉明帝的脾气跟她正相反。他喜欢检察别人的行动。他认为能够揭发隐藏的过失，就是精明。大臣们有不对的地方，他就当面责备，甚至于动手打人。有一回，有个名叫药崧（药，姓；崧，名）的郎官一不小心，叫汉明帝挂了火儿。他骂了一顿还不过瘾，就拿起棒儿要揍他。药崧往屋子里跑，汉明帝拿着棒儿在后面追。药崧钻到床底下,汉明帝嚷着说:"你出来不出来?"药崧说:"天子严肃,诸侯恐慌;哪有人君,亲自打郎。"汉明帝听着,挺尴尬,只好笑了笑,扔了棒儿,免了他的罪。

汉明帝对于伺候他的郎官尚且要用棒儿打,那些强横霸道、作恶多端的人,不用说更逃不出他的手掌心。因此那个陷害马援的梁松和他特别接近的宾客们都定了罪,给他治死了。他还注意着楚王刘英(汉明帝的异母兄弟)和广陵王刘荆(汉明帝的亲兄弟)的行动。他的几个弟兄当中,要数东海王刘疆和东平王刘苍最识时务。精明的汉明帝待他们比待谁都好。东海王刘疆才三十四岁就死了。东平王刘苍做了骠骑将军以后,威望越来越高。他觉得地位越高,名望越大,越容易引起猜疑,就连着上书,要求回到封邑去,他还交出了骠骑将军的印。汉明帝答应他回去,可是仍旧把骠骑将军的印交还给他。

东平王刘苍走了以后,大司空安丰侯窦融死了。过了两年(公元64年),皇太后阴丽华也过世了。汉明帝是很爱他母亲的。他再也见不到母亲了,心里好像没有着落似的那么难受,晚上老睡不着觉,睡着了还做梦。有一个晚上,他做了一个很奇怪的梦。没想到汉明帝做个梦,居然会发生很大的影响。说起来,真有些像梦话。

128 取经求佛像

汉明帝梦里看见一个金人,头顶上有一道白光,一闪一闪地在宫殿里摇晃着。汉明帝正要问他是谁,从哪儿来,那个金人忽然升到天空,往西去了。汉明帝不由得吓了一跳,就醒了。擦了擦眼睛一瞧,只见蜡台上的那支蜡烛正像梦里的金人似的,头顶上有一道白光,一闪一闪地摇晃着。他对着蜡烛出了一回神,迷迷糊糊地又睡了。

第二天,他把这个梦告诉了大臣们,大臣们都说不上那个头顶发光的金人是谁,更没法说这个梦是凶是吉。汉明帝说:"听说西域有神称为'佛'。我梦里见到的金人是往西去的,可能就是佛。"博士傅毅说:"皇上说得对! 西方有神称为佛,佛有佛经。从前骠骑将军霍去病攻打匈奴的时候,曾经把休屠王供奉的金人带到长安来。据说那个金人是从天竺传到休屠国的。武帝把金人安置在甘泉宫里。现在经过几次战争，那个金人已经不见了。皇上梦里看见的金人准是天竺来的佛。"这一番话引起了汉明帝的好奇心。他就派郎中蔡愔(yīn)和博士秦景往天竺去求佛经。

天竺也叫身毒（就是现在的印度），是佛教创始人释迦牟尼降生的地方（释迦牟尼生在尼泊尔；现在的尼泊尔和印度在古时候总称为天竺或身毒）。释迦牟尼生在公元前557年（周灵王十五年），是个太子，从小享受荣华富贵，也娶了妻子。可是他同情老百姓，老爱出去看看老百姓过的是什么生活。他看到衰老的和害病的人那种痛苦劲儿已经叫他够难受了，更别提死了人的那种惨劲儿。他觉得人生就是痛苦。既然人生是痛苦，那还不如不生在世上倒好。要是没有"生"，就没有"老"，没有"病"，也没有"死"了。这么说来，人生的痛苦就在这"生"、"老"、"病"、"死"四个字；做了人，谁都逃不了生、老、病、死。他越想越不是味儿，越看到老百姓的痛苦，越不愿意自己在宫里享福。可是有什么方法摆脱人生的痛苦呐？他要找到一个摆脱人生痛苦的方法。只要能够找到这个方法，使天下的人都能够得救，就是舍了命，他也要去找这个方法。

他在十九岁那一年，下了决心，离开了王宫，到山里去静修。他要用他的思想来了解人生的意义。经过十六年深刻的研究，他完成了一套很精细的思想体系，创设了一个宗教，就是佛教，也叫释教。释迦牟尼认为一切行为，有因必有果，所以行善、作恶，都有报应；一切生物，从人类到昆虫，都具有"佛性"，所以做人应当以慈悲为怀，不可杀害一切有生命的东西。他到处宣传佛教的道理，收了许多弟子。当时在天竺有不少宗教专门利用种种幻术愚弄人民。他们曾经采用各种威胁利诱的手段去破坏佛教，可是男男女女相信释迦牟尼的人越来越多，后来连那些反对他的人也有信服他、情愿做他的弟子的。男弟子称为"比邱"，女弟子称为"比邱尼"（"比邱"、"比邱尼"，相当于现在我们所说的"和尚"、"尼姑"）。他们信了教，什么东西都可以抛弃，连头发也都剃光，男的连胡子也不留。为了维持纪律，释迦牟尼首先提出五大戒，就是：一、戒杀害；二、戒偷盗；三、戒奸淫；四、戒撒谎；五、戒喝酒。除了这五大戒以外，还有许多清规戒律。尽管佛教讲的这一套道理，对老百姓来说，至多不过是一种空虚的安慰，但是这些佛教徒的行为跟那些横行霸道、欺压人民的教棍一比，他们简直是圣人，因此得到了老百姓的相信，佛教很快地就传开了。

释迦牟尼传教、讲道继续了四十九年，他死的时候已经八十四岁了。他的大弟子迦叶和阿难等五百多人继承他的事业，还把他生前的教训记载下来，编成了十二部经典。他们抱着释迦牟尼"我不入地狱谁入地狱"的精神，积极传道。佛教就这么慢慢地传到西域。汉武帝的时候，霍去病把休屠国的金人带到长安来并不是欢迎佛教，那只是像掠夺别的珍宝一样，当作战利品掠夺来的。这次汉明帝派蔡愔和秦景到天竺去求佛经跟霍去病掠夺休屠国的金人，完全是两回事。

蔡愔和秦景经过了千山万水，碰到了无数的困难，终于到了天竺国。天竺人听见中国派使者来求佛经，表示欢迎。虽然两国的语言、文字不同，有了翻译官，也凑合着能够彼此了解。蔡愔和秦景在天竺住了一个时期，初步学习了当地的语言、文字。天竺有两位沙门（沙门，就是高级僧人的意思），一个叫摄摩腾、一个叫竺法兰，他们也略略懂得中国的语言、文字。由于他们的帮助，蔡愔和秦景也懂得了一点佛教的道理。他们邀请这两位沙门到中国来，他们也同意了。这么着，蔡愔和秦景带着这两位沙门，一幅佛像和四十二章佛经，回到中国来了。

他们用一匹白马驮着佛经，好容易经过西域，到了洛阳，在东门外的鸿胪寺（招待外国人的宾馆）里受到了招待。蔡愔和秦景朝见汉明帝，呈上佛像和佛经，引见了两位沙门。

汉明帝见了佛像，也记不清梦里看见的是不是他，可是头顶上还真有一圈白光，不是他还有谁呐？他翻了翻佛经，字也不认识，摄摩腾和竺法兰给他讲解了一段，他也听不明白，只好认为佛经的道理奥妙无穷，就莫名其妙地点了点头。他吩咐人修理鸿胪寺，把佛像供在里面，请两位沙门主持。那匹驮佛经的白马也养在里面，鸿胪寺就称为白马寺。

汉明帝听不懂佛经，王公大臣也不相信佛教，到白马寺里去烧香的人并不多。大伙儿只把白马寺里的佛像、佛经和两位沙门当作一种外国传来的玩意儿。谁觉得好玩儿，就去看看；看了就回来，谁也不怎么重视白马寺。只有楚王刘英派使者到洛阳，向两位沙门请教，最好能够把佛法传给他。两个沙门就画了一幅佛像，抄了一章佛经，交给使者，还告诉他怎么样供佛，怎么样礼拜、怎么样祈祷。使者回到楚国，照样说了一遍。楚王刘英就在宫里供着佛像，早晚礼拜，祷告佛祖保佑他，让他一切事情都能够"逢凶化吉、遇难成祥"。他借着信佛的名义，结交方士，制造金龟、玉鹤，刻制图文，作为一种"符命"。

公元70年（汉明帝十三年），有人向汉明帝告发，说楚王刘英跟渔阳人王平、颜忠等私造图文，纠集党徒，自己设置诸侯、王公、将军、二千石（俸禄在二千石粮食的官员），大逆不道，应当处死。汉明帝派人调查以后，认为刘英确实有谋反的情形。他废了刘英的爵位，把他送到丹阳，给他五百户维持生活。刘英到了丹阳，就听到有一个大臣因为把告发刘英谋反的奏章压了几天，被逼自杀。他一想仅仅把告发他的奏章压几天，尚且办了罪，自己再呆下去，也许还得全家灭门呐。他也就自杀了。

汉明帝果然派人专门查办那些跟刘英谋反有嫌疑的人。上上下下，远远近近，牵连在内的人很多。定了死罪或者充军到边界上去的就有一千多；关在监狱里的还有几千人。楚王刘英曾经把天下知名之士编成一本名册，这个名册被查办案子的人搜出来了。他就按照名册把这些人都逮了来。经过一年多的审查，逼死了不少人。后来幸亏出来了一个不怕死的侍御史寒朗，代打抱不平，又由马皇后劝告汉明帝把这些人从宽发落，汉明帝才下了一道诏书，大赦天下。楚王这件案子总算告个段落。

当时一般儒生对于汉明帝把鸿胪寺改为白马寺，供奉佛像，本来都有意见，可是不便反对。以后楚王刘英借着信佛的名义，联络方士，刻制图文，引起了一场风波，一班儒生就趁着机会请汉明帝专门尊重儒家。汉明帝自己并不相信佛教。儒家的学说能够叫贵族子弟和大臣们尊重皇室，不去夺他的皇位，他是愿意尊重儒家的。因此，他尽管取经、求佛像，同时又在南宫创办了一个贵族子弟学校，让外戚郭氏、阴氏、马氏等的子弟学习五经，尤其是《孝经》。以后他到了鲁地，祭祀孔子和他七十二个弟子，亲自上了讲堂，吩咐皇太子和列王讲解经书。

为了楚王刘英的事，仅仅所谓嫌疑犯就杀了几千人，还把全国知名之士逼死了不少，难道不怕各郡县的反对吗？汉明帝敢于这么做是因为他知道这些事情不会引起人民的不满的。他有一套巩固自己政权的办法，那就是采用儒家一贯的主张，实行减租或者免税的办法来换取人民的拥护。公元66年（永平九年，汉明帝即位第九年），曾经下过一道诏书，命令郡国把公田赐给贫民。公元70年（永平十三年，汉明帝即位第十三年），大修水利以后，又下了一道诏书，把临近河渠的下田赐给贫民，不准豪强独占河渠的利益。这些措施对于减轻人民的负担，提高生产，都有帮助，同时，正因为促进了人民的经济发展，朝廷也增加了收入。

为了宣扬文教，尊重儒家，汉明帝特别重视太学。从太学里出来的人才还真不少。东汉有几个很了不起的名士都曾经在太学里念过书。

129 生死朋友

从太学里出来的几个名士当中,最出名的有山阳人范式,南阳人孔嵩,扶风人梁鸿等。

范式在太学里和汝南人张劭最要好。他们半途里离开了太学,各回各的家乡去了。分别那一天,张劭请范式到他家里去。范式核计了一下,说:"后年今天,我去拜访伯母吧。"他们就这么分别了。过了两年,张劭在家里请他母亲准备酒食欢迎范式。他母亲说:"千里迢迢的(山阳,在山东省金乡县西北;汝南,在河南省汝南县东南),说了一句话,哪儿准会来呐?就说来的话,也不一定非今天不可。"张劭说:"巨卿(范式,字巨卿)最讲信用,他说过哪一天就是那一天。"他母亲就杀了一只鸡。鸡还没炖烂,范式到了。他拜见了张劭的母亲以后,两个朋友痛痛快快地喝起酒来。可是范式事情很忙,他是专门为了遵守约会来的。仅仅住了一天,就回去了。

过了一个时候,张劭害了重病。他的两个好朋友郅君章和殷子征天天去看他,还替他请医生、煎药。张劭很感激他们,可是他叹着气,说:"唉!可惜我再也看不到我的生死朋友范巨卿了!"殷子征听了,有点生气。他说:"我和君章尽心竭力地照顾着你,难道算不了生死朋友吗?"张劭流着眼泪,说:"你们两位真是我的好朋友,可是只能算是我生前的朋友。山阳范巨卿不但是我生前的朋友,而且是我死后的朋友啊!"郅君章和殷子征没见过范式,还不知道生死朋友是怎么样的一个人。过了几天,张劭死了。这两位朋友还给他送殡,把灵柩厝(cuò)在山下。赶到做好了坟,择个日子,正式安葬那一天,说来可真新鲜,据说,正要进穴的时候,那口棺材忽然重得没法抬。他们只好把棺材搁在外面,再想办法。

那时候,范式已经做了官了。有一天,有人从汝南来,说张劭死了。范式愣了半天,还不敢相信。当天晚上,他做了一个梦。梦里瞧见张劭挺伤心地告诉他,说他哪一天死,哪一天安葬。还说:"要是你没忘了咱们的情义,你能不能来替我安葬?"范式还没回答,就哭醒了。第二天他向太守说明了情况,请求告假到汝南去一趟。那个太守倒也表同情,挺痛快地答应了。范式穿着孝,赶着一辆送殡的车马,到了汝南。张家的人陪他到坟地去。张劭的母亲远远地瞧见了一辆车马,就拍着棺材,说:"劭儿,你的生死朋友来了!"大伙儿还不大相信。一会儿车马一到,下来的果然是范式。范式到了灵前,祝祷着说:"元伯(张劭,字元伯),你去吧! 生和死是两条路,咱们从此永别了!"旁边的人听了,都掉眼泪。范式扶着灵柩,送进了穴。等到坟做好了,他在坟地上栽了树,又对张劭的母亲安慰了一番,就回去了。

后来范式又到洛阳进了太学。太学里同学很多,也有认识的,也有不认识的。其中有个长沙人陈平子,他知道范式是个义士,可是没有机会跟他见面。他单方面地把范式当作生死朋友。后来他害了重病,嘱咐他妻子把灵柩运回本乡。他妻子流着眼泪,说:"长沙离这儿这么远,叫我怎么办?"陈平子说:"我听说山阳范巨卿是个谁都比不上的义士,除了他以外,我还能去托谁呐?"他挣扎着写了一封信,说:"我在京师得了重病,自己知道难免一死。可是妻子软弱,儿子年幼,他们是不能把我的灵柩运到本乡去的。我素来听到义士的大名,这会儿我实在没有办法,只好冒昧地向您请求。如果我能够葬在本乡,我在地下一定忘不了您的大恩。"他写到这儿,笔还捏着,人已经断了气了。他妻子先把尸首落了棺材,然后派人把那封信送给范式。

范式见了那封信,立刻跑到陈平子那里,替他妻子安排运送灵柩的事。他亲自把那灵柩送到长沙。范式不愿意让别人知道这件事,到了一个村子,离陈平子家只有四五里地了,他把那封信又念了一遍,放在灵柩上,就跟他那个没见过面的朋友告别了。陈平子的哥哥和兄弟一听到范式运送灵柩的事,都来找他,可是他早已回到京师去了。这么一个大恩人,他们没能够见到,心里非常难受。这件事很快就传开了。长沙的官吏向上司报告,上司又向朝廷上了奏章。皇上下了诏书,吩咐他去做荆州刺史。范式还想推辞,可是命令接连下来催他上任去。范式只好动身往荆州去。

他到任以后,就到各地去视察。他到了新野县,县官到城外来迎接。范式瞧见有个当差的小卒子,非常面熟。走过去仔细一看,原来是他的老同学孔嵩。范式立刻拉住他的手,说:"你不是仲山(孔嵩,字仲山)吗?"孔嵩是南阳人,曾经和范式在太学里同过学,因为家里穷,母亲又年老,他就隐姓埋名,在新野县做个干杂差的小卒子。这会儿范式叫了他的名字,他不好再隐瞒了。范式叹息着说:"我们是要好的同学。我一向钦佩你的学问、品格,没想到你竟会在这儿当小卒子。这实在太可惜了。"孔嵩笑着说:"贫贱是读书人的本分,有什么可惜的?"范式就叫县官派别人代替孔嵩。孔嵩说:"差事未了,我不能撂下不管。"他还是继续干他的差使。

范式上了奏章,推荐孔嵩。没有多少日子,命令下来召孔嵩上京师去。孔嵩离开了新野县。第二天,过夜的时候,他的马给人家偷去了。那几个偷马的一听到那匹马是孔嵩的,就互相责备着说:"孔仲山是南阳的好人,咱们怎么能偷他的马呐?"他们连忙把马还送给孔嵩,向他赔不是。后来范式升为庐江太守,孔嵩也升为南海太守。他们做了几年太守以后,当地的老百姓怎么也不肯让他们再到别的地方去。

山阳人范式和南阳人孔嵩不愿意自己出名,可是他们到底还做了官。扶风人梁鸿的清高劲儿差不多跟那个钓鱼的严子陵有点相像。他年轻的时候在太学里研究儒家的经典著作,很有学问。因为穷,专门念书不能过生活,他就去帮工。他曾经在洛阳替人家看猪,也做过雇农。就这么一边干活,一边读书,直到完成了学业,然后回到扶风本乡。本乡的人知道他品格高、学问好,这次又从京师游学回来,都很尊敬他。可是他一点没有太学生的架子,他像农民一样地亲自下地,干着庄稼活儿。大伙儿把他当作一个了不起的人物看待。有人说他本领大,有人说他义气好,有人说他是农民的老师,有人说他要做官的话,早已做上大官了。几年下来,本县的人都知道梁鸿是个有学问的种地人。这么一个有名望的壮年人可还没娶媳妇儿。当地就有不少人到他家里去说亲,愿意把自己的女儿嫁给他。梁鸿一个一个地拒绝了。

县里有个孟大爷,很有钱。他什么都满意,就是他女儿不肯出嫁。门当户对的人家来做媒,她不要;年轻的小白脸来求爱,她不理。她父亲对她说:"这个不要,那个不理,自己已经快三十了,你到底为着什么呐?"他女儿说:"要我嫁人,除非替我找个像梁伯鸾(梁鸿,字伯鸾)那样的女婿,才有商量。"她爹娘听了这话,就托人向梁鸿去传达他女儿的心意。梁鸿听了,觉得有这么一个知心人,也够造化的了。他就挽人去求亲。女家当然答应。

孟小姐连忙准备着自己的嫁妆。爹娘替她准备的嫁妆,她一概不要。她做了几套粗布的衣服,几双麻布鞋。这还不算,她又准备了一些筐子、篮子和纺线、织布用的玩意儿。到了结婚那一天,她母亲和几个长辈的亲戚替她梳妆。她只好让她们打扮成一个新娘子。

结婚以后,一连七天,梁鸿不说话。新娘猜不透他犯的是什么怪脾气。她只好向梁鸿行个礼,说:"听说夫子品格高尚,挑选配偶极其慎重;我虽然长得丑陋,也谢绝了好几家。你我情投意合,做了夫妻。想不

孟光每次总是把盘子托得跟眉毛平齐,表示对丈夫的礼貌。

到七天来，夫子似乎很不乐意。我不得不冒昧请罪，还望夫子赐教。"梁鸿不便再不开口了，他说："我原来希望得到一个艰苦朴素的妇女，能够跟我一块儿种庄稼，过着隐居生活。现在看到夫人穿的是绫罗绸缎，戴的是金银珠宝，那我怎么配得上呐？因此，不敢亲近。"新娘说："夫子愿意这么生活，我早已作了准备。您何必为了这个操心呐？"说着，她就退到内室，摘去首饰，换上一套粗布衣服，拿着一只筐子出来了。梁鸿见了，这份高兴就别提了。他说："这才是我的好妻子！"他给她起了个名字叫孟光。

梁鸿和孟光挺快乐地同居了好几个月。可是扶风并不是深山，这儿的生活也不像是隐居。孟光问："夫子为什么不作隐居的打算？老住在这儿不怕别人推荐吗？"梁鸿说："我正想搬个地方。咱们明天就走吧。"

他们离开了本乡，搬到霸陵山中。两口子靠着种地和织布过日子，一空下来就看看书、写写文章、弹弹琴。没想到这么生活下去，梁鸿和孟光慢慢地又在霸陵出了名。他们就更名改姓，在齐、鲁一带住了一个时期。他们不愿意长住在一个地方，一会儿搬到这儿，一会儿又搬到那儿。他们尽管不愿意让人家知道，人家还是知道他们的。末了，他们搬到了吴中，故意投奔到富翁皋伯通的家里，向他借了一间屋子，受他的保护。

梁鸿天天出去给人家舂米，或者种地，或者干点别的工作。他每天回家，孟光早已把吃的准备好了。她托着盘子挺恭敬地交给梁鸿。她每次总是把盘子托得跟眉毛平齐，表示对丈夫的礼貌。这种动作就是所谓"举案齐眉"（案，指食盘）。梁鸿也总是挺客气地把盘子接过去。两口子吃饭，还这么讲究礼貌。天天这个样子，有时候免不了给别人瞧见。皋伯通知道了，不由得纳起闷来了。他想："一个佣工家居然像读书人那样讲究礼貌，夫妇相敬如宾。他一定不是个平常的庄稼人。"皋伯通就请梁鸿一家跟他住在一块儿，供给他们吃的、穿的，让梁鸿安心读书、写文章。这时候，梁鸿年纪也大了，正想专心著作。他就接受了朋友的好意，天天写点东西，一共写了十多篇书。直到他害了重病，才把自己的真姓名告诉了皋伯通，还托他就近找块坟地。梁鸿死了以后，就葬在吴中。孟光谢过了皋伯通，带着儿子回到扶风老家去了。

范式、孔嵩、梁鸿他们都是太学里出来、以清高出名的。他们喜欢读书、写文章。可是在汉明帝时代，还有个书香子弟，他居然抛了书本、扔了笔杆，那才有意思呐。

130 投笔从戎

那个抛了书本、扔了笔杆的书香子弟叫班超。他是班彪的儿子,班固的兄弟。班彪离开了隗嚣,跟窦融在一起(见本书第122篇)。后来汉光武请他做文官,整理历史。他死了以后,汉明帝叫他的儿子班固做兰台令史,编辑历史书籍。班固的兄弟班超跟着他哥哥到了京师,帮着他做抄写工作。没多久,他也做了兰台令史。哥儿俩都像他们父亲那样很有学问,可是性情不一样。班固喜欢研究九流百家的学说,专心致志地编写历史。班超呐,他不愿意自己老趴在案头上写东西,眼看匈奴和西域不断地侵犯着边疆。他一听到好几个西域国家帮着匈奴掠夺边界上的居民和牲口,就扔了笔杆,挺气愤地说:"大丈夫应当像傅介子、张骞那样到塞外去立功,怎么能老闷在书斋里写文章呐?"他准备扔了笔杆去投军(文言叫"投笔从戎";"从戎",就是从军)。

那时候显亲侯窦固(窦融的侄子,汉光武的女婿)执掌着兵权。为了抵抗匈奴,他曾经出过几次兵。他要采用汉武帝的办法,先去联络西域,斩断匈奴的右胳膊,再去对付匈奴。公元74年(永平十七年),他派班超为使者去通西域。班超带着随从的人和礼物到了鄯善。鄯善王虽然归附了匈奴,向匈奴纳税、进贡,可是因为匈奴还要勒索财物,他也不大满意。因为汉朝这几十年来顾不到西域这一边,他只好像西域别的国王一样勉强听着匈奴的命令。这次汉朝又派使者来,他愿意脱离匈奴结交汉朝。班超住了几天,正打算再往西到别的国家去,忽然觉得鄯善王对待他们不像前几天那么殷勤,供给他们的酒食也不那么丰富。班超起了疑。这里面准有鬼。

他跟随从的人员说:"鄯善王对待咱们跟前几天不一样。你们看得出来吗?"他们说:"可不是吗? 我们也觉得有点两样,可不知道为什么。"班超说:"我猜想一定是因为匈奴的使者到了。鄯善王怕得罪匈奴,才故意对咱们冷淡起来。我真想不出还有什么别的原因。"话虽如此,这究竟是一种推想。刚巧鄯善王的底下人送酒食来。班超装作挺有把握地问他,说:"匈奴的使者已经来了几天了? 住在什么地方?"鄯善王原来瞒着班超,正跟匈奴的使者打着交道呐。那个底下人给班超这么一诈,还以为他早已知道了,就老老实实地说:"来了三天了。他们住的地方离这儿有三十里地。"

班超把那个人扣留着,不让他去透露风声。他召集了所有三十六个随从的人,一块儿喝起酒来。

大伙儿正在兴高采烈的时候,班超站起来,对他们说:"你们跟我到了西域,原来是为了立功来的。万没想到匈奴的使者到这儿才几天,鄯善王就对咱们不怎么客气了。要是他看咱们人数少,把咱们抓起来,送给匈奴,他向单于立了功,咱们连尸骨都不能还乡了。你们大伙儿看该怎么办?"他们说:"我们逃也逃不了啦。是死是活,全听您的!"班超说:"大丈夫不跑到老虎洞里去,怎么逮得着虎崽子呐(崽 zǎi。文言作"不入虎穴,焉得虎子")? 现在只有一个办法最好:趁着黑夜,到匈奴的帐篷周围,一面放火,一面进攻。他们不知道咱们有多少兵马,一定着慌。只要杀了匈奴的使者,鄯善王胆就大了,这样,他才敢抵抗匈奴。大丈夫立大功,称英雄,在此一举了。"他们都说:"好! 就这么拼一拼吧!"

一切都准备好。到了半夜里,班超率领着三十六个壮士向匈奴的帐篷那边偷袭过去。那天晚上正赶上刮大风,班超吩咐十个壮士拿着鼓躲在匈奴的帐篷后面,二十个壮士埋伏在帐篷前面,自己跟其余的六个人顺着风向放火。火一烧起来,十个人同时擂鼓、呐喊,其余的人大喊大叫地杀进帐篷里去。匈奴从梦里吓醒,急得走投无路。班超打头冲进帐篷,手起刀落,一下子砍死了三个匈奴兵。其余的壮士跟着班超进了帐篷,杀了匈奴的使者和三十多个随从的人。他们割下使者的脑袋,跑到外边,立刻把所有的帐篷都烧了。那些没逃出来的匈奴兵有给烧死的,有逃了的。班超他们回到自己的营里,天刚刚发白。

班超请鄯善王过来。他一瞧见匈奴使者的人头,又是高兴又是怕。班超对他说:"从今以后,只要你一心一意抵抗匈奴,匈奴就不敢再来侵犯你们。"鄯善王慌忙趴在地下,磕着头说:"愿意听从汉天子的命令。"班超扶他起来,好言好语地安慰了他一番。鄯善王为了表示真心交好,就叫他儿子跟着班超到洛阳去伺候汉朝的天子。

班超回去向窦固报告联络鄯善的经过。窦固很高兴地向汉明帝奏明班超的功劳。汉明帝再派班超去通于阗(阗 tián,也写做寘)。叫他多带些兵马去。班超说:"于阗地方大,路又远。宣扬威德不在人多,主要是帮助当地的人民抵抗匈奴。要是出了岔子,就是多带几千个士兵去,也不顶事,而且反倒多了累赘。还不如仍旧带着原来的三十六个壮士去。只要随机应变,也就够了。"汉明帝觉得既然派他到西域去宣扬威德,就叫他多带些礼物去。

班超带着原班人马,走了好多日子,才到了于阗。于阗王已经知道了班超的厉害。他在鄯善杀了匈奴的使者，鄯善王还把他儿子送到中原去做抵押，这些事情他都听到了。因此，他只好接见班超他们。可是于阗也算是西域的一个大国，班超的人马又不多，于阗王在接见班超的时候并不怎么热心。班超要他脱离匈奴，联络汉朝。他也知道老百姓是一向反对匈奴的侵略的，可是他仗着匈奴，可以压制自己的老百姓，匈奴对他也没有什么大害处。因此一时决定不下。他叫巫人去向大神请示。巫人就作起法来，他假装大神，开口说："你为什么要去结交汉朝？汉朝使者的那匹马倒还不错，可以拿来祭我。"于阗王就派人向班超请求把那匹马送给他。班超知道那个巫人捣的是什么鬼，就说："可以。叫巫人亲自来取。"那巫人得意洋洋地到了班超那儿向他要马。班超也不跟他说话，立刻拔出刀来，把他杀了。他提着巫人的脑袋去见于阗王，对他说："这个人头正跟匈奴使者的人头一样。你结交汉朝，就有好处；你要是再勾结匈奴，这人头就是个榜样。两条路，你自己挑吧！你为什么不去打听打听鄯善王是怎么送他儿子到汉朝去的？"

于阗王瞧见了那个人头，已经愣住了，再给班超这么大胆地一说，不由得软了半截。他说："愿意归向汉朝。"他就暗地里发兵，杀了匈奴的将官，把他的人头献给班超。班超这才把随身带来的礼物送了不少给于阗王和他手下的大官。他们得到了金、银、绸缎和布帛，都很高兴。于阗王也像鄯善王那样派他的儿子到汉朝去做抵押。于阗、鄯善是南路主要的国家。他们结交了汉朝，别的国家大多也都跟着过来了。北面的龟兹和疏勒还站在匈奴那一边。这是因为那个龟兹王是匈奴立的，他还仗着匈奴的威力，占据着天山北道，进攻疏勒，杀了疏勒王，立龟兹人兜题为疏勒王。疏勒在于阗的西北，班超联络了于阗，打算再去收服疏勒。他了解了这些情况，就断定疏勒人决不会甘心情愿地让别国的人做他们的王的。他派手下的田虑到疏勒去，告诉他怎么样去对付兜题。

田虑带着十几个壮士到了疏勒，见了兜题，劝他结交汉朝。兜题不敢得罪汉朝的使者，可是也不愿意结交汉朝。田虑见兜题左右只有几个卫士，就出来吩咐那十几个壮士怎么下手。他们突然冲进帐篷，拖倒兜题，把他绑上。那几个卫士愣了一下，都逃散了。班超早已料到疏勒人是不会帮助兜题的。果然，大伙儿装聋作哑地都躲开了。田虑把兜题拖到外边，班超也正好赶到。他召集了疏勒的官员和老百姓，对他们说："龟兹杀了你们的国王，你们怎么不替他报仇，反倒投降敌人呐？"他们说："我们没有力量，自己正恨着自己呐。"班超说："我是汉朝的使者，愿意帮你们主持公道。你们可以立自己的国王。"他们就立原来的王子为国王，还要求班超把兜题处

那巫人得意洋洋地到了班超那儿向他要马。班超也不跟他说话,立刻拔出刀来,把他杀了。

死。班超说:"杀了他有什么用处? 不如把他放回去,也好叫龟兹知道汉天子是不愿意随便杀人的。"

班超盼咐手下人把兜题松了绑,叫他回去告诉龟兹王不要反对汉朝。兜题连连磕头,说:"我一定劝告我们的大王不再反对。"他向大伙儿拜了几拜,回到龟兹去了。疏勒赶走了敌人,有了自己的国王,都欢天喜地谢过班超,还请他住在那儿,免得龟兹再去欺负他们。班超把这件事的经过,派人去向窦固报告。窦固派使者去告诉班超暂时留在疏勒。

西域各国跟汉朝不相往来已经有六十五年了。到了这时候(公元74年,汉明帝十七年),恢复了张骞那时候的局面,彼此又都有使者来往。可是北路的车师接近匈奴,还帮着匈奴跟汉朝作对。汉明帝就派窦固去对付车师。

131 威 震 西 域

窦固带领将士们从敦煌出发,到了车师,联络了车师前王和车师后王。窦固上了个奏章,请汉明帝再在西域设置都护。汉明帝就派陈睦为西域都护,耿恭(耿况的孙子)、关宠为校尉,让他们带着一些兵马分别驻扎在车师后王部和车师前王部。窦固带着其余的兵马回到京师。

窦固回去还没有几个月工夫,北匈奴单于派了大将率领两万骑兵进攻车师,杀了车师后王。校尉耿恭招募了几千人马,打了一仗,杀了几千个匈奴兵。究竟因为人马太少,不能打退匈奴,他就守住城,不再出去。匈奴虽然还有一万多兵马,可是没法把那个城打下来。匈奴的大将也真厉害,他把城外的水道全堵死,不让有一滴水流到城里去。耿恭的士兵果然起了恐慌。耿恭叫士兵们打井,可是打了十五丈深,还没有水。他们渴得实在没有办法,只好喝马尿。后来连马尿也没有,他们就把马粪榨出汁来,作为饮料。耿恭叫士兵们继续往下挖,他自己也像小卒子一样拿着筐子不停地搬土。士兵们一见他们的大将亲自动手,都顿起精神,一定要挖出水来。挖啊,挖啊,挖到一个地层,忽然哗哗哗地涌出泉水来了。全军高兴得连连高呼"万岁"。

耿恭对士兵们说:"先不要把水喝了。只要咱们再熬一下,匈奴就会退去。"士兵们就都咬着牙,有水也不喝。耿恭命令士兵把水一桶一桶地运到城头上,大声嚷着对城下的匈奴兵说:"大汉的将士有大神保护。你们堵了水道，我们是渴不死的。"说着，他们就把水一桶一桶地往城下直倒。匈奴的将士们见了，耸着肩膀，瞪着眼睛，吐着舌头，说不出话来。过了一会儿，他们突然都上了马，拼命地往北边逃去了。

耿恭虽然渡过了这一次的难关，可是要守住西域，抵抗匈奴，靠他这一点兵力是不够的。果然，就在那一年（公元75年）下半年，匈奴兵马一到，焉耆王和龟兹王都反悔了。他们跟着北匈奴杀了西域都护陈睦。北匈奴进攻校尉关宠。接着车师王也反悔了，跟北匈奴联合起来攻打校尉耿恭。关宠上书向汉明帝求救，不料汉明帝已经死了，太子刚即位，就是汉章帝。中国有了大丧，汉章帝才十八岁，大臣们大多不主张发兵去救。司徒鲍昱（司隶鲍宣的孙子；昱 yù）认为应当发兵去救。他说："驻扎在西域的将士是朝廷派去的。他们有了急难，就把他们扔了，将来匈奴再打过来，谁还肯出去抵抗呐？再说驻扎在西域的兵马才几千，他们抵抗了这么多日子，可见匈奴的兵力并不怎么强。只要吩咐酒泉和敦煌两个太守各发两千精兵去帮助关宠、耿恭，他们就可以对付匈奴了。"

汉章帝听了司徒鲍昱的话，拜酒泉太守段彭为大将军去援助关宠和耿恭。段彭调了张掖、酒泉、敦煌三郡的人马和鄯善的骑兵，一共七千多人，日夜赶路往车师那边去。可是因为路远，一时不能赶到。耿恭那一边抵抗了好几个月，虽然守住了城，可是粮食已经完了。他们宰一匹马，挨几天，后来弄得可以吃的东西都吃完了，耿恭还鼓励着士兵说："上次没有水喝，到底给咱们挖出水来了。咱们得坚持下去！"他们就把皮铠甲、弓弦、皮靴等煮成羹汤，凑合着过日子。北单于知道汉兵不能再挨下去，就派使者去对耿恭说："要是肯投降，单于就封将军为王，愿意把自己的女儿嫁给将军。"耿恭不理他。那个使者指手画脚地吓唬他，说，要是不投降，命就难保了。耿恭就把他砍了，把人头挂在城门楼子上。北单于挂了火儿，吩咐将士们加紧攻打。耿恭他们正在万分危急的时候，段彭的救兵到了。

段彭的七千多精兵到了车师，连着打了胜仗。他们把敌人杀了三千八百多，活捉了三千。北匈奴吓得逃了回去。车师不能抵抗，投降了。段彭救出了关宠，可是没有几天工夫，关宠害病死了。耿恭这一边的人已经不多，他让当地的士兵都回家去，自己只带着二十六个汉兵回来。沿路又死了一半人马，赶到耿恭他们到了玉门关，一共只有十三个人。把守玉门关的是中郎将郑众。他一见耿恭他们，就请他们休息几天，然后回到洛阳去。他上了个奏章，说耿恭那样的人只有苏武比得上他。司徒鲍昱也这么说。汉章帝就拜耿恭为骑都尉，同他回来的人也都分别升了官职。

汉章帝因为国内有饥荒，不愿意在边塞外驻扎军队。他下了一道诏书，吩咐驻扎在西域的兵马都撤回来。那时候，班超还留在疏勒。他接到了诏书，也只好准备动身。疏勒国的官员和百姓一听到班超要离开他们，急得好像大祸临头似的。有一位疏勒国的将军流着眼泪说："汉朝扔了我们，我们一定又会给龟兹灭了的。我与其到了那时候再死，不如今天死了吧。"说着他就自杀了。班超见了，心里像刀子扎似的那么难受。可是皇上叫他回去，他不能不依。

班超往南走，回到于阗。于阗国王侯以下听到班超要回到中原去，全都哭了。他们出来，拦住班超的马，抱着马腿不放。班超不好意思马上就走，同意再住几天。他上书给汉章帝，说西域各国因为受不了匈奴的虐待，把汉朝的天子当作救星；现在天子叫使者回去，他们失去了依靠，只好再去投降匈奴；他们一投降匈奴，就得跟着单于来侵犯汉朝的边疆。汉章帝还算有见识，收回了成命，让班超他们继续留在西域。

班超回到疏勒的时候，疏勒已经有两个城投降了龟兹，跟尉头国（在疏勒南边）联合起来反抗疏勒王。班超帮着疏勒王打败尉头，杀了七百多人，收复了那两个城。疏勒又安定下来。

公元78年（汉章帝三年），班超招集了疏勒、康居（不属西域都护管辖范围）、于阗、拘弥（西域国名，也写作扜弥，在于阗东边，在新疆于阗县）四国的兵马一共一万多人，攻打姑墨（在龟兹西边，于阗北边，在现在新疆拜城县地方），杀了七百多人，打破了石城。他打算趁着打胜仗的威力去联络西域，就又上书给汉章帝，大意说：

> 我们的士兵愿意像张骞、谷吉（谷吉，见本书第104篇）那样不顾自己的生死，为国家宣扬威德。从前的大臣们都说结交西域三十六国就是斩断匈奴的右臂。现在西域各国主要的只有龟兹横行霸道。我和部属三十六人奉了命令出使西域，到今天已经五年了。我们曾经到过不少地方。当地的人都说他们依靠汉朝像依靠天一样。从这一点看来，龟兹是可以对付的。最好皇上把以前龟兹送来作为抵押的那个王子立为龟兹王，发几百个步兵送他回国。我们在这儿约会各国发兵打过去，一定能够逮住那个横行霸道的龟兹王。莎车、疏勒土地广大、草木茂盛，粮食可以自给自足。不用我们的兵马，不费我们的粮食。只要领导他们，他们就能够抵抗。再说姑墨、温宿（温宿，西域国名）两个国王都是龟兹立的。他们都不是本国人，仗着龟兹的势力，欺压别国的人民。那两个国家的大臣和人民恨不得赶走他

们。因此，我们进去，他们必然欢迎。姑墨、温宿拉过来，龟兹就再没法抵抗了。西域一平定，匈奴不敢再来侵犯，天下人都高兴，皇上就能安享太平。

汉章帝知道班超能够成功，就叫大臣们商议出兵。正好平陵人徐干跟班超志同道合，自愿出去帮助班超。汉章帝就派他带着一千多人走南路往西出发。班超得到了徐干的帮助，还不敢轻易去打龟兹。他想法子去结交乌孙国。乌孙国还真打发使者到长安来访问。汉章帝很高兴。他派卫侯李邑护送乌孙的使者回国，还带了不少绸缎、布帛去送给乌孙的两个国王大昆弥和小昆弥（乌孙国王分为大小昆弥；见本书第 102 篇）。李邑是个胆小鬼，他从天山南路出发，到了于阗，一听到龟兹进攻疏勒的信儿，就害怕了。他害怕路上出事，不敢再往前走。

李邑留在于阗，耍了一个花招。他上书给汉章帝，说："西域是没法联络的；班超陪着妻子、抱着孩子，只知道在外边享福，不愿意回到中原来。他的话不能听，我们到不了乌孙，还不如早点回来吧。"班超知道了李邑从中捣鬼，不由得叹着气说："我不是曾参，给人家说了坏话，恐怕难免见疑。"他上书给汉章帝说明他的苦衷。汉章帝知道班超的忠诚，就下了一道诏书，挺严厉地责备李邑，说："就说班超陪着妻子、抱着孩子，不想回来，难道跟他在一起的一千多人都不想回家吗？你应当到他的地方去，受他的节制，听他的吩咐。"他又下了一道诏书给班超，说："李邑到了你那边，你可以留下他。你叫他干什么就干什么。"

李邑接到了诏书，只好硬着头皮到疏勒去见班超。班超不露声色，好好地招待着李邑。他另外派人护送乌孙的使者回去，还劝乌孙王打发自己的儿子上洛阳去伺候汉章帝。乌孙王听从班超的劝告，派他儿子跟着汉朝的使者到了班超那儿。班超准备派李邑带着乌孙王子回到洛阳去。徐干对班超说："上次李邑毁谤将军，要破坏将军的功劳。这会儿正可以依照诏书把他扣在这儿，另外派人护送乌孙王子到京师去，将军怎么反倒放他回去呐？"班超说："哎，那就太小气了。我正因为李邑曾经给我说过坏话，所以让他回去。只要一心为朝廷出力，就不怕人说坏话。如果为了自己一时的痛快，公报私仇，把他留在这儿，那就算不了忠臣了。"

李邑知道了这件事，十分惭愧，不由得打心眼里感激班超。他回到洛阳，再也不敢说他坏了。汉章帝见了乌孙王送他的儿子来，更加信任班超，又派了一位将军带领着八百精兵去帮助他。班超征发疏勒、于阗的人马，又联络月氏、康居，用计策打败莎车和龟兹的五万多人马。经过这一次的大战,班超的威名震动了西域,连北匈奴也不敢再来侵犯边界了。再说那时候,北匈奴内部不和,四面又都有敌人。南匈奴打它的前面,丁零打它的后面,鲜卑打它的左边,西域各国打它的右边。北匈奴往东北逃去,又被鲜卑打得一败涂地,连单于都给杀了。这么着,原来附属于北匈奴的五十八部,大约二十万人口,八千精兵,分别到云中、五原、朔方、北地投靠了汉朝。

汉章帝信任班超,联络了西域,十分高兴。可是他在班超打胜仗的第二年(公元88年),害病死了(窦固也在这一年死了)。他做了十三年皇帝,死的时候才三十一岁。太子即位,就是汉和帝,尊汉章帝的皇后窦氏(大司马窦融的曾孙女儿)为皇太后。汉和帝不是窦太后生的,他母亲梁贵人还是被窦太后害死的呐。汉和帝即位的时候才十岁,窦太后替他临朝。因为儿子不是自己生的,她只能依靠自己的一家。窦太后的哥哥窦宪执掌大权。汉朝外戚的势力又强大起来了。从汉章帝起,东汉的皇帝大多命不长,新即位的多半都是小孩子。这样,太后临朝,太后家执掌大权,差不多成了东汉的一种传统了。

132 宦官灭外戚

皇太后的哥哥窦宪,身材不高,可是脸大脖子粗,长得十分威武,光是颧骨底下的那一条横肉就显得他能掌大权。那条横肉能够上下抖动,横肉一抖动,谁见了都害怕。他执掌大权以后,第一件大事就把禁止私人煮盐和冶铁的法令废了。汉武帝费了很大的力气把煮盐和冶铁的利益从豪强手里夺过来,加强了朝廷的集中统治。这会儿,窦太后临朝,为了要得到国内大族和财主们的支持,就把盐铁的利益让给他们。窦家的政权居然拿稳了。窦宪的几个兄弟都做了大官。窦家一门的威风谁都比不上,窦宪的胆子也越来越大了。他还怕谁呐? 连皇室都乡侯刘畅也给他杀了。刘畅是汉和帝的伯父,刘缤(汉光武的哥哥)的孙子。他为了汉章帝的丧事,到京师来吊孝。窦太后好几次召他进宫。窦宪害怕窦太后重用刘畅,分了他的大权,就派刺客把他暗杀了。窦太后一听到大伯子被人杀害,就吩咐窦宪去捉拿凶手,追查主使的人。窦宪把杀人的大罪推在刘畅的兄弟刘刚身上,说他们弟兄不和,自相残杀。窦太后相信了。因为刘刚的封地是在青州,她就吩咐御史和青州刺史去查办刘刚。尚书韩棱上书给窦太后，说都乡侯在京师遇害，刘刚远在青州，应该先在京师捉拿凶手，才是正理。近在眼前的不追究，反倒跑到外地去查问，恐怕给奸臣暗笑。窦宪料到韩棱已经疑心到自己身上，就立刻请窦太后责备韩棱。韩棱虽然受到了责备，还是坚持他的意见。汉和帝这一朝的世族和外戚就这么成了冤家。

三公（东汉以太尉、司徒、司空为三公，名义上是朝廷上地位最高的大臣）之中太尉何敞准备亲自出马，司徒、司空倒也同意，他们派人跟着何敞一块儿去调查这件案子。调查下来，水落石出，窦宪没法抵赖，他害怕保不住命。正好南单于上书，说是因为北匈奴遭到了饥荒又发生内乱，请汉朝发兵去平定。窦宪就借着这个机会，要求窦太后让他去打匈奴，算是赎他的死罪。虽然也有人出来反对，窦宪究竟是窦太后的亲哥哥，她居然同意了，还拜他为车骑将军，发兵北伐。这么一来，窦宪又抖起来了。他一面叫他兄弟替他在洛阳大兴土木，盖造将军府；一面派人拿着书信给尚书仆射郅寿（郅恽的儿子），嘱咐他照顾他的家属。郅寿倒是个硬汉，他不但不愿意包庇窦宪，而且还上书告发他的罪恶。冤家碰着对头，两个人在朝堂上争闹起来。郅寿批评窦宪不应该犯了罪还大兴土木给自己造大院。窦宪不服气，说郅寿自己私买公田，毁谤朝廷。郅寿气得高声大骂。恰巧窦太后出来，责备郅寿傲慢无礼，把他革了职，还把他交给廷尉去查办私买公田的案子。廷尉一味地奉承窦家，把郅寿定了死罪。幸亏何敞上书，竭力替郅寿辩护，才得免了死罪。可是死罪可免，活罪难饶。郅寿还得充军。郅寿气愤不过，手指扭不过大腿去，没法跟窦家评理，可也不愿意去充军，就自杀了。郅寿一死，三公九卿纷纷不平。他们联名上书，要求窦太后别让窦宪带兵。窦太后把他们的奏章搁在一边，压根儿没理他们，还是派她哥哥发兵去打匈奴。

北匈奴已经衰落了，不能抵抗汉兵。窦宪在稽落山打败了匈奴，杀了很多的匈奴兵，俘虏和投降的有二十多万人。汉兵离开边塞三千多里，一直追到燕然山。他吩咐中护军班固写了一篇颂扬功德的文章，刻在山石上。窦宪得胜还朝，比以前更加威风了。窦太后拜他为大将军，赏给他两万户的封地，叫他带着副将邓叠驻扎在凉州。窦宪的兄弟窦笃、窦景、窦瓌(guī)也都封了侯。窦家四弟兄加上他们的子弟、女婿、伯伯、叔叔、娘舅、外甥和他们的爪牙、心腹，威风得了不得。他们的势力顶破了天。只有当年的霍家才比得上这一家。各地的刺史、郡守、县令大多都是窦家门里出来的。他们只要巴结窦家弟兄，什么都不必怕。贪污勒索、贿赂公行，谁要是反对他们，谁准倒霉。只有司徒袁安和司空任隗有时候还敢说几句公道话。他们揭发了靠着贿赂得官的四十多人,把他们革了职。窦家弟兄虽然觉得这两个人碍事,可是因为他们的名望大,还不敢得罪他们。

尚书仆射乐恢也揭发了几个向窦家行贿而得官的人,上书批评窦宪。窦太后还算客气,把他的奏章搁在一边。乐恢就借个因头请求退休。这个请求马上批准了。窦宪还不放心,暗地里派人去威胁他,逼得他只好喝毒药自杀。

窦宪逼死了郅寿和乐恢以后,满朝文武谁也不敢再在老虎头上拍苍蝇。窦家弟兄的蛮横劲儿,那就不用提了。哥儿四个当中,只有窦瓌不敢放肆,比较不错。窦笃和窦景简直闹得无法无天,尤其是窦景。他做了执金吾,手下有两百个骑兵做他的卫队。这些卫兵和家里的奴仆都骑在老百姓的脖子上,要怎么着就怎么着。他们老成群结队地在街上溜达。瞧见铺子里有什么值钱的东西,拿手一指,就是他们的了,压根儿用不着付钱。妇女当中有几分姿色的,给他们一遭眼,就算是他们的了,还得乖乖地送去。要不然的话,就加个罪名,把他们当作囚犯来办。因此,洛阳城里的商人和居民一瞧见窦景的卫兵出来,或者瞧见窦家的奴仆出来,就都逃的逃、关门的关门,好像见了老虎一样。当地的官府睁着眼睛当作没瞧见,谁也不敢告发。谁要是多嘴,郅寿、乐恢就是榜样。

司徒袁安瞧着外戚专权、天子年轻,国家弄得这么乱糟糟的,自己又没有力量,心里非常难受。他见了和帝和少数正直的大臣,只会流眼泪。公元92年(汉和帝四年),他憋出病来了。没有多少日子,他死了。朝廷上的大臣和许多在京师的人们都伤心得好像死了父亲似的。只有窦家一门去了眼中钉,非常高兴。那时候汉和帝才十四岁。别看他岁数小,他倒是个聪明伶俐的小皇帝。他知道太常(掌管宗庙礼仪的大官)丁鸿是个忠臣,就叫他接着袁安做了司徒,还叫他兼任卫尉,统领南北宫的卫兵。朝廷上的大臣除了司徒丁鸿、司空任隗、尚书韩棱以外,别的人大多都是窦宪一党的。窦宪的女婿郭举和他父亲郭璜,还有窦宪的副手邓叠和他兄弟邓磊,都很有势力。郭璜、郭举、邓叠、邓磊都得到窦太后的信任。郭、邓两家把窦家作为靠山,互相勾结,拥护窦宪,准备造反。

十四岁的汉和帝看出了郭璜父子和邓叠弟兄谋反的苗头,心里想召集司徒丁鸿、司空任隗、尚书韩棱他们商议对付的办法。可是里里外外、上上下下都是窦宪的耳朵和眼睛,万一泄漏了消息,那可不是闹着玩儿的。在他的左右只有宦官。他觉得还是中常侍郑众忠实可靠,而且天天在宫里伺候着他,就是跟他说几句话,别人也不会起疑。他这么一核计,趁着郑众进来伺候他的时候,挺秘密地跟他商量怎么样才能够消灭坏党。郑众出了主意,先调窦宪回来，趁他们不防备的时候，才可以把窦家、郭家、邓家一网打尽。汉和帝听了郑众的话，下了一道诏书到凉州，说南北匈奴已经归顺，西域也平定了，大将军应当回到朝廷里来辅助皇帝。汉和帝借着讲解经书的名目，召清河王刘庆进宫。

清河王刘庆是汉章帝的儿子。他是宋贵人生的，本来已经立为太子了。因为窦皇后自己没有儿子，收养了梁贵人的儿子刘肇。她出了个鬼主意，陷害了宋贵人，叫汉章帝废了太子刘庆；立自己的养子刘肇为太子。废太子刘庆很懂事，一点没有不高兴的样子，而且跟他兄弟刘肇也挺要好。汉章帝就封废太子刘庆为清河王，留他在京师里。接着窦皇后又害死了太子刘肇的母亲梁贵人。太子刘肇即位，就是汉和帝。汉和帝跟他哥哥清河王刘庆一直相亲相爱。哥儿俩因为窦太后杀害了他们的母亲（宋贵人和梁贵人），心坎里都恨着她和窦家弟兄。因此，汉和帝跟清河王刘庆一商量，刘庆拼着命也干。郑众有了刘庆做帮手，才很方便地跟司徒丁鸿、司空任隗联系上了。

窦宪和邓叠到了京师，汉和帝派大臣拿着节杖到城外去迎接他们，还犒劳了他们的将士。这么犒劳下来，费了不少工夫。窦宪他们把军队驻扎在城外，自己进了城。那时候，天已经快黑了。他们决定在家里休息一夜，准备第二天一早去朝见皇上。那些奉承窦宪的大官儿都在晚上跑到将军府里去拜见窦宪。就在这个时候，汉和帝和郑众到了北宫，吩咐司徒兼卫尉丁鸿派一部分卫兵关上城门。丁鸿把所有的卫兵都用上，人不知、鬼不觉地分头布置停当。郭璜父子和邓叠弟兄从将军府出来，回到家里，就像小鸡碰到鹞鹰似的一只一只地都给抓了去，当夜下了监狱。

窦宪送出了客人，打了几个哈欠，消消停停地睡了一觉，什么都没听见。赶到天一亮，门外全是士兵。汉和帝的使者敲门进去，说有诏书到。窦宪慌忙起来，揉着眼睛，趴在地下，领受诏书。使者宣读了诏书，免去窦宪将军的职司，改封为冠军侯。窦宪只好交出大将军的印，送出使者。他派人去探听他几个兄弟的动静，才知道他们也都交还了官印。没过了多少工夫，他又听到郭璜父子、邓叠弟兄都给绑到街上砍了头。接二连三的凶信急得窦宪晃晃悠悠，站也站不住，坐也坐不稳，脑子里嗡嗡地直响。他不希望别的，单希望他是在梦中。可是皇上的使者又到了，催他立刻离开将军府，回到自己的封邑去。他的兄弟窦笃、窦景、窦瑰也都分别动身走了。

窦宪哥儿四个和他们的家小回到自己的封邑以后，除了窦瑰免罪以外，其余三个人都不能再活下去。汉和帝为了报答窦太后养育之恩，总算没把这三个人处死，可是他派官员去嘱咐他们自己动手。他们都只好自杀。窦太后孤零零的一个人，过了几年，她害病死了。

跟窦宪勾结在一起的大官当中，也有定死罪的，也有自杀的。中护军班固也是窦宪的一党，汉和帝只把他革了职，可是他的冤家洛阳令假公济私，把他下了监狱，还叫监狱官不断地用鞭子打他。班固已经六十多了，受不了这种折磨，就在监狱里自杀了。洛阳令知道自己闯了祸，只好奏明汉和帝，还把班固的罪状说了一大套。汉和帝下了一道诏书，革去洛阳令的官职，把那个倒霉的监狱官定了死罪。

中护军班固曾经做过兰台令史，当初奉了汉明帝的命令编写《前汉书》。这时候《前汉书》已经写得差不多了，可是还有一小部分没写，别人很难替他接下去。汉和帝听说只有班固的妹妹班昭能够完成这项工作。他就召班昭进宫，叫她继续她哥哥写《前汉书》。班昭是扶风人曹寿的媳妇儿，早年守寡。她进宫以后，除了写作以外，还教导后宫念书。后宫把她当作女老师，都叫她曹大家("大家"，女子的尊称；家 gū)。

曹大家另一个哥哥就是远在西域的班超。他一向没跟窦宪来往，当然牵累不着，而且这会儿他已经做了西域都护，正忙着呐。

133 但愿生入玉门关

班超联络了莎车、龟兹以后，只有焉耆王反对汉朝，他就在公元94年(汉和帝六年)，征发了西域八国的兵马，打败焉耆，杀了焉耆王，替前西域都护陈睦报了仇(陈睦被杀的事见第131篇)。他让焉耆人另外立个焉耆王，自己留在那儿安抚当地的人民。打这儿起，西域五十多国都跟汉朝和好。汉和帝封班超为定远侯。

定远侯班超联络西域以后，听说西方还有个大国叫大秦(就是罗马帝国)，文化很高。他就派他的助手甘英为使者带着随从人员和礼物去联络(公元97年)。甘英到了条支(古国名，在叙利亚一带)，受到当地人的欢迎。那条支国是个半岛，都城造在山上，周围四十多里，西面是大海(就是地中海)，海水环绕着南边和东北边，只有西北角跟大陆相连。那地方气候潮湿，又热，陆地上老有狮子、犀牛等野兽出来，旅行很不方便。甘英打算坐船去。有个安息(古伊朗国)的船夫劝告他，说："我看你还是别去了。海大得很，行船得冒极大的风险。碰巧了，顺风顺水，也得三个月工夫，风向不凑巧的话，两年也到不了。我们到大秦去，在船上总得准备着三年粮食。在海里日子多了，船里的人老想着家，巴不得早点上岸。害了病，或者碰到了风浪，死的人可就不少。你们东方人怎么受得了哇？"

甘英谢过了那个安息人，就回到班超那边来了。刚巧安息国的使者到了。使者带着狮子和条支的大鸟作为礼物去送给汉天子。班超就派他在西域生的儿子班勇陪着安息国的使者上洛阳去。他趁着这个机会上书给汉和帝要求回来。班超在西域三十年，他已经七十岁了。他说："我死在西域也无所谓，只怕以后的人因为我不得回国，也许不敢再出来。我不希望回到酒泉郡，但愿生入玉门关。这会儿我派儿子陪着安息国的使者来献礼物。我能够在活着的时候，让他看见父母之邦，我真够造化的了。"可是汉和帝没给他回信。

班超的妹妹曹大家也上书苦苦地央告汉和帝让她哥哥回来。汉和帝这才下了一道诏书，召班超还朝，另外派中郎将任尚为西域都护去接替他。

班超办过了移交，准备回国。任尚问他，说："您在西域三十多年，远远近近的人都钦佩您。我初到这儿，责任重，才学浅，请您指教。"班超叹了一口气，说："我老了，眼花、耳聋，走道要拄拐棍，还能说什么呐？"任尚说："就谈谈您的经历吧。"班超说："到塞外的士兵本来不是孝子顺孙，他们大多因为犯了罪才送到这儿来的；西域人又不懂得中原的文教，他们的风俗、习惯跟咱们不一样。你对付这两种人就得有耐心。我知道你的脾气，就跟你说实话吧：性子不能急躁，待人不可太严。清水里没有大鱼。上头太精明，底下的人就会怨恨。最要紧的是抓住重大的关节，别人有什么小过错，不妨宽容点。"

班超走了以后，任尚对他亲信的人说："我还道班超有什么奇妙的计策，想不到他说的全是平平常常的那一套。"后来任尚就因为没把班超"平平常常的话"当作金玉良言，他在西域失了人心，弄得一败涂地。

公元102年（汉和帝十四年）八月，班超到了洛阳，九月里就死了。死的时候已经七十一了。班超为了保护汉朝的边界，千辛万苦地坚持了三十多年，死了以后，也没加封。那个宦官郑众反倒加封为鄛乡侯。从西汉到东汉，宦官封侯的，郑众是第一个。有些大臣认为这是汉和帝失策的地方。可是他年纪轻轻的就能够利用郑众消灭窦宪一党，自己执掌朝廷大权，还能够联络世族名流，虚心听取大臣们的意见，减轻捐税，救济穷人，总算是汉朝的一个开明皇帝。公元103年（汉和帝十五年），他下了一道诏书，禁止进贡。连岭南的生龙眼、鲜荔枝，他也不要吃。

原来以前曾经规定由岭南进贡新鲜的龙眼和荔枝。从岭南到洛阳多远哪，新鲜的水果又容易坏。因此，为了运送这些东西，十里设一个站，五里造一个亭。每一个亭有瞭望的人，每一个站有人骑着快马候在那儿，但等前一匹马跑到，马上接过龙眼和荔枝来，飞快地往前跑，一直到了下一站，再由别的人接过去，就这么日夜不停地互相传送。为了这件事，临武县（在湖南省宜章县西）的长官唐羌上书给汉和帝。他说：

> 我听说在上的没有把美味作为道德的，在下的也没有因为进贡好吃的东西而立大功的，南方七郡为了贡献生龙眼和鲜荔枝，吃尽苦头。南方天气热、太阳毒，传送的人沿路还老碰到毒虫、猛兽。每运送一次，总得死一些人。死了的人不能还阳，没死的人还可挽救。吃了这两种东西，未必能够延年益寿；可是为了进贡这些东西，已经叫人活不下去了。请皇上开恩开恩。

汉和帝看了唐羌的奏章，对大臣们说："早先我只知道远方进贡这些土产主要是为了祭祀宗庙。要是有人因此丧了性命，这难道是朝廷爱护人民的本意吗？ 从此以后，不但生龙眼和鲜荔枝不必进贡，就是别的山珍海错也不许献上来。"他又吩咐太官（管皇帝伙食的官）不得再接受各地献上来的任何食品。

可惜这位比较开明的东汉皇帝才活了二十七年就死了。皇后邓氏（太傅邓禹的孙女儿）自己没有儿子，可是她知道后宫生的有两个儿子寄养在民间。一个年龄大些，据说长年有病，可以不要；一个是婴儿，才满一百天，正合适。她就把那个婴儿立为太子。第二年正月，太子即位，就是汉殇帝，尊邓皇后为皇太后。邓太后临朝，自己还挺年轻，不便跟大臣们老在一起。跟谁去商量大事呐？ 谁能够老到宫里去见皇太后呐？ 她认为最合适的是自己的哥哥邓骘（骘 zhì）了。这情况跟窦太后临朝，重用她哥哥窦宪完全一样。邓骘做了车骑将军。就在这一年八月里，虚岁才两岁的汉殇帝死了。邓太后和邓骘一商量，就立清河王刘庆的儿子为太子，太子即位，就是汉安帝。汉安帝也不过十三岁，邓太后继续临朝。

要说呐，邓太后本人着实有一手的。她看到窦宪一家怎么败亡，不敢专用本家的人，而且一再吩咐地方官对邓家子弟和亲戚朋友有过错的一概从严惩办。她还叫邓骘推荐当时的知名之士，像杨震他们到朝廷里来办事。她一向提倡节俭，减轻捐税，自己还跟着曹大家研究经学。她还学习天文和数学。白天办事，晚上看书，生活很有规律。可是凭她一个人怎么用功读书也没法管理天下大事。国内连年发生水灾，老百姓穷得没有饭吃，连京师里都发生了饿死人的惨事。国外各部族纷纷叛变，老向边疆进攻，有的部族甚至于打到内郡来了。邓太后有多大的能耐处理这些事情呐？

那个接替班超为西域都护的任尚，把班超临别的劝告当作平淡无奇的废话，只知道压制西域人民，以致失了民心。西域各国一个接着一个地起来反对汉朝。末了，他们联合起来向任尚进攻。任尚上书求救，汉朝就派北地人梁慬（qín）为西域副校尉，率领着河西的羌人赶去救援。梁慬尽管能干，打了几阵胜仗，可是人家不服，单靠武力哪儿行呐？再说，路又远，交通不便，一个报告传到洛阳，就得好几个月工夫。朝廷上一般大臣都认为西域各国反复无常，没法治；征伐一次，朝廷耗费粮饷，士兵老在那边屯田，连年辛苦，谁不想家；既然害多利少，不如干脆取消都护，撤兵回来。邓太后听从了这些大臣们的意见。这么着，定远侯班超一生的心血全算白费了。从汉武帝以来，联络西域、抵抗匈奴的根本大计也吹了。

汉朝放弃了西域，不用说西域又落在匈奴手里，连西羌也造反了。公元108年（汉安帝二年），车骑将军邓骘派任尚为征西校尉去攻打西羌。任尚跟西羌人打了一仗，丧亡了不少人马。征西校尉抱着脑袋往东逃了回来。人家可不肯放松，一直往东进攻赵、魏等地，又往南进了益州，杀了汉中太守。这时候，梁慬驻扎在金城，听到西羌侵犯汉中，赶紧带领着军队往南去对付他们，连着打了几个胜仗，总算暂时把西羌打退了。

过了一个时候，西羌和匈奴不断地在西北边杀害汉朝的地方官和人民，抢劫财物，还老打到内郡来。汉朝想不出更好的办法，就在魏、赵、常山、中山这些重要的地方修建了六百多个碉堡，分段防守。陇西、安定、北地、上郡这四个郡首当其冲。镇守这四个郡的官员们大多是内地人，不愿意老在外边跟西羌纠缠，就纷纷地上书，要求朝廷叫老百姓搬到别的地方去。那时候，连年发生了水、旱、蝗虫、冰雹、地震等灾害，各地农民起来反抗官府。这儿失败了，那儿又起来。朝廷弄得没有办法，更管不到边缘地区了。公元111年（永初五年），诏书下来，叫陇西的人民一概搬到襄武去，安定的人民一概搬到美阳去，北地的人民一概搬到池阳去，上郡的人民一概搬到衙前县去。朝廷上的大臣们认为只要老百姓搬了家，把这些没有人居住的土地一扔，官长和将士就可以回家了。可是老百姓爱惜自己的土地和自己的家，谁也不愿意离开。官长们就吩咐士兵割麦子，拆房屋，又把营垒毁了，积聚的东西烧了，逼得老百姓没法留在那儿。他们只好走，有的逃散了，有的沿路死了。那些老的、小的、有病的受罪更惨。四个郡的老百姓还没搬到新的地方，已经死了一大半人。死了就算了，那些没死的什么都没有，还得活受罪呐。

汉朝丢了西域以后，吃了西羌的大亏。十多年来，年年调兵遣将，把国库都弄空了，士兵死伤的数也数不清楚。正在这时候，国内农民又纷纷起义。汉朝还亏得大将军邓骘（公元108年，邓骘由车骑将军升为大将军），校尉梁慬，武都太守虞诩（xǔ），度辽将军邓遵（邓太后的叔伯兄弟）和别的将士们费了很大的劲儿才勉强把西羌和农民反抗的火焰暂时压下去。

就在这个时候，北匈奴还威胁着西域各国帮助它来侵犯汉朝的边界。敦煌太守曹宗上书，请朝廷再派官员去安抚西域。邓太后派索班为敦煌长史带着一千多人驻扎在伊吾（在新疆省哈密县）。车师前王和鄯善王又都跟汉朝交好了。

公元120年（汉安帝即位第十三年），车师后王和北匈奴联合起来围攻伊吾，杀了索班，轰走了车师前王，占领了天山北道。南道上的鄯善因此吃紧了。鄯善王向敦煌太守曹宗求救。曹宗上书请朝廷出兵去打匈奴，一来替索班报仇，二来趁着这个机会再通西域。邓太后召集了大臣们商议这件大事。大伙儿认为西羌刚安定下来，国家元气还没恢复，不如退守玉门关，免得再动刀兵。邓太后一听到"退守玉门关"，就想起了那个"但愿生入玉门关"的班超来了。她要问问班超的儿子班勇，看他有什么主意。

班勇在朝堂上对邓太后说："从前孝武皇帝为了抵抗匈奴，通了西域。历来有见识的人都认为这是斩断匈奴的右臂。光武中兴，没来得及顾到外边的事。匈奴就奴役了西域各国，一再侵犯中国，打到敦煌。河西一带的郡县连白天也关着城门。孝明皇帝考虑再三，才吩咐臣父出使西域。臣父宣扬了天子的威德，结交了西域各国，匈奴退了出去，边境才得安定。后来因为西羌作乱，又和西域断绝了。匈奴趁着机会，又向西域各国征收捐税，勒索牲口，还强迫他们帮着他向中国进攻。鄯善、车师他们都怨恨着匈奴，愿意归向汉朝，但是无路可通。以前西域也常发生叛变，全都因为汉人对待他们不够恰当。我们不能帮助他们，反倒虐待他们，这就难怪人家不服。现在敦煌太守曹宗只知道要求出兵报仇，不知道如何去结交西域，这是不适当的。要想用武力在塞外立功，决无成功之理。何况现在府库不充实，出了兵，后难为继，打了败仗，反倒显出朝廷没有力量。以前曾经规定在敦煌郡驻扎三百名营兵。现在应当先恢复这个制度，在敦煌设置西域副校尉，再派西域长史带领五百人驻扎在鄯善西边,拦住焉耆、龟兹那一头。这样南边给鄯善、于阗壮了胆,北边挡住匈奴,东边接近敦煌。先守住这些临近的地方,然后慢慢地跟人家打交道。联络了西域,才能够打退匈奴。"

当时就有个大臣反问,说:"在敦煌设置一个副校尉,在鄯善设置一个长史,凭着几百个人能顶什么事呐?"班勇说:"从前博望侯张骞和早几年家父平定西域,都没用过大批的人马。他们不准汉军侵犯别人,只是设法帮助当地的人民。人心所向,匈奴就不敢下来。"

另外一个大臣起来反驳,说:"朝廷放弃西域是因为西域对中国没有好处;我们去结交他们,反倒多费财帛。再说,车师已经投降了匈奴,鄯善也不一定靠得住。请问班将军能够保证匈奴不来侵犯边界吗?"班勇回答说:"朝廷设置郡国,各地都有官长,为的是安国保民。请问您能够保证各地没有盗贼吗? 至于您说多费财帛,这是因为您没从远处看。我们把西域让给匈奴,匈奴能够感激我们,不再来侵犯吗? 我们去联络西域,斩断匈奴的右臂,就是为了保护国家的生命、财产。再说,西域各国并不向我们要求什么,不过使节往来,彼此送些礼物罢了。要是匈奴跟西域联合起来,进攻并州、凉州,那时候,国家花费的军饷一千倍、一万倍还不止呐。"

这几个大臣给班勇说得抬不起头来。别的大臣都点着头。邓太后认为班勇的话对,就完全采用了他的办法做去。邓太后能够听从班勇的话足见她是有见识的。她还把太常(管理宗庙礼仪的大官)杨震升为司徒,这也是一件很有见识的措施。

134 天 知 地 知

杨震是华阴人(华阴,在陕西省潼关县西,华山的北边),很有学问,家里穷,靠着教书和种菜过日子。弟子们替他种菜,他不让。他不让弟子们种菜,他们又不依。他就把弟子们种上的菜拔了,然后重新种过,说是免得他们再替他种,耽误自己的功课。他教了二十多年书。当时的读书人都说他道德高,学问好,因为他是关西人,就称他为"关西孔夫子"。到了五十岁的时候,"关西孔夫子"出了名。大将军邓骘听到了,推荐他为"茂才"(就是秀才),后来一级一级地升上去,做了荆州刺史,又由荆州刺史调任为东莱太守。他到东莱去上任的时候，路过昌邑（在山东省全乡县西北），过了一宵。

昌邑县的县令王密原来是由杨震推荐为茂才的，也许为了感谢杨震，也许要托他提拔提拔，就在夜里去拜见他，献上十斤黄金。杨震对他说："我了解您是怎么样的人，您怎么不了解我呐？"王密说："您先别说这个。我给您送点礼，您何必客气呐？反正半夜里没有人知道，您就收了吧。"杨震挺正经地对他说："天知道，地知道；你知道，我知道。你怎么能说没有人知道呐？"王密听了，连耳朵都红了。他只好臊模搭眼地拿着黄金回去。

杨震一生公正，不受任何私人的好处。做了多年的太守，两袖清风，子孙吃的是蔬菜，走路靠两条腿。有几个老朋友对他说："为了子孙，您也该多少置点儿产业。"杨震笑着说："让我的后世被人称为清官的子孙，这份遗产还不够阔气吗？"

杨震被召到京师，做了太仆，后来又升为太常。这会儿他做了司徒，大臣们谁都尊敬他。邓太后对他特别信任。朝廷上有了这么一个司徒，邓太后应该可以放心了吧。还有司空陈褒、太尉马英、大将军邓骘，这些人都还不错。就是鄸乡侯郑众和龙亭侯蔡伦虽然是宦官，也都忠心耿耿，不敢为非作歹。朝廷上有了这么些大臣，汉安帝也已经二十六了，为什么邓太后还要自己临朝，不把朝廷的大权交还给皇帝呐？难道大臣当中就没有人去劝告太后吗？

邓太后的叔伯哥哥邓康也是个大官。他曾经上书请太后还政，邓太后把他革了职。还有郎中杜根早就上过奏章，请太后把大权还给年富力强的皇上。您猜太后怎么待他来着？她吩咐人把杜根装在口袋里，活活地把他打死，扔在城外野地里。半夜里他缓醒过来，逃到宜城山中，更名改姓，给一家做了十五年酒保。

为什么邓太后不肯让汉安帝管理朝政呐？她要抓权，这谁都明白，可是也有人说她有她的苦衷。当初邓太后因为听说汉安帝长得聪明伶俐，才立他为皇帝，万没想到汉安帝长大起来，越来越不像话，只知道荒淫，不知道上进。邓太后担心他太没有用，外面不说，内心很不高兴。她原来叫济北河间王的子女五岁以上四十多人和邓家近亲的子孙三十多人到京师里，给他们办了一个学馆，让他们学习经书。每回考试的时候，她亲自监考。河间王的儿子刘翼，人才出众。太后很重视他，立他为平原王。汉安帝的奶妈王圣怀疑太后打算立刘翼为皇帝，就勾结了李闰和江京两个内侍，帮她在汉安帝跟前给邓太后说坏话。汉安帝挺信任奶妈，对邓太后又恨又怕。

公元121年（汉安帝十四年），邓太后病了，还咯了血。可是她勉强起床，照常办事。那一年庄稼收成不好。邓太后听到老百姓没有饭吃，她怕他们起来反抗官府，怕汉朝天下保不住，还真整夜地睡不着觉，自己节衣缩食，还劝王公大臣都这么办，把节省下来的钱去救济灾民。她抱着病下了道诏书，大赦天下。到了春季完了，她也死了。临朝一十八年的邓太后，死的时候才四十一岁。邓太后一死，汉安帝就亲自掌权了。俗语说，"一朝天子一朝臣"，汉安帝掌了权，就有一批人交了运。一大批的大舅子、小舅子都做了大官，中常侍樊丰、刘安、陈达，还有内侍李闰、江京、奶妈王圣等一下子都参预了朝政。这一批人交了运，另一批人就倒霉。第一个倒霉的人是龙亭侯蔡伦。

蔡伦是桂阳人（桂阳，在湖南省），在汉章帝的时候就做了小黄门（由宦者充任）。他很有学问，为人小心谨慎。可是皇上有什么过失，他倒不怕冒犯，也敢大胆地出来劝告。公元97年（汉和帝九年），他做了监工，领导工匠制造器械。他对于手工艺很有兴趣，喜欢研究。

那时候，文字的记载不是刻在竹简上就是写在绢上。写字用的绢就叫做"纸"。可是竹简太笨重，那种"纸"（就是绢）又太贵。蔡伦老觉得最好能够有一种纸，比竹简轻，比绢便宜。他曾经见到过有一种用树皮和麻丝做成的"纸"，可是这种"纸"太粗，不能拿来写字。他就用心研究了好几年，试验了不知道多少次。末了，他把树皮、麻丝、破布、鱼网什么的泡在水里，用石臼把这些东西捣得稀烂稀烂，变成了泥浆，然后再把泥浆摊成薄片，晒干了，就成为一种纸，还真可以写字。公元105年（汉和帝最后的一年），他上书给汉和帝，把他所发明的纸献了上去。汉和帝把蔡伦称赞了一番，就用他做的纸代替竹简和绢。打这儿起，大伙儿都用蔡伦的纸。公元114年（汉安帝八年），邓太后封蔡伦为龙亭侯。全国就把蔡伦造的那种纸称为"蔡侯纸"。

邓太后一死，有人告发蔡伦，说他从前奉了窦太后（窦宪的妹妹，汉章帝的皇后）的命令，杀害了汉安帝的祖母宋贵人（就是废太子刘庆的母亲）。汉安帝吩咐蔡伦自己去见廷尉。这位伺候过四个皇帝（章帝、和帝、殇帝、安帝）的老大臣不愿意受到侮辱，就喝了毒药自杀了。

汉安帝原来怕邓太后要立平原王刘翼，当时是又恨又怕。这会儿奶妈王圣和内侍江京、李闰等又扇起小扇子来了。邓家的子弟还保得住吗？这时候，邓太后的兄弟一辈只有大将军邓骘还活着，其余几个兄弟已经死了，他们的子弟可都封了侯。汉安帝就把他们都废为平民，接着又逼他们自杀了事。邓骘和他儿子气愤得不愿意再活下去，索性不吃不喝，都绝食死了。平原王刘翼改封为侯，送回河间。幸亏他关着门跟谁都不往来，总算没再出事儿。

外戚邓家算是完了,新的外戚和宦官江京、李闰他们都封为侯。奶妈王圣和她的女儿伯荣在宫里直进直出,威风无比。汉安帝什么都不管,成天价跟这些人胡闹。宫廷里荒淫无度,秽气熏天。司徒杨震好几次上书劝告汉安帝,汉安帝就是不理他。就在这三四年里面(公元121年—公元124年),西羌进攻金城、武威;鲜卑进攻居庸关;北匈奴和车师进攻河西。汉安帝真是个宝贝,在这种情况下,他还能够消消停停地吃喝玩乐。这还不够,他封奶妈王圣为野王君,下了一道诏书,给她修建高楼大厦;朝廷大事交给中常侍樊丰他们去办。司徒杨震屡次上书劝阻,汉安帝叫他做了太尉。司徒也好,太尉也好,杨震一个劲儿劝告汉安帝不该信任宦官,汉安帝是"擀面杖吹火",一窍不通。

樊丰、周广、谢恽他们知道太尉杨震也只有这一手,就什么都不怕了。他们假传圣旨,动用国库,给自己大兴土木,修盖花园。杨震自然又是上书告发。樊丰他们把他恨透了,就请汉安帝免去杨震的官职,交还太尉的印绶。杨震只好住在京师,关上大门,谢绝宾客。樊丰又在汉安帝跟前咬着耳朵说:"杨震原来是太后的心腹,邓家受了惩罚,他一定怨恨皇上。依我说还不如送他回乡吧。"

这么着,杨震只好动身回到家乡华阴去。他的门生都去送他。他到了城西夕阳亭,对门生们说:"有生必有死,本来用不着难受;只是我受了皇恩,不能除灭奸臣,还有什么面目见人呐?我死以后,你们要用葬一般读书人的制度葬我,切不可铺张奢侈。"这位拿"天知、地知"提醒人的"关西孔夫子"就自杀了。门生们痛哭不必说了,连过路的人也没有不流眼泪的。

杨震一死,汉安帝清静得多了。他就带着年轻漂亮的阎皇后、国舅阎显、中常侍樊丰、江京等离开洛阳,浩浩荡荡地往南边游玩去。万没想到,这位荒唐的皇帝这一去呀,可就不再回来了。

135 豺狼当道

汉安帝到了宛城,乐极生悲,害起病来了。他只好打消往南游玩的念头,赶紧回来。这位三十二岁的皇帝就糊里糊涂地死在半道上。阎皇后忍不住大哭起来,阎显、江京、樊丰他们连忙向她摆摆手,说:"不能哭。要是大臣们知道皇上晏驾,立了济阴王,咱们还活得下去吗?"阎皇后只好收了眼泪。

原来汉安帝的后宫李氏生了个儿子叫刘保,已经立为太子。阎皇后怕太子的母亲夺她的地位,就把李氏毒死,又叫江京、樊丰他们诬告太子谋反。汉安帝就把十岁的太子刘保废了,立他为济阴王。过了半年,汉安帝死在路上。因此,阎显、江京、樊丰他们不让别人知道皇帝病死的消息,急急忙忙地回到京师,把另立新皇的计策定了以后,才给汉安帝发丧。阎皇后打算自己临朝,就挑了个幼儿刘懿(济北王刘寿的儿子,汉章帝的孙子),立为皇帝。她自己做了皇太后。

阎太后临朝,哥哥阎显做了车骑将军,执掌了大权,几个兄弟也都做了大官。东汉的天下就这么属于外戚阎家了。阎显还怕前朝几个有势力的人碍着他,先把那地位最高,可都是有职无权的三公(太尉、司徒、司空)都换了人,然后他跟新的三公联名弹劾大将军耿宝(汉安帝的妃子耿贵人的哥哥)、中常侍樊丰、谢恽、周广和奶妈野王君王圣,说他们结党营私,大逆不道。阎太后下了一道诏书,这几个人就全完了。新人上台的有阎太后和阎显的几个兄弟:阎景为卫尉,阎耀为城门校尉,阎晏为执金吾。阎家的威风就好比当年的霍家、窦家一样。

可惜好景不常,过了几个月,娃娃皇帝刘懿害了病,眼看活不成了。中常侍孙程想趁着机会自己抓权,就挺秘密地联络了十八个中黄门,大家伙儿对天起誓,决定去迎接废太子刘保。娃娃皇帝果然死了。阎太后和阎显他们还没商议好去迎接哪个王子,孙程他们已经布置停当。在一个晚上,他们突然发动起来,杀了内侍江京、刘安、陈达,活捉了李闰。李闰投降了,愿意跟着他们一起干。当天晚上他们就请十一岁的小孩子济阴王刘保即位,就是汉顺帝。孙程传出汉顺帝的命令,指挥全部的羽林军(保卫皇帝的军队),杀了卫尉阎景,逼着阎太后交出玉玺。

汉顺帝收了玉玺,派人发兵拿着节杖把车骑将军阎显、城门校尉阎耀、执金吾阎晏下了监狱,一个个都处了死刑,把阎太后软禁在离宫。没过几天,阎太后也死了。孙程他们十九个宦官都封了侯。东汉的政权,一眨巴眼儿就从外戚手里转到了宦官手里。

这十九个宦官,除了浮阳侯孙程以外,别的都是没上过台面的。他们往往在朝堂上互相争闹,不成体统。还算孙程有见识,他请汉顺帝拜左雄为尚书令,仍旧用几个大臣为司徒、司空等,把十九个封了侯的宦官送回自己的封邑去,还下了一道诏书征求名士。又因为有不少人同情"关西孔夫子"杨震,说他死得冤,就用安葬太尉的仪式重新给他安葬来表示对他的尊敬。

公元132年（阳嘉元年，汉顺帝即位第七年），汉顺帝十八岁了，立贵人梁氏为皇后。梁皇后的父亲梁商做了执金吾。尚书令左雄请汉顺帝叫各郡国推荐有才能的人到京师里来，由皇上亲自考试策论。果然，来了不少人，其中最出名的有汝南人陈蕃，颍川人李膺，下邳人陈球等三十多人。汉顺帝都拜他们为郎中。还有南郑人李固，扶风人马融，南阳人张衡也参加了策论考试，各人发表了对于政治的看法和改进的办法。

汉顺帝看了所有的策论，把李固评为第一，马融的一篇也很好，就拜他们两个人为议郎。张衡更了不起，他是专门研究天文和数学的。据他的研究，他断定天是圆的，地可能也是圆的。他用铜制造了一个测量天文的仪器，叫"浑天仪"，制造了一个测量地震的仪器，叫"地动仪"。可是因为当时在朝廷里不是宦官当权，就是外戚当权，真正有本领的人也不能重用。

汉顺帝靠着宦官做了皇帝，当然重用宦官。浮阳侯孙程死了以后，汉顺帝格外开恩，让孙程的养子孙寿继承爵位和封地。当初汉武帝和汉宣帝利用宦官是因为宦官没有媳妇儿，当然就没有子女和女婿、外孙子等，不至于像外戚那样变成大族来威胁朝廷。现在开了一个例子，宦官的养子可以继承爵位和封地，养子也可以得到封赏，而养子是要多少有多少的。这么着，宫里的宦官多到几百家，甚至上千，彼此争权夺利，闹得乱糟糟的没有一天安宁。

孙程以后，宦官曹节、曹腾、孟贲等都得到了汉顺帝的宠用。梁皇后的哥哥梁冀和梁冀的兄弟梁不疑也老跟曹节他们来往。这时候，梁皇后的父亲梁商做了大将军。大将军梁商虽然是外戚，可是为了保全他一家的荣华富贵，他叫他儿子一辈好好地去结交中常侍曹节、曹腾他们。这就形成了一个外戚和宦官联合起来共同对付士族豪强的局面。朝廷上有不少官员见风转舵、争先恐后地向曹节他们献殷勤。

公元141年（永和六年），大将军梁商害病死了。汉顺帝自己没有权力，只好让梁冀接着他父亲做了大将军，梁不疑做了河南尹。

梁冀跟他父亲大不相同。别看他俩眼直腾腾，说话结结巴巴，好像木头人儿似的，他从小就懂得耍钱、斗鸡；长大了，打猎、跑狗、喝酒、玩女人，欺压别人，着实有两下子。他做河南尹的时候，对付老百姓简直像狼对付羊一样。父亲做了大将军，妹妹做了皇后，谁敢在太岁头上动土说他不好？

有一天，洛阳令吕放偶然在梁商面前谈到梁冀，说话当中，有点不满意梁冀的口气。梁商把他儿子责备了几句。梁冀直怪吕放多嘴,就派人把他暗杀了。他还把这个罪名加在别人身上,屈死了一百多人。梁商给他瞒过了,汉顺帝更是蒙在鼓里。现在皇上的这位大舅子河南尹梁冀做了大将军,各地的官府都向他送礼贺喜,皇上的亲信曹节、曹腾、孟贲等都是他的爪牙,他更可以无法无天了。俗语说,"上梁不正下梁歪",在上开头总算秘密行贿,在下就公开行贿,公开勒索了。老百姓逼得活不下去,只好纷纷起来反抗官府,专杀贪官污吏。朝廷上的大官一听到各地都有农民起义,再也不能安安稳稳地睡觉了。

谏议大夫周举上书给汉顺帝。他说:"要消灭盗贼,必须先把地方官彻底地查一查。爱护人民的官员应当升职,贪官污吏就该查办。"汉顺帝同意了。他下了诏书,大赦天下,接着就派周举、杜乔、张纲等八个大臣为使者分头到各地去观察一番。周举、杜乔他们都动身走了。这八个人之中,武阳人张纲最年轻。他不像别的大臣那么有涵养功夫,他是有什么就说什么,想怎么干就怎么干的。他认为真要整顿政治的话,首先应该惩办朝廷上违法乱纪的大官,那些地方上的小官自然就不敢胆大妄为了。他到了洛阳都亭,越想越不是味儿,就把他的车毁了,把车轮埋在地下,不去了。人家问他:"你怎么啦?"他说:"豺狼当道,何必查问狐狸(狐狸,指违法乱纪的小官)?"他就上书弹劾大将军梁冀和河南尹梁不疑。

张纲弹劾梁冀的消息一传出去,好像捅了马蜂窝,整个洛阳城全都骚动起来。汉顺帝正宠着梁皇后,梁家的子弟和亲戚布满了朝廷。他们说:"张纲这小子,看他有几个脑袋!"汉顺帝也知道另外有不少人是向着张纲那样的大臣的,他只好把他的奏章搁在一边,没把他办罪。别的使者报告上来的大多也提到梁冀和宦官的一些毛病。这些报告上来以后,好像石沉大海,全都没有下文。大将军梁冀可把张纲恨透了。他得想法把他害了才解恨。

刚巧广陵那边有公文到来,说广陵大盗张婴,手下有好几万人马,扰乱徐州、扬州(扬州,在安徽省合肥县,不是现在江苏省的扬州)一带,杀害刺史,请朝廷发兵去围剿。梁冀真比豺狼还狠,他趁着这个机会,嘱咐别人推荐张纲。朝廷就派张纲为广陵太守,让他到张婴那儿去送死。

张纲到了广陵,带着十几个随从的人亲自去见张婴,说他是来惩办贪官污吏,并不是来跟人民为难的。张婴是条好汉,好汉识好汉,张婴被张纲说服了。两个人做了朋友,愿意共同为民除害。张纲吩咐张婴挑选一批能力较强的首领,量才录用,其余一万多人自愿回家种地。地方官不敢欺压老百姓，广陵一带就这么安定下来了。

张纲治理广陵，立了大功，汉顺帝打算封他。梁冀出来拦阻，因此作罢。汉顺帝还想重用他，叫他回朝。张婴他们得到了这个消息，联名上书挽留。汉顺帝就让他留在那儿。过了一年，张纲害病死了。死的时候，他才三十六岁。老百姓拥到太守府，哭个不停。张婴他们五百多人都穿着孝，把他的灵柩送到武阳本乡，给他安葬完了才回去。

汉顺帝听到了这个消息，也叹息了一番，拜张纲的儿子张续为郎中。汉顺帝因为张纲一死，心中很难受，就在这一年（公元 144 年），他自己也害病死了。他死的时候，才三十岁。两岁的太子即位，就是汉冲帝。不到半年，婴儿皇帝汉冲帝死了。汉顺帝绝了后，立谁做皇帝呐？公卿大臣提出了两个人，一个是清河王刘蒜，一个是勃海王刘缵（zuǎn），他们都是汉章帝的曾孙。刘蒜年长，刘缵才八岁。公卿大臣大多向着刘蒜。太尉李固劝梁冀顾全大局，立年龄较大的刘蒜为皇帝。梁冀跟梁太后商量下来，认为年幼无知的小孩子容易对付，就决定立八岁的刘缵为皇帝，就是汉质帝。

那时候，九江的马勉在当涂（在安徽省怀远县东南）带领农民起义，自称为皇帝，立他的部下徐凤为无上将军。他们自己设置官吏，统治着当地的人民。还有那个以前曾经被广陵太守张纲收服了的张婴又在广陵起兵了。梁太后还真有办法，她吩咐九江都尉滕抚招募将士，拿赏格鼓励士兵，硬把这几处起义的农民压下去。马勉、徐凤和张婴他们都在抵抗中丧了命，东南一带就这么又暂时平下去了。

八岁的汉质帝还真伶俐，就是不懂事。他瞧着梁冀掌握着大权，独断独行，连皇上也不搁在他眼里，就在朝堂上摆着文武百官面前指着梁冀说："大将军是个横暴将军（原文作跋扈将军）。"梁冀听了，气得眼珠子都蹦出来了。他自言自语地说："这这这小子现在就这这么厉害，赶明儿长长长大了，那那那还了得！"他就嘱咐内侍把毒药放在饼里拿上去。汉质帝吃了饼，觉得肚子很不舒服。他召太尉李固进来，问他："吃了饼，肚子闷，口干，喝下水去还能活吗？"梁冀说："不不不能喝；喝了恐怕要要要吐。"梁冀还没说下去，汉质帝已经倒在地下，滚了几滚，死了。李固趴在汉质帝的尸体上痛哭了一场，请梁太后和梁冀查办内侍。要是张纲还活着，他一定又是那句话："豺狼当道，何必查问狐狸？"

李固和杜乔他们恐怕梁冀又要挑个小娃娃做皇帝，就打算约会公卿大臣去迎接清河王刘蒜。

136 太学生罢课

太尉李固、大鸿胪杜乔和别的几位大臣联名上书，请大将军梁冀立清河王刘蒜。梁冀和梁太后可另有打算。他们已经看中了一个小白脸，就是蠡吾侯（蠡lí）刘志。汉顺帝出殡的时候，刘志才十三岁，他也来送殡。梁太后见他长得清秀，眼珠子黑白分明，想把自己的小妹妹许给他。因为在丧事期间，不便提亲，她就让刘志暂时回去。过了两年，刘志已经十五岁了。梁太后召他进宫，越看越中意。她正商议着这门亲事，汉质帝吃了饼，毒死了。梁太后和梁冀既然决定把他们的妹妹嫁给刘志，当然最好能立他为皇帝。没想到李固、杜乔他们一致要立清河王刘蒜，事情就不怎么顺手了。

那天晚上，梁冀正在为难的时候，中常侍曹腾他们进来对他说："听说清河王厉害得很哪！要是他即了位，大将军您可别见气，我看大将军一家全保不住。我说，大将军，您不如拿定主意，立蠡吾侯，可以永远保住富贵。"梁冀皱着眉头子，结结巴巴地说："唉，公卿大臣都不不不同意，恐怕不不不好办。"曹腾说："兵权在大将军手里，您出的令，谁敢反对。"梁冀点了点头，说："好！就就就这么办吧。"

第二天，梁冀召集了公卿大臣商议立新君的事。他端着肩膀，突着嘴，俩眼直瞪，来势汹汹地大声宣布，说："立…立…立蠡吾侯！"朝廷上除了李固、杜乔他们几个大臣以外，全都是应声虫。他们一齐说："大将军的主意错不了。"李固和杜乔起来反对。梁冀吆喝一声，说："退…退朝！"

李固还想立清河王刘蒜。他写信给梁冀，说了一大篇道理。梁冀看了，把信扔在地下，请梁太后拿主意。梁太后下了一道诏书，把李固免了职，让杜乔代替他为太尉。十五岁的小孩子刘志即位，就是汉桓帝。梁太后替他临朝，梁冀替他掌权。

汉桓帝全靠着梁家做了皇帝，自然一切全听他们的。转过了年，才算是汉桓帝元年（建和元年，公元147年）。八月里，汉桓帝娶梁太后的小妹妹为媳妇儿。姐儿俩就这么分成两辈，一个叫梁太后，一个叫梁皇后。为了这一回的婚礼，太尉杜乔又得罪了梁冀。原来梁冀要动用国库，拿最阔气的聘礼去迎接他妹妹。杜乔不答应。他说不能破坏规矩。梁冀嘴里说不过他，心里可把他恨透了。刚巧洛阳发生了地震，朝廷上一班马屁鬼就说京师地震，罪在太尉。梁太后就把太尉杜乔免了职。李固、杜乔全丢了官。

就在这个时候，甘陵人刘文和南郡人刘鲔要立刘蒜。他们说清河王刘蒜是真命天子。他们打算借着刘蒜立大功，就拿着刀威胁着清河相谢嵩，说："我们立清河王为天子，有你的好处。你要是不同意，那我们可就对不起你了。"谢嵩责备他们不该造反，他们就把谢嵩杀了。清河王刘蒜听说有人威胁谢嵩，立刻吩咐王宫里的卫兵去救。刘文他们抵敌不住，当时就给逮住了。卫兵把刘文、刘鲔押到清河王刘蒜面前，刘蒜把他们都杀了。他把这件事向朝廷报告。汉桓帝长得漂亮，他可是"聪明面孔笨肚肠"，听信宦官的话，把清河王刘蒜加个罪名，降了一级，改封为侯。刘蒜气愤不过，喝了毒药自杀了。梁冀趁着这个机会，要消灭李固和杜乔。他认为这两个人虽然都免了职，可是他们仍然是士族豪强的首领。他就说李固、杜乔和刘文、刘鲔同党，请太后把他们交给廷尉。梁太后怕出事，不准梁冀逮捕杜乔。梁冀出来，赶紧先把李固下了监狱。

李固的门生王调、赵承等几十个人自己上了刑具，一齐到宫门请愿，要求释放李固。梁太后怕他们把事情闹大，就把李固放了。李固一出了监狱，京城里家家户户都上街庆贺。大街小巷挤满了人，欢欢蹦蹦地喊着"万岁！"梁冀一想，"这可不得了！"他去见梁太后，对她说："李固收买人心。咱们将来准吃他的亏，不如趁早把他拿来办罪。"梁太后还没答应，梁冀就自作主张传出命令来，再把李固下了监狱。李固不愿意再一次受到折磨，就在监狱里写了一封绝命书，自杀了。

梁冀逼死了李固，又派人去告诉杜乔及早自杀，免得牵累到妻子、儿女。第二天他又派人到杜家去探听，可没听到哭声。梁冀见过了梁太后，把杜乔下了监狱。杜乔也给逼死了。

汉桓帝即位第一年就杀害了这两个出名的大臣。外面沸沸扬扬地都怪着梁太后。她心里也挺不踏实。公元150年（和平元年）正月，梁太后身子不舒服。她下了一道诏书，大赦天下，又把朝政归还给汉桓帝。过了一个月，她死了。梁太后一死，朝廷大权在名义上由汉桓帝掌管，实际上反倒落在梁冀一个人手里。梁冀前后加封，一共三万户，儿子也都受了封。谁有他那么威风呐？

梁冀为了自己的享受，大兴土木，盖了不少高楼大厦，又圈了几十里地作为梁家的花园。花园里面有河流和假山，亭、台、楼、阁，应有尽有。这还不算。他又在河南城西开辟了一个极大的园林，接连不断的有几十里地。

梁冀喜欢小白兔。他命令各地交纳兔子，烙上记号。谁要是伤害这种兔子的就有死罪。有个西域人不知道这个禁令，偶然打死了一只兔子。为了这件案子，牵牵连连地杀了十多个人。梁冀仗着皇家的势力还向外国征求各种特产和贵重的物品。他在京师里曾经接待了不少西域商人。

他把良家子女抓来作为奴婢。这种奴婢称为"自卖人"，意思是说，他们都是自愿卖给梁家的。他还派人去调查有钱的人家，把财主抓来，随便给他一个罪名，叫他拿出钱来赎罪。稍不满意，就定死罪。有个扶风人孙奋，很有钱财。他可是"瓷公鸡，一毛不拔"的看财奴。梁冀送给他一匹马，向他借钱五千万缗。孙奋哪儿舍得。后来他实在逼得没有办法，一咬牙，给了他三千万。梁冀一看，短了两千万，冒了火儿。他吩咐当地的官府把孙奋和他兄弟都抓来，说他们的母亲是将军府里逃出来的丫头，被她盗去十斛珍珠、一千斤紫金，都应该追还。孙奋哥儿俩不肯承认，就活活地被官府打死，家产没收，一共值一亿七千多万缗。官府也有好处，一大半送给了梁冀，算是追还珍珠和紫金的。

梁冀这么无法无天地闹着，汉桓帝是管不着他的。公元151年（元嘉元年）元旦，大臣们向汉桓帝拜年。大将军梁冀带着宝剑大摇大摆地走上朝堂里来。成都人张陵是当时的尚书。他吆喝一声，吩咐羽林军夺去梁冀的宝剑。梁冀没提防这一着，只好慌里慌张地趴在地下承认错误。张陵大声地说："梁冀目无皇上，应当交给廷尉办罪！"汉桓帝连忙替梁冀解围，罚他一年的俸禄。梁冀只好拜了拜，退出去了。他对张陵有点害怕，倒也不敢去惹他。

新年刚过去，接着就是刮大风，大树都给连根拔起来。夏天大旱，有些地方又有饿死人的事。第二年，京师发生了两次地震。第三年（公元153年，汉桓帝即位第七年），黄河发大水，冀州一带，河堤决了口，老百姓来不及逃的，都给淹死。没淹死的，有几十万户流离失所。当地的官府不但不管，还净贪污勒索，难民越来越多。梁冀不敢惹张陵，就派另一个跟他过不去的人去做冀州刺史。那个人是南阳人朱穆，也是个硬汉。

朱穆才渡过河，那些贪官污吏已经吓坏了。他们害怕朱穆查办他们，当时就有四十多人扔了官印，逃走了。朱穆一到，果然，查办起来，铁面无私。那些贪污的官吏一个也逃不出他手去。有的自杀了事，有的死在监狱里。老百姓早已把他们恨透了。大伙儿都说："天有眼睛，来了朱刺史。"

就在这个时候，宦官赵忠的父亲死了。赵忠回到安平本乡去办丧事。出殡的排场不用说多么阔气了。他大胆地违反了当时的制度，像埋葬皇上那样地在他父亲的棺材里放着玉匣。这就引起了议论,可是赵忠的势力多么大啊,谁也不敢出来反对。等到赵忠一走,就有人向朱穆告发。安平是属冀州管的。冀州刺史朱穆就派郡吏仔细调查。郡吏知道朱穆的厉害,不敢马虎。他们调查以后,确实有了把握,就刨开坟头,劈开棺材。里面果然有玉匣。当时就把赵忠的家属下了监狱。

赵忠得到了这个消息,不但不肯认错,反倒气得双脚乱跳。他跑到汉桓帝跟前哭诉,说朱穆刨他父亲的坟,还无法无天地逮捕了他的家属。大将军梁冀本来讨厌朱穆,也从旁加枝添叶地给朱穆说坏话。汉桓帝给他们俩这么那么一说,眼珠子往上一翻,算是生了气。他立刻派使者把朱穆逮回来,交给廷尉,罚他去做工匠。

这个消息一传出去,整个洛阳城纷纷地议论起来。当时就有好几千太学生出来打抱不平。他们对于外戚、宦官,早已恨得咬牙切齿。现在宦官赵忠犯了国法,外戚梁冀还帮他陷害忠良,大伙儿嚷着要去救援朱穆。他们就决定罢课,公推太学生刘陶带头,写了一封公信,好几千人一齐到了宫门前表示抗议。刘陶把那封公信递进去,要求释放朱穆,不然的话,他们愿意全体关在监狱里,为的是不让忠臣蒙冤受屈。

汉桓帝看了这封公信,翻了翻白眼,只好把朱穆赦了,让他回到本乡南阳去。太学生救出了朱穆,还不肯就此不管国家大事。他们准备再上书,向汉桓帝推荐人才。

137 宦官五侯

太学生刘陶等又上书给汉桓帝,说:"天下不安,内外扰乱,上天忿怒,小民吃苦。皇上打算安定天下,就得起用忠良。朱穆、李膺为人正直,办事能干,是中兴的助手,国家的柱石。皇上应当召他们还朝,辅助皇室。"

那李膺是颍川襄城人,跟朱穆同样出名。他曾经做过青州刺史。一般贪官污吏一听说他来,都扔了官印逃了。他也做过渔阳太守和蜀郡太守。最后他还担任了乌桓校尉,自打头道地抵抗过鲜卑。东北那边总算靠他安定下来。想不到这么一个大臣还给朝廷免了职。李膺回去,到了纶氏县(属颍川郡),就在那儿教授门生。在他门下求学的经常有一千多人。太学生刘陶一向钦佩李膺,因此,把他跟朱穆一同推荐上去。汉桓帝哪儿肯听。他只知道吃、喝、玩、乐,"天下不安,内外扰乱",他可不管。反正这几年来,造反是造不起来的。陈留人李坚自称为"皇帝",长平人陈景自称为"皇帝子",南顿人管伯自称为"真人",扶风人裴优(裴 Péi)也自称为"皇帝"。因为姓刘的皇帝都太没出息,人心并不思汉,这些姓李的、姓陈的、姓管的、姓裴的都可以做皇帝了。只是这些人兵力不强,又是临时凑合,各郡县发兵镇压,先后都给消灭了。泰山、琅邪一带的公孙举和东郭窦也起来反抗官府,杀了几个官员,可是那也还算不了什么。

  国内尽管不能造反,东北的鲜卑打进来,那可了不得。这几年来,鲜卑越来越强大。北边挡住了丁零,东边打退了夫余,西边打败了乌孙。原来属于匈奴的从东到西一万四千多里地方给鲜卑占了。公元 156 年(永寿二年),鲜卑进攻云中,屠杀居民,抢掠牲口。警报一个接着一个地传到京师,连汉桓帝也着急起来。他想起李膺曾经打过鲜卑,在鲜卑人当中很有威望,再说上两年太学生刘陶也推荐过他,一时又派不出别的人去。他就任命李膺为度辽将军,叫他去抵抗鲜卑。说起来也真怪,鲜卑一听到李膺来了,就要求讲和,把他们所抢掠去的男女和牲口送还,自动地退了回去。李膺也不愿意打仗,只是加强边防,不让鲜卑进来就是了。

  鲜卑那一边刚刚安定,泰山和琅邪可又吃紧起来。公孙举他们带领着三万多人经常在青州、兖州、徐州一带反抗官兵。嬴县(在山东省莱芜县西北)是个重要的地方,官兵和反抗官兵的"盗贼"经常在那边进进出出,弄得老百姓叫苦连天。尚书推荐颍川人韩韶去做嬴县的县长。青州、兖州一带的人都知道韩韶是个正派人。他一上任,嬴县立刻安定下来。所谓"盗贼"实际上都是朴实的农民,他们彼此约定不再去抢劫嬴县。逃难的一万多户老百姓就都回来了。可是他们回到家里,什么都没有,眼看都得饿死。韩韶吩咐管粮仓的官员把公家的粮食全都拿出来救济难民。那个管粮仓的愁眉苦脸地说:"这可不行! 没有太守的命令,谁担得起这个罪名?"韩韶说:"我担得起。能够救活这么多人,我就是掉了脑袋也心甘情愿。"太守知道老百姓都向着韩韶,也没把他办罪。

  韩韶不管怎么爱护老百姓,也只能够顾到一个县。别的地方还是乱糟糟的。司徒严颂推荐议郎段颎(jiǒng)为中郎将发兵去征讨公孙举和东郭窦。段颎是个出名的刽子手,三万多起义的农民给他屠杀了一万多。东郭窦和公孙举都先后给他杀了,其余的人只好逃散,暂时躲开。

  国内、国外的反抗都给压下去,大将军梁冀就更加神气。梁皇后有了这么一个掌握大权的哥哥,那种骄横劲儿也不用提了。她因为自己没有儿子,最恨别人生孩子。因此,宫人有了喜,没有一个不给她害死的。汉桓帝越看她越讨厌,干脆不上她那儿去。每到晚上,梁皇后气得胸脯一鼓一鼓像拉风箱似的。她胸脯里装不下这么多的别扭,到了儿,气出病来,咽了气。

她一死,贵人梁猛出了头。那梁猛原来姓邓,父亲邓香早死,母亲宣氏再嫁给孙寿的舅舅梁纪。孙寿见她长得挺美,把她收为自己的女儿,送她到宫里,后来封为贵人。大家都以为她是梁冀的女儿,都叫她梁贵人。梁冀恐怕梁贵人的母亲泄露秘密,就派刺客去刺她。不料那个刺客被人逮住。审问下来,才知道是大将军梁冀派去的。梁贵人知道了底细,把梁冀派人去暗杀她母亲的事告诉了汉桓帝。汉桓帝正宠着梁贵人,就把梁冀当作仇人。梁冀曾经杀害过不少大臣,作威作福,小看皇上。现在他竟敢得罪梁贵人,汉桓帝火儿更大了。他气得肚子发胀,闷闷不乐地上厕所去了。小黄门唐衡随身跟着他。汉桓帝一瞧没有别人,就问小黄门:"宫中上下,谁跟梁家有怨?"小黄门低声地说:"中常侍单超(单 Shàn)、小黄门左悺(quǎn),还有中常侍徐璜、黄门令具瑗(yuàn)。他们都……"汉桓帝没等他说完,就摆摆手,说:"我知道了。"

汉桓帝挺秘密地跟单超、徐璜、具瑗、左悺、唐衡等商量定当,发动羽林军一千多人,突然围住梁冀的住宅,收了大将军的印。梁冀慌里慌张,直发抖,俩眼一黑,什么也瞧不见了。赶到他清醒过来,知道活不了啦,只好跟着他老婆孙寿一块儿喝了毒药自杀。梁家、孙家和他们的亲戚全都完蛋。有的处了死刑,有的废为平民。大官、小官去了三百多人,朝廷上差不多空了。老百姓欢欢蹦蹦的,不用提多高兴了。梁冀的家产充公,一共值三十多万万。汉桓帝有了这笔款子,下了一道诏书,减去天下租税一半,所有梁家的花园、园林等一律开放,让给穷人耕种。国内的紧张局面暂时又缓和了一下。

论功行赏,单超、徐璜、具瑗、左悺、唐衡五个宦官同一天里都封为侯,就是所谓宦官"五侯"。尚书令以下有功劳的七个人,也都先后封了侯。单超对汉桓帝说:"小黄门刘普、赵忠等同心协力地消灭了奸臣,也有功劳。"汉桓帝慷慨得很,就又封刘普、赵忠等八个内侍为乡侯。打这儿起,东汉的政权又从外戚手里转到宦官手里了。

汉桓帝还以为梁贵人是梁冀的女儿。赶到事情弄明白了,才知道她原来姓邓,就立邓贵人为皇后。立了皇后,再拜三公九卿。东汉朝廷一下子好像有点儿新气象。大伙儿都盼望着汉室中兴。

要打算中兴,就得搜罗人才。尚书令陈蕃推荐了五个名士,就是:南昌人徐穉、广戚人姜肱（gōng）、平陵人韦著、汝南人袁闳（hóng）、阳翟人李昙（tán）。汉桓帝分别派人去迎接他们。这五个读书人，学问好、品格高、名望大，可是脾气也很怪。他们宁可一面教书，一面耕种，就是不愿意给昏君当奴才。他们好像都约定了似的，一个也没来。汉桓帝本来并不真心实意地要搜罗人才，不来就拉倒。只是陈蕃觉得有点别扭，怎么连老朋友徐穉也不来看他一看呐？

原来陈蕃和徐穉很有交情。以前陈蕃做豫章太守的时候，曾经请徐穉出来做事。徐穉只跟他做个朋友，可是不愿意做官。陈蕃也有个怪脾气。他不喜欢应酬，不招待宾客，只有对徐穉是个例外。他每回请徐穉过来，老是谈到半夜三更。因此，特地给徐穉准备了一张卧榻，跟他一块儿过夜。徐穉一走，陈蕃就把那张卧榻挂起来，直到徐穉再来，才放下来。他这么尊重徐穉，这会儿又特地推荐他，可是他不来，难怪做老朋友的觉得别扭。

陈蕃还不灰心，他又请汉桓帝派使者去聘请安阳名士魏桓。魏桓也像徐穉他们一样，不愿意动身。朋友们都劝他，说："就是到京师里去走一趟也好嘛。"魏桓对他们说："读书人出去做官，总得辅助皇上，教导人民，才对得起国家。现在后宫多到几千人，请问能减少吗？供玩儿的马多到一万匹，请问能减少吗？皇上左右的那一批宦官，请问去得了吗？"他们叹了一口气，说："这恐怕办不到。"魏桓说："对呀！那么你们劝我去，你们要我的命，是怎么着？要是我活着出去，死了回来，对你们有什么好处？"大伙儿这才没有话说。

魏桓、徐穉他们不去，汉桓帝也不希罕他们。他有一大批封了侯的宦官就满够了。中常侍侯览并没参与那一次除灭梁家的事，他给汉桓帝献了五千匹绢，汉桓帝也封他为侯，还把他跟单超他们一块儿列入功臣里面。这些宦官的骄横劲儿压倒所有的大臣。白马令（白马，地名，在河南省滑县；令，县令）李云冒冒失失地上了一个奏章，批评汉桓帝不该滥封宦官。他说："这么多的宦官，没有什么了不起的功劳，就封了一万户以上，这样干，在西北边塞上的将士们恐怕要人心离散了。"他还说："皇帝是治理天下的。现在乱给爵位，宠用小人，贿赂公行，不理朝政。难道不要治理天下了吗？"

汉桓帝看了，眼珠子向上直翻，立刻下个命令，把李云下了监狱，叫中常侍管霸严刑拷打。大臣杜众立刻上书，愿意和白马令李云一同死。汉桓帝更加火儿了，把杜众也下了监狱。陈蕃等几个大臣联名上书，替李云和杜众求情。汉桓帝要让他们瞧瞧到底是谁治理天下的，就把陈蕃他们革了职，吩咐小黄门传出命令把李云、杜众处了死刑。你说他宠用宦官，他觉得还没宠用够呐。当时就把中常侍单超拜为车骑将军,叫他掌握兵权。宦官的势力多么大,听都没听说过。

宦官单超做车骑将军没多久,死了。其余的四个侯,徐璜、具瑗、左悺、唐衡没有个头儿压在上面,更加无法无天了。他们大兴土木,盖造大厦。他们虽然都是失去生殖能力的男子,不娶媳妇儿总觉得不像个样儿。他们就搜罗了许多美人儿,把她们打扮成宫里的妃子似的,日日夜夜伺候他们。他们因为不能生男育女,就收了一些族里的子弟或者不是同姓的人作为义子,这义子也能够继承爵位和俸禄,就有不少没皮没脸的人巴不得叫宦官做爸爸。

这四个大宦官有的是义子、兄弟和侄儿。他们都做了大官。当时的河东太守、济阴太守、陈留太守、河内太守等等都是这几个大宦官的兄弟或者侄儿。至于做县令的,那就更得没法数了。这些无才无德的大官、小官只知道贪污、勒索,压根儿不管老百姓的死活。老百姓受了冤屈,也没有地方可以告发。

徐璜的兄弟徐盛做了河内太守,侄儿徐宣做了下邳令。别说是做太守的可以作威作福,就是做个小小的县令,也可以无法无天地欺压良民。下邳令徐宣只要瞧见一个美貌的女子,不管是谁家的,就非送给他不可。以前的汝南太守李嵩,家在下邳。他的女儿给徐宣看上了。那时候,李嵩已经死了,娘儿俩住在家里。徐宣派人去说亲,要李家的小姑娘做他的姨太太。李家不答应,徐宣就派几个公人把她抢了来。小姑娘一死儿不依,徐宣火儿了,叫人把她绑在柱子上,毒打了一顿,再问她依不依。李姑娘骂他是畜生。徐宣露着牙齿笑了。他拿出一张弓,拣了十几枝箭,一边喝酒,一边把她当作箭靶子,就这么喝一口,射一箭,把个小姑娘活活地射死,他还格格格地笑个不停。

李家向当地的太守鸣冤告状,太守害怕徐宣,也不调查,也不追问,只是把这件案子拖下去。刚巧有个东海相黄浮,是个不怕死活的硬汉,因为下邳是属东海管的,李家告在他那儿。黄浮就派使者传徐宣到东海来,当面审问他。徐宣仗着他叔叔徐璜的势力,把嘴角使劲地往下一拉,露出犬牙,显着狗咬人的样子,说:"你敢把我怎么样?"黄浮吩咐底下人剥去徐宣的衣帽,把他反绑了。徐宣嚷着说:"你反了吗? 你不怕死吗? 你们真敢碰我?"黄浮大喝一声,说:"推出去砍了!"徐宣这才打着哆嗦,跪在地上喊"饶命"。东海的官员也都慌了,拦住他,说:"这可使不得! 万万使不得! 您要杀了徐宣,祸事不小。"黄浮说:"我今天把这个贼子宰了,明天我死，我也甘心！"说着，他亲自监斩，砍了徐宣。全城的人没有一个不痛快的。

黄浮做事，痛快固然痛快，可是徐璜怎么能放过他呐？他一定要替他侄儿报仇，他跪在地上，哭哭啼啼地对汉桓帝说："黄浮受了李嵩家的贿赂，害死我的侄儿。请皇上给我作主。"汉桓帝的耳朵是专为听宦官的话长着的。他就把东海相黄浮革职论罪。

汉桓帝又听了宦官的话，出卖爵位和官职。这是因为连年的灾荒和疫病使朝廷减少了收入，再加上为了抵抗西羌和匈奴又花了不少军费，弄得库房又空了。泰山的农民又起来反抗官兵，杀了当地的都尉。这一次的起义尽管又被血腥的统治硬压下去，朝廷可伤了元气。公元161年（延熹四年），东方发生了地震，连岱山（就是泰山）和尤崃山（就是徂徕山，在山东省泰安县东南）都裂开了。种种天灾、人祸引起了天下不安，朝廷就得找个人来承当罪名。

138 "林 宗 巾"

因为地震，司空黄琼尽管多么小心，也免了职。大鸿胪刘宠升上去，做了新的司空。刘宠曾经做过会稽太守。在他的任期内，他禁止官吏们的非法行为，废除繁杂的和苛刻的命令，会稽郡给他治理得很不错。后来朝廷调他到京师里去，他恐怕惊动老百姓，就不声不响地走了。

刘宠到了若邪山（在浙江省绍兴市南边），忽然有五六个山阴县的父老从山谷里出来。他们的眉毛、头发全都白了，从小道上赶来送行，对刘太守说："从您到了这儿以后，官吏不来为难我们，晚上狗也不叫。我们有了您这么一个太守，真够造化的了。现在朝廷把您调走，我们没法挽留，特来送行。我们知道您两袖清风，厚礼是不肯收的。"他们各人拿出一百个小钱，说："这一百个小钱不值什么，就算是表表我们的心。"刘宠说："老大爷，你们辛苦了。我哪儿能够像你们夸奖的那么好呐？你们的盛意，我心领了。这钱呐，我接受不好，不接受也不好。"说着，他就从每一个父老的手里挑了一个大钱，其余的都退还了。他就这么拱拱手跟这几位父老告别。刘宠下了山，瞧见那边的水很清，他就把那几个大钱扔到水里去了。

刘宠做了司空，反倒没法像在会稽那样发挥他的作用。那个以前的司空黄琼免职以后不到三年，害病死了。四方名士跑来送殡的有六七千人。

其中最出名的有：太原人郭泰，南昌人徐穉，陈留人茅容，巨鹿人孟敏，陈留人申屠蟠等。当初黄琼在家里教授门生的时候，徐穉老去向他请教。两个人往来很密。赶到黄琼做了官，徐穉连一次也没去看过他。这会儿，他拿着祭品到了坟头，上了供，哭了几声，跟谁也没说话，就独自走了。人家还不认识他是谁。大伙儿猜了一会儿。太原人郭泰，又叫郭林宗，想了想，说："这个怪人准是南昌高士（清高的读书人）徐孺子（徐穉，字孺子）。"茅容就说："您错不了。一定是他。我追上去。"

茅容是郭泰的朋友，也可以算是他的门生。他是受了郭泰的鼓励，才钻研学问的。原来郭泰是东汉很出名的儒生，他不愿意做官，可是老喜欢劝人念书。他初到洛阳的时候，名望还不大，人家都不认识他。陈留人符融一见，就跟他结交上了，还把他介绍给河南尹李膺。李膺是符融的老师，和陈蕃同样出名。李膺见了郭泰，非常器重他。他说："读书人我见得多，像郭林宗那样又聪明，又高雅，博学多能的人，真少见。"就跟他做了朋友。郭泰给李膺这么一夸奖，就在京师里出了名。可是郭泰不愿意做官，他向李膺辞行，说要回到老家太原去。李膺准备亲自送他。这个消息一传出去，京师里的儒生都出来送行。一块儿送他到黄河边上的车马就有好几千辆。他们到了河边，李膺只跟郭泰上了小船渡过河去。郭泰这个体面可真不小。儒生们在岸上望着一只小船坐着两个人，把他们当作了神仙。陈蕃给徐穉准备的卧榻和李膺跟郭泰过渡的小船后来就成为知心朋友的话头了。

郭泰离开洛阳，周游郡国，碰到有可以造就的人，就劝他们上太学去或者鼓励他们好好地研究学问。有一天，他到了陈留，路过田野，下起雨来了。他跑到大树底下去，就瞧见有好几个庄稼人在那儿避雨。有的蹲着，有的伸着大腿坐着，有的躺在树根子上。其中有个庄稼人，四十来岁，看去挺斯文，必恭必敬地坐着，好像听老师讲书似的。郭泰猜想他准是个种地的读书人，就跟他通了姓名，故意向他请求，说他找不到过夜的地方，能不能在他家里过一宵。那个种地人就是陈留人茅容。他挺客气地把郭泰接到家里，招待他过夜。第二天，天一亮，郭泰起来，就瞧见茅容已经杀了一只鸡，正在做饭。郭泰觉得主人这么待他，心里很过意不去。赶到吃饭的时候，茅容先伺候他母亲吃了，把那吃剩的鸡肉藏在食柜里，然后自己跟郭泰坐在一块儿吃，吃的仅仅是平常的青菜、淡饭，连鸡爪子都没有。郭泰吃完了饭，向茅容作个揖，说："好！你是我的好朋友。"他就劝他去游学。茅容听了他的话，也成了名士。这会儿，他一听见郭泰说那个怪人准是徐穉，他立刻骑上马追上去。

茅容跑了几里地,追上了那个人。一问,果然是徐穉。刚巧旁边有一家酒铺子,茅容要求他,说:"咱们难得碰到,就在这儿喝几杯吧。"徐穉也不推辞。茅容做东,要了些酒和肉,两个初见面的朋友就这么一面喝酒,一面聊起天来了。真是海阔天空,从庄稼聊到天文,从天文又聊到庄稼,越聊越对劲儿。茅容顺便向他问起国家大事,想听听他的意见。徐穉傻不唧唧地笑了笑,就是不开口。他一开口,又聊起庄稼来了。

酒喝够了,话也说得不少了,徐穉起身作别,说:"请替我向郭林宗问候:大树倒下来,不是一条绳子拉得住的。何必忙忙碌碌各处奔走呐?劝他安静点吧。"

茅容回来,向郭泰学说了一遍。有几个人有点怪徐穉。他们说:"碰到了可以说话的人还不说,孺子未免太瞧不起人了吧。"郭泰说:"孺子的清高劲儿到了家了。他就是受冻挨饿,你也没法给他吃的、穿的。他能够让季祎(茅容,字季祎;祎 yī)请他吃、喝,已经把季祎当作知己了。至于他闭着嘴不回答国家大事,这是因为他的聪明咱们还可以学学,他的装傻劲儿简直没法儿跟他比。"

郭泰一向到处游历,劝人注重道德、学问,最好能进太学深造。他在巨鹿的时候,有一天,一个人出去溜达溜达,瞧见前面有个人肩膀上挑着一根棒,棒上挂着一只煮饭的沙锅,一晃一晃地走着,样子很怪。郭泰跟在后面,打量着他是怎么样的一个人。忽然听到"啪"的一声,那只沙锅掉在地下,摔成碎片。那个人还是往前走。郭泰跑上去告诉他,说:"朋友,你的沙锅掉了。"那个人好像没事儿似的说:"我知道。""那你怎么不回头看看呐?""掉了就掉了,还看它什么?"郭泰知道这个人很有决断,还真佩服他,就跟他聊起天来了。他这才知道那个人是巨鹿人,叫孟敏。郭泰就劝他到太学去游学。孟敏给他这么一鼓励,也就进了太学,成为名士。

郭泰听说陈留有个漆工叫申屠蟠(申屠,姓。蟠,名),挺有义气,他就亲自去看他。申屠蟠喜欢读书,因为家道贫穷,给人家做佣工,干些油漆活儿。郭泰跟他一谈,申屠蟠好像吹开乌云见了太阳,迫切地想去求学,可是他没有钱。郭泰就帮助他去游学,他成了东汉的五经名家。

郭泰自己教授的弟子不下一千人。他们因为汉桓帝昏庸,宦官专权,都不愿意出去做官,名士的名气就越来越大。当时的读书人都要做名士,"做名士"成了一种风气。在这些名士当中,郭泰的名望比谁都大。大伙儿都学他的样。有一次,郭泰在路上着了雨,他的头巾淋坏了,一只角搭拉下来。

他也不在乎,以后就戴着这顶一只角高、一只角低的头巾。万没想到,一般名士瞧见了他戴着的头巾,就故意把头巾的一只角压低,还把这种头巾称为"林宗巾"。这么一来,远远近近的儒生全都戴上了"林宗巾"。

郭林宗虽然不愿意做官,可是谁都知道他跟大臣李膺是好朋友。他们既然是好朋友,当时的一般名士当然都向着李膺。可是李膺因为有宦官跟他作对,官运并不亨通。有时候革了职,有时候坐了监,有时候又奉命做了官。

公元165年(延熹八年,汉桓帝第十九年),李膺做了司隶校尉,陈蕃做了太尉,王畅做了尚书。太学生三万多人都歌颂着这三个大臣,说李膺是天下模范,陈蕃不怕豪强,王畅是优秀人物。大伙儿议论纷纷,评论当时的人物,他们把君子和小人分别开来:君子跟君子为一党,小人跟小人为一党。朝廷上执掌大权的宦官们都把反对他们的人称为"党人"。打这儿起,"党人"就不断地遭到了迫害,闹得人心惶惶,谁也不知道什么时候给人加上一个"党人"的名目,就会下了监狱。

李膺做了司隶校尉,有人告发宦官张让的兄弟张朔。张朔是野王(地名,在河南省沁阳县)的县令,贪污、勒索,无恶不作。经人告发,他知道司隶校尉的厉害,就离开野王县,逃到京师,躲在他哥哥张让家里。李膺听到了这个风声,亲自带领着公人到张让家去搜查。搜查了半天,可没见到张朔的影子。这怎么办呐。他们再仔细看了一遍,就瞧见张让家里有复壁(中间有夹道的墙壁),就吩咐手下人打破复壁,进去搜查。果然张朔藏在里面。他就像逮小鸡似的给逮了去,押在洛阳监狱里。

张让派人去说情,已经来不及了。张朔供认以后,早给砍了。张让气得什么似的,马上向汉桓帝哭诉。汉桓帝知道张朔有罪,不好去难为李膺,可是总觉得李膺太瞧不起宦官了。

一波未平,一波又起。有个河南方士张成,素来结交宦官。据说他能够看风向,推测吉凶。就在公元165年,中常侍侯览透出消息来,说日内就要大赦。张成马上装腔作势地当着众人看了看风向,就说皇上快要下诏书大赦天下了。别人不信。他要人家传扬他这个方士的本领,就跟人家打赌,叫他儿子去杀人。司隶李膺把那个凶手拿来办罪。第二天,大赦的诏书果然下来了。张成得意洋洋地对众人说:"你们看我是不是未卜先知? 诏书下来了,不怕司隶不把我的儿子放出来。"这话传到李膺耳朵里,李膺更加冒了火儿,他说:"预先知道大赦就故意去杀人,大赦也不该赦到他身上。"说完,就把张成的儿子杀了。张成哪儿肯甘休? 他请中常侍侯览、小黄门张让给他想办法报仇。侯览他们就替张成出个鬼主意,叫他去嘱咐自己的弟子牢修上书，控告李膺勾结一些太学生和像游民似的所谓名士联成一党，毁谤朝廷，败坏风俗。

汉桓帝本来已经恨透了那些批评朝廷的儒生，这会儿看了牢修的控告书，就下了命令，逮捕党人。太尉陈蕃看了党人的名单，都是天下知名之士，他不肯签署。汉桓帝火儿更大了，当时就把李膺下了监狱。还有太仆杜密、御史中丞陈翔，以及陈寔（寔 shí）、范滂等一共两百多人都得按名单逮捕。有些被指为"党人"的名士，一听到风声，逃的逃，躲的躲。朝廷出了赏格，通令各郡国，非把这些人抓来不可。

139 逮捕党人

宦官跟党人的斗争是很激烈的。要是党人得了势，宦官就没有地位了。他们就先后把杜密、陈寔、范滂等人都下了监狱。

杜密是颍川人，曾经做过北郡太守、泰山太守和北海相。一向监视宦官子弟，有恶必罚，有罪必办。后来他革职回家，还老向当地的郡守、县令提供意见，请他们好好地治理百姓。郡守、县令虽然讨厌他多嘴，可是他是还乡的大臣，倒也不敢得罪他。跟他同郡的有个辞职还乡的大官叫刘胜。他原来是蜀郡太守，一回到家里，就大门不出，二门不迈，每天在家里扫扫院子，任何亲戚朋友，都不接见。颍川太守王昱（昱 yù）一见杜密又来跟他谈论当地的情况，就不停地称赞刘胜，说他闭门不出，清高极了。杜密知道王昱有意讽刺他，就说："刘胜做了大官，有了这么高的地位，按理说，他应当为国为民干些事。可是他既不敢推荐好人，又不敢批评坏人。只管自己不出事，不声不响，好像'冷天的知了'（文言叫寒蝉）似的。这种胆小鬼是当世的罪人。我呐，听见有好人，就来告诉您，听见有坏人，也来告诉您，让您在赏善罚恶当中，也可以有万分之一的帮助。"王昱听了，自己觉得有些害臊，只好挺恭敬地对待着杜密。后来杜密又被调到京师，做了尚书令，又升为太仆。他像李膺一样，疾恶如仇。两个人的品格和名望都差不多，人们也就把他们联着称为李、杜（以前李固和杜乔称为李、杜，这会儿李膺和杜密也称为李、杜；李固和杜乔见第136篇）。李膺下了监狱，杜密当然也逃不了。

陈寔是颍川人。据说有一个晚上，有个小偷进了他的屋子，躲在房梁上，给陈寔瞧见了。他召集了自己的子孙，向他们训话，说："做人必须自己勉励自己。坏人并不是生下来就坏的。习惯成性，以致如此。梁上君子就是这一类的人。"那个小偷知道躲不过去，又是惊慌，又是害臊，就从房梁上爬下来，趴在地下向陈寔磕头认错。陈寔对他说："看你的貌相不像个坏人。你应当勉励自己，勤俭过日子，做个好人。可是你太穷了，确实也不好过日子。"他就拿出两匹绢来送给他。陈寔跟宦官本来没有冤仇，因为他的名望太大，再说他也是太学出身的，就也被划到党人里边去。有人劝他逃走。他叹了一口气，说："我逃了，别人怎么办呐？我进去，也可以壮壮他们的胆。"说完话，他就动身上京，进了党人的监狱。

范滂是汝南人。他一听到朝廷逮捕党人，也像陈寔一样，挺着腰板、仰着脑袋自动地进了监狱。那时候，党人都关在北寺监狱里。监狱官对他说："囚犯进了监狱，应当祭祀皋陶（Gāoyáo，相传是虞舜的大臣，最早制定法律、设立监狱的人）。"范滂很正经地说："皋陶是古代正直的大臣。如果他知道我们没有罪，他将替我们在天帝面前申诉冤屈；如果我们有罪，祭他有什么用呐？"他不祭，别的人也都不祭了。

被逮捕的党人都是天下名士。度辽将军皇甫规自己认为也算是西川（在四川省的西部）豪杰，因为跟党人们没有来往，没受逮捕，算不得名士，心里觉得非常害臊。他就上书给朝廷，说他曾经推荐过党人，跟太学生有过来往，也附和着党人，应当跟他们一同受罪。一来因为宦官们跟皇甫规没有仇恨，二为汉桓帝正需要他去安抚西羌、抵抗匈奴，就没去难为他。

汉桓帝没把皇甫规办罪，可是他疑心太尉陈蕃跟党人有联系，因为陈蕃上了一个奏章替党人们辩护。宦官又从中给陈蕃说坏话。汉桓帝就把他革了职，任命周景为太尉。周景也算是个老实人，他看到陈蕃为了替党人说了几句话，连官职也革去了，哪儿还敢开口？俗语说，"是非只为多开口，烦恼皆因强出头"，他做他的官，让别人坐他们的监吧。这批党人也不审问，也不定罪，就这么在北寺关了一年多。可是是非自有公论，公道自在人心。当时有一个颍川人贾彪，自告奋勇地上洛阳去替党人走门路。

公元167年，贾彪到了洛阳，见了城门校尉窦武（窦融的曾孙）和尚书霍谞（xū），请他们替党人申冤。这时候，汉桓帝已经立贵人窦氏为皇后。窦武是窦皇后的父亲，封为槐里侯。他听了贾彪的话，上书给汉桓帝，请他释放党人。他还交上了城门校尉和槐里侯的印，自愿免职还乡。汉桓帝把这两颗印发还给他。尚书霍谞也上书，请求释放党人。汉桓帝不得不考虑一下。李膺以攻为守,开始向敌人进攻。他向宦官反击,列举了一些宦官子弟,说他们跟他是同党。宦官才害怕了,就对汉桓帝说:"现在天时不正,应当大赦天下了。"汉桓帝就把两百多个党人一概释放,可是把他们的名字都留下来,一辈子不准他们做官。

这许多"党人"都分头回到自己的本乡去。范滂离开洛阳,回到汝南。南阳士大夫都等在道上欢迎他,光是车马就有好几千辆。范滂听到了这个信儿,叹了口气,说:"这不是叫我再去坐监吗?"他就绕着道,偷偷地回到家乡。

当初捉拿党人的诏书到了各郡国,各郡国都上书把党人报上去,牵连着的人多到几百个。只有平原相史弼(bì)连一个人也没报上去。诏书接连下来催他,一定要他报上党人来。他始终不报。青州派从事(官名)到了传舍(客舍),把史弼传去,责备他为什么不逮捕党人。史弼说:"平原没有党人。"从事把脸一沉,说:"青州六郡(六郡,就是济南、乐安、齐国、东莱、平原、北海),五郡都有党人,难道单单平原没有? 没有这个道理!"史弼回答说:"先王划分地界,各地的水土、风俗各有不同。别的郡有党人,凭什么就能够断定平原也一定有党人呐? 如果为了奉承上司,一定要冤枉好人,那么,平原家家户户都是党人。如果一定要我死,死就死吧。党人我可说不上来。"从事生了大气,就把平原郡的官员收在监狱里,一面回报朝廷,要把史弼定罪。这时候,刚巧碰到汉桓帝从宽发落党人,只罚了史弼一年俸禄,把他免了罪。

就在这年冬天,汉桓帝害了病。他立了三次皇后(梁后、邓后、窦后),有几十个贵人,上千的宫女。他在害病的时候,还跟田圣等几个女人鬼混在一块儿。这个荒淫的皇帝死的时候才三十六岁,可就是没有儿子。

汉桓帝一死,窦皇后慌了手脚。她连忙召她父亲窦武进宫,商议立嗣。他们又跟几个大臣商议了一下,就立河间王刘开的曾孙、十二岁的小孩子刘宏为皇帝,就是汉灵帝,尊窦皇后为皇太后。十二岁的孩子懂得什么,当然由窦太后临朝,窦武为大将军,陈蕃为太尉。大将军窦武、太尉陈蕃同心协力,辅助王室,接着就征求天下名士。李膺、杜密他们又重新回来,参预朝政。天下人都拉长着脖子等着过好日子了。

窦太后挺重视陈蕃,还拜他为太傅,对她自己的父亲窦武更不必说了。可是她在宫里,天天瞧着中常侍曹节、王甫他们奉承她,好得不能再好。她把他们当作了亲信。他们请求什么,她就答应什么;他们要封谁,她就封谁。命令下来,窦武和陈蕃实在不能同意,可是又不便反对。

陈蕃私底下对窦武说："从前萧望之只有一个石显跟他作对，害得他只好自杀(见本书第103篇)。现在有了几十个石显，为非作歹、杀害忠良，将军得早想个办法才好。我已经快八十了，还贪图什么？我还打算为朝廷除害，帮助将军立功，才留在这儿。不消除宦官，没法治理天下。"窦武完全同意。他到了宫里，要求窦太后消灭曹节他们。窦太后怎么也下不了这个决心。她还说："汉朝哪一代没有宦官？"

陈蕃上书，列举宦官侯览、曹节、王甫等的罪恶，请太后立刻把他们杀了，免得发生祸患。窦太后把陈蕃的奏章搁在一边。接着，又有别的大臣上书，要求罢免宦官。这么打草惊蛇地一来，蛇没打着，反倒给蛇咬了。曹节、王甫他们先下毒手。他们拿着节杖，说陈蕃、窦武造反，先后把他们都杀了。他们进了长乐宫，逼着窦太后交出玉玺，把她关在南宫。为了这场变乱，不但陈蕃和窦武两家的宗族和亲戚、门人都遭了殃，连带被害的还有好几家。李膺、杜密他们因为没跟陈蕃、窦武在一起，总算从宽处罚，削职为民。别的同情陈蕃窦武的可是怕死的大臣，只能暗地里轻轻地叹气，还怕有人听见。

李膺和杜密等人回到家乡，名声更加大了。天下名士，尤其是那些一辈子不准做官的"党人"，把他们作为名士的首领。这些士人批评朝廷，更加痛恨宦官。宦官也更加痛恨他们。党人和宦官做定了死对头。

中常侍侯览因为山阳高平人张俭曾经上书告发过他，一心想报仇，就是没有机会。原来张俭曾经做过东部督邮(督邮，郡守的助手，督察郡内的属县的官)。他到了中常侍侯览的家乡，见到侯览一家，尤其是他母亲，横行不法、残害百姓。因此，张俭上书告发。没想到这个奏章落在侯览手里，给他没下了，从此结了仇。张俭有个同乡人朱并，原来是他的手下人，因为品行不端，被张俭轰走。朱并就去投奔侯览。侯览嘱咐他上书告发张俭，说他和同乡二十四人结成一党，不但毁谤朝廷，而且私立名号，企图造反。中常侍曹节趁着这个机会嘱咐朝廷上几个心腹一起上奏章，再一次逮捕党人，把李膺、杜密、范滂等这些人都包括在内。

那时候(公元169年，建灵二年)，汉灵帝才十四岁。他问曹节："什么叫党人？为什么要杀害他们？"曹节指手画脚地把党人怎么可怕、怎么要推翻朝廷、篡夺皇位，说了一大骡车。汉灵帝听得缩短了脖子，连忙答应他下了诏书，去消灭党人。

逮捕党人的诏书一下来，各郡国又都骚动。颍川襄城的一些士人得到了这个消息，慌忙跑到李膺家里，催他赶快逃走。李膺说："我一逃，反倒害了别人。再说我已经六十了，死就死吧，还逃到哪儿去呐？"他就自己进了监狱。这位前司隶校尉李膺给宦官几次三番地陷害，最后终于丢了性命。他的门生和他所推荐的一些官吏都被"禁锢"（禁锢，就是一辈子不准做官的意思；锢 gù）。

范滂住在汝南征羌县（在河南省郾城县）。汝南督邮吴导，奉了命令到征羌县去逮捕范滂。他到了驿舍，关着门，抱着诏书，倒在床上直哭。这个消息一传出去，县里的人慌了手脚，不知道该怎么办才好。范滂听到了这件新闻，就说："吴督邮一定是不愿意抓我，为我而哭。"他亲自跑到县里投案。县令郭揖一瞧见范滂来了，吓了一大跳。他交出了官印，情愿跟着范滂一块儿逃走。他对范滂说："天下这么大，哪儿不能去得，您何必自投罗网？"范滂挺感激地说："我死了，朝廷才能够放宽党人。我也不能连累您。再说我母亲已经老了，我一逃，不是还要连累她老人家吗？"县令郭揖叹了一口气，派人去请范滂的母亲和他儿子来跟范滂见一见面。

范老太太带着小孙孙去见范滂，对他说："你能够跟李、杜（李膺、杜密）同样出名，我已经够满足了，你也用不着难过。"范滂跪着接受他母亲的教训。他站起来对他儿子说："我要叫你作恶，可是恶是不能作的；我要叫你为善，可是我生平并没作恶，还落到这步田地。"说到这儿，他止不住掉下眼泪，旁边的人全都哭了。范滂请他们都出去。他就跟着督邮吴导到了京师，终于死在监狱里。那时候，范滂才三十三岁。

像李膺和范滂那样被杀的有一百多人。杜密自杀了。别的党人或者有党人嫌疑而被杀、被禁锢的还有六七百人。太学生被逮捕的一千多人。只有郭泰虽然也是个头儿脑儿，可是他一向不多说话，更没公开地批评过朝廷，也没得罪过宦官，总算没有受到逮捕。他一听到死了这么多的正派的人，不由得暗地里流着眼泪，说："汉朝的天下恐怕长不了啦。"

宦官杀了这么多的党人，当然是称心如意了。可是中常侍侯览因为他的死对头张俭还没拿到，挺不高兴。他请汉灵帝通令郡国一定要捉拿张俭到案，谁窝藏张俭的，跟张俭同样办罪。这一来，郡国官吏到处捉拿张俭。张俭各处躲藏，大家情愿冒着危险，保护着他。他东躲西藏，后来到了东莱，住在一个叫李笃的家里。外黄令毛钦拿着刀到了门口。李笃请他进去，招待他坐下，对他说："张俭犯了罪，我也包庇不了。要是他真在这儿，他是个正派人，难道您乐意抓他吗？"毛钦说："从前蘧伯玉（春秋卫国人，孔子的朋友）认为专为自己做个君子，应该觉得羞耻。现在您怎么想独占仁义呐？"李笃微微一笑，说："哪儿，哪儿？您不是已经分了一半了吗？"毛钦叹息了一会儿,走了。

张俭不像李膺、杜密、范滂他们那样情愿自己出去,不愿意连累别人。他还想活命,各处躲藏,以致有好几家人家因为收留过他而遭了祸,轻的下了监狱,受了拷打,重的处了死刑。其中有一家姓孔的,也因为张俭倒了霉。

140 太 平 道

那个姓孔的叫孔褒(bāo),是鲁郡人,跟张俭一向挺要好。张俭逃到鲁郡去投奔孔褒。刚巧孔褒不在家。他的小兄弟孔融,才十六岁,把他接了进去。张俭知道了孔褒不在,很为难,打算逃到别的地方去。孔融问他的姓名、来历,愿意招待他。张俭看他太年轻,只是吞吞吐吐地说了几句。孔融自作主张,把他留下了。过了几天,不免露了风声。赶到官府派人来抓张俭,他已经走了。鲁郡的官吏就把孔褒、孔融哥儿俩都逮了去,可不知道哪一个应当定罪。孔融说:"是我招待了他,应当办我的罪。"孔褒说:"他是来投奔我的,应当办我的罪。这件事跟我兄弟无关。"官吏问他们的母亲。孔老太太说:"我是一家之主,应当办我的罪。"娘儿三个这么争着,弄得郡县没法判决,只好上书请示。诏书下来,把孔褒定了罪。孔融因此出了名。

孔融是孔子第二十代的子孙。他是弟兄当中的老六。他从小就非常聪明,在四岁的时候,跟他哥哥们吃梨,他挑了个最小的。大人问他:"你怎么不挑大的,反倒挑个小的?"他说:"我最小,所以挑个最小的。"全家人都说这孩子真乖。他十岁那一年,跟着他父亲到过京师。那时候,李膺正做着河南尹,因为来往的人太多,他吩咐管门的除了当代名士和通家世交以外,别的人一概不见。孔融也要去见见李膺,他对管门的说:"我是李公通家子弟,特来拜见。"管门的通报李膺,李膺只好让他进去。

李膺并不认识他,就问:"令祖、令尊是哪一位? 跟我是亲戚还是朋友?"孔融说:"先祖孔子跟您老人家的先祖老子(李耳)向来有交情,可见我们是世交了。"李膺听了,笑了。他着实喜爱这个孩子。在座的还有不少贵宾,也都称赞孔融。过了一会儿,大中大夫陈炜(wěi)到了。大伙儿告诉他这个小孩子孔融怎么聪明。陈炜撇了撇嘴,说:"小时候聪明,大了未必怎么样。"孔融对他说："那您小时候一定是挺聪明的了。"大伙儿不由得都笑了，陈炜也挺尴尬，只好干笑了两声。

孔融在十六岁那年，因为情愿替哥哥孔褒受罪，大家都称赞他。正因为人们称赞孔融一家，对张俭连累别人就表示不满。有个陈留人夏馥(fù)，也是党人中的一个名士。他说："自己作孽，说话不小心，还要东躲西藏，连累别人，这样活着还有什么意思！"他就把头发和胡子全都铰了，逃到林虑山(在河南省林县)，更名改姓，给人家做佣人。天天干活，脸和手变成又黑又粗，谁也看不出他是个读书人。他的兄弟夏静暗地里打听了两三年，一心想送几件衣服给他。有一天，哥儿俩在市上碰到了，夏静不认识，听到夏馥说话的声音，才知道是他哥哥，就向他拜下去。夏馥不理他，故意跑开了，夏静追上去。到了一个僻静的地方，夏馥责备他，说："我为了遵循正理，痛恨恶行，才为宦官所害，孤单单地躲在这儿。兄弟你这么送东西来，不是来害我吗？东西拿回去，千万别再来。"夏静只好含着眼泪走了。像夏馥那样隐姓埋名、给人家做佣人或者从此不露面的名士着实还有不少。

这几年当中，各地不断地发生水灾、旱灾、地震、瘟疫、蝗虫、螟虫等等。吴郡一带的农民拼死起义，攻打县城，杀了官吏。会稽人许生在句章(在浙江省慈溪县)起兵，没有几天工夫，参加的人就有一万多。诏书下来，吩咐扬州刺史和丹阳太守发兵围剿。官兵反倒打了败仗。许生的声势越来越大，就自称为阳明皇帝。公元174年(熹平三年，汉灵帝即位第七年)，吴郡司马孙坚趁着机会，招募壮丁，联合州郡的官兵，打败许生，把他杀了。吴郡的起义军暂时给压下去。可是水灾、旱灾、螟虫、蝗虫没法压下去。

永昌(郡名，在云南省保山县北)的太守曹鸾上书，说："党人之中有的德高望重，有的是济世英才，他们都可以做王室的助手。老把他们禁锢，上天也不会原谅。现在水灾、旱灾连年不断，这是上天的警告。皇上应当大发洪恩，免了党人的罪，才能应天顺民。"汉灵帝连话都没说，干脆下了一道诏书，把曹鸾定了死罪。

公元178年(光和元年，汉灵帝即位第十一年)，宫里有一只母鸡，鸡冠越长越高。有一天，忽然打起鸣儿来了。母鸡变成公鸡原是动物生理上的一种变态发展，在古人看来可是个不吉之兆。汉灵帝也着慌了。他问大臣们怎么样可以消灾。大臣们大多隔靴搔痒地回答了几句。议郎蔡邕(yōng)比较说得详细，可是到底怎么办还是个不明不白。汉灵帝特地召他进宫。

议郎蔡邕精通经学，又是书法家。汉灵帝曾经叫他书写五经文字的标准字。这是因为太学生为了争考试的名次，常在文字上争论不休，老师也因为当时没有标准字体，很难断定谁是谁非。蔡邕和别的几个大夫向汉灵帝建议制定五经文字的标准字体。汉灵帝同意了，叫蔡邕负责办这件事。蔡邕用古文体、篆体、隶书三种字体把五经文字写出来，刻了四十六块石碑，立在太学门外。这一来，每天在石碑前校对文字和临摹的人很多，车马就有一千多辆，连街道都堵住了。这些研究经学的太学生和别的士人就算不反对宦官，他们也不能在经学里找到重用宦官的理论根据。因此，宦官就请汉灵帝另立一个新的太学，叫"鸿都门学"，去跟专门研究经学的太学对抗。"鸿都门学"注重诗词歌赋、小说、绘画、书法等文学艺术。凡是到"鸿都门学"来的读书人，因为走的是宦官的门路，都可以做官，考试及格的做大官，不及格的做小官。太学生做官的出路就这么被这些由宦官培养出来的人占了。这么着，太学生和一般名士都瞧不起这些出身于"鸿都门学"的读书人，把他们和宦官一起称为小人。这两派人就成了冤家。

这会儿，汉灵帝召蔡邕进宫，对他说："有什么说什么，不必顾虑。"蔡邕见汉灵帝这么诚恳地问他，就上了一个秘密的奏章，把朝廷中谁是君子谁是小人都写在上面。汉灵帝看了，叹息了一番。他上更衣室去的时候，中常侍曹节把奏章偷看了一下。这一来，蔡邕的奏章全给宦官集团知道了。中常侍程璜立刻派人告发蔡邕，说他毁谤朝廷，谋害大臣。程璜他们又在汉灵帝跟前加枝添叶地说蔡邕大逆不道，应当处死。汉灵帝原来昏庸，就把蔡邕下了监狱。宦官又用些贿赂，蔡邕还真定了死罪。想不到宦官当中也有个代抱不平的人叫吕强。他知道蔡邕的冤屈，尽力在汉灵帝面前替蔡邕说情作保。汉灵帝就叫吕强传出命令把蔡邕免了死罪，罚他和他全家充军到朔方去。

蔡邕反对宦官，差点送了命。相反的，谁能够巴结宦官，就可以做官。扶风有个大财主叫孟佗(tuó)，他结交了中常侍张让的一个管家奴，不断地送礼物给他。那个管家奴很感激，问他有什么需要他帮忙的地方。孟佗说："只要你们在宾客们面前拜我一拜，我就感激不尽了。"有一天，孟佗去拜见张让。张让门前的车马至少有几百辆，孟佗的车没法挤过去。那个管家奴率领着一群奴仆出来迎接孟佗，向他跪拜。接着就把孟佗连人带车抬到大门里去。宾客们见了，都伸出舌头来。他们认为原来孟佗是张让的好朋友，大伙儿争前恐后地把值钱的东西送给孟佗。孟佗分一部分给张让，张让很高兴，让孟佗做了凉州刺史。

汉灵帝昏昏庸庸地信任宦官，只知道吃、喝、玩、乐。可是就有一样，库房里的钱老不够用。他在西园开了一个挺特别的铺子，让有钱的人很方便地到这儿来买官职和爵位。四百石的官职定价四百万；两千石的官职定价两千万；就是凭才德选上的官员也得付半价或三分之一的价钱；县令的缺随县的好坏决定价钱；没有钱的也可以买官，准他上任之后加倍付款。这么公开地允许官吏去搜刮民脂民膏，老百姓可就活不下去了。

"卖官鬻爵"（鬻 yù，就是"卖"的意思）越来越不像话。连三公九卿也定了价钱："公"一级要价一千万，"卿"一级要价五百万。可是由朝廷出面叫人来买公卿的爵位，在面子上太说不过去，他就暗地里嘱咐宦官去做这桩买卖。

护羌校尉段颎花了一笔极大的款子，做上了太尉。他一味地奉承中常侍曹节、王甫他们。这些宦官有了太尉做帮手，还怕什么呐？他们的父兄、子弟都做了官，布满天下，在各地无法无天地虐待老百姓。光是王甫的养子王吉一个人儿，仗着王甫做靠山，仅仅做了五年沛相，就杀害了一万多人！司隶校尉阳球抓住了王甫和段颎贪污勒索的证据，冷不防地把他们定了死罪。司徒刘郃(hé)和别的三四个大臣也想排斥宦官，可是他们的计划给曹节知道了。他在汉灵帝跟前反咬一口，说刘郃他们谋反。汉灵帝听了曹节的话，把这几个大臣全都杀了。

朝廷上敢说话的大臣死的死了，免职的免职了，剩下几个比较正派的人，自己还不知道早上起来，能不能活到晚上。全国的老百姓受着贪官污吏、大族豪强的压迫，再加上连年的灾荒。这样的日子叫老百姓怎么过得下去？那时候，巨鹿郡张家有弟兄三个，张角、张宝、张梁。三个人都挺有本领，还乐意帮助老百姓，大伙儿把他们当作首领，起来反抗朝廷。

张角曾经读过书，相信黄老（信仰黄帝和老子的道教）。他懂得医道，给人治病挺有效。穷人看病，还不要钱。他很快地出了名。他看到绝大多数的农民只盼望能够安心生产、过着太平的日子，在受不了痛苦的时候，又只能央告老天爷。他考虑了好久，才决定宣扬一个教门，叫"太平道"，收了一些弟子，跟他一块儿传教、治病。每回发生瘟疫的时候，张角把药预先煎好，配成现成的药水，盛在瓶子里，随时给人治病。他还利用宗教的精神治疗，叫病人跪在坛前，自己念着符咒，然后给他喝药水。他就这样救活了不少人。远远近近到他家来求医的，每天总有一百多人。张角自己称为"太平道人"，人们可都尊他为"太平真人"。

相信太平道的人越来越多了。张角就派他的兄弟和弟子周游四方，一面治病，一面传道。大约过了十年光景，太平道传遍了青州、徐州、幽州、冀州、荆州、扬州、兖州、豫州。这八个州的老百姓不论信不信，没有不知道太平真人的。各地教徒发展到几十万，张角、张宝、张梁的势力和影响传播

相信太平道的人越来越多了。

到全中国。郡县的官吏认为太平道是劝人为善、给人治病的教门，谁也不去真正过问。朝廷上有一两个大臣曾经上书，请朝廷下令禁止太平道。汉灵帝正忙着起造林园，没把太平道放在心里。

没想到太平道一起来反抗朝廷，全国几十万农民同时起义，不到十天工夫，天下响应。所有跟着张角、张宝、张梁起义的农民头上都裹着黄巾，当作标记。起义军就称为"黄巾军"。

各地的起义军好像大河决了口子一样，人数越来越多，官兵哪儿抵抗得了？汉灵帝只好让各州郡自己招募将士，用心抵抗黄巾军。这么一来，各地的宗室贵族、外戚将军、太守、刺史、地主豪强以及所谓英雄好汉、流氓地痞等等，都借着征讨黄巾的名义，趁着机会抢夺地盘，扩张势力，把个东汉的天下闹得四分五裂，七零八碎，然后大鱼吃小鱼，把中国分成魏、蜀、吴三国割据的局面。到了公元220年（汉灵帝的儿子汉献帝三十一年），东汉亡于魏。魏、蜀、吴各有皇帝，各立朝廷，正式分成了三国。

当时汉灵帝为了抵抗黄巾军，拜何进为大将军，尚书卢植为北中郎将，北地太守皇甫嵩（皇甫规的侄儿）为左中郎将，谏议大夫朱儁（jùn）为右中郎将，分头出发。黄巾军也真厉害，对抗官兵坚持了二十多年，才被压下去，可是接着汉朝也就亡了。

【附录】

作者原序

本书紧接着《东周列国故事新编》。全书的体例跟上一本大体相同,因此,有关编写的一些技术性的问题这儿就不重复谈了。可是有一件事,我还得再提一提,那就是:我写中国历史故事的动机,只是想借着这些历史故事来试验普通话的写作,换句话说,我的动机是从研究语文出发,是以研究语文为主的。为了这个缘故,我想先谈谈有关语文的一些问题。

毛主席早在1940年在《新民主主义论》里就说过"言语必须接近民众"。有不少人以为字应当认,书应当读,就是所谓"读书识字";说话么,谁都会,儿童在没上学之前早就学会说话了。所以在过去我们只注重文字教学,不注重语言教学,普通话的学习更是近来的事。因为过去不重视语言教学,在学生时代只练习"作文",没练习"写话",以致有些人即使成心要写白话,也会不自觉地用了一些不文不白的词句。毛主席在《反对党八股》里教导我们要下苦功去学习语言。他说:

> 为什么语言要学,并且要用很大的气力去学呢?因为语言这东西,不是随便可以学好的,非下苦功不可。第一,要向人民群众学习语言。人民的语汇是很丰富的,生动活泼的,表现实际生活的。……第二,要从外国语言中吸收我们所需要的成份。我们不是硬搬或滥用外国语言,是要吸收外国语言中的好东西,于我们适用的东西。……第三,我们还要学习古人语言中有生命的东西。……当然我们坚决反对去用已经死了的语汇和典故,这是确定了的,但是好的仍然有用的东西还是应该继承。

关于语言的大众化问题,毛主席在《在延安文艺座谈会上的讲话》里指示我们要向群众学习,要我们在思想感情上和工农兵打成一片。他说:

> 什么是不懂?语言不懂,就是说,对于人民群众的丰富的生动的语言,缺乏充分的知识。许多文艺工作者由于自己脱离群众,生活空虚,当然也就不熟悉人民的语言,因此他们的作品不但显得语言无味,而且里面常常夹着一些生造出来的和人民的语言相对立的不三不四的词句。许多同志爱说"大众化",但是什么叫做大众化呢?就是我们的文艺工作者的思想感情和工农兵大众的思想感情打成一片。而要打成一片,就应当认真学

习群众的语言。

以上所引的毛主席的话是我在写作中作为语文通俗化学习的一个指导思想。我不是笼统地反对文言，也不是要求所有的文章都要通俗，而是从实际出发，要求写给广大群众看的东西、对广大群众进行宣传教育的出版物，最好能用普通话来写，不要滥用文言。这一点我想谁也不会反对。当然，书面上写的语言和嘴里讲的语言，多少总有点区别（例如书面上写的语言可以比较复杂些、精密些），但是必须是同一种的语言，而不是像文言或者半文言那样变成了另一种语言。书面上的语言要尽可能地做到跟嘴里讲的语言一致，必须能够读出来就听得懂，也就是说，能够朗诵。由于过去有不少小说中的白话文并不是今天活的语言，有些人就错误地模仿那种腔调，把白话写成了不文不白的"新文言"。

到了今天，我们更可以明确地说，过去的白话文并不都是我们今天所提倡的"以北京音为标准音，以北方话为基础方言，以典范的现代白话文著作为语法规范的普通话"。这儿还可以看出所谓纸上写的语言和嘴里讲的语言相一致，应当理解为和规范化的普通话相一致，而不是提倡方言或者土话。我因为不喜欢故意掉文，倒喜欢用北京口语来写东西，有一个时期，曾经走上了另一个极端，把北京的土话当作普通话来使用，这是不对的。方言和土话可以作为丰富普通话的养料，但是当它还没在别的地区通行以前，不能作为全国共同的语言，即使是北京的土话，也不能称为普通话。因此，在通俗读物的用词上，我们一面反对滥用文言，一面还得反对滥用方言和土话。这本书在用词上虽然改了好多次，可是文言性的词句和北京的土话，由于一时见不到，还不敢说已经完全改去了。

一个地区的方言和土话，别的地区的人一般是听不懂的，就是写出来，也不容易看得懂，所以在全国范围内，这种用方言或者用土话写的文章不能形成一种文体，也不可能成为一种文风。但是半文半白的文章，虽然读起来不一定听得懂，看是可以看得懂的。这种文体跟汉字重形不重音的特点很相适应，所以尽管和人民的语言相对立，在不少知识分子当中，反倒成了一种习惯。例如不写"既然这样"而写成"既如此"，不写"你来的时候"，而写成"你来时"，不写"他就笑着说"，而写成"他便笑道"等等。这种白话文还是只能够用眼睛看，而不能够用耳朵听的，虽然也叫白话，实际上已经变成一种"新文言"了。这种"新文言"用在一般的书报中，我们可以不谈。可是在通俗读物、儿童读物，甚至连环图画的说明当中，我们也经常见到这些词句。这是为什么呐？我相信今天的作家决不会故意把一句简单明了的话写成不三不四的文言,让识字不多的人看不懂。就我过去的写作经验,说句天公地道的话,不是故意的,而是因为过去受了文言和旧式白话的影响,现在要写通俗的话又没下苦功,那种半文半白的文腔一时还没法改变过来。

文言和白话的区别,一般是容易看出来的,可是书面上的所谓白话文和嘴里讲的普通话,因为比较接近,如果不是特别留心的话,是很容易混过去的。例如:

(1) 你往何处去?(旧式白话)
(2) 你往那里去?(新式白话)
(3) 你上哪儿去?(普通话)

又如:

(1) 他道:(旧式白话)
(2) 他说道;他说:(新式白话)
(3) 他说:(普通话)

像这一类以前的所谓白话和今天的普通话不同的用词,我在写作中有意识地记录下来,以便随时对照。这儿摘出最常用的几十个,依照音序排列如下:

音序	白话文	普通话
biàn	便	就
	便是	就是
céng	曾	曾经
dàn	但	但是;可是
	但却	但是;可是
dào	道	说
	说道	说
	问道	问
hòu	后	以后;之后;然后
hé	为何	为什么
hū	忽	忽然;突然
huò	或	或者;或是
jí	及	和;跟;同
jì	既	既然
jiāng	将	把
jiē	皆	都;全;全都

kǒng	恐	恐怕；大概；也许
kuàng	况	何况；况且
liǎng	两	两个；俩
qǐ	岂	难道；怎么；哪儿
qiě	且	而且；再说；还有
què	却	可；可是；反倒
rú	如	例如；比如；比方；像
	如此	这样；这么；照这样
	如何	怎么；怎么样
ruò	若	如果；要是
shí	时	的时候
	这时	这时候
	那时	那时候
suī	虽	虽然；尽管
wèi	未	还没；没
xiàn	现	现在；目前；这会儿
xū	须	必须；一定；得(děi)；要
yǐ	已	已经；早就
	以	拿；用
	亦	也
yīn	因	因为；为了
yīng	应	应当；应该
yú	于	在
	于是	这么着；为了这个；这样
yǔ	与	和；跟；同
yuán	原	原来
	原是	原来是
zé	则	那么；就
zěn	怎	怎么；怎么样
	怎能	怎么能够
	怎知	怎么知道
zhì	至	到

我正在写这篇序言的时候，有一位朋友很为难地说："文字口语化好是

好，就是太啰唆点儿。这种文章写得好，读起来顺口，就像说话一样，看也看得懂，听也听得懂。好，我赞成。可有一件，看书的时候就多费时间了。看一个'时'字总比看'的时候'三个字省工夫吧。如果读书要用嘴念、要用耳朵听的话，像听广播那样，那么，'你来时'就不如'你来的时候'那么清楚明白，这我也承认。可是书，一般总是看的，不是像给小学生那样朗诵的。'认真学习群众的语言'，这是应当的，'文章里面夹着一些生造出来的和人民的语言相对立的不三不四的语句'，我也反对；但是人民的语言或者说群众的语言，是不是一定就比书面的语言好，我觉得还值得考虑。"

从这段话里，我们可以看出两个有关语文教学的基本问题：一、我国的语言和文字虽然有着密切的联系，一向是分头发展的。到了今天，究竟书本上写的语言和嘴里面讲的语言应当是两种不同的语言呐？还是应当尽可能地求得一致？二、文言的词句肯定比白话简短。就拿文言来说，中古文言要比近代文言简短，而上古文言比中古文言和近代文言更简短；拿白话来说，新式白话的音节要比旧式白话的音节多，而现代普通话的音节比新式白话和旧式白话的音节更多。究竟我国语文发展的方向应当向上古文言看齐呐？还是应当认真学习群众的语言？

前面所引的毛主席《在延安文艺座谈会上的讲话》，实际上已经回答了上面的两个问题。至于这本书里有些地方写得太啰唆，有些词儿用得不恰当，有不少"的"字和"了"字还可以省去，"儿化词"还用了不少，这些都是由于我在语文方面学习不够，就是说，"对于人民群众的丰富的生动的语言，缺乏充分的知识"，而不是由于今天人民的语言或者群众的语言不如以前文人的书面语言那么好。

关于本书语文的一些意见，就写到这儿为止。下面还想谈谈有关历史故事跟历史人物的处理问题。上面已经交代，我编写中国历史故事的动机是从研究语文出发的。我不想，也没有能力把这本书写成历史教科书。在这本书里，尽量不发议论，不做分析，只是把历史故事组织剪裁，用通俗的语言写出来，让读者看了，能够自己分析批判。但是话又得说回来，这样做，并不等于说我对这些历史故事没有自己的看法。在材料的取舍上，语气的褒贬上，我表示了我自己的态度。

正因为这样，我对书中历史事件和人物的处理，不得不更加谨慎。我担心由于我处理得不妥当，会把读者引导到一个不正确的结论上去。有些历史事件和人物的处理，是经过反复讨论、研究，把原稿来回修改好多次，才勉强这么写下来的。这些问题主要的有：陈胜、吴广的失败；项羽和刘邦的斗争；汉文帝的与民休息政策；汉武帝的打匈奴和通西域；王莽的谦恭下士和复古改制；汉光武的功过等等。

第一，先说陈胜、吴广领导下的农民起义军的失败。在初稿中只指出四点原因，就是：(1)由于旧六国领主的残余分子，以前的豪强、武人，失意的贵族、政客等等的混入，起义军的队伍可就复杂了。秦政权还没推翻，这些旧六国贵族和野心家就先割据地盘，进行复辟。(2)由于起义军战线拉得太长，人马分散，各地自发的起义军又不能在统一的领导下集中力量，这就给了秦军个别击破的机会。(3)由于起义军中没有能征惯战的将军，也没有善于指挥的军事家，据历史记载，起义军中唯一懂得一点军事的还得数周文。他曾经在项燕军队里做过观察天文的工作，由他打头阵去进攻咸阳。他一死，原来的起义军就没有自己的将军了。(4)由于陈胜手下出了一个败类，这位首先起义的陈王陈胜竟被叛徒庄贾杀害了。我肯定陈胜、吴广的起义，把失败的原因都记在客观条件的账上，不愿意指出领导人自己的缺点。这是片面的。后来又把历史上记着的陈胜自己蜕化变质的事实也补上去，那就是他做了陈王，住在富丽堂皇的宫里以后，瞧不起那些"破破烂烂的大老粗"，还杀了一些自己的老乡和贫苦时期跟他一起吃过苦的庄稼人。不但从本乡来见陈王的那批亲戚朋友全都走了，连楚营里跟陈王一块儿起义的士兵也走了不少。这样写，对这个历史事件的叙述就比较全面了。

第二，谈谈项羽和刘邦的斗争。小孩子看戏，老问："这是好人还是坏人？"我写历史故事也是这样，好人坏人心里先有个数。可是项羽和刘邦，谁好，谁坏，赞扬哪个，讽刺哪个，就作了多次的修改，自己还不能满意。一来，因为司马迁的《项羽本纪》实在写得太动人了，跟《高祖本纪》一对比，谁都知道他是在颂扬谁，谴责谁。二来，没受过马列主义教育的人，或者学习不够，虽然也讲究谁是谁非，一般地说，免不了有同情失败者的情绪。尤其是因为项羽确实有让人钦佩的地方，而刘邦总有些像个反复无常、刻薄寡恩的小人。因此，照咱们过去文艺上的描写，一个是英雄好汉大丈夫，一个是连父亲的命都可以不要的流氓无赖。不从人物的发展上去研究，也不从全面考虑问题。肯定是好人，就什么都好，好到底；肯定是坏人，就什么都坏，坏到底。这是最容易犯的毛病。我这样写下去，当然得来回修改，甚至重写。

在农民起义反抗残暴统治的斗争中，项羽确实是个"英雄好汉大丈夫"。他不像那些个只知道混水摸鱼，扩张自己地盘的旧六国贵族，眼看着陈胜、吴广的失败，坐视不救；也不像刘邦那样不敢碰一碰秦军的主力，不去消灭秦统治的有生力量，净想拣便宜，先进关做王。围攻巨鹿的秦军三十多万，兵精粮足，声势浩大，旧贵族的几路救兵谁也不敢出战，连奉命救赵的卿子冠军宋义也不敢进兵。要是项羽也像他们那样让秦灭了赵国，局势可就不堪设想了。所以我们可以说，在农民起义消灭秦军的主力，推翻秦朝统治的斗争中，项羽起了很大的作用，是个英雄好汉大丈夫。

灭秦以后，情况不同了。项羽和刘邦各走各的路。贵族出身的项羽，拥兵四十万，号称百万大军，大权在他手里，他开始分封诸侯，把全国分为十八个王国，自己做了封建割据的霸主，把秦始皇已经统一了的局面又退回到四分五裂的战国时代里去了。刘邦和他的一帮人，除了少数是贵族成分以外，大多都是中小地主、小官吏、小生产者、农民和贫民，包括韩信、萧何、陈平、樊哙、周勃、灌婴这些人。他们代表一般人的愿望，不愿意再出现封建割据的混战局面，连张良都反对封六国的后人。项羽分封诸侯，诸侯为了各自扩张地盘，彼此之间必然互相兼并，形成混战的局面，甚至也不服从霸主的指挥。刘邦虽然势力小，他打下的地方大多设置郡县，由自己直接派官吏治理。这就给中央集权打下了基础。更重要的是他知道怎么收拾人心，让老百姓有点好处。从废除秦朝苛刻的法令，约法三章起，一连串的措施，如开放秦朝的林园让农民耕种，免除或减轻租税，不让老百姓犒劳军队等等，跟到处乱杀，残暴出了名的项羽一比，老百姓情愿拥护谁，就太明显了。韩信登台拜将的时候，分析汉楚双方实力的情况和转弱为强、转强为弱的一番道理，基本上是正确的。

由于上述的原因，我把原来的篇名《霸王别姬》和《自刎乌江》改成《四面楚歌》和《难见江东父老》，这当中多少含有谴责的味儿。在项羽说了"这是天数，不是我打仗打得不好"这句话以后，我有意识地加了一段："霸王始终认为只有他一个人力气最大，最能打仗，最能杀人，所以天下的人都应当听他的。到了这会儿，跟着他的只有二十八个人，他还不肯认输，一定要再杀几个人让他们瞧瞧。"

正相反，在《汉高祖登基》一篇里，叙述了裁减军队，安抚百姓，优待官吏等等的措施，还把他的一道诏书记载下来："以前有不少人因为战争离开了家乡，聚在山林里或者躲在水泽地区，他们连户口都没有。现在天下已定，都该各归各县，恢复自己的田地和住宅。官员对百姓要用文法教训，劝化他们，不准像以前那样随便鞭打、侮辱……"从这些措施来看，汉高祖确实给了老百姓一些好处，老百姓认为汉朝的统治比秦朝好得多，这也是很自然的事。

我企图把这两个集团的代表描写成一个是从上坡走向下坡，一个是从下坡走向上坡，也就是我试试"从人物的发展上去研究"的一知半解的处理。

第三，对汉文帝看法。汉文帝是汉朝的一个开明君主，这一点我想谁也不会否认。他一上台，就废除了全家连坐法："一个人犯了法，定了罪，也就是了。为什么把他的父母、妻子也都一同逮来办罪呐？"全家连坐法废除以后，接着就救济各地的鳏、寡、孤、独、穷困的人。即位第二年，又废除了诽谤妖言法。他说："如果有人咒骂皇帝，官吏就认为大逆不道，说话一不小心，又说他们有意诽谤，那简直是封了人民的嘴。我极不同意这种办法。"就在这一年免去全国田租的一半，即位第十三年以后，完全废除了田租。为了一个小姑娘上书，情愿替他父亲赎罪，汉文帝废除了肉刑。

除此以外，值得赞扬的措施还很多，这儿就不说了。我从内心里喜欢汉文帝，把他当作理想的好皇帝来描写，意思是说，这样的皇帝哪儿找去？当时有人对我说："皇帝是全国地主阶级的总首领，他只能压迫广大的劳动人民，不可能处处替老百姓着想。你这么美化汉文帝，容易使读者模糊阶级斗争。"我一听，心里起了波动。后来，又赶上反对人性论的学习，思想上比较明确了。我觉得上面那种意见虽然太片面，但是我把汉文帝写得这么好，恐怕是有问题的，就把原稿修改一下，增加了一些材料，特别强调他以前的困难和即位以后自己地位的不巩固这两点。主要是说他原来被送到接近匈奴的边缘地区，这才没遭到吕后的毒手，他是被扔在外边的一个"舍哥儿"（被遗弃的孩子），是吃过苦头的人；又说他从代地到长安只带着五六个随从的人，朝廷上的大臣没有一个是他的心腹，自己没有一个兵，带兵的没有一个是他的将军。这么一个毫无势力、孤苦伶仃的"舍哥儿"，让别人捧上皇位，他的地位是不巩固的。他不得不虚心听从大臣们的意见，不得不想办法减少老百姓的痛苦，对他们多多让步来换取他们的拥护。我是打算说明汉文帝这么好不是因为他良心好，而是由于环境所逼，不得不这样，就这么减少一点对"地主阶级总首领"的赞扬。我这么改了以后，再请几位同志看一看，请他们提意见。讨论下来，还是不行。他们说："照你这么讲法，汉文帝只是一个适应环境、接受命运支配的人，他自己的努力，主观的能动性在历史上是没有什么地位的了。不能这么说吧，个人、领袖、杰出的人物在历史上是能起一定的作用的。汉文帝是个开明的君主，就照实写，环境和时势固然重要，个人的努力也得重视。"

这么着，我再修改一次，修改成现在的样子。这样处理是不是合适，还不敢说，希望读者多提意见。

第四，汉武帝打匈奴和通西域。汉武帝在我国历史上究竟应当得到一个怎么样的评价，我没有这分本领，不敢尝试。我只能把自己怎么处理某些故事的意见说一说。我从小读历史就留下一个很深刻的印象，那就是：汉武帝这个人哪，八个字："好大喜功，穷兵黩武"。历来有不少评论家不一定用这八个字，可都有这个意思。我从小受的教育多少带着人道主义的。打仗要杀人，杀人总是不好的。后来才知道反对战争不能一概而论。非正义的战争应该反对，正义的战争就该支持。那么，汉武帝打匈奴是正义的战争还是非正义战争呢？这就得看当时的情况了。匈奴是怎么对待汉朝来着？从汉高祖登基不久，匈奴就一直进攻汉朝的边境，掳掠财物子女。汉朝和他们调和、联络，他们又不守信用。经过汉文帝跟汉景帝两朝的休养生息政策，汉朝的国力强大了，这么着，汉武帝才下定了决心，他要用武力来抵抗匈奴的进攻。再说，匈奴也实在不讲道理，直到他们被卫青、霍去病打败以后，狐鹿姑单于还写了一封信，派使者来见汉武帝，提出种种无理的要求。那信上说："南方有大汉，北边有强胡。强胡是天之骄子，不愿意为了一些小礼节麻烦自己。现在我干脆对你说个明白：大开关口，让匈奴出入方便；我们还要娶汉人的女子为妻子；你们还得每年给我上等好酒一万石，粟米五千斛，各种绸缎布帛一万匹；还有别的东西照以前的规矩送来。这样，我们就不再到边界上来抢掠了。"瞧单于的横蛮劲儿。

根据历史的记载，匈奴一直在进攻汉朝。汉武帝出兵抵抗是出于自卫，是不应当受到责备的。

汉武帝通西域，最初的动机是要联络同样受到匈奴攻打的部族共同去抵抗匈奴。这个目的可并没达到，汉武帝跟匈奴多年的战争，直到把匈奴赶回漠北，都没有西域人参加。

公元前115年，汉武帝派张骞和他的几个副手为使者，拿着汉朝的使节，带着三百个勇士，每人两匹马，还有牛羊一万多头，黄金、钱币、绸缎、布帛等价值几千万的礼物，动身到西域去。显然，张骞他们是去联络邦交，而不是去打仗的。要是去打仗的话，三百人顶什么事呐？一万头牛羊、黄金、钱币、绸缎、布帛都不是武器。正因为通西域的使者不是去杀人，而是去结交、通好，所以汉朝的使者是受到欢迎的。

汉武帝联络西域共同去打匈奴的计划并没实现，可是建立了东西的交通。在很长一个时期内，西域的道儿上每年都有使者来往，多则几百人，少则一百人。在经济和文化的交流上起了一定的作用。例如：从汉朝运去的货物经过天山南路的主要是丝织品，人们就把那条道儿称为"丝路"；从天山北路运到东方来的主要是毛皮，所以那条道儿就叫做"毛皮路"。这两条路名就可以证明汉武帝通西域在经济上的意义了。

在汉朝和西域国家的关系中，联络、交好是主要方面，但是大小也打过仗。有时候是汉朝理亏，有时候是西域国家理亏，读者从我对这几次战争的叙述描写里，是不难看出我的态度来的。

第五，王莽的谦恭下士的复古改制。王莽是好人还是坏人？按照以前的说法，谋于篡位的就是坏人，我们今天可不能那么去评定历史人物。曾经有人提出这样的问题："王莽的谦恭下士是出于真心的还是虚伪的？是一开始就虚伪还是到后来才变成虚伪的？"也有人说："如果王莽是个坏人，不如一开始就揭发他的阴谋，让读者心里有个底。"也有人说："如果王莽真心要改革土地制度，释放奴婢，那他就是好人，我们不该以成败论人，把他写成坏人。"

我认为一个人不是一成不变的。王莽在他年轻的时候，什么都不如他叔伯兄弟的时候，和他后来做了大官，掌了大权的时候，可能有些不同，也可能他是长线放远鹞，一贯到底，根本没有什么不同。我不想研究这些问题，我想还是根据历史的记载，讲我们的故事吧。

一个统治阶级的野心家，要爬上政治舞台去，总是千方百计地替自己打算，什么事情都干得出来。主要的是要看他掌权以后，他的政策和行动对国家社会的发展究竟起了什么作用。讲些有关这方面的故事，也许比讨论王莽个人的道德品质和谦恭下士的动机更有意义。

王莽做了皇帝，第一件大事就是禁止买卖土地和买卖奴婢。

王莽不从实际出发，改革土地制度或者实行限制民田，像十五年前师丹所建议的那样。他只是一味地要恢复古代的制度，违反历史的发展和人民的要求。他说，古时候一个人有一百亩土地，怎么怎么好，因此要恢复古时候的制度。按照王莽的说法，秦废除公田制应当由富强变为贫弱，怎么变法以后反而富强了呐？王莽并不是把全国的土地分给农民，而是没收一切人的土地，归皇帝一人所有。原来的土地所有者反对王莽，是意料中的事，怎么农民也起来反对呐？可见这种办法对广大的农民也是不利的。这一来，当然破坏了农业生产。难怪三年以后，王莽就自己打自己的嘴巴，废除"王田"，土地和奴婢又可以自由买卖了。可是各地的乱劲儿已经起来了。以后继续不断地发生灾荒，赤眉、绿林农民大起义，终于推翻了新莽的统治。

再说废除奴婢买卖吧。如果奴婢得到释放，做奴婢的和他们的父兄，广大的劳动人民，应当欢天喜地地拥护王莽，歌颂王莽了。事实并不这样。王莽并不主张废除蓄奴制，他只是把原来私人可以买卖的奴婢改为官家所有的奴婢。奴婢还是奴婢。而且以后王莽把大批反对他的男女农民没收为官奴，奴婢的人数就这么越来越多了。

除了这两件所谓"改革"以外，王莽还拿进行币制改革的名义，搜刮全国人民的财富。在短短的七年里面，币制改了四次，钱越改越小，价越做越大。到了这时候，不但广大的劳苦群众活不下去，就是贵族、豪强、富商、地主也对他不满。王莽还想借着对外战争来缓和国内的危机，就这么跟北边、西边、东边、南边的各部族、各邻邦都打上了。没想到这一来反倒加速和加紧国内农民的大起义。他临死还说："天理在我这儿，汉兵能把我怎么样？"根据历史的记载，他死守着的不是什么天理，而是六十万斤黄金和无数的珍宝。

第六，汉光武的功过。我写汉光武刘秀的故事所碰到的困难，正跟写汉文帝的故事一样。赞扬他还是谴责他？赞扬多少？谴责多少？这当中的分寸是很难掌握的。我看了些有关汉光武的论文，也曾经跟朋友们谈谈到底他是好人还是坏人。有人说他好，有人说他坏，有人说他好里有坏，坏里有好。我没有很好地研究。综合起来说，我们不应该过分赞扬刘秀。他是个汉室的贵族，又是个大地主、大米商，还是个太学生。天下乌鸦一般黑，这样的人怎么能跟穷苦的农民起义军合得来呐？再看他的行动，表面上跟农民起义军联合作战，推翻新莽的政权，实际上他是利用农民军作为自己夺取政权的工具。他一做了萧王（还没即位），就以统治者自居，镇压和屠杀各地的农民起义军。他的政权是在农民军的血泊中建立起来的。

刘秀所以能够统一中原也有他的优点，主要的有这些个：

（1）昆阳大战决定起义军的胜利。刘秀只有三千人马，守昆阳的绿林将士王常、王凤也才八九千人，两路人马合在一起，也不过一万二三千人。围攻昆阳的敌人有多少呐？四十二万，号称一百万。双方力量差得太远了！就在这种情况下，汉兵居然打了胜仗，消灭新莽的百万大军，这是历史上以少胜多的大战中很突出的一个例子。在强大的敌人面前，刘秀一点不害怕，不退缩，自己带头作战，采用各种方式鼓励起义军的士气，对这次战役的胜利起了很重要的作用。

（2）军队的纪律好。起义军初次打胜仗的时候，新市兵、平林兵、南阳兵三路兵马沿路抢夺了不少财物。为了争夺财物，他们差点儿互相打起来。刘秀劝告自己这一边的人把财物都让给别人。那两路人才愿意跟南阳兵再去进攻别的县城。后来更始做了皇帝，将士们在各地掳掠财物，强抢妇女。赤眉一路的人马到后来也跟绿林兵一样，纪律很差。另外十几处的起义军也一样，起先没收官府、豪强的财物，那是理所当然的，可是以后继续用抢掠财物的手段来维持生活，甚至连一般老百姓也遭到抢劫，这就违反了人民的愿望。刘秀可不同了，他的军队中也有掳掠的行为，但是他用种种办法整顿纪律，争取民心。论这一点，别的军队的领导人就没有这么远大的眼光。

（3）减轻人民的负担。汉光武刘秀平定关中以后，就下诏书，节省公家的开支，田税减为三十分之一。即位以后接连好几次下令让奴隶恢复为平民，或者不准奴隶主虐待奴隶。不止一次地大赦天下，救济贫民。老百姓情愿让他做皇帝，不是没有理由的。

（4）保全功臣。汉光武使用一切办法做到保全功臣。他们当中即使有点小过失，也就宽容过去了。在这一方面，他确实比汉高祖和明太祖都要高明。天下刚刚平定，有意识地不杀戮功臣，对团结统治阶级内部，巩固政权，安定社会秩序，都有不小的作用。

以上这些人物和事情的看法和意见，我自己觉得很不成熟，其他错误的或者不妥当的地方一定不少，希望读者随时指正。

林汉达
1963年10月24日